HISTOIRE

DE LA

MAISON DE BRISAY

DEPUIS

LE IXe SIÈCLE JUSQU'A NOS JOURS

HISTOIRE

DE LA

MAISON DE BRISAY

DEPUIS

LE IXᵉ SIÈCLE JUSQU'A NOS JOURS

PAR

LE MARQUIS DE BRISAY

―――

PREMIÈRE PARTIE

MAMERS

G. FLEURY ET A. DANGIN, IMPRIMEURS-ÉDITEURS

―

1889

HISTOIRE

DE LA

MAISON DE BRISAY

DEPUIS

LE IXe SIÈCLE JUSQU'A NOS JOURS

PAR

LE MARQUIS DE BRISAY

PREMIÈRE PARTIE

MAMERS

G. FLEURY ET A. DANGIN, IMPRIMEURS-ÉDITEURS

—

1889

HISTOIRE

DE LA

MAISON DE BRISAY

DEPUIS

LE IXᵉ SIÈCLE JUSQU'A NOS JOURS

CHAPITRE PREMIER

LES ORIGINES

§ I

ORIGINE TRADITIONNELLE DE LA MAISON DE BRISAY

La plupart des familles d'ancienne noblesse prétendent remonter à une antiquité fabuleuse, et se disent issues de personnages légendaires, ou, s'ils appartiennent à l'histoire... de personnages très illustres.

Les unes sont sorties du tonneau dans lequel la fée Mélusine prenait des bains de vin tiède, au cri de : *C'est mon plaisir !* Les autres ont eu pour racine profonde quelque parcelle du corps mystérieux de l'enchanteur Merlin. A celle-ci la Sainte-Vierge a daigné dire : *Couvrez-vous, mon cousin,* — parcequ'elle est un rameau détaché de la tribu de Lévi. A cette autre Clovis ou Attila servirent de père ; et celles qui descendent en ligne droite de Charlemagne, des ducs d'Aquitaine, ou des patrices de la Narbonnaise — par des femmes — se nomment *légion*.

Les sceptiques, ou les détracteurs de la féodalité, se rient de ces origines *prétentieuses ;* ils tournent volontiers en ridicule les hommes qui ont la faiblesse de se connaître des aïeux, avant l'heure de la *grrrande* révolution française.

C'est une injustice et une faiblesse qui ne nous doivent pas influencer.

En nous tenant sur une sage réserve à l'égard des extractions qui ne peuvent être judicieusement prouvées, nous accordons le respect qu'elles méritent à ces traditions transmises de père en fils, pendant des siècles, avec une religion sacro-sainte qui a pour culte l'amour des ancêtres, la vénération d'un nom porté fièrement et qu'une louable émulation s'efforce de rendre illustre. Nous les signalons avec soin, ces origines, en tête des généalogies les plus consciencieusement tracées, comme un point de départ incertain mais respectable, d'où procèderont des degrés plus connus ; et sur ces extractions mystérieuses nous pensons qu'il serait impie de jeter une négation profane, parcequ'elles s'enveloppent toujours dans les apparences logiques d'une vérité de l'histoire, prenant force de loi nobiliaire au milieu de l'obscurité créée par la nuit des siècles.

La singulière estime dont s'entourent, dans toute la dignité de leur antiquité nébuleuse, ces origines traditionnelles des familles d'ancienne chevalerie, s'appuie d'ailleurs sur une vérité première, qu'il faut admettre comme organe de sélection dans l'étude de la science généalogique, c'est l'irréfragable principe en vertu duquel une race de pure chevalerie ne peut point avoir reçu d'annoblissement, à quelqu'époque ou sous quelque prétexte que ce soit. Le vrai gentilhomme de nom et d'armes a toujours vécu noblement, fût-il un rejeton greffé sur une tige déjà noble, ou écarté d'un tronc dont la souche primitive a jadis été quelque chef militaire, peut-être simplement un soldat ; dans l'un ou l'autre cas, il est resté le représentant d'un homme de guerre victorieux qui, dans le mélange des nations et la fusion des races, n'a dû qu'à la vigueur des bras, à la loi des conquêtes, le droit de s'installer en maître sur les lieux soumis à sa réelle puissance. Voilà le fait brutal, matériel, coërcitif, aujourd'hui dénoncé et entaché de barbarie, par ceux qui nient que la raison du plus fort ait au moins *jadis* été la meilleure, mais qui n'en fut pas moins le berceau de toute domination, l'origine de tout empire, fatale inégalité dans l'ordre social tellement compatible avec les aspirations les plus secrètes du cœur humain, que les descendants des vainqueurs n'ont jamais cessé d'être, avec une déférence encore plus naturelle que raisonnée, par toutes les générations successives de ceux qui se sont inclinés devant l'autorité du joug accepté ou subi, l'objet d'une considération très particulière et consciencieusement justifiée.

La maison de Brisay n'a point échappé à la préoccupation d'expliquer, elle aussi, son extraction nobiliaire.

La tradition qu'elle conserve attentivement et qu'elle s'est léguée à chaque génération, avec un soin scrupuleux, depuis les temps les plus reculés jusqu'à nos jours, veut qu'elle soit sortie des premiers comtes ingelgériens d'Anjou.

A cet égard, comme pour toutes les autres données des familles relatives aux origines, aucune preuve authentique, nulle donnée certaine n'a pu être administrée qui fixât définitivement la religion de l'histoire. Cette tradition se base sur des probabilités, des concordances, une très grande vraisemblance confirmant ce qu'on peut appeler la foi de la famille, confiance que rien ne peut ébranler dans le bien fondé d'une transmission héréditaire, au sujet de laquelle il est non moins impossible d'élever un document dirimant, que d'établir, en raison de l'absence des textes, une certitude qui en confirme exactement les termes.

Quelque peu explicite que se soit montrée notre tradition touchant l'origine de la maison de Brisay, il s'est présenté des auteurs qui se sont efforcés de lui faire prendre corps, qui l'ont pétrie pour ainsi dire, ou plutôt torturée, dans l'espoir d'en extraire quelque point historique utile à leurs travaux,...... ou à leurs prétentions.

Les Cordeliers de Mirebeau, cherchant à établir l'origine d'une famille à laquelle ils devaient la fondation de leur monastère, ont dit :

« Plusieurs tiennent pour certain que Brisai est un partage de Mirebeau et Mirebeau un appanage de la maison d'Anjou, et que c'est par bienfait et donation des comtes d'Anjou que les seigneurs de Mirebeau en prirent le nom, comme ceux qui eurent la terre de Brisai en partage prirent le surnom de Brisai... », voulant voir dans les seigneurs de Brisay, des puînés des seigneurs de Mirebeau qu'ils croyaient être des cadets de la maison d'Anjou, apanagés de ce fief après la conquête qu'en fit Geoffroy Grisegonnelle dans les dernières années du X° siècle (1).

Trinquant, procureur du roi à Loudun, en 1630, rédacteur de notes généalogiques, qui ont jeté une certaine lumière sur l'ancienne chevalerie de la contrée habitée par lui, semble se ranger à l'opinion des Cordeliers en admettant la probabilité de l'origine angevine des Brisay du Mirebalais.

En 1659, frères Guillaume de Neuville et René du Hamel-Villechien, commissaires enquêteurs de l'ordre de Malte, chargés d'examiner les titres d'Octave de Brisay de Denonville, candidat au grade de chevalier dudit ordre, déclarèrent par procès-verbal authentique avoir vu au château de Denonville, en Beauce, alors résidence de la famille, une carte généalogique de la maison de Brisay, dans

(1) *D. Font.*, t. 67, p. 351.

laquelle il était dit, que cette famille aurait été formée au XIe siècle, à l'aide d'un « partage de Mirebeau » qui n'était autre qu'un « apanage d'Anjou », termes laissant à supposer que cette carte avait été rédigée sous l'inspiration des recherches de Trinquant et des Cordeliers.

Dès lors, l'impulsion étant donnée, tous les généalogistes, avec la tendance qui les pousse sans cesse à surenchérir en se copiant les uns les autres, allaient entonner la trompette fantaisiste et faire résonner sur le même ton, à quelques variantes près, la fanfare de l'origine Mirebalaise.

Ch. d'Hozier, débute au sujet de la famille de Brisay, en déclarant que « cette maison paraît être sortie des seigneurs de Mirebeau issus de Geoffroy Grisegonnelle, comte d'Anjou, en 989 », et La Chesnaye des Bois, avec ce talent qu'il a de simplifier facilement les situations indécises, lui répond en plaçant sans hésitation, en tête de sa généalogie des Brisay, le comte d'Anjou Grisegonnelle, dont il fait le père de Guillaume de Mirebeau, donnant à celui-ci Simon de Brisay pour fils, assurant que cette filiation résulte d'un partage recueilli par ce dernier dans la seigneurie de Mirebeau.

Les généalogistes modernes se sont montrés plus circonspects. Laisné écrivait en 1840 : « Bien que d'anciens mémoires de famille donnent une origine commune aux maisons de Brisay et de Mirebeau, cette opinion n'est fondée sur aucune preuve ». Et Beauchet-Filleau, plus récemment, dans son *Dictionnaire des familles de l'ancien Poitou*, s'exprimait dans les termes suivants : « Cette famille noble, d'origine chevaleresque, remonte à la plus haute antiquité. Elle descend selon quelques historiens des comtes d'Anjou par Guillaume, fils de Geoffroy Grisegonnelle, qui aurait reçu de son père la seigneurie de Mirebeau. Guillaume aurait eu un fils, Simon, lequel étant devenu seigneur de Brisay, près Mirebeau, aurait pris le nom de son fief et continué la postérité. Cette opinion sans être dénuée de vraisemblance et même de preuves (?) ne nous paraît cependant pas assez démontrée pour que nous puissions l'admettre comme irrécusable ».

Au cours d'un ouvrage récent et très étudié, dont les données sont puisées dans les cartulaires et documents les plus authentiques, M. de Fouchier a combattu vigoureusement, et démoli pièce par pièce l'édifice sur lequel les généalogistes superficiels avaient élevé l'origine comtale de la maison de Brisay. Il a démontré que Geoffroy Grisegonnelle n'avait engendré que cinq enfants de ses deux femmes, tous limitativement connus, et que parmi eux ne se trouvait nulle place pour Guillaume de Mirebeau. Il a fait voir, d'après Trinquant, et d'après les chroniques angevines, que ce Guillaume qualifié simplement « favori du comte Foulques Nerra », le successeur de Grisegonnelle, avait été préposé par ce comte au gouvernement du château de Mirebeau récemment construit sur les frontières du Poitou (1000), et que la descendance de ce guerrier avait continué à posséder, au nom du dit comte, les forteresses de Mirebeau, Chinon et Montbason inféodées à titre héréditaire, qu'enfin, parmi cette descendance parfaitement connue, ne figure pas ce Simon dont on a voulu faire le premier seigneur de Brisay, en qualité de co-partageant dans la seigneurie de Mirebeau (1).

§ II

TORQUAT LE BRISAIOT ET SA DESCENDANCE.

Il faut donc chercher, dans une autre direction, les sources qui ont donné naissance à la tradition présentée sur l'origine de la maison de Brisay.

Or, de certaines notices généalogiques d'une incontestable valeur, provenant du cabinet de M. d'Hozier, lequel jouit

(1) *Hist. de la bar. de M....* par E. de Fouchier.

d'une juste considération, et qui furent l'œuvre de messieurs de Sainte-Marthe et Trinquant, auxquelles furent jointes des élucubrations produites sous l'inspiration de M. Lelaboureur, historien chercheur et consciencieux, il paraît résulter que l'enquête, destinée à faire connaître la vérité sur la tradition qui nous occupe, doive se porter sur une époque antérieure de deux siècles à celle où l'on veut voir le premier seigneur de Brisay sorti, par celui de Mirebeau, de l'estoc des comtes d'Anjou.

Dans l'une de ces importantes notices on lit que M. Claude Chrestien, « ancien procureur au parlement, lieutenant en la connétablie et juridiction de la table de marbre à Paris, grand homme de lettre et scavant en antiquités, fils du renommé M. Florant Chrestien qui fut précepteur du Roy Henry le Grand », possesseur d'un manuscrit très antique, composé en langue bretonne, homme d'ailleurs incapable de « parler légèrement et sans être bien fondé » sur la matière qu'il discutait, avait plusieurs fois émis l'opinion devant M. Laîné, prieur de Mondonville, et autres savants historiens, comme eux « curieux d'antiquités », que l'origine de la famille de Brisay remontait à *Torquatus*, surnommé *Byrsarius*, dont la corruption angevine a fait *Brisaius* ou *Brisaiot*, personnage historique qui fut la tige des comtes ingelgériens d'Anjou ; et à l'appui de cette donnée M. Chrétien citait « les vieilles chroniques d'Anjou écrites en latin et dédiées à Henry premier Roy d'Angleterre, pareillement la cronique écrite par un moinne ou chanoinne de Saint-Martin de Tours, dédiée au mesme Roy d'Angleterre, qui se trouve bien dans le spécilaige du père dom Luc d'Achery » (1).

Cette chronique, rédigée au XIIe siècle, c'est-à-dire à une époque très rapprochée encore de celle où s'accomplissaient les événements qu'elle rapporte, présente en effet Torquatus

(1) *Archives personnelles du Mis de Brisay.*

comme le fondateur de la maison ingelgérienne des comtes d'Anjou.

Lui-même était le descendant d'une ancienne race patricienne installée en Armorique, après la conquête des Romains, puis chassée de cette contrée par le tyran Maxime au temps où des rebellions, que ce dernier eut assez de peine à réprimer, lui firent craindre d'y voir son autorité méconnue.

En raison de sa naissance et de ses mérites personnels, Torquatus occupait au neuvième siècle, sur les frontières de la Bretagne et du pays franc, une situation importante unie à de grandes possessions territoriales. L'ouest du continent était alors fréquemment troublé par les dévastations des Danois et des Normands, auxquelles se joignaient les invasions des Bretons, contre lesquelles le roi Charles-le-Chauve dut diriger cinq campagnes. A la suite de la dernière guerre, en 852, ce prince, qui avait été à même d'éprouver la valeur et la fidélité de Torquatus, confia à ce chef la mission de défendre contre les Normands et les Bretons le pays compris entre la Loire et la Vilaine.

Cette contrée était couverte de forêts, dans lesquelles les barbares se créaient des repaires impénétrables, d'où il était difficile de les déloger.

Mais Torquatus eut raison de ses ennemis. Pendant de nombreuses années il parcourut les forêts armoricaines, ne laissant paix ni trêve aux envahisseurs, vivant des produits de la chasse, et s'enrichissant du butin dont il s'emparait à la poursuite des pirates.

Cette existence de forestier fit donner à Torquatus le surnom d'*habitant des bois,* que l'on désignait dans la langue latino-celtique du temps par le mot *Byrsarius,* dont l'étymologie se trouve dans *berz* — en celte *forêt,* — et la terminaison *ay* répondant à l'idée d'*habitation* (1).

(1) *Chron. d'Anj.* de Luc d'A. vol. 3, p. 237.

Torquatus Byrsarius, dont le patois n'a pas tardé à faire *Brisaiot* et puis *Brisay,* transmit son surnom à sa descendance.

Parmi les enfants de ce personnage, l'aîné Tertulle, qui lui succéda dans sa charge et dans ses domaines, fut investi du commandement de toute la contrée que son père avait si vaillamment défendue. Il fut père d'Ingelger, que sa belle conduite à la cour de Charles le Chauve, à l'égard de la comtesse de Gâtinais, plaça au plus haut dégré dans l'estime du roi, et qui, quelque temps après la mort de Robert-le-Fort, reçut vers 870, du monarque franc, l'investiture du comté d'Anjou. Ingelger fut l'aïeul des Foulques et des Geoffroy qui, jusqu'en 1139, possédèrent cette province française réunie par eux, à cette époque, à la couronne d'Angleterre, que ceignit, en 1144, Geoffroy Plantagenet, onzième descendant de Torquatus. Tel fut, dans les premières manifestations de la patrie, le rôle historique joué par les très anciens comtes angevins, dont la gloire et la puissance surpassèrent trop complètement les vertus de Brisaiot, pour qu'ils eussent tenu à en porter le sobriquet comme un titre nobiliaire.

Mais la situation plus effacée de leurs puînés, apanagés d'une façon modeste, chargés d'une mission moins relevée dans les gestes de la nation franque, fit prendre à cœur à ces derniers de conserver le surnom de leur auteur, comme l'héritage le plus précieux qu'ils aient recueilli de Torquatus.

Parmi ceux-ci, dont la filiation suivie n'est guère connue, doivent être rangés *Thibaut le Brisay,* en latin *Tetbaldus Brisarius* qui, au dire de la chronique agrégative des comtes d'Anjou, fut au nombre de plusieurs guerriers animés d'un zèle ardent pour la foi chrétienne, que le louable désir de défendre leur religion porta, vers la fin du neuvième siècle, à faire, sur les côtes du pays de Galles, contre les Saxons, dernier rempart du paganisme dans l'Ouest, une descente meurtrière, au cours de laquelle ils trouvèrent une mort glorieuse, bien digne de leur donner rang au nombre des martyrs, et *Robert le Brisay* qui, au dire d'une des notices du cabinet d'Hozier, épousa en 980, Gironde, fille de Simon, l'un des vassaux du sire de Laval. En conséquence de cette union, les descendants du Brisaiot se seraient implantés au Maine, d'où nous les voyons sortir dans le courant du onzième siècle, pour fonder en Touraine une branche qui a porté définitivement le nom de Brisay.

Les descendants de Torquatus, collatéraux des comtes d'Anjou et réellement issus, sinon d'eux, comme le dit la tradition mal interprétée, mais d'une souche qui leur est commune, se retrouvent parfaitement, à la fin du dixième siècle, cantonnés dans le Maine occidental ; on les y voit posséder des biens situés entre la Sarthe et la Mayenne, relevant en fief noble de la sirerie de Laval. Ils ne tardent pas à se partager en deux rameaux, dont l'un prend le nom de Chourses, qui n'est pas un nom de terre, mais un nom imposé bel et bien à une terre ; et dont l'autre ayant passé la Loire, vient fonder de son nom la terre de Brisay, sise auprès de la rive gauche de la Vienne, à peu de distance du confluent des deux rivières.

Cette division en deux branches, de noms différents, est attestée par les généalogistes les plus anciens, par les vieux traités d'armes et de blason, par Jean Évrard et autres affirmant que « Chaource est puisné de Brisai », et « témoignant que Chaource et Brisai sont même famille, que Chaource est cadet de Brisai » donnant aux deux maisons les mêmes armoiries, avec « une brisure aux puisnés » (1).

A ce sujet, l'on a tout lieu de se demander d'où venait ce nom de Chourses, apparaissant comme un nouveau surnom dans un temps où les dénominations les plus fantaisistes servaient à qualifier les nobles ?

(1) *Généalogies du cabinet d'Hozier.*

Certains auteurs tels que Legendre, de Bourges, et Louvet, de Beauvais, nous ont appris que les Brisay ralliaient leurs vassaux et marchaient au cri de : *Chaource en Bretaigne* ! Et l'on est disposé à reconnaître encore ici la tradition de Torquatus qui, dans les forêts bretonnes où il courait sus aux Normands, aurait enlevé ses guerriers au cri de : *Chaource !* expression barbare dont l'étymologie reste inconnue, mais qui répond clairement à un sentiment d'action propulsive, à un ordre de marcher en avant.

Les membres de la maison de Brisay qui ont fondé la maison de Chourses, au Maine, ont donc pris pour nom patronymique le cri de guerre de leur aïeul, et comme leurs frères de Touraine, ils ont imposé aux domaines par eux fondés, dans la province où ils se fixèrent, une dénomination qui leur était personnelle, devant laquelle dut s'effacer et disparaître le nom primitif des localités par eux détenues.

Et d'ailleurs ce nom, recueilli par une branche de la descendance du Brisaiot, ne se perdit pas non plus dans le rameau collatéral qui forma la maison de Brisay, preuve de l'union intime et de la soudure primitive des deux rameaux en une souche unique. En effet, l'on retrouve dans la branche tourangelle, au douzième siècle, un personnage portant le prénom de *Chourse*, en latin *Cadurcus*, qui se signala à la cour du roi Louis VII par les hautes fonctions qu'il y occupa, et dont le nom, joint à celui de Brisay, semble produire l'attestation la plus formelle du bien fondé de notre tradition, telle que nous venons d'en développer le plus clairement possible les incontestables origines.

CHAPITRE II

ORIGINE HISTORIQUE DES DEUX MAISONS DE BRISAY ET DE CHOURCES

§ I

HAMELIN I L'ANGEVIN

La tige authentique, et conséquemment certaine, de la maison de Brisay, se personnifie dans un chevalier nommé *Hamelin*, en latin *Rainelmus* ou *Ranelinus*, vivant entre le dixième et le onzième siècle, sous les rois Hugues et Robert de France, au temps où les comtes Geoffroy Grisegonnelle et Foulques Nerra occupaient la prééminence en Anjou, et alors qu'Hugues et son fils Herbert, dit Éveille-Chien, étendaient leur domination féodale sur la ville et le comté du Mans.

D'où venait cet Hamelin, implanté entre Sarthe et Mayenne avant l'an 1000, et comment se trouvait-il possessionné en ces parages, ainsi qu'il résulte d'une charte où l'on voit qu'il faisait partie des seigneurs composant l'ost du sire de Laval ? C'est ce qu'il n'est pas aisé de démontrer, en raison de l'absence de documents sur les détails historiques d'une époque aussi reculée. Toutefois est-il juste de reconnaître qu'Hamelin pouvait être issu de ce Robert, dont les généalogistes font un membre de la Maison de Brisay, vivant en 980, et marié à la fille d'un gentilhomme vassal du seigneur de Laval. Par héritage, par donation ou par union, notre personnage paraît avoir détenu un commandement territorial sur une partie du petit pays de Charnie, poste avancé de l'Anjou, sur les frontières du Maine, constamment disputé entre les deux puissants feudataires qui règnaient sur ces provinces, et demeuré aux mains de Foulques après sa victoire définitive sur le comte du Mans. Notre opinion est que ce fut avec l'appui du comte Foulques, qu'Hamelin, héritier de Gironde et de Robert, maintint sa domination locale, transmise sans doute par son aïeul Simon, au pays de Charnie, et qu'il l'exerça sous la protection hiérarchique de Guy II, seigneur de Laval, feudataire indépendant, mais allié de l'Angevin et son soutien dans la lutte contre les Manceaux.

En 1016, pendant la minorité d'Éveille-Chien, les efforts du terrible batailleur, rassuré sur ses frontières mancelles, se portaient contre Eudes, comte de Blois. Foulques battait son adversaire à Pontlevoi et lui enlevait le comté de Tours. Parmi les chevaliers qui combattaient sous sa bannière se trouvait Guy de Laval, ayant dans son ost le fils de son vassal Hamelin, dont l'apparition en Touraine est certaine alors, sous le nom d'Ernauld (1).

§ II

ERNAULD FILS D'HAMELIN, PREMIER SEIGNEUR DE BRISAY

Après le succès de la campagne énergiquement conduite en Touraine par les Angevins et les Manceaux réunis, le fils d'Hamelin demeura en la province conquise, et c'est dans la forteresse de Chinon qu'il semble, dès 1017, avoir pris gîte, soit à titre de défenseur d'une des cités les plus importantes de la contrée, soit qu'il y ait élu domicile en attendant de se créer une installation définitive, qu'il ne tarda pas à trouver dans la seigneurie voisine de l'Ile-Bouchard.

(1) *Cart. de Marmoutiers*, fol. 55.

Un fait absolument certain est que, dès les premières années du onzième siècle, les Brisay possédaient à Chinon, forte citadelle construite, en 953, par Thibaut le Tricheur, comte de Blois, une maison dont ils faisaient leur habitation, où ils se retiraient en temps de guerre pour la défense de la cité, et d'où ils ne tardèrent pas à rayonner dans le pays.

Thibaut avait, vers la même époque, élevé à deux lieues en amont de Chinon, dans une île de la Vienne un château nommé la forteresse de l'Ile (*castrum ad insulam*), et qui devint, après 1020, l'Ile-Bouchard, du nom de son possesseur. Lorsqu'après avoir soumis la Touraine à son joug de fer, Foulques Nerra voulut remplacer par des hommes à lui les lieutenants du comte de Blois, il préposa au gouvernement de Chinon le fidèle Guillaume de Mirebeau, l'un de ses chevaliers favoris, déjà investi de la garde des frontières angevines du côté du Poitou, et il mit ou maintint dans le château de l'Ile un autre chevalier nommé Bouchard (1017). — C'est dans la famille de ce dernier qu'*Ernauld*, fils d'Hamelin l'Angevin, prit femme. Dès 1020, parmi les signataires d'un acte par lequel Bouchard Ier, seigneur de l'Ile, reconnaît et confirme la fondation du monastère de Tavent élevé, dès 987, dans son voisinage par les soins du comte de Blois et de ses frères, et s'en rend le bienfaiteur en accordant à cette maison, « pour racheter l'énormité de ses méfaits », le droit de pêche dans la rivière qui en baigne les murs, figure Ernauld, immédiatement après Hugues, Hubert et Aimery, fils de Bouchard, témoignant ainsi d'un degré de parenté très proche avec le donateur (1).

Par une union contractée avec une femme de cette famille — peut-être Mathilde, connue comme fille de Bouchard de l'Ile, en 1022 — Ernauld devint, sous la prééminence de son beau-père, possesseur de biens fonds en terre et alleu situés à l'Ile-Bouchard et dans les environs ; et dès lors sur

(1) *D. Housseau*, t. II, n° 373.

les deux rives de la Vienne on pourra le voir, avec ses enfants, faire acte de propriétaire et de seigneur dominant, consentir des inféodations, approuver les donations de ses vassaux, gratifier les couvents de ses dons. Enfin, c'est à lui que doit être attribuée la création de l'hébergement ou manoir noble, à très courte distance au sud de l'Ile, sur la rive gauche de la Vienne, autour duquel le groupement des vassaux ne tarda pas à former une agglomération qui reçut et porte encore le nom de son fondateur, ce sobriquet de *Brisaiot* que les descendants de Torquatus ont conservé en souvenir de leur origine, et dont ils dotèrent alors la première de leur possession territoriale, en Touraine, en lui donnant la qualification de *Seigneurie de Brisay*.

Dans le milieu de ce siècle onzième, bien avare encore de ses documents, l'on n'a qu'à suivre, dans les cartulaires des abbayes angevines et tourangelles, les faits et gestes des habitants de Chinon et de l'Ile-Bouchard, pour retrouver fréquemment, au milieu des uns ou des autres, les premiers personnages connus de la Maison de Brisay, tous issus d'Ernauld, premier seigneur de Brisay, entre 1020 et 1060.

A une date peu antérieure à 1037, sous la prééminence d'Hugues, fils aîné de Bouchard Ier, au château de l'Ile, Geoffroy, neveu d'Hugues et fils d'Aimery de l'Ile, ayant donné à l'abbaye de Cormery l'église Saint-Symphorien d'Azay-le-Rideau, assise sur les rives de l'Indre, et alors complètement ruinée par le fait des guerres, couverte de ronces, devenue l'asile des corbeaux et des loups, pour que les moines la fissent reconstruire et y recueillissent en la rendant au culte, les bénéfices et le casuel, ce pieux gentilhomme prit soin de faire approuver sa donation par le comte de Blois, Eudes II, qui avait alors récupéré tant bien que mal le comté de Tours, jusqu'à la Vienne, et devait le perdre de nouveau en 1044 ; il la fit sanctionner aussi par les fils du comte, Thibaut et Etienne, non moins que par la comtesse Hermengarde et par l'archevêque de Tours, Arnolphe. A cette illustre réunion se joignirent les plus proches parents du donateur, qui confirmèrent sa libéralité, et dont les noms figurent à la suite de l'acte comme l'attestation réelle de leur consentement, ce sont : Hugues seigneur de l'Ile-Bouchard et son frère Aimery, père de Geoffroy, Jean de l'Ile, autre fils d'Aimery, Ernauld le nouveau seigneur de Brisay et son fils Bouchard, enfin Gautier Charchois, qui avait épousé la fille d'Aimery de l'Ile, sœur du donateur (1). On voit que cet acte est strictement passé entre membres de la même famille, qui tous y prennent part comme seuls intéressés.

En 1044 la guerre recommence. Le comte d'Anjou marche de nouveau contre Blois, sur les plaines déjà souvent ensanglantées de la Touraine. Il fait appel à ses alliés. Guy II de Laval, suivi de ses vassaux, franchit la Loire. Parmi les gentilshommes qui composent son ost, on retrouve Ernauld fils d'Hamelin, qui, sans doute, a succédé à son père dans la Charnie, et vient remplir son devoir de fief, sous le pennon de son premier suzerain.

La lutte se termine à l'avantage des Angevins. La Touraine reste à Geoffroy Martel ; et l'année suivante (1045), Guy de Laval, dans l'abbaye de Marmoutiers, à Tours, passe l'acte de fondation du prieuré de Saint-Martin qui sera construit près de son château, *juxta vallem,* et il en confie la direction à l'abbé du Grand-Monastère, en lui faisant la concession de tous les bénéfices qui pourront y être recueillis, tels que les revenus de l'octroi sur la viande et le pain, les droits de place sur les étrangers qui étalent au marché, la nomination des titulaires du prieuré et, pour ceux-ci, l'usage et la cueillette du bois vert ou sec dans les forêts de la châtellenie, pour construire, réparer, cuisiner et se chauffer au prieuré, selon les réels besoins de la maison. Parmi les seigneurs qui assistèrent à cette donation, comme faisant

(1) *Cart. de Cormery,* ch. 37.

partie de la suite de Guy, figurent Foulques de Chevillé, Hamelin et Eudes les Fils Yvon (la Jaille), Hubert-le-Jeune, Drogon de Saint-Denys, Constant du Genêt, Garin d'Entrammes, Geoffroy de Montourtier, Robert fils de Racher, Rogier de Châtillon, Robert de Montpinçon, Fouchier d'Asnières, Lisiard d'Arquenay et Ernauld fils d'Hamelin (Brisay), presque tous habitants du pays qui avoisine Laval (on y retrouve facilement encore ces localités), et quelques-uns possessionnés vers le sud, du côté de la forêt de Charnie, et du côté de Sablé (1).

Vers 1060, Ernauld de Brisay (*Ernaldus de Brisaico*) disparait de la scène du monde, et dès lors sa succession se trouve partagée entre ses fils qui furent au nombre de quatre : Bouchard et Hugues de Chourses, Alès et Simon de Brisay.

§ III

BOUCHARD DE CHOURSES ET SA DESCENDANCE

Bouchard, énoncé fils d'Ernauld de Brisay dans plusieurs actes, est assurément l'aîné de ces quatre jeunes seigneurs. Il porte le prénom de son grand-père maternel, Bouchard de l'Ile, dont il a pu être le filleul. Les premières années de sa vie s'écoulent en Touraine où les cartulaires des abbayes de Cormery, Noyers, Marmoutiers le présentent comme un des habitants du *castrum* de l'Ile, un des seigneurs dominants de la contrée. Toutefois est-il à signaler qu'aucune de ces chartes ne lui donne le nom de Brisay, laissant bien comprendre que, contrairement à son père, il ne prit jamais la qualification de cette terre, dont il n'eût d'ailleurs pas plus la jouissance que le titre. Un autre fief et un autre nom lui étaient destinés ; c'est à lui que devaient revenir les

(1) *Bib. nat. cart. de Marm.* I. III, fol. 1.

possessions de la Charnie, où nous le retrouverons après la mort de son père.

Bouchard, vers 1040, était devenu majeur et avait été armé chevalier. En cette qualité il épousa Guiteberge, fille d'un gentilhomme de l'Ile, nommé Ulric le Noir, possessionné sur la rive gauche de la Vienne, à Parçay, localité située à courte distance en amont du château de l'Ile. Bouchard tailla la dot de sa femme dans les terres de son beau-père, et tous deux y perçurent ensemble des revenus et des fruits.

A cette époque, Geoffroy de l'Ile-Bouchard, après avoir fait don à Cormery de l'église d'Azay, la gratifia de quelques libéralités. Parmi les dons de ce seigneur figuraient diverses pièces de terre à Parçay, enclavées dans les biens de Constantin du Val et d'Ulric le Noir, ainsi que le droit de pêche et d'usage, dans les eaux de la Vienne, jusqu'à la rive appartenant au chevalier Bouchard (*Burchardi militis*), c'est-à-dire en aval du moulin de Parçay, propriété de notre chevalier. Bouchard ainsi que son père Ernauld témoignèrent de leur assentiment à ce don, avec tous les membres de la Maison de l'Ile.

Peu après Bouchard et Ulric réglèrent, à Parçay, leurs relations de bon voisinage avec les moines de Cormery. En présence du comte d'Anjou Geoffroy Martel, de l'abbé Robert, d'un grand nombre de moines, ils accordèrent à ces religieux le droit de cueillir bois vert et bois sec dans tous leurs bois de Parçay. Ils les autorisèrent à défricher trois muids de terre dont ils fournirent les semences, à condition de percevoir la moitié des récoltes ; un arpent de vignes fut planté dans les mêmes conditions ; enfin, un moulin ayant été construit à frais communs entre Bouchard et le moine Fouchier, il fut convenu que ce moulin resterait à l'abbaye après la mort du chevalier, si celui-ci ne laissait ni fils, ni fille, et cette concession fut approuvée par la jeune dame Guiteberge, qui se proposait bien de faire tout son possible pour en contrarier l'exécution légale (1). En effet, elle donna deux fils à son mari.

Dans un titre du prieuré de Saint-Louant, membre de l'abbaye de Saint-Florent de Saumur, dont la position se retrouve à une courte distance en aval de Chinon, pièce très succinctement rapportée par dom Housseau qui s'est contenté, malheureusement pour nous, d'y prendre une concise annotation, notre Bouchard est cité comme fils d'Ernauld de Brisay (*Burchardus filius Alnaldi de Brisaico*), à propos d'une donation de terre par lui faite à l'église Saint-Pierre de Parçay, sa paroisse, dépendance du dit prieuré (2).

En 1050 et 55, à deux reprises différentes, mais chaque fois dans un louable motif de protection en faveur des moines, nous retrouvons Bouchard, énoncé comme ci-dessus fils d'Ernauld de Brisay (*præsente Burchardo filio Ernaldi de Brisaico*), se rendant au monastère de Tavant dépendant de la grande abbaye de Marmoutiers, et prenant part à un chapitre conventuel sollennellement convoqué dans l'église de cette maison. La première fois, en présence du comte d'Anjou Geoffroy Martel acquiesçant, d'Eudes fils du comte de Blois et des barons qui les accompagnaient, parmi lesquels le seul Guy de Preuilly est nommé, Geoffroy surnommé Focard, alors seigneur de l'Ile-Bouchard, ayant fait don aux religieux de terre à mettre en culture à Lentigny, Bor, Rambicornant, Anché, Brétignolles et Sazilly, avec tous les droits et tous les privilèges qui pourraient en relever, l'usage du bois de chauffage dans les forêts et de la pêche dans les eaux dépendant de la châtellenie, et ayant déposé en témoignage corporel de son abandon sur l'autel de la Vierge, selon l'usage de l'époque, le couteau d'un sien vassal nommé Vivien Brochard, plusieurs gentilshommes du

(1) *Cart. de Cormery*, ch. 37 et 38.
(2) *D. Housseau*, vol. 13, n° 10399.

voisinage se portèrent garants du maintien de sa libéralité. Parmi eux se trouvaient du côté des moines, Bouchard fils d'Ernauld de Brisay, Ogier fils d'Hildebert, Artaud de Bourgeuil, Morin de Bertinière, Savari de Bossée, Geoffroy Savari, Gautier Charchois. Ce dernier, malgré son assentiment, tourmenta beaucoup les moines au sujet de cette libéralité, qui le lèsait en qualité de beau-frère du donateur. Après quelques années de libre jouissance, Alfred, prieur de Tavent, se vit privé des perceptions qu'il touchait dans les localités susdites, et cela du fait de Charchois qui de plus se mit à exiger, en qualité de viguier de l'Ile-Bouchard, certaines redevances particulières des vassaux de l'abbaye. On lui rappela la fondation de Focard, et on lui proposa d'en prouver le bon droit par l'épreuve de l'eau bouillante, grotesque et sauvage attestation basée sur une confiance surnaturelle et vraiment superstitieuse, en vertu de laquelle le concurrent qui plongeait son bras nu dans une cuve pleine de liquide en ébullition, et le retirait intact, prouvait la légitimité de sa possession (il suffisait pour y parvenir de s'enduire préalablement le bras d'un onguent protecteur); mais Charchois n'osa point se soumettre à cette décoction et il finit par sanctionner les dons de son beau-frère Focard (1).

En second lieu, ce fut par le même Vivien Brochard, le chevalier au couteau fortuit, vassal du château de l'Ile, et son vassal aussi, que Bouchard se trouva conduit au monastère de Tavent, pour y approuver certaine donation faite par Vivien à cette maison, soit deux colliberts lui appartenant mais sur lesquels Bouchard avait aussi des droits de fief. Les colliberts étaient, au onzième siècle, des serfs affranchis, mais restés attachés au fief de leur maître, dont ils cultivaient les terres ; les seigneurs pouvaient disposer d'eux, ce qui prouve que leur condition ne les rendait pas libres. Ceux-ci, nommés Archembaud et Hubalde, deux

(1) *D. Housseau*, t. II, n° 533.

frères, avaient eu des relations naturelles avec deux filles du village des Aubiers, près de Nouâtre, la Fromonde et la Hildeberge qui mirent au monde, en conséquence, chacune un bâtard, Constantin et Albert condamnés, par le fait de leur naissance, à suivre la condition de leur père. Les quatre individus de sexe masculin furent donnés aux religieux de Tavent par Vivien, par sa femme Aremburge et leurs cinq enfants, Girard, Hugues, Mathieu, Osanne et Placentie. Bouchard, fils d'Ernauld de Brisay, et Hamelin fils de Bouchard, chacun pour le salut de son âme, approuvèrent la traite de ces pauvres diables, trop heureux de devenir les hommes d'un couvent, et promirent de ne jamais rien réclamer à leur sujet. Par *charité*, dit l'acte, mais plutôt par *reconnaissance*, croyons-nous, les moines donnèrent à Vivien Brochard et à ses enfants trente sous bien comptés, et tout le monde se retira satisfait (1).

Vers 1060, époque présumée de la mort de son père, Bouchard disparait de la Touraine. Il apparaît aussitôt en Charnie. Evidemment l'aîné des fils d'Ernauld a succédé à celui-ci, dans les possessions importantes de la famille aux frontières du Maine, et c'est dans ces possessions qu'il séjournera désormais.

M. Carré de Busseroles, dans ses travaux sur les anciennes familles de la Touraine, M. Laisné, généalogiste du Roi, et M. de Lestang, savant chercheur dans les fastes les plus antiques de l'histoire du Mans, ne laissent planer aucun doute sur l'identité de personne entre Bouchard, fils d'Ernauld de Brisay et Bouchard, premier seigneur de Chourses, au Maine ; ils ont fait voir que Bouchard posséda héréditairement les biens de la Charnie par succession de son père Ernauld, qui en avait été seigneur avant lui. Nous sommes entièrement de cet avis et notre thèse, comme celle de ces messieurs, s'appuie simultanément sur les docu-

(1) *Archives de Marmoutiers, lib. de Servis,* ch. 48.

ments les plus péremptoires, en même temps que sur les coïncidences les plus probantes.

Le nouveau fief auquel accédait Bouchard avait sa valeur et son importance, mais il semble qu'il n'était pas encore défendu par une de ces forteresses, dont les guerres continuelles du temps nécessitaient l'érection, et dans lesquelles seigneurs et sujets trouvaient protection pour leurs personnes, leurs familles et leurs biens.

La première occupation de Bouchard fut la construction de sa motte féodale. Sur les bords d'une petite rivière nommée la Vesde, à égale distance des deux églises de Tennie et de Saint-Symphorien, s'élevait un monticule voisin d'un autre plus petit, adossé à la colline sur laquelle s'étageaient les dernières ondulations de la forêt de Charnie. C'est sur cette butte que Bouchard construisit son château; il éleva le donjon, la chapelle dédiée à Saint-Guingalois, pour laquelle il fut taxé, par bulle papale du 27 septembre 1067, à une contribution annuelle de 12 deniers (*duodecim denarios ecclesii sancti Guineolii de castro Cadurciarum*) (1); il acheva le pourtour en murailles de haute cloison flanquée de tours et tourillons, et circuité d'un double fossé (*in castello de Cadurcis extra primam et minorem fossam ejusdem castelli*) (2); il dressa enfin une forteresse redoutable, destinée à retenir, sur cette petite rivière qui en baignait le pied, les envahissements des Normands dans le Maine, où les sujets de Guillaume-le-Bâtard débordaient alors avec persistance et se préparaient à devenir sous peu les maîtres du pays.

Marigné était le nom que portait l'emplacement choisi par Bouchard pour asseoir sa forteresse, mais Marigné ne fut point le nom du château. Bouchard, pour se distinguer de ses frères tourangeaux, qui ont donné à leur nouvelle sei-

(1) *Liber censuum.*
(2) *Cart. de la Couture du Mans*, p. 75.

gneurie des bords de la Vienne leur nom patronymique de *Brisay*, a réservé, pour en faire le titre de sa motte féodale, le cri de guerre dont ses ancêtres se servaient jadis en Bretagne pour entraîner leurs vassaux au combat Il l'appelle *Chourses* et, après avoir imposé ce nom à sa seigneurie, il s'en qualifie lui-même.

Bouchard de Chourses, s'étant donné un manoir, songea à prendre une seconde femme, car il était veuf alors de la tourangelle Guiteberge. Il ne tarda guère à épouser une dame noble du comté du Maine, nommé Richilde, qui lui donna des fils destinés à continuer la lignée de Chourses.

Pendant que ces diverses occupations retenaient Bouchard dans ses domaines, les Normands, sous la conduite de leur duc Guillaume, achevaient la conquête du Mans et des contrées circonvoisines ; la tour de Chourses n'était pas plutôt terminée, que son possesseur se voyait dans la nécessité de s'incliner devant le fait accompli, en portant son hommage au Bâtard. Le sire de Laval, son ancien suzerain, avait d'ailleurs agi de même, et l'on peut établir d'une façon certaine, que ce fut à partir de ce moment que le pays de Charnie, détaché des frontières de l'Anjou, fit définitivement partie du Maine.

Bouchard de Chourses (*Burchardus de Cadurciis*) était au nombre des gentilshommes composant la cour du duc de Normandie, quand ce prince tint ses assises générales à Domfront, en 1064. Avec les évêques de Bayeux et d'Avranches, avec Rivalon de Dol, Gautier Tirel, Guy de Laval, Josselin d'Anthenaise, Foulques de Bouère et Foulques de Marbrée, avec le vicomte d'Avranches Richard, et Ranulfe, vicomte de Bayeux, avec Lisiard d'Auvers, Augier de Beugnon et quelques moines, il assista au plaid solennel dans lequel le duc Guillaume confirma, en faveur du monastère de Marmoutiers, la fondation du prieuré de Laval et des bénéfices, faite par Guy II, et contestée depuis par l'abbé de la Couture du Mans, qui revendiquait cette église comme sienne en raison de ses possessions voisines d'Avesnières (1).

Une charte du cartulaire de Saint-Vincent du Mans, nous révèle les détails suivants :

« En 1070, une très grave maladie était venue clouer le seigneur de Chourses sur un lit de douleur. Cet homme de fer, croyant sa fin prochaine, trembla à la pensée du jugement de Dieu. Il fit appeler en toute hâte l'abbé de Saint-Vincent, Raginald, se confessa humblement et se recommanda à ses prières. Raginald exposa à Bouchard que le meilleur moyen de racheter les fautes de sa vie était de faire l'aumône à son abbaye. Le seigneur de Chourses écouta favorablement son père spirituel ; il manda auprès de lui sa femme Richilde, son jeune fils Hamelin, son chapelain Mainguy, Hamelin de Langeay, Orry de Chassay, Yvon fils de Bérault et, devant ses amis et ses serviteurs, il concéda à Saint-Vincent une partie des droits qu'il possédait sur l'église d'Athenay. Raginald, reconnaissant la bonne volonté du malade, lui accorda toutes les grâces spirituelles usitées en pareille circonstance » (2).

Bouchard guérit, et, entre 1090 et 1096, il faisait partie de la cour d'Hélie, comte du Maine. On le voit figurer à cette date dans un accord passé entre Guillaume de Braitel et l'abbé de Saint-Vincent, Ranulfe (3).

Il mourut vers ce temps, laissant ses terres de Charnie à ses trois fils issus de Richilde, Hugues, *Hamelin* et Silvestre, dont le second fit souche en la personne de *Guillaume*, seigneur de Chourses (*Dominus Chaorciarum*), qui devint père d'*Hamelin II*, vivant entre 1140 et 1180 (4).

(1) *Cart. de Marmoutiers*, t. III, fol. 5.
(2) *Le château de Sourches*, par le duc des Cars et l'abbé Ledru, p. 9.
(3) *Cart. de Saint-Vincent*.
(4) On retrouve dans ce nom d'Hamelin *(Ramelinus)* la préoccupation légitime de se rattacher aux premières générations de la race qui portèrent, comme nous l'avons fait voir, ce prénom particulier au pays manceau. Ce fut d'ailleurs un usage très religieusement suivi aux XIe et XIIe siècles, que de faire porter par les petits-fils le prénom du

Hamelin III, fils et successeur de ce dernier, épousa Béatrix, et fut titré *baron de Chourses*. Il eut un fils nommé *Guillaume II* qui fut le père de *Sibille*, mariée à Savary d'Anthenaise, par l'union de laquelle passèrent, dans la maison de ce dernier, le château et les dépendances de Chourses-le-Bouchard (1).

§ IV

HUGUES DE CHOURSES ET SA LIGNÉE

Hugues de Chourses (*Hugo de Cadurcis*) était le frère jumeau de Bouchard de Chourses, et conséquemment le second fils d'Ernauld de Brisay et de la fille de Bouchard de l'Ile, dont le fils aîné, d'ailleurs, portait aussi le nom de Hugues.

Il suffit de voir Hugues de Chourses posséder en indivis avec Bouchard les biens de la succession d'Ernauld, au Maine, pour être certain du fait de sa naissance et de sa filiation.

En effet, à Marigné, sur les rives de la Vesde, tandis que Bouchard élève la forteresse qui va prendre son nom (Chourses-le-Bouchard), Hugues dresse son manoir féodal sur la motte voisine qu'un ruisseau seulement sépare de la première. Il y construit « donjon, douves, tours et cloisons » avec une chapelle dédiée à Saint-Nicolas (2), et le tout prend immédiatement le nom du fondateur, uni à celui que portait déjà le lieu. Telle est l'origine de Chourses-le-Marigné,

---

grand-père ; et bien des générations se retrouvent, alors qu'on ne prenait pas ou peu de noms de terres, grâce à cette ingénieuse et respectable habitude.

(1) Voir *Le château de Sourches*, par le duc des Cars et l'abbé Ledru, ainsi que la *Généalogie des Seigneurs de Chourses*, par M. de Lestang.

(2) *Œuvres d'Hildebert, évêque du Mans.*

ainsi qu'il résulte des recherches patientes et consciencieuses de l'abbé Ledru, consignées dans son puissant ouvrage sur le château de Sourches.

« On peut affirmer, dit M. l'abbé Ledru, qu'au XI⁰ siècle, Saint-Symphorien portait le nom de *Saint-Symphorien-le-Marigné*, ou même simplement *Marigné*. Un document de 1518 confirme cette assertion. C'est un appointement relatif aux droits d'usage des religieux de N.-D. du Parc, dans la forêt de Charnie « donné es-assises de Saincte-Suzanne par » la menée de Thorigné, tenue au bourg de *Sainct-Sympho-* » *rien-le-Marinier....* » et il est difficile de ne pas reconnaître, dans le *Marinier*, une corruption de Marigné » (1).

Hugues de Chourses, moins connu que son frère par les actes, est cependant nommé dans un acte relatif au prieuré de Laval.

La fondation de Guy II, discutée par les religieux du Mans, avait besoin d'être confirmée par les enfants du donateur.

Aussi vit-on, peut-être à la mort de Guy (1067), peut-être avant, mais à une date postérieure à 1060, les moines de Marmoutiers se rendre auprès de l'héritier de leur bienfaiteur, et lui proposer d'approuver les dispositions de son père. Hamon de Laval acquiesça volontiers à leur demande, ainsi que Gervais son frère, et ses sœurs Hildesinde et Agnès, et comme témoins de son assentiment il produisit les personnages qui, dans le moment, composaient son entourage, et dont les noms sont ainsi qu'il suit inscrits dans l'acte : Hugues de Chourses, Eudes fils de Jocelin, Gautier de Malcamp, Guy fils de Léon, Isembert fils d'Hamelin, Guy-Adolfe de Château-Gontier, Guy fils de Salomon de Sablé et Robert fils de Gaudin du Guéron (2).

Hugues eut un fils nommé *Patrice l'Ancien*, qui mourut

(1) *Archives de la Sarthe*, H, 1131.
(2) *Cart. de Marmoutiers*, t. III, fol. 2.

avant son père, après avoir été, avec Hamon et Guy III de Laval, l'un des compagnons de Guillaume-le-Conquérant dans la conquête de l'Angleterre. *Patrice II*, fils du précédent, vécut entre 1080 et 1130. Il épousa Havoise, riche héritière londonnienne qui lui apporta de grands biens dans les Iles Britanniques.

Mais il séjourna de préférence au Maine, et prit part à la première croisade, avec les Bretons et Angevins formant l'armée du centre, dont le départ eut lieu en septembre 1096 sous la direction d'Alain Fergent, Rotrou du Perche, Geoffroy de Mayenne et Guy IV de Laval. Patrice, après avoir recommandé son fils aux moines de la Couture, s'était démis en leur faveur, de terres, vignes et prairies qu'il possédait dans la paroisse de Bernay, afin d'attirer les grâces de Dieu sur son voyage (1).

Il revint, et après la mort de sa première femme dont il eut un fils nommé Hugues, il épousa Mathilde qui lui donna *Payen* de Chourses, croisé en 1158 avec Geoffroy de Mayenne, dans la descendance duquel se perpétua la Maison de Chourses-le-Marigné jusqu'au XVIIe siècle, pour s'éteindre dans la personne de Jean de Chourses, gouverneur du Poitou, nommé l'un des 24 premiers chevaliers du Saint-Esprit lors de la fondation de l'ordre par le roi Henri III, en 1578.

(1) Le Paige, *Dict. hist. du Maine*, t. I, p. 97.

CHAPITRE III

BRANCHE DE CHINON

§ I

HAMELIN II, FILS DE BOUCHARD

Bouchard avait laissé, en Touraine, les deux fils issus de son premier mariage avec Guiteberge, de l'Ile.

Hamelin, l'aîné, porteur du prénom de son bisaïeul paternel, et qu'il ne faut pas confondre avec l'autre Hamelin que Bouchard de Chourses eut de Richilde, hérita des biens de sa mère, situés dans le ressort de la châtellenie de l'Ile-Bouchard, à Parçay, à Torcé, à Rillé, sur la rive gauche de la Vienne, et sur l'autre rive, dans le voisinage le plus proche du château de l'Ile, en ces lieux où s'élevaient, au confluent de la Manse, le bourg et l'église nouvelle dédiée à saint Gilles. On voit Hamelin, dans les actes du temps, agir en maître et seigneur dans ces localités : il achète et vend des terres, il fait des libéralités aux églises, il confirme et approuve les concessions de ses vassaux. Grand nombre de chartes le citent comme témoin ou partie agissante, entre les années 1060 et 1115, et prouvent son existence en cette Touraine, maintenant pacifiée, protégée par les châteaux et les abbayes, au sein de laquelle le fils de Bouchard semble avoir passé une vie calme et sédentaire, dépourvue d'incidents belliqueux. Il résulte également d'une pièce d'un des cartulaires où notre personnage est fréquemment nommé, qu'Hamelin possédait, par succession de son père, une maison sise à Chinon, au centre de la ville, ainsi que des terres situées sur les coteaux environnants, fait qui ramène immédiatement à reconnaître que l'installation première de cette famille eut lieu à Chinon même, au début de sa descente en Touraine ; car si l'on admet facilement que ce fut par mariage que Ernauld, fils d'Hamelin I, acquis la terre qu'il appela Brisay, on ne se figure pas qu'il ait pu posséder des immeubles dans Chinon autrement que par une inféodation, ayant sans doute pour origine un don particulier du comte d'Anjou, ou du gouverneur même de Chinon, représentant de ce prince.

La filiation d'Hamelin II est régulièrement établie par l'acte du *Liber de Servis* de Marmoutiers, dans lequel il est énoncé fils de Bouchard et petit-fils d'Ernauld de Brisay *(Burchardus filius Ernaldi de Brisaico et Rainelmus filius ejus)*, comme seigneur intéressé dans la donation faite par Vivien Brochard, de l'Ile, au monastère de Tavent, réclamant d'Hamelin et de son père une adhésion complète à sa libéralité en qualité de feudataires dominants. Nous avons cité ce don auquel Hamelin n'hésita pas à donner son approbation, bien que fort jeune encore, à peine âgé d'une dizaine d'années, puisque cette pièce fut rédigée entre 1050 et 1055, et que le mariage de son père Bouchard ne fut pas antérieur à l'an 1040.

En 1061, dans le château de Faye, au milieu d'un grand nombre de gentilshommes de Touraine, Loudunois et Anjou, présidés par le comte Geoffroy le Barbu, Hamelin fils de Bouchard *(Rainalmus filius Burchardi)* assista à la donation de l'alleu de Charzay, faite par Aimery l'ancien, seigneur de Faye, à l'abbaye de Noyers (1).

En 1080, à l'Ile-Bouchard, Rainaud de Bagnolles, sa femme Dulcie, fille de Thomas de l'Ile et veuve de Bernard Bonservant, Pierre-Thomas, fils de Dulcie et de Bernard, vendirent aux moines de Noyers un terrain situé entre l'église Saint-Gilles et l'hôpital des lépreux. Pierre reçut de l'abbé

(1) *Cart. Noyers*, ch. 653.

la somme de 30 sous, avec la promesse d'une redevance de 4 deniers de cens, chaque année, à la fête Saint-Martin d'été. Thomas de l'Ile, son fils Yvon et les autres membres de la famille approuvèrent cette cession ; et Hamelin fils de Bouchard, du fief de qui relevait cette parcelle de terre du chef de sa mère Guiteberge, de l'Ile, parente des donateurs, y donna son plein consentement ès mains de l'abbé Etienne, en présence de Chotard de Saint-Epain, Geoffroy de Coëme, Foucher de Preuilly, Huellin de Boislent, Ours de Bernezay, Arnaud du Pont et autres (1).

En 1096, à l'Ile-Bouchard, quatre gentilshommes de la localité nommés Geoffroy, Angel, Aimery et Hugues, fils du seigneur de Saint-Savin, se préparaient, ayant pris la croix des mains du pape Urbain II, à partir pour Jérusalem. Leur détermination excitant l'enthousiasme autour d'eux, ils se mirent en route, escortés de Barthélemy, seigneur de l'Ile, Philippe de Bossée, Pierre de Messemé, Hamelin, fils de Bouchard, et autres, leurs parents et amis, qui les accompagnaient *(qui deducebant eos)*. Cette belle troupe de guerriers bardés de fer, remontant en bateau le cours de la Vienne, s'arrêta dans l'église de Noyers pour demander à la Vierge-Mère le succès d'une si pieuse entreprise. Les de Saint-Savin eurent alors la généreuse idée de céder à l'abbaye cent arpents de terre en forêts et landes, qu'ils possédaient aux environs de Charzay, en exprimant le désir de voir les moines reconstruire en ce lieu une église qui s'y trouvait en ruines, et bâtir autour d'elle quelques habitations destinées à former un village. Les moines de Noyers accédèrent à leurs vœux. Ils remirent de plus aux quatre jeunes seigneurs la somme de 100 sous, destinée à leur faciliter les dépenses du voyage d'outre-mer ; après quoi les croisés prirent le chemin de la Terre-Sainte. Geoffroy et Angel y périrent ; les deux autres revinrent au pays, et trouvèrent la chapelle

(1) *Cart. Noyers*, ch. 80, 145, 204.

debout, le village formé tout autour, et en présence de Pierre de Messemé et de notre Hamelin, ils jurèrent d'en être à jamais, envers et contre tous, les plus fidèles défenseurs (1).

Peut-on de cette pièce conclure qu'Hamelin, Messemé, Barthélemy de l'Ile et les autres gentilshommes escortant les de Saint-Savin, firent avec ceux-ci le voyage d'outre-mer et prirent part à la première croisade? Une réponse affirmative serait peut-être risquée. Il ne résulte pas clairement en effet, des termes de l'acte en question, que ces chevaliers aient poursuivi tous ensemble leur entreprise jusqu'à Jérusalem. On peut croire, à la rigueur, qu'ils s'en tinrent à la visite faite à Noyers, et que les premiers revinrent chez eux, après s'être séparés des Saint-Savin au sortir de l'abbaye. Barthélemy surtout, ne serait point parti pour la croisade à la remorque des Saint-Savin, qui étaient ses vassaux ; et s'il avait fait le voyage, il ne se serait pas mis en route sans gratifier également l'abbaye de Noyers d'une pieuse donation.

Avec plusieurs habitants de l'Ile, Hamelin se trouva témoin, en 1102, de concessions faites à l'abbaye de Noyers, par Obier de Montet et Geoffroy Bérard portant sur diverses maisons et leurs dépendances, situées sur la rive droite de la Vienne, au confluent de la Manse, et approuvées par le seigneur de l'Ile, Barthélemy.

L'année suivante, on le voit rangé parmi les chevaliers qui formaient la petite armée de ce feudataire, dont il était vassal, en guerre contre Hugues, seigneur de Sainte-Maure, lutte au cours de laquelle, ceux de l'Ile eurent à regretter la mort d'un des leurs, Philippe, fils de Geoffroy Savari, jeune homme de haute origine, ayant des parents très haut placés en Touraine et Anjou, tué dans une rencontre, par Geoffroy, frère de Pierre le Tort, du château de Montbason, et dont

(1) *Cart. Noyers,* ch. 252.

la mort avait jeté dans la douleur et les regrets toute la noblesse de la contrée.

Parents et amis du mort voulurent user de représailles à l'égard du meurtrier. Celui-ci invoqua le droit d'asile, et Etienne, abbé de Noyers, le recueillit dans son cloître. Lorsque fut apaisée la colère du premier moment, Etienne prit à cœur de réconcilier les parties adverses. Il se rendit dans ce but auprès de Hugues de Champchevrier, oncle maternel du malheureux Philippe, et lui démontra que les haines de famille, et les violences dont il menaçait le meurtrier de son neveu, ne pouvaient profiter au salut de l'âme du défunt. Par de bonnes paroles il amena ce chevalier à consentir que la paix fut rétablie entre les deux familles, moyennant que Geoffroy fonderait un anniversaire en expiation de son meurtre.

Geoffroy le Tort, de Montbason, donna à cet effet, une terre qu'il possédait entre ce château et Loches, nommée Antogny, et en échange de ce don, l'abbé de Noyers célébra pompeusement l'anniversaire du trépas de Philippe ; puis, à la suite de cette cérémonie, il conduisit tous les intéressés à l'Ile-Bouchard, où résidait la mère du défunt, dans la demeure de laquelle fut achevée la réconciliation des Le Tort et des Savari, qui s'embrassèrent *(osculantes)* en signe de paix et de rémission (1).

André Peloquin avait succédé, en 1108, à Barthélemy, dans la seigneurie de l'Ile-Bouchard. Il inaugurait sa prééminence par des dons aux abbayes de la contrée. Il se transporta dans celle de Fontevrault, qu'achevait à peine de fonder alors Robert d'Arbrissel ; et, en présence des seigneurs de son plus proche entourage, les Hugues fils d'Ory, Pierre Thomas, Mathieu Rinceval, Bernier de Champigny, Savari fils d'Ogier et Hamelin fils de Bouchard, il donna à cette maison religieuse, pour assurer le repos des âmes de

---

(1) *Cart. Noyers*, ch. 330.

son père, de sa mère, de ses parents et de sa première femme, le port du moulin de Saché, avec le droit de mouture qu'il y percevait. L'abbesse lui témoigna sa reconnaissance, en accueillant dans la maison à titre de novice, une jeune fille élevée au château de l'Ile depuis sa naissance, et qui semble avoir été la sœur de lait du donateur (1).

En 1112, nous retrouvons Hamelin à Buxières dans la paroisse de Dangé, dépendance de la châtellenie de Marmande, sur la rive gauche de la Vienne, attestant au profit de l'abbaye de Noyers, avec Ranulfe d'Aubeterre, Vivien de Millerant, Jean du Chilloux, Vivien de Marigny, Geoffroy de Coëme, sous la présidence de Zacharie de Marmande, seigneur dominant, le partage fait par les fils d'Archambaud, dit Grenouille, des revenus de la chapelle de Buxières, dont le casuel et les offrandes devront être partagés entre l'abbé de Noyers et le desservant de l'église de Dangé (2).

Devenu vieux, et sentant approcher sa fin, Hamelin II qui, en 1115, devait compter près de 70 ans, suivit le pieux usage dont un grand nombre de seigneurs donnaient l'exemple à cette époque. Il se retira dans cette abbaye de Noyers, dont il avait été le protecteur et le bienfaiteur. Il y revêtit le froc du moine et demanda au cloître le repos des derniers jours. Pour y recevoir bon accueil et pour y subvenir à sa dépense, il donna au monastère la moitié de la maison qu'il possédait dans la ville de Chinon *(dedit medietatem domus suæ quæ est in Cainoni Castro)*, et la moitié d'une vigne lui appartenant, assise sur la roche qui avoisine la ville, laquelle se trouvait dépendre du fief de Garnier Maingod, chevalier habitant Chinon, dont l'approbation à cette libéralité fut requise et obtenue. Tout porte à croire que Hamelin finit ses jours dans l'abbaye de Noyers, et que son corps fut inhumé sous les voûtes romanes de la basilique,

---

(1) *D. Housseau*, t. 12, n° 5591.
(2) *Cart. de Noyers*, ch. 376.

à laquelle il avait témoigné un si dévot attachement (1).

On ne connait pas le nom de sa femme, mais on sait qu'il eut un fils nommé Geoffroy.

§ II

GEOFFROY DE BRISAI

Geoffroy fils de Hamelin et Hamelin fils de Bouchard *(Goffredus filius Rainalmi et Rainelmus filius Burchardi)* vendirent dans les premières années du XIIe siècle, à l'abbaye de Noyers, trente arpents de terre sis en un lieu nommé Torcé, près d'Anché, sur la Veude, dépendant de leur seigneurie, au prix d'une redevance annuelle de 16 deniers de cens. Ils firent gratuitement don, dans le même acte, de quatre autres arpents, sur la superficie desquels les moines devaient construire un bourg avec une chapelle, leur octroyant d'avance toutes les coutumes ou impôts et privilèges qui pourraient y être exercés ou perçus. Ils y ajoutèrent la cession de leur droit de pêche dans les eaux de la Veude, et Geoffroy fils d'Adelelme, leur parent, donna aussi sa pêcherie commune dans les mêmes eaux. Cette rivière dépendait du fief de Garnier Maingod, de Chinon, qui approuva la donation, en présence de Geoffroy Ruillier, Payen de Brisai, Payen de Thousé et Sabon, serviteur de Geoffroy de Brisai (2). Ce fut la création d'un village qui existe encore.

Geoffroy se souvint sans doute qu'il était le descendant du premier seigneur de Brisay, et bien qu'il n'en possédât point la terre, il voulut en prendre le nom pour ne pas laisser oublier son origine. Cet exemple fut suivi, au même

(1) *Cart. Noyers*, ch. 408.
(2) *Cart. Noyers*, ch. 230.

temps, par son cousin Payen, qui vient d'être nommé, et qui porta le nom de Brisai (avec cette orthographe spéciale), sans avoir été possessionné en ce lieu. C'est qu'alors, les noms de terre commençaient à devenir des noms de famille, et l'usage se généralisait chez les gentilshommes d'ajouter à leur prénom le nom de la seigneurie dont ils étaient originaires. Pour les Brisay, surtout, cet usage faisait loi, puisque leur nom était patronymique, et qu'ils ne l'avaient imposé à cette terre que pour le lui reprendre ensuite, et se le transmettre de génération en génération pendant huit siècles.

Geoffroy semble avoir occupé, pendant sa jeunesse, l'emploi de page, écuyer ou varlet, dans la Maison de Montsoreau, voisine de Chinon, et si puissante au XIe siècle, qu'au dire de Ménage, « ceux de ceste maison estoient traitez de princes ». Il y apprit le métier des armes. Plus tard, il accompagna Gautier de Montsoreau en Terre-Sainte, lors des expéditions de renforts qui suivirent immédiatement la première croisade.

Boémond, prince de Tarente avait été fait prisonnier des Sarrazins, à Antioche, et demeura plusieurs années dans les fers. Rendu à la liberté en 1106, il revint dans ses états, parcourut l'Italie, la France, appelant la noblesse au secours du nouveau royaume de Jérusalem. Il recueillit de nombreuses adhésions en Touraine, et se prépara à passer avec ses nouvelles recrues en Terre-Sainte.

Pendant le voyage *(pergens Jerusalem)*, Gautier de Montsoreau s'était arrêté en Apulie, à Massafra *(Mesphra)*, petite ville voisine de Tarente, où s'embarquaient les croisés. Là, pour obtenir du Ciel une favorable traversée, il reçut du moine Gautier, sans doute son chapelain, et de Geoffroy de Brisai (*Goffredi Brisaryi*) assurément son écuyer, le conseil d'offrir un don à l'abbaye de Noyers, située non loin de sa seigneurie, en Touraine, et envers laquelle Geoffroy et son père avaient, comme on l'a vu, toujours témoigné d'une grande dévotion. Le chevalier y consentit. Il octroya à cette maison, pour ses religieux et leurs domestiques, l'exemption de tout impôt de passage et d'octroy, sur l'étendue de sa terre de Montsoreau, et sur le cours de la Loire qui la borde, tant pour aller de l'autre côté du fleuve, que pour en revenir. L'acte qu'il fit dresser à ce sujet porte le témoignage des chevaliers de son escorte : Raoul Rabaste, Raoul de Luché, Gastin de Bourgueil, Gaudin de Cursay, Simon de Nouâtre, Aimery fils d'André, Hervé fils de Durand, dont les noms furent quelque peu estropiés et fortement italianisés par le scribe tarantain qui les a transcrits (1).

Pendant que le sire de Montsoreau et les hommes de sa bannière faisaient voile avec le prince de Tarente, vers les rive de Syrie, le moine Gautier, revenait en France, porteur de la charte de donation qu'il devait remettre à l'abbé de Noyers, et chargé par son maître de faire connaître par des signes incontestables *(certis signis)* à dame Grécie, femme du donateur, et à ses enfants, qu'ils devaient approuver dans toute leur étendue la libéralité par lui consentie.

Cette sanction se fit avec solennité. L'abbé Etienne, accompagné de ses moines et des seigneurs voisins se rendit avec le chapelain Gautier au château de Montsoreau, où Grécie et ses enfants, Guillaume et Rompestache, ayant pris connaissance de la donation faite en Italie, par leur seigneur et maître, en approuvèrent les termes et accordèrent leur plein consentement à l'exemption de taxe dont les moines purent dès lors se prévaloir.

Gautier de Montsoreau mourut en Palestine. Geoffroy de Brisai revint en Touraine, porteur de la nouvelle de ce trépas. L'abbé de Noyers fit célébrer un service en mémoire de son bienfaiteur, et chanta pour lui les prières réservées aux moines profès (2).

(1) *Cart. de Noyers*, ch. 250.
(2) *Cart. de Noyers*, ch. 251.

Le document qui contient ces détails n'est pas daté, mais concorde absolument avec une autre pièce citée par dom Housseau, dans laquelle il est dit que Gautier de Montsoreau, au moment de prendre la voie d'outre-mer *(proficiscens Jerusalem)*, accorda aux moines de Marmoutiers, à Tours, la même remise des droits de passage à Candes et à Montsoreau, dont il gratifia peu après ceux de Noyers. Cette charte porte le millésime de 1108, et fixe régulièrement la date à laquelle Geoffroy de Brisai accompagna Gautier de Montsoreau, en Terre-Sainte, dans l'ost de renfort conduit par Boémond de Tarente. La présence d'un membre de la maison de Brisay à la première croisade est donc authentiquement établie par ces deux actes (1).

Le 6º jour des ides d'avril, l'an 1125, sous le règne de Louis VI, roi des Francs, Foulques étant comte d'Anjou, et Gislebert occupant le siège archiépiscopal de Tours, Geoffroy de Brisai (*Gauffredus de Brisaio*), réuni à Robert de Raray, à Geoffroy de Pocé et Robert son fils, assista, dans l'église de Fontevrault, devant l'autel de sainte Radegonde, à la prise de voile de la jeune fille de Pierre Feuillet, qui donna à l'abbesse Pétronille de Chemillé, comme dot de son enfant, et du consentement de sa femme Ode, le moulin de Postange, avec un arpent de terre, comprenant tous droits de mouture et franc de toute redevance. Il vit l'abbesse remettre à Pierre Feuillet, en témoignage de reconnaissance, un marc d'argent et un roussin, sur lequel Pierre Feuillet et sa femme durent retourner à la maison (2). Vers la même époque, avec le même Feuillet et deux serviteurs de l'abbé de Noyers, les honnêtes Jacquelin et Pierre, notre Geoffroy se porte témoin, devant l'abbé Gaudin, du don de la terre de Maseuil, fait à ce dernier par Hubert, sa femme Ahia, leur fils Gautier et sa sœur, approuvé par Boson, neveu de

(1) *Ms. de la Bibl. nat.*, nº 1278.
(2) *Dom Housseau*, t. 12, nº 563.

Bouchard Ganelon, qui avait précédemment vendu Mascuil à Hubert (1).

Il disparait vers 1130, laissant une veuve nommée Milsende, à laquelle les moines de Noyers prirent soin de faire donner une reconnaissance de la fondation faite par son mari, en leur faveur, au village de Torcé, sur la Veude. Elle ne paraît pas lui avoir donné d'enfants (2).

§ III

BOUCHARD II, SEIGNEUR DE SAZILLY

Deux chartes du XIIe siècle nous révèlent l'existence de *Bouchard* de Brisay, deuxième du nom (*Burchardus de Brisaio*) comme tout à fait contemporain de Geoffroy de Brisai et de Payen de Brisai.

Dans l'une d'elles — abandon, moyennant 100 sous remis par le prieur de Tavent à Geoffroy de Rivière, de toute la dîme perçue par ce seigneur à Rivière, avec autorisation de sa sœur Cécile, femme d'Aimery Physyvon — Bouchard de Brisay témoigne avec Aimery de Blô et quelques autres du bien fondé de l'acquisition du prieur; et ensuite à Chinon, avec Payen de Brisai, Guithier de Champigny, Augier de Forges, Aimery de Blô, il vient en qualité de voisin et d'ami (*de nostris*) du prieur de Tavent, assister, dans les premières années du XIIe siècle, vers 1110, à l'approbation donnée par Robert de Blô, sa femme Ersende dite Marquise, son fils Robert, moyennant un don de 60 sous à eux remis par le prieur Adelaume, à la susdite libéralité du seigneur de Rivière, vassal du château de l'Ile que de Blô gouvernait alors (3).

(1) *Cart. Noyers*, 454.
(2) *Idem*, 230.
(3) *D. Housseau*, t. III, n° 1055.

Dans l'autre datée de 1119, il figure dans l'église de Saint-Maurice, avec Aimery de Blò, comme témoin de la translation de l'église de Rivière, faite par Gislebert, archevêque de Tours, au prieur de Tavent, Adelaume, qui dès lors aura soin d'y célébrer les exercices du culte, ce qui n'était point assuré sous la direction des seigneurs du lieu, auxquels jusqu'alors incombait la mission d'y pourvoir, ainsi que de la reconnaissance de tous les dons qui enrichissaient cette église (1).

Ce Bouchard, si grand ami et si proche voisin des moines de Tavent, constamment en relation intime avec eux, ne fait assurément qu'un même personnage avec Bouchard, seigneur de Sazilly, paroisse située à très courte distance en aval de Tavent, au bord de la Vienne, sur le périmètre de laquelle se trouvait Torcé et autres possessions des Brisay de la branche des Hamelin et des Bouchard.

Bouchard de Sazilly *(Burchardus de Sazilliaco)*, le premier qui prit le nom de ce fief, paraît donc devoir se souder à cette branche, et peut être considéré comme le fils d'Hamelin II fils lui-même de Bouchard I issu d'Ernauld de Brisay. Son existence toute contemporaine de celle des Brisay, sa présence continuelle à Chinon, Tavent, l'Ile-Bouchard et localités circonvoisines, pendant la première moitié du XIIe siècle, ne créent pas la seule présomption qui fait croire à cette origine ; mais la présence d'Aimery son frère, et puis de Ranelin ou Hamelin de Sazilly et de son fils Geoffroy, à la génération suivante, dans les actes locaux, permet de reconnaître d'une manière certaine, par la similitude des prénoms, dans ses possesseurs du fief de Sazilly des descendants directs d'Hamelin II.

Bouchard de Sazilly est, avec son frère Aimery, témoin, en 1129, d'une donation faite à Ablevoye par Robert de Blò, sa femme Ersende et ses fils Robert et Gausselin en faveur

---

(1) *D. Housseau*, t. IV, n° 1394.

des moines de Marmoutiers (1) ; puis à Noyers, on le trouve approuvant avec Payen de Chinon et autres, la donation de l'église de Vallères, près d'Azay-le-Rideau, faite par Jacquelin de Colombiers, vers 1139 ; il reparaît, en 1141, à Turpenay, pour donner son plein consentement à la donation consentie en faveur de cette abbaye par Garnier de Villery, dont il était le neveu du chef de sa mère, sur une terre située à La Roche-Clermault, dans le Val de Lerné (2).

De ces diverses citations, il est donc équitable de conclure qu'outre Geoffroy, dont la filiation est authentiquement prouvée, Hamelin fils de Bouchard de Chourses, dans la branche tourangelle, eut pour fils Bouchard de Brisay ou Brisai, seigneur de Sazilly, connu sous le nom de Bouchard de Sazilly depuis son accession à cette seigneurie, et Aimery qui ne figure ici que sous un nom de baptême, mais que la similitude du prénom a pu faire confondre avec Aimery de Brisai, connu comme fils de Payen de Brisai, dont il sera mention plus loin.

En 1180, *Ramelinus* ou *Renalinus*, encore nommé *Ranelemus* ou *Ranelmus de Saziliaco*, qu'il faudrait traduire par Hamelin de Sazilly, donne en présence de Barthélemy, archevêque de Tours, à l'abbaye de Turpenay, un four qu'il possédait devant l'église de Saint-Mesme, à Chinon, moyennant un cens annuel de deux sous. Dans cette pièce il est qualifié « habitant Chinon », terme qui le rattache encore aux Brisay, possesseurs de maisons dans cette ville.

Hamelin avait, peu auparavant, vendu avec le consentement de son fils Geoffroy, à l'abbé de Turpenay, Guillaume, un cours d'eau qui alimentait le moulin de Montalay. Egalement à Montalay, dont il était seigneur, Hamelin approuva et fit approuver par sa femme Scholastique et son fils

(1) *D. Housseau*, t. IV, n° 1506.
(2) *D. Housseau*, t. IV, n° 1662.

Geoffroy, la donation de tous les droits et privilèges que Baia, femme de Robin de Montalay, tenait de lui, dans les paroisses de Liesse et la Tour-Saint-Gelin, faite en 1184, par cette pieuse dame à Hermengarde, abbesse de Beaumont (1).

En 1208, Jean de Sazilly prend la croix, et, au moment de partir pour Jérusalem, il donne quelques aumônes à l'abbaye de la Merci-Dieu, avec le consentement de Philippe de Sazilly, son fils (2). Celui-ci, pendant l'absence de son père, confirme avec sa femme Angèle et Pierre de Sazilly son fils, une donation d'un septier de froment de rente à prendre au moulin de Montalay, dont il est seigneur comme l'avait été Hamelin son prédécesseur, faite par Guillaume de Négron, sous la garantie de Barthélemy, seigneur de l'Ile-Bouchard, aux religieux de la MerciDieu (3).

Enfin, l'on voit figurer Alès de Sazilly avec sa mère Bathilde, dans un acte passé à l'Ile-Bouchard, en 1215, et Philippe de Sazilly, en 1219, approuvant comme seigneur dominant certains dons faits par Ogier Savari aux religieuses de l'abbaye de Beaumont (4).

En 1291, Bouchard de Sazilly, chevalier, engage un muid de froment de rente annuelle assis sur sa dîme de Sazilly, en faveur de la maison de religieux de Tavent, contre la somme de trente livres tournois que ces religieux consentent à lui donner en prêt (5).

En 1372, Jehanne de Sazilly, veuve de feu Guy de Maillé, chevalier, fonde quatre anniversaires pour le repos de l'âme de son mari en l'église abbatiale de Cormery (6).

Ces quelques citations me semblent suffisantes à établir la présomption d'un lien de parenté sérieux et filiatif entre

---

(1) *D. Housseau*, vol. V, nos 1656, 1975, 1978.
(2) *D. Housseau*, t. V, n° 2265.
(3) *D. Housseau*, t. VI, n° 2263.
(4) *D. Housseau*, t. VI, nos 2398, 2474, 2475.
(5) *D. Housseau*, t. VII, n° 3384.
(6) *D. Housseau*, t. VIII, n° 3702.

les seigneurs de Sazilly et les Hamelin, les Geoffroy, les Bouchard fils d'Ernauld de Brisay.

Je n'ai pas à donner ici la généalogie de la maison de Sazilly, qui semble s'être éteinte au XVe siècle dans celle de Becdelièvre, dont l'un des membres possédait la terre de Sazilly en 1548 ; j'ai voulu seulement indiquer une opinion qui m'est toute personnelle et basée sur les titres les plus certains, tenant en outre à déclarer que, bien que le nom de Sazilly soit encore porté de nos jours, il n'existe plus de descendants de ces Hamelin et de ces Geoffroy, qui semblent avoir été des cadets de Brisay, vivant et agissant à Chinon comme à l'Ile-Bouchard, dès le XIIe siècle, et pendant les trois siècles suivants.

§ III

AIMERY, FILS DE BOUCHARD

Aimery Ier, le second des fils issus du mariage de Guiteberge, de l'Ile, avec Bouchard, fils d'Ernauld de Brisay, présente une filiation qui, pour être moins régulièrement établie que celle de son aîné Hamelin, paraît encore suffisante à assurer son état civil. Elle résulte de deux pièces du cartulaire de Noyers, dans lesquelles, au milieu de seigneurs habitant l'Ile-Bouchard et les environs, tels que Barthélemy et Peloquin de l'Ile, Geoffroy Savari, Hugues et Pépin fils de Vivien Brochard, Aimery de la Rajace, Jean Feuillet, Giroir de Varèze, Josselin de Bossée, Arnould du Chilloux et les Fils Yvon, il assiste, sous le nom d'Aimery fils de Bouchard *(Aimericus filius Burchardi)*, à des donations faites à l'abbaye de Noyers ou à l'église Saint-Gilles, sur des biens situés dans les dépendances du château de l'Ile-Bouchard. Ces chartes non datées, mais relatant la présence des deux seigneurs Barthélemy et Peloquin, qui se succédèrent dans la prééminence de cette forteresse, entre les années 1080 et 1108, permettent de reconnaître dans les témoins qui s'y trouvent nommés, des personnages vivant dans le dernier tiers du XIe siècle et contemporains de Hamelin II, dont nous avons ci-dessus décrit les gestes (1).

En février 1093, Aimery, qui avait pris le nom de Brisay porté par son aïeul, prêtait, avec Aimery de Bernezai et Geoffroy Malmine, sous la qualification *Aimericus de Brisaio* (cette orthographe est conservée dans cette branche), le concours de son attestation à l'acte de confirmation que fit, aux moines de Saint-Florent de Saumur, le chevalier Gautier de Montsoreau, à l'aide d'un couteau à manche noir *(cum custello nigri manubrii)* remis aux mains de l'abbé, des donations et libéralités diverses antérieurement consenties en faveur de cette maison, par lui et ses prédécesseurs (2). Il n'est pas sans intérêt de voir figurer Aimery de Brisai à la cour de Montsoreau, à une date voisine de la première croisade, alors que l'on sait que Geoffroy de Brisai accompagna le même chevalier Gautier, en Terre-Sainte, en 1108 ; on peut en effet conclure de ce rapprochement significatif qu'Aimery, employé comme homme d'armes *(armiger)* auprès de ce puissant feudataire, lui eut confié son neveu Geoffroy en qualité de page ou d'écuyer. Aimery, lui-même, pouvait dans ces conditions faire partie du voyage de Jérusalem. — Y fut-il ? C'est ce qu'aucun acte ne nous a révélé.

§ IV

PAYEN DE BRISAI ET SES FILS

Payen de Brisai (*Paganus de Brisai*), un des personnages les plus répandus, en Touraine, au commencement du

---

(1) *Cart. de Noyers*, ch. 120 et 186.
(2) *Cart. de Saint-Florent, Liber albus*, fol. 35.

XIIe siècle, paraît avoir été le fils d'Aimery de Brisai et d'une femme dont le nom est demeuré inconnu.

Fut-ce par sa mère, fut-ce du côté de sa propre épouse qu'il acquit des droits sur la terre de Bomiers, située près Sainte-Maure, dans la succession d'un seigneur de riche et noble extraction, nommé Ogier, qui mourut grand chantre du chapitre de l'église Saint-Hilaire de Poitiers, vers l'an 1100 ?

On n'est pas fixé à cet égard.

On sait seulement qu'Ogier possédait Bomiers héréditairement, partie de son chef, partie du côté d'un sien cousin, Julien le Rouge, dont la veuve, Guiteberge, lui avait laissé la part de son mari dans ce domaine, bien qu'elle eût à sa mort des enfants, issus d'une seconde union contractée entr'elle et Rodolphe de Fontenilles. Ogier, dans un accès de piété très compréhensible au lit de la mort, mais nuisible au premier chef à ses héritiers naturels, avait fait don de la totalité de la terre de Bomiers aux moines de Noyers, qui l'occupèrent après la mort du donateur.

C'est alors que surgirent deux seigneurs puissants et hardis, Hugues Gosselin, originaire de Chinon, possesseur de grands biens aux environs de Faye, Nouâtre, sur la Veude, seigneur de Draché et d'Usseau, — et Payen de Brisai, habitant Chinon, lui aussi, possessionné aux alentours de cette ville, et que des liens de parenté incontestable et de communauté d'intérêts unissaient à Hugues. — Ils chassèrent les moines de Bomiers, et confisquèrent à leur profit toute la terre laissée par le grand chantre Ogier.

On pourrait croire qu'agissant avec un si touchant ensemble, Hugues et Payen avaient sans doute épousé les deux filles d'Ogier, au nom desquelles ils revendiquaient la possession de Bomiers. Les chartes sont muettes sur ce point délicat, que l'on pourrait cependant appeler le nœud de la question, mais il semble résulter assez clairement d'une pièce dont nous aurons à citer les termes, que Payen se trouvait être alors non pas le beau-frère mais le gendre du seigneur de Draché.

Payen de Brisai ne tarda pas à regretter son usurpation impie. Reconnaissant toute l'injustice de sa conduite, il rendit spontanément, et sans conditions, aux moines de Noyers, ce dont il les avait dépouillés. Il fut moins facile à ceux-ci d'obtenir un désistement désintéressé d'Hugues Gosselin. Ils y parvinrent cependant, et un concordat intervint en faveur des moines, par lequel l'affaire en litige fut réglée à la satisfaction des deux parties. Cet accord, consenti dans le chapitre de l'abbaye, en 1103, eut pour témoins Aimery, vicomte de Châtellerault ; Barthélemy, seigneur de l'Ile ; Aimery, seigneur de Faye ; Payen de Chinon, seigneur de Montbason ; Hugues, seigneur de Sainte-Maure ; Hervé de Chambrun, Adhémar de Cursay, Geoffroy Feuillet ; Geoffroy Peloquin, fils du seigneur de Sainte-Maure ; Girard la Chouette, Arnaud de Rougebec, Simon de Nouâtre, Geoffroy de Saint-Savin. Certes une telle réunion des plus fortes lances de la Touraine prouve que les deux contractants qui en furent l'objet, Hugues de Draché et Payen de Brisai, n'étaient pas de petits clercs (1).

C'est avec Chinon, où l'on sait que la famille de Brisay possédait des immeubles dans la ville et des terrains aux alentours, en vertu de la succession d'Ernauld de Brisay, son auteur ; c'est au milieu des habitants les plus connus de cette pépinière de gentilshommes, que l'on voit Payen de Brisai maintenir ses relations les plus fréquentes et garder son point de contact permanent. Dans les excursions nombreuses qui occupèrent son existence de chevalier, Payen ne paraît pas s'être éloigné de la circonscription dont ce « castrum » était le centre.

Il commence, au début du XIIe siècle, par prêter son concours à un seigneur caïnonais, Garnier Maingot, dans

(1) *Cart. Noyers*, ch. 394.

l'approbation des libéralités faites aux moines de Noyers, par Geoffroy de Brisai, son cousin, sur les possessions de la famille, à Torcé, et sur la Veude, dont le cours relève du fief de ce Maingot, et il est cité avec Payen de Thouzé comme témoin assistant à l'acte d'acquiescement donné par ledit Maingot à la cession dudit Geoffroy. Peu après, vers 1110, il est appelé comme témoin dans un concordat passé à Chinon entre l'abbé de Noyers et les Garnier, Josselin et Gouffier Maingot, fils de Renaut Maingot, concernant une donation faite par leur père à Champigny, près La Roche-Clermaut, en présence de Robert de Blô, Cadilon de Forniols, Fouchier de Messemé, Guillaume de Riviére, Bernier de Champigny et Geoffroy de Gant. (1). A la même époque, il prend part à la cession faite, par les Maingot, de leur droit de fief sur les moulins de Champigny, donnés par Robert de Blô et sa femme Milesende à la susdite maison religieuse, et il est nommé, dans cet acte, « frater » d'Affrède Gosselin, l'un des témoins, terme que l'on doit traduire par *beau-frère*, et qui jette une lumière inattendue sur les relations de Payen et d'Hugues Gosselin, père d'Affrède, au sujet de l'affaire de Bomiers dont nous avons donné ci-dessus les détails, établissant clairement que le premier de ces seigneurs était devenu, antérieurement à leur entreprise, le gendre du second (2).

Dans ce même lieu de Champigny, où venait de s'élever, sur la Veude, la forteresse que les de Blô illustrèrent dans le courant de ce siècle, avec le concours des Brisai et autres leurs voisins, par leur énergique résistance contre les Anglais, les moines de Noyers acquéraient encore, en 1120, d'un chevalier *(miles)* nommé Bernier, la dîme de tous les biens tenus par lui du fief de Robert de Blô. Ce Robert et sa femme Marguerite, leurs enfants au nombre de cinq, Philippe,

(1) *Cart. Noyers*, ch. 98, 230.
(2) *Cart. Noyers*, ch. 264.

Maurice, Aimery, Marie et Asseline approuvaient ce don, en présence de Peloquin de l'Ile-Bouchard, Gouffier Maingot, Payen de Brisai et quelques moines ou serviteurs (1).

Si l'histoire nous présente Payen comme l'*alter ego*, le compagnon perpétuel et inséparable des Maingot, de Chinon, elle ne nous a pas, par une regrettable lacune, transmis le nom de sa compagne à lui, le nom de sa propre femme. Nous savons seulement, par les liens d'intérêt commun qui unissaient notre personnage à Hugues de Draché, et par sa situation révélée de beau-frère d'Affrède, fils de ce seigneur, que Payen avait épousé une fille issue du mariage d'Hugues avec Frésende, morte en 1115. Ce trait d'union entre les deux familles, amena nécessairement Payen à prendre une certaine part aux faits et gestes des Gosselin, qui paraissent avoir été de jeunes seigneurs turbulents, s'il en fut jamais à leur époque.

Ainsi Pierre Gosselin, beau-frère de Payen, marié à Marguerite, fille du seigneur de Nouâtre, et habitant ce château très proche voisin de l'abbaye de Noyers, n'avait rien trouvé de plus ingénieux que d'emprunter au R. P. Abbé deux ornements d'église destinés, affirmait-il, à la célébration des offices divins dans sa chapelle. Puis sans tapage, il les avait livrés en gage à un juif contre l'emprunt d'une forte somme d'argent.

Quand il fallut, à la prière de l'abbé, restituer les chasubles, Pierre fort embarrassé du moyen de retirer ces objets des mains du prêteur, auquel il ne remboursait pas son avance, déclara sa ruse et dut indemniser l'abbaye. Gaudin et ses moines exigèrent de lui l'abandon des moulins qu'il possédait à Marsilly, sur la Vienne, ainsi que de l'écluse qui les alimentait et du réservoir à poisson qui s'y trouvait adjoint. Ils prirent également l'île que, sur ce point, formait

(1) *Cart. Noyers*, ch. 441.

la rivière, et des vignes qui s'étageaient sur le côteau......
Tout cela valait bien deux chapes !

Plus tard Uric Gosselin, fils de Pierre, ayant cherché querelle à Jean des Aubiers sous les murs de la motte féodale de Nouâtre, on en vint aux mains et Jean fut mis à mort par Uric et ses hommes. Celui-ci ne manifesta que peu de regrets du meurtre, car le défunt était son vassal, mais comme l'homicide était flagrant, il consentit à ce que les moines reçussent quelques biens relevant de son fief, pour célébrer un anniversaire et prier au profit de sa victime. Ses frères l'approuvèrent ainsi que Payen, son oncle, et vraiment, il faut convenir que tout ce monde-là se tira d'affaire à bon compte.

Quand Pierre Gosselin mourut, il était couvert de blessures, Venu s'échouer infirme et grabatteux dans le monastère, il y cherchait la paix de l'âme et le repos du corps. Pour être admis à revêtir le froc, il donna, du consentement de ses fils, 60 sous de rente à prélever sur le rendement commercial du Port de Pilles. Cela se passait en 1136, à Noyers, en présence d'Hugues de Chambrun, de Guillaume, neveu de l'abbé, et de Payen de Brisai consanguin du donateur *(consanguineus ejus)*, ce qui veut dire son *frère* ou *beau-frère* du côté de son père, et revient à prouver une fois de plus que Payen se rattachait aux Gosselin par son mariage avec la fille de leur père et de Frésende, mais non pas avec une fille que Frésende aurait eue d'un premier mari (1).

Payen de Brisai n'offrit pas le pieux concours de ses attestations à la seule abbaye de Noyers. L'abbaye de Fontevrault que venait de construire et de peupler Robert d'Arbrissel, dans le voisinage rapproché de Chinon, recevait également ses visites pleines de déférence ; et là encore, comme à Noyers, c'était avec Garnier Maingot, son insépa-

(1) *Cart. de Noyers*, ch. 500.

rable, qu'il figurait légalement au profit des acquisitions faites par les saintes femmes (1).

En 1125, à Fontevrault, entre les mains de la prieure Augarde, Raoul Jayet, sa femme Aremberge, et leur fils Jean, ayant consenti à faire l'échange de six arpents de prairie, qu'ils possédaient dans la presqu'île de Véron, entre Loire et Vienne, reçurent deux vaches et 12 livres en deniers, avec l'approbation de Maingot de Chinon, dont ces biens fonds relevaient en fief, en présence de Pierre de Beaulieu, Geoffroy de Linières, Ogier Basdefer, Payen de Brisai et son fils Aimery (2). A la même époque, accompagné de Garnier de Candé, Aimery Boson, Guy Achard et Maurice du Pont, il assista, dans la même maison, à la cession faite pour 16 livres 6 sous, par Laurent de Noisy et Archembaut de Coëme, avec l'approbation de leurs enfants, de trois arpents de terre assis au Breuil (3).

Au lit de la mort Payen, pour le salut de son âme, donna aux religieux de l'abbaye de Turpenay, en présence et du consentement de son second fils Guillaume, qui l'assistait dans ses derniers moments, une rente de 20 sous de cens seigneurial qu'il percevait à Beugny, dans la forêt de Chinon. Sa fin, dont on ignore la date certaine, en raison de l'absence du millésime sur la pièce qui fournit ce détail, peut être fixée aux environs de l'année 1140 (4).

Aimery II, énoncé fils de Payen de Brisai *(Paganus de Brisaio et Aimericus filius ejus)* dans l'acte passé à Fontevrault entre la prieure Augarde et Raoul Jayet, vers 1125, reparait dans une charte de 1138, par laquelle Gilbert de Choigny, sa femme Milsende, leurs fils Arnoulfe et Thibaut, et Odille leur fille, donnent à l'église Saint-Michel de Luzay, leur moulin du Lac *(molendinum de Lacu)*, dans le but hono-

(1) *Sancti moniales.*
(2) *Cart. de Font. Arch. de Maine-et-Loire*, ch. 755.
(3) *Id.* ch. 771.
(4) *Gaignières.* vol. 640, fol. 73. *Bibl. Nat. mss.*

rable d'obtenir le salut de leurs âmes. Ce moulin relevait en fief de plusieurs seigneurs nommés dans l'acte, et qui accordèrent leur approbation à cette libéralité, promettant de n'y jamais contrevenir. Ces seigneurs sont : Aimery de Brisai *(Haimericus de Brisai)*, Aimery Savari, Hugues de Sainte-Maure, Pierre et Renaud la Chouette. Chacun d'eux se réserva la perception de 2 sous de cens annuel sur la mouture du moulin. Pierre Peloquin, époux de Rochérie, fille de Pierre Gosselin, et par ce mariage cousin germain d'Aimery de Brisai, Albert Peloquin et Foulques se portèrent garants de la parole donnée par Aimery de Brisai ; Angebaut, premier prieur de Luzay et Brient du Chilloux chez qui fut passé cet acte, en rédigèrent la minute (1). Au sud de Jaunay (Indre-et-Loire), dans l'angle formé par la route de Richelieu à Châtellerault et le cours supérieur de la Veude, on retrouve encore aujourd'hui *le Lac*, et sur le cours de la petite rivière, un hameau qui porte le nom de *Brizay*, modernisé par sa prononciation, de même que sur le côteau, en face, se dresse l'ancien fief de *Choigny*, en la paroisse de Saint-Christophe, non loin des *Hautes* et *Basses-Roches*, jadis possédées par les Brisay (2). C'est ainsi qu'à travers les siècles les localités restent, avec leurs désignations immuables, pendant que les hommes passent et disparaissent.

*Guillaume I*er énoncé fils de Payen de Brisai *(Paganus de Brisaico cum assensu filii sui Guillelmi)* dans l'acte de donation faite par ce seigneur mourant, à l'abbaye de Turpenay, sur ses possessions du village de Beugny, avait, dès son jeune âge, pris part à la cession de l'église d'Abilly, consentie en faveur des moines de Noyers, par deux gentilshommes loudunois nommés les Foucart. Cette translation de propriété ne se fit pas en une fois. — La mère des Foucart nommée Asseline, native de Loudun, avait d'abord octroyé grâcieu-

(1) *D. Housseau*, t. IX, n° 4211.
(2) *Cartes de Cassini et de l'État-major.*

sement à l'abbaye, la moitié des revenus provenant du casuel et des offrandes de la susdite église. C'était afin d'attirer la bénédiction de Dieu sur le voyage de son fils Geoffroy, qui partait pour la Terre-Sainte. Geoffroy Foucart pria même l'abbé Etienne de lui avancer 300 livres dont il avait besoin pour cette expédition. L'abbé, très généreux surtout pour un motif si respectable, remit au croisé 500 livres. Geoffroy promit alors à l'abbé que si Dieu lui accordait la grâce de revenir sain et sauf de Jérusalem, il abandonnerait à l'abbaye la totalité de l'église d'Abilly. Il revint et voulut acquitter sa promesse. Mais alors sa mère trouva le don trop large et s'opposa à son exécution. Elle permit que les moines fissent leurs les revenus de l'église, jusqu'à ce qu'ils se fussent remboursés de leur prêt, en prélevant sur les aumônes et le casuel 50 livres tous les ans. Cela était de bonne et sage administration, et prouve que les dames du temps de la première croisade savaient fort bien gérer la fortune de la maison, en l'absence d'un chef qui se laissait aller parfois à la prodigalité.

Mais après la mort d'Asseline, Geoffroy et Aimery Foucart frères, se rendirent à Noyers escortés de Bourgogne, femme du premier, de religieuses et sages personnes, le curé de Trèves, le prieur Renaud, et de quelques amis rassemblés à Loudun, à Châtellerault, parmi lesquels figure notre Guillaume *(Guillelmus de Brisai)*. Ils abandonnèrent, en présence de ces personnages, la totalité de leur église d'Abilly au monastère, par une charte non datée, que les synchronismes rapprochent de l'année 1120 (1).

Vers le même temps, Guillaume de Brisai, avec Normand de Cossé, Mathieu et Hervé de Saint-Médard, Escot de Giseux et Geoffroy de Monnac, assistait dans l'église de Fontevrault, à certaine donation faite par Hugues de Giseux et sa femme Julienne, dont la libéralité n'est pas indiquée,

(1) *Cart. Noyers*, ch. 243.

dans ses détails, par le copiste de cette note trop succincte (1).

Affrède de Brisai (*Acfredus de Brisaico*), dont aucun document ne révèle la filiation, peut avoir été le neveu et même le filleul d'Affrède Gosselin, dont il porta le prénom, et serait, dans ce cas, le fils de Payen de Brisai. Il est connu par une pièce de 1140, dans laquelle on voit Hugues, fils de Borel, seigneur de l'Ile-Bouchard, et sa mère Agnès, confirmer à l'abbaye de Turpenay, entre les mains de l'abbé Robert, dans un but de pieuse commémoration, tous les dons antérieurement faits à cette maison monacale, par les seigneurs de l'Ile, ses prédécesseurs. Affrède de Brisai fut avec Geoffroy Savari, Hugues fils d'Ulric, Bouchard de Sazilly, Aimery de la Rajasse, au nombre des témoins qui vinrent, dans le cloître de Turpenay, à la suite d'Hugues de l'Ile, leur seigneur, attester la réalité de cette concession (2).

§ V

MAISON DE BRISAI DES FRANCS

A cette branche caïnonaise de la maison de Brisay se rattachent incontestablement les personnages suivants dont l'existence est certaine, mais la filiation moins régulièrement établie que pour les précédents. Ils se lient intimement à ces derniers par la similitude du nom, des prénoms, et par leur présence dans les mêmes localités ou provinces. Ils paraissent être les auteurs de la branche poitevine de Brisai des Francs.

Hugues Ier de Brisai apparaît dans le Châtelleraudais en 1130. Il épouse la veuve d'Aléard, seigneur de Baudiment, et gère cette châtellenie au profit des enfants mineurs de sa

---

(1) *D. Housseau*, t. XII, n° 5532.
(2) *D. Housseau*, t. V, n° 1634.

femme (1). La tradition locale rapporte qu'Hugues de Brisai, mari de la dame de Baudiment, accompagna le roi Louis VII à la seconde croisade et qu'à son retour de Jérusalem, en 1150, il fit construire l'église romane de Beaumont, paroisse où se trouve Baudiment. Mais il résulte des pièces produites par le Chapitre de N.-D. la Grande de Poitiers, au cours de divers procès, au moyen-âge, que l'érection de l'église paroissiale de Beaumont fut l'œuvre de ce chapitre, qui détenait en ce lieu des terrains considérables en vertu d'anciennes concessions faites par les comtes de Poitiers. L'opinion qui veut voir dans Hugues le fondateur de N.-D. de Beaumont, est donc erronée.

Baudouin de Brisai, une des illustrations militaires de sa race, se signala par son énergie dans la lutte des Anglais contre les Français en Touraine, dans le courant du XIIe siècle. Les fils du roi d'Angleterre Henri II, comte d'Anjou, s'étant révoltés contre leur père, trouvèrent asile à la cour du roi de France Louis VII, leur beau-père. Celui-ci les aida à s'emparer de l'Anjou et autres provinces appartenant au Plantagenet. En 1173, Henri passa la mer avec une forte armée, reconquit rapidement ses provinces et mena ses troupes en Touraine, où les alliés de son fils tenaient la campagne avec obstination. Il s'empara d'abord des châteaux de la Haye et de Preuilly, puis il vint mettre le siège devant une des plus redoutables forteresses des environs de Chinon, le château de Champigny-sur-Veude. Robert de Blô, chaud partisan des princes, en était le possesseur. Guerroyant par le pays, il avait confié la garde de la citadelle à son propre frère Aimery, soutenu par plusieurs chevaliers du voisinage. La défense de Champigny fut très vive, l'attaque très opiniâtre. L'armée anglaise s'en empara dans un assaut général, et les défenseurs du château furent tués sur les remparts ou dispersés dans le pays. Persistant dans une résis-

---

(1) *Mon. du Poitou*, par Rabuchon et Lahaire, fasc. 81.

tance acharnée, six des plus valeureux champions de la forteresse se barricadèrent dans le donjon et s'y défendirent jusqu'à la dernière extrémité. L'histoire a conservé les noms de ces braves. On les appelait Aimery de Blô, Baudouin de Brisay, Hugues de la Motte, Gautier de Pont, Orry de Blô, Simon de Bernezay. Ils restèrent prisonniers des Anglais jusqu'à l'année suivante, au mois de septembre 1174, date du traité qui mit fin à la guerre, statua sur le sort des captifs et rendit à Robert de Blô son château de Champigny, devenu célèbre par un aussi beau fait d'armes (1).

Aimery III de Brisai (*Aimericus de Brisaio*), connu par sa présence au château de l'Ile-Bouchard en 1184, assista avec Raoul de Beaugency à la donation que Bouchard III, seigneur de cette forteresse, fit aux moines de Turpenay, pendant la maladie dont il mourut. Cette libéralité portait sur la moitié du rendement des moulins de l'Ile et elle était revêtue du consentement de Pétronille, épouse du donateur, de Barthélemy et Béatrix ses enfants. Le jour où Bouchard fut enterré dans l'église de Tavent, en présence d'une réunion nombreuse des seigneurs du voisinage, son plus jeune fils, nommé comme lui Bouchard, confirma les dons de son père au sein du Chapitre réuni pour la cérémonie funèbre, en présence d'Henry, abbé de Noyers, Jean, prieur de Luzay, Hugues de la Motte, Guillaume de la Rajasse, Barthélemy de Bossée, Guillaume de Négron, Etienne de Chaumont et Aimery de Brisai (2).

Guillaume II de Brisai figure au nombre d'une trentaine de témoins, tant moines que chevaliers, qui assistaient en 1190, à la conclusion d'un traité en vertu duquel Guy de Chéneché et sa femme Mahaut, dame de Foudon et de Brain, abandonnèrent à l'hôpital Saint-Jean d'Angers, moyennant 40 livres de monnaie angevine, certains biens situés sur

---

(1) *Hist. de Touraine*, par Charuel, p. 47.
(2) *D. Housseau*, t. V, n° 2031.

leurs fiefs dont la possession était disputée entr'eux et le susdit hôpital. Ils firent revêtir cette pièce du sceau de Payen de Rochefort, sénéchal d'Anjou, Touraine et Maine, en présence d'Olivier de Rochefort, son frère, et de nombreux gentilshommes tels que Geoffroy Panet, Aimery de Razilly, Ogier Savari, Pierre de Chiré, Philippe de Chéneché, Ogier de Foudon, Guillaume de Brisai.... etc. (1).

Hugues II de Brisai, seigneur des Francs, prit part à la sixième croisade dirigée contre les Sarrazins, en Egypte et en Syrie, par le roi Louis IX et ses frères, les comtes d'Artois et de Poitiers.

Au camp des chrétiens devant Damiette, en novembre 1249, il se porta témoin, sous le titre de *Varlet*, avec Hugues d'Orfeuille, Louis de Luché, Rafaël de Crêmes, de l'acte d'emprunt contracté pour la somme de 25 livres, sous la garantie du comte de Poitiers, par un de leurs compagnons poitevins, *Varlet* comme eux, nommé Thibaut du Reclus (2).

Guillaume III de Brisai, seigneur des Francs, est cité par Sainte-Marthe, dans son histoire de la maison de Neuchèzes, comme vivant en 1270, et père d'Hugues et Guyon.

Hugues III de Brisai, seigneur des Francs, succéda à son père et mourut sans hoirs laissant ses biens à Guyon.

Guyon de Brisai, seigneur des Francs après son frère aîné, épousa Marguerite Jenure en 1301.

Jehan de Brisai, seigneur des Francs, comme fils du précédent, fut l'époux de Marie du Retail, fille de Jehan du Retail et de Marguerite de Clisson. Il vécut entre 1341 et 1396.

*Louis I*er de Brisai, seigneur des Francs, leur fils, fut marié à Georgette Germain en 1396.

(1) *Cart. de Saint-Jean*, ch. 37.
(2) *Pièce de la col. Courtois.*

Louis II de Brisai, seigneur des Francs, épousa Berthelonne de Thorue, vécut entre 1444 et 1469, et laissa :

1º *Louis III* de Brisai, seigneur des Francs, qui mourut sans hoirs en 1503.

2º Marie de Brisai des Francs, mariée à Nicolas Thibaut de la Carte, sans hoirs.

3º Catherine de Brisai, dame des Francs, comme héritière de son frère et de sa sœur aînée, mariée à Guillaume de Neuchèzes, seigneur de la Ménardière, auquel elle porta les biens de la Maison des Francs et de celle de Thorue, dont la châtellenie de Baudiment, que son ancêtre avait administrée comme tuteur à bail au XIIe siècle (1).

Les armes de Brisai des Francs étaient un *burelé d'argent et de sable de cinq pièces,* au dire de Sainte-Marthe, réduit à *deux faces de sable* selon M. Lahaire.

(1) *Sainte-Marthe, B. N.* n°s 20, 220.

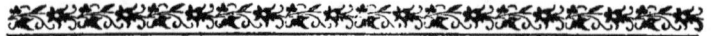

CHAPITRE IV

L'HOTEL DE BRISAY A MIREBEAU

§ I

SA FONDATION

L'existence de la ville de Mirebeau remonte au temps de la domination romaine. Sous le gouvernement ecclésiastique, qui en fut l'héritier, cette localité fut le siège d'un archiprêtré, dont l'administration s'étendit sur une vingtaine de paroisses circonvoisines. Au moment des invasions danoises et normandes, elle fut entourée d'une enceinte de fortifications, qui demeura fort restreinte et insuffisante à la protéger contre les attaques des féodaux. A la fin du X⁰ siècle, disputée entre le comte de Poitou et le comte d'Anjou, elle demeura définitivement à ce dernier, qui en fut reconnu légitime possesseur vers l'an 1000. A cette date Foulques Nerra jugea utile d'en faire le poste avancé de sa frontière sud, et, dans le but de la protéger contre les incursions des Poitevins, il y éleva une forteresse.

Le point choisi pour l'érection du château de Mirebeau fut un rocher crayeux, motte ou élévation naturelle du sol, parfaitement appropriée à la défense locale, mais située à une certaine distance de la ville, 6 à 800 mètres, ce qui en faisait une place entièrement isolée en temps de guerre.

Les gouverneurs ou châtelains, qui furent commis à la garde de ce château, eurent assurément l'occasion de reconnaître les dangers que présentaient cette situation anormale. En cas de siège, il se voyaient privés de communication avec la ville, ne pouvant plus y recruter des défenseurs ni en recevoir des vivres. Les habitants de Mirebeau, d'autre part, demeuraient continuellement exposés à un coup de main, à une surprise de l'ennemi ; et la ville pouvait être enlevée d'assaut, avant que ses défenseurs naturels eussent le temps ou les moyens de la secourir. Cet état de choses dura peut-être un demi siècle, et les guerres fréquentes de cette époque en firent plus d'une fois comprendre tout l'inconvénient. Réunir le château à la ville par une enceinte continue n'était pas chose possible ; l'espace qui les séparait, encore vide de cultures et d'habitations, offrait en superficie deux ou trois fois l'étendue de la petite cité. Un siècle plus tard, quand les habitations auront été groupées dans cet espace, lorsque la population se sera peu à peu rapprochée du château comme pour y chercher un instinctif appui, les Plantagenets construiront la deuxième muraille qui réunira, vers 1150 seulement, la ville et la forteresse sous une même et efficace protection.

Au milieu du XIe siècle, une préoccupation analogue, mais moins grandiose, suggéra au gouverneur de Mirebeau l'idée d'une défense qui lui sembla suffisante pour le moment, en faisant exécuter la construction d'un petit fort, situé à moitié chemin du château à la ville, dont la destination dût être de maintenir aussi libres que possible les communications entre ces deux points.

A qui et par qui fut donnée la mission de construire ce fortin, dont l'érection paraît contemporaine de l'année 1055 environ ? C'est ce que nous dirons bientôt et le nom du fortin, et le nom du personnage qui gouvernait alors le Mirebalais ; mais nous pouvons déjà laisser pressentir, que de cette mission sortit l'origine de la fondation de l'hôtel de Brisay, à Mirebeau.

L'existence à cette époque d'une seconde forteresse, moindre d'importance, soumise à la première, est certaine et incontestable. On en voit encore des traces aujourd'hui ; le rôle joué au moyen-âge par ses possesseurs vis-à-vis des seigneurs de Mirebeau en prouve suffisamment l'antiquité. Elle apparaissait encore debout, armée de tous ses engins, au commencement du XIIIe siècle, alors que depuis cinquante ans déjà, la ville et le château de Mirebeau réunis par l'enceinte des Plantagenets, n'avaient plus à utiliser son efficace concours. Englobée alors dans la nouvelle enceinte de la ville, et conséquemment devenue sans objet, elle avait cependant conservé tous ses privilèges et tous ses moyens de défense, et elle méritait d'être encore qualifiée, comme l'a fait un historien latin du moyen-âge « Arx Mirebellea » (1).

§ II

BRANCHE DE MIREBEAU. ALÈS Ier

Nous avons dit que parmi les fils d'Ernauld, premier seigneur de Brisay, se trouvaient Alès et Simon. Ceux-ci portèrent le nom de Brisay après leur père et recueillirent, dans sa succession, cette terre tourangelle qui fut le premier bien par eux possédé au sud de la Loire. L'aîné, Alès, fonda la branche mirebalaise dont nous allons retracer l'histoire. Le second ne fit que paraître et ne laissa point de postérité.

Alès Ier, seigneur de Brisay, après Ernauld son père, c'est-à-dire vers 1060, paraît avoir passé sa jeunesse à Chinon où nous savons que la famille possédait une demeure. Ses relations sociales et ses devoirs féodaux le mirent en contact avec Jean de Chinon, gouverneur de cette ville et gouverneur de Mirebeau, auquel Barthélemy de Chinon, son fils, succéda dans cette double fonction. Bien qu'il fut engagé dans les ordres et qu'il occupât alors un grade élevé dans la hiérarchie ecclésiastique en Poitou, d'où il devait passer sur le siège archiépiscopal de Tours, Barthélemy n'en gouverna

---

(1) W. Gonzalès, *Hist. des Franciscains.*

pas moins militairement jusqu'en 1068 Chinon et Mirebeau. C'est de Chinon que ce personnage paraît avoir amené à sa suite Alès de Brisay, lorsqu'il vint, en 1052, faire son entrée à Mirebeau et qu'il y fonda le prieuré de Saint-André. Dans la charte de fondation de cette église, rédigée au moment où fut posée la première pierre, au milieu d'une réunion des seigneurs les plus puissants des alentours, avec le consentement des comtes d'Anjou et de Poitou, figurent parmi 42 témoins signataires de l'acte les noms d'Alès et de Simon de Brisay (signum *Adelonis de Brisai*; signum *Simonis de Brisai* (1), et à dater de cette installation, la branche aînée de la maison de Brisay, sans abandonner le berceau de la famille, où l'on retrouve de temps en temps ses membres principaux, témoigna à la résidence de Mirebeau une préférence signalée.

C'est ainsi qu'Alès, chevauchant fréquemment de Mirebeau à Chinon, s'arrêta à Faye en 1061, pour assister comme témoin à la donation du fief de Charzay, faite à l'abbaye de Noyers par le vieil Aimery de Faye, avec l'approbation du comte d'Anjou présent. Et dans la notable réunion de seigneurs voisins qui sanctionnèrent ce don, figurait Hamelin fils de Bouchard (*Rainalmus Burcardi*) propre neveu du seigneur de Brisay, à côté de Boson de Forniol, Aimery de Bosnay, Énard de Montagré, Guillaume de la Rajace, René de Gençay et autres gentilshommes tourangeaux (2).

C'est à Barthélemy de Chinon, que l'on doit attribuer l'érection du fortin qui relia, vers le milieu du XIe siècle, la ville de Mirebeau à la forteresse construite primitivement pour sa défense. En effet, Barthélemy gouverna Mirebeau de 1050 à 1068, et c'est en 1052 qu'on y voit apparaître pour la première fois le personnage auquel il inféoda ce nouveau domaine.

(1) *D. Font.*, t. XVIII, p. 145.
(2) *Cart. de Noyers*, ch. 631.

Barthélemy fit choix d'Alès de Brisay pour présider à l'exécution de ce sage projet. Il lui fit don de l'emplacement où il désirait voir s'élever le nouveau castel avec ses dépendances ; il y ajouta des privilèges d'une nature toute particulière, et pour attacher plus spécialement ce seigneur à la ville où il comptait le voir séjourner longuement, il lui abandonna des terrains situés dans la vieille enceinte de Mirebeau, du côté du nouveau prieuré de Saint-André fondé récemment, et sur lesquels s'élevèrent des maisons qui dès lors payèrent le cens au seigneur de Brisay ; il lui remit enfin la jouissance d'une dîme importante et lucrative qui se prélevait sur des biens en culture situés dans les paroisses qui s'étendent au sud de la ville. Ainsi encouragé et doté par son suzerain, Alès ne tarda pas à mener son œuvre à bonne fin. La petite forteresse (*arx*) fut construite ; son défenseur, qui en était en même temps le propriétaire, s'y installa avec ses hommes d'armes, et dès lors elle reçut le nom du maître : on l'appela l'*hôtel de Brisay*, nom qu'elle porta comme l'attestation certaine de sa fondation, à travers les siècles, et qui sert à désigner encore les restes de cette antique construction, dont quelques vestiges ont subsisté jusqu'à nos jours.

L'installation du seigneur de Brisay, dans le pays, reçut une consécration nouvelle, par l'union qu'Alès contracta avec une personne appartenant à la famille même du seigneur de Mirebeau.

Fût-ce sous les auspices de l'archevêque de Tours, ou de Payen de Chinon, son successeur, que cette union s'accomplit ? On l'ignore. Mais le 4 août 1077, un nommé Aldebert, faisant don à l'église de Saint-André, d'un moulin situé dans l'étendue de la juridiction du seigneur de Mirebeau, dut soumettre sa libéralité au bon vouloir de celui-ci. On voit figurer dans cet acte tous les membres existants de la puissante et nombreuse famille de Mirebeau, alors en possession d'une autorité prédominante incontestable sur la presque totalité des fiefs mirebalais ; et parmi eux se trouvent nommés Alès et Pétronille, sa femme, preuve suffisante de leur alliance antérieurement contractée, ainsi que Guillaume, frère de Pétronille, lequel exerçait alors la charge de sénéchal de la châtellenie (*Major Mirebellensium*), et devait peu après succéder à Payen de Chinon, son parent, dans le gouvernement de la contrée (1).

Cette famille avait pour auteur Guillaume I de Mirebeau, que les généalogistes ont pris à tort pour un fils de Geoffroy Grisegonnelle, et que les chroniques qualifient simplement « favori » du comte d'Anjou. A ce Guillaume, le comte avait confié la garde des châteaux de Mirebeau, Chinon et Montbason dans l'administration desquels Jean de Chinon, son fils, lui succéda en 1044 ; et par conséquent Barthélemy, son petit-fils, peut être considéré comme son héritier, quoique la succession des châteaux et des biens, de père en fils, ne fut pas très régulièrement établie encore, surtout dans les possessions relevant directement des princes. Guillaume de Mirebeau avait aussi laissé une fille mariée à Milon, seigneur de Braye, l'un des feudataires les plus puissants du Loudunois, dont la domination vint s'étendre encore sur une partie du Mirebalais par suite de cette alliance. L'aîné de leurs enfants, Pierre de Saint-Jouin, fut le père de Guillaume II, seigneur de Mirebeau de 1077 à 1125, et de cette Pétronille qui fut conjointe au seigneur de Brisay (2).

Les biens, que Pétronille de Mirebeau apportait dans la maison de Brisay, consistaient en vastes possessions immobilières sises au nord de Mirebeau, dans la direction de Faye, traversées ou cotoyées dans leur longueur par la route de Chinon, les unes boisées, les autres en culture, dont fut formée l'importante *seigneurie de Brisay*, en Mirebalais, que nous aurons à décrire plus loin en détail.

(1) *Cart. Bourgueil*, fol. 176.
(2) *La baronnie de Mirebeau*, par le maj. E. de Fouchier.

Elle prit, dès sa formation, comme l'hôtel mirebalais, le nom de son fondateur. A Faye également, Pétronille possédait un petit fief par droit successif ; Alès de Brisay en prit possession, et ce bien fut appelé encore le *fief de Brisay*, à Faye.

Mais c'est principalement l'hôtel de Brisay, à Mirebeau, créé comme il vient d'être démontré, qui fut pendant deux siècles le foyer ordinaire de la famille. On voit, dès l'aurore de son existence, Alès et Pétronille y séjourner, pendant qu'au château, tout auprès, Guillaume II, leur frère et beau-frère, administre la contrée et commande à ses Mirebalais. On se figure, à la moindre incursion de l'ennemi, le seigneur de Brisay, prêt à sortir « à cheval et en armes » selon l'expression que nous verrons répéter plus tard dans tous les aveux, pour prêter main forte à son suzerain ; et cette situation est si nettement établie, que d'elle-même, de sa création initiale, a découlé, pour le seigneur de Brisay, le devoir consigné dans tous les actes, de se mettre à la tête d'une troupe de guerriers pour aller au-devant du suzerain, au moment où celui-ci sort du château de Mirebeau, afin de l'escorter et le défendre contre toute attaque pendant qu'il se rend dans la ville ou dans les châteaux environnants.

C'est donc à Mirebeau même, beaucoup plus qu'en Touraine, qu'il nous faut suivre maintenant la succession des seigneurs de Brisay. C'est là que nous les verrons, séjourner et agir, jusqu'à ce que les événements, les modifications introduites dans les défenses de la ville, et une nouvelle destination bien inattendue donnée à leur hôtel, ait changé et amoindri leur situation jusqu'à les obliger à transporter leur domicile ailleurs.

§ III

PIERRE I, PIERRE II, RAOUL I, ALÈS II

A Pétronille, que l'on peut croire éteinte dans les dernières années du XIº siècle, succéda Pierre de Brisay, dont le prénom est le même que celui de sa mère et celui de son aïeul Pierre de Saint-Jouin, qui put, d'ailleurs, être son parrain. Ce nom était encore inusité dans la maison de Brisay ; il y fut assurément introduit par égard pour la maison de Mirebeau ; il devait y être fidèlement conservé jusqu'à nos jours.

On ne saurait attacher trop d'importance à la transmission des prénoms, à une époque où les noms de terre étaient encore peu portés, et où le lien de famille ne se constituait souvent, comme chez les Romains, que par la similitude des désignations patronymiques. Un usage, fort ancien dans les maisons d'extraction chevaleresque, voulait que le fils portât ordinairement le nom de son grand-père, et la famille de Brisay est une de celles où l'on voit cette pieuse méthode tenue le plus strictement en vigueur. Sans nous occuper de la branche tourangelle où les dénominations *Hamelin* et *Bouchard* furent, on se le rappelle, très souvent relevées, on doit signaler dans le rameau implanté en Mirebalais, les prénoms de *Pierre* et *Alès* comme étant ceux que portèrent alternativement les aînés, à toutes les générations jusqu'à la fin du XIVº siècle. Il se produisit même à cet égard un fait digne d'attention. Ces deux noms, prorogeant dans la famille le souvenir de la fusion des maisons de Brisay et de Mirebeau, — le prénom d'Alès ayant été dans le principe propre à la première, et le prénom de Pierre ayant été adopté en conséquence de l'alliance avec la seconde, — devinrent vers 1300 environ, ce souvenir déjà vieux de 250 ans ne pouvant disparaître, l'objet de la revendication de deux branches de la même famille qui se les partagèrent; et pendant que le prénom d'Alès était porté successivement, jusqu'en 1400, par les aînés des seigneurs de la Roche-Brisay, le prénom de Pierre devint comme la propriété exclusive, jusqu'en 1415, des premiers nés d'une branche cadette qui fournit les seigneurs de Beaumont-Brisay. La perpétuation de cet état-civil ne prit fin qu'avec les derniers usages du moyen-âge, c'est-à-dire dans le courant du XVᵉ siècle.

Pierre Iᵉʳ, seigneur de Brisay après Alès, paraît avoir possédé cette terre tourangelle dès la mort de son père que l'on peut croire advenue vers 1080. Jusque vers 1100, ce jeune seigneur est fréquemment nommé dans les actes relatifs aux faits accomplis dans le ressort de la châtellenie de l'Ile-Bouchard, dont il était le vassal. C'est ainsi qu'en 1085, on le voit assister avec Renaut de Mausson à une libéralité faite par Alexandre Charbonel, en faveur de l'abbaye de Noyers, par reconnaissance des bons soins que frère Guillaume, médecin et religieux dans la maison, lui avait prodigués pendant une sérieuse maladie (1).

Une autre fois, il assiste à la donation faite à la même maison, par Guillaume, fils de Gomier d'Avon et de Bénédite, d'une moitié des revenus du moulin de Chaussesac et d'une portion de la dîme de Saché (2).

Enfin il figure comme témoin dans la reconnaissance faite par Hugues Borel, seigneur de l'Ile-Bouchard, par sa femme Agnès et par Hugues, leur fils, des biens possédés par les moines de Noyers dans l'étendue de leur juridiction (3). Cette pièce non datée se rapporte aux premières années du XIIᵉ siècle, Hugues Borel ayant gouverné la seigneurie de l'Ile entre 1108 et 1110.

Après cette époque, Pierre disparaît de la Touraine. On le retrouve alors dans le Mirebalais, où il est appelé à recueillir l'héritage de sa mère Pétronille de Mirebeau. Pierre réunit alors sous sa domination la totalité des possessions de ses père et mère : Brisay sur les bords de la Vienne et Brisay dans le Mirebalais. Il résidera désormais dans l'hôtel fort de Brisay, à Mirebeau.

(1) *Cart. de Noyers*, ch. 121.
(2) *Cart. de Noyers*, ch. 323.
(3) *Id.* ch. 62.

En 1115, Pierre de Brisay (*Petrus de Brisiaco*) accompagné de son fils, nommé Pierre comme lui, entouré de ses voisins Pierre de Villecoupère, Normand de Condelles, Alboin de Sénecé, Thomas de Marçay, Guillaume de Luché, Aimery de Chauvigny, tous possessionnés aux environs de Mirebeau, assistait en qualité de seigneur dominant à la donation faite à l'abbaye de Fontevrauld, alors naissante, par Lambert de Bonœuil et Étienne de Ligniers, ses vassaux, d'une terre possédée par eux au gué de Cronailles, sur la lisière de la forêt de Scévolle, et tenue par eux en fief du seigneur de Brisay. — Ce dernier ne se contentait point de donner à ces hommes de foi le consentement nécessaire à la validité de leur don, il augmentait personnellement leur libéralité par la cession d'une prairie sise au même lieu ; et, sur le cours voisin de la Briande, il abandonnait à l'abbesse l'emplacement nécessaire à la construction d'un moulin (1).

Un mot significatif, contenu dans cette charte, nous a révélé la situation particulière que le seigneur de Brisay occupait à Mirebeau. Le titre de « major » ajouté à son nom, a attiré notre attention sur la même qualification trouvée, dans un acte antérieurement cité, à la suite du nom de Guillaume de Mirebeau. Guillaume était qualifié « major Mirebellensium » en 1077, avant de devenir « dominus de Mirebello ». L'analogie entre ces deux positions paraît évidente, et nous en pouvons conclure que si Guillaume fut le sénéchal ou le justicier de Mirebeau, sous le gouvernement de Payen de Chinon, auquel il succéda comme seigneur, Pierre de Brisay, décoré du même titre, dût être également son sénéchal lorsque Guillaume, son oncle, eut accédé après Payen, à la seigneurie de Mirebeau.

Cette fonction d'ailleurs, inaugurée dès lors, et dont il n'est pas surprenant de trouver investi le propre neveu du suzerain, paraît être devenue héréditaire dans la maison de

---

(1) *Cart. Fontevrauld*, ch. 589.

Brisay, si l'on en juge par la situation où certaines chartes présentent les descendants de Pierre auprès des seigneurs de Mirebeau ; il est donc naturel de penser qu'elle eût contribué à augmenter la puissance des seigneurs de Brisay, au point de vue des privilèges particuliers dont ils jouirent très anciennement dans la ville et aux alentours. Nous sommes convaincus qu'il faut voir dans l'exercice héréditaire de cette fonction déléguée, l'origine du droit de la haute justice souveraine, qu'ils s'arrogèrent spontanément dans leurs terres, et qu'ils conservèrent pendant près de deux siècles, sans que les suzerains s'y opposassent, jusqu'à ce qu'enfin l'un d'eux, plus sévère ou plus méticuleux que ses prédécesseurs, fit cesser par une transaction la jouissance abusive de ce droit, que la constitution et l'inféodation de la seigneurie de Brisay n'avait point, paraît-il, créé aussi étendu. Notre opinion est qu'il faut aussi faire remonter aux fonctions de « major » la concession ou l'usurpation, cette fois reconnue et maintenue à travers les siècles, de certains droits lucratifs et honorifiques prélevés sur les octrois, les places de marché, les étals et boutiques de la ville de Mirebeau, ainsi que la fixation du ban des vendanges, la nomination des crieurs publics, et la surveillance des débits, avec perception des amendes prélevées sur les délinquants, qui figurent de tout temps au nombre des privilèges déclarés inhérents à la possession féodale de l'hôtel de Brisay à Mirebeau, et semblent positivement avoir été détachés de l'essence même de la châtellenie. C'est à la constatation de ces droits et privilèges surprenants chez un vassal qui pouvait se croire, par leur usage, mis de pair avec son suzerain, que l'on a dû, j'en suis certain, la confusion faite par divers auteurs même de bonne foi, auxquels elle a donné lieu de croire fermement, mais par erreur, que la seigneurie de Brisay n'avait été, dans l'origine, qu'un « partage de Mirebeau ».

Pierre disparaît avant 1149. Si nos prévisions sont exactes, il périt à la bataille d'Alençon livrée, en 1118, par le comte d'Anjou au roi d'Angleterre; Guillaume de Mirebeau y assistait, et les chroniques rapportent que le concours de ce fendataire, et de ses vassaux, fut d'une singulière efficacité pour fixer le sort de la journée du côté des Angevins. Comment admettre que le seigneur de Brisay n'eut point pris part, avec son suzerain et son parent, à un aussi notable fait de guerre ? Le rôle que nous lui avons vu jouer à Mirebeau, et sa disparition à ce moment précis permettent de penser qu'il trouva la mort sur ce champ de bataille chaudement disputé.

Pierre II, seigneur de Brisay, qui lui succéda en Touraine et à Mirebeau, est énoncé fils du précédent (*Petrus filius majoris de Brisiaco*) dans la charte qui vient d'être citée. Il assistait donc en 1115, avec son père, à la donation faite au gué de Cronailles par Bonœuil et Ligniers, et il sanctionnait de son approbation le don complémentaire que son père y ajoutait. Non moins bien disposé à l'égard des dames de Fontevrauld que ne l'avait été ce dernier, Pierre II leur fit, lors de son accession à la seigneurie, l'abandon d'un lieu nommé « Sovoliae », comme le mentionne une bulle du pape Calixte II, datée de 1119, confirmative de la fondation de l'abbaye de Fontevrauld et des nombreuses donations foncières recueillies depuis quinze ans par cette importante maison (1). Ce lieu était assurément ce qu'on appelle encore aujourd'hui la fontaine de Sévolle, située à l'extrémité nord de la forêt de ce nom, et l'une des nombreuses sources de la Briande. A cette époque, la fontaine entourée de bois faisait partie du fief de Sévolle (*Sovoliæ*), que possédaient les seigneurs de Brisay, et elle était voisine du gué de Cronailles qui se trouvait également sous la suprématie de ces féodaux.

Pierre II vécut peu. Il ne paraît point avoir séjourné en Touraine ; il n'est cité dans aucun acte relatif à la châtellenie

(1) *Gallia Christ.*, t. II.

de l'Ile-Bouchard. Il semble s'être tenu renfermé dans son fortin, à Mirebeau, où cependant, durant la prééminence assez pacifique de Guillaume II encore vivant, sa présence continue n'était pas d'urgente obligation. Il s'y trouvait en 1120, ainsi qu'il résulte d'une charte portant cette date, par laquelle Garnier de la Chaussée et Philippe, son fils, donnèrent aux dames de Fontevrauld l'emplacement nécessaire à la construction d'un moulin, qui reçut le nom imagé de *Bat folet*. Leur libéralité, faite à Mirebeau même dans la demeure du prêtre Robert Gaudet, entre les mains de l'abbesse Pétronille de Chemillé, eut pour premier témoin Pierre de Brisay, après qui prirent rang Ganon de Chouppes et Robert Gaudet (1).

Selon toutes les vraisemblances, Pierre de Brisay deuxième du nom, aurait épousé Ode, petite fille de Raoul de Bosnay, proche parent de la famille de Mirebeau, personnage dont elle fit porter le prénom à son fils ; elle apporta dans la maison de Brisay cette terre de Bosnay possédée très anciennement par cette maison, dans les biens de laquelle on la retrouve encore au XV° siècle.

Pierre II, mort en 1125, laissa trois fils dont l'aîné, négligé par la plupart des généalogistes, avait nom Raoul ; le second, Alès, est plus connu ; le troisième fût ce Chourse dont j'ai parlé en traitant des origines de la famille. Les généalogistes et le Père Anselme le lui attribuent avec certitude. Devant leur affirmation nous laisserons à Pierre de Brisay la paternité de ce Chourse, et comme ce fut un personnage important au XII° siècle, nous en dirons quelques mots.

Clerc au diocèse de Poitiers et voué à l'état ecclésiastique, Chourse de Brisay fut présenté de bonne heure à la cour du roi Louis VII, que son mariage avec Aliénor, héritière du comte de Poitou, amenait à séjourner fréquemment dans la

(1) *Cart. Font.* ch. 381.

capitale du duché d'Aquitaine. Il plut à ce prince et fut nommé chapelain du roi en 1138. Désigné bientôt par Louis VII pour l'archevêché de Bourges, il se vit au grand déplaisir du monarque, rejeté par le chapitre, qui sanctionnait alors ou réprouvait par le vote de tous ses membres réunis, le choix du souverain. On lui préféra Pierre de la Châtre dont le pape Innocent II confirma l'élection.

Dès 1140, Chourse fut investi des fonctions de chancelier de France, et plusieurs diplômes royaux, conservés jusqu'ici, portent sa signature avec celle des grands dignitaires de la maison du prince, le porte-étendard Robert, comte de Vermandois, et Mathieu de Montmorency, grand connétable. Ces pièces, délivrées entre les années 1141 et 1147, règlent toutes des questions intéressant les abbayes voisines de Paris, telles que Saint-Éloi, Vendôme, Saint-Père de Chartres, ou N.-D. d'Yanville au diocèse d'Orléans. Elles se terminent par ces mots : « data per manum Cadurci cancellarii (1) ».

C'est tout ce qu'on sait de ce personnage, dont quelques auteurs ont voulu faire un évêque, soit avant, soit après son passage dans le conseil du roi de France. Mais bien qu'il n'y eût rien de surprenant dans l'intronisation de Chourse de Brisay, même au siège de Paris, où il aurait rempli une vaccance de deux ans entre 1157 et 59, il n'en est pas moins vrai qu'aucune donnée exacte n'a pu fixer la vérité de l'histoire sur ce point. Après 1148, Chourse disparaît entièrement des affaires publiques, et si l'on ne retrouve son nom sur aucune des listes épiscopales du clergé français, il est au moins probable qu'il vécut retiré au fond de quelque silencieuse abbaye, jusqu'au jour de sa mort, arrivé, au dire de Beauchet-Filleau, en 1198.

*Raoul I*er, seigneur de Brisay, succéda à son père en 1125, en qualité d'aîné de sa branche. La filiation de ce seigneur

---

(1) *Codex diplomaticus.*

n'est point énoncée, mais sa position prépondérante à Mirebeau, ainsi que la place occupée par son nom dans une charte où il précède son frère Alès, dont la filiation avec Pierre II est certaine, ne permet pas d'hésiter à reconnaître en lui le possesseur de la seigneurie mirebalaise de Brisay, et le chef de sa maison.

L'an 1125, Raoul de Brisay, (*Radulfus de Brisaico*) figure comme premier témoin à la suite de Guillaume II, seigneur de Mirebeau, dans l'acte d'une concession faite par les héritiers de Renaut de Vieillevigne et de sa fille Amélie à l'abbaye de Fontevrauld. Il s'agissait d'une terre située à Cragon, dans le ressort de la châtellenie, laquelle terre jadis donnée par Renaut aux religieuses, avait été reprise par ses successeurs, et se trouvait maintenant revendiquée par l'abbesse, dans un des plaids tenus par le suzerain. La reconnaissance de la juste propriété de l'abbaye fut faite sous forme de transaction au lit de justice ou tribunal (*in curia*), présidé par Guillaume en personne, et la présence de Raoul dans cette circonstance, le rôle d'assesseur qu'il paraît y jouer, prouve qu'à Mirebeau, qu'il habitait alors, ce personnage occupait un rang analogue à celui de lieutenant-justicier du seigneur. Cette position résultait indubitablement des fonctions de « major » exercées par son aïeul, et qui semblent avoir été transmises héréditairement à Raoul (1). — Un peu plus tard, vers 1180, le même Raoul de Brisay est nommé avec Alès, son frère, comme seuls témoins, tous les deux, d'une donation faite à Fontevrauld par un certain Richard, portant sur quelques champs de vignes situés à Deux-Fontaines ; la charte qui ne donne aucun détail, ne permet pas de retrouver exactement cette position (2).

Ce seigneur de Brisay trouva sans doute une fin tragique dans la révolution sanglante, sous l'influence de laquelle

(1) *Cart. de Font.* ch. 62. *Archives de Maine-et-Loire.*
(2) *Cart. Font.* ch. 65.

la châtellenie de Mirebeau changea de maître, dans le courant de 1130.

Thibaut de Blason possédait alors cette importante seigneurie du chef de sa mère, héritière de Guillaume II. Il oublia qu'il la tenait en fief du comte d'Anjou, et s'unit à quelques puissants seigneurs dans le but de détrôner ce prince. Mais à l'annonce du complot, Geoffroy le Bel lève une armée et sans donner le temps aux seigneurs coalisés de se réunir, il les attaque séparément et leur inflige de sévères leçons. Il réduit Blason en cendres. Thibaut s'étant retiré sur Mirebeau, où il convoque à la hâte la nombreuse cohorte de ses vassaux, se voit poursuivi par le comte qui attaque le château où s'est enfermé le rebelle. La forteresse subit alors un siège en règle ; elle est investie de tous les côtés, enveloppée de retranchements et resserrée dans un étroit blocus. Nul doute que l'hôtel fort de Brisay, dont on chercha à utiliser la position dans cette circonstance, mais que son isolement condamnait aussi à une perte certaine, n'eut à souffrir beaucoup de ces événements. Néanmoins, il dut résister et soutenir la lutte pendant quelque temps ; il est plus que probable toutefois qu'il fut enlevé, mais non détruit, puisque ses fortifications subsistèrent jusqu'au siècle suivant. La famine ne tarda pas à causer la plus grande gêne aux assiégés. Thibaut envoya un émissaire au comte de Poitou son beau frère, pour lui demander du secours. Guillaume X, trouvant bonne l'occasion de reprendre Mirebeau au comte d'Anjou, s'y porta aussitôt à la tête de forces imposantes, mais les Angevins s'étaient retranchés solidement, et le choc de leurs adversaires ne les mit pas en déroute. Attaqués avec violence par devant et par derrière, ils se défendirent avec opiniâtreté et ils eurent raison de leurs adversaires. Guillaume se retira après de grosses pertes, et Thibaut contraint de capituler, dut se rendre à discrétion. Il obtint toutefois la vie sauve pour lui et les siens (1). Il est probable qu'au nombre des victimes de cette lutte acharnée se trouva le seigneur de Brisay, dont la disparition correspond exactement à l'époque de la prise de Mirebeau par le comte d'Anjou.

Cette conquête ne fut pas seulement fatale à Raoul, elle entraîna plus tard la suppression du fortin de Brisay, dont le vainqueur avait pu reconnaître le peu d'utilité pendant le siège de 1130. Geoffroi le Bel, après avoir annexé Mirebeau à ses domaines, commença la construction de cette seconde ligne de murailles, dite des Plantagenets, dont l'achèvement ne fut vraisemblablement terminé que vers 1160 ou 1180, laquelle partant des abords du château, allait rejoindre à l'est et à l'ouest les flancs de l'ancienne circonvallation de la ville, englobant enfin dans son enceinte flanquée de tours et protégée par des portes à pont-levis, tous les terrains vagues compris jadis entre la ville et le château, qu'avaient mission de protéger et de maintenir libres les hommes de guerre postés dans la petite forteresse et sous les ordres du seigneur de Brisay. Aussi peut-on compter, à dater de la construction de cette nouvelle enceinte, les jours de décadence de cette maison, destinée à ne bientôt plus être qu'une modeste résidence urbaine dépourvue de tout caractère guerrier.

De la conquête de Geoffroi date aussi la résignation des fonctions de « major » ou sénéchal, dont était investi le seigneur de Brisay. Le comte nomma immédiatement des sénéchaux, des prévôts, des gouverneurs-châtelains. Et il les choisit dans son armée, plongeant dans une complète disgrâce les titulaires du régime précédent. Thibaut de Blason ne paraît pas être rentré en grâce auprès du prince. Ceux de ses anciens vassaux qui se soumirent, adoptant de bonne grâce le fait accompli, et qui vinrent prêter foi et hommage au comte, furent réintégrés dans leurs possessions ; nous

---

(1) D. Bouquet, *Chron. du moine de Marmoutiers.*

verrons plus loin que le successeur de Raoul de Brisay partagea la bonne fortune de ces derniers.

Alès II, seigneur de Brisay, dont le prénom, diversement orthographié en latin, se lit *Aio, Alo, Halo, Alone, Aaluns*, dans de nombreuses chartes, est, au XII° siècle, un des personnages les plus connus de cette vieille race. Les renseignements fournis sur son compte personnel s'étendent à une durée de plus de soixante ans.

Né vers 1115, il fut élevé par les soins de l'évêque de Poitiers, Guillaume de Ragioles, et classé, dès le jeune âge, parmi les *clercs* du diocèse. Ses goûts et les circonstances lui firent abandonner bientôt l'état ecclésiastique auquel il semblait destiné, pour entrer dans l'ordre de la chevalerie. La première notion que nous ayions de lui remonte à 1130. Il figure à cette date, à la suite de son frère aîné Raoul, parmi les témoins d'une libéralité faite par un nommé Richard à l'abbaye de Fontevrauld (1). Sa position secondaire dans cet acte prouve bien qu'il était le puîné de Raoul ; d'ailleurs Alès est énoncé fils de Pierre de Brisay dans un acte qui sera transcrit plus loin ; sa filiation est donc certaine.

Alès reçut dans la succession de son père, ouverte en 1125, la terre de Brisay, en Touraine, qu'il posséda seule du vivant de son frère aîné. Rentré fort jeune dans la vie séculière et tenant déjà sa place parmi ses pairs, il fut le 19° témoin d'un acte passé à Loudun, en présence d'un grand nombre de seigneurs qui, alors, avaient le pas sur lui : Allaume du Chilloux, Hébert de Bor, Simon de Bernezay, Allaume de Dercé, Pierre et Aimery de Prissai, Brun de Triou, Alès Faimaux.... etc. Cette pièce, que des synchronismes rapportent à l'an 1135, est curieuse dans ses détails.

Deux chevaliers inspirés par Dieu, Hugues Rigaud et Sébastien Planel, avaient donné à l'abbaye de Fontevrauld

(1) *Cart. Font.* ch. 65.

un moulin, avec l'autorisation d'Aimery de Somnay leur suzerain. Après la mort d'Aimery, ses deux frères Boson et Raoul s'emparèrent du moulin, le détruisirent après avoir fait main basse sur le blé, les fromages et le mobilier qu'il contenait. L'abbesse Pétronille de Chemillé, femme d'une haute sagesse, s'efforça de ramener les deux frères récalcitrants à des sentiments meilleurs, et elle sut leur inspirer un salutaire remords. Ils vinrent, comme d'humbles pénitents, faire amende honorable à ses pieds, s'accusant avec larmes d'avoir porté une main sacrilège sur les biens de l'abbaye, disposés à tout restituer, jurant de garder à l'avenir une fidélité inébranlable à leur obligation. Cette juste réparation fut faite en présence des gentilshommes dont les noms précèdent, dûment convoqués par l'abbesse pour attester ce nouvel engagement, et parmi lesquels figure notre *Alo de Brisa*, en qualité de proche voisin et d'ami dévoué de la maison religieuse et sacro-sainte de Fontevrauld (1).

Alès, que sa condition de gentilhomme tourangeau vassal de Chinon et de l'Ile-Bouchard, écartait du théâtre de la guerre mirebalaise de 1130, et qui, par conséquent, n'eut pas à porter les armes contre le comte d'Anjou, succéda sans difficulté à Raoul dans les biens patrimoniaux de sa maison, peu après la prise de Mirebeau et la mort de son frère aîné, qui ne laissa point de postérité. Il fut réintégré dans les domaines paternels en prêtant régulièrement serment de fidélité au comte. Il entra ainsi en jouissance des terres mirebalaises qui avaient été apportées à son bisaïeul par Pétronille de Mirebeau, et il posséda l'hôtel de Brisay, où dès lors il fixa sa résidence.

S'y trouvant en 1136, comme le prouve une charte portant cette date, « Alo de Brezai » — selon l'orthographe du patois local — assistait avec Raoul de Taunay, Pierre Constantin, et autres « clercs poitevins » qualifiés « chevaliers », au traité

---

(1) *Cart. Font.*, ch. 746.

passé sous la médiation de Geoffroy, évêque de Chartres, légat du Saint-Siège, entre les chanoines de Saint-Hilaire et les religieux de l'abbaye des Alleux, au sujet d'une possession située près Champagné (1). C'est de cette double qualité de *clerc* et de *chevalier* bien rare à rencontrer sur la même tête au moyen-âge, qu'il résulte, comme il a été dit plus haut, qu'Alès, après avoir été élevé avec son frère Chourse, à Poitiers, par les soins de l'évêque, et destiné à l'état ecclésiastique, se contenta de l'instruction acquise, préféra la vie civile aux pompes religieuses, et, comme quelques autres de ses camarades, se fit bravement armer chevalier au lieu d'entrer dans les ordres. Il découle de la constatation de ce fait, tiré de deux termes juxtaposés quoiqu'opposés l'un à l'autre, un curieux enseignement sur la méthode d'éducation appliquée à la jeune noblesse du siècle de Suger. Les séminaires étaient fondés ; ils se trouvaient sous la direction des évêques. On y plaçait des jeunes gens de famille noble, des fils de chevaliers destinés à la prêtrise. Et pendant qu'aux aînés, dans les manoirs, il n'était appris que le brutal métier des armes, l'assouplissement du corps par les exercices violents, l'art de tuer ses semblables et de piller ses voisins, voilà que des mœurs d'institution déjà plus douce faisaient rechercher, pour les cadets, la connaissance des lettres, l'étude des auteurs, de la calligraphie et autres sciences, grecques et latines, avec un peu de théologie ; et le cœur pétri d'une autre matière plus idéale et pacifique, religieuse, intellectuelle, mystique, le jeune seigneur comptait dans la pépinière d'où sortaient alors les abbés, les évêques, les conseillers intimes des monarques, les hommes instruits et plus foncièrement capables de gouverner les autres. Beaucoup entraient assurément dans l'église, mais plusieurs — tels les trois gentilshommes cités ici — sentant naître en eux, à l'âge adulte, d'autres aspirations que celles du cloître, renonçaient

---

(1) *Cart. Saint-Hilaire de Poitiers.*

à la cléricature, et retournaient à la vie séculière, rapportant dans leur milieu un fonds solide d'instruction, une culture morale bien utile à l'adoucissement des instincts barbares de leurs congénères, et au progrès de la civilisation dans la société. Il est intéressant de constater qu'en plein XII° siècle, déjà, un membre de la famille qui nous occupe fut ainsi élevé au grade de *clerc*, c'est-à-dire d'*érudit*, et qu'il préféra toutefois à la prêtrise cette vie de châtelain, au sein de laquelle il devait exercer plus tard toute la puissance féodale du temps.

Alès de Brisay avait, dès 1136, réuni sous sa main la totalité des biens de son père, dont l'étendue était considérable puisqu'elle comprenait, outre la seigneurie de Brisay, sur la Vienne, des maisons à Chinon, un fief dans le bourg de Faye avec privilèges spéciaux, la terre de Bosnay en Châtelleraudais, l'hôtel de Mirebeau et ses dépendances, non moins que les terrains boisés et cultivés au nord de Mirebeau, sur les paroisses de Ligniers, Sairres, Savigny, Verrue, Celliers et Agressay, au centre desquelles, Alès devait élever lui-même le manoir qui devint le chef-lieu de la seigneurie mirebalaise de la Roche-Brisay. Son mariage avec la fille du seigneur de Montagré devait étendre encore ses possessions territoriales, sur les frontières du Loudunois, et le placer à un rang assez élevé, dans la hiérarchie féodale, pour que son fils aîné put, à la fin du siècle, être classé au nombre des *bannerets* du pays d'Anjou.

Nous retrouvons notre jeune seigneur, en 1140, en Touraine, à la cour de l'Ile-Bouchard, où Hugues fils de Borel et sa mère Agnès approuvent les donations faites par leurs prédécesseurs aux moines de Turpenay, et attestent à l'abbé Robert, devant Alès de Brisay, Bouchard de Sazilly, Geoffroy Savary, Aimery de la Rajasse, qu'ils ne porteront jamais atteinte à ces possessions (1).

(1) *D. Housseau*, t. IV, n° 1634.

En plein Mirebalais, quatre ans plus tard, Alès accompagnera plusieurs seigneurs de la contrée, se rendant à une assemblée réunie en faveur de l'abbaye de Fontevrauld, sur les bords de la Briande qui confine à ses domaines. Gérard Salat, en faisant prendre l'habit de religieuse à sa fille Laurence, avait donné en dot à celle-ci sa terre de Boisretard, s'étendant jusqu'à Valette, libéralité que ses fils Renaut et Pierre avaient approuvée. Mais cette terre relevant en fief de la seigneurie de Marçay, il était nécessaire de requérir le consentement d'Herbert de Marçay, pour en assurer l'efficacité. Ce seigneur dont la dévotion n'était pas inférieure à celle de son vassal, fut heureux de donner son assentiment, obtint en plus celui de sa femme Aanor, et de ses enfants Pierre, Jehanne, Adélaïde, Isabelle, en présence de Geoffroy Papin, Jean de Tournemine, Aimery de la Touche, Pierre de Remeneuil, Alès de l'Ile et Alès de Brisay, tous amis et parents convoqués pour la circonstance, lesquels assistèrent à la passation de l'acte, remis aux mains de la Révérende Mère Pétronille, du vivant du pape Innocent II, de Gislebert évêque de Poitiers, Louis-le-Jeune étant roi de France et duc d'Aquitaine, Geoffroy, comte d'Anjou, fils de Foulques roi de Jérusalem, à la date authentique de l'an 1144 (1).

Nous arrivons à l'époque où saint Bernard prêchait en France la seconde croisade contre les Sarrasins. Le nouvel apôtre des Lieux Saints excitait le même enthousiasme et les mêmes résolutions que Pierre Lhermite cinquante ans auparavant. A Poitiers, où se trouvait Louis VII, en 1146, Bernard, par sa parole vibrante, détermina à prendre la croix ce prince, qu'un remords de conscience tourmentait depuis le massacre de Vitry, exécuté l'année précédente. Son épouse Aliénor résolut de l'accompagner, et elle se forma une escorte nombreuse de tous les cheva-

(1) *Cart. Font.* ch. 493.

liers poitevins, qu'elle entraîna par son exemple et ses exhortations. Un grand nombre de gentilshommes d'Aquitaine, d'Anjou et de Touraine vinrent se grouper autour du souverain et de leur suzeraine, se préparant à les suivre en Terre-Sainte. De même que, pour attirer les grâces du ciel sur son voyage, Louis et Aliénor renouvelèrent les donations jadis faites par leurs prédécesseurs aux abbayes de Moustierneuf, Saint-Hilaire et Saint-Maixent ; ainsi les seigneurs de leur entourage sanctionnèrent, à leur exemple, les libéralités faites jadis par leurs pères aux maisons religieuses de la contrée. Le seigneur de Brisay fut de ceux qui prirent la croix, et qui augmentèrent encore le mérite de cette belle action par de pieuses dotations. Sa présence à la seconde croisade est prouvée par une charte de l'abbaye de Fontevrauld, dont le texte dit :

« Au moment de prendre la route de Jérusalem où, pour la rémission de mes péchés, je vais accompagner le roi Louis, j'approuve et sanctionne en totalité les libéralités faites par mon père Pierre de Brisay à Sévolle, et, en augmentation d'aumône, moi Alès de Brisay (*ego Alo de Brisaico*) je donne et concède aux dames de l'abbaye de Fontevrauld, la terre en culture que je possède à Verrue, pour qu'elles en jouissent perpétuellement après ma mort ». Les témoins de cette donation furent : Renaut de Sénecé, Pierre de Chouppes, Baudet, archiprêtre de l'église de Mirebeau, Geoffroy de Vilaines, Aimery d'Ardennes, Pierre Garnier, Guillaume Clouet (1).

Cette pièce qu'aucun généalogiste n'a connu, que ni M. de Fourmont dans son excellent ouvrage : *l'Ouest aux Croisades*, ni M. de Magny dans son *Livre d'or de la noblesse*, ni Roger dans son classique catalogue des noms des chevaliers croisés, n'ont utilisée comme preuve de la présence d'un membre de la maison de Brisay à la seconde croisade, et

(1) *Cart. Font.* ch. 245.

qui a si complètement échappé aux recherches consciencieuses de M. Lacabane et autres archivistes, chargés de présenter les prétentions des familles à l'insertion de leurs armes dans la salle des croisades du palais de Versailles, il fallait aller la découvrir dans un petit volume assez mal conservé et surtout peu lisible, précieusement et jalousement caché aux archives du département de Maine-et-Loire à Angers, sous la cote XXX et le titre : *Extraits du cartulaire de Fontevrauld*. C'est ce que ces messieurs se sont gardés de faire ; mais c'est aussi ce qu'il m'a été permis d'exécuter, avec la patience d'un chercheur décidé à ne laisser aucun document derrière lui. Cette charte si importante n'est pas la seule dont la découverte a récompensé mon travail ; beaucoup d'autres déjà citées ou à citer ont apporté de précieux renseignements à l'étude des personnages dont je transcris l'histoire. En ce qui concerne spécialement celle que je relate ici, je dois néanmoins déclarer combien j'ai regretté de n'en avoir point eu connaissance dix ans plutôt, à l'époque où, sur ma juste réclamation, M. de Nieuwerkerke a fait placer dans le grand salon des croisades, à Versailles, l'écu d'un seigneur de Brisay. Elle m'aurait permis, en effet, de ne pas laisser mettre sous cet écu le nom de Gilles de Brisay et la date 1398 — qui ont été l'objet de critiques désobligeantes. — Elle aurait servi de preuve authentique à la date de la seconde croisade 1146, et à l'inscription du nom d'Alès de Brisay.

Le seigneur de Brisay suivit donc toutes les péripéties malheureuses de notre seconde campagne asiatique. Parti de Mirebeau au commencement de 1147, il se rendit à Metz où s'assemblait l'armée des croisés. Aliénor y avait devancé Louis VII avec la bannière royale. Les guerriers du Poitou furent alors placés sous la direction de Geoffroi de Rancon ; c'est donc dans le corps d'armée commandé par ce chef que nous devons chercher la présence d'Alès. « Beaucoup de barons, dit M. de Fourmont, emmenaient avec eux leurs nobles compagnes, et celles-ci leurs dames d'honneur ; de telle sorte que le camp fut encombré d'une immense foule de châtelaines, de jeunes filles, de pages, de varlets. Nous ne devons pas oublier qu'il y avait aussi des jongleurs, des troubadours, des ménestrels, troupe joyeuse, au milieu de laquelle Éléonore retrouvait l'image de la patrie absente, les danses et les chants de la cour de Poitiers » (1).

L'armée franchit le Rhin à Worms et le Danube à Ratisbonne, accueillie chaleureusement par les Allemands et les Hongrois. En pénétrant sur le territoire de l'empire grec elle ne rencontra plus les mêmes sympathies ; elle se vit jusqu'à Constantinople entourée de pièges et d'embûches. Manuel Comnène s'entendait avec le sultan d'Iconium pour lui livrer les chrétiens ; les chefs des croisés eurent vent de cette trahison, et ils pressèrent le passage de l'armée sur l'autre rive du Bras de Saint-Georges.

Au passage du Méandre, les croisés sont attaqués par les Turcs et les culbutent, mais peu de jours après ces derniers leur infligent une sanglante défaite. Geoffroi de Rancon, commandant l'avant-garde, où se trouvait la reine entourée de ses Poitevins, avait ordre d'occuper une hauteur ; pour être agréable à Aliénor, il bivouaqua dans une riante vallée aux frais ombrages. Les Turcs s'emparèrent aussitôt de la montagne abrupte qu'il venait de quitter, et de là tombèrent à l'improviste sur la seconde partie de l'armée commandée par le roi Louis, dont la chevalerie ne put utiliser ses chevaux pour sa défense, en raison du mauvais état du terrain. Il y eut un affreux massacre ; le roi ne s'échappa qu'avec beaucoup de peine, après s'être vaillamment défendu comme un simple soldat. Geoffroi de Rancon fut disgrâcié, renvoyé en France avec la charge de gouverneur du Poitou et son commandement passa aux mains d'Hugues de Lusignan. Les contingents poitevins échappèrent au désastre de

(1) *L'Ouest aux Croisades*, t. I, p. 146.

cette journée par leur présence dans l'avant-garde escortant la reine, et ils formèrent depuis lors le noyau principal de l'armée. Les croisés vinrent s'embarquer à Satalie, et par mer gagnèrent Antioche au port de Saint-Siméon. Ils perdirent dans cette nouvelle Capoue les derniers restes de leur énergie : les batailles avaient dégénéré en joutes et les marches forcées en fêtes brillantes, où Aliénor et sa cour songeaient plus au plaisir qu'à la conquête du tombeau du Christ. Les chevaliers eurent même fort à se plaindre des mœurs de leurs épouses, dont plusieurs, dit-on, se laissèrent séduire par des Sarrasins. Plus d'une femme fut « rebelle et mauvese et desloial en pélérinage » dit un chroniqueur contemporain.

Enfin, Louis VII s'arracha au séjour d'Antioche ; il emmena Aliénor malgré sa résistance, partant brusquement de nuit avec sa femme et sa maison. Il fut rejoint sur le chemin de Jérusalem par tous ses chevaliers.

L'armée des croisés termina la guerre par le siège de Damas, campagne malheureuse faite, pendant l'été de 1148, sous un soleil torride, et dont ils n'obtinrent aucun résultat. L'opiniâtreté des assiégés, l'ardeur de la saison, la trahison de plusieurs alliés les obligèrent à lever ce siège, sans avoir pu s'emparer d'autre chose que des jardins qui avoisinaient la cité.

Louis VII rentra en France au mois d'octobre 1149, par le port de Saint-Gilles-sur-Rhône, avec une faible escorte de deux ou trois cents chevaliers.

Parmi ces derniers se trouvait Alès de Brisay, dont la présence en France est authentiquement constatée au cours de l'année 1150.

Il paraît qu'à cette époque encore un peu barbare, certains chevaliers croisés s'étaient laissés entraîner, lorsqu'ils revenaient ruinés de l'Orient, dans leurs terres, à supprimer les donations pieuses faites, avant le départ, pour attirer les bénédictions de Dieu sur leur voyage, affirmant qu'une fois rentrés au logis, ils n'avaient plus que faire des dites bénédictions, mais que leur état de misère les obligeait bien plutôt à chercher des ressources, là où ils avaient l'habitude d'en prendre autrefois. Les excessives dépenses occasionnées par les voyages d'outre-mer, qui ont été la cause de l'anéantissement de puissantes familles, les excusaient-elles ? Assurément non, car les libéralités faites d'un plein consentement étaient à jamais irrévocables ; mais comme ils avaien pour eux la force, sinon le droit, il arrivait que mainte donation se trouvait injustement rétractée. Aussi les maisons religieuses, ne montrant qu'une faible confiance dans les larges aumônes consenties au moment du départ, avaient-elles pris l'habitude de faire reconnaître et confirmer aux croisés, dès leur retour, les dons produits par un généreux élan, qu'il était bon de ne pas laisser évanouir. C'est ce qui se passa à Mirebeau en 1150, où Alès, revenu de la Terre-Sainte sans être sensiblement appauvri, consentit à passer, avec l'abbesse de Fontevrault, un nouvel acte confirmatif de la donation de Verrue et des diverses fondations dont son père avait été l'auteur (1).

Alès II avait épousé Grécie de Montagré, qui lui apporta en dot des biens situés en Loudunois, en raison desquels il se trouva sujet du roi d'Angleterre. A Mirebeau également, le seigneur de Brisay se voyait obligé de reconnaître la suprématie d'Henri II, successeur, en 1158, du comte d'Anjou Geoffroi Plantagenet, son frère. Henri II posséda certainement Mirebeau, dès cette époque, comme le Loudunois et l'Anjou. Aussi ne vit-on pas le seigneur de Brisay prendre part à la lutte violente des fils d'Henri contre leur père, qui ensanglanta la Touraine vers 1170, avec le concours des gentilshommes angevins et du roi de France, protecteurs des princes révoltés. Nous avons dit ailleurs, qu'un des parents rapprochés d'Alès fut un des champions des

(1) *Mém. de Trinquant*, André Duchesne, t. II.

jeunes princes sur les rives de la Vienne, et qu'il concourut à la défense énergique du château de Champigny, en 1173. Quant à Alès, il s'adonnait à des occupations plus pacifiques, ses devoirs stricts de vassal le contraignant à ne point tirer l'épée contre son suzerain. Réduit, dans sa maison de Mirebeau, à la condition inférieure de bourgeois-citadin, depuis que les Plantagenets avaient fait élever l'enceinte de murailles qui réunissait la ville au château, englobant dans son périmètre l'hôtel de Brisay et ses dépendances, notre chevalier avait songé à se créer, en dehors des murs de la cité, et à l'écart de la surveillance gênante du châtelain royal, — laquelle devait maintenant blesser grièvement l'amour propre d'un gentilhomme, dont le père avait jadis rempli sur les lieux mêmes les hautes fonctions de sénéchal, — une résidence indépendante de toute obligation prévôtale ; et il choisit alors au centre de ses possessions rurales l'emplacement où s'éleva sous sa prééminence le manoir de la Roche. C'est Alès II, en effet, qui fut le fondateur du manoir seigneurial de la Roche-Brisay, dont nous donnerons en temps et lieu la description et l'historique. Il en fit son habitation préférée, croyons-nous, après 1160 environ, comme semble le prouver la donation qu'il y data, vers la fin de sa vie, en faveur des moines de Turpenay.

« Moi, Alès de Brisay *(ego Halo de Brisaico)*, je donne et concède aux moines la terre qui m'appartient, située entre le château de Montagré et le bois de Goille, franche de toute imposition coutumière, sauf douze deniers de garde (*gardi*) dus au roi d'Angleterre, dont six sont payables à Faye et six à Loudun. Je fais ce don dans ma maison de la Roche *(in domo meâ de Rochâ)*, du consentement de ma femme Grécie et de mes deux fils Pierre et Alès, entre les mains de Guillaume de Langeais, abbé de Turpenay, et en présence du moine Richer, dont le couteau m'a servi à remettre l'investiture figurée de ma dite terre » (1).

(1) *Dom Housseau*, t. V, n° 1986.

Quelque temps après, le suzerain confirma et augmenta lui-même cette concession dans les termes suivants :

« Henry, par la grâce de Dieu roi d'Angleterre, duc de Normandie et d'Aquitaine, comte d'Anjou, aux Archevêques, Evêques, Abbés, Comtes, Barons, Justiciers, Vicomtes, Sénéchaux, Prévots et tous mes fidèles, salut. Sachez que j'ai donné et octroyé et par ma présente charte octroye et abandonne à l'abbé de Sainte-Marie de Turpenay et aux moines qui servent Dieu dans cette église, en perpétuelle et libérale aumône, l'impôt coutumier (*custumam*) que je prélevais annuellement sur la terre de Montagré, que Alès de Brisay a concédée aux susdits religieux, lequel produit un septier d'avoine, six deniers, une poule et trois oboles, de même que le droit de moulin banal (*bianium*) que je m'étais réservé sur cette terre. Ainsi j'ordonne que le dit abbé et ses moines jouissent en paix des dits revenus et droit banal, et les possèdent réellement, librement, tranquillement, intégralement et pleinement, voire même honorablement, et qu'ils n'aient jamais à souffrir à leur égard aucune retenue, diminution ni vexation. Fait à Chinon et scellé du sceau royal » (1). — Ces deux actes, qui ne sont point datés, sont rapportés par dom Housseau à la période qui s'étend de 1160 à 1185 environ.

L'impôt régalien dont il est ici question grèvait, en faveur du monarque anglais, un grand nombre de possessions féodales en Loudunois. Une partie des biens d'Alès était astreinte à cette redevance, non-seulement à Montagré, mais aussi dans la paroisse de Chavagne, où le seigneur de Brisay possédait des moulins, et jusque sur les rives de la Briande. Cela résulte clairement d'une pièce du Trésor des Chartes, où sont énumérés les droits de recette du prince dans le Loudunois, aux termes de laquelle on apprend qu'à Dercé, à Neuil, à Neuville, Campelle et Goille et dans tout

---

(1) *Col. Gaignières*, vol. 640, fol. 270.

le fief de Montagré, à la Roche-Rabaste, aux Roches qui appartenaient aux Brisay, à Chavagne dans toute la terre d'Alès de Brisay, à Luché, Verneuil, Pouant, et jusqu'à Montcontour, le comte-roi avait le droit de lever toutes les troupes (*exercitum totum*), le droit de faire battre monnaie (*ferragium*), le droit de faire la récolte des glands (*fressingam*), le droit de prélever des vivres en temps de guerre (*munitum*), le droit de ban (*bianium*) (1).

Cette seconde moitié du XII° siècles et excessivement agitée dans l'ouest de la France. Le roi d'Angleterre lutte à mains armées contre son frère — il lui enlève Mirebeau en 1156, — contre ses fils, qu'il dépouille et tient captifs en 1773, — contre ses vassaux qui, durant cette période sanglante, s'inclinent devant son autorité et se rangent sous sa bannière lorsqu'il est présent, mais savent aussi rapidement lui tourner le dos et prêter secours aux armées du roi de France, en guerre contre ce rival dangereux, dès que leur intérêt ou l'espoir d'un riche butin à recueillir attire leur attention sur le parti adverse. Ce n'est pas sans peine que, par une fermeté inébranlable, Henri II est parvenu à maintenir en équilibre sa situation prédominante en Anjou et en Touraine, où il a fait de Chinon sa capitale. Sa mort, survenue en 1189, laissa en partage à ses fils un vaste empire, dont ils se disputèrent les morceaux avec acharnement. Alès de Brisay paraît avoir quitté ce monde à la même époque, sans que l'on sache bien quel fut exactement son rôle, dans l'anarchie féodale qui déchira l'Anjou pendant les derniers temps de sa vie, mais laissant après lui des fils assez puissants, une situation de famille assez bien établie, l'image d'une longue existence assez remplie par l'accomplissement de tous les devoirs, pour que l'on puisse ne voir en ce personnage, qu'un chevalier loyal et fidèle jusqu'au dernier soupir. Sa succession, ouverte avant 1190, séparait

(1) *Arch. nat.* R. J. 233.

en deux parties le patrimoine de la maison de Brisay. Les fiefs du Mirebalais furent attribués à l'aîné de ses fils, dont nous allons nous occuper maintenant. Au second échurent les biens tourangeaux, qui furent accrus par de nouvelles possessions acquises en vertu d'une union brillante, dont nous aurons à faire voir l'accomplissement dans la seconde partie de cet ouvrage, cette union ayant permis au second fils d'Alès de faire souche d'une nouvelle branche, appelée à remplacer plus tard le tronc principal dont lui-même était sorti.

§ IV

PIERRE III, RAOUL II. FONDATION DES CORDELIERS

Pierre III, seigneur de Brisay, en Mirebalais, de Bosnay et autres lieux, était le fils aîné d'Alès II et de Grécie, comme le prouve l'acte de la donation faite à La Roche, par son père et sa mère, en faveur de l'abbaye de Turpenay, à laquelle il accorda explicitement son assentiment. Ce personnage vécut entre les années 1160 et 1220.

En l'année 1200, Pierre de Brisay (*Petrus de Brisaio*) avait assisté comme témoin à certaine donation, faite à l'abbaye de Fontevrauld par Maurice de Montaigu, dotant d'une rente de cent sous la chapelle de Saint-Laurent, fondée par la reine d'Angleterre, Aliénor, dame de Mirebeau, quelques années auparavant (1). Ce rapprochement permet de croire que Pierre s'était alors rangé parmi les fidèles sujets qui formaient la petite cour de cette princesse. Comment en aurait-il été autrement de la part du seigneur de Brisay, habitant dans Mirebeau, cette maison forte, située à courte distance du château devenu le palais d'Aliénor, et dont la possession entraînait pour lui, de par son origine,

---

(1) *Cart. de Fontevrauld*, fol. 298.

l'obligation de se constituer l'inébranlable gardien de la châtelaine ? Ne devait-il pas, sous son serment de féauté, accompagner celle-ci à cheval et en armes entouré de ses archers, chaque fois qu'elle sortait de la forteresse et qu'elle se rendait dans les localités environnantes ? L'accomplissement rigoureux de ce devoir, permet d'admettre que Pierre dût jouer un certain rôle, dans les événements qui signalèrent la présence d'Aliénor à Mirebeau, dans les premières années du XIII° siècle.

Comme l'avait fait son père, sous le règne d'Henri II, il dut se résigner à se reconnaître vassal des monarques anglais. Richard Cœur-de-Lion avait, en 1190, donné Mirebeau pour résidence à sa mère. Jean-Sans-Terre, en lui succédant, en 1199, avait maintenu Aliénor dans cette possession. Ce prince ne tarda pas à avoir pour compétiteur au trône, son propre neveu Arthus, duc de Bretagne, dont les droits primaient les siens. Le roi de France, rival acharné de l'Anglais, appuyait la prétention d'Arthus. Il l'arma chevalier, lui donna pour fiancée sa fille Marie, reçut son hommage et l'envoya avec 200 lances faire la conquête du Poitou.

Arthus de Bretagne se présente devant Mirebeau au commencement de l'été de 1202, comptant bien entraîner son aïeule à sa cause, et obtenir par elle le concours de toute l'Aquitaine. Tout d'abord il s'empare de la ville mal défendue, et vient prendre position au pied du donjon. De là il interpelle la vieille reine et la conjure de s'en venir avec lui « en boine païs quel part k'ele vorroit aler ». Mais Aliénor refuse de sortir du castel et l'engage à s'en aller, « car assés troveroit castiaux que il poroit assaillir, autres que celui à ele estoit dedans, et molt li venoit à grant mervelle, que il asseoit castiel ù il savoit qu'ele estoit, ne li ne li Poitevin ki si home lige doient estre » (1).

(1) *Hist. de Mirebeau*, par le M. de Fouchier, p. 27.

Pendant qu'Aliénor s'enferme dans la forteresse avec ses défenseurs, ses vassaux les plus proches, à la tête desquels il faut assurément voir prendre rang le seigneur de Brisay, Arthus et les Poitevins occupent la ville et forment le blocus du château.

Toute cette jeunesse se livre au plaisir et à l'orgie, jusqu'au moment où le sénéchal d'Anjou, Guillaume des Roches, jettant sur elle l'avant-garde de l'armée du roi d'Angleterre, surprend les Poitevins avant qu'ils aient pu se défendre et les met en déroute. L'armée royale, suivait presqu'immédiatement ; le roi lui-même, d'un seul coup d'épée, abattit le poignet d'un chevalier qui voulait s'opposer à son passage, et la mêlée devint générale ; tous les Poitevins sans exception furent prisonniers avec le duc de Bretagne au milieu d'eux. Parmi les faits mémorables de cette journée, on cite le propos singulier de l'un des chefs de l'armée poitevine, Guillaume de Lusignan, à qui l'on servait un plat de pigeons au moment où les Angevins pénétraient dans la ville : il jura « sur la tête de Dieu » de ne se lever de table et de ne prendre ses armes, qu'après avoir mangé les pigeons.

Il est de toute probabilité que Pierre de Brisay se trouvait parmi les seigneurs mirebalais qui assistèrent à ce fait d'armes au profit des Angevins, et qui sortirent du château pour prêter main forte à ces derniers contre Arthus ; ce gentilhomme en effet, tenu alors au service armé en faveur du roi anglais par son serment de vassal, nous est connu pour un des chevaliers guerroyeurs de son temps. Après la conquête du Poitou par le roi de France, en 1205, Pierre de Brisay figura au nombre des chevaliers bannerets, dont la liste fut dressée par ordre de Philippe-Auguste, dès que ce monarque institua la première armée nationale, en faisant appel à la noblesse française convoquée par ban et arrière-ban. Dès 1190, Philippe avait fait dresser ces listes sur ses propres domaines et les avait fait consigner au Parlement.

Lorsqu'il eut terminé la conquête des provinces de l'ouest sur le roi d'Angleterre, condamné à mort par ses pairs et à la confiscation de ses terres françaises, à la suite du meurtre d'Arthus de Bretagne, il les fit compléter par les noms des principaux seigneurs tourangeaux, angevins et poitevins qu'il créa bannerets selon les règles de l'ordre.

Les possessions territoriales servirent dès lors à établir la proportion des obligations dues au roi, en ce qui concernait le service dans ses armées. Le chevalier pouvait, suivant son degré de puissance, y figurer comme écuyer, comme bachelier ou comme banneret, ce grade étant le plus élevé de la hiérarchie féodale et ne connaissant de commandement supérieur que celui du connétable ou du roi.

Avoir rang de *banneret* donnait à celui qui recevait cette qualification, le droit de lever bannière à ses armes et de marcher au combat à la tête d'une nombreuse compagnie.

Pour avoir rang de banneret, le chevalier devait posséder un château d'où relevait 24 chefs de famille lui rendant hommage. Il entretenait en guerre 50 hommes d'armes ayant au-dessous d'eux les archers, arbalétriers et servants qui les accompagnaient. Un étendard carré était porté devant lui, et au moment du combat, il envoyait par un héraut son *pennon* au roi ou au connétable, demandant l'autorisation de conduire sa *bannière* dans la mêlée selon le rang qui lui était fixé. On disait alors du chevalier banneret : *il déploie bannière ;* et sur cet étendard, étaient brodées les armes du chevalier, destinées à le faire reconnaître de sa suite au milieu de la bataille. Quelques-uns portaient au col un *oliphant* pendu à une chainette. C'était une trompe ou un cornet, dont ils se servaient pour rallier leurs gens autour d'eux, en proférant des sons connus de leurs hommes d'armes.

Quel était à cette époque l'attirail sous lequel un chevalier se présentait au combat? M. Mazas va nous le dire.

« Les armes défensives étaient un bouclier taillé en pointe, un vêtement triple dont l'épaisseur garantissait des coups les plus violents, espèce de pourpoint bourré de crin, nommé *gambesson*, recouvert d'une cuirasse faite de mailles de fer très serrées. On appelait cette cuirasse le *haubert*; plus tard les jambes et les bras s'enveloppèrent de bandes de fer; mais à l'époque dont nous parlons le chevalier les avait nus. « Je connais l'usage des Français, couvrant leur corps, écrivait un auteur contemporain, mais dédaignant de garnir leurs jambes, et qui vont au combat avec une simple chaussure. » Ils portaient par dessus la cuirasse une tunique de peau tannée sans manches, appelée *cotte d'armes;* celles des grands et des barons étaient de drap brodé d'or et d'argent, ou de fourrure précieuse, chargées ordinairement de leurs armoiries. On garantissait la tête par un bonnet de mailles sur lequel on mettait le heaume, sorte de chaperon très haut dont les bords touchaient les épaules. Le heaume finit par céder la place au casque dont l'usage devint général. Les chevaliers se faisaient raser la tête, afin que dans la mêlée on ne pût les saisir par les cheveux s'ils perdaient le heaume.

Les armes offensives étaient *la lance*, une *épée longue*, droite, ressemblant beaucoup à celle des anciens Gaulois; une *dague* retenue dans la ceinture et une *masse* dont les chevaliers se servaient pour frapper les chevaux à la tête : souvent ils les abattaient d'un seul coup.

Enfin le chevalier était monté sur un cheval de guerre auquel était ajusté des armures défensives, mais la faculté de couvrir son cheval était un privilège réservé au banneret comme l'usage du haubert. Ces couvertures de chevaux étaient faites de cuir bordé de fer; les grands vassaux, les puissants barons couvraient leurs coursiers d'un tissu de mailles de fer. Sur les flancs de ces animaux pendaient des carrés de cuir bouilli, sur lesquels les chevaliers faisaient peindre leur blason » (1).

(1) *Vie des Grands capitaines français du Moyen-âge*, par Mazas, t. I, Appendice.

Tels furent le costume et le harnachement de guerre sous lesquels Pierre de Brisay prit part aux campagnes dirigées par le roi Philippe-Auguste, après que la conquête définitive de l'Anjou l'eût placé féodalement sous la bannière de ce prince. Son nom figure parmi ceux des bannerets du pays d'Anjou qui prirent part à la bataille de Bouvines, en 1214, dont la liste, conservée dans les registres *Olim* du Parlement de Paris, a été reproduite par plusieurs auteurs tels que Laroque, André Duchesne, le prieur de Mondonville, et plus récemment par M. Mazas dans sa belle *Histoire des Grands capitaines français du Moyen-âge : Petrus de Brisaio* y paraît entre Godefroi de Loudun et Gervais de Preuilli (1).

Je n'ai pas mission de raconter ici la bataille de Bouvines, je dirai seulement que le gain de cette journée célèbre, chaudement disputée aux Allemands, fit le plus grand honneur au courage et au génie de la chevalerie française. Elle ne luttait plus ici pour de mesquines querelles ou pour des conquêtes locales, ni pour soutenir la cause de princes rivaux et jaloux, comme au siècle précédent ; la sécurité du pays, l'existence même de la dynastie capétienne, l'unité nationale étaient en péril. Les hommes du nord, coalisés, marchaient contre les Francs, dans le but non dissimulé de se partager leurs domaines, et de supprimer la race royale qui les gouvernait. Aussi neuf archevêques, soixante-quatre évêques et trente abbés, trois cent cinquante-deux chevaliers bannerets, et cinq mille bacheliers ou écuyers levèrent-ils, avec un empressement unanime, les milices de toute la France, à l'appel d'un monarque qui avait su dessiner les grandes lignes d'une fusion de tous les intérêts, sous le nom encore peu connu de *patrie ;* et sur les bords de la Marque, entre Valenciennes et Tournay, nos phalanges guerrières culbutaient les légions tudesques, dont les aigles

(1) T. I, p. 299.

restèrent entre nos mains. Cette victoire est considérée à bon droit comme une des plus belles pages de l'histoire féodale, comme un des efforts militaires les plus marquants du Moyen-âge. Il sera toujours glorieux pour une famille de pouvoir, avec certitude, compter un ancêtre parmi les gentilshommes qui prirent une part active à cette importante manifestation.

A la domination anglaise avait succédé, dans le Mirebalais, le rétablissement de la prééminence locale, par le retour de l'ancienne famille possessionnée de la châtellenie par droit héréditaire avant 1130. Philippe-Auguste avait *restauré* la maison de Blason dans toutes ses possessions angevines. Thibaud, le chef de cette famille, était en grande faveur auprès du monarque ; son oncle d'ailleurs était alors évêque de Poitiers. Dès 1204, il était rentré en maître dans le château de Mirebeau, et commençait à prendre part aux donations pieuses, aux diverses gestions de biens des seigneurs de la contrée.

En 1213, le Chapitre et les Chanoines de Notre-Dame de Mirebeau échangèrent avec un habitant de cette ville, nommé Pierre Amenon, la dîme d'Aboin, qu'ils avaient reçue en donation de Pierre Asseline, chanoine de Saint-Pierre de Poitiers, contre une rente de deux setiers de froment et deux de seigle, qu'Amenon promit de déposer annuellement, à la fête de saint Michel, dans les greniers du Chapitre. Les chanoines sanctionnèrent, devant Thibaud de Blason, l'acte d'échange en y inscrivant leurs noms ; ils sollicitèrent aussi le témoignage de quelques seigneurs, et parmi les gentilshommes qui firent inscrire leur attestation dans l'acte à la suite de celle des chanoines, il est à remarquer que le premier nommé est Pierre de Brisay (1).

Pierre est également le premier cité, après Thibaud de

---

(1) *D. Font.*, t. XVIII, p. 145.

Blason, seigneur de Mirebeau, parmi les sept témoins laïques qui figurent dans un accord passé à Mirebeau, en 1216, entre Eufémie, abbesse de Sainte-Croix de Poitiers, et Marguerite de Berrie, veuve d'Hugues d'Amboise (1). Cette situaiton, marquant à deux reprises, une sorte de préséance sur la noblesse de la châtellenie et un rapprochement significatif du suzerain, témoigne de l'importance qu'avait conservée, sous les Blason, à Mirebeau même, le chef de la maison de Brisay. Elle résulte encore, selon nous, des fonctions de sénéchal remplies par son aïeul au courant du siècle précédent, lesquelles avaient laissé subsister, à l'état de tradition d'abord, puis efficacement relevée par la remise en possession des anciens seigneurs, une incontestable priorité, et probablement même, un commandement délégué en faveur et au profit des descendants du « major » d'autrefois.

Pierre III paraît avoir été marié deux fois. De sa première femme, dont le nom est inconnu, il eut un fils unique. En secondes noces, il épousa Hilaire du Fraigne, fille aînée, si nos rapprochements sont exacts, de Philippe du Fraigne, seigneur richement possessionné en Mirebalais et dans le nord du Poitou. Il se trouvait avec elle, à Poitiers, en octobre 1220, lorsqu'il vint à mourir. Hilaire, qui était d'une grande piété, sollicita de son mari, au lit de la mort, et obtint de lui l'autorisation de donner sur ses biens propres, à l'église Sainte-Marie-la-Grande de Poitiers, une dîme qui lui avait été donnée en dot par son père, sur le fief appelé Fief-Bernard, dépendant de la seigneurie du Fraigne (2). D'autre part elle gratifia encore la même église d'une dîme qu'elle prélevait sur certaine terre située en la paroisse de Saint-Georges, près des rives du Clain (3).

(1) *D. Font.*, t. V, p. 631.
(2) *D. Font.*, vol. 20, p. 529.
(3) *Idem.*

La pieuse épouse de notre chevalier (*Hylaria uxor Petri de Brizayo, militis*), ne se contenta point de ces libéralités. Après les avoir faites (*post concessionem istius decime*), elle se laissa gagner par l'enthousiasme qu'inspirait généralement alors l'ordre des Templiers à l'apogée de sa puissance, et, devenue veuve, elle se donna avec tout ce qui lui restait de biens (*condonavit se et sua*) à la commanderie de Montgaugier, voisine du Fraigne, que son père et ses frères avaient déjà comblée de dons (1). Il résulte de l'acte qui nous transmet ces détails, qu'Hilaire survécut à Pierre de Brisay, son mari, ce qui dément catégoriquement l'assertion de Ménard affirmant que Valentine, veuve de Thibaud de Blason, en 1229, épousa en secondes noces ce même seigneur de Brisay (2). M. de Fouchier, qui s'est fait l'écho de cette donnée, et veut en tirer la conséquence que « cette alliance aura contribué à augmenter les possessions et les droits de la famille de Brisay dans la châtellenie », n'a point songé que le défunt de 1220 n'aurait pu revenir en ce monde, neuf années après sa mort, pour conduire à l'autel Mme de Blason. Il faut donc absolument renoncer à voir une union quelconque entre ce personnage et cette dame, qui a dû et pu prendre un autre conjoint.

Raoul II, seigneur de Brisay en Mirebalais, de Bosnay et autres lieux, après son père, et comme lui chevalier banneret du pays d'Anjou, vécut dans la première moitié du XIII° siècle. Il fut, au dire des généalogistes le fils unique de Pierre III (3), mais on ignore le nom de sa mère, car il est impossible qu'il fut né d'Hilaire du Fraigne, seconde femme du seigneur de Brisay, laquelle ne se fut point livrée corps et biens aux Templiers si elle avait eu un héritier. Il est donc évident que Raoul naquit d'un premier

---

(1) *D. Font.*, t. XX, p. 529.
(2) *Bib. Nat. Cab. des titres, dos. Brisay.*
(3) *D'Hozier, La Chesnaye Desbois, Ménard, Beauchet-Filleau, Laisné.*

mariage dont le souvenir et les traces sont perdus. Peut-être, si l'on veut retourner à l'opinion de Ménard (1), cette union aurait-elle été contractée avec une fille de la maison de Blason. D'autre part, le rôle important joué par Raoul de Brisay dans les affaires de son temps, pourrait faire croire qu'il épousa lui-même Valentine, fille de Thibaut de Blason et de Valence, car le seigneur de Mirebeau fut l'un des plus puissants soutiens du trône de Philippe-Auguste, et Raoul paraît avoir joui d'une grande faveur auprès de ce prince. Quoiqu'il en soit d'une telle probabilité, et bien que Ménard ait prétendu tirer, du cartulaire de Toussaints d'Angers, la certitude d'une alliance entre les maisons de Blason et de Brisay au XIII° siècle, aucune preuve authentique n'appuie cette opinion, qu'il n'est pas permis en conséquence d'élever au rang d'une donnée historique.

Raoul II n'a laissé de traces de sa vie que par la principale action de son existence, qui suffit d'ailleurs à l'illustrer.

C'est à lui que l'on doit l'introduction, dans notre pays, et l'installation à Mirebeau, dans son propre hôtel, des premiers religieux Cordeliers qui aient été vus en France. Aussi que d'hommages ne lui ont-ils pas été rendus par les historiens de cet ordre vénérable? Les uns l'ont appelé « haut et puissant », ce qu'en qualité de banneret il devait être effectivement ; les autres « noble et illustre héros » qualification qui se rapproche du lyrisme. René Chopin le dit « grand », sans spécifier si ce fut à cause de sa haute taille ou de ses exploits. Enfin, un généalogiste du XVII° siècle, rapporte qu'à l'époque encore où il écrivait, « parmi le peuple et dans tout le pays Mirebalais, il se faisait des contes romanesques sur la force et la puissance dudit Raoul » (2).

En même temps, les Cordeliers ont voulu témoigner leur reconnaissance à leur fondateur, en rehaussant son origine, en le faisant monter au rang des princes ; et c'est à ces bons

---

(1) *Hist. d'Anjou, par Claude Ménard.*
(2) *Généal. du cab. d'Hozier.*

Frères, pétris d'excellentes intentions plutôt que d'utiles connaissances, que sont dues les élucubrations fantaisistes qui ont, dès le XVI⁰ siècle, singulièrement faussé l'histoire au sujet des origines de la maison de Brisay. Ce sont eux, qui ont prétendu que la terre de Brisay était un lambeau de la seigneurie de Mirebeau, détaché en faveur d'un fils de cette maison, et que cette maison elle-même avait pour auteur un fils du comte d'Anjou. Les mêmes Cordeliers ont encore donné à croire que Raoul avait possédé le château de Mirebeau, tirant conclusion de ce fait que Raoul avait fondé leur monastère dans *son château à Mirebeau*, et parcequ'il leur plaisait en conséquence de faire de ce Raoul un suzerain de la contrée, n'ignorant pourtant pas que leur couvent n'était pas situé dans l'enceinte de la forteresse de Foulques Nerra, mais bien dans ce lieu où les Brisay possédaient, depuis le XI⁰ siècle, des terrains et une maison forte sise à moitié chemin de la ville au château.

Quoi qu'il en soit des vertus légendaires du personnage qui nous occupe, la fondation pieusement instituée par lui remonte à l'an **1220**, date à laquelle la mort de Pierre III, seigneur de Brisay, son prédécesseur, venait de mettre Raoul II en possession de tous ses biens héréditaires, et lui faisait plus aisée la tâche d'en consacrer une partie aux religieux de saint François. Les actes constitutifs de la fondation n'existent plus, anéantis qu'ils furent par les protestants, à la fureur desquels on doit l'incendie du couvent des Cordeliers de Mirebeau et de leurs archives, en 1568 ; mais l'intérêt et l'amour de leur maison, innés chez ces religieux, leur firent reconstituer les pièces authentiques disparues, en convertissant la tradition en des preuves réelles, en la consignant sur de nouveaux écrits. D'ailleurs le fait certain de cette fondation et les détails qui l'accompagnent se trouvent transcrits dans l'histoire de l'Ordre Séraphique, écrite par le R. P. Gonzague, à une époque plus voisine que la nôtre de la destruction du couvent, par conséquent dans un temps où les renseignements pouvaient être puisés à des sources encore existantes.

Gonzague rapporte que Raoul de Brisay (*Radolphus de Brisaio*), grand et noble seigneur de l'Anjou (*nobilem heroem*), avait reçu du roi de France, Philippe-Auguste, une mission spéciale auprès du Sultan du Caire, ayant pour but de ménager certaine trêve, dont les chrétiens voulaient user pendant la croisade dirigée, contre les musulmans d'Egypte, par Jean de Brienne, de 1217 à 1219. Cette trêve, bien en rapport avec les sentiments naïvement pieux du siècle, avait pour but de permettre à François d'Assise, alors au camp des croisés, de se rendre auprès du chef des mécréants, et d'essayer par sa prédication de le convaincre à embrasser la foi catholique. Le Soudan — c'est ainsi qu'on appelait en France le sultan du Caire — plein d'égards pour le monarque Franc dont les exploits et les victoires ne lui étaient pas inconnues, consentit à la trêve. Il accueillit le saint homme et l'écouta attentivement, puis le renvoya avec déférence parmi les chrétiens. Raoul de Brisay se fit alors le compagnon de François, et l'escorta dévotement sur les rives de Syrie (*ex Syriacis oris*) où tous les deux tenaient à accomplir leur pèlerinage à Jérusalem. A son retour de la Terre-Sainte, il ramena en France deux des disciples de François, qui s'étaient engagés dans son ordre, pour l'accompagner outre mer, et ne voulant point se séparer désormais de ces pieux Cordeliers, il les installa dans son propre hôtel à Mirebeau (*in arce suâ Mirebelleâ*). Tout d'abord il les logea dans son entourage, mais bientôt ces religieux, ne pouvant prendre part à la vie mondaine, demandèrent à vivre séparément. Raoul leur abandonna une grande partie de sa maison pour en faire leur monastère ; peu après, sur les terrains qui entouraient sa demeure il fit élever des édifices conventuels et une église. Celle-ci fut terminée en 1225. Elle fut aussitôt fréquentée par les fidèles et jouit longtemps d'une grande prospérité (1).

Ces événements s'accomplissaient en partie du vivant de saint François (*ipso Francisci tempore*), lequel mourut en 1223.

Telle fut la création du premier couvent de Franciscains en France, dont le souvenir semble remplir la vie toute entière du « grand » Raoul de Brisay. L'histoire ne relève aucun autre fait sur son compte, les actes ne rapportent aucune mention particulière à son sujet. On peut supposer qu'entièrement captif de sa dévotion, exclusivement adonné à son œuvre, ayant dit au monde un adieu définitif, il vécut de la vie monastique au milieu de ses chers Cordeliers.

On ignore la date de sa mort, et on ne lui trouve pas trace de postérité.

Avec Raoul II, s'éteignit la branche aînée qui occupa Mirebeau pendant deux siècles, et fut la fondatrice de cette maison toute militaire au début, devenue fortuitement monastique, où l'écho des dalles de pierre, après avoir répété les pas des chevaliers bardés de fer et les cris des hommes d'armes, ne devait redire à l'avenir que la psalmodie pacifique des hommes de Dieu.

§ V

DÉCADENCE DE L'HÔTEL DE BRISAY

La construction de l'enceinte des Plantagenets avait porté un premier coup à l'hôtel des seigneurs de Brisay, à Mirebeau ; mais l'installation des Cordeliers dans ses murs lui fut fatale. Rognés dans leurs possessions foncières, amoindris dans le prestige de leur puissance féodale, les successeurs de Raoul II délaissèrent leur habitation de ville devenue trop restreinte, et

(1) *Gonzague, René Chopin, Roblin.*

ils allèrent établir leur cour seigneuriale à La Roche, cette résidence rurale construite par Alès II, un demi siècle auparavant, qui prit dès lors le nom de Brisay et devint le chef-lieu de la seigneurie. En même temps ces nouveaux possesseurs, issus d'une branche dont l'installation avait été faite en Touraine, conservaient, pour leurs manoirs d'entre Loire et Vienne, une préférence d'autant plus compréhensible que l'un de ces fiefs avait rang de châtellenie, et possédait une des forteresses les plus importantes de la région. Ils y avaient rang de banneret, ils s'y étaient créés des relations de toute nature et des droits importants. Ils se réservèrent cette habitation à titre de domicile ordinaire et préféré, pendant trois siècles, ce qui leur fit négliger assez sensiblement leurs manoirs mirebalais. Néanmoins ils conservèrent, à Mirebeau, ce qui leur était laissé de la maison qu'avaient habitée leurs aïeux, contigüe maintenant au couvent des Franciscains ; ils y firent de temps à autre quelques séjours ; ils s'y arrêtaient chaque fois que leurs intérêts privés ou les devoirs de leur situation féodale exigeaient leur présence ; ils ne cessèrent d'y jouir des privilèges dont elle était nantie et d'y toucher les revenus qu'elle produisait, comme le prouvent un certain nombre d'actes relatifs à l'exercice de leurs droits rigoureux.

Toutefois il est juste de reconnaître que, dans le courant du XIIIe siècle, les édifices de l'hôtel de Brisay furent, au point de vue matériel, fortement négligés. Il semble résulter des termes d'un aveu rendu au seigneur de Mirebeau, dans les premières années du siècle suivant (1311), par le seigneur de Brisay, que son hôtel de la ville ne consistait plus, à cette époque, qu'en « une place sur laquelle souJait avoir une maison en brèche », c'est-à-dire une masure à moitié détruite (1).

Cette habitation ne demeura cependant point dans un tel état ; elle fut restaurée dans le courant du XIVe siècle et

---

(1) *Archives du château de Brisay*, vol. A.

habitée, sinon consécutivement, du moins fréquemment, par Alès VI, seigneur de la Roche-Brisay et sa femme Béatrix de Montejehan.

Ce personnage, qui périt à la bataille de Poitiers, en 1356, démontrait une certaine prédilection à la résidence de Mirebeau, mais il ne portait pas seulement ses faveurs sur le couvent des Cordeliers, dont il était le fondateur héréditaire. Dans son testament, fait à Mirebeau par l'entremise de Jean-André Chevalier, notaire public sous l'autorité royale en cette ville, il ordonna l'érection d'une chapelle en l'église collégiale de Notre-Dame, qui devait être dédiée à saint Nicolas, et la dota d'une rente annuelle de 10 livres en argent et 20 setiers de froment, destinée à y entretenir un desservant pour célébrer trois messes par semaine, pour le salut de l'âme du donateur ; il attribua à ses héritiers le droit de présentation à ladite chapelle, et au chevecier du Chapitre de Notre-Dame le droit de nomination, choisissant lui-même le premier chapelain qui devait être messire Michel Normand, prêtre (1). Cette chapelle, ayant le seigneur de Brisay comme patron, figurait encore au nombre des dix-sept chapelles de l'église de Mirebeau, dans le pouillé général de l'évêché de Poitiers, publié par Alliot en 1648 (2).

Lorsqu'en 1363, le fils unique et héritier d'Alès de Brisay assit le douaire de sa mère sur le tiers des biens du défunt, selon les obligations du contrat de mariage de ce dernier, il assigna comme séjour, à la veuve, l'hôtel de Brisay à Mirebeau. C'est là que Béatrix de Montejehan vit écouler les années de son deuil jusqu'en 1380, date approximative de sa mort. Cette époque fut sérieusement troublée par les invasions anglaises. Les châteaux du seigneur de Brisay furent incendiés et détruits, mais il est probable que la résidence de Béatrix fut respectée comme les autres mai-

---

(1) *Archives du château de Brisay*, vol. D.
(2) *V. Bibliographie*, n° 19.

sons de la ville, qui ne parait pas avoir été maltraitée par les envahisseurs.

« J'ignore totalement, dit M. de Fouchier, le rôle que joua la forteresse de Mirebeau pendant la longue période de l'occupation de l'Aquitaine par les Anglais. Il est très probable que la fortune des armes la fit passer alternativement des mains nationales aux mains étrangères. Je ne vois cependant nulle part aucun chevalier anglais s'en attribuer la possession, même au moment le plus grave de nos désastres, jusqu'au traité de Brétigny ; car le Mirebeau d'Anjou ne figure pas au nombre des villes ou châteaux délivrés, en 1360 et 1361, à Jean Chandos, lieutenant général du roi d'Angleterre » (1).

Mirebeau avait passé aux ducs d'Anjou de la maison de France. En 1387, Marie d'Anjou, reine de Sicile et de Jérusalem, tutrice de Louis II, son fils, et veuve de Louis I, vint faire sa première visite dans cette ville. Elle y convoqua tous ses vassaux. Ce fut une solennité accomplie avec tout le faste des institutions féodales, enveloppées du luxe introduit à la suite des croisades. Le baron de Grisse, selon les termes de son aveu, alla chercher la reine aux frontières de la seigneurie, armé de pied en cape, la lance à la main, entouré d'une compagnie d'archers tous prêts à la défendre. Le seigneur de la Roche-Brisay, dès que les trompettes annoncèrent l'approche de la suzeraine, sortit à cheval de la ville, avec ses écuyers, ses servants d'armes en costume de gala ; il entoura la princesse de son personnel et marcha tout contre sa litière ou son palefroi, lui faisant une escorte d'honneur jusqu'à la porte de la ville. Là ce fut le sire de Mausson qui vint remplir son devoir ; au moment où le cortège arrivait à la barrière, il mit pied à terre, prit le cheval de la dame par la bride, et le conduisit à pied jusqu'à l'entrée du château. Dans la grande salle, à l'intérieur, se

---

(1) *La Baronnie de Mirebeau*, p. 81.

trouvaient réunis tous les gentilshommes du fief, la plupart avec leurs femmes. Marie d'Anjou était assise en un trône placé sur une estrade ; toute l'assistance, hommes et femmes vinrent la saluer, la féliciter, et les seigneurs relevant de son fief s'empressèrent de lui prêter foi et hommage, avec le serment de fidélité pour leurs terres.

« Messire Allez de Brisay à cause de ses hostels de La Roche de Brisay, de Salie et Doussay, et de sa maison de Brisay en la ville de Mirebeau, rendit son hommage-lige et s'acquitta des devoirs accoutumés » (1). Cette cérémonie grandiose eut lieu le 21 mars, dix-sept jours avant Pâques.

Le bon roi René, possesseur de Mirebeau, comme son grand-père, y fit quelques séjours de 1453 à 1464. Il aimait à venir passer dans cette résidence « la saison des allouettes ». Sa petite cour l'entourait, au milieu de laquelle Jehan de Brisay se signalait parmi les plus fidèles. L'attachement de ce seigneur pour la maison d'Anjou était grand, et ses fils étaient élevés comme pages tant auprès du roi de Sicile que du comte du Maine, son frère, qui habitait Châtellerault et faisait de fréquentes visites à Mirebeau.

Jehan, seigneur de Brisay, chevalier banneret dans les armées de Richemond et de Jeanne d'Arc, plus tard chambellan du roi Charles VII, avait eu la faiblesse de sacrifier ses devoirs d'époux aux usages trop répandus de l'époque. Outre ses enfants légitimes, nombreux, issus de son union avec Jeanne de Linières, nièce de l'évêque de Viviers, il avait eu, on ne sait de qui, un enfant naturel, auquel fut donné le prénom d'Aimar, déjà porté par l'aîné de la famille. Jehan adorait et choyait le bâtard de Brisay ; il le faisait élever avec soin dans son hôtel de Mirebeau, et dans un partage qu'il voulut faire de ses biens avant sa mort, pour assurer tout ce que la loi lui permettait de faire passer à son benjamin, il lui assignait la résidence et la jouissance de

(1) *Gaignières : Anjou*, fol. 110, n° 645.

cette maison, de son vivant, lui attribuant la propriété intégrale du mobilier après sa mort.

Ces dispositions loyales et généreuses furent l'occasion d'un grand désordre. Lorsqu'ils les connurent, les fils ainés de Jehan, Aimar, seigneur de Brisay, et Jacques, seigneur de Doussay, se rendirent à Mirebeau, pénétrèrent de vive force dans l'hôtel, en chassèrent leur frère naturel, firent main basse sur le mobilier qu'ils transportèrent dans leurs châteaux (1). En 1470, à la mort de leur père, l'ainé prit possession de l'hôtel mirebalais et le réunit à ses domaines.

Tous les aveux rendus par les seigneurs de Brisay, pour leurs possessions foncières, depuis 1311 jusqu'en 1689, mentionnent la jouissance de « l'ostel saiant à Mirebeau » et les redevances en fourrages, grains, volailles et autres denrées que leurs sujets devaient y amasser, ce qui laisse à supposer une certaine importance des bâtiments, et prouve que si, dans un moment de découragement, ils avaient laissé tomber leur maison de ville en « brèche », des restaurations dûment appropriées vinrent plus tard la remettre sur un pied convenable d'habitation. On regrette toutefois de ne point trouver, dans ces actes, des détails plus particuliers sur l'emplacement de cette maison, sur la composition de ses édifices, sur ses abornements et ses dépendances. Ce n'est que par un aveu étranger, rendu au roi par François de Blanchefort, en 1534, pour la baronnie de Mirebeau, que le point précis où se trouvait l'hôtel en question est positivement établi. On y trouve l'énumération de « la maison des seigneurs de Brisay, joignant au jardin des Cordeliers, le mur entre deux, donnant sur la rue qui tend des Cordeliers à la porte de l'Aumosnerie » (2). Si l'on jette les yeux sur le plan de la ville, on y voit que l'église des anciens Cordeliers, située rue du Mail, à courte distance de

---

(1) *Arrêt criminel du Parlement de Paris*, année 1474.
(2) D. Font., t. XX.

la porte de Loudun, jadis nommée du Château, est un peu plus qu'à la moitié de l'espace qui séparait autrefois le château du noyau d'habitations formant, autour de Notre-Dame, l'ancienne cité du XIe siècle ; et l'on est amené à reconnaitre que l'emplacement de cette construction, contigüe à l'ancien hôtel de Brisay, était bien celui que nous avons assigné à la petite forteresse (*arx*), alors que l'enceinte des Plantagenets n'existait pas encore, et que l'érection du fortin de Brisay parut indispensable à la réunion de la ville et du château, entre lesquels il semblait créer un trait d'union stratégique d'une incontestable utilité en temps de guerre.

Assez modernement, mais à une époque qu'on ne saurait fixer, la maison contigüe au couvent des Cordeliers prit le nom de Petit-Brisay, sans doute pour la distinguer, après les partages qui l'en séparèrent, du domaine de la Roche-Brisay, appelé au XVIIe siècle le Grand-Brisay ; et cette qualification lui resta, elle la porte encore aujourd'hui.

Vers 1675, après l'extinction de la branche aînée de la maison de Brisay, les biens de cette famille ayant passé à des mains étrangères, il fut procédé à un partage entre les petits enfants de Daniel de Saint-Quentin, baron de Blet, gendre de Madelaine de Brisay, morte en 1608, et dernière dame de ce nom. Ce partage assigna la propriété de « la maison noble du Petit-Brisay, sise en la ville de Mirebeau, paroisse de Saint-Hilaire, consistant en bâtiments, jardin, dépendances, avec les cens et rentes dûs en la ville et autres droits de fief et émoluements », à dame Marie de Saint-Quentin, épouse de Jacques Nepveu, sieur de la Mentallerie, de qui elle passa, après décès sans hoirs directs, à Françoise de Saint-Quentin, sa sœur, femme de François de Moulins, sieur de Rochefort (1).

L'aveu de 1689 mentionne la même maison noble du Petit-

---

(1) *Archives du château de Brisay*, vol. I.

Brisay, devenue dès lors un fief indépendant et se trouvant encore aux mains de la dame de Rochefort. Elle demeura dans cette famille jusqu'en 1788, époque à laquelle un sieur de Boisguérin, ayant fait acquisition de la seigneurie de Rochefort, devint, en vertu de son contrat, propriétaire du Petit-Brisay, dont l'évaluation fut fixée dans cet acte à la somme de cinquante mille livres. M. Achard, marquis de la Haye, seigneur du Grand-Brisay, dont relevait noblement le Petit, donna en qualité de suzerain, le 20 janvier 1789, à M. de Boisguérin, quittance de la somme de six mille livres payées à titre de rachat et pour ses droits de lots et ventes. C'est un des derniers actes de droit féodal qui aient été enregistrés en France, avant la Révolution (1).

§ VI

DROITS ET PRIVILÈGES

A la possession de l'hôtel de Brisay étaient attachés certains droits, dont la jouissance, par le seigneur, paraît remonter à la fondation du fortin dont nous avons décrit l'origine, et qui furent incontestablement le résultat d'un abandon gracieux de la part du suzerain, de même que l'investiture du fief, sur lequel ils reposaient, avait été également de sa part une faveur et une marque de choix. Il est rationnel d'admettre qu'en concédant des terrains vagues et nus, avec la mission d'y construire une forteresse, le seigneur de Mirebeau ait offert à Alès de Brisay des ressources destinées à assurer, sur place, l'entretien de sa maison ; il est loyal de supposer qu'en lui imposant le devoir de se constituer les armes à la main, le gardien de la sécurité personnelle du suzerain et de celle de ses sujets, ce même

---

(1) *Archives du château de Brisay*, vol. A.

suzerain ait donné à son vassal une compensation légitime, dont les avantages particuliers et les privilèges lucratifs dussent l'attacher spécialement à ses devoirs de fief et lui en faciliter l'exécution. — « Il m'a paru raisonnable, dit à ce sujet M. de Fouchier, de rattacher la concession des droits dont jouissait la famille de Brisay, dans Mirebeau, à la construction de la maison forte qu'elle y possédait, laquelle bâtie sur des terrains non encore habités et à égale distance du château et du bourg, devait servir à assurer les communications entre ces deux points, alors que la primitive enceinte n'avait pas été entreprise » (1). On voit que l'opinin de ce judicieux auteur, en ce qui concerne l'érection de l'hôtel de Brisay, et l'origine des droits dont il était nanti, ne diffère en rien de la nôtre.

Ces droits se divisaient en deux parties distinctes, les uns s'exerçant dans l'intérieur de la ville, les autres au dehors.

Droits dans Mirebeau. — Le principal et le plus étendu dans ses attributions était le droit de *pressoir*.

Il existait, dès les temps les plus reculés, dans la ville, un pressoir dépendant de l'hôtel de Brisay. L'aveu de 1311 parle de ce pressoir. Tous les aveux subséquents le mentionnent ; quelques-uns donnent à l'hôtel de Brisay le nom d'hôtel du Pressoir, mais il y aurait erreur à en conclure que ce pressoir fût installé dans les édifices de la maison habitée par les Brisay. Cette dénomination ne lui était donnée, que parceque son possesseur y exerçait le droit de pressoir, et qu'il fallait y venir s'acquitter des impositions fixées pour la vendange. Elle prouve que, pendant toute la durée du régime féodal, le pressoir de Brisay fut le seul qui existât dans Mirebeau, et qu'il était revêtu en faveur de son propriétaire, d'un privilège exclusif analogue à celui du four banal.

En effet, l'aveu de 1311, faisant connaître l'emplacement de ce pressoir, énonce « une place en laquelle solait estre

(1) *La baronnie de Mirebeau*, par E. de Fouchier, p. 156.

le pressouer de Brisay, séant entre l'église Notre-Dame et le chemin par lequel l'on vait du Pot de la Salle aux Bians » (1). Il est aisé de constater, par l'étude du plan de la ville, que cette situation est bien différente de celle de l'hôtel de Brisay, telle que nous l'avons précédemment établie, puisque celui-ci se trouvait dans la paroisse Saint-Hilaire, à la jonction des rues du Mail et du Repos, tout au nord de la ville, tandis que l'ancien pressoir, au contraire, d'après les termes de l'aveu en question, était presqu'au chevet de l'église Notre-Dame, sur la limite sud-est de l'ancien bourg, en un point où s'allonge encore l'étroite et sinueuse rue des Bancs, dont le nom est une corruption moderne mal comprise du mot *Bians* inscrit dans les anciens actes, et dont on a fait Bancs — très improprement — car il faut lire *Biaus*, selon le sens primitif et logique du nom, synonyme, dans le vieux patois poitevin, de celui de *bœufs*. Cette voie, en effet, est celle par laquelle on amenait de tous temps les animaux de boucherie à l'abattoir, situé dans la même rue.

Sur ces parages, d'ailleurs, des terrains relevaient de l'hôtel de Brisay, jadis concédés avec l'inféodation de l'hôtel. Les entourages de Notre-Dame, la rue de la Boucherie, le carrefour des Bancs sont souvent cités dans les déclarations rendues pour les maisons élevées sur ces terrains, et restées redevables du cens envers ledit hôtel. Cela prouve irrévocablement la possession primitive du sol, sur lequel le seigneur permettait l'érection des édifices, à condition que les propriétaires des maisons construites en payeraient, sous forme de redevance censive, le loyer perpétuel. Il est acquis que le pressoir était situé au milieu de ces possessions, ce qui permet de faire remonter la création de cette dépendance importante de l'hôtel de Brisay, jusqu'à l'origine de sa fondation.

(1) *Arch. du château de Brisay*, vol. A.

De l'exercice du droit de pressoir découlaient certains avantages pécuniaires, et aussi certaines obligations corrélatives à la concession qui en avait été faite, au seigneur de Brisay, par le seigneur de Mirebeau.

Les avantages se résumaient ainsi :

1º Le Pressoir de Brisay était banal. Tout vendangeur était contraint, dans l'étendue de la juridiction urbaine, d'y venir ou d'y envoyer fouler son raisin ; et cette obligation s'appliquait également aux habitants des faubourgs de l'Aumosnerie et de Vezelay, et à ceux des paroisses d'Amberre, Varennes et Bournezeaux, sur lesquelles s'exerçaient les droits de la maison de Brisay.

De là résultait un bénéfice considérable pour le seigneur, car chaque vaisseau de vin, sortant de la foulerie, laissait comme redevance au pressoir, un *jalon de vin* de trois pots.

2º Le seigneur de Brisay fixait chaque année, selon le rendement de la récolte, le prix de chaque mesure de vin, dans la circonscription de la juridiction urbaine et des localités susdites. Il percevait, comme bénéfice de ce droit, « sur chacun véceau de vin vendu en détail grand ou petit un jalon de vin de trois pots ». Le prix de la mesure donné avait cours obligatoire durant l'année entière ; les débitants ne devaient le surenchérir ou le diminuer. Toutefois pouvaient-ils obtenir du seigneur l'autorisation spéciale de varier leurs prix, moyennant qu'ils versaient à chaque augmentation le montant du droit, c'est-à-dire le jalon par vaisseau, et à chaque diminution une compensation évaluée à une faible somme d'argent. C'est ce qu'indiquent clairement les termes des aveux disant: « S'yls rabayssent le prix, ils doyvent maille (pièce de monnaie), et s'yls veuillent mettre le vin à plus haut prix, ils sont tenus prendre mesure nouvelle, et paier audict prix ». Bref, les émoluments qui résultaient de ce mesurage étaient estimés, en

1311, à la somme de trente livres de revenu annuel, ou environ (1).

Ce droit créait au seigneur de Brisay, vis-à-vis celui de Mirebeau, la double obligation suivante :

1° Faire publier, par un crieur à ses gages, l'ouverture et la fermeture du ban des vendanges, c'est-à-dire le temps pendant lequel le vin serait récolté, façonné et vendu avec certain impôt au profit du suzerain ; car non-seulement les Mirebalais payaient à M. de Brisay le droit de pressoir et de mesure sur leur jus de la treille, mais ils devaient encore à M. de Mirebeau le droit de ban, c'est-à-dire environ le douzième de leur récolte vendue pendant la durée du ban. La durée en était ordinairement de 40 jours.

2° Surveiller par lui-même ou par un de ses officiers les vendangeurs et les débitants, pour empêcher qu'aucune fraude ne se glissât dans l'emploi des mesures fixées par lui, non plus que dans la perception de l'impôt dû au suzerain. Dès l'ouverture du ban, « ma dicte criée, dit Jehan de Brisay dans son aveu de 1442, doit aller par les tavernes prendre les mesures sur ceulx que le prévost luy commandera » — il est aisé de voir qu'il s'agit ici des contrevenants — « et les doyt apporter ladicte criée dans mon hostel estant en la ville de Myrebeau » (2).

Pour exercer cette surveillance, il fallait être en permanence sur les lieux ; cette nécessité avait donné naissance à une prérogative utile non moins qu'agréable, attachée au droit de pressoir dont usait le seigneur de Brisay, dans Mirebeau. Un dîner ou *recept* lui était servi par le prévôt de la ville, au nom et aux frais du suzerain, à l'heure de midi, chacun des quarante jours que durait le ban des vendanges. Ce repas, qui se composait « de deux payres de viandes, de deux payres de pains, de deux payres de vin,

---

(1) *Archives du chateau de Brisay,* vol. A.
(2) *Archives du chateau de Brisay,* vol. A.

avec touaille (nappe) blanche et serviette à essuyer les mains avant et après », constituait un copieux impromptu de quatre plats, quatre pains et quatre carafons de vin, dont le service, dû sans réserve, est expressément mentionné comme un droit incontestable dans tous les aveux. Il ne pouvait y être porté atteinte ou réduction. Aussi cet avantage gastronomique avait-il, dans le courant du XIVe siècle, donné occasion à quelques abus. C'est Bertrande de la Jaille, veuve d'Alès VII, seigneur de la Roche Brisay, et tutrice de Gilles de Brisay, son fils, qui se trouva troublée, en 1391, dans l'exercice de son droit de recept (*réception*) par Jehan Gébert, prévôt de Mirebeau, lequel osa, « de son autorité propre et sans cause plausible, abusant de la faiblesse d'une femme », se refuser de servir à la dite dame le dîner qu'il devait lui offrir. Bertrande ayant élevé ses justes plaintes jusqu'au trône de Madame la reine de Sicile, sa suzeraine, cette princesse « voulant droit et justice être faite à chacun et ses subjects maintenir en leurs droits, franchises et libertés », ordonna qu'une enquête fût faite sur les causes de la plainte de la dame de Brisay, afin que, si le bien fondé en était démontré, la dite dame fut maintenue en possession régulière de son privilège.

Pierre Fouchier, châtelain de Mirebeau, et Simon Gautier, procureur envoyé tout exprès de Saumur par la princesse Marie, furent nommés enquêteurs « pour faire information de et sur les choses contenues ès dittes lettres, et examiner sur ce tous les tesmoins qui de la partie de la dicte dame de Brisay leur seraient produits ».

Le résultat de l'instance fut celui que Bertrande en attendait. Elle obtint la reconnaissance de sa prérogative avec une légère restriction toutefois : la dame de Brisay prétendait pouvoir « aller au diner soi tiers en sa personne, c'est assavoir elle, son écuyer et sa damoiselle ou autre suffisante personne en sa compagnie ». Mais il fut déclaré et inséré aux lettres patentes, reconstitutives du droit lésé, que « toutefois que le ban à vendre vin tient en la ville de Mirebeau, lequel ban dure quarante jours, le seigneur de Brisay *tout seul*, ou un de ses sergents, ou autre personne pour lui seulement, a droit de manger à heure de diner, par chacun jour durant le dit ban, chez le prévôt de la dite ville, en la manière dont ont joui et usé paisiblement les seigneurs de Brisay, par un long temps valable et suffisant » (1).

Les habitants de Mirebeau peuvent considérer à bon droit les premiers seigneurs de Brisay comme les pères nourriciers de leurs ancêtres, et les auteurs de l'extension que prit leur cité aux XI° et XII° siècles. Non-seulement, en effet, les possesseurs de l'hôtel mirebalais, concédé par le suzerain, consacrèrent une partie de leurs terrains à l'installation du pressoir destiné à la foulerie de tout le raisin de la châtellenie, imitant ainsi la prévoyante précaution de Cambrinus pour étancher la soif de ses concitoyens, mais de plus ils accordèrent aux bouchers de la ville la faculté de créer, sur leur fief, les édifices destinés à l'abatage, au dépeçage, au découpage du bétail, et par conséquent à sa distribution parmi les bons bourgeois de la cité. La boucherie de Mirebeau, comme le pressoir, dont elle était d'ailleurs voisine, s'éleva sur les dépendances de l'hôtel de Brisay, et comme compensation locative, le propriétaire se réserva le droit de prélever sur chaque boucher de la ville, tous les ans la veille du jour de Pâques, « un mets de chair honneste », moyennant qu'il fit verser à chaque patron qui le lui apporterait « deux fois à boire du vin ». Lui-même, bienveillant et généreux, comme le voulaient alors les lois de protection d'un régime qui n'avait point eu le temps de devenir abusif, il avait pris l'habitude de faire remettre « à chacun des dits bouchers estans en la ville de Mirebeau, et à leurs enfants masles, le premier mercredy

(1) *Arch. du château de Brisay*, vol. A.

de caresme, deux anguilles » pêchées dans ses viviers de Sévolle. Ce droit alimentaire, mentionné comme le précédent dans tous les aveux, ne parait avoir, à aucune époque, donné prétexte à contestation. Il s'exerçait, ainsi que les autres droits, dans le courant du XVIIᵉ siècle, selon qu'il résulte de l'aveu de 1689, et il subsista jusqu'à la révolution.

La jouissance du droit de *criée* ne fut pas aussi paisible. Etait-ce un privilège ou une charge, cette faculté de nommer le crieur public ou *trompette* de la ville de Mirebeau, dont les seigneurs de Brisay font état dans tous leurs aveux ?

« Item baille cryé au dedans de la ville de Mirebeau, pour faire les crys pour la seigneurie…. et est tenu la dicte cryé faire tous les autres crys publiques en la paiant de son salaire » (1).

Ainsi donc puisque ce crieur recevait des gages, n'y avait-il pas, dans le fait de subvenir à son entretien, un bien grand bénéfice pour celui qui les soldait. Mais ce droit de conférer l'office de crieur public à un homme de son choix, dans le fief direct du suzerain, constituait une prérogative honorifique au premier chef, en établissant, avec la juridiction du seigneur dominant, une fusion qui tendait à placer le vassal sur le même plan que son supérieur. Dans ces conditions un tel droit ne pouvait être une charge. Mais cette fusion des deux pouvoirs qui avait pu, sans inconvénient, être très intime à l'époque de la formation de la seigneurie, quand l'oncle et le neveu (Guillaume de Mirebeau et Pierre de Brisay) géraient ensemble le Mirebalais, le premier en qualité de chef (*dominus*), l'autre comme lieutenant en premier (*major*) du seigneur, devint le sujet de contestations et de poursuites, sous la prééminence de suzerains étrangers, principalement sous les princes de la seconde Maison d'Anjou. Au XVᵉ siècle Jehan de Brisay se vit sévèrement reprendre, dans l'exercice de son droit de

(1) *Arch. du chât. de Brisay*, vol. A.

criée, par les officiers du roi René. Ces derniers voulaient le priver de la nomination du crieur public, ou l'obliger à faire prononcer par ce crieur les condamnations de la justice prévôtale, ce qui aurait entraîné le seigneur de Brisay à la pénible obligation d'assister aux exécutions capitales. Celui-ci regimbait. Il déclarait, dans un acte de 1442, n'avoir pas à faire dans Mirebeau « les criz des condamnés », c'est-à-dire la proclamation des sentences criminelles, telle criée devant être bannie par les soins du prévôt de la justice seigneuriale, dont elle avait été jusqu'alors une des attributions. Il lui était répondu par le procureur du duc d'Anjou, passé maître ès-chicane, « que les cris qui sont faicts pour exécution de justice criminelle sont despendants d'office de criée ; que de tout temps et d'ancienneté la criée du dit lieu de Mirebeau a accoustumé faire tous les cris qui appartiennent estre faicts de la dite chastellenie ; que si le prévost aucune fois avait fourny de cris pour les cas criminels, ce n'aurait esté sinon pour quelques cas particuliers qui, peut-être, requerraient promptement exécution, et qu'on ne pouvait recouvrer la criée de Brisay ; ou pourroit avoir été durant aucune maladie qui serait survenue à la dite criée par quoi elle n'eût pu faire les dits cris », concluant à ce que le seigneur de Brisay, « puisqu'il doit fournir de cris, c'est à la charge de faire toutes choses qui en sont dépendantes, sinon qu'il montrât de sa part, par titre valable que les bans et criées d'exécution criminelle en fussent exemptés » (1).

Jehan de Brisay ne demandait pas mieux, pour sa défense. Il exhiba les aveux de ses prédécesseurs, rendus en 1345, en 1389, en 1402, déclarant ce droit de nommer crieur public comme un des privilèges spéciaux du seigneur de Brisay, mais spécifiant aussi que ce droit ne s'étendait pas à la proclamation des « criz des condampnés ». Le droit de criée demeura donc ce qu'il avait été jusqu'alors, borné à la

(1) *Arch. du château de Brisay*, vol. A.

nomination du *trompette*, et tel nous le retrouvons mentionné dans les aveux de 1599 et 1689, affecté uniquement aux proclamations civiles, et principalement à la bannie de tout ce qui concernait les vendanges à Mirebeau. Pendant cette période de quarante jours que durait le ban « à récolter vin », notre crieur recevait une réelle mission de police : il surveillait les débitants, dénonçait ceux qui augmentaient ou diminuaient le prix de la mesure, confisquait les mesures frauduleuses et les déposait à l'hôtel de Brisay. Le prévôt n'avait point ce pouvoir. Pour exercer de son côté la surveillance des débits, il devait se faire accompagner du crieur de Brisay, et ne pouvait instrumenter juridiquement qu'en sa présence. Il résulte des aveux des fiefs de Mirebeau et de Brisay confrontés, que le prévôt prononçait effectivement la peine encourue pour falsification des mesures, mais qu'il ne pouvait procéder à aucune enquête ou saisie sans le concours du *trompette*, nommé par le sieur de Brisay. Ce dernier, nécessairement, puisque les rendements lucratifs de son droit de mesure étaient ici en jeu, devait récompenser le crieur de ses bons offices, et l'encourager, comme un agent fidèle, à ne supporter l'existence d'aucune fraude dans l'étendue de la juridiction. C'est pourquoi, outre ses gages, ce fonctionnaire avait le droit de prendre « sur chaque véceau de vin, pour luy cryé, choppine du dit vin ».

Et il y a des gens qui disent que la bonne gaîté du dieu Bacchus, enguirlandé de pamproux, ne résonnait pas claire et limpide au moyen-âge, comme dans les temps modernes ! Qu'ils aillent donc voir ce que l'on consommait à Mirebeau, de vin, de viande, de pain et d'anguilles ; qu'ils prennent donc la peine de lire et de méditer, dans les actes, l'importance que l'on accordait à ces festivalités juridiques ! C'est-à-dire que l'on voudrait avoir vécu dans l'hôtel de Brisay, ou simplement dans ses dépendances, à cette époque reculée....., avoir pû dîner chez le prévôt, au coup de midi, sur touaille blanche, goutté aux quatre plats de viande et bu le vin du pays, si sain, si clairet que quatre bouteilles pouvaient en être consommées par repas sans que la tête, paraît-il, en batifolât plus que de raison. On voudrait s'être régalé de « chair honnêste », le jour de Pâques, avec la brioche bénie des Cordeliers, ou bien avoir soupé du pâté d'anguilles dont festoyaient, au commencement du carême, les enfants mâles des gros bouchers de la ville, sans que les « femeaux » aient le droit d'y toucher, les filles n'étant pas destinées alors, plus que maintenant, à abattre bœufs pour les besoins de la génération présente ou à venir.

Droits hors Mirebeau. — La dîme du Bourg était le nom donné à un droit de *dîme* très étendu que le seigneur de Brisay, en raison de la possession de son hôtel de Mirebeau, percevait sur certaines terres situées dans le voisinage et au sud de la ville, ès paroisses d'Amberre, Varennes et Bournezeaux. Les terres frappées de ce droit tenaient d'une part à la dîme du Chapitre de Notre-Dame de Mirebeau, et d'autre à la dîme de l'abbesse du Couvent de la Trinité de Poitiers. Elles étaient circonscrites, au XV° siècle, par une ligne fictive partant du pré Herbaut, sous Mirebeau, allant droit au pré de la Jamerote, de là tirant à l'est vers les prés de Louis Fouchier, et longeant les terrains cultivés par Pasquier Graspin, pour venir tomber sur le chemin de Mirebeau à Ry, qu'elle suivait, courant au midi, depuis les vignes du Jarry jusqu'au carrefour où croisait le sentier du pré Bergnagneau. Ensuite elle joignait le bourg de Varennes, le franchissait au sud, coupait le chemin qui conduit de Mirebeau à Poitiers, au carrefour de la maison Grenet, s'élançait vers un gros ormeau, d'où elle gagnait un vieux peuplier jadis planté tout exprès pour lui servir d'abornement à l'entrée du pré de la cure de Varennes, comme nous l'apprend un terrier de 1450 ; puis après avoir contourné les prairies situées au sud-ouest de ce village, elle tirait vers le noyer d'Olivier Rousseau, et de ce noyer courait à une grosse borne placée sur un tertre, au pied d'un autre ormeau, puis s'allongeait vers l'ormeau de la vigne Grasseteau, d'où, par un crochet, elle se rendait au chemin de la Voie-au-Loup, qu'elle suivait jusqu'à la vigne Barratin. Gagnant ensuite le grand chemin de Poitiers à Thouars, et, après l'avoir suivi jusqu'à la Croix-de-la-Morelle, se dirigeant sur le château du Verger-Grenet, puis traversant les vignes Raffarin jusqu'au chemin allant du dit château à Mirebeau, elle venait, après avoir longé le bourg d'Amberre, toucher à la fontaine Saint-Martin ; et de là, retournant par le pré Nigodeau vers le pré Herbaut, elle regagnait sous les murs de la ville de Mirebeau son point de départ (1).

Sur toutes les pièces de terre contenues dans cette enceinte, le seigneur de Brisay prélevait la dixième partie de la récolte annuelle, quelque soit la culture à laquelle elles fussent affectées, « grains tels que froment, seigle, avenne, et pois, febves, chanvres, lins et charnages, sans en rien rescouer ni exempter d'aucun gros », dit un aveu. Le rendement des vignes n'en était pas exonéré. En 1311, la dîme du Bourg valait trente-trois livres quinze sous de rente ; en 1442, elle produisait cinquante setiers de grain, tant froment que seigle et avoine, et trente pipes de vin. Les sujets du seigneur de Brisay, c'est-à-dire les cultivateurs sur l'exploitation desquels pesait la dîme du Bourg, étaient obligés et au besoin pouvaient être contraints par jugement, d'amasser dans les trois villages les sacs de grain et les pipes de vin composant le revenu de cette dîme. Ils devaient ensuite les charger sur leurs charrettes, et les conduire à l'hôtel de leur seigneur, dans la ville de Mirebeau. Ils étaient également tenus de se surveiller entr'eux, afin d'empêcher que l'un ou l'autre fraudât sur la quantité due au décimateur, et tous étaient solidairement responsables de la négligence ou du dol, dont aurait pu être lésé leur seigneur dans la perception de sa dîme. Mais celui-ci leur avait concédé, à titre

(1) *Arch. de la seigneurie de Brisay.* Terrier de 1450.

de compensation, un avantage pécuniaire, détaillé comme il suit dans les aveux :

« Advoue droit moy et mes homes ou leurs commis ou desputez par eulx que, amprès le caz des vendanges faict, et jusques à ce que les vignes de la dicte dixmerie soient toutes affarées, s'il est trouvé au dedans de ma dicte dixmerie et vignes d'icelle soit vendengées ou à vendenger, aucuns bœufs ou vaches, ils les povent prandre et amener à ma maison au dedans de la dicte ville de Mirebeau, et ont droit de prandre mes dicts homes de chacune beste cinq sols à la délivrance des dictes bestes faite par moy ou par mes commis ; item de chaque troupeau de porceaux trouvés ès dites vignes au dict temps des vendenges, moy et mes dicts homes avons droit d'en tuer ung, lequel qu'il nous plaira, qui est acquis à mes dicts homes : et povent mes dicts homes poursuivre et parçevoir le dit porceau hors de la dite dixme jusques un pas dedans la porte de la ville de Mirebeau et l'autre pas dehors ; item et pareillement de chacune beste à pié ront mes dicts homes ont droit d'en prendre de chacune cinq sols à la délivrance des dictes bestes faite par moy ou par mes commis ; et pareillement de chacun troupeau de brebis, une beste, et de chacun bouc ou chèvre cinq sols ; et de chaque troupeau d'oyes mes dicts homes en povent mettre une à chacun pan de charrette qui charroyt la dicte dixme, et une aultre oye au milieu de la dicte charrette et les emporter, car elles sont leurs ; et de poulaille, tant qu'ils en porront tuer et emporter » (1).

Dira-t-on maintenant qu'on n'était pas *magnifique* dans la seigneurie de Brisay au moyen-âge, et qu'il fallut attendre la venue du bon roi Henri IV pour que chaque villageois put mettre, le dimanche, *la poule au pot* ?

La dîme du Bourg ou dîme de Mirebeau, comme la nomment certains actes (ce qui prouve assez bien que l'origine

(1) *Arch. du château de Brisay*, vol. A.

de ce droit remonte au temps où Mirebeau n'était qu'une bourgade), était grevée, au XV⁰ siècle, d'une obligation consistant en une rente de cinq setiers froment rendable chaque année, à la Saint-Michel, entre les mains de la famille Briant. L'origine de cette charge n'est pas révélée ; c'est probablement une constitution de rente consentie, comme garantie d'un emprunt, à une époque restée inconnue. Une transaction intervenue en 1498, entre Jacques de Brisay et Jean Briant, bourgeois de Mirebeau, permit d'opérer l'amortissement de cette rente, pour la somme de 25 livres tournois et quelques menus avantages.

Le droit de *mesure* était encore une des prérogatives de l'hôtel seigneurial de Brisay. Il s'exerçait sur le vin et sur le grain, et il contraignait tous les sujets de la seigneurie, qu'ils habitassent la ville ou l'une des trois paroisses comprises dans les limites de la dîme du Bourg. Les aveux, depuis 1345, déclarent « les mesures à vin parmi la châtelanie de Myrebeau, et le droit de aller voir et visiter les mesures avec les gens de Monseigneur de Mirebeau, et jalons en Mirebeau et dehors les portes et murs ». Nous avons vu que, dans la ville, chaque individu qui venait prendre l'étalon de mesure, versait un jalon de vin de trois pots. Les vignerons ou débitants du dehors n'apportaient pas leur vin avec eux ; ils s'acquittaient en monnaie courante : « pour chaque mesure baillée au dedans de la châtelleinie, dit Jehan de Brisay en 1442, ay droit d'avoir et prandre l'argent d'un jalon de vin au prix que est vendu le pot du vin » (1). Un droit analogue et lucratif, payé soit en nature, soit en argent, était attribué au seigneur de Brisay, pour la délivrance de la mesure des grains et de son prix, qu'il fixait à son gré, comme les mercuriales des marchés d'aujourd'hui. « Item ay droit de mesure à blé sur mes terres et dixmerie de Brisay », lit-on dans tous les aveux. Nous n'avons pu découvrir quel était

(1) *Arch. nat.* J. J. 330.

le montant exact de cette perception, dont le détail n'est point énuméré dans les actes, comme il l'a été en ce qui concerne la mesure à vin.

§ VII

MOUVANCE DE L'HOTEL DE BRISAY

La mouvance de l'hôtel de Brisay, à Mirebeau, était toute entière en roture : nul fief noble n'en relevait. Elle s'étendait sur un certain nombre de maisons de la ville, qui furent assurément bâties, sur les terrains dépendant de la forteresse de Brisay, après la construction de l'enceinte des Plantagenets, au XIIe siècle. On en trouve la preuve dans l'exercice continu du droit de cens, véritable loyer perpétuel, prélevé dès cette époque reculée, par le possesseur du dit hôtel, sur ces maisons et l'emplacement qu'elles occupaient, situées les unes plus près, les autres plus loin de la maison de Brisay, dans l'étendue des trois paroisses de Saint-Hilaire, Notre-Dame et Saint-André de Mirebeau.

« Il est tout-à-fait indiscutable, a écrit M. de Fouchier, qu'après la construction de la première enceinte, les terrains environnant la petite forteresse de Brisay se couvrirent de maisons, dont les propriétaires durent payer le cens au seigneur du fonds. C'est ce qui résulte très clairement de l'aveu rendu, en 1442, par Jehan de Brisay, lequel énonce une quantité de redevances établies sur un grand nombre de maisons de Mirebeau et payables en l'hôtel de Brisay » (1).

Les aveux et terriers du XVe siècle nous ont permis de relever exactement la position de quelques-unes de ces habitations de ville, ainsi que les noms de leurs possesseurs successifs. Nous donnons donc ici tout le développement

(1) *La bar. de Mirebeau*, par E. de Fouchier, p. 159.

possible à ces détails, qui intéressent autant l'histoire de Mirebeau que celle de la famille qui nous occupe.

A. *Paroisse Saint-Hilaire.* — Cette paroisse s'étendait sur la partie septentrionale de la ville, comprise entre l'ancien bourg du XI° siècle et le château construit en l'an 1000. L'hôtel de Brisay avec le couvent des Cordeliers, occupait, sur la superficie de cette paroisse, une position également distante de l'église et du château. Les terrains qui l'avoisinaient sont parcourus aujourd'hui par les rues du Mail, des Rondelles et du Repos. Enfermés, comme nous l'avons dit plus haut, par l'enceinte construite au XII° siècle, ils se couvrirent peu à peu d'habitations qui payèrent le cens au seigneur de Brisay. Nous n'avons pu trouver mention que des suivantes :

1° Une maison composée d'habitation, cour, grange, étable, appentis et petit jardin, tenant à la rue qui va de l'église Saint-Hilaire au château, en passant devant les Cordeliers (aujourd'hui la rue du Mail), touchant d'autre côté à la rue du Repos (angle de deux rues), qui conduisait de l'hôtel de Brisay à la porte de la Madeleine par la rue des Rondelles et par la rue Sainte-Anne, payait au seigneur de Brisay huit deniers de cens. — Elle était possédée en 1450 par André Brunet, et alors avait pour voisins le seigneur de Chaille et, à quelques pas, Jehan Rousseau, boulanger, qui habitait la maison nommée le Four de Marçay, dépendance de l'hôtel de ce nom. En 1494, Jacques Favereau la possédait du chef de sa femme Renée Brunette. En 1536 et 1569, elle était habitée par Honorat Gorré, et fut vendue après son décès à Yves Barré, vers 1590. Dans le courant du XVI° siècle, elle avait pour voisins Jean Brunet, prêtre, habitant la maison dite de la Chapelle, et Vincent Mesgret. Cette maison fut, en 1593, l'objet d'un procès entre la seigneurie de Brisay et celle de Mirebeau. Une mention, consignée dans l'acte d'acquisition de Yves Barré, attribuait cet immeuble au fief du suzerain, et celui-ci en toucha conséquemment les droits de vente. Madeleine de Brisay ayant protesté contre cette usurpation, par un appel à la juridiction de la sénéchaussée de Saumur, fut admise à faire la preuve de sa légitime possession. Les parties une fois assignées, la cause parut si mauvaise à Yves Barré et au baron de Mirebeau évoqué par lui — c'était alors François de Bourbon, duc de Montpensier, d'ailleurs grand ami de la dame de Brisay — que l'un et l'autre firent défaut. D'autre part le procureur de la seigneurie de Brisay ayant exhibé deux déclarations foncières, rendues pour le censif de la maison en litige, le sénéchal, par sentence rendue le 17 mars 1595, condamna Yves Barré et le baron à faire réformer l'acte de vente, en y insérant que la dite maison faisait partie du fief de Brisay, et à rembourser au possesseur de ce fief le montant de la redevance indûment perçue.

2° Une maison située dans le voisinage du Four de Marçay, sur la rue qui conduit de l'église Saint-Hilaire au château, en passant devant les Cordeliers (rue du Mail), appartenait à Anthoine Grasseteau au commencement du XV° siècle. Pour elle, Denys Grasseteau payait à l'hôtel de Brisay huit deniers de cens (pas même 1 sou), le jour des Morts, en l'an 1442. Le curé de Notre-Dame de Mirebeau était alors un membre de la famille Grasseteau et un sujet de la maison de Brisay, car il participait, pour un denier (moins d'un centime), à la redevance de cette maison, dite « la fresche des hoirs Grasseteau ». En 1569, Valentine Grasseteau payait à l'hôtel de Brisay trois sous de cens, à la fête des Morts : nous pensons que ce devait être pour la possession de cet immeuble et de quelqu'autre.

B. *Paroisse de Notre-Dame.* — Située au centre de la ville, elle occupait la superficie presque totale de l'ancien bourg. Les seigneurs de Brisay avaient, dans cette paroisse, des possessions assez étendues, comme il résulte des déclarations censives rendues pour plusieurs habitations voisines de Notre-Dame. On y trouvait :

1º Le Four de Bourgogne, immeuble comprenant maison manable, four à cuire le pain et jardin derrière, situé sur la place du Poids de Bourgogne, au coin de la rue qui conduit à la porte de l'Aumônerie (aujourd'hui rue Saint-Jean). Au XIVº siècle, il était compris dans le domaine direct du seigneur de Brisay, comme le fait voir l'aveu de 1311, dans lequel Guy de Brisay déclare tenir en mains propres « une place où soloit avoyr four, mayson et place par derrière, appelée le four de Bourgoigne, et est séant entre la mayson au prebtre de Suyllé et le poez de Bourgoigne ». Il fut aliéné quelque temps après, ou donné à bail emphytéotique avec réserve du cens, car au commencement du XVº siècle, après avoir été entre les mains de Collin Roland, il était tenu par messire Guillaume Normand, qui l'habitait en 1442. L'énonciation portait alors : « maison et four séant au dedans de la ville de Mirebeau, tenent au poez de Bourgoigne et à la rue par laquelle l'on va de la porte de l'Aumônerie à Notre-Dame » (rues Saint-Jean et Notre-Dame).

Ce four de Bourgogne payait chaque année quarante sous de cens à l'hôtel de Brisay, le jour de Noël, redevance considérable pour un censif et certainement l'une des plus élevées parmi les maisons de Mirebeau. Aussi aurait-il été curieux de connaître l'origine d'une aliénation faite à un tel prix, ce qu'il ne nous a pas été donné de découvrir textuellement dans les archives de la seigneurie.

Toutefois peut-on conclure, de l'importance de cet édifice et de l'existence du four qui s'y trouvait, que les seigneurs de Brisay avaient possédé là jadis un four banal, comme dans le voisinage ils tenaient un pressoir banal. Ce four, il leur plut d'en faire l'aliénation ou la concession à un de leurs vassaux, et comme le rapport devait en être considérable, ils purent en exiger une redevance d'un montant élevé. Tout porte à croire que, postérieurement à l'abandon de ce four, ils en construisirent un nouveau, dans le voisinage et qu'ils le firent exploiter à leur bénéfice, car on trouve également :

2º Le Four de Brisay, habitation située proche de la précédente, appartenant à Perrot Bodin en 1414, à Richard Bodin en 1442. Cette maison était appuyée de chaque côté aux immeubles de Jehan Roland et de Pierre Petit, tenanciers de l'hôtel de Brisay qui lui servaient d'abornements. Elle avait sa façade sur la rue de la Boucherie, à l'encoignure de la place du Poids de Bourgogne, à quelques pas de cette rue Saint-Jean qui conduit de l'Aumônerie à Notre-Dame, et qui longeait le Four de Bourgogne.

Tous ces détails exhalent un parfum de pain chaud qui fait plaisir à respirer, même à plusieurs siècles de distance, et nous amènent encore à constater combien dut être efficace, pour l'extension de la cité mirebalaise, le concours de ces vieux Brisay, qui, de chez eux, lui fournissaient son vin, sa viande et son pain. Ce second four possédé en 1450 par Colin Courtois, était en 1569 aux mains de Mathurin Bernard et payait au seigneur douze deniers aux Morts.

3º Une maison occupée en 1414 par Jehan Biguer, tenant alors d'une part à la maison de Perrot Marbœuf, et d'autre à celle de Jehan Gascher, rue de la Boucherie, payait au seigneur de Brisay six deniers de cens à la fête des Morts. Elle était en 1442 aux mains de Jehan Vignaut.

4º Une maison et appartenances sur la rue qui va du Poids de Bourgogne au carrefour des Bancs (c'est la même rue de la Boucherie), tenue en 1414 par Guillaume Gris, voisin de Perrot Bodin et Guillaume Gendre, payait douze deniers de cens au jour des Morts, appartenait en 1442, à Guillaume Pasquant, en 1450 à ses héritiers.

5º La maison voisine, à Guillaume Gendre, payait douze deniers à la fête des Morts, en 1442.

6º Une maison sise au carrefour des Bancs, en face la Boucherie, touchant à la rue qui conduit de la Boucherie à la porte de la Madelaine (aujourd'hui la rue du Chapeau-Rouge), payait trois sous de cens aux Morts. Elle appartenait à Jehan Gascher en 1414, en 1569 à son arrière-petit-fils portant le même nom.

7° Une maison au carrefour des Bancs (bœufs), habitée en 1450 par un tondeur nommé Jehan Dubois, tenant d'un côté à l'une des maisons du chapitre de Notre-Dame, et de l'autre à la rue de la Boucherie, devait à l'hôtel de Brisay une redevance annuelle de trois sous payable au jour des Morts. Elle appartenait, en 1442, à Guillaume Trouvé et en 1450 à Etienne Trouvé.

8° Un hébergement « séant devant la ferronnerie de Mirebeau », et composé « en hault et en bas, tant en roche (cave), célier, chambres, planchers que autres appartements, fors et excepté le nouvel accroissement qui fut pris de la seigneurie dudict Mirebeau, auquel fust édifié nouvellement le fenestrage, huisserie ou entrée de devant, la vis de ladite roche et......... (illisible) dudit herbergement » payait douze sous de cens aux Morts. Ce manoir donnant sur la venelle qui conduit au cimetière de Notre-Dame, non loin du chevet de l'église, se trouvait comme on le voit, sur la limite des terrains dépendant de l'hôtel de Brisay, puisque l'accroissement qui lui fut donné dut être pris sur des terrains dépendant du suzerain. Il avait pour possesseur Jehan Babin en 1442 et 1450.

9° Un emplacement voisin de la maison Babin, possédé par le même Jehan Babin, héritier d'une longue lignée de Babin, ses prédécesseurs, contenait « un bail et roche pardessous » (un porche avec une cave en dessous), touchant à la maison « fourny et appentif » dudit Babin, et à la rue qui conduit de la place de l'Aïl à la place aux Oignons (inconnue aujourd'hui), payait quatre sous de cens aux Morts.

10° Le chapitre de la collégiale de Mirebeau possédait une

place et un verger situés derrière l'église Notre-Dame, dont cet édifice n'était séparé que par un petit cimetière, et payait pour ce bien aux Brisay neuf deniers de redevance annuelle le jour des Morts. Cet emplacement était loué, en 1414, à Jehan Beaugars qui possédait la maison voisine, et, en 1450, à Jehan Pinault, successeur de Beaugars, au prix de deux sous six deniers. En 1535, le Chapitre en passait la déclaration aux assises de Brisay. Ce verger augmenté de communs comprenant « estable et cuisine », était exploité alors par Jehan Cerisay et Pierre Regnard. En 1589, nouvelle déclaration de la part du Chapitre. En 1701, cet immeuble était occupé par Renaud Prieur, héritier de Jean Prieur, dit Chapeau rouge, tenancier du Chapitre.

D'où venait ce surnom de *Chapeau rouge ?* On peut se demander si c'est en souvenir de ce Prieur, que fut dénommée rue du Chapeau-Rouge la voie sur laquelle ouvrait cette habitation, ou si ce fut Prieur qui en reçut le qualificatif parcequ'il habitait sur cette rue ? — *Ignoro !*

11° Une maison entre cour et jardin, située derrière l'église Notre-Dame de Mirebeau, adjacente au terrain que le Chapitre tenait de l'hôtel de Brisay, était possédée, en 1414, par Jehan Beaugars ; en 1442 et 1450, par Jehan Pinault, ayant alors pour voisins Jehan Rousseau et Jehan Senebaut. Redevance : neuf sous à Noël.

12° Un hébergement, ou hôtel seigneurial, composé d'une « haulte et basse roche et court », situé sur la rue qui mène de Notre-Dame à l'église Saint-Pierre (aujourd'hui rue Saint-Pierre), à l'encoignure de la rue du Chapeau-Rouge, payait à l'hôtel de Brisay six deniers de cens à la fête des Morts. Il eut pour possesseurs, au commencement du XV° siècle, Messire Jehan de la Molère ; en 1442 et 1450, Guillaume Pinault, avoisinant à cette date la maison dudit Pinault et la maison de Jehan Sautier, de Chouppes.

Il résulte de toutes ces situations, très régulièrement établies, que les terrains appartenant primitivement au seigneur de Brisay, dans la paroisse de Notre-Dame, étaient placés derrière l'église de ce nom, dont ils bordaient le chevet et le côté sud, enveloppés par les rues Saint-Pierre, Chapeau-Rouge, Boucherie et Notre-Dame. De l'autre côté de la rue de la Boucherie, ils s'étendaient entre cette rue, la place du Poids de Bourgogne, au nord, et la rue des Bancs, au midi.

C. *Paroisse Saint-André.* — Les quelques maisons qui, dans cette paroisse, payaient le cens à l'hôtel de Brisay, occupaient des terrains situés au sud-est de la ville, et avoisinaient la muraille. Nous sommes convaincus que les droits de la dîme du bourg, perçus également par les Brisay à Mirebeau, se rattachaient anciennement à la possession de ces terrains, dont ils auront été séparés par le dernier mur d'enceinte, élevé seulement au XIVe siècle de ce côté de la ville, en sorte que ces emplacements devenus urbains étaient assurément compris jadis dans les limites de la dîme du bourg, et qu'ils furent taxés au cens quand le possesseur foncier les livra aux bourgeois de la ville, pour qu'ils puissent être couverts d'habitations.

L'église Saint-André n'avait été longtemps qu'un prieuré ; construite en dehors du bourg primitif, sa fondation fut l'œuvre de l'archevêque de Tours, Barthélemy de Chinon, seigneur de Mirebeau, avec le concours d'Alès et Simon de Brisay, en 1052. Elle fut plus tard érigée en succursale, réunissant dans une même paroisse toute la partie méridionale de la ville, qu'un nouveau réseau de murailles enveloppa enfin dans l'enceinte fortifiée, au temps où les ducs d'Anjou, de la maison de France, devinrent les suzerains du Mirebalais.

Nous y trouvons :

1° Un verger de trois boisselées de terre, situé sur la rue qui mène de l'église Saint-André à la porte de l'Aumônerie (rue Saint-André), payant 13 deniers de cens à l'hôtel de Brisay, le jour des Morts. Il appartenait à Guillaume Barrotin, en 1442, et fut la dot de Jehanne Barrotin, épouse d'Etienne Trouvé, qui possédait ce terrain en 1450. En 1569, le curé de Notre-Dame possédait ce verger qu'il tenait en héritage de Guillaume Trouvé, petit-fils d'Etienne.

2° Un hôtel, avec un verger et un « fumerioux », situé dans le voisinage du précédent verger, et comme lui ouvrant sur la rue Saint-André, payait au jour des Morts huit deniers de cens à l'hôtel de Brisay, appartenait, en 1442, à Guillaume Barrotin, et en 1450, à Louis Barrotin, son fils. Ces Barrotin, sujets de la maison de Brisay, ont rempli de nombreuses fonctions publiques à Mirebeau, comme châtelains, procureurs, notaires, etc. Ils ont été aussi fréquentes fois sénéchaux et receveurs de la seigneurie de la Roche-Brisay. L'un d'eux épousa une des filles naturelles du seigneur de Brisay, au XVI° siècle.

3° Une maison ayant cour et jardin où fut construite, vers 1570, une petite grange, le tout situé sur la rue Saint-André, touchant par derrière à l'ancienne muraille de la ville, c'est-à-dire à l'endroit où la rue de la Boucherie bordait la limite de l'ancien bourg — ce qui permet d'établir que ladite maison se trouvait prise entre la rue des Bancs et la rue Saint-Jean, — avait pour voisin Pierre Prieur, boucher, et appartenait, en 1573, par usufruit à Jehanne Vallée, veuve de François Verger, comme bien indivis entre ses enfants Mathurin, Marc, Françoise, Aliénor et Jehan Verger, Pierre Bourgeois, son beau-frère, à cause de Jehanne Verger, sa femme, et Joseph Delaunay, à cause de sa femme Marie Breton, fille de Françoise Verger. Cet immeuble payait 14 deniers au jour des Morts.

4° Une maison attenant à la précédente, même rue Saint-André, au coin de la rue qui conduit au Poids de Bourgogne, c'est-à-dire la rue des Bancs, habitée en 1573 par Pierre Prieur, exerçant la profession de boucher, payait à la fête des Morts huit deniers de cens, au seigneur de Brisay.

On voit par ces abornements que les dépendances de

l'hôtel de Brisay, en la paroisse Saint-André, confinaient à celles de la paroisse Notre-Dame ; car si l'on jette les yeux sur un plan de la ville de Mirebeau, on reconnaitra de suite que tout ce groupe de maisons frappées de cens formaient un bloc ramassé entre le chevet de l'église Notre-Dame et la rue Saint-André, comme points extrêmes, avec la rue du Chapeau-Rouge et la rue des Bancs d'une part, la rue Notre-Dame et la rue Saint-Jean, de l'autre, comme bordures au nord et au sud, coupé seulement par l'enceinte primitive du vieux bourg, dont les restes mutilés se retrouvent encore çà et là, dans les soubassements des maisons qui s'allignent sur le côté droit de la rue de la Boucherie.

5° Un hébergement entouré de vignes, situé à Mirebeau, dans la rue Saint-André, ayant pour voisinage une maison dépendant du fief de l'hôpital de Loudun, appartenait, en 1442 et 1450, à Jehan Blandin, prêtre, et à Bernard Blandin, son frère, possesseurs également de la maison relevant de l'hôpital de Loudun. Ils possédaient en outre quatre boiselées de vignes au terroir de Brisay, en la paroisse de Ligniers-Langouste, deux boiselées de terre à la Pisane, sur le chemin de Brisay à Bonneuil, et vingt autres boiselées auprès de la forêt de Sévolle. Pour le tout, ils payaient au seigneur de Brisay, dans son hôtel, à Mirebeau, douze sous de cens à Noël et quatre boisseaux de grains.

La mouvance de l'hôtel de Brisay s'étendait donc, comme on le voit ici, sur certaines parcelles de terre situées hors de la ville. Nous avons relevé, outre la précédente, trois déclarations foncières qui en font foi.

1° Marc Daulton tenait, en 1450, une pièce de pré de trois arpents et une pièce de terre labourable de quatre boiselées sur le chemin de Pierrefite à Mirebeau, avoisinant les terres de Perrot de Bonnemain et celle d'Olivier Grimault, et payait à l'hôtel de Brisay un septier de froment, un chapon, deux sous et six deniers de redevance à la saint Michel.

2° Olivier Grimault, pour ses terres situées sur le chemin

de Pierrefite, payait, en 1442, douze deniers à la saint Michel.

3º Bertrand Fesson possédait, en 1450, un hébergement à Celliers, touchant au chemin qui mène de Celliers à Château-Gaillard, et à la garenne de « Monseigneur de Brisay, seigneur de Celliers », avec les terres environnantes montant à quarante-quatre boisselées, dont une grande partie, couverte de bois, répartie sur plusieurs points du territoire de la paroisse. Ce bois appartenait en indivis, en 1442, aux héritiers de feu Macé Constance et à messire André Fesson, père de Bertrand, qui en réunit la totalité dans sa main. Redevance : vingt sous quatre deniers de cens, quatre boisseaux d'avoine, payables à la saint Michel, dans l'hôtel de Brisay, à Mirebeau.

D'autres maisons, dont les aveux et terriers ne nous ont point fait connaître l'emplacement, payaient également le cens à l'hôtel de Brisay, aux fêtes de Noël, des Morts ou de saint Michel. Nous retrouvons, en 1442 et en 1569, les noms de quelques-uns de leurs possesseurs.

En 1442, Colas Thibaut payait 12 sous : le prieur de Gaine 2 sous 6 deniers; Jacques Trouvé, 5 sous ; les héritiers de Jehan Estis, 11 deniers ; Jehan Guérinet pour la maison de feu Pierre Grasseteau, 4 deniers ; Micheau Chevalleau, 1 maille ; Jehan Germain d'Aubyers, 9 deniers ; Jehan Gouault, 12 deniers ; Estienne Martineau, 11 sous ; Jehan Aubry, dit Nau, 12 sous ; Jehan Papinot, 2 sous 10 deniers ; Guillaume Thibaut, 12 deniers ; Guillaume Sarrault, 4 sous ; Jehan de Belin, 2 sous ; Jehan Martineau, 9 sous ; les héritiers de Pierre Grasseteau, 12 deniers ; Brisson Martineau, 3 sous 8 deniers ; Lucas Briant, 2 sous ; Gilles de Vaux, 4 sous, 20 deniers ; Geoffroi Mestau, 1 maille ; Geoffroi Rousseau, dit Mondon, 8 deniers ; Jehan Juignet, l'aîné, Guillaume Rouault, Jeannot Nesmes et les héritiers de Micheau Poitevin, tous ensemble 3 sous ; Hugues Moreau et Guillaume Joulain, 3 sous ; messire Laurent d'Orange, 8 sous ; Rigault Chandonnault, 3 mailles ; Jehan Messeau,

4 sous ; Naudin Chandonnault, 1 maille ; Jehan Guerineau et ses frères et sœurs, 8 deniers.

En 1450, le prieur de Gaine, Micheau Chevalleau, Pierre Amenon, Jamet Gallard, le curé de Notre-Dame, Jehan de Marçay, payant 7 deniers probablement pour le four de Marçay, Jehan Rabier, Simon Rouillant, Colas Rapin, Mahé Gobin, Mathurin et Christophe Bompar, Guillaume Gourvault, Elie Trouvé, Jehan Tardenier, étaient tenanciers de l'hôtel de Brisay, pour leurs habitations de Mirebeau.

En 1569, c'étaient, entre bien d'autres, les héritiers de messire Bertrand Bodin pour feu messire Jehan Pagot, seigneur de la Trapière, payant 3 deniers ; le curé de Notre-Dame pour 3 deniers aussi ; la veuve Gillebert, 12 deniers ; le chapelain de la chapelle de Saint-Etienne, au château de Mirebeau, 2 deniers (sa maison était voisine des Cordeliers); la veuve Jehan Cousturier, 12 deniers ; Mathurin Douset, 12 deniers ; Yves Bizet et Moysant Hébert, 11 sous à cause de la maison Saint-Martin, située près le Poids de Bourgogne ; Jérôme Gousset, 9 sous, Ligné Gratien, pour une maison sur la rue qui va de la Boucherie à la porte de la Madeleine (rue Chapeau-Rouge), 9 sous à Noël ; André Salmon, 6 sous ; Jehan Botreau, 6 sous, etc., etc., etc.

Tous les renseignements qui précèdent sont puisés dans les archives du château de Brisay, comprenant 20 registres complets d'actes authentiques, qui ont échappé aux destructions de la Révolution, et sont parvenus entre nos mains par l'entremise généreuse de Mme la baronne de Goyon, propriétaire du château de Purnon, dont le père a possédé Brisay jusqu'en 1793.

En résumé, les censives de l'hôtel de Mirebeau produisaient, au XVe siècle, un revenu de 8 livres 14 sous, et elles étaient perçues sur une cinquantaine de maisons situées dans la ville et sur quelques héritages au dehors. Ces chiffres paraîtront, avec certitude, écrasants pour l'institution des loyers modernes. Aujourd'hui les maisons des villes se louent à des prix très élevés, que les propriétaires semblent toujours disposés à élever encore. Jadis sous le régime de la loi féodale, qui a dominé en France pendant mille ans, c'était son terrain que le propriétaire abandonnait, pour y construire, au prix d'une location perpétuelle, immuable mais tout à fait minime, une habitation qui devenait le propre bien du constructeur. La redevance de quelques sous ou deniers que le seigneur en percevait, ne pouvait être augmentée jamais ; et la fortune du locataire devenant plus grande, par suite de l'augmentation du trafic, du rendement des terres, etc., il arrivait que ce dernier se trouvait logé pour presque rien, à condition qu'il consentit à demeurer le *sujet* de son propriétaire, qualifié alors du nom injustement exécré de *seigneur dominant*. Cette situation explique en partie comment la classe intermédiaire, cantonnée dans les villes, a grandi si rapidement en puissance, par la facilité de ses gains, au Moyen-âge. L'ingrate s'est empressée d'étouffer ensuite l'institution tutélaire à laquelle elle devait son essor.

CHAPITRE V

LES CORDELIERS

On lit dans René Chopin, au livre second du tome V :
« Le plus ancien de tous les couvents des Cordeliers est celui de Mirebeau, en Anjou, fondé par Raoul, seigneur de Brisay, lequel amena avec lui du pays de Syrie deux religieux cordeliers, et les commit pour la conduite du dit couvent ; et à cette occasion, il voulut le faire bâtir dans son château de Mirebeau, en l'honneur et du vivant de saint François (1220). Depuis, en ce même couvent, Philippe, provincial de Touraine, établit un certain nombre de frères mineurs, avec un gardien du dit couvent, l'an 1384 ».

Une autre version tout récemment donnée par M. Roblin, dans son intéressant travail sur la ville de Mirebeau, pendant les XVII⁰ et XVIII⁰ siècles, contient à travers quelques anachronismes que l'on peut facilement relever, des détails historiques plus précis sur les origines de ce couvent. Il dit :

« Le R. P. Gonzague, général de l'Ordre des Frères Mineurs, de l'observance, et historien de l'Ordre de saint François, d'après quelques renseignements puisés dans les manuscrits de Dom Fonteneau, à la page 407 du tôme 67, rapporte que Raoul, seigneur du Haut-Brisay, s'étant croisé sous le règne de saint Louis, passa par l'Italie en revenant de la Terre-Sainte. La renommée de saint François d'Assise étant arrivée jusqu'à lui, il alla le visiter et lui demanda la permission d'emmener avec lui un des religieux qui commençaient à vivre autour de lui et selon ses pieuses pratiques. Saint François accéda à la demande du seigneur croisé, et en 1217, il lui envoya le frère Massé et un autre religieux. Raoul de Brisay les installa dans sa maison forte de Mirebeau (*arce sua*). Ils se mirent à l'œuvre sans tarder, et, en 1225, ils construisirent à côté de leur couvent, une église qui, paraît-il, était fort belle. Le père Gonzague se plait à reconnaître dans sa chronique que ce couvent fut le premier couvent de Cordeliers fondé en Poitou, le plus célèbre et le plus florissant. En mai 1309, les Cordeliers mirebalais voyaient leur établissement prendre tout son essor, et, en 1384, Philippe, provincial de Touraine, leur donnait des statuts ».

Il y a, dans cette citation d'un auteur pourtant fort sérieux, des erreurs qu'il est indispensable de rectifier. La première croisade, sous saint Louis, eut lieu en 1249, près de trente ans après l'époque assignée par Gonzague à la fondation des Cordeliers de Mirebeau, et postérieurement à la mort de saint François. Philippe-Auguste avait régné de 1188 à 1223, et ce fut sous son règne, d'après la volonté expresse du monarque, que Raoul de Brisay s'arma avec plusieurs autres chevaliers français contre le sultan du Caire, et prit part à la croisade de 1217-1220, dirigée par le roi de Jérusalem, Jean de Brienne, contre l'Égypte. En outre, ce ne fut pas de l'Italie que Raoul amena en France les disciples confiés, sur sa demande, par saint François, mais des pays occupés par les Sarrazins (*Sarracennorum terris*), au dire de Gonzague, et des rives de la Syrie (*ex Syriacis oris*), comme le spécifie Chopin, le séjour des croisés en Égypte et en Terre-Sainte ayant coïncidé avec le voyage que fit François d'Assise dans ces contrées.

Les généalogistes les plus recommandables, tels que d'Hozier et Chérin, qui ont écrit sur la maison de Brisay, tombent d'accord avec René Chopin, au sujet de la rencontre des disciples de saint François et du seigneur de Brisay. Ils disent que Raoul fut un des chevaliers envoyés par Philippe-Auguste vers le sultan du Caire, soit pour le combattre avec les croisés, soit pour lui proposer certaines trêves en vertu desquelles l'accès de la Terre-Sainte serait facilité aux chrétiens, et que Raoul, à son retour, et après avoir visité Jérusalem, ramena de Syrie deux Cordeliers. Ce fut, du reste, à la suite de cette croisade, où François d'Assise joua le rôle d'apôtre vis-à-vis les musulmans d'Égypte, que la renommée du saint homme se répandit. A son retour en Italie, en 1219, plus de cinq mille religieux se groupèrent autour de lui et embrassèrent sa règle. Ce ne fut qu'en 1223 que l'ordre fut définitivement institué, et François mourut peu après en 1226, âgé de 45 ans. On voit donc qu'il est impossible d'admettre que la fondation du couvent de Mirebeau, qui eut lieu du vivant du saint, ait été postérieure à la première croisade du règne de Louis IX, laquelle date de 1249.

Quoi qu'il en soit, la prose de ces historiens dont les deux versions, malgré quelques inexactitudes, se corroborent entr'elles, est tout ce qui nous reste touchant la fondation des Cordeliers de Mirebeau ; l'acte primordial relatant cette fondation, ainsi que les actes de donations successives, les testaments et autres pièces pouvant servir à l'histoire de cette maison, ayant été anéantis par les protestants, à l'époque des guerres religieuses qui désolèrent le Poitou.

Toutefois, ces indications suffisent à faire connaître, qu'au retour d'un voyage en Terre-Sainte, Raoul de Brisay établit, dans son hôtel de Mirebeau, deux cordeliers qu'il ramenait à sa suite.

Quelques actes postérieurs aux guerres de religion prouvent d'ailleurs, d'une manière certaine que la fondation des Cordeliers est l'œuvre de Raoul. Dom Fonteneau rapporte notamment qu'il a vu dans les archives de ces R.R.-PP. une procuration donnée le 9 octobre 1625, par haut et puissant seigneur, messire Daniel de Saint-Quentin, baron de Blet, en Berry, et de Boussay en Loudunois, pour s'opposer à l'introduction des Récollets dans le couvent des Cordeliers de Mirebeau, qui cherchaient tous les moyens pour surprendre et s'emparer dudit couvent, disant dans cet acte qu'il est le vrai patron et fondateur du dit couvent, à cause de sa maison noble, terre et seigneurie de Brisay et de Sévolle et ses appartenances, et en cette qualité s'oppose. Il y est dit aussi que cette fondation a été anciennement faite par ses prédécesseurs les seigneurs de Brisay, depuis quatre cents ans et plus « que le dit couvent a été construit » et fondé par haut et puissant messire Raoul de Brisay, » chevalier, d'heureuse mémoire, son prédécesseur, et » depuis entretenu successivement par les dits seigneurs de » Brisay, sans aucun contredit ni empêchement » (1).

Un peu plus tard, en 1672, les Cordeliers de Mirebeau, s'adressant à la réunion provinciale de leur ordre assemblé à l'Ile-Bouchard, invitant ladite réunion à reconnaître le seigneur de Brisay pour fondateur de leur maison, disaient « que les tiltres de fondation d'iceluy couvent ayant esté perdus dans les tems de la fureur des hérétiques, il serait survenu quelque scrupulle parmi ces religieux, touchant les seigneurs qui en sont les fondateurs légitimes, quoiqu'en effect les seigneurs de Brisay ayent tousjours esté reconnus pour tels, depuis le commencement de l'ordre jusques à présent, estant constant, comme le rapporte le Révérendissime Père Général Gonzague, que Raoul de Brisay fist bastir le dit couvent par deux compagnons de notre père séraphique qu'il amena en France, qu'en effet il est basti en son fief, et qu'il en appert par les adveux rendus aux seigneurs de Mirebeau depuis plus de deux cents ans, par les testaments très antiens des dicts seigneurs et non contestez, par les actes des réparations, par les recognoissances juridiques qu'en ont rendu les religieux, par la tradition de foy publique non contestée jusqu'à présent, et par les arrêts de la Cour

(1) *D. Font.* t. 67.

donnés sur la protection que les dicts seigneurs de Brisay ont prise du dit couvent, comme fondateurs, contre les Pères Récollets. A ces causes, les dicts suppliants requèrent très humblement Vos Révérences, qu'il leur playse desclarer qu'iceulx susdicts seigneurs de Brisay seront reconnus désormais, de la part des religieux, sans aucune difficulté, pour légitimes fondateurs de nostre dit couvent, pour participer aux prières et joyr des droits qui s'ensuivent de la dicte fondation » (1).

Enfin, à la date du 19 septembre 1708, les Cordeliers de Mirebeau passèrent un acte en bonne forme, revêtu de leur sceau, signé de chacun des religieux composant la maison, par lequel ils reconnaissent de nouveau, et autant qu'il est en leur pouvoir, le seigneur de Brisay comme fondateur de leur église et couvent, et promettent, « luy rendre leurs devoirs en cette qualité, selon que les lois ecclésiastiques et ordonnances royaux le prescrivent pour les droits honoraires » (2).

Les prérogatives inhérentes au droit de fondation sont mentionnées dans quelques aveux. Le seigneur de Brisay dit, dans ces actes : « Suis en vraie possession et saisine, avec mes prédécesseurs, du droit de *fondation* et *sépulture* en l'église et couvent des Cordeliers de Mirebeau, lequel couvent et église est en mon fief et domayne de Brisay, et ay droit en la dicte église d'avoyr *littre* à mes armes, tant au cœur que à la nef » (3).

Ainsi donc, du droit de fondation découlait en première ligne le droit de sépulture. En effet, les seigneurs de Brisay avaient, dans l'église des Cordeliers de Mirebeau, leur tombeau de famille, où chacun d'eux fut successivement inhumé. Nous savons, par André Duchesne, qu'Aimery de

---

(1) *Archives du château de Brisay*, vol. D.
(2) *Archives du château de Brisay*, vol. D.
(3) *Archives du château de Brisay*, vol. D.

Brisay y fut déposé, en 1460, auprès du corps de son père ; et un acte authentique nous apprend que, dans le courant du XVI° siècle, Jacques de Brisay y reposait avec sa femme Françoise du Bec, quand Madelaine de Brisay, leur fille, y fit creuser auprès de leur tombe, derrière le maître-autel, l'enfeu qui lui était destiné, et qu'elle n'occupa point (1).

Dans l'acte de partage qui intervint le 3 février 1673, entre les héritiers de messire Daniel de Saint-Quentin, seigneur de Blet et de Brisay, il est dit enfin que « dans le chœur de l'église des Cordeliers, derrière le maistre autel, ceux à qui eschoira les second et troisième lots, et leurs représentants, pourront se faire inhumer en la sépulture des seigneurs de Brisay » (2).

Au fondateur appartenait également le droit honorifique de faire apposer ses armoiries sur les édifices de l'église et dépendances, de place en place, au chœur et à la nef, sur la frise, les piliers et les contreforts, intérieurement et extérieurement : c'est ce qu'on appelait avoir litre ou liste à ses armes au dedans et au dehors. Dans une réclamation adressée, le 2 septembre 1707, aux Cordeliers, par le seigneur de Brisay, dont les droits avaient été méconnus, il est spécifié « qu'il sera permis au dit seigneur et aux siens, à qui tombera le droit de fondation, de faire mettre leurs armes au-dessus de toutes autres sur les murs, portes du chapitre, piliers de l'église, et autres endroits où le fondateur peut avoir le droit de les mettre » (3).

Enfin le seigneur-fondateur pouvait faire placer, pour son usage, un banc dans l'église, au lieu le plus convenable, c'est-à-dire dans un des côtés du chœur, ordinairement celui de l'évangile, sur la droite du maître-autel, et vis-à-vis le prêtre, qui, pendant l'office s'asseoit à gauche. Il y

---

(1) *Arch. du château de Brisay*, vol. D.
(2) *Arch. du château de Brisay*, vol. D.
(3) *Arch. du château de Brisay*, vol. D.

reçevait, de la main de l'officiant, l'eau bénite au commencement de la messe, le pain bénit le dimanche, et l'encens aux jours de fête.

Chaque changement de fondateur nécessitait une prise de possession nouvelle. Cette prise de possession était faite ou personnellement, ou par procureur, devant un notaire qui en dressait acte. Quelques-uns de ces actes, conservés jusqu'ici, nous ont permis de connaître les détails de cette cérémonie. Le seigneur-fondateur, ou son procureur, se rendait au couvent, où les cloches sonnaient à toute volée, dès que son approche était signalée. Le gardien ou supérieur de la maison, entouré de tous les religieux, se présentait à la porte de son église, attendant, sous le porche, l'arrivée de son seigneur. Celui-ci, après les saluts d'usage, lui annonçait l'objet de sa venue, et déclarait son intention de faire « les actes requis en pareille circonstance, pour la conservation tant de ses droits de fondateur que tous autres honorifiques, à luy dus à raison de la dicte fondation, bien reconnue et portée par tous les tiltres anciens ».

Les religieux, aussitôt, déclaraient le recevoir comme tel, et, suivis du peuple et des vassaux de la seigneurie qui se précipitaient derrière eux dans l'église, ils le conduisaient au chœur, le faisaient placer sur le banc seigneurial, lui offraient l'eau bénite et l'encens, et prononçaient « les prières ordinaires faittes pour le dit seigneur-fondateur ». Après l'accomplissement de cette formalité solennelle, les religieux faisaient au fondateur les honneurs de leur communauté. Ils le conduisaient partout et lui faisaient tout visiter ; puis s'arrêtant dans la salle spécialement affectée aux réunions du chapitre, ils y faisaient dresser, devant témoins, l'acte de prise de possession, que chacun des religieux revêtait de sa signature.

Les seigneurs-fondateurs du couvent des Cordeliers de Mirebeau, reconnus officiellement comme tels par les Franciscains, depuis l'origine de leur maison jusqu'à la

Révolution, ont été : 1° Raoul de Brisay, 1220. — 2° Pierre de Brisay, 1253. — 3° Alès de Brisay, 1270. — 4° Hugues de Brisay, 1288. — 5° Guy de Brisay, 1300-1345. — 6° Alès de Brisay, 1345-1356. — 7° Alès de Brisay, 1356-1390. — 8° Gilles de Brisay, 1390-1396. — 9° Jehan de Brisay, 1396-1470. — 10° Aimar de Brisay, 1470-1488. — 11° Jacques de Brisay, 1488-1504. — 12° Jacques de Brisay, 1504-1540. — 13° Madelaine de Brisay, 1540-1608. — 14° Daniel de Saint-Quentin, 1608-1636. — 15° Daniel de Saint-Quentin, 1636-1672. — 16° Pierre de Moulins de Rochefort, 1672-1708. — 17° Claude Bonneau de Rabel, 1708-1727. — 18° Balthasar le Breton de Villandry, 1727-1750. — 19° Balthasar-Urbain le Breton d'Aubigné de Villandry, 1750-1774. — 20° Antoine Achard de la Haye, 1774-1789 (1).

Le couvent des Pères Cordeliers de Mirebeau paraît avoir joui d'une tranquillité parfaite, jusqu'à l'époque des guerres de religion. Il florissait, recueillant, dans la paix et le silence, les aumônes en échange desquelles il offrait ses prières, soutenu, dans la vie contemplative et dans ses pieuses prédications, par la vénération du peuple mirebalais, et par la protection tutélaire de ses fondateurs, dont la plupart vinrent reposer après leur mort, dans l'enfeu qui leur était réservé, derrière le maître-autel.

Pendant un siècle et demi le couvent de Mirebeau s'était montré le plus fécond en prédicateurs, le plus ardent à la propagation de la foi divine, le plus fréquenté par les fidèles, le plus estimé de tous ceux qui avaient été fondés en France. La moisson d'âmes qu'il récoltait était abondante (*Seracissima et uberrima totius Galliæ regionis paruit*). En 1309, il avait atteint son complet épanouissement. Son église était superbe. On accourait de tous côtés la visiter, faire des dévotions. Les Pères y prêchaient des retraites très suivies, et les grands du monde ne dédaignaient pas d'y venir

(1) *Arch. du château de Brisay*, vol. D.

entendre la parole de Dieu. Il gardait ainsi la tradition du premier et du plus en vogue de tous les couvents de Cordeliers français. Les horreurs de l'invasion anglaise dans le Poitou, postérieurement à la bataille de Poitiers, en 1356, ralentirent cet essor de prospérité ; mais l'ennemi n'ayant pas occupé Mirebeau, on peut croire, avec raison, que les Cordeliers n'eurent pas à souffrir de la guerre. Comme toute institution parvenue à son apogée, le couvent de Mirebeau eut, cependant alors, ses heures d'épreuves, et il subit un commencement de décadence. En 1384, il fut relevé par le Provincial Philippe, qui lui imposa un nombre fixe de douze frères mineurs, à la tête desquels il mit un gardien. Quelques années plus tard, en 1388, il les soumit à la règle de l'observance ; et plus tard encore, d'après les conseils du père Constant, une réformation nouvelle fut tentée, ayant pour but de créer un genre de vie et d'obligations différentes, entre les frères et les servants, bien qu'ils portassent le même habit religieux. Des vicaires, députés dans ce but à Mirebeau, s'établirent dans la maison et la gouvernèrent (*deputatis vicariis qui eos regerent*) ; ils procédèrent à la reconstitution du personnel, firent un choix judicieux des hommes qu'ils associaient à la vie commune, sous le froc de bure ; puis ils leur donnèrent des statuts, que le conseil de l'ordre approuva, et qui devinrent, par son commandement, obligatoires dans le couvent (*expresse ordinamus cura et regimen prædictorum vicariorum subesse*), et tout-à-fait exclusifs et prohibitifs de toute autre règle (1).

Le couvent des PP. Cordeliers de Mirebeau, aussi sagement constitué, jouit d'une grande prospérité, jusqu'à l'époque des guerres de religion. Au commencement du XVIᵉ siècle, il ne s'en exhalait plus ce parfum de ferveur qui avait signalé le zèle et le succès des Franciscains dans les premiers temps de leur institution, mais de hauts personnages

(1) Wadingue, *Histoire des frères mineurs*.

témoignaient encore à ces religieux une préférence marquée sur le clergé séculier. A cette époque la baronnie de Mirebeau, après avoir passé de la Maison d'Anjou à la Couronne royale, en avait été détachée par Louis XI, et donnée en apanage à Jeanne de France, fille naturelle légitimée de ce prince et de Marie de Sassenage, comtesse de Roussillon. Altière et vindicative, comme l'était son père, Jeanne avait entrepris de faire subir sa domination au Chapitre de la collégiale de Notre-Dame, et comme le Chapitre s'était opposé énergiquement à l'apposition des armoiries de la dame sur son église, franche de toute suprématie civile depuis des siècles, elle avait fait molester les chanoines par ses gens, les réduisait à la mendicité, leur infligeait toutes les misères possibles, ajoutant la menace de leur faire « rompre bras et jambes », s'ils ne se soumettaient à sa volonté. Pendant que Jeanne manifestait contre le clergé de Notre-Dame une hostilité à laquelle le Parlement dut être appelé à mettre fin, elle comblait de ses faveurs, prévenances et amitiés le couvent des Cordeliers, et se rendait tous les jours au Petit-Brisay, pour conférer avec le père gardien, son confesseur, assister aux offices et faire ses dévotions (1).

Sa petite fille, Avoie de Chabannes, turbulente comme elle, dont la jeunesse orageuse se passa en partie à Mirebeau, fréquentait de même les Cordeliers, et elle avait pris le bon père gardien pour son confident. Elle lui soumettait ses projets, ses déboires, ses espérances ; elle lui demandait son concours dans des aventures amoureuses. Voulant se faire enlever, malgré sa grand'mère, par un jeune seigneur de la cour, M. de Beaufort, dont elle était férue, Avoie donnait ses rendez-vous dans l'église des Cordeliers, à l'insu de Jeanne de France, qui cependant ne la quittait pas et s'y rendait avec elle.

— « Ma fille quel est donc cet homme ? demandait la

(1) *Baronnie de Mirebeau*, par E. de Fouchier.

comtesse à la jeune femme, qu'elle voyait causer avec un personnage déguisé en conducteur de bœufs.

— » Ma mère, n'ayez garde, c'est un garçon qui m'a prêté quelqu'argent qu'il me demande.

— » Dites-lui que vous lui rendrez cela plus tard » (1).

Lorsqu'en 1514, un procès en divorce éclata entre Avoie et Jacques de la Trémoïlle, son second mari, Madame Jeanne fut bien surprise et bien irritée, d'apprendre que les Cordeliers étaient depuis longtemps au courant des escapades de sa petite-fille, et qu'ils ne l'en avaient pas avertie. Mais elle avait pour eux une telle prédilection, qu'elle ne leur porta point rigueur. Elle continua donc à les combler de libéralités, fonda une chapelle dans leur église, et voulut y être inhumée après sa mort, arrivée en 1519.

Ces heures de félicité allaient avoir un triste retour pour le couvent. En 1568, la ville de Mirebeau tomba aux mains des protestants, dont l'armée assiégeait Poitiers. Elle fut confiée au commandement d'un capitaine nommé Laborde, qui laissa commettre, par sa soldatesque, toutes les horreurs. Les églises furent saccagées, les maisons religieuses mises au pillage, et le couvent du Petit-Brisay est encore celui qui éprouva le plus durement la rage impie des hérétiques. Ce pieux asile des Cordeliers, jadis l'objet de la vénération du peuple et des faveurs des nobles, se vit ravager par le fer et la flamme, et les infortunés religieux qui y résidaient furent livrés à de cruels tourments.

« Ils devinrent, dit M. Roblin, les victimes d'une véritable persécution ; leur monastère fut brûlé à deux ou trois reprises par les Calvinistes ; leurs vases sacrés furent profanés et brisés. Deux religieux subirent le martyre ; la chronique nous a transmis leurs noms, c'étaient les frères Thomas Clémenceau et Jean Torgné. Ils aimèrent mieux

(1) *Archives de Thouars, dossier Avoie de Chabannes.*

mourir que de renier leur foi et endurèrent la torture avec l'héroïsme chrétien » (1).

Lorsque la bourrasque fut passée, ne laissant derrière elle que ruines fumantes et souvenirs sanglants, il plut à Dieu de ramener les Franciscains dans leur maison de Mirebeau. Les armées royales avaient reconquis le Poitou, et refoulé les protestants dans le midi, après les journées de Moncontour et de Jarnac. Le baron de Mirebeau, cousin du roi et chef d'un corps de troupes, était alors Mgr Louis de Bourbon, duc de Montpensier et de Châtellerault, pair de France, qui, depuis 1572, séjourna fréquemment dans le château de Mirebeau, qu'il avait acheté à Gabriel de Blanchefort. Ce prince généreux entreprit, conjointement avec les habitants de la ville, la reconstruction du couvent du Petit-Brisay. Il pensa devoir, dans cette circonstance, rappeler aux seigneurs de Brisay — bien qu'ils fissent profession de la religion réformée — que le titre de fondateur des Cordeliers de Mirebeau leur appartenait, que les honneurs leur en avaient été de tout temps attribués, et que cette situation leur créait, malgré leur dissidence, le devoir d'en être aussi les bienfaiteurs.

Le duc écrivit à Madeleine de Brisay, épouse de René de Puiguion, l'un des cent gentilshommes de la maison du roi, la lettre suivante, qu'il fit porter au château de Brisay.

« 30 Mai 1577.

« Mademoiselle de Brisay, je crois que vous aurez bien sceu comme précédemment le désir que j'ay de veoir l'église des Cordeliers de Myrebeau, qui estoit en grande ruine, racoustrée des réparations requises en la faisant recouvrir de charpentes, latte et thuille, à quoy il m'a convenu et convient faire de grands frais ; et d'aultant que les habitants

(1) *Histoire de Mirebeau*, par MM. Roblin et Wadingue.

dudit Myrebeau m'ont promis faire finance et paier la grande vittre nécessaire à laditte église, et qu'il ne restera plus qu'à la faire réparer, estimant que pour estre, vos prédécesseurs et vous, fondateurs d'icelle, vous seriez marrye d'estre exempté de deppartyr vos moiens pour ung œuvre sy sainct, et que vous vouldrez bien fayre la despense qu'il faudra pour faire réparer ladicte église, laquelle sera pas trop grande y ayant du vieil pavé qui pourra servir, à ceste cause j'ay bien voulu vous faire ceste lettre pour vous prier y adviser et regarder ce que vous aurez envye de faire, et m'en donner vostre intention, afin que je donne ordre de faire au plus tôt parachever lesdictes réparations. En attendant je vays prier Dieu vous donner, Madamoiselle de Brizay, ce que désirez. De Bragérac le dernier jour de may 1577.

» Voustre entièrement bon amy.

» Louis DE BOURBON. » (1)

Il résulte de cette correspondance que l'église des Cordeliers ne possédait plus que les quatre murs, et les dalles qui en formaient le sol, ce « vieil pavé » qui pouvait encore servir. La toiture n'existait plus, elle avait été brûlée ; le mobilier faisait défaut, ayant subi le même sort. Mais tel fut l'empressement que mit la saine et dévote population de Mirebeau à porter son aumône au couvent, tel fut l'accueil que reçut au château de Brisay la juste sollicitation du prince, telles furent aussi les avances et les libéralités de celui-ci, que dans les premiers jours d'août 1577, tout était réparé, reconstruit, le monastère était relevé de ses cendres. De la forêt de Scévolle, appartenant à la dame de Brisay (les femmes de qualité étaient encore qualifiées *Mademoiselle* à cette époque, à moins qu'elles fussent épouses d'un Che-

(1) *Arch. du château de Brisay,* vol. D.

valier de l'Ordre ou princesses), sortirent charpentes et voliges, la ville donna les tuiles, le duc de Montpensier paya les travaux de la main d'œuvre, et le couvent avec son église renaquit en quelques semaines comme par miracle.

La dame de Brisay avait été piquée dans son honneur de fondatrice ; elle tint à ne pas rester en arrière du duc ; elle se chargea entièrement de la restauration de la maîtresse vitre, ou grande fenêtre, qui éclairait le chœur derrière l'autel. Aussi bien se trouvait là l'enfeu de ses pères, sur l'ouverture duquel cette fenêtre amenait les rayons du jour. Elle la fit garnir de vitraux peints, et les Cordeliers voulurent que l'artiste chargé de ce travail, dessinât sur le verre les armoiries de la donatrice, qui occupèrent ainsi la place principale de l'édifice religieux. L'acte qui relate ces choses nous apprend encore que la fondatrice ne s'arrêta pas en si bonne voie. Toute huguenote qu'elle était, plutôt peut-être par concession de milieu, par relation de famille et de voisinage que par conviction, elle se mit à gratifier les Cordeliers de ses dons ; elle voulut effacer le souvenir des souffrances que leur avaient causées ses coréligionnaires ; elle leur fournit constamment des vivres, de l'argent, du vin de sa récolte, des fagots de ses bois,..... elle fut envers eux grande et généreuse, elle se montra la digne descendante — hélas la dernière dans sa branche ! — du « noble héros Raoul » qui avait installé les Cordeliers dans sa propre demeure, près de quatre cents ans auparavant.

Le 7 août 1577, Madelaine de Brisay recevait, du duc de Montpensier, la lettre suivante toute débordante de remerciements.

« Madamoiselle de Brisay,

» Ayant veu par les lettres que Madame de la Chotardière et le beau père Gardien du couvent des Cordeliers m'ont faictes le bon vouloir dont vous avez usé, tant pour ayder à rabiller l'église dudit couvent que à y faire mettre deux vittreaux, je n'ay voulu demeurer plus longuement sans vous en renvoyer et vous tesmoigner par ceste lettre le bon gré que je vous scay de ce que vous avez faict faire de vostre part, ce que j'ay tant agréable. Oultre la bonne volonté et affection que je vous porte, cela me donnera d'autant plus d'occasion d'avoyr tout ce qui vous touchera pour recommandé, et vous faire tout le plaisir et bon office qui me sera possible, d'aussi bon cœur que je prie Dieu vous donner, Madamoiselle de Brisay, ce que désirez. De Bergerac, le 7º jour d'aoust 1577.

» Voustre entièrement meilleur amy

» Louis DE BOURBON. » (1)

Quelques années plus tard, François de Bourbon, fils du signataire de cet engagement, eut l'occasion de payer la dette de reconnaissance contractée par son père ; il s'en acquitta loyalement. C'était pendant l'été de 1585. L'armée royale avait alors à se défendre en Poitou, contre les Ligueurs, et elle obtenait de brillants avantages sous les ordres du duc de Montpensier. Le château de Brisay fut occupé, au cours de cette campagne, par une garnison royaliste commandée par Henri de Bourbon, fils du duc et petit-fils de Louis, le bienfaiteur des Cordeliers. La dame du lieu embarrassée par cette occupation, inquiète des exigences ruineuses de la soldatesque, pria le seigneur d'Abin, son parent, capitaine de cinquante hommes d'armes des ordonnances, de vouloir bien faire les démarches nécessaires auprès du commandant en chef pour obtenir le dégrèvement de sa forteresse. Celui-ci envoya un exprès au

(1) *Arch. du château de Brisay*, vol. D.

duc François, alors à Champigny, et ce prince acquiesça à la réclamation de Madelaine par la lettre autographe suivante :

« Monsieur d'Abin,

» J'ai reçu vostre lettre par ce porteur suyvant laquelle je mande au manbre de la Compagnye de mon fils de la desloger de Brisay, estant la moindre chose que je désire faire pour Mademoiselle de Peuguion que d'exempter sa terre du dict Brisay, mesmes en vostre recommandation.

» De Champigny, 1er septembre 1585.

» François DE BOURBON. » (1).

Madelaine fut moins heureuse auprès des Cordeliers, dont la reconnaissance dut s'arrêter devant la rigueur des exigences canoniques. Elle ne put obtenir d'occuper, après sa mort, la place qu'elle s'était préparée dans l'enfeu des seigneurs de Brisay, au chevet de l'église par elle reconstruite, recouverte, entretenue et dotée d'un vitrail. Les religieux lui en refusèrent l'entrée.

Le 7 février 1608, — plus de trente et un ans après la reconstruction des édifices des Cordeliers, — le receveur de la terre et seigneurie de Brisay, s'étant présenté au couvent de Mirebeau, de la part de Daniel de Saint-Quentin, gendre de la dame de Brisay, déclara aux religieux « que Madelaine de Brisay était décédée ce jour à matin l'heure de quatre heures, âgée de 80 ans, et qu'en sa maladie elle avait désiré et requis son corps estre inhumé en la sépulture de ses prédécesseurs, où sont enterrés feu Jacques de Brisay, vivant escuier, sieur dudict lieu, et demoiselle Françoise du Bec, sa femme, père et mère de ladicte deffuncte Madelaine,

(1) *Archives historiques du Poitou*, t. VII.

laquelle sépulture est au chœur de ladicte église, à main sinistre en entrant, où est un grand arceau ou voûte dans la muraille dudict côté sinistre, suppliant les dits Cordeliers vouloir recepvoir et soumettre le corps de la deffuncte en la dicte sépulture de ses prédécesseurs fondateurs dudit couvent, ayant la dicte deffuncte et ses prédécesseurs faict plusieurs bienfaits au dict couvent ».

Les religieux répondirent à l'envoyé du seigneur de Brisay : « La vérité est que les prédécesseurs de ladicte deffuncte damoiselle Madelaine de Brisay étaient leurs fondateurs et bienfaiteurs, et par conséquent ladicte deffuncte, qui leur avait toujours continué beaucoup de bienveillance, leur départait de ses biens soit en blés, vins, argent et bois, même ayant aydé à réédiffier ledict couvent qui avait esté ruiné par les guerres, avait aussi aydé à refaire le grand vitrail dans lequel sont encore à présent ses armoiries ; et ils ont toujours recogneu la dicte deffuncte pour leur fondatrice, mais la dicte damoiselle étant décédée dans la religion prétendue réformée, il leur est deffendu par les canons du concile de recepvoir les corps de ceux qui sont hors de l'église romaine, et à iceulx bailler sépulture » (1).

Ce procès-verbal, dressé par acte authentique et en bonne forme, par devant témoins et notaires, recouvert du seing manuel des nommés de Langle, Toullier et Lelièvre, franciscains, Jean Brissaut, receveur du château de Brisay, Botreau et David tabellions, mettait pleinement les Cordeliers, malgré les obligations contractées envers leurs fondateurs, à l'abri de toute revendication juridique de la part des héritiers de Madeleine. Aussi n'avons-nous trouvé aucune trace de réclamations plus pressantes, et la dame de Brisay, huguenote, dut être inhumée dans la chapelle réformée qu'elle avait ouverte au culte calviniste auprès de son château de Brisay.

(1) *D. Font.*, t. XL.

Dans les premières années du XVIIᵉ siècle, les pauvres Frères, si éprouvés précédemment, à peine ressuyés de la tempête dans laquelle ils avaient failli sombrer sous les coups de l'hérésie, se virent menacés d'une manière peut-être plus sérieuse, parce qu'insidieuse et non violente, par les tendances usurpatrices des Récollets, leurs confrères. Ceux-ci appuyés par le Général de l'ordre de Saint-François, avaient conçu le projet de supplanter les Cordeliers à Mirebeau. Ils ne négligèrent rien pour parvenir à s'emparer du couvent, à s'y installer au lieu et place des occupants ; et déjà, ils avaient obtenu de leurs supérieurs un décret ordonnant aux Cordeliers de quitter la maison du Petit-Brisay, quand ils virent leurs desseins entravés par les efforts énergiques de la population soutenue et ameutée par le seigneur fondateur lui-même. Les Récollets procédaient à leur installation malgré la résistance de Mgr de la Roche-Posay, évêque de Poitiers, quand le gendre de Madelaine de Brisay et son héritier, bien qu'hérétique comme elle, fit valoir par la force d'abord et puis juridiquement ensuite ses droits d'opposition à cette illégale usurpation. Il obligea énergiquement les Récollets à se retirer, et obtint, en date du 30 juin 1626, une sentence du Parlement de Paris justifiant sa conduite, donnant à ce seigneur et aux bourgeois de Mirebeau toute satisfaction en faisant défense aux Récollets de pénétrer dans le couvent du Petit-Brisay, les enjoignant de restituer aux Cordeliers « tous les meubles et ornements d'iceluy tant profanes que sacrés », dont ils s'étaient emparés au détriment d'une fondation si respectable et si régulièrement maintenue « depuis plus de quatre cents ans », affirme la sentence (1).

Après la mort de Daniel II de Saint-Quentin, comte de Blet, fils de l'héritier de Madeleine, le Petit-Brisay fut dévolu par acte de partage, en date du 1ᵉʳ septembre 1672, à Marie

(1) D. Font., t. XL.

de Saint-Quentin, épouse de Jacques Nepveu, sieur de la Mentallerie. Celle-ci mourut sans hoirs, de sorte que le Petit-Brisay devint la propriété de Françoise de Saint-Quentin, sa sœur, mariée au sieur de Rochefort. Le Petit-Brisay comprenait alors la partie du fief ancien, que les Brisay s'étaient réservée pour leur habitation de ville, avec ses dépendances urbaines, sa dîme du bourg, ses droits lucratifs, etc., et de plus le couvent des Cordeliers construit sur ses terrains, laissé en propriété aux religieux, mais avec la réserve du droit de fondation.

Avoir pour voisins les plus proches et pour protecteurs les Rochefort, gentilshommes demeurés inébranlables dans leur foi orthodoxe au milieu des troubles de l'hérésie, c'était pour les PP. Cordeliers voir renaître une ère de calme, de confiance et de prospérité. Ceux-ci ne négligèrent donc rien pour s'attirer les bonnes grâces de leurs nouveaux seigneurs, et les Rochefort, soit par dévotion, soit par intérêt, les secoururent de leurs fonds et de leurs générosités, firent des réparations à leur église, et se crurent autorisés à graver leurs armoiries sur le portail intérieur, mesure qui allait leur attirer quelques ennuis.

En effet, ils oubliaient que le titre de fondateur n'appartenait pas au propriétaire du fief du Petit-Brisay, mais à l'aîné de la maison, au descendant direct de Raoul, le premier fondateur en 1220. A celui-ci seulement revenait le droit honorifique de la fondation et les avantages qui en découlaient.

Les bons pères en jugeaient autrement ; se basant sur ce fait que « l'aîné de la maison et seigneurie de Brisay avait été jusqu'alors de la religion prétendue réformée » et que, par conséquent, les droits de fondateur semblaient devenus depuis longtemps caducs entre ses mains, ils s'étaient empressés de reconnaître pour patron Messire Pierre de Moulins, chevalier, seigneur de Rochefort, « petit-fils de la dicte maison de Brisay, vray catholique, apostolique et romain, avecq toute sa noble famille, très dévôt et très affectionné à la sainte religion » (1). Cette reconnaissance avait été prononcée solennellement en assemblée provinciale et consignée par acte le 12 septembre 1672.

Cet état de choses, bien qu'anormal, se prolongea plusieurs années sans qu'aucune réclamation n'ait été élevée par Daniel III de Saint-Quentin, comte de Blet, retenu ailleurs par d'autres préoccupations. Mais un peu plus tard, la terre de Brisay ayant été vendue par décret, le nouvel acquéreur, non moins catholique que le sieur de Rochefort, prétendit faire valoir les droits que lui conférait son acquisition au titre de fondateur des Cordeliers de Mirebeau. Il résulta de cette prétention un conflit qui ne fut apaisé que par une sentence rendue au présidial de Saumur, après plusieurs années de procès.

S'appuyant sur les termes du partage de 1672 ainsi conçus : « Le premier lot, qui est demeuré au sieur comte de Blet, sera composé de la maison du Grand-Brisay pour préciput, plus la fondation de la chapelle de Brisay à perpétuité, plus *la fondation de l'église et couvent des frères Mineurs de Saint-François de Mirebeau........* », Messire Claude Bonneau, acquéreur des biens du comte de Blet, lança contre les Cordeliers, en date du 28 août 1706, une assignation tendant à le faire reconnaître comme fondateur de leur maison, à lui accorder la jouissance de ses droits honorifiques, lui octroyer la faculté de faire placer un banc pour son usage dans leur église, enfin faire gratter les armes du sieur de Rochefort qui avaient été peintes sur les édifices et les remplacer par l'écu de Rabel dont Claude Bonneau, bien que bourgeois de Paris sans origine chevaleresque, se targuait d'être en possession.

Les PP. Cordeliers résistèrent ; ils rédigèrent une longue protestation, dont nous extrayons ce qui suit : « Les Pères

(1) *Arch. du château de Brisay*, vol. D.

Cordeliers de la ville de Mirebeau n'ont jamais reconnu d'autre fondateur de leur église que le seigneur de Brisay, dans le fonds duquel la dite église est construite ; et, comme c'est messire Pierre de Moulins, chevalier, seigneur de Rochefort, qui possède la maison et seigneurie de Brisay, située dans la ville de Mirebeau, ils l'ont reconnu pour leur fondateur et n'estiment pas devoir en reconnaître un autre. Il y a trois choses qui donnent la qualité de *fondateur*, l'une que celui qui se prétend fondateur ait doté l'église dont il se veut arroger la qualité de fondateur, l'autre qu'il l'ait bâtie à ses propres coûts et dépens, et la troisième qu'elle soit bâtie en son fonds, domaine et fief. Le seigneur de Purnon (Claude Bonneau), propriétaire du Haut-Brisay, ne se peut arroger aucune des trois choses sus dites, car ni lui ni ses auteurs n'ont doté ni bâti l'église des Cordeliers de Mirebeau ; et d'ailleurs, elle n'est point bâtie dans son fonds, mais dans le domaine du Bas-Brisay, sis en la ville de Mirebeau, qui appartient au dit seigneur de Rochefort. C'est pour cette raison, et sans entrer plus avant dans les commencements de la fondation de leur couvent, que les Cordeliers ont toujours reconnu pour leur fondateur le dit seigneur de Rochefort. Si le seigneur de Purnon était héritier de ceux à qui le Haut et le Bas-Brisay ont appartenu, et qu'il fut constant que ses auteurs eussent doté ou bâti le couvent de Mirebeau, en ce cas ils se feraient un scrupule de ne pas le reconnaître pour leur fondateur, parceque ce sont des honneurs personnels qui passent du donateur à ses héritiers, et de famille en famille par honneur dû au fondateur personnellement et à tous ceux qui descendent de lui ; mais comme il n'est point de la famille et qu'il est acquéreur particulier, le droit et la qualité de fondateur est éteinte en sa personne » (1).

A ces raisonnements plus ou moins spécieux se joint la

(1) *Arch. du château de Brisay*, vol. D.

lettre suivante écrite, dans le commencement de l'année 1706, par le supérieur du couvent de Mirebeau au R. P. Duval, définiteur général de l'ordre et provincial à Lyon.

« Mon Révérend Père. Notre R. P. provincial à qui j'ai communiqué le mémoire de M. de Purnon se trouvant à présent à La Rochelle, et n'ayant pas avec lui les registres de la province qui sont à Laval, ne m'a pu donner de réponse certaine sur la teneur de l'acte passé à notre dernier chapitre ; il se souvient seulement qu'il contient la ratification d'un autre acte passé dans un de nos précédents chapitres, il y a dix ou douze ans, par lequel on promettait de conserver à M. de Rochefort le droit de sépulture dans l'enfeu de sa mère ou grand'mère, issue de la maison de Brisay nos légitimes fondateurs. Comme ce n'est pas à nous de donner le titre de fondateur à qui ne l'est pas, ni de l'ôter à celui qui l'est, nous prions Votre Excellence d'avoir la bonté d'examiner et de juger de la chose, et nous nous soumettons humblement à son jugement et à ses ordres. Jusques à présent nous n'avions pas ouï dire que M. de Purnon eût témoigné souhaiter ni prétendre à la qualité et au droit de fondateur ; il n'en a jamais fait la moindre démarche, et son peu de considération et d'affection pour les religieux de Mirebeau, n'eût pas donné lieu de soupçonner qu'il le désirât ou prétendit. Ce serait cependant pour nous un très grand honneur, et pour lui un motif de nous honorer de sa protection et favoriser de ses charités ; peut-être même que le contrat de fondation, s'il y en a un, porte quelques aumônes annuelles et perpétuelles dont le pauvre couvent de Mirebeau aurait grand besoin.

» Je suis avec respect, mon Très Révérend Père, votre très humble et très obéissant serviteur.

E. PÉRIER » (1).

(1) *Arch. du château de Brisay*, vol. D.

D'autres écritures, en assez grand nombre, furent échangées sur ce sujet ; elles n'apprennent rien de nouveau. Il résulte de ces papiers que le comte d'Avaux, notamment, ami et protecteur de M. de Purnon, ancien ambassadeur en Hollande, resté bien en Cour auprès de Louis XIV, s'intéressait lui-même au succès de la prétention du parisien. Le comte d'Avaux en écrivit de sa main au P. Duval, qui lui transmit la lettre de Périer, ci-dessus transcrite. Cette lettre réunie au mémoire des Cordeliers, fut remise à M. de Purnon par le comte, qui lui écrivait le 24 juillet 1707. — « Quoique depuis un certain temps, Monsieur, vous m'ayiez beaucoup négligé, je n'en ai pas eu moins d'empressement à faire ce que vous aviez souhaité de moi : je ne parle pas sans preuves et je vous les envoie. Voyez ce qu'il y aura encore à faire pour votre service » (1).

Voilà un ami complaisant.

Cependant la procédure marchait son train ; toutes les pièces utiles avaient été déposées entre les mains des juges, et le 12 mai 1708, la sénéchaussée de Saumur sortit une sentence donnant gain de cause à messire Claude Bonneau, seigneur de Purnon et de Brisay, contraignant les P. P. Cordeliers à « reconnaître le dit seigneur de Purnon à raison de sa terre et seigneurie de Brisay, pour seigneur et seul fondateur de leur église et couvent à Mirebeau, et en conséquence ordonne qu'il jouira des droits, honneurs, prérogatives et prééminences attribués à la dite qualité de fondateur, et ce faisant que toutefois qu'il se transportera au dit couvent, il aura la liberté des portes, et que les religieux lui rendront tous les honneurs énoncés en la fondation » (2).

La sentence permettait en cas de refus d'obéissance, de saisir le temporel du couvent. Cette disposition donne une idée de l'importance que pouvait avoir, sous l'ancien régime, la qualité de patron-fondateur d'une maison religieuse.

(1) *Arch. du château de Brisay*, vol. D.
(2) *Arch. du château de Brisay*, vol. D.

Il fallut donc s'incliner. Il fallut porter le deuil des sieurs de Rochefort ; et certes on ne peut douter que le sacrifice fut pénible pour les bons pères qui, d'après les termes de la lettre du P. gardien, ne voyaient en M. de Purnon, qu'un intriguant peu disposé à faire du bien à leur communauté, — qu'il fut sensible aussi à l'amour-propre de Pierre de Moulins, que le voisinage très proche de son château de Rochefort mettait en relations continuelles avec la ville, et qui devait se trouver ravi de jouer, dans Mirebeau, le rôle complet des anciens seigneurs de Brisay du moyen-âge, patron des vignerons, des bouchers, inspecteur des tavernes, distributeur des mesures, convive du prévôt pendant quarante jours, et enfin fondateur des Cordeliers, les pères choyés de la population. Tout cela donnait alors, dans la petite ville, un prestige dont il fallut abaisser le pavillon.

Les Cordeliers se soumirent. Ils se déclarèrent en date du 26 juin 1708 « prêts à reconnaître pour le bien de la paix, comme fondateur du couvent de Mirebeau, celui qui sera jugé définitivement par justice être le véritable et légitime fondateur ». Ils délivrèrent, le 19 septembre suivant, le brevet requis, recouvert de leurs signatures et de leur sceau, accordant expressément à Messire Claude Bonneau de Rabel, seigneur de Purnon et de Brisay, la qualification de fondateur de leur église et couvent, à laquelle il avait légitimement accédé par l'acte d'acquisition de la terre et seigneurie de Brisay, faite sur Messire Daniel de Saint-Quentin, comte de Blet, le 1er octobre 1685.

Les divers documents dont nous avons tiré les détails historiques qui précèdent, recueillis dans les manuscrits de Dom Fonteneau et dans les archives du château de Brisay, nous ont fait connaître les noms d'un certain nombre de Cordeliers, que nous regretterions de ne pas avoir consignés ici.

Le couvent de Mirebeau, d'après l'organisation que lui imposa le provincial Philippe, en 1384, se composait d'un supérieur portant le modeste titre de *gardien*, un vicaire, un théologien, un confesseur et un novice, plus un certain nombre de frères servants. On y trouvait, en outre, des prédicateurs ou frères prêcheurs, dont le nombre était augmenté ou diminué selon l'exigence du service du culte dans la localité.

En 1615, le gardien du couvent des Cordeliers de Mirebeau était le R. P. Baptiste Barré, qui soutint, au plus grand avantage de son monastère, la « guerre séraphique » contre les Récollets.

En 1672, le frère Bodin, et, en 1683, Jacques Rahier étaient supérieurs de la même maison.

En 1706, le gardien était le frère Emile Périer, homme adroit et insinuant, un peu cauteleux, peut-être, dont le provincial Duval disait : « Je le prie de me parler franc, et de ne point se servir avec moi des privilèges de son pays du Maine ; je l'ai toujours connu pour homme d'honneur et fort sincère, je serais trompé s'il avait changé ». C'est lui qui soutenait assez énergiquement, comme nous l'avons vu, M. de Rochefort en qualité de patron de sa maison, contre le bourgeois Bonneau dont il se disait, cependant, fort honoré de devenir le vassal et l'obligé. Le comte d'Avaux parlant du même Périer, écrivait à la date du 23 avril 1706 : « S'il nous a trompés, il en est bien châtié à cette heure, car il vient de mourir ». Ce ne fut donc pas lui, mais son successeur qui dut ouvrir ses portes, en 1708, au nouveau seigneur de Brisay.

Le 25 juillet 1708, — jour de la réception de Claude Bonneau — le couvent était composé de Pierre Lasnier, gardien ; Théodose Cordier, prédicateur ; Philippe Moreau, vicaire ; Pierre Létard, confesseur, etc ; mais le 19 octobre suivant, le gardien était Hyacinthe Cordier, le vicaire René Guerry, avec Pierre Delarue, confesseur ; Hyacinthe Clémenceau, théologien et Louis Baudouin, novice.

11

En 1750, nous trouvons au couvent les R. R. P. P. Jean-Baptiste-Etienne Emmanuel, gardien-supérieur ; Jean Lelièvre, prédicateur ; Jean Lebreton, confesseur ; Charles Blanchard, prêtre.

En 1774, Michel Foucher est gardien, et il a autour de lui Pierre Jarry et Pierre Godet, anciens gardiens ; René Germain, prêtre ; Guillaume Perron et Jean-Baptiste Gillet, frères laïcs....

Enfin, en 1785, le père gardien était Auguste Valery. — Ces religieux furent dispersés par la tourmente révolutionnaire.

Depuis la reformation, en 1411, par sainte Colette, de l'ordre des religieuses Claristes de Saint-François, une succursale avait été annexée à la maison des Cordeliers de Mirebeau, sous la direction de Françoise de Chouppes. Elle comprenait un petit nombre de pieuses filles, dont le père spirituel était choisi parmi les plus vénérables religieux du couvent.

L'ordre des Claristes ayant pris une grande extension dans le courant du XVII° siècle, et le nombre des religieuses s'étant accru sensiblement à Mirebeau, il ne fut plus possible à ces dames d'habiter les mêmes édifices que les Cordeliers. Des raisons de bienséance d'ailleurs paraissaient exiger qu'il y eût séparation complète entre l'habitation des femmes et celle des religieux.

La division étant admise en principe, il fallut établir qui, des hommes ou des femmes, céderait l'ancien monastère. Il y eut conférence entre les supérieurs des deux branches de l'ordre à ce sujet, et il y fut décidé que les Claristes resteraient dans les bâtiments anciens, et que les Cordeliers s'en construiraient de nouveaux. C'est depuis lors que le Petit-Brisay, devenu la résidence exclusive des femmes, fut appelé vulgairement « les Cordelières », comme on le voit dans un plan de la ville de Mirebeau, dressé en 1699.

Pour jeter les fondations de la maison-annexe destinée

aux religieux, il s'agissait dès lors d'acquérir un terrain dans le voisinage même de l'ancien couvent, limitrophe si possible, puisque les deux parties devaient continuer à ne faire qu'un seul et même monastère, en communauté perpétuelle pour les besoins du culte. Cette délicate affaire fut habilement négociée par le gardien Ambroise Pépin, et tirée au clair entre lui et le duc de Richelieu, alors seigneur de Mirebeau. Par acte du 11 octobre 1652, le duc et dame Anne Poussard de Sors, sa femme, firent don gratuit aux Cordeliers, moyennant une messe à dire pour eux chaque mois, de l'ancien jardin du château de Mirebeau, contenant sept boicellées de terre, et s'étendant depuis la porte du château, à l'intérieur des murailles, jusqu'au verger du couvent, sa chapelle et son cimetière, dont il n'était séparé que par la rue qui passe devant la porte du dit couvent, et conduit à la porte de Loudun (1). C'est sur ce terrain généreusement concédé que s'élevèrent, en face du Petit-Brisay — la rue du Mail entre deux — les nouveaux édifices claustraux et la nouvelle église, dont la nef percée de quatorze fenêtres, était surmontée d'un clocheton en forme de tourelle aiguë, comme la représente, avec la qualification « les Cordeliers », le plan fait en 1699 et conservé dans le volume *Anjou* de la collection Gaignières (2).

Quand la révolution de 93 est venue porter sa main sacrilège sur les maisons religieuses, elle a trouvé, à Mirebeau, cette situation bien régulièrement établie entre les deux fractions de l'ordre. Les religieuses étaient au Petit-Brisay, fidèles à leur règle, vivant séparées du monde, pauvres et recluses en des cellules étroites, dont on retrouve quelques vestiges aujourd'hui. Leur église était celle dont les seigneurs de Brisay étaient fondateurs, où ils avaient leur tombeau ; et sur le portail qui fermait l'accès de la maison

(1) *Arch. de la Vienne*, Cotte C.
(2) *Mss. de la Bibl. Nat.*

au public, on voyait saillir, sculpté dans la clef de voûte en tuffau, l'écusson de ses anciens patrons portant les huit faces qui leur sont propres depuis 1230. — En face, sur la droite de la rue habitaient les Franciscains, ayant leur clôture, leurs bâtiments, leur chapelle entièrement séparés du couvent de ces dames, mais desservant leur église et se mettant en continuelles communications spirituelles avec ces saintes âmes, dont ils avaient la direction.

Aujourd'hui, il ne reste plus une pierre, à Mirebeau, des constructions élevées au XVII° siècle par les Cordeliers. La bêche et la charrue ont passé sur l'œuvre d'Ambroise Pépin; les terrains balayés, puis vendus comme bien national, se sont couverts de maisons privées qui garnissent le côté droit de la tortueuse rue du Mail.

Seule la maison du Petit-Brisay a conservé, avec son nom antique, le souvenir de ce que fut sa destination pendant cinq siècles. Par un porche à demi cintré, encore décoré d'ornements de la renaissance, qui permettent de croire qu'il fut élevé après l'incendie de 1568, on pénètre dans une cour assez vaste où se trouve la chapelle, à main droite, s'allongeant de l'est à l'ouest, au fond de laquelle aboutit en équerre un corps de bâtiment d'architecture élégante, tel qu'il fut évidemment reconstruit sous l'inspiration du duc de Montpensier, après la destruction qu'en firent les hérétiques au XVI° siècle. C'était là le logis habité par les Cordeliers jadis et, plus récemment, par les Claristes, définitivement demeurées chez elles, dans cet édifice, de 1660 à 1793. Plus loin sur la gauche, on remarque les restes d'une tourelle dont l'entrée ogivale et basse, comme les *huis* du moyen-âge, est surmontée d'un écusson non encore assez fruste pour qu'on n'y puisse distinguer les armoiries facées des Brisay, et un machicoulis ancien, orné de sculptures gothiques, remontant sans doute aux premiers temps de l'érection de ces édifices ; il est probable que ce sont là les derniers débris de ce qui fut, depuis 1050, l'hôtel de Brisay, à Mirebeau, du moins dans la partie réservée par les seigneurs du lieu pour y faire leur habitation de ville, laquelle paraît avoir été, selon quelques indices recueillis dans les actes, reconstruite et aménagée de nouveau dans les premières années du XIV° siècle.

Au dedans de l'ancien couvent des Claristes, on montre le réfectoire des nones, leurs cellules à demi détruites, et l'escalier taillé dans la roche, c'est-à-dire le tuffau qui forme le sous-sol de la localité, par lequel on descendait dans les fondations de l'édifice. Là, au fond d'une cave obscure, une entrée basse, fermée d'une grande pierre plate, donne accès dans des catacombes en miniature, où l'on retrouve encore beaucoup d'ossements ; ce fut le cimetière où les restes des pieuses Claristes, rapporte la tradition, ont été déposés pendant trois cent quatre-vingt-trois ans.

Mais l'église n'est plus qu'un large vaisseau sans caractère, qui ne rappelle en rien le beau monument construit au XIII° siècle, dont parle avec éloge M. Roblin. Elle s'appuie par la base aux édifices claustraux avec lesquels elle communique, et son chevet forme un trapèze, dont les pans sont ouverts par de grandes fenêtres, dans le style alourdi du dernier siècle. Il n'y a plus trace de la belle fenêtre gothique dont la dame de Brisay fit refaire les vitraux en deux parties, l'an 1577 ; nulle trace également de cet enfeu ouvert « sous un grand arceau au côté sinistre de la dite église », dans lequel était successivement inhumé chaque membre défunt de la maison de Brisay, même dans les branches collatérales, dont les historiens nous citent quelques personnages apportés là, de distance assez longue, pour y jouir du repos des justes ; plus rien des pieux souvenirs qu'ont laissés dans la maison de Dieu les dons des fondateurs, autrefois si vénérés dans le couvent.

On comprend, à l'aspect lamentable de ce monument que, malgré sa résurrection à la suite des troubles religieux de la Réforme, il fut demeuré sans protection efficace, sans entretien pendant toute la durée du XVII⁰ siècle, alors que les Saint-Quentin s'en disaient les fondateurs, mais que leur profession de protestantisme les invitait à en écarter leurs faveurs et leurs dons. Evidemment il s'abîma en de nouvelles ruines, après que les Cordeliers eussent construit leur chapelle de l'autre côté de la rue, sur les terrains donnés par le duc de Richelieu pour y élever leurs nouveaux édifices, et relevé à fort petits frais, sans goût architectural, œuvre d'un vulgaire maçon, il sembla bien suffisant encore, sous l'influence de la décadence religieuse et morale du temps, aux besoins contemplatifs et aux oraisons des dames de Sainte-Claire. Telle qu'elle est actuellement, cette église ne ressemble plus en rien à la chapelle élégante, à voûte élevée, surmontée d'un clocheton gothique, à nef percée de douze fenêtres ogivales, dont l'image nous est encore offerte par la vue dessinée en 1699, et conservée dans les cartons de Gaignières. Assurément c'est un tout autre bâtiment.

La désaffectation, d'ailleurs, est complète. Cet immeuble, après la dispersion des religieuses, saisi et vendu par morceaux, comme bien national, en 93, passa en diverses mains, et aujourd'hui encore il appartient à divers propriétaires. Tandis que, d'une part, l'ancien logis des Claristes est possédé et habité par une très honorable famille, composée de dames obligeantes et gracieuses, auxquelles je tiens à exprimer ici ma gratitude, pour l'empressement qu'elles ont mis à me faire visiter elles-mêmes, des caves aux combles, leur maison, lorsque je m'y présentai en simple touriste ; d'un autre côté, la chapelle, moins heureusement partagée, est devenue la propriété d'un vétérinaire qui parque ses bêtes malades, entretient sur la litière contaminée les vaches, les chevaux et les baudets, dans ce lieu où, pendant de si longues années se sont élevées vers le ciel d'ardentes prières, agréables au Créateur.

Triste retour des choses d'ici bas ! Les cendres de femmes saintes, mortes dans l'amour du Christ, de braves chevaliers, jadis bienfaiteurs de la maison de Dieu, parmi lesquelles se trouvent mêlés les restes d'une fille de la Maison de France, reposent sous ces dalles maculées, d'où s'élevaient jadis les chants de bénédiction et de gloire, et qui ne résonnent plus que sous le *quadrupedante putrem* de vulgaires et stupides animaux.

O tempora ! O mores !

FIN DE LA PREMIÈRE PARTIE.

Mamers. — Typ. G. Fleury et A. Dangin. — 1889.

SECONDE PARTIE

CHAPITRE VI

LA SEIGNEURIE DE BRISAY

CORPS PRINCIPAL

La première partie de cet ouvrage a été consacrée à l'étude des origines de la Maison de Brisay, et de ses premières manifestations dans le régime de la féodalité. On y exposa comment, et dans quelles circonstances traditionnellement rapportées, cette famille se transporta de l'Anjou au Maine, et du Maine en Touraine, puis créa un définitif établissement dans le Mirebalais, où elle se perpétua pendant plusieurs siècles. On a décrit ce que fut dans cette dernière province, — fraction du Poitou, devenue angevine par conquête à la fin du X⁰ siècle — l'hôtel de Brisay à Mirebeau, fondé dès 1050 par un personnage justement considéré comme l'auteur de la branche aînée de cette vieille race, dont le tronc sut prendre de profondes racines au pays, et prolonger ses plus extrêmes rameaux jusqu'à nos jours. On a donné dans ses détails l'historique de cette fondation avec la série des événements principaux qui s'accomplirent dans cette maison, et l'on a présenté la succession chronologique des personnages ayant possédé la demeure seigneuriale, depuis l'aurore de sa création jusqu'au moment où, par suite d'un pieux abandon, les

Cordeliers s'y installèrent aux lieu et place des propriétaires laïcs, non toutefois entièrement dépossédés. — C'était là l'exposé de ce que fut la portion urbaine de la seigneurie de Brisay.

La seconde partie de notre travail traitera spécialement de la fraction rurale de la seigneurie de Brisay, formée des biens territoriaux apportés par Pétronille de Mirebeau, à Alès Ier, son mari, après 1050, lesquels furent agglomérés, réunis en un bloc, fondus sous une unique investiture, par l'un des plus proches successeurs de ces nobles époux, sous la suzeraineté du seigneur-châtelain de Mirebeau, leur très proche parent.

Il ne paraît pas que la partie rurale du domaine des seigneurs de Brisay ait eu, comme unité de fief, une origine aussi ancienne que leur hôtel mirebalais. Un peu plus modernement constituée peut être, comme fief noble et comme chef-lieu d'une justice seigneuriale, c'est à Alès II principalement que la terre domaniale de Brisay paraît devoir sa formation définitive, accomplie par une main habile et ferme, qui en réunit en un faisceau les membres épars, lesquels, bien qu'ils ne parussent pas destinés à former un solide ensemble, conservèrent néanmoins leur unité de lien à travers les siècles, tellement étaient cimentées alors les bases sur lesquels s'établissait une circonscription féodale.

Mais avant que la fusion fut complète, pendant un siècle au moins, les seigneurs de Brisay gérèrent et administrèrent, à leur profit, ces diverses fractions foncières, simplement qualifiées fiefs, sans qu'une situation parfaitement règlée de leurs droits et de leurs devoirs intervint entre leurs vassaux et eux-mêmes. Ce n'est que vers le milieu du XIIe siècle, peu après le retour de la seconde croisade, qu'Alès II, guerrier valeureux et homme juste autant que sage administrateur et seigneur puissant, s'efforça d'obtenir la cohésion de ces divers fiefs, et y parvint soit par son autorité personnelle, soit avec le concours et l'adhésion du seigneur dominant. C'est à cette époque seulement que fut érigé le manoir de Brisay, au centre du domaine, chef-lieu effectif des droits seigneuriaux et des privilèges de justice formant alors le noyau de toute entité féodale.

De cet Alès, en effet, émane authentiquement la première citation relative au manoir construit sur le sommet de la colline, à laquelle il emprunta son nom accolé à celui de son fondateur : *in domo meâ de Rochâ*, disait Alès de Brisay, dans un acte de donation daté de cette habitation, termes dont on peut certainement conclure que, dès lors, était fondée la maison de la Roche de Brisay.

Les terrains réunis par notre personnage en une circonscription unique, pour former en plein Mirebalais la seigneurie rurale de la Roche-Brisay, s'étendaient sur les paroisses de Coussay, Verrue, Sairres, Brethegon, Ligniers-Langouste, Savigny, Celliers, Boussageau, Douçay, Thurageau et Varennes, s'arrondissant en un immense demi-cercle de plus de six lieues de longueur d'un point extrême à l'autre, sur l'étendue desquelles les seigneurs de Brisay pouvaient fouler le sol de leurs domaines et de ceux de leurs sujets, sans sortir de leur juridiction. Ces biens reçurent une extension nouvelle aux XIIIe et XIVe siècles, de telle manière que la Maison de Brisay put être considérée alors, à bon droit, comme la première du Mirebalais, et l'une des plus importantes de l'Anjou.

Les divers terrains et fonds qui formèrent cet important domaine, se composaient de terres arables, bois, landes, vignes, prairies, étangs, rivières, roches crayeuses, villages et habitations, puis d'un grand nombre de vassaux payant des cens, des rentes, des dîmes pour les parcelles de biens qu'ils exploitaient. Tout cela se partageait en plusieurs fiefs portant des noms différents : la forêt de Scévolle, les fiefs de Sairres, la Morinière et la Fuye de Beauday, la terre de Celliers, la dîme d'Agressay. Le domaine direct de la Roche les réunit sous une même dépendance et un unique hommage. C'est à ce titre que nous l'étudierons en premier, nous réservant ensuite de donner séparément des détails circonstanciés sur l'étendue et la nature foncière des autres parcelles de la seigneurie.

§ I

LE CHATEAU DE LA ROCHE-BRISAY

A peu près au centre de ses biens, sur le sommet d'une colline mesurant au-dessus du niveau de la mer 137 mètres d'altitude, dominant une riche vallée qui s'étend du nord au sud sur une longueur de 6,000 toises, Alès de Brisay, II° du nom, choisit de la façon le mieux appropriée aux exigences du temps, l'emplacement de son habitation des champs. L'élévation du site et la fertilité du sol, la saine pureté de l'air, la grande étendue de pays couverte par le regard, le voisinage d'une magnifique forêt, plus près les prairies plantées de noyers et autres arbres à fruits, l'accès facile des églises de Coussay et de Ligniers placées à égale distance, de manière à ce que le bourg, qui s'éleva peu à peu autour du castel, fut situé sur la limite des deux paroisses, enfin le passage du grand chemin de Mirebeau à Chinon, très fréquenté à toutes les époques du moyen âge, formaient une réunion d'avantages motivant le choix de ce point, préférable à tout autre, pour la création d'une résidence.

A quelle date exactement fut construit, sur le sommet de la colline des Roches, « l'hébergement » qui, réunissant, comme nous l'avons dit, la désignation du site et le nom de son possesseur, fut appelé jusqu'au milieu du XV° siècle la maison de la Roche de Brisay, c'est ce qu'on ne peut spécifier catégoriquement, aucune notion n'ayant fourni, touchant l'érection du manoir, le millésime d'une année certaine. Mais en l'absence d'une indication précise, bien rare à rencontrer sur un fait banal accompli à une époque aussi reculée, l'on peut arriver par déduction logique à fixer d'une façon très acceptable le moment où le château fut édifié.

On se souvient qu'en 1130 le comte d'Anjou enleva Mirebeau à Thibaut de Blason. Raoul de Brisay, le premier sujet de Thibaut dans sa ville, semble avoir disparu au cours de cette campagne rapide et meurtrière. En 1136, son frère puîné Alès, entre, à Mirebeau, en possession des biens de la famille, après soumission faite ; mais retrouve-t-il la position prépondérante de son aîné ? Nous ne le pensons pas. C'est qu'une révolution, ou, si l'on aime mieux, une évolution complète s'est produite, à Mirebeau, dans l'exercice du pouvoir. Les anciens seigneurs-châtelains ont disparu, le comte a fait maison nette et installé dans le gouvernement de la place de nouveaux hommes à lui, entièrement indépendants de leurs prédécesseurs. Le seigneur de Brisay ne joue plus ici le rôle de lieutenant du seigneur-châtelain *(major)* que son frère, son père et son aïeul ont rempli dignement auprès de Guillaume et de Thibaut, leurs parents. Sa situation est amoindrie, car il ne paraît plus occuper, sous les Plantagenets, cette fonction de justicier et de défenseur local, sorte de sénéchalat, qui a été la conséquence de l'érection de sa petite citadelle, dans le courant du siècle précédent. Le comte d'Anjou qui ne réside pas à Mirebeau, pour assurer la défense de cette ville d'une façon réellement efficace, semble faire peu de cas du fortin construit par le seigneur de Brisay. Il entoure sa conquête d'un réseau de fortes murailles unissant le bourg au château, englobant dans son enceinte l'hôtel de Brisay, réduit dès lors aux modestes conditions d'une maison bourgeoise.

Que fera le fier gentilhomme, atteint dans ses prérogatives héréditaires, pour se relever d'une situation ainsi abaissée, pour conserver son rang féodal menacé ? Se résignera-t-il à la modeste condition de citadin ? Subira-t-il, sans réagir, la perpétuelle clôture que lui impose son impitoyable suzerain ?

Assurément non. Il paraît donc parfaitement logique qu'Alès de Brisay ait tenu à se dégager de pareilles entraves ; nous pensons qu'après son retour de la seconde croisade, pendant cette période de paix qu'imposa à Mirebeau, de 1160 à 1180, la domination du roi d'Angleterre, Henry II, Alès occupa ses loisirs en cherchant à se soustraire à la pression exercée sur la localité par les agents royaux, et qu'il ne put mieux y parvenir qu'en quittant la ville, en fixant sa résidence à la Roche où il se construisit un manoir.

Il est un fait certain, prouvé : le manoir existait, il était habité par Alès et sa famille pendant le dernier quart du XII° siècle. En 1185, au plus tard, peut-être quelques années auparavant, le document que nous allons citer ne portant qu'une date approximative, Alès II, seigneur de Brisay, séjournant, avec sa femme Grécie et ses deux fils Pierre et Alès, dans sa maison de la Roche *(in domo meâ de Rochâ)*, y faisait, sous ses yeux, dresser l'acte d'une donation dont il venait de gratifier l'abbaye de Turpenay en Touraine, sur les revenus de sa terre de Montagré, située à courte distance, dans la direction de Faye ; et la présence de l'abbé, celle d'un moine qui l'accompagnait, dont le couteau servit au seigneur de Brisay à figurer, en remettant lui-même l'objet aux mains du bénéficiaire, la livraison des choses données, non moins que l'assistance des témoins adjoints aux membres de la famille, suppose une réunion assez nombreuse et le déploiement d'un faste de réception assez complet, pour que les édifices de « l'hébergement » eussent été alors entièrement terminés et très confortablement habitables (1).

La maison seigneuriale de la Roche-Brisay ne devint tou-

---

(1) *Dom Housseau*, t. V, n° 1986.

tefois la demeure ordinaire de ses possesseurs, qu'après que les Cordeliers eussent été installés dans les édifices de l'hôtel de Brisay, à Mirebeau. Ce sont les successeurs de Raoul II, fondateur de ce couvent, qui semblent principalement s'y être établis d'une façon permanente, comme le fait justement remarquer M. Mesnard, dans son histoire de l'Anjou.

« Les seigneurs de Brisay, dit ce chroniqueur, ayant cédé leur château, sis à Mirebeau, aux compagnons de sainct François ramenés de Syrie, firent leur demeure au lieu de la Roche, proche Mirebeau, occasion pour laquelle cette habitation prit le nom de la Cour de Brisay, d'où l'on a fait la Roche de Brisay et plus tard le Grand-Brisay » (1).

Depuis lors, en effet, le nom de « Rocha de Brisaio » est donné dans les actes au chef-lieu du domaine direct des seigneurs de Brisay, et on le retrouve francisé dans des titres de 1253, 1288, etc., sous la dénomination « la Roche de Brisay ». Enfin, les aveux datés de 1311, 1345, 1389, 1405, 1431, ne mentionnent jamais « l'hébergement de la Roche » sans y ajouter le nom de « Brysay ».

Ce ne fut qu'au milieu du XVe siècle que ce nom se décomposa. On perdit l'habitude d'employer dans les actes le mot « Roche », moins, sans doute, dans un but déterminé que par esprit de simplification. Un aveu de 1442 énonce « l'hostel de Brisay comme il se poursuit en ses amours », et un autre de 1599 déclare « l'hostel, hébergement et forteresse de Brisay en la closture d'iceluy ». Aux XVIe et XVIIe siècles, l'usage s'introduisit de donner à ce domaine le nom de « Grand Brisay », ou même de « Haut-Brisay », pour le distinguer de l'hôtel Mirebalais, qualifié alors « Petit-Brisay » ou « Bas-Brisay », sans qu'il soit possible de connaître le motif ou l'origine de ces désignations ; mais depuis, le nom de « Brisay », dans sa simplicité primitive, a prévalu jusqu'à nos jours.

(1) *Bib. nat.* Pièces diverses.

Les seigneurs de Brisay, en bâtissant leur maison de la Roche, n'eurent pas l'intention d'en faire une forteresse. Ils se retiraient en temps de guerre derrière les murs de Mirebeau, concouraient, de par leur obligation féodale, à la défense de la citadelle. La Roche ne fut donc qu'un « hébergement » dans le sens modeste du mot, au début de son existence. Au commencement du XIVe siècle, le manoir se dressait au milieu d'une cour clôturée de hauts murs, avec une métairie et un colombier dans son enceinte. C'était là tout-à-fait la villa de culture des anciens Romains, et l'on ne trouve pas encore, dans cette construction, les dispositions particulières aux édifices féodaux du Moyen-âge. Se demandera-t-on comment les seigneurs de Brisay, occupant dans leur province le rang de bannerets, pouvaient se contenter d'une résidence, même passagère, aussi dépourvue de tout caractère militaire? L'explication de ce problème sera facile à trouver dans ce fait, que la Roche-Brisay fut dès son origine et de tout temps une habitation secondaire, une maison de campagne, la retraite d'un chevalier au repos, beaucoup plus qu'un centre de défense pour le pays, ou un lieu de protection pour les biens du seigneur ; que, d'ailleurs, au point de vue féodal, ses possesseurs s'acquittaient à Mirebeau même, de leurs obligations hiérarchiques ; qu'en outre les seigneurs de la Roche-Brisay ne firent jamais, de ce manoir, leur domicile principal, ceux de la première branche ayant toujours habité Mirebeau, et ceux de la seconde ayant possédé, depuis 1200 jusqu'en 1445, le château-fort de Destillé-en-Veron, entre la Loire et la Vienne, qu'ils occupèrent à toutes les générations.

Ce ne fut qu'au XVe siècle, après l'abandon de Destillé, fait par un seigneur de Brisay à sa fille, que le manoir de la Roche devint l'habitation de la famille ; et alors, par autorisation spéciale du roi Charles VII, il fut fortifié et mis en état de protection suffisante, pour rassurer sur leur position ceux qui s'y pouvaient retirer.

« Le dit lieu de Brisay, disent les lettres-patentes délivrées à Poitiers en mars 1440, est assis en bon pays et fertile, mais à l'occasion de la guerre, et parce qu'il n'a pas été fortiffié au temps passé, est moult apovry et diminué. Pour ce et afin de retraire les corps et biens de luy, de sa femme et enfans et de ses subjiez à seurté, et empêcher que les gens de guerre qui vouldraient venir au pays d'Anjou, ne logent comme ils ont faict par cy devant au dict lieu de Brisay, le seigneur fortiffierait voulentiers le dict lieu qui, à ce fayre, est advantageux.

» Nous, ces causes considérées, et les bons et agréables services à nous faiz par le suppliant au fait de nos guerres et aultrement en maintes manières, à icelluy avons de grâce espéciale, pleine puissance et autorité royale, donné et octroyé par ces présentes, congié et licence de clore et faire enclore, fortiffier et emparer le dict lieu de Brisay de murs, tours, fossés, portes, pont-leviz, eschiffes, barbacannes et autres choses appartenanz, nécessaires et convenables à faiz de fortiffication » (1).

C'est depuis cette époque que les aveux présentent le château de Brisay « en ses ameurs », c'est-à-dire en sa clôture de murs élevés, et qu'ils énoncent parfois, comme le fait celui de 1599, « les ponts-levis, douves, tours et fossés anciens », preuve certaine que l'autorisation donnée par Charles VII fut mise à profit, et que Brisay devint dès lors, mais alors seulement, un des châteaux forts du pays d'Anjou. Sa reconstruction suivit de très peu la concession royale ; elle était achevée moins de deux ans après. L'aveu de 1442 en fait foi. Un terrier de 1450 donne en outre une courte description du château, dont on peut parfaitement constater le caractère militaire aux défenses dont il est hérissé ; ce n'est plus le modeste « hébergement » des siècles précédents, c'est « l'hostel fort garni de tours et

(1) *Arch. nat.* Reg. JJ. n° 176.

douves, enclous à meurs, avecques une ault cloyson de meurs, où est sictuée la grant mestairie, et la fuye, et la treilhe tenant au dict hostel » (1).

Mais il faut arriver jusqu'à un partage fait en 1673, pour retrouver la disposition des édifices tels qu'ils furent probablement relevés et modifiés postérieurement à l'an 1440.

Les révélations fournies par cet acte, rapprochées des termes des anciens aveux, font connaître exactement la composition des édifices du château de Brisay, tels que nous allons le décrire.

Par une avenue assez large, mais de peu de longueur — 200 mètres environ — aboutissant au grand chemin de Mirebeau à Chinon, l'on accédait à un portail flanqué de deux tours, protégé par un pont-levis qui s'abaissait sur un fossé profond. Des deux côtés partait une enceinte de hautes murailles enveloppant une cour assez spacieuse nommée *cour d'honneur*, au milieu de laquelle, face à l'entrée, se dressait un colombier seigneurial. Sur la gauche se groupaient les bâtiments de la grande métairie, les écuries, étables, pressoir, logement du fermier, grange, poulailler et même le toit à pourceaux, séparés par un mur d'élévation moindre et formant ce qu'on appelait *la basse-cour*. Sur la droite s'élevait la maison manable, le logis du seigneur, composé d'un corps de bâtiment en parallélogramme, flanqué d'une tour à chaque angle, et comprenant à l'intérieur chambres hautes et basses, c'est-à-dire appartements au rez-de-chaussée et à l'étage, avec les cuisines, offices, salle de réception où se tenaient les assises de la justice et les réunions des grands jours. Sur sa façade ouest, le manoir était longé par une douve profonde, qui s'étendait de chaque côté, jusqu'à l'extrémité des murs de clôture, au pied desquels elle s'arrêtait à angle droit, formant une clôture suffisante elle-même devant l'habitation dont elle

(1) *Arch. du chât. de Brisay.*

avait aussi l'avantage de ne point intercepter la vue. Au-delà de cette douve commençait la déclivité du vallon, dont les terrains descendaient en pente rapide vers le village de Verrue et la forêt de Scévolle, au-dessus desquels se dressaient les coteaux élevés de Monts et de Purnon.

Derrière le manoir et sur son flanc nord s'étendait le grand jardin fruitier et potager entouré de murs, accédant à la cour d'honneur par une poterne, ou « baille » pratiquée dans la haute cloison qui unissait l'une des tours du château à la tour septentrionale du portail. Au-delà se trouvait le clos des vignes, vulgairement appelé « la treilhe », entouré de murs aussi, mais de petite élévation, à l'extrémité duquel existait une porte destinée à mettre les dépendances du château en communication avec la chapelle, dont le préau bordant le chemin de Mirebeau servait d'accès à l'église Saint-Georges, construite par les seigneurs de Brisay dans la seconde moitié du XIVe siècle, et offerte par eux, pour tous les exercices du culte catholique, à leurs sujets, les habitants du bourg de Brisay.

Dans son voisinage le plus proche, le manoir de la Roche était accosté vers l'ouest par les vignes sous la douve, les grands prés de Brisay, la pièce de la Cabirauderie et les terres de la Pagotière ; au nord par la Couture-d'Aulnay, le chemin de Ligniers-Langouste, la Sente de la Fontaine-aux-Jars, à l'est par la Patisse et les maisons du village construites au long du chemin de Mirebeau, et séparées par cette voie du domaine seigneurial. Sur la rive gauche de l'avenue conduisant au portail, — la rive droite étant bordée par le clos de vignes et le grand jardin, — se trouvaient l'hôtel de la Garde, contenant la prison de la justice et la fourrière où l'on reléguait les animaux divaguant, le fief Marguerite qui acquit une importance toute particulière en temps des troubles religieux, le château Chesneau et autres bâtiments dépendant du domaine seigneurial, longés en retour par une voie charretière partant du portail, au carrefour dit des Châteaux, cotoyant le mur de la grande métairie, et se dégageant, au sud, vers la Barre de Brisay, les Moulins de Brisay, les Roches Saint-Paul et Gloriète, avec bifurcation sur Bonneuil et Verrue.

Toutes ces *appartenances* relevaient soit du domaine direct, soit par mouvance féodale de la maison seigneuriale de la Roche-Brisay.

§ V

LES DÉPENDANCES DU CHATEAU

Le domaine direct des seigneurs de Brisay, outre le château de la Roche et sa « préclosture », comprenait :

1º La Grande-Metairie, déjà citée comme circonscrite dans le périmètre de l'enceinte principale avec ses édifices, à laquelle était attribuée une certaine quantité de terres en culture. C'était, en 1311, une « gaignerie à quatre areaux de bœufs », c'est-à-dire la quantité de terre labourable nécessitant l'emploi de quatre paires de bœufs. Puis, en prairie, « journau à vingt faucheurs », ce qui équivaut à vingt arpents de pré. En vignes, « journau à douze hommes », c'est-à-dire douze arpents (1). Le Grand-Jardin, la Patisse, la Couture-d'Aulnay, la Fontaine-aux-Jars, le Court-l'Amour, les Guynemart, le grand pré de Ligniers, ceux de Brisay, de Gousset, de la Pagotière, le champ du Puy, celui du Lac, la Couture-Ayraude, les Cosses de Ligniers, les Hautes-Nouelles et le Gros-Terrier étaient les noms donnés aux diverses pièces composant l'exploitation de la grande métairie, soit en tout cent neuf arpents, sans compter la pièce de la Cabiraduerie, vaste champ s'étendant au sud du château, touchant les murailles et allant jusqu'à la Barre, au long du

(1) *Aveux de la seigneurie de 1311 à 1442. Arch. de Brisay*, vol. A.

chemin de Bonneuil, dont la contenance est demeurée inconnue, parceque, chose surprenante, aucun acte ne l'a énoncée. Sur ces terres se dressaient quantité de « chesnes, noyers et aultres arbres tant en que autour des terres labourables, prez et aultres domaynes », dont les fruits concouraient au rendement de la métairie.

Il y avait des vignes sous la douve de Brisay, au moulin de Brisay, et sur le chemin du rocher Saint-Paul, tout au long de la déclivité du vallon vers le sud. Ces vignobles, en raison d'une obligation contractée à une époque inconnue, étaient grevés, pour la moitié de leur étendue, d'un droit de dîme perçu en faveur du prieur de Coussay, le châtelain le plus voisin de Brisay. En 1614, cette sujétion gênante fut rachetée, par le seigneur de Brisay, à messire Armand-Jean du Plessis de Richelieu, le futur cardinal, alors évêque de Luçon et prieur de Coussay, lequel « désirant par courtoisie relever ledit seigneur de l'incommodité qu'il devait recevoir d'attendre à faire ses vendanges au jour où les officiers de la châtellenie de Coussay font publier le ban », accepta que, à l'avenir, le seigneur de Brisay foulerait à son gré sa vendange mûre en faisant avertir le receveur du prélat du jour choisi pour cette opération, afin que ce dernier put envoyer prendre « une pipe de vin pur et net du crû des dites vignes, que ledict recepveur fera remplir au pressoir et methe dudit seigneur » (1). Ces vignes rapportaient en moyenne vingt pipes de vin.

La grande métairie et ses dépendances furent agrandies et augmentées à toutes époques, par des acquisitions nombreuses dont plusieurs actes sont parvenus jusqu'à nous. Ces documents s'étendent de 1440 à 1603, comprenant l'achat d'une trentaine d'arpents qui furent payés environ 350 livres. Il serait réellement fastidieux d'en donner ici le détail.

(1) *Arch. du chât. de Brisay*, vol. A.

2º La Petite-Métairie, située au village de Brisay, dans le voisinage du château, dont la position n'est pas exactement connue. Elle se composait de « bastiments, terres et prés », dit un aveu, sans en donner le dénombrement. Il résulte toutefois d'un acte de 1689 que « le grand pré du guain de Bonneuil, avecques la fontaine dudict Bonneuil estant au-dessus, tout ainsi que le tout se poursuit et comporte, renfermé de fossés et d'arbres », faisait partie des dépendances de la petite métairie. Elle fut exploitée, dans le courant du XVII° siècle, par un fermier nommé André Juzet.

3º La métairie de Fombregin. Elle était située sur l'extrémité ouest du terroir de la paroisse de Coussay, au fond de la vallée de Verrue, entre les localités de Gloriète et Bonneuil. Elle se composait d'une maison de ferme, avec communs, étables et granges, terres cultivées et terres en friche, champs de vignes et autres champs consacrés à la culture du chanvre. Elle est mentionnée dans une déclaration de 1418, et dans plusieurs actes postérieurs, comme possession directe du seigneur de Brisay, mais aucun d'eux ne fait connaître le détail de ses dépendances. Un arpentage du 23 avril 1577 en indique au moins une partie. Il y est dit que la dame de Brisay possédait, à Fombregin, dix boicellées et demi de terre près sa métairie, quatre boicellées trois quarts au lieu appelé le Perthuis-Ninain, non loin de la fontaine de Bonneuil et sur le chemin qui y conduit, trois autres boicellées auprès de ladite fontaine, joignant au pré du Gain, sur le chemin tendant de Brisay à l'église de Verrue, un bois taillis de vingt-deux boicellées, appelé l'Arbraye, bordé par le grand chemin de Mirebeau à Chinon et séparé par un fossé de la forêt de Scévolle. Un autre arpentage de 1643 ajoute aux dépendances de la métairie de Fombregin la pièce de la Tranchée, montant à cinq boicellées de terre, joignant aux terres du sire de la Pagotière, sur le chemin de Bonneuil à Scévolle, et la pièce des Roussillons, de trois boicellées et demi, voisine des terres du seigneur de Verrue. En 1589, Macé Dagault père, Sauveur et Mathurin Dagault, ses fils, étaient fermiers de la métairie de Fombregin, qui fut séparée du domaine direct par le partage de 1673 en faveur d'une fille de la maison (1).

4º La métairie de la Perranche. Voisine de la précédente, cette ferme se trouvait plus rapprochée du village de Brisay, car le territoire des Perranches, qui en dépendait, s'étendait au nord, jusque sous la douve du manoir, et touchait au sud les moulins à vent qui occupaient le sommet de la colline entre Brisay et Gloriète. On sait, par un arpentage de 1664, que les terres des Perranches étaient séparées de celles de Fombregin par le chemin tendant des moulins à l'église de Verrue, et qu'elles se composaient de « terres labourables et non labourables, prés, vignes et bois » dont l'étendue et le détail demeurent inconnus. Le 25 mai 1558, « la mestairie de la Perranche estant en la paroisse de Coussay, sous maison, granges, loge, terres labourables et non labourables, prés et autres appartenances » cultivées par un fermier nommé Maurice, fut vendue par la dame de Brisay à Guillaume Yvon, homme noble, lieutenant à la sénéchaussée royale de Loudun, pour la somme de 400 livres tournois. Dans le contrat fut insérée la close de réméré, en vertu de laquelle la dame de Brisay ayant remboursé, le 26 septembre 1559, la somme versée entre ses mains par l'acquéreur, ainsi que le prouve la quittance délivrée par celui-ci, réintégra la métairie de la Perranche à son domaine. Mais le partage de 1673 l'en détacha définitivement au profit d'une fille de la maison.

5º Les Moulins de Brisay. De toute ancienneté, le seigneur de Brisay possédait des moulins. Dès le commencement du XIIº siècle, on voit Pierre I faire don, à l'abbaye de Fontevrault, d'un de ses moulins construit sur le cours de la

(1) *Arch. du chât. de Brisay*, vol. A. et E.

Briande, en Scévolle. Aussi tous les aveux énoncent-ils, dès l'époque la plus reculée, parmi les possessions du domaine, les « moulins voiraulx » et les « molins tournans par esve et par vent ». C'est sur la partie la plus élevée de la colline des Roches, entre Brisay et Gloriète, qu'avaient été placés les moulins à vent, si communs d'ailleurs dans le quartier mirebalais. Un aveu très détaillé de 1442 énonce « ung moulin tornent par vent » situé « en une pièce de terre séant au trous du puy de Brisay contenant trois boicellées de terre ou environ ». L'existence de ce moulin, déjà cité dans des déclarations de 1414 et 1362, paraît avoir été fort ancienne, et remonte probablement à l'époque où la construction d'un hébergement, à Brisay, rendit nécessaire la production de la farine destinée à l'alimentation des habitants. L'aveu de 1311 énonce le moulin à vent de la Roche comme une des dépendances les plus immédiates du domaine, et il en évalue le rapport annuel à cinq setiers de froment, valant alors 25 sous de rente, que le propriétaire percevait sur ceux de ses sujets qui faisaient moudre leur grain dans ce moulin. Le moulin de Brisay était banal, c'est-à-dire que les sujets de la seigneurie étaient tenus d'y faire moudre leurs grains, et un jugement du sénéchal pouvait les condamner à une amende arbitraire, s'ils ne se soumettaient à cette obligation. Dans son terrier de 1450, le seigneur de Brisay revendique le « droit de contraindre tous ses hommes à mouldre à son molin tornant par vent ainsi que ses prédécesseurs ont accoustumé à faire », privilège féodal qui permettait à tout seigneur d'avoir « moulin bannal prohibitif à tous autres et droit de contraindre tous les subjets d'y aller moudre, sans qu'il soit besoin pour justiffier icelluy droit de bannalité d'exhiber aucun tiltre ».

Mais, « amateurs — comme dit certain acte — de la commodité de leurs subjects », les seigneurs de Brisay avaient laissé introduire quelques tolérances dans l'exercice de la mouture, sous leur juridiction. Avant 1607, ils avaient

« permis à plusieurs de qualité roturière, pour leur dicte facilité et commodité, de construire et bastir des moulins à vent au dedans de la seigneurie, moyennant certains droicts et debvoirs faits pour raison d'iceulx, lequel droit avait toujours esté payé sans contredit par tous ceulx qui ont moulin en ladite seigneurie, et sont en grand nombre, attendu la grande étendue d'icelle ». Ce libéralisme anticipé n'avait pas tardé d'engendrer des abus, et en 1507 on voit déjà la seigneurie aux prises avec Antoine Martineau, l'un de ses redevanciers, au sujet d'un moulin à vent que celui-ci avait fait construire, pour son usage et celui des voisins, sur la colline des Roches, au détriment des droits de son seigneur auquel il refusait de payer patente. Martineau, cité aux assises, dut reconnaître la « main tenir » du sire de Brisay, et ne conserva son moulin, menacé d'une destruction immédiate, que parcequ'il consentit à s'acquitter de la redevance échue.

A l'époque de la bataille de Montcontour, qui fit date en Anjou (1569), Pierre et Jean Guitton frères, habitant les Bournais, dépendance de la seigneurie de Brisay dans la paroisse de Coussay, non loin du château de Gloriète, obtinrent l'autorisation de construire un moulin à vent, sur une butte voisine de leur maison, à distance rapprochée du moulin banal de leur seigneur. Ils s'engagèrent à payer, pour cette concession, une rente annuelle de deux chapons. En 1599, Pierre Guitton étant décédé, Bastien et Pierre, ses fils et héritiers prétendirent, non moins qu'Emarde de Chasteaulx, leur mère, se soustraire à l'obligation de payer cette rente. Ils furent appelés devant le Sénéchal royal, à Saumur, pour s'entendre condamner à « abbattre le moulin tournant par vent construit par eulx en et au dedans de la seigneurie de Brisay et au préjudice d'icelle », après qu'il leur eût été notifié que « le moulin estant au lieu de Brisay est destiné pour bannal et situé proche de leur demeure d'une demi portée d'arquebuse ». En conséquence, la pioche allait s'abattre sur l'édifice condamné, quand le seigneur, toujours paternel, leur en accorda la conservation, moyennant qu'ils se rendissent devant le Sénéchal, reconnussent leur tort et payassent la redevance due. Ce qui eut lieu évidemment, puisque, dans le courant du siècle dernier, les deux moulins des Bournais se dressaient encore côte à côte sur la colline des Roches, ainsi qu'on les y voit figurer dans la carte de Cassini.

6° La chapelle Saint-Georges. S'il est constant que la seigneurie de Brisay fut constituée dans le courant du XII° siècle, il n'est pas moins certain qu'elle ne posséda pas d'édifice religieux avant le milieu du XIV°. Jusqu'à cette époque, il n'y eut pas d'église à Brisay, pas même de chapelle au château, et les habitants de l'hébergement seigneurial, comme ceux du village qui l'entourait, devaient se rendre aux paroisses voisines de Ligniers-Langouste, Coussay ou Verrue, pour assister aux exercices du culte catholique. Cependant l'agglomération augmentait ; et si l'on s'en rapporte aux termes exacts de l'aveu rendu en 1311, pour le domaine de la Roche-Brisay, portant que la perception des droits de cens et rentes produisait alors 120 setiers de grains et 310 chapons, sans compter nombre de sous et deniers, l'on est amené à reconnaître — le cens étant perçu sur les héritages à feu dépendant du fief, — que la population avait pris autour du manoir, une certaine densité.

La nécessité d'avoir une église et un desservant se faisant donc sentir, un des seigneurs de Brisay qui semble avoir eu le plus à cœur de sauvegarder les intérêts moraux et matériels de ses sujets, décida l'érection du monument. Comptait-il en poser lui-même la première pierre? C'est fort probable ; mais la vie aventureuse des chevaliers de son temps ne lui permit point d'exécuter ce louable projet. Il périt à la bataille de Poitiers, le 15 septembre 1356. Lorsqu'on ouvrit son testament, on y trouva la close suivante :

« Je fonde, institue et ordonne en l'honneur de Dieu tout-puissant et de la bienheureuse Vierge Marie, de saint Georges, de saint Nicolas et de tous les Saints, à sçavoir : une chapelle perpétuelle à Brisay, dans la paroisse de Ligniers-Langouste, particulièrement dédiée à saint Georges ; et je veux et ordonne que ladite chapelle soit dotée et dès à présent je la dote de vingt livres de rente en argent et quarante setiers de froment de rente annuelle et perpétuelle, mesure de Mirebeau, que je veux et ordonne être entièrement et parfaitement payée, chacun an, par les mains de mes héritiers, sçavoir la rente en argent à chaque fête de Pasques et la rente de blé-froment chaque fête de Saint-Michel ; et pour ce je veux et ordonne que les chapelains qui auront été institués dans ladite chapelle soient tenus de la servir et d'y célébrer au moins trois messes par chaque semaine pour le salut et soulagement de mon âme, et des âmes de mes prédécesseurs et parents » (1).

Il donnait, en terminant, le droit de présentation à ses héritiers, et le droit de nomination au chapitre de la collégiale de Faye-la-Vineuse, pour le bénéfice qu'il venait de créer, choisissant lui-même le premier chapelain qui devait être « messire Michel Potin, prêtre ».

Le successeur immédiat du fondateur de la chapelle Saint-Georges était en minorité au moment de la mort de son père. Ce ne fut qu'en 1363, atteignant sa majorité, qu'il put s'occuper de l'exécution fidèle du testament paternel. Il en fit dresser, à Mirebeau, le 24 mai 1364, un *vidimus* qui servit d'acte constitutif pour l'érection de la chapelle et la prise de possession du desservant. Aussitôt la construction fut mise en œuvre. L'endroit choisi, à Brisay même, fut ce préau bordé à l'est par le chemin de Mirebeau à Chinon, au

---

(1) *Arch. du chât. de Brisay*, vol. D.

nord par la Patisse, au sud par l'avenue du château, et à l'ouest par le clos de vigne dans le mur duquel nous avons signalé l'existence d'une poterne, percée alors, pour mettre en communication l'habitation du seigneur avec l'édifice consacré à Dieu. Lorsque la chapelle fut achevée, on lui créa des annexes : un cimetière entouré de murs, pour déposer au champ du repos les corps des habitants de la localité, puis, pour le desservant une maison presbytérale qui reçut le nom d'hôtel de la Chapelle. Construit au nord de l'église, dont le chevet bordait le grand chemin, cet hôtel s'allignait au bord de la rue principale du bourg, la grande voie de Mirebeau à Chinon.

Aujourd'hui tous ces édifices ont disparu. La maison d'un modeste journalier dresse ses ais branlants sur l'emplacement de l'antique chapelle. Des moellons effrités encombrent le sol, et lorsqu'on soulève la terre crayeuse, on en tire de nombreux ossements, derniers vestiges disséminés des anciens censitaires de la seigneurie de Brisay.

La dotation de la chapelle, destinée à l'entretien du desservant, avait paru suffisante à l'époque où le sire de la Roche-Brisay l'institua par son testament ; mais les successeurs de ce fondateur jugèrent utile d'augmenter les revenus du bénéfice, à mesure qu'augmentèrent les besoins temporels des chapelains. Les largesses des seigneurs, grossies par les dons des fidèles, ne tardèrent pas à former un petit domaine.

Diverses déclarations foncières, rendues à la seigneurie dans le courant du XVe siècle, font connaître notamment qu'en 1438 la « chappelleinie de Brisay » était en possession de prés situés à la fontaine de Bonneuil, affermés par Jehan Guillegaust et Guillaume Nesmes ; qu'en 1450, elle avait des biens aux territoires des Vignes et au pré de Gausset. A la même époque, le chapelain portait déclaration pour son logis appelé « l'oustel de la chapelle », avec un jardin joignant la pièce de la Patisse et le grand chemin de Mirebeau. En

1479, il est mention d'un bois au Prévoir, en 1508 d'un taillis au terroir des Nouelles, près la forêt de Scévolle, comme dépendances de la chapellenie. En 1510, elle possédait en plus une terre au moulin de Brisay, et une autre au terroir des Vignes appelée « la Chaulme de la Chapelle », exploitée alors par Emar Thibaut, moyennant une redevance annuelle de cinq sous et un chapon. Ces possessions s'augmentèrent encore. En 1625, le domaine de la Chapelle s'étendait au-delà du territoire de Brisay, et possédait des biens au Puy-de-Ligniers, comme aux alentours de la forêt de Scévolle, ainsi qu'une pièce de terre au terroir des Varennes. Enfin, à la date du 16 février 1649, le chapelain passait, avec un habitant de Mirebeau, bail à ferme du revenu temporel de son église, reposant sur « terres labourables, prés, bois et dixmes, sauf et excepté les dixmes qui sont en la paroisse de Sairres et en celle de Ligniers, ainsi que la maison et jerdin estant devant et joignant à icelle Chapelle », produisant les dits biens, en dehors de cette réserve un rapport annuel de cent cinquante livres, prix auquel ils furent affermés (1).

En dehors de ce revenu, le bénéfice comprenait des dîmes qui se levaient en certaines paroisses environnantes. Nous venons de voir que la paroisse de Ligniers et celle de Sairres en fournissaient. Dans cette dernière, le rendement en était partagé avec le curé. Un accord passé à ce sujet nous apprend qu'en 1698, la « petite dicme de Sairres qui s'amasse en commun et par moictié entre eux », produisait chaque année la somme de quatre-vingt-dix livres, soit quarante-cinq livres pour chacun des copartageants le curé de Saires et le chapelain de Brisay. Le seigneur de la Trapière et celui de la Croix n'étaient pas exemptés de payer cette dîme, sur la partie de leurs biens qui s'étendaient en la paroisse de Sairres.

(1) *Arch. du chât. de Brisay*, vol. D.

Dans la paroisse de Coussay, le chapelain de Brisay prélevait une partie du rapport de la dîme Bâlan. Or, cette dîme appartenait au seigneur de Brisay, comme l'indiquent certains actes, notamment l'aveu de 1689 ; il est donc probable que la fraction dont bénéficiait le chapelain, provenait d'une donation du seigneur. Un bail du 12 mai 1640 consenti à Jean Bournezau, de Mirebeau, fait connaître que le curé de Coussay partageait, avec le chapelain de Brisay, la sixième partie de la dîme Bâlan. Donc à Coussay, comme à Sairres, le chapelain et le curé de la paroisse jouissaient conjointement de privilèges ecclésiastiques et féodaux.

Le premier desservant de l'église de Brisay fut, comme on l'a dit, Michel Potin, nommé par le testament du fondateur, et dont l'acceptation était imposée au chapitre de Faye, sous peine de nullité de la fondation. Il fut installé le 24 mai 1364 par « la force de ces présentes » dit le *vidimus* du testament qui lui transférait son titre.

Après lui, de longues années s'écoulèrent sans qu'il soit fait mention, dans les actes de la seigneurie, des divers chapelains qui administrèrent l'église Saint-Georges de Brisay. Peut-être n'y en eut-il aucun ; et les guerres qui désolèrent la contrée pendant quarante ans, les ravages, les incendies qui en furent la conséquence, (le manoir de la Roche ayant été à cette époque *ars et destruit* par les Anglais), compromirent-elles la pieuse fondation du chevalier qui avait été une des premières victimes de l'invasion ? Mais dans le courant du siècle suivant, la province ayant recouvré un peu de calme, les châteaux se relevant de leurs cendres, les terres étant remises en culture, et la population, jusque-là concentrée derrière les murailles des forteresses, reprenant un peu de vie dans les campagnes, l'église de Brisay sembla renaître à son tour. Dès 1438 apparaît un chapelain, exerçant les fonctions sacerdotales dans l'édifice sacré, sous le nom de messire Jehan Rafleteau, prêtre. Il rendait alors au domaine la déclaration de son bénéfice reconstitué, se composant d' « ung hébergement à la Roche de Brisay avec cloyson contenant troys boicellées de terre, tenant au chemin par lequel on vait de Faye à Mirebeau », — c'est l'hôtel que nous avons précédemment cité, — et plusieurs pièces de terre à Gausset, sur le chemin de Purnon à la Fuye, au chemin de la Tranchée, au fossé Morin, à la Poissonnière, au bois Gâlin, au terroir des Nouelles, et derrière l'église de Ligniers-Langouste.

En 1490, messire Eustache Perraut était chapelain de Brisay.

En 1494, le desservant était vénérable et discrète personne messire Jehan Jude, possesseur de biens indivis entre ses frères et lui. Il appartenait à une famille d'estagiers (sujets soumis à la garde du manoir) de la seigneurie qui avait prospéré, et paraissait riche, malgré son prétendu servage liberticide, si l'on en juge par le nombre et l'étendue des terres dont font mention les différentes déclarations de la « Fresche des Jude » (héritage des frères et sœurs indivis) au XV⁰ siècle.

Il eut pour successeur messire Charles Guillegaust, dans la maison duquel Jehan Barrotin, sénéchal du château de Brisay, tint les assises le 19 mai 1496. Ce prêtre appartenait aussi à l'une des plus considérables familles de cultivateurs de la localité, ce qu'on nommait alors les « laboureurs à bœufs », gens d'un rang plus élevé que les « laboureurs à bras », qui n'étaient que de modestes journaliers.

Guillegaust ne méprisait pas les biens de la terre, et il avait les moyens d'en acquérir, comme l'attestent les nombreux actes qu'il dut soumettre aux assises de la seigneurie, pour y payer les droits de mutation appelés *lauds et ventes*. Dès 1493, il achetait une maison à Antoine Guillegaust, son frère. En 1500 et 1503, il se portait acquéreur de biens fonds auprès de Scévolle et à la Boussée-Rideau. En 1504, il agrandissait son logis en y annexant une « petite loge et mazeril » que lui cédait pour un bas prix — cinq livres

— son voisin Jean Pernon. Jusqu'en 1525, il occupa ce poste, à la grande satisfaction des paysans dont il était le parent et le meilleur conseiller, puisqu'on le voit figurer dans leurs principales affaires, et à la grande joie de son seigneur dont il était l'ami, comme le prouvent aussi les nombreuses et intimes relations révélées par les actes entre le chapelain et le château.

Il eut pour successeur messire Pierre Bonneau, déjà receveur ou régisseur du domaine de Brisay, depuis 1512. Celui-ci cumula les deux charges. Il était plus que l'ami, il était le prêtre — domestique de la maison. Il y a quelque chose de significatif dans la position de ce personnage au château de Brisay, pendant la première moitié du XVI° siècle. Nous dirons, quand il s'agira de l'histoire des seigneurs, ce qu'était devenue alors cette famille. Signalons simplement ici que sa décadence s'affirmait à ciel ouvert. Devenu exclusivement agricole, vivant loin des camps et de la Cour, où n'avaient cessé de figurer ses ancêtres avec honneur, enfermé dans son manoir où le retenaient de maigres ressources, réduit à chercher ses distractions dans la chasse ou l'élevage des faucons, dans un commerce intime et journalier avec ses sujets, manquant d'énergie, de dignité et d'instruction, par conséquent dépourvu de cette élévation de l'âme qui maintient toujours un homme de haute naissance dans une situation prédominante, le seigneur de Brisay, tombé dans le rôle d'une sorte de suzerain fainéant, abdiquait toute autorité, tout prestige et tout contrôle entre les mains de l'homme tonsuré, dont le caractère sacerdotal, le vêtement religieux, et sans doute aussi le maintien très ferme, la manière de vivre très recommandable sous tous les rapports imposaient le respect, permettant d'accomplir utilement une gestion d'affaires non pas toujours dépourvue d'embarras.

Ce pauvre sire, gentilhomme ruiné, colon dans ses propres terres, ne sachant comment administrer un bien demeuré indivis entre ses frères, ses sœurs et lui, avait été heureux sans doute de mettre la main sur ce prêtre, en quête d'un bénéfice, qui acceptât bien volontiers la mission de gouverner la seigneurie, et d'y procéder aux rentrées de fonds, en attendant qu'il put accéder à son tour à la gestion d'une petite chapelle. Pierre Bonneau fut pendant plus de trente années l'hôte assidu du château. Il eut à fermer les yeux sur bien des choses ; il eut à transiger souvent avec des exigences grossièrement mondaines, car si d'une main il devait donner l'absolution en qualité d'aumônier, et de l'autre régler la dépense mensuelle du maître, sa présence n'empêchait pas le seigneur du logis de donner de terribles coups de canifs au contrat qui l'unissait à sa femme légitime, et de porter trop souvent au village des semences qui produisaient des rejetons indus. Mais à la veille de la réforme, sous le règne de François I⁰ʳ, l'on n'épluchait pas de si près les mœurs d'un baron, et la plus grande partie du clergé abandonnait le monde à l'empire de ses mauvaises habitudes, heureux quand il ne se laissait pas impressionner lui-même par un aussi fâcheux exemple.

Ce fut donc en qualité de caissier du domaine que Pierre Bonneau eut à jouer un rôle assez actif dans certaines difficultés qui surgirent, en 1531, entre le seigneur de Brisay et sa sœur aînée, la dame d'Aulnay, au sujet de l'acquittement de la part de celle-ci dans les revenus de la terre patrimoniale. Il s'était transporté chaque année, de 1523 à 1531, au château d'Aulnay, résidence de la dite dame, pour verser entre les mains de celle-ci, des sommes dont il avait reçu quittance. Mais la fière châtelaine, sans doute inspirée par le démon du lucre, vint à prétendre que les versements n'étaient pas complets et qu'elle avait été frustrée dans sa part. Bonneau s'émut, et il s'arma de ses quittances ; il vint les soumettre à la sénéchaussée de Loudun où son maître et lui se rendirent « sur deux chevaulx » à jour fixe pour le règlement de cette grosse affaire. Présente était la dame d'Aulnay, pleine d'arrogance envers son frère, de même envers Bonneau. Quant on lui présenta les quittances, elle les déclara fausses, arguant de ce que, ne sachant ni lire ni écrire, elle n'avait pu connaître le contenu de ces papiers, ni les revêtir de sa signature.

« Bien est vrai, déclarait-elle, qu'un nommé messire Pierre Bonneau, prêtre, par plusieurs fois l'a pressée et contrainte de mettre son nom en certain papier, et pour ce faire, lui a présenté la plume et lui tenait la main, lui faisant écrire telles lettres que bon lui semblait, donnant à entendre que c'était son nom qu'il prenait d'elle, en lui baillant quelques deniers sur partie de ce qui pouvait estre dû à elle, pour sa part et portion des revenus, de la terre et seigneurie de Brisay » ; mais telles décharges ne sauraient être valables et définitives, parce que tout en reconnaissant sa signature, la requérante se refusait à approuver le contenu des dites quittances, aux termes desquelles elle s'affirmait lésée.

Hélas ! où peut conduire l'âpre besoin de quelques sous !

Dame Aliénor en fut pour ses frais d'éloquence ; la sénéchaussée la renvoya de sa plainte, rendant ainsi un juste hommage à la loyauté du receveur-chapelain.

Après Bonneau, l'église de Brisay eut Emar Joullain pour directeur.

En 1542, par acte daté du châtel de Brisay le 14⁰ jour de janvier, demoiselle Françoise du Bec, dame douairière du dit lieu, proposa, en vertu de son droit de présentation, à la nomination de MM. les chefcier et chanoines du chapitre de l'église collégiale de Saint-Georges de Faye, « Maistre Marc du Bec, écuyer, clerc tonsuré, pour servir ou faire servir la chapelle et chapellainie de Brisay, vacante par le décès de feu Messire Joullain, prêtre, dernier possesseur de la dite chapelle, et en prendre les profits et revenus. — Si vous mandons, disait-elle en terminant, icelluy à mettre et recepvoir, et lui en bailler ces lettres de collation, car tel est notre plaisir. » (1)

Ainsi le régime du bon plaisir était en vigueur jusque dans la seigneurie de Brisay !

Marc fut nommé chapelain, et il géra l'église pendant quinze années, ce qui constituait un réel abus, car outre qu'il était le propre frère de la châtelaine, il ne possédait pas le caractère sacerdotal nécessaire pour remplir la mission qu'il acceptait. Il était écuyer, légèrement tonsuré et quelque peu clerc, c'est-à-dire laïc avant tout et mondain pardessus le marché, sorte de desservant commanditaire, qui dut avoir recours à un vicaire à portion congrue pour « faire servir » comme dit bien l'acte, la chapellenie de Brisay. Ces désordres étaient fréquents au XVIᵉ siècle. Ils furent un des prétextes qui motivèrent l'extension rapide de la Réforme protestante.

En 1557, Marc du Bec avait été remplacé par vénérable personne messire René Mesnage, qui gouverna l'église durant longues années dans les conditions canoniques les plus recommandables.

Ce digne prêtre, à qui l'on dut pendant toute la durée de sa vie l'éloignement des atteintes de l'hérésie sur la population du village, appartenait à une famille de la localité, dont les ancêtres figurent dans plusieurs déclarations censitaires du siècle précédent. Il était parvenu à une situation fort aisée lorsqu'il fut investi des fonctions de chapelain ; il possédait personnellement des biens en grand nombre tant à Brisay qu'aux alentours, et réellement il paraît avoir joui à bon droit d'une suprématie que n'osait plus évoquer le château seigneurial tombé en quenouille, sous la minorité d'un enfant qui ne vécut point, puis sous l'administration de deux femmes, la mère et la fille, dont les ressources semblent avoir été plus que précaires. Pendant toute la

(1) *Arch. du chât. de Brisay*, vol. E.

durée de ce siècle, il est curieux à constater cet effacement complet des membres de l'antique et noble Maison de Brisay, frappés par un châtiment du ciel d'une décadence rapide et précoce, s'éteignant dans l'oubli, le vice et la pauvreté, pendant que, autour d'eux, un bras tutélaire soutient et protège leur situation défaillante. A Brisay maintenant la chevalerie disparaît ; le prêtre règne. C'est la théocratie renouvelée des temps qui ont précédé Charlemagne. Elle ne s'exerce pas en droit, mais en fait. L'homme d'église subvient aux besoins du culte, administre les sacrements, donne l'exemple de la probité comme des plus honorables vertus ; et il gère en même temps les affaires temporelles du fief, les siennes et celles de son seigneur ; il est devenu l'*ultima ratio vitæ* du domaine.

Après Pierre Bonneau, René Mesnage joue, à Brisay, un rôle que les actes n'ont point passé sous silence. A le voir figurer comme témoin ou partie prenante dans une quantité de transactions, on reconnaît tout de suite l'autorité qu'il s'y était acquise.

En 1558, une année après son installation, il achetait au prix de dix-sept livres dix sous à Guillaume Rebeillon « une maison, four et fournil, cour, bail, jardrein avec l'usage d'ung puy », située devant le grand portail du château. Il y fit aussitôt sa résidence, préférant cette demeure plus grande, plus confortable, plus rapprochée du manoir seigneurial, à l'hôtel vieilli, étroit et mal entretenu des desservants de la chapelle.

En 1567, il transigeait, avec la châtelaine de Brisay, sur le paiement du cens qu'il lui devait pour raison de sept arpents de terre qu'il possédait au long du chemin de la Traversaine, allant de Brisay à La Giraudière.

En 1570, il acquérait de Gilles Justeau, moyennant dix livres, un arpent de vignes près du château.

En 1574, il achetait au milieu du bourg, pour quatre-vingt-dix livres « une maison avecques une loge qui est sur l'huys et entrée de ladite maison, four et fournil avecques une autre loge, jardrein et ung morceau de vignes », ainsi que le droit de « passer bœufs et charrettes pour sortir par la grand'porte des Bonneaux, et l'allée pour aller au puy », le tout appartenant alors à Simon Thibaut.

Il résulte de nombreux détails relevés dans les actes que René Mesnage était reçu et traité au château comme le meilleur ami de la maison. Il eut l'occasion d'y rendre de sérieux services et de s'en montrer le réel protecteur. Des besoins d'argent, dont les causes demeurent inconnues, mais qui furent sans doute le résultat de partages successifs qui amoindrirent la fortune patrimoniale au point de mettre les châtelains dans la gêne, obligèrent Françoise du Bec à chercher des ressources momentanées dans l'aliénation à réméré du château de Brisay et d'une partie de ses dépendances. Elle trouva acquéreur au prix de huit cents livres, en la personne de messire Guillaume Yvon, lieutenant de la sénéchaussée de Loudun, qui prit, pour quatre années, possession du domaine et en fit siens l'habitation et les fruits.

Voilà-donc la dame de Brisay, avec la lourde charge d'enfants mineurs encore, privée de son domicile. Elle aurait pu, il est vrai, aller habiter son hôtel, à Mirebeau ; mais elle paraît avoir été tellement gênée, que peut-être cette maison, dont le mobilier avait été enlevé au siècle précédent, ne pouvait en être regarnie par elle. Peut-être aussi l'aliénation, pour quatre ans, dudit hôtel faisait-elle partie des clauses du contrat passé avec le lieutenant Yvon. Quoi qu'il en soit, la dame de Brisay et ses enfants trouvèrent asile chez l'ange tutélaire dont il avait plu à Dieu de faire, pendant quelque temps encore, le gardien de la famille. Ils reçurent l'hospitalité dans la demeure privée de René Mesnage, leur chapelain, située, comme il vient d'être dit, devant le grand portail du château.

A l'expiration du délai de grâce, la pauvre dame n'avait

pu recueillir les fonds nécessaires au dégagement de la seigneurie. C'en était fait pour elle et ses enfants du vieux fief de la Roche-Brisay, plein des souvenirs de douze générations. Allait-elle subir, avec sa progéniture, le sort des mendiants des grands chemins ? Non, car le loyal et bon chapelain veillait : René Mesnage ouvrit le sac aux écus, et fit à sa suzeraine, l'avance de quatre cents livres qui servirent à rembourser la moitié de la dette et à dégager la seigneurie. L'année suivante, en 1559, après qu'un mariage avantageux eut permis à la jeune Madelaine de Brisay, de faire rentrer quelques fonds dans la maison, Mesnage fut remboursé, et il poussa la complaisance jusqu'à se rendre à cheval à Loudun, pour y remettre aux mains de Guillaume Yvon le surplus des sommes dues pour la libération complète de la terre (1).

Comment ne pas reconnaître, en un tel personnage, un arbitre et un sauveur ? Mesnage prit dès lors une place importante dans l'entourage des châtelaines, et quand Madelaine, devenue dame de Brisay par cession de sa mère, — la terre de Brisay lui ayant été transférée en raison des avances de son mari, — vint à Mirebeau pour y présenter à monseigneur François de Bourbon, duc de Montpensier, ses offres d'hommage, elle prit à cœur de se faire accompagner par messire René Mesnage, et elle lui fit l'honneur de le prendre pour témoin d'un des actes les plus importants de sa vie (1573).

Le chapelain Mesnage demeura le directeur zélé et le conseil utilement écouté de la châtelaine. Il eut le bonheur de la maintenir dans la bonne voie, la retenant constamment sur la pente de l'hérésie, où elle était attirée par tous les siens, et aux erreurs de laquelle elle ne s'abandonna, qu'après avoir perdu celui qui était son soutien spirituel, après avoir été l'appui matériel de ses jeunes ans (2). A quelle

(1) *Arch. du chât. de Brisay*, vol. A. et D.
(2) J'ai dit, peut-être à tort, à la page 150 de cet ouvrage, que Made-

époque mourut Mesnage ? On l'ignore, mais ce fut certainement avant l'année 1603, date à laquelle il est question de ses héritiers. Ce fut seulement après sa mort qu'un temple protestant s'ouvrit à Brisay, sous les auspices des châtelains, de sorte que le saint prêtre eut la consolation de rendre à Dieu son âme, au plus rude temps de la guerre religieuse, sans avoir vu porter la moindre atteinte, autour de lui, aux principes d'orthodoxie en faveur desquels il avait énergiquement lutté jusqu'au dernier jour.

Pendant plusieurs années, Mesnage n'eut point de successeur. La religion réformée, protégée par les châtelains, semblait fleurir au village comme au manoir féodal ; et pourtant elle ne parvint pas à étouffer le dogme catholique. Les habitants ne tardèrent pas à réclamer le rétablissement de l'ancien culte et la réouverture de la chapelle Saint-Georges.

Le culte catholique fut rétabli à Brisay vers 1628. A cette date, il est de nouveau fait mention d'un chapelain nommé René Desvaux ; celui-ci appartenait à une honorable et très ancienne famille de laboureurs de la Faye de Beauday, et avait été, en 1606, nommé vicaire à l'église de Ligniers-Langouste. Il occupait encore ce poste en 1625.

Devaux était digne d'avoir l'honneur de rouvrir les portes de la chapelle fondée en 1364, car son caractère inspirait autant d'estime que de confiance. Ce n'était pas un apôtre, au contraire. Rien d'agressif, rien de militant dans ce pasteur des âmes. Il avait compris que la charité chrétienne

---

laine de Brisay était « huguenote », en 1577, lorsqu'elle coopéra à la restauration des Cordeliers de Mirebeau. A la vérité, aucun acte n'a révélé la date exacte à laquelle Madelaine fit profession de la religion réformée. Il est vraisemblable que, si elle en eut fait partie au temps de la reconstruction du couvent de Mirebeau, elle n'y eut pas prêté son concours, et que le duc de Bourbon n'eut point eu même la pensée de l'y intéresser. Il est plus probable qu'elle n'embrassa le calvinisme qu'après la mort de René Mesnage, vers 1600, et qu'elle s'occupa dès lors de fonder un temple protestant à Brisay. Quant à son mari, René de Puyguion, alors décédé, il avait donné dans l'hérésie dès son début.

pouvait seule, en inspirant l'esprit de conciliation, cicatriser la plaie morale qui saignait devant lui. Il n'entra pas en lutte avec l'église réformée. Il se fut brisé contre une puissance, patronée par le seigneur du lieu, enrichie de ses dons, et dont la rivalité triomphante ne semblait pas disposée à s'éclipser au second rang. Il vécut dans des termes de bon voisinage avec le pasteur évangélique ; il fréquenta même jusque dans sa maison, lui prêta le concours de son témoignage dans les actes civils, et à Brisay, dans la demeure des Pagots, on le vit figurer comme garant de l'acquisition personnellement faite par le pasteur aux mêmes Pagots, d'une partie de leurs biens situés à la Loge (1).

En 1634, apparait un nouveau chapelain, messire Estienne Pillault, de Gloriète, en la paroisse de Coussay. Il venait de recevoir ses lettres de provision expédiées en latin, par le chapitre de Faye, le 7 décembre de cette même année. Il prit possession de son nouveau poste le 10 du même mois, en présence de René Desvaux, démissionnaire en sa faveur.

Le premier acte que fit Estienne Pillault fut d'affermer pour neuf ans le bien temporel de la chapelle, au prix de cent cinquante livres chaque année, réserve faite de l'hôtel du desservant et de ses dépendances dont il conservait la jouissance et l'habitation. Pour ce prix, le fermier s'engageait à « l'entretien et réparations nécessaires à la dite chapelle, tant de matériaux que de la main de l'ouvrier ». Nous possédons trois baux consentis aux mêmes conditions par Estienne Pillault : le premier à Jean Brissaut, du 7 décembre 1634, et les deux autres à Louis Trinquant, de Mirebeau, en date des 6 février 1649 et 19 avril 1661.

Messire Vincent Pillault, clerc tonsuré, devint en 1678, le successeur de son oncle. Le 28 juin de cette année-là, il transigea avec Hardouin Cousturier, fils de messire Charles Cousturier, écuyer, sieur de Viviers, sur une contestation

---

(1) *Arch. du chât. de Brisay*, vol. F.

élevée entr'eux, au sujet de la possession du bénéfice de la chapelle de Brisay, et demeura confirmé dans sa charge de chapelain par l'abandon, que lui fit Hardouin, des droits qu'il prétendait exercer à cet égard, sans qu'il soit fait mention de l'origine de ces droits.

Peu après, Vincent eut à lutter contre une prétention exorbitante émise par les seigneurs de Brisay qui, au moment d'un partage fait entr'eux, se refusèrent à payer la rente due à la chapelle par la fondation de 1364. Ceux-ci n'étaient plus les descendants directs des fondateurs, et ne se croyaient point obligés par la tradition trois fois séculaire qui se dressait derrière eux. D'ailleurs, ils étaient huguenots. Leurs tendances les portaient plutôt à satisfaire leurs intérêts que les exigences de la justice. Mais l'acte de constitution de la rente leur liait les mains, et ils durent le reconnaître. Quoi qu'il en soit, les réclamations du chapelain demeurèrent sans résultat amiable ; il fallut l'intervention de la sénéchaussée pour obtenir gain de cause, et une sentence rendue au siège ducal de Richelieu, le 1er juillet 1679, condamna M. le comte de Blet et mesdames de Rochefort et de la Mentallerie, ses sœurs, à payer au chapelain la somme de 728 livres, pour arrérages échus depuis longues années, et à continuer régulièrement le paiement de la rente de vingt livres et quarante setiers de froment par an, qui depuis plus de 35 ans n'avait point été payée.

Vincent Pillault eut le bonheur de voir disparaître l'église rivale, qui entretenait l'hérésie au bourg de Brisay. Après le départ des seigneurs de la Maison de Saint-Quentin, le temple fut supprimé, le prêche aboli. Nous pensons que l'énergie du chapelain, son zèle pour la foi de nos pères, et le concours de la divine Providence, firent beaucoup pour arriver à ce résultat. Les événements n'y furent pas étrangers ; la déconfiture de la Maison de Saint-Quentin amena la vente forcée du domaine ; le nouvel acquéreur, catholique de naissance et de convictions, ne voulut rien faire pour encourager le maintien d'une religion adverse et discréditée. En même temps des rigueurs, qui furent la conséquence de la révocation de l'Edit de Nantes, portèrent un dernier coup au calvinisme chancelant déjà dans la contrée. On vit peu à peu diminuer et s'éteindre ce souffle de révolte qui avait, pendant plus de cent ans, jeté une perturbation si grande, et causé l'effusion de tant de sang dans le pays.

Vincent Pillault semble avoir fondé à perpétuité, dans sa famille, le droit au bénéfice de la chapelle de Brisay. Après lui les Pillault, neveux et cousins, se succèdent comme chapelains en survivance, tels que des titulaires des plus hautes fonctions de Cour; mort en 1688, Vincent Pillault cède la place à Gervais Pillault, déjà curé de Ligniers, qui cumule les deux offices; puis Nicolas Pillault vient à son tour, et jusqu'à la Révolution, les Pillault, tous prêtres recommandables, fiers de l'estime et de l'affection de leurs ouailles, dignes des égards de leurs supérieurs et de leur suzerain, administrent la chapelle de Brisay (1).

La Révolution vint s'abattre sur la chapelle Saint-Georges, comme l'autour sur la colombe. Le gouvernement, auquel nous devons les hontes de 93, fit vendre le domaine de Brisay comme bien national; et en raison de la haine manifeste que tout État révolté témoigne contre ce qui lui rappelle l'autorité divine méconnue, des mains sacrilèges furent portées sur l'édifice religieux. La vieille chapelle gothique élevée en 1364, fut détruite; on en dispersa les matériaux; lors du rétablissement du culte, les habitants du village de Brisay durent se résoudre, comme l'avaient fait leurs ancêtres, aux temps reculés et barbares que l'on croyait devoir être oubliés pour jamais, à demander, dans les églises des paroisses voisines, l'assistance aux exercices religieux. C'est la cure et l'église de Verrue qui desservent

---

(1) *Arch. du chât. de Brisay.* Passim.

aujourd'hui le village de Brisay. Quant à la fondation de rente qui alimentait le desservant, elle a disparu avec la chapelle, et cette fois pour toujours, car les biens sur lesquels elle prenait base, ont été acquis, pour quelques assignats, par des gens dont les descendants ne se reconnaissent aucunement obligés à la moindre restitution (1).

7°. Le Temple calviniste. Par contrat passé à Coussay le 25 novembre 1603, Madelaine de Brisay, dame de ce lieu, acheta en toute propriété à Louis Pagier et Perrine Glanin, sa femme, une maison avec cour et jardin, située devant le portail de son manoir, la paya 150 livres et donna en échange aux vendeurs une de ses maisons sise au bourg de Brisay.

Cette demeure, acquise par la dame du lieu, ne la reconnaît-on point ? C'était précisément celle où avait vécu René Mesnage, le dernier chapelain, où il avait reçu et hébergé Madelaine et sa mère, lors de leurs embarras financiers, celle où il avait rendu le dernier soupir entre les bras de

(1) « Ce que vous me dites de la chapelle de Brisay d'après vos actes, m'écrivait M. l'abbé Chaboissant, curé de Verrue, le 14 avril 1877, est de la plus rigoureuse exactitude, et se trouve parfaitement contrôlé par la tradition. Le nommé Fuseau a extrait les pierres qui formaient les fondations de ce monument, dans lequel on a trouvé une quantité d'ossements qui avaient sans doute appartenu aux chapelains, aux seigneurs ou à quelques habitants de Brisay. Je n'ai pas entendu dire qu'il y eût des pierres tombales. La porte du château qui conduisait à la chapelle, *à travers champs* par un sentier, à une certaine distance et au nord du château, sur le chemin de Ligniers-Langouste, existe encore et très visible pour qui veut la reconnaître, mais elle est *murée* parceque les propriétés ont été vendues. Je vous confirme donc que l'emplacement de la chapelle était bien, comme vous l'indiquez, au bout du village de Brisay, sur le chemin de Ligniers.

» Quand a-t-elle été détruite ? Mes paroissiens et Fuseau l'ignorent, mais il paraît probable que ce fut l'œuvre de la Révolution. On pourrait difficilement connaître le style d'architecture de cette construction puisqu'il n'en reste que les pierres des fondations extraites par Fuseau et son fils ; mais l'emplacement et l'existence de l'église de Brisay sont choses faciles à constater, pour tout le monde, puisque ceux qui ont enlevé les fondations sont encore vivants ».

Louis et Perrine, ses neveux et héritiers. Voilà-donc la maison de l'abbé Mesnage aux mains de la dame-châtelaine ; que va-t-elle en faire ?

Madelaine n'hésite pas, ne s'attarde pas à la réflexion ; elle installe aussitôt dans cette demeure un pasteur protestant, Jehan Gourdry, envoyé récemment sur sa demande, par le synode provincial qui se tient à Châtellerault.

Madelaine a embrassé la religion de Calvin. Elle ne s'occupe plus de la chapelle Saint-Georges ; elle ne songe pas à y faire nommer un desservant dont elle a la présentation. C'est la nouvelle demeure du pasteur Gourdry qui attire toutes ses préférences ; elle l'orne, elle la meuble, elle y accommode un prêche où les adeptes (peu nombreux) de la nouvelle doctrine viendront, autour d'elle, écouter la lecture de l'évangile, et les prédications du culte facile et peu exigeant qui prend le nom de Réforme. La maison du chapelain Mesnage est devenue le temple calviniste de Brisay.

Madame la comtesse de Blet, fille unique et héritière de Madelaine, ne se montra pas moins bonne huguenote que ne l'avait été sa mère. Elle enrichit de son mieux l'église réformée de Brisay. Et du pasteur elle voulut faire une sorte de potentat, car l'humilité et la pauvreté ont été données en exemple par Jésus-Christ, mais furent toujours fort négligées par ceux qui se sont détachés de sa doctrine. Donc, par acte du 25 juin 1618, la maison du temple évangélique fut érigée en fief noble et qualifiée du nom de *Fief Marguerite*.

Cet acte s'exprime ainsi : « A le dit seigneur comte de Blet donné et donne à l'église réformée de Brisay, une maison assise au bourg de Brisay, en laquelle demeure de présent maistre Jehan Gourdry, pasteur de la dite église, tout ainsi qu'elle a été baillée par prix et échange de Louis Pagier et sa femme à feue demoiselle Madeleine de Brisay, mère de la dite comtesse ; cette maison franche et quitte de tous cens, rentes et debvoirs qui étaient anciennement dus à la seigneurie. Et ensuite a ledit seigneur établi la dite maison, ses appartenances et dépendances pour être ci-après tenues en fief de la terre et seigneurie de Brisay, à foy et hommage et douze deniers de cens franc, payables à chaque mutation de pasteur, voulant et entendant que ledit pasteur ou l'un des anciens de la dite église soit reçu à faire les dites foy et hommage ; de laquelle maison ledit seigneur s'est dès à présent dessaisi et dévêtu, et en a saisi et vêtu ladite église à perpétuité » (1).

A cette institution du fief Marguerite, ainsi dénommé, en souvenir de sa fondatrice (Marguerite de Puyguion, femme du comte de Blet), les donateurs ajoutèrent une rente annuelle de cent livres à prendre sur les revenus de la terre de Brisay et du fief de Sairres, dont ils hypothéquèrent la sixième partie en garantie de leur don généreux, fait d'ailleurs à la condition expresse qu'il ne serait valable qu' « autant et si longtemps qu'il y aurait une église réformée à Brisay ».

Il y a loin de la fondation quasi somptueuse de ce temple hérétique à la fondation si modeste de l'ancienne chapelle catholique de Saint-Georges. Mais les temps n'étaient plus les mêmes, et les exigences des prêtres luthériens dépassaient de beaucoup les besoins des desservants orthodoxes.

Maître Jehan Gourdry, sieur de la Morinière, premier pasteur évangélique à Brisay, ne se refusait ni aux honneurs ni aux largesses de ses bienfaiteurs. Etranger au pays, il s'y installa, comme nous l'avons dit, dès 1603, et ne négligea rien pour s'y enrichir. Les bienfaits des châtelains contribuèrent beaucoup plus à sa prospérité que les aumônes du peuple. Le rôle que jouaient au château les chapelains receveurs, directeurs ou amis, c'est lui qui le remplit maintenant avec finesse et sagacité. Les actes de la seigneurie ne laissent pas dans l'ombre le concours qu'il

(1) *Arch. du chât. de Brisay*, vol. D.

apporta aux affaires de la maison, mais ils ne taisent pas non plus les avantages qu'il sut en tirer. On y voit que Gourdry, vingt ans à peine après son arrivée à Brisay, possédait des biens fonds déjà nombreux sur le terroir, notamment à la Giraudière, à la Chaune-Mothouze, à l'Echalier-Morin, à Ligniers-Langouste, à la Fontaine-aux-Jars, etc. En 1624, il achetait diverses pièces de terre à Pierre Deruette, et en 1628 il se portait acquéreur de la belle métairie de la Loge, entre Scévolle et Sairres, comprenant terres, vignes et bois, que les Pagots consentaient à lui céder à un bon prix (1).

Mais le plus beau fleuron de sa couronne — pas une couronne d'épines ! — était ce fief de la Morinière, dont il portait gravement le nom, comme un seigneur d'importance, et qu'il devait à la générosité de la dame de Brisay, sa bienfaitrice.

Ce fief, membre de la juridiction féodale de Brisay depuis les temps les plus reculés, avait été détaché du domaine, en 1404, pour un certain Lucas Briant, créancier du douaire de Bertrande de la Jaille ; et dès lors il avait passé entre les mains de nombreux possesseurs, dont les derniers, Claude Fromaget et Philippe Drouin, ne s'étant point acquittés du devoir dû pour le fief, s'en virent dépouillés, le 15 mars 1607, en vertu d'une sentence des assises de la justice (2).

Réintégré au domaine seigneurial, le fief de la Morinière en fut détaché aussitôt par dame Madeleine de Brisay en faveur de Jehan Gourdry, qui s'en laissa libéralement gratifier. Ce bien se composait alors de vingt-deux arpents de terre labourable, vignes, prés, bois, et d'une maison d'habitation. Gourdry l'accrut par de nombreuses acquisitions. Il en fit la déclaration en 1641, à Françoise de Lestang, dame de Brisay, ainsi que des terres qu'il possédait dans la fresche des Guillegaust et à la Billarderie.

(1) *Arch. du chât. de Brisay*, vol. E.
(2) *Arch. du chât. de Brisay*, vol. N.

Ce sieur de la Morinière, qui vécut dans un âge avancé, disparut entre 1650 et 1652.

Marguerite Gourdry, qui fut peut-être sa fille, portait à la seigneurie de Brisay la déclaration d'une partie des biens qu'avait possédés de son vivant le pasteur Gourdry ; il est vrai que, tout en restant son héritière, elle pouvait être sa nièce, aucune preuve certaine du mariage et de la paternité de Jehan Gourdry ne nous étant parvenue. Elle avait épousé un sieur Dupré qui, du chef de sa femme, devint sieur de la Morinière, et transmit cette terre à sa fille.

Maître Pierre Sasserye, d'un nom également étranger à la localité, succéda dans le fief Marguerite au ministre Gourdry ; il avait été son servant et coadjuteur et devint pasteur titulaire après lui. Il est cité dans des déclarations censitaires de 1661 comme possédant alors des biens dans la fresche des Nouelles, et une part dans celle des Juzets ; il payait à la même époque huit deniers de cens pour sept arpents de terre qu'il possédait à la Couture-Ayraude.

En 1652, il portait la déclaration des possessions qu'il détenait en commun avec Marguerite Gourdry, femme Dupré, sur les limites de la forêt de Scévolle (1).

Postérieurement à cette date, on ne trouve plus mention de ce Sasserye, mais il est hors de doute qu'il continua de gouverner paisiblement la chaire évangélique de Brisay, laquelle ne devait pas maintenant lui donner beaucoup d'occupation, ce culte n'ayant pu parvenir à étouffer le catholicisme au cœur des habitants de la localité. L'ère de prospérité de l'église réformée de Brisay s'est éteinte avec Gourdry. Sous son successeur la décadence s'accentue, et bientôt la ruine du temple protestant est complète : le peu de crédit qu'il a trouvé d'abord dans le pays, l'indifférence des seigneurs châtelains presque toujours absents maintenant de leur domaine, enfin leur disparition, lors de la vente

(1) *Arch. de Brisay*, vol. V.

en décret du château dont l'acquéreur, un bourgeois de Paris nommé Claude Bonneau de Rabel, apporte à Brisay les sentiments religieux d'une ville où la Saint-Barthélemy a fait renoncer pour toujours aux moindres velléités de réforme, sont les causes premières de l'extinction du culte évangélique. L'arrivée du nouveau seigneur, en 1685, la mort du pasteur Sasserye, à peu près à la même date, coïncidant avec l'époque de la révocation de l'édit de Nantes, suivie des dragonnades du Poitou, portèrent le dernier coup à une doctrine qui, en dehors du château, semble n'avoir fait, à Brisay, que très peu d'adeptes. Ce qui est certain c'est que Sasserye n'eut pas de successeur, et qu'il put dire en mourant, comme Julien l'apostat : « Galliléen, tu as vaincu ! »

Le fief Marguerite fut, dès lors, avec la rente de 100 livres instituée en sa faveur, réintégré au domaine direct du seigneur châtelain.

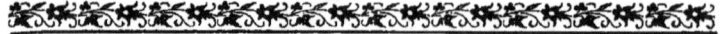

CHAPITRE VII

LES MEMBRES DE LA SEIGNEURIE DE BRISAY

§ I

LA FORÊT DE SCÉVOLLE

Souvolle, dont on a fait Scévolle (*Sovoliæ*), était le nom donné, aux temps les plus anciens du Moyen-Age, à une vaste étendue de terrains couverte de bois, située sur la frontière du Mirebalais et du Loudunois, bordée au nord par le cours de la Briande, touchant à l'est l'extrémité de la colline des Roches de Coussay sur laquelle fut construit le château de Brisay, et bornée à l'occident par la déclivité du côteau commençant à Dandésigny pour s'abaisser au-dessous du château de Purnon. Ainsi resserrés entre deux mamelons et une rivière qui, par trois côtés, en défendent l'accès, ces bois touffus et profonds garnissaient le front de la vallée de Verrue, et semblaient servir de barrière à l'une des principales entrées du Mirebalais. Leur dénomination, provenant du dialecte gallo-romain, tendrait à prouver que cette portion du pays a toujours été boisée, et que, de longue date, on la désignait sous le nom de « Sylvullæ », dont la basse latinité des moines à fait « Sovoliæ », terme sous lequel on la trouve désignée au XIIe siècle. C'est une bulle du pape Calixte II, datée du 17 des calendes d'octobre, l'an 1119, qui cite pour la première fois le lieu dit *Sovoliæ*, en désignant les localités déjà en la possession de l'abbaye de Fontevrault, alors naissante; on se rappelle en effet que parmi les dons faits à cette maison religieuse par les membres de la maison de Brisay, se trouvait la fontaine de Scévolle, située sur le flanc nord de la forêt de ce nom. M. de Fouchier ne doute pas de l'identité de ces lieux lorsqu'il dit dans son histoire de la baronnie de Mirebeau : « il est aisé de retrouver sous cette dénomination (Sovoliæ) le territoire actuellement couvert de bois appelé la forêt de Scévolle, qui faisait partie du domaine de la Roche-Brisay ».

La forêt de Scévolle fut donc membre de la seigneurie de Brisay dès le début de la formation du fief. Pierre I et Pierre II donnent à Fontevrault l'emplacement nécessaire à la construction du moulin de Scévolle au début du XII° siècle; ils confirment les libéralités faites au même lieu dans l'étendue de leur fief par plusieurs de leurs vassaux. Alès II, partant pour la seconde croisade, en 1146, renouvelle les donations de ses père et aïeul ; enfin, en 1220, le fondateur des Cordeliers de Mirebeau, est nommé dans un acte « haut et puissant messire Raoul, chevalier, seigneur de Brisay et de Scévolle ». Voilà qui est plus que suffisant à établir l'antique adjonction de cette forêt à la seigneurie.

La forêt de Scévolle couvrait, sur une longueur de deux lieues de pays, une superficie de douze cents arpents, occupant une partie des territoires de Sairres, de Verrue et de Ligniers. La Briande, les terres de Bretegon, les dépendances du fief de Sairres, celles de la Loge, du Bois vert et du Bois-Diguay la bornaient au nord et à l'est. Au sud, elle était longée par les chemins de Verrue à Sairres et celui qui va des Challeries à Ligniers-Langouste. A l'ouest elle côtoyait un autre bois appartenant au seigneur de Purnon et la terre du Milleron. Elle en était séparée par le grand chemin de Monts à Mirebeau, entrant en forêt au gué Saint-Vincent, près du village de Cronailles, et la parcourant en ligne droite sur une longueur de quinze cents toises, pour en sortir aux Fougerets, à courte distance du village de Verrue.

La forêt proprement dite était aménagée en neuf grandes

coupes réglées de neuf ans d'âge chacune, ce qui fait que chaque année produisait une coupe. Ces coupes sont citées deux fois dans les annales de la seigneurie de Brisay : à la fin du XV° siècle d'abord, au sujet d'une prohibition faite au seigneur de Brisay de vendre « les coupes de bois taillis de la forêt de Scévolle », avant que tout règlement de succession soit terminé entre ses co-héritiers et lui ; puis, dans le courant du XVI°, à propos des sommes que le même seigneur devait payer annuellement à ses sœurs sur les revenus produits par les dites coupes (1).

Les autres parcelles du fief étaient :

1° La garenne de Scévolle, qualifiée au XVIII° siècle de « petit bois taillis », ce qui donne une petite idée de son importance, destinée à la réserve des lapins que le seigneur venait y « chacier et prendre » de toutes manières, garenne *prohibitive*, c'est-à-dire dans laquelle personne ne pouvait pénétrer ou chasser sous les peines les plus sévères, dont la moindre était l'essorillage (couper les oreilles — pas aux lapins, mais aux délinquants). Aussi le gibier y était-il gardé la nuit, à tour de rôle, par les sujets du domaine, obligation qui incombait à certains d'entr'eux, en raison de l'afféagement ou location de leurs immeubles. L'exécution de ce devoir n'était pas, paraît-il, aussi rigoureuse que la lettre, car les seigneurs de Brisay avaient jugé utile de préposer un garde particulier à leur garenne. C'était un officier qui, indépendamment de la conservation du gibier, s'occupait aussi de la surveillance de la forêt, comme l'indique une déclaration dans laquelle est nommée « honneste personne André Chesneau, verdier et garde des bois de la seigneurie de Brisay, demeurant à Saint-Vincent », en 1543. La garenne était bornée au nord par la forêt, au sud par le chemin allant de Verrue au château de la Trapière, et donnait des deux autres côtés sur les champs, dont elle était séparée

(1) *Arch. du château de Brisay*, vol. V.

par de grands fossés. Elle semble donc avoir été le bouquet de bois le plus rapproché et le plus en vue du château de Brisay.

2° Le Sillon de Brisay, la Boussée-Rideau, la Cabasserie étaient encore des remises boisées dépendant de la forêt dans la direction de Ligniers et du bois Diguay.

3° La métairie des Marais, bordée, arrosée par le cours sinueux de la capricieuse Briande, centralisait la culture des prairies de Scévolle. Ces prairies s'étendaient entre la lisière des bois et le lit de la rivière, dont les débordements en faisaient de gras pâturages. On les nommait prés des Briandes et Chaintres, pré Vieux, pré Gaudin, le Guain d'Aulnay et la grande « faynerie » d'Aulnay qui s'étendait jusque sous les ombrages des hautes futaies. En un point donné, se trouvaient des bâtiments et « mazerils », ou granges destinées à l'emmagasinement des foins. En dehors des prairies, on trouvait sur ce territoire des terrains en landes et bruyères enclavés dans les contours de la forêt, c'étaient le Chauveron, le champ des Genêts, les Eschaumes de Servollet, etc.

4° L'eau même de la rivière constituait une partie du fief, et bien qu'elle séparât les deux seigneuries de Monts et de Brisay, elle appartenait entièrement à cette dernière. Une déclaration de 1448 fait connaître que le prieur de Saint-Vincent, petit monastère situé sur la Briande et appartenant à l'abbaye de Cormery, payait une redevance censive au seigneur de Brisay, « pour l'usarge de l'iaue qui de la fons de Sévolle descens à son molin ». Cette rivière donnait aussi un peu de poisson. On y pêchait des anguilles et l'abondance qui en provenait avait nécessité la création d'un vivier, où elles étaient déposées en attendant la consommation. De là venaient les anguilles que, le mercredi des cendres, le seigneur de Brisay était tenu de donner aux enfants mâles des bouchers de Mirebeau.

Le seigneur de Scévolle possédait le droit de mettre paître

en liberté dans les taillis de la forêt, même au détriment et sans recours des riverains, huit bœufs, huit mules et huit poulains âgés d'un à trois ans. Mais ce pacage, dont les voisins ne pouvaient se plaindre, n'était toléré que dans les taillis de sept ans et au-dessus, ce qui mettait les hautes pousses à l'abri de la dent des ruminants. La présence seule des bêtes susdites, dans les coupes de moins de sept ans, donnait lieu à une indemnité. Cela s'explique par ce fait que les seigneurs de Monts, de la Touraine et de Purnon possédaient quelques enclaves dans les bois du seigneur de Brisay. Dans les conditions susdites, ils étaient contraints de tolérer le pacage. Il était toutefois spécifié que le seigneur jouissant pourrait seul, ainsi que ses métayers, user de la tolérance en question, laquelle, contrairement aux usages féodaux, resterait personnelle aux membres de la Maison de Brisay, et ne pourrait être transmise à quiconque, par héritage ou acquisition, les remplacerait à Scévolle (1). Elle fut donc éteinte en 1608.

Nombreuses acquisitions faites aux XV° et XVI° siècles augmentèrent par parcelles agglomérées le fief de Scévolle. Elles portèrent sur le bois Gallin, à Gilles de Chasteaulx et Macé Morin ; sur le pré Gaudin près la Fenêtre Vigneaux, à Gilles Plumeau et Loyse Odarde, de Ligniers ; sur le Fort-Buisson, aux Judes, de Sairres, et aux Juzets, de Brisay ; la garenne fut agrandie de six boisselées en 1521, et le 15 juillet 1530, il fut acheté à messire Antoine Béranger, prêtre, par le sénéchal de la seigneurie, Pierre David, et au compte d'icelle, une vaste pièce de terre récemment plantée de chênes, située au terroir de Gausset sur le chemin de la Trapière à Verrue. Elle fut payée le prix fort de cinquante livres, et contenait douze arpents.

Le fief de Scévolle ne fut point séparé du domaine de Brisay par le partage de 1673. Seules les trois pièces de la

---

(1) *Arch. du château de Brisay*. Partage de 1673, vol. A.

Cabasserie, près le village de Boisvert, en furent détachées pour compléter le lot formé avec le fief de Sairres, qui fut dévolu à madame de Rochefort.

§ II

FIEF DE SAIRRES

Situé dans la paroisse de ce nom, à courte distance au sud du bourg, sur un plateau de 140 mètres d'altitude, dont les seigneuries de la Trapière et du Puy de Sairres occupaient chaque extrémité, ce fief formait, du côté nord, la partie la plus avancée des terrains sur lesquels s'étendait la juridiction de la seigneurie de Brisay, dont il fut de toute ancienneté l'un des membres. Toutefois, par une bizarrerie du régime féodal, cette partie de la seigneurie de Brisay échappait au ressort de la châtellenie de Mirebeau.

Le fief de Sairres relevait directement à foy et hommage-lige du roi de France, au regard de son château de Loudun, et devait rendre à ce prince un aveu particulier.

D'où provenait cette séparation entre deux portions d'un même domaine, fait rare à signaler dans l'ancien régime ? L'explication s'en doit trouver dans l'antique formation du domaine, aggloméré par l'adjonction l'une à l'autre des diverses parcelles recueillies par Pétronille de Mirebeau, dans l'héritage de Milon de Braye, dont les biens se trouvaient dans la Viguerie de Loudun, et dans l'héritage de Guillaume de Mirebeau qui se renfermait dans les limites du Mirebalais

Le jour où, entre les mains de Pétronille épouse d'Alès de Brisay, l'héritage de Milon et celui de Pierre de Saint-Jouin vinrent se fondre en unissant des terres loudunoises à des terres mirebalaises destinées à créer une unité féodale, cette fusion put être admise en ce qui concerne la gestion de la seigneurie, l'administration de la justice et tous les rapports féodaux de sujets à maître ; mais dans l'ordre supérieur de la hiérarchie, institué par les anciennes vigueries établissant déjà, d'après la coutume, la division géographique et administrative du pays, elle ne put être reconnue, et le fief qui jusqu'alors avait relevé de Loudun directement ne put en être détaché au profit de Mirebeau, car le vasselage était immuable et ne devait être modifié que par suite d'événements extraordinaires ou violents, qui ne s'accomplirent pas au sujet d'un objet si modeste.

Le fief de Sairres, lorsqu'il fut adjoint au domaine de Brisay, devait avoir une étendue plus considérable que celle que nous lui trouvons dans les aveux du XVIe siècle, les premiers qui nous en aient donné la composition. On peut en juger par le grand nombre de dépendances relevant alors de ce fief à titre de cens ou rente noble, révélant des aliénations successives anciennement faites par le seigneur, selon les règles du régime féodal, en conservant la « maintenue » sur des terres livrées à des acquéreurs nobles ou roturiers qui, tout en devenant réels possesseurs du fonds, demeuraient les vassaux du fief quelque réduit qu'il fût. On trouve des traces de ces aliénations jusque dans le courant du XIIIe siècle.

Dès l'an 1288, un seigneur de la Roche-Brisay nommé Hue (Hugues), se trouvant à Poitiers en quête de quelques fonds, instituait, en faveur de la commune de cette ville, une rente de douze cosses et deux setiers de froment, plus une certaine quantité de bois de corde et fagots d'une valeur courante de sept livres dix sous, à prélever chaque année sur la totalité des revenus de ses biens situés en la paroisse de Sairres, et touchait comptant, en échange de ce don, la somme ronde de 150 livres (1).

L'année suivante, 1289, le même messire Hue scellait de

(1) *Arch. de la ville de Poitiers.* Cote 12.

son sceau en cire verte l'acte de vente par lui faite à Guillaume Gabet, « maistre escolle de l'église de Poictiers » d'une dîme appelée la « dîme de Brisay », reposant sur les terrages de Sairres en la paroisse de ce nom (1).

Ces deux titres prouvent la facilité avec laquelle l'on consentait, à Brisay, une aliénation quelconque sur le fief de Sairres, lorsque le besoin s'en faisait sentir.

Voici quelle était la composition de cette parcelle de la seigneurie de Brisay, d'après un aveu rendu le 1er juin 1451.

1º Une maison noble située sur le sommet du coteau qui domine le village de Sairres, à courte distance du Puy-de-Sairres, avec cour, jardin, bâtiments de ferme et clos de vignes, le tout d'un seul tenant désigné sous le nom d'hôtel de la Jussaumière, auquel s'ajoutaient quelques dépendances en terres labourables et prairies. La Jussaumière était le lieu où se rendait la justice du fief de Sairres, laquelle, en raison de la division de son aveu résultant de sa situation territoriale, avait son siège particulier. La Jussaumière fut détachée de la seigneurie de Brisay en vertu d'une aliénation consentie au commencement du XVIIº siècle, et depuis lors les assises de la justice furent tenues au bourg de Sairres, sous « l'oumeau de Sairres » qui se trouvait planté sur la place de l'église paroissiale.

2º Six arpents de prairie situés à la Croix-Vieille près des prairies de Maison-Neuve, au Gourgousson près des prairies de Villiers et aux Nesdes.

3º Les bois des Freslons, de Mauregard, de la Vieille-Haye, du Sableroy et du Marais, en tout 206 arpents de taillis espacés entre la forêt de Scévolle et le bourg de Sairres, côtoyés ou traversés par le grand chemin de Mirebeau à Chinon.

4º Une maison avec jardin, clos de vignes et dépendances, située au village de Sairres, et qui devint, après l'aliénation

(1) *Arch. de la ville de Poitiers.* Cote 12.

de la Jussaumière, l'hôtel du fief. Ce n'était plus qu'un « foudis » (ruine) en 1688.

Veut-on savoir ce qu'il était payé au trésor à la fin du siècle dernier pour la mutation de ce petit fief ? Voici :

« États des coûts de la foy et hommage du fief de Sairres, appartenant à M. le marquis de la Haye, faits au bureau des finances à Tours, le 3 décembre 1773.

Epices.	50 livres
Sceau.	5 livres
Parquet.	12 livres 10 sous.
Greffe.	24 livres 4 sous.
Parchemin.	1 livre 8 sous.
Contrôle de poursuites. .	1 livre 2 sous.
Droits réservés. . . .	22 livres
Honoraires du procureur.	6 livres
Total. . .	121 livres 24 sous » (1).

§ III

FUYE DE BEAUDAY

Une vaste étendue de soixante-dix arpents de terre d'un seul tenant entourés de murs, garnissant le flanc sud d'un côteau qui s'inclinait à l'ouest du bourg de Savigny, vers le hameau de Beauday, faisant face aux Roches-de-Coussay et au village de Brisay, tel était ce fief en forme de quadrilatère borné au nord par le chemin de Cezay à Mirebeau, à l'est par le sentier de la Messalière au moulin de la Roue, au couchant par la voie de Sairres à Douçay, et au midi par la rue principale du hameau de la Fuye, dont un certain nombre de maisons relevaient du château de Brisay, à titre de censive.

(1) *Arch. du chât. de Brisay*, vol. P.

Ce clos était entièrement consacré à la culture de la vigne, et son rendement s'évaluait, en 1311, à une moyenne annuelle de 10 pipes de vin. Le fermier qui le cultivait payait en nature au seigneur « le quart des fruitz croissant en iceluy ».

Très anciennement, il est fait mention de ce fief parmi les dépendances du domaine de la Roche-Brisay. Certaines obligations contractées, notamment en 1288 et 1365, le grèvent de redevances envers des étrangers. Le très grand nombre de déclarations censives rendues au seigneur, pour des terres sises à la Fuye de Beauday, prouve l'importance féodale qu'avait eu ce fief dès les temps les plus reculés. Après les aliénations vinrent les augmentations. Dans les dernières années du XV° siècle, la Fuye vit son revenu s'accroître d'une rente de six setiers de froment achetée aux hoirs de messire Jehan Blandin, prêtre, jadis chanoine et grand chantre de l'église de N.-D. de Mirebeau, qui la tenait de Christophe Bompart, seigneur de la Trapière. Elle était grevée de l'obligation de fournir tous les ans à M. l'archiprêtre de Mirebeau, le jour Saint-Michel, deux setiers de seigle, deux chapons, deux poules et deux deniers, qui n'appauvrissaient pas beaucoup le détenteur du fonds, car en 1511, elle fut affermée à un Aimar Thibaut, receveur du château de Douçay, qui la paya intégralement au seigneur de Brisay, prenant à sa charge unique le versement de ce qui était dû à l'archiprêtre, preuve sensible de l'augmentation produite alors par le rendement de ce bien.

Ce fief changea d'affectation dans le courant du XVI° siècle et cessa de faire partie du domaine direct de la Maison de Brisay. Il fut morcelé par portions, afféagé ou même inféodé à un certain nombre de cultivateurs qui en firent les fruits leurs, moyennant une redevance censive. Ce qui prouve le fait, c'est une sentence prononcée aux assises de la cour de Brisay, en 1597, condamnant « Jehan Guillegaust, de la Fuye, à rendre son adveu des choses qu'il tient à foy et hommage de la dite court » ; c'est de plus l'hommage qui fût rendu de ce chef par son fils Vincent, portant sur des héritages situés en un lieu nommé « les quartz de Brisay, à la Fuie », qui font bien partie des 70 arpents sur lesquels les seigneurs prélevaient, aux termes des aveux précédents, le quart des fruits recueillis sur toute leur étendue.

Une déclaration, rendue en 1718, fait voir que « les quartz de Brisay » appartenaient alors à messire Antoine Desvaux, seigneur de la Fuye, lequel en devait et payait annuellement à la seigneurie de Brisay 1 sou et 2 chapons de cens.

Le moulin de la Roue, situé sur le territoire de Beauday, en tête d'un étang dont les eaux se déversaient dans la Lanvigne, faisait partie du fief de la Fuye, et relevait directement du domaine de Brisay. Tous les aveux l'énoncent comme une dépendance unie sous un même hommage, ce qui s'explique par ce fait que Savigny faisait partie du Mirebalais.

§ IV

TERRE DE CÉLIÉ

Ce joli domaine comprenant château, cour, jardin, parc, garenne, étang et dépendances, était situé dans le village de Celliers, autrefois Célié et même Salié, qui se trouvait au sud de la Fuye de Beauday, à peu près à égale distance au sud-est de Brisay et au nord-est de Mirebeau.

Dès les temps les plus anciens, Célié faisait partie des dépendances de Brisay, auquel il était uni sous un même hommage. Un acte très détaillé du XVI⁰ siècle rapporte que « la seigneurie de Célié était bien du domaine ancien de la seigneurie de la Roche de Brisay, crue des plus nobles et anciennes maisons de la baronnie de Mirebeau, et estoit icelluy hostel et seigneurie de la Roche de Brisay tenu noblement par foy et hommage de la seigneurie de Mirebeau à certains debvoirs et sommes, soubz lequel hommage de Brisay estoit tenu et advoué le dict hostel, domaine et ténement de Célié et ses appartenances de toute ancienneté, et icelluy sire de Brisay et ses prédécesseurs, lorsqu'ils avaient rendu leurs fiefs et dénombrements, au dit sieur baron de Mirebeau, avaient toujours employé les dicts hostel et seigneurie de Célié comme le tout estant tenu soubz la seule foy et hommage de la dicte seigneurie de Brisay, et aussi l'avaient tousjours reconnu les seigneurs de Mirebeau dans leurs aveux qui avaient été rendus de la dite baronnie au château de Saumur, qu'ainsi il estoit constant que les seigneurs de Brisay tenaient très anciennement à leur domaine le dict lieu de Célié ainsi que l'hostel de Brisay » (1).

En effet, des documents très antérieurs prouvent le bien fondé de cette assertion. En 1288, dans un accord intervenu entre les deux seigneurs de Brisay et de Mirebeau, le même dégré de justice est étendu sur les deux fiefs de la Roche et de Célié, et tous les aveux des XIVᵉ et XVᵉ siècles présentent constamment les deux terres comme unies et fondues sous le même lien féodal, insistant sur ce fait que « les chouses de Célié et de la Roche » relevaient bien de Mirebeau « à une seule ligence ».

Voici comment, en 1311, le seigneur de la Roche-Brisay s'exprimait en son aveu sur le dénombrement de Célié :
« Item avoue tenr de vous, mon très redoté signour, en la mesme foy et homage mon herbergement de Célié, sy comme il se poursuict, comprent et comportent et ainssin qu'il est circuyté par fons et par doves, prez et praeries, l'issue et l'entrée du dict herbergement, et avecques les gaigneries et noyerays, estans, viviers, moulins tournans par eaou et par vent, et tout ce qui s'en despend et puet despendre » (2).

(1) *Arch. du chât. de Brisay*, vol. E.
(2) *Arch. du chât. de Brisay*, vol A.

La terre de Célié se composait de :

1º L'hôtel seigneurial situé dans le bourg et sur la place de l'église de Celliers, consistant en une forteresse avec habitation de maître, métairie, cour, verger et dépendances entourées d'un mur et d'une douve.

2º La garenne attenant à l'hôtel, entourée d'une clôture, s'étendant jusqu'à la rivière des Sasses, affluent de la Lanvigne, en partie boisée, partie en prairie de douze arpents, dont coupe et fanage ainsi que la rentrée dans les greniers du château, étaient la tâche obligatoire des sujets de la seigneurie. Ils pouvaient y être forcés par contrainte, jugement et amende.

3º Terres en culture : 22 arpents derrière l'église paroissiale ; 6 arpents à la Broce, au chemin de Mirebeau ; 4 et 1/2 arpents à Coupaillart et 1 autre au champ Lymosin près le cimetière.

4º Le pré Féraud de 3 arpents bordés par le chemin de Champvenu à Marsay et par l'étang de Celliers.

5º L'étang de Celliers, alimenté par la rivière des Sasses, sur la chaussée de clôture duquel passait le chemin de Mirebeau, vivier poissonneux qui formait une des principales sources de revenu du fief.

6º Vignes au Puy de Célié : trente arpents afféagés à des vassaux qui payaient au seigneur le quart des fruits.

7º Bois et taillis ; 8 arpents à Coupaillart sur le chemin de Célié à Boussageau, 20 arpents au Puy de Célié proche les biens de la cure, 38 arpents à la Vieille-Broce, voisine du Bignoux, 25 arpents à la Croix du Chaigne sur le chemin de Mirebeau au gué Jacquelin, 34 arpents au Vignault, le long de la rivière des Sasses et 12 au gué Jacquelin.

Le fief de Célié, dont le rendement était évalué à un sizième à peu près du revenu total du domaine de Brisay, subit des fluctuations nombreuses au Moyen-Age. Détaché en 1363, en faveur d'une dame de Brisay, Beatrix de Montejehan, dont il servit à compléter le douaire, il rentra avant 1389 au domaine, par suite du décès de cette dame. En 1470, il en fut de nouveau distrait en faveur d'un cadet de la maison : « outre baille la terre et seigneurie de Célié avec toutes ses appartenances et dépendances, soit maison, forteresse, métairie, domaine de prés et bois, cens, rentes et revenus de blé, vin, poulailles, fiefs, justice et droits seigneuriaux » — dit le partage réglé entre les deux frères, « réservé le ressort et souveraineté au dit chevalier seigneur de Brisay, dont le dit lieu de Célié sera tenu et mouvant à cause de son fief, parceque par avant ces présentes n'était dû qu'un seul hommage des dits lieux de Brisay et de Célié » (1).

Le nouveau possesseur s'installa dans sa maison de Célié et la géra en bon père de famille. Il y fit des réparations dont la dépense monta à 673 livres, 12 sous, 8 deniers. Et pourtant les bois ne lui coutèrent rien, il les tira de la forêt de Scévolle : son frère ainé les lui donna en complément de sa part dans la succession de leur père. Mais Célié avait été brûlé, au temps de la guerre, par les Anglais, et il est évident que les édifices durent être reconstruits de fond en comble. C'est ce qui explique la forte somme consacrée à sa restauration.

La présence de Jacques de Brisay, à Célié, est constatée par divers actes, notamment un bail du 6 novembre 1480, relatant quelques détails sur les soins apportés alors à la culture de la vigne. Par ce contract, « noble et puissant seigneur Jacques de Brisay, seigneur de Douçay et de Célié » concède à Etienne et Mathurin les Rouastz, paroissiens de Thurageau, « une pièce de terre assise au Puy de Célié, du côté du Champ-Venu, contenant une septerée, qu'ils tiendront du dit seigneur pour la planter en vignes ; et seront tenus les dits preneurs de planter la dite terre à eux baillée dedans trois ans prochain venant, et paieront au dit seigneur

(1) *Arch. du chât. de Brisay,* vol. E.

pour chaque boicellée de terre ung denier venant avecques la quarte partie de la dicte vendange, que les dits preneurs rendront et conduiront au pressoir du dit bailleur. Et est dit et octroyé que les dits preneurs seront tenuz de faire les dites vignes de quatre faizons, c'est assavoir de chausser, tailler, biner et bécher, et en cas de deffault le dit seigneur pourra prendre et lever la vendange pour la présente année, et si les dits preneurs délaissent de faire les dites vignes de deux années en suivant, le dict seigneur pourra prandre les dictes vignes, et en faire hault et bas comme du sien propre » (1).

En 1488, en vertu d'un nouveau partage entre les enfants de la maison de Brisay, Célié passa aux hoirs de Marguerite et Françoise de Brisay qui avaient épousé Fouçault d'Archiac et Antoine Pot.

En 1491, la terre de Célié se trouve détenue en indivis par Odet d'Archiac d'une part et Raoul Pot, Jeanne Pot, cousins germains. Odet d'Archiac, voulant sortir de l'indivision, proposa l'acquisition de leur moitié à ses cousins, qui la lui abandonnèrent par contrat passé à Availles le 28 juillet 1491. Raoul Pot toucha cent écus, Jeanne cinquante ; de plus d'Archiac prit à sa charge le paiement de leur part des dettes de leur oncle, le seigneur de Brisay, montant à 3,526 livres.

Odet d'Archiac ayant ainsi acquis les droits de ses co-héritiers sur la seconde moitié du domaine de Célié, s'en trouva devenu l'unique propriétaire. Comme tel, il était vassal du château de la Roche-Brisay, et fut cité à comparaître aux assises tenues en mai 1496, par Jehan Barrotin, sénéchal de la seigneurie, pour y faire l'exhibition de ses contracts d'acquêt et payer les lauds et ventes, ainsi que les droits de mutation de fief à raison de 3 sous 4 deniers pour chaque livre, soit en tout la somme forte de 587 livres, 13 sous, 3 deniers.

(1) *Arch. du chât. de Brisay*, vol. F.

Pour quels motifs Odet d'Archiac se refusa-t-il à obtempérer aux injonctions du sénéchal ? Pensait-il qu'entre parents la loi était lettre morte ? Ou se refusait-il à reconnaître la vassalité de son fief à l'égard du château de Brisay ? — On l'ignore. Ce que les actes nous apprennent, c'est que le nouveau seigneur de Célié n'ayant pas rempli, dans les délais voulus, ses obligations envers le châtelain de Brisay, vit purement et simplement son fief confisqué par le sénéchal Barrotin, et réintégré au domaine principal. De plus, une amende personnelle de 60 sous fut ajoutée à la saisie de l'immeuble, et l'ordre fut signifié aux sergents de la justice (braves gendarmes du temps) d'avoir à s'emparer de la personne du dit d'Archiac « si trouvé peut être » — il était contumax, — et de le tenir enfermé jusqu'à satisfaction donnée à son seigneur.

Célié ne fait cette fois retour au domaine des Brisay que pour peu de temps. Il en est détaché en 1500, par un partage survenu à la suite de longs procès, et abandonné à Marie Turpin, veuve du dernier seigneur de la Roche-Brisay, mort sans hoirs, dont elle se trouve être la légataire universelle.

Célié appartient alors successivement à Marie Turpin, remariée à messire René de Sanzay, puis à René de Sanzay, veuf de Marie, et plus tard au jeune René de Sanzay, leur fils, qui le détint jusqu'en 1540. A cette date Sanzay vendit Célié et la métairie de la Chaulme, une des dépendances, à maître François Germain, prête-nom de messire Bonnaventure Gillier, sire de Puygarreau, qui se vit aussitôt cité devant le sénéchal du Poitou, « pour lui faire exhiber par exhibition féodale le contract de la dicte acquisition comme estant en fief et seigneurie de Brisay, et pour en avoir les profits de fief qui sont lods et ventes ou les choses acquises par puissance et retenue féodale ».

Le seigneur de Brisay meurt et sa veuve, dame Françoise du Bec, tutrice des héritiers de son mari, poursuit le procès.

Elle allègue que la terre de Célié a toujours fait partie du domaine direct des ancêtres de son fils, et n'en fut détachée qu'à la condition expresse de vassalité envers eux, comme le prouve le partage fait en 1470, entre les frères Brisay. Elle ajoute que « par la coustume d'Anjou, quand les puisnés que la dicte coustume appelle paraige vendent l'héritage qui leur a esté ceddé soubs l'hommage qui en a esté faict par le chesnier (ainé de la famille), l'acquéreur est tenu faire foy et hommage au dict chesnier, et luy payer les ventes, ou laisser au dict chesnier les choses acquises par retrait féodal ». Elle conclut, pour ces motifs, à ce que maître Germain François qui, par son contrat d'acquêt, succédait à toutes les obligations des Sanzay, ses parageurs, lui paye les droits de lauds et ventes, ou qu'il abandonne les biens par lui acquis, pour qu'ils soient réintégrés au domaine (1).

François Germain, pour sa défense, appelle alors en cause messire René de Sanzay, son vendeur, et comme garant supérieur, le baron de Mirebeau messire Gilbert de Blanchefort.

Le premier affirme qu'il est notoire que le fief de Célié a été anciennement consolidé avec la seigneurie de Brisay, point sur lequel il n'y a pas un doute à émettre, mais il prétend n'avoir point tenu ce fief en parage, alléguant que les feus seigneurs de Brisay l'avaient cédé à sa mère, par raison de partage, « sans aucune rétention ni réservation »; que, d'ailleurs la valeur de ce fief dépasse le tiers de la valeur totale de la seigneurie de Brisay et que, d'après la coutume angevine, quand le possesseur d'un domaine en détache plus de la tierce partie, cette fraction constitue une seigneurie nouvelle dont le vasselage échappe à l'ancien seigneur, pour être reporté au suzerain du dégré supérieur; que, dans ces conditions il a toujours considéré Célié comme

(1) *Arch. du chât. de Brisay*, vol. A.

relevant de sa baronnie de Douçay, à laquelle il l'avait annexé par suite du partage qui lui en avait assigné la possession, à tel point qu'il n'en a jamais rendu particulièrement aveu ; aussi considère-t-il la réclamation de la dame de Brisay comme injuste et mal fondée, les profits de fiefs, en ce qui concerne Célié, ne pouvant et ne devant appartenir qu'à lui seul.

Louis Jouslain, curateur du baron de Mirebeau en minorité, soutient de son côté une autre thèse, car ici, comme en toute affaire litigieuse, chacun prêche pour son saint. Heureux qui parviendra à pêcher en eau trouble ! Il démontre que ce n'est ni au seigneur de Douçay, ni à la dame de Brisay, mais bien à monseigneur de Mirebeau, leur suzerain, que doivent être attribués les profits de fief résultant de la vente de Célié. Comment cela ? l'adroit procureur va le démontrer.

Il rappelle que les terres de Douçay et de Célié ont été « esclipsées » du domaine de la Roche-Brisay, par partage daté de 1500, en faveur de René de Sanzay et de Marie Turpin, sa femme, et que le seigneur de Brisay, en acceptant et reconnaissant cet acte, a renoncé à la possession des deux fiefs « sans y avoir retenu aulcune chose ». Depuis cette époque, Marie Turpin et René de Sanzay, son mari, ont, et leur fils après eux, joui et usé des dites terres sans aucun contredit, ni protestation de la part du châtelain de Brisay, preuve évidente de l'abandon bien et dûment fait par ce dernier du dit fief de Célié, dont la valeur a été par lui reconnue dépassant le tiers de son domaine. Mais dès lors, une nouvelle seigneurie s'est formée, et c'est au baron de Mirebeau, ancien suzerain du dit Brisay, que doit être dévolue la mouvance de Célié, érigé en un nouveau fief, car la coutume du pays d'Anjou, réglant la matière, s'exprime ainsi :

« Sy aulcun fief est alliéné ou transporté par quelque moyen que ce soit, de partage ou aultrement, sans y retenir debvoir de fief par dessus, la foy et hommage et tout autre proffit de fief est dévolu au seigneur suzerain de qui la dicte chose estoit auparavant tenue et mouvante ».

Et pour ce motif, c'est au baron de Mirebeau que sont dus et doivent être versés les droits de vente sur le contrat de François Germain.

On se demande comment des plaideurs sérieux pouvaient soutenir la fausseté de pareils arguments, quand on leur mettait sous les yeux des documents qui foudroyaient entièrement leurs prétentions. Il existe en effet deux actes, dont les termes tranchent nettement la question. C'est d'abord le partage consenti en 1470, par les frères Brisay, dans lequel l'aîné transférant à son frère cadet la terre de Célié, spécifie que cette terre sera tenue à foy et hommage du château de Brisay ; et c'est en second lieu la fixation du douaire, consenti en 1363, en faveur de Béatrix de Montejehan par son fils, établissant clairement que Célié ne dépassait pas le tiers de la valeur du domaine patrimonial, puisqu'il fallut abandonner, en plus de Célié, à cette dame, l'hôtel de Mirebeau, pour compléter le tiers des biens de son mari, dont elle avait le droit de revendiquer la jouissance. Peu importe, l'avocat soutenait que Célié valait plus du tiers du domaine principal, et que Célié avait été transporté sans condition... !

Le procès qui nous occupe, entamé en 1540, dure sept ans et aboutit à une sentence inique. Elle est prononcée à la sénéchaussée de Poitiers, sous Melchior Després, sire de Montpezat, sénéchal, le 11 juillet 1547, en l'absence des parties dûment convoquées, « le nom de Dieu à ce appelé ». Elle déboute la dame de Brisay de sa demande et attribue au baron de Mirebeau la perception des droits de mutation de Célié.

« Respirons maintenant ! » pourrait-on dire comme la mouche.... Mais la montagne de Thémis n'est pas gravie, nous ne sommes pas au bout de nos peines. — Il a fallu, pour produire ce jugement, donner un croc-en-jambes audacieux au fameux partage, sur lequel les prétentions des seigneurs de Mirebeau semblaient elles-mêmes être basées. Ce partage, en effet, évaluait à 101 livres le revenu de Célié, et à 330 livres le revenu de Brisay. Comment appuyer la sentence sur ce considérant : la valeur de Célié dépasse le tiers de la valeur de Brisay. Une justice aussi fantaisiste exigeait un recours en appel. La dame de Brisay s'adresse au Parlement de Paris. Pauvre demoiselle ! ruinée par les partages de famille, rongée jusqu'aux os par les frais de greffe après sept années d'instance coûteuse, de démarches sans fin, condamnée à perdre encore une somme importante sur laquelle elle comptait, la voilà sur la route de Paris, constituant avocat, procureur, achetant papier-timbre, copie de documents, et tous les instruments de la passion, — je veux dire de la procédure — subissant la torture de la chicane, des comparutions, des admonestations et des enquêtes, pendant que ses enfants mineurs demeurent réduits à la gêne dans leur maison, que les créanciers se proposent déjà de faire mettre en décret. C'est elle, on se rappelle, qui a dû, un peu plus tard aliéner le patrimoine de ses aïeux, pour subvenir aux besoins de son intérieur, et qui trouva un si obligeant concours auprès du chapelain Mesnage, au moment où, privée de domicile, elle reçut l'hospitalité chez cet ami. Nul doute que les excessives dépenses de ce procès — qu'elle ne gagna point — n'aient été la raison principale de sa déconfiture.

Françoise du Bec mourut sans savoir si elle était restée suzeraine de Célié, car bien longtemps encore après elle, le Parlement ne s'était pas prononcé sur la question. En 1599, c'est-à-dire plus de cinquante ans après la funeste sentence du sénéchal Melchior, Madelaine de Brisay, fille de Françoise, rendant l'aveu de son domaine, déclarait relever d'elle, au regard de sa forteresse de Brisay, « l'hostel et seigneurie de Célié, avecques toutes ses appartenances, lequel hostel de

Célié tenoient auparavant, *en parage* de la seigneurie de Brisay, Odet d'Archiac, etc... comme appert par l'ancien partage du dit Brisay ; laquelle seigneurie et appartenances de Célié fust despuis à Madame Marie Turpin, espouse de messire René de Sanzay ». On trouve là une preuve du maintien de la juste prétention des seigneurs de Brisay, sur Célié, non déterminée encore en justice, car Madelaine a soin d'ajouter : « le tout sans préjudice du procès pendant par devant nos seigneurs de la Court du Parlement de Paris, avec laquelle protestation j'ay tousjours esté receue, mon dict seigneur, faisant la dicte foy et hommage » (1).

Maître François Germain, acquéreur en 1540, n'était probablement qu'un mandataire agissant par procuration de messire Bonaventure Gillier, sire de Puygarreau, que nous trouvons en possession du fief de Célié, pendant la seconde moitié du XVIe siècle. C'est du reste ce que donne à entendre l'aveu de 1599, lorsqu'il dit : « les héritiers de laquelle Turpin avoient vendu les dictes choses au dict deffunct Bonaventure Gillier ».

Ce Gillier, suppléé par son acquisition aux devoirs comme aux droits des Sanzay, avait, bien entendu, refusé comme eux, de se soumettre au vasselage des Brisay. Ceux-ci faisaient mine de saisir le fief; leurs sentences de justice le déclaraient remis sous la main du suzerain, mais autant en emportait le vent, puisque les lenteurs du Parlement laissaient toute chose en suspens, et qu'aucun arrêt définitif ne venait statuer sur les droits de chacun. Et l'on avait vu surgir cette anomalie bizarre : Madelaine de Brisay, se disant, dans un aveu rendu en 1578, à Mirebeau, dame de Célié, reçue comme telle par son supérieur hiérarchique (François de Bourbon-Montpensier), « sans préjudice touttefois de l'opposition formée par le sieur de Puygarreau », pendant que le dit sieur de Puygarreau jouissait en réalité de la terre, et la gérait à son profit.

(1) *Arch. de Brisay*, vol. A.

C'était là une situation tendue : personne ne cédait d'une part ou de l'autre ; à Brisay on se disait maître de Célié que l'on ne détenait point ; à Puygarreau l'on se prétendait affranchi de tout lien et de toute redevance, sans que l'on soit certain d'un avenir qu'un arrêt de justice pouvait modifier ; Mirebeau s'arrogeait une suzeraineté fictive et réclamait des droits de mutation, qui n'étaient pas payés, puisque la sentence qui en avait fixé l'attribution était infirmée par l'appel au Parlement. Et pendant que, d'une part, les Gillier se succédaient à Célié comme à Puygarreau, « haute et puissante dame madame Louise de Croizilles, veuve de messire Georges Gillier, marquis de Marmande, Puygarreau et Celliers » recevant au nom de son fils mineur, en 1672 notamment, nombreuses déclarations foncières comme la vraie et unique propriétaire du fonds ; d'autre part, le seigneur de Brisay, en 1689, se déclarait encore et toujours seigneur de Celliers, réserve faite de la sentence à intervenir au Parlement sur la question de vassalité.

L'arrêt de la Cour suprême, toujours attendu, ne fut pas rendu, et l'affaire demeura en suspens jusqu'à la Révolution, qui trancha net le différend, en supprimant la féodalité.

§ V

DÎME D'AGRESSAY

Ceci n'est plus une possession territoriale ; c'est ce qu'on appelait un *fief en l'air*. Il consistait dans la perception et la jouissance de la dixième partie des fruits, en nature, produits par certaines possessions d'autrui. Toutes les terres en culture, situées sur le territoire du village d'Agressay, paroisse de Thurageau, à six kilomètres à l'est de Mirebeau, en étaient grevées au profit des seigneurs de

Brisay. Quelle fut l'origine de cette possession qui, certainement fit partie, du domaine de la Roche-Brisay, dès sa formation ? C'est ce que nous allons expliquer par des faits historiques.

En 1059, Geoffroy Martel, comte d'Anjou, passant à Mirebeau, faisait don au prieuré de Saint-Nicolas de la totalité des terres cultivées ou non, avec leurs dépendances, droits, privilèges, etc., situées au village d'Agressay ; et pour mettre ces biens à l'abri de toute surprise et de toute violence, il en confiait la surveillance et la garde à Barthélemy de Chinon, son vassal, seigneur du château de Mirebeau et gouverneur, au nom du prince, de tout le pays mirebalais.

Barthélemy, qui joignait à la puissance militaire l'autorité du prélat, — il était archevêque de Tours, — consentit volontiers à étendre sa protection toute spéciale sur Agressay, devenu bien d'église, mais il prit une juste compensation à sa sollicitude et à sa peine, en prélevant la dîme sur la totalité des terrages confiés à sa juridiction. Puis, lorsqu'il eut installé à Mirebeau Alès de Brisay, dans le fortin dont il décréta l'érection près de son château, et quand il lui eut donné l'investiture d'un fief important au pays, il lui délégua ses pouvoirs de surveillance et de protection sur le territoire d'Agressay, et le gratifia de la dîme qu'il y prélevait, comme il lui avait donné pour un motif analogue, la dîme du Bourg, que le seigneur de Brisay recueillait dans les paroisses voisines, et dans celle de Mirebeau où il exerçait les mêmes pouvoirs. Les terrages de la dîme d'Agressay et ceux de la dîme du Bourg se touchaient ; il ne paraît donc pas douteux que leur possession, par le seigneur de Brisay, ait eu la même origine.

Quelques vicissitudes qu'aient eu à traverser, par la suite, le village et les terres d'Agressay, par le fait des membres de la maison de Mirebeau, dont les Brisay étaient d'ailleurs parents, il reste évident que le droit d'y prélever la dîme ne fut point enlevé à ces derniers à aucune époque du Moyen-Age. Cette partie du patrimoine appelée « grande dime d'Agrissay » devait figure au nombre des possessions du seigneur de la Roche-Brisay dans les aveux les plus anciens rendus par ce feudataire. En 1288, on la trouve consignée au nombre des dépendances de la Roche sur lesquelles les Brisay exerçaient leur justice. En 1311 elle est également citée, dans l'aveu du domaine, évaluée « tant en blé que aultres chouses » à dix-huit livres six sous de revenu annuel. Plusieurs actes du XIVe siècle en font mention, notamment en 1345 ; et jusqu'en 1365, elle est maintenue dans le domaine direct de la maison.

Un seigneur de la Roche-Brisay ayant acheté, vers 1350, la baronnie de Douçay à un gentilhomme nommé Renaut de Pouant, obtint de ce dernier un délai de paiement, moyennant une rente de 50 setiers de froment, qu'il s'engagea à lui payer chaque année « jusques à temps que lui ou ses hoirs eussent bien et convenablement assigné le paiement d'icelle vente ».

Le fils de ce seigneur, désirant procéder au règlement convenu, remit à Renaut 50 écus d'or, et lui abandonna la dime d'Agressay. Toutefois, en transportant ainsi une partie de son bien patrimonial, le jeune suzerain entendit et spécifia qu'il conservait son droit de fief sur le bien aliéné. Renaut devint, de ce chef, vassal du château de Brisay, pour la dime d'Agressay « en franc debvoir ». Il ne devait pas le service militaire, rendait l'hommage simple et payait chaque année 12 deniers de rente. Le fief était taxé à 12 deniers de mutation, payables par « homme vivant et mourant » qui devait être créancé par le possesseur de la dime (1).

La dime d'Agressay, perçue en blés et en vins, se prélevait sur une grande étendue de terrains située sous le village même de ce nom, depuis l'étang des Barres non loin

---

(1) *Arch. du chât. de Brisay*, vol. E.

de Chézelles, à l'est, jusqu'au grand chemin de Poitiers à Mirebeau, à l'ouest ; et au nord touchant les villages de Chevry, Chaumont et Douge, au sud les terres de la Jarrie, l'enclos des dames religieuses de Lencloître, dépendance de Fontevrauld, et le bois de la Salle. Le chemin de Chéneché à Mirebeau, passant par Thurageau, traversait ces terrains et en facilitait l'exploitation. Quant aux denrées que le décimateur y recueillait, elles étaient amassées et mises à sa disposition au village du Coudray, où il avait granges et celliers pour les recevoir.

Renaut de Pouant laissa ses biens aux Grimaut qui vendirent la dîme, en 1465, à la ville de Poitiers. Nous verrons plus loin ce qu'elle devint aux mains de ces nouveaux possesseurs.

§ VI

BARONNIE DE DOUÇAY

Ce bien ne fut pas, à proprement parler, un membre de la seigneurie de Brisay, mais il en fut une annexe ; et comme il a été acquis en échange de la dîme d'Agressay, laquelle, dès la consolidation du fief, comptait parmi les parcelles formant le domaine, nous croyons bien faire en le plaçant ici, à la suite immédiate des fiefs dont nous venons de donner la description.

La terre de Douçay, châtellenie avec titre de baronnie dès le XIVe siècle, étendait sa juridiction sur les paroisses de Savigny, Douçay, Celliers, depuis le gué Jacquelain, au sud, point par lequel elle se soudait au fief de Célié, jusqu'à la Himbaudière, au nord, près Cezay, touchant de ce côté le fief de Sairres, autre dépendance du domaine de Brisay ; par son flanc droit elle adjaçait au fief de la Fuye de Beauday, mettant ainsi en communication directe Brisay et Célié. Faire l'acquisition de cette terre, c'était créer autour du château de Brisay, un arrondissement féodal des plus compacts. On peut croire que les chefs de la famille, à diverses époques, aient jeté leur dévolu sur cette baronnie, et fait tout leur possible pour s'en rendre acquéreurs. Ce ne fut toutefois que dans le courant du XIVe siècle qu'ils se trouvèrent en mesure de la réunir à leurs possessions.

A cette époque, Douçay était entre les mains de Renaut de Pouant, valet, dont le prénom rappelle celui d'un des premiers possesseurs connus du fief, *Raginaldus de Doçaio*, qui fut prévôt de Sauve, au XIe siècle, et dont le rôle important, joué en Mirebalais, paraît avoir été l'origine des droits supérieurs et du titre honorifique possédés par Douçay très anciennement. Renaut de Pouant était mineur en 1345, sous la tutelle de son beau-frère Pierre de Douge qui, pour l'enfant, portait, à Mirebeau, l'aveu de Douçay. Dès qu'il fut majeur ou émancipé, Renaut voulut se défaire de Douçay, et c'est alors que le seigneur de Brisay le lui acheta au prix d'une rente de 50 setiers de froment. Puis en 1365, intervint entre les deux gentilshommes le traité définitif en vertu duquel Renaut prit, comme nous avons dit, la dîme d'Agressay, 50 écus d'or, et le petit fief du Magnoux, en la paroisse d'Orches, abandonnant au sire de la Roche-Brisay, sa baronnie de Douçay, « demeurant quittes pour ainsi l'un vers l'autre de toutes les chouses personnelles qu'ils povaient avoir eues et prinses l'un sur l'autre, tant du fait touchant Guiem de Marçay, aïeul dudit Regnaut, que ledit Regnaut de tout le temps passé », phrase grosse de mystères, d'où il semble résulter que des querelles de famille, ou d'intérêt, avaient produit quelques orages, aujourd'hui et par le dit acte apaisés, entre ces seigneurs voisins, et proche parents, puisqu'une alliance avec les Marsay, datant des commencements de ce siècle, faisait d'eux des cousins issus de germains. Nous ne connaissons point le détail de ces aventures qui, du reste, n'ont pas à être narrées ici.

La baronnie de Douçay comprenait :

1º Le château situé au sud-ouest du bourg, sur la déclivité du côteau de Boisvert, avec sa basse-cour, le tout entouré de murs et de douves.

2º Une garenne de six arpents, enfermée de murs.

3º Quatre-vingts boicellées de terre en culture, situées aux terroirs dits Champ de la Croix, la Rivière, Gasse, Puylivet, la Pelleterie du Chaigne, Langle, Amillart et Beaussay.

4º Une ferme appelée « ostel de la Garde », sur le chemin de Douçay à Brisay, avec son enclos de 18 hommées de vignes, 58 boicellées de terre labourable, aux terroirs de la Rabotallière, le Champ du Poix, etc., entre le chemin de Brisay et le clos du château de Douçay.

5º Censives : 52 héritages payant le cens en deniers ; 35 le payant pour « leurs logis séant en l'hôtel fort de Douçay » ; 17 rendant des rentes de seigles et froment, et 12 en volailles ; en tout 118 censitaires.

6º Droit de jalon sur les vins, consistant à prélever trois pintes de vin sur chaque tonne vendue au détail dans la seigneurie.

7º Haute, moyenne et basse justice et ce qui en dépend, sauf les plaids de quinzaine réservés à la baronnie de Mirebeau, péage et levage, sceaux et contrats, mesures à blé et à vin.

8º Droit de semondre les hommes de la baronnie à monter la garde et faire le guet en la forteresse de Douçay.

9º Droit de faire « jouxter à la quintayne », le dimanche fête de la Trinité, tous les nouveaux mariés de l'année.

La quintaine était un mannequin de bois ayant figure d'homme, qui tournait sur un pivot. On le mettait en place en un lieu quelconque, où l'espace n'était pas ménagé. Le seigneur fournissait un cheval équipé, une paire d'éperons et un fer de lance au vilain qui devait ou voulait courir la joûte. A Douçay, la course se donnait le jour de la Trinité, sur la place de l'église, après la grand'messe. A tour de rôle, chaque nouveau marié se présentait, porteur d'une lance de bois, au bout de laquelle on emmanchait le fer, il chaussait les éperons et enfourchait le dada. S'il était cavalier, les choses allaient leur train ; notre guerrier improvisé se lançait au galop, faisait le tour de la place, puis piquait sur la quintaine, qui pivotait, frappée dans son centre, sous un coup sec et droit de la lance rompue. Car le coup devait être si fortement appliqué, que la lance de bois se rompît, et, si par trois coups successifs, la lance n'était brisée, le joûteur payait trois mines d'avoine. Si le nouveau marié n'était pas cavalier, l'assistance se tenait les côtes à le voir empêtré de son cheval, ne sachant l'enfourcher ni le conduire, et l'on applaudissait aux chutes qu'il faisait sur le gazon. Ou bien, s'il se tenait en selle, mais dirigeait mal sa bête, notre villageois frappait de travers la quintaine qui, levant alors le bras par l'effet d'un ressort mécanique, et se retournant vers lui, appliquait sur le dos du maladroit, un fort coup de bâton. Dans ce cas, le pauvre diable riait d'autant moins, qu'il devait payer les trois mines d'avoine au seigneur. Les payait aussi tout nouveau marié qui refusait de « jouxter », ou qui manquait au rendez-vous. Cette joute était un des grands plaisirs villageois du Moyen-Age. Elle n'avait pas lieu dans toutes les seigneuries, mais seulement dans les principales ; car cet exercice n'avait rien de grotesque, c'était un simple apprentissage du métier de soldat ou d'archer. On ne s'y adonnait pas dans les modestes fiefs dont les sujets n'étaient pas astreints au service militaire ; à Douçay, où les habitants étaient presque tous les *estagiers* du château, il leur fallait s'habituer au maniement du cheval et de la lance, afin d'être prêts à s'en servir en temps de guerre. Cette sage mesure d'instruction militaire, est l'unique origine du droit de quintaine exercé à Douçay.

Le seigneur de Douçay faisait aussi jouer à la balle ses jeunes sujets, probablement dans le but de leur apprendre à lancer des brûlots, ou autres engins meurtriers, par dessus les murailles d'une forteresse.

« Item ay droit, celluy jour de la Trinité, dit un aveu du XV⁰ siècle, sur les homes du Prévost de Saint-Martin-de-Tours estans en ma haulte juridiction, que paraillement quand ils sont mariés, ils sont tenuz, icelluy roy des dimanches, de me apporter pallotes de cuier embourées de boure, lesquelles me doibvent estre présentées ; et choisira le dict marié laquelle qu'il luy plaira ; et quant il aura choisi la dicte pallote, je la puis faire essoier ou commectre homes par moy pour l'essoier contre ung pillier de l'église de Douçay, et si de troys fois l'une il ront ou descout ladicte pallote, celui qui l'aura baillée ou présentée, poira troys mines d'avoynes » (1).

Cette terre rapportait, au XV⁰ siècle, cent livres de rente.

Elle relevait à foy et hommage lige du château de Mirebeau, devait cinquante sous aux aides et quarante jours de garde, rendus par le seigneur et ses estagiers à l'étroit besoin de la défense de la forteresse, avec « honneur, service, révérance, toutes subjection et vraye obéissance telle que home de foy lige doit à son seigneur de fief et de foy ».

La forteresse de Douçay eut fort à souffrir des faits de guerre locale qui succédèrent au traité de Brétigny, en 1362. Ce traité abandonnant tout l'ouest de la France aux Anglais — ils l'avaient du reste conquis — ne put être accepté par la noblesse poitevine et angevine, qui se défendit personnellement dans ses châteaux, contre l'invasion de nouveaux maîtres aussi durement imposés.

Le seigneur de Brisay, possesseur alors de Douçay, avait mis sa forteresse en état de sérieuse résistance. L'enceinte en était assez vaste, derrière la double ceinture de murs et

(1) *Arch. nat.* Rég. P.

de fossés, pour qu'un grand nombre de sujets de la baronnie aient pu venir s'y installer, avec leurs familles, leur mobilier et leurs bestiaux ; ils y avaient construit de petites habitations, qui s'élevaient au nombre de 35 feux, payant le cens au seigneur à titre de loyer, puis, en cas d'attaque, ils étaient tenus de s'armer, de se rendre au rempart et de repousser par la force les assauts tentés par l'ennemi. Ils étaient conduits et commandés au combat par un officier nommé le châtelain de Douçay.

Le seigneur baron, confiant dans la bonne organisation de sa défense, dans la vigilance de son châtelain et dans la valeur de ses estagiers (*stantes*, qui se tiennent sur la muraille), avait quitté Douçay pour aller combattre les Anglais en Saintonge, sous la conduite d'un capitaine ami et voisin (1368). Mais il avait compté sans quelques traitres, vivant dans le ressort de sa juridiction, à lui liés par leur serment, et qui n'eurent rien de plus pressé que d'aller révéler les faits et gestes de leur maître pour le perdre et s'enrichir de ses dépouilles. L'histoire vengeresse nous a conservé leurs noms.

Au printemps de 1369, on vit arriver devant Douçay le vicomte de Châtellerault, allié des Anglais, escorté de quatre chevaliers français, personnages dont le Mirebalais n'a point à s'enorgueillir ; c'étaient Jehan du Rivau, Jehan de Cursay, Lancelot d'Usseau et Renaut de Montelieu, sujets et hommes de foy du château de Douçay, accompagnés de deux écuyers Guyon Quentin et Jehan Bessières, vassaux du seigneur de la Roche-Brisay pour une autre terre. Ils se jetèrent à l'improviste sur le château, l'enlevèrent de vive force, en dispersèrent les défenseurs surpris d'une aussi brusque attaque, pillèrent et emportèrent tout ce qu'ils trouvèrent de leur convenance, et incendièrent les édifices en entier. Quelques jours après, ils revinrent et détruisirent même les ruines fumantes dont l'aspect attestait leur félonie.

Pendant ce temps-là, le seigneur de Douçay n'était guère plus heureux dans la défense de sa personne que dans celle de ses domaines. Il était battu en rase campagne, et fait prisonnier avec le sire de Rochechouart et quelques autres.

Tous ces événements sont connus par deux actes, dont l'un est une lettre royale de Charles V, octroyant au sire de Brisay le don de trois cents livrées de terre à prendre sur ses sujets félons du Poitou et de l'Anjou, et dans laquelle ceux-ci sont nommés, comme compensation de la perte de ses châteaux, de son mobilier, de ses chevaux et des fortes rançons qu'il a dû payer aux Anglais pour se tirer de leurs mains, et en dégager quelques-uns de ses sujets ; l'autre est un document relatant quelques détails sur la reconstruction du château de Douçay, dont nous allons nous occuper ci-après.

Notre baronnie était tombée en quenouille à la fin du XIV° siècle : Bertrande de la Jaille, veuve du dernier seigneur, se disait, en 1391, dame de Douçay, dont les revenus lui avaient été assignés en douaire. Elle habitait l'hôtel de Brisay, à Mirebeau, et elle y recevait, en 1397, des lettres patentes de la reine de Jérusalem, sa suzeraine, confirmatrices de tous les droits dont elle jouissait à Douçay et ailleurs, dans le Mirebalais, notamment le privilège de reprendre les criminels et délinquants de sa terre, arrêtés dans la châtellenie et ramenés prisonniers à Mirebeau, pour les faire juger aux assises de sa haute justice seigneuriale (1).

En 1404, Bertrande se qualifiait encore dame de Douçay, dans l'acte d'inféodation de la terre de la Morinière, consentie par elle en faveur de Lucas Briant, son vassal, personnage appartenant à une famille d'estagiers de Douçay ; mais au cours de cette même année, la baronnie fut réintégrée au domaine, car elle est mentionnée comme possession directe du seigneur de la Roche-Brisay, dans un aveu rendu le 12 août 1405 (2).

(1) *Arch. du château de Brisay,* vol. A.
(2) *Idem.*

C'est le roi de Sicile Louis II, duc d'Anjou et baron de Mirebeau, qui reçut à Paris dans son hôtel de la Bouverie, à cette date, l'hommage que Marguerite de Rochechouart, mère d'un jeune seigneur de Brisay encore « moindre d'ans », venait lui offrir « à cause de sa baronnie de Doçay ». — En acceptant sous ce titre l'hommage qui lui était rendu, le suzerain reconnaissait le droit ancien qu'avait la terre ainsi qualifiée à s'attribuer cet honneur, et aucune contestation, ni alors ni plus tard, ne fut élevée à l'encontre, car Jehan de Brisay, rendant son aveu en 1445, déclarait hautement que sa terre était « anciennement appelée *baronnie* », s'appuyant d'ailleurs sur l'acte d'acquisition de fief, passé en 1365, dans lequel est traité la « baillette, eschange et admonsonement de la *baronnie* de Doçay ».

Ce n'est donc pas seulement au XVᵉ siècle, comme semble l'admettre par pure concession M. de Fouchier, dans son ouvrage sur les fiefs mirebalais, que la châtellenie de Douçay avait « même le titre de baronnie » ; mais bien déjà pendant toute la durée du siècle précédent, au cours duquel les titres honorifiques étaient peu répandus, ce qui prouve sûrement qu'elle avait toujours été considérée comme une des antiques baronnies d'Anjou (1).

L'importance de la châtellenie de Douçay rejaillit bien des actes d'un procès que le seigneur-baron eut à soutenir, vers le milieu du XVᵉ siècle, avec les Frères hospitaliers de l'Ordre de Malte, sur les possessions desquels il s'était crû le droit d'anticiper. Nous extrayons de ce procès tous les détails suivants.

Le château de Douçay, détruit par les Anglais en 1369, demeura en ruines pendant soixante ans et plus. Durant cette période occasionnant une lacune dans la défense du pays, les estagiers du domaine s'en furent chercher, derrière les murs de Mirebeau, la protection qu'ils trouvaient aupa-

---

(1) *Histoire de la baronnie de Mirebeau,* par de Fouchier.

ravant dans l'intérieur de leur forteresse locale, et ils durent s'armer dès lors pour faire guet et garde en cette ville.

Mais en 1430, la nécessité de couvrir de nouveau le Poitou et l'Anjou de forteresses, destinées à s'opposer à une invasion anglaise menaçante alors, non plus par la Guyenne, mais par le Maine et les rives de la Loire, obligea le seigneur de Brisay à reconstruire son château de Douçay, pour y recueillir « soy, sa femme, ses biens et ses subjects ». La restauration s'accomplit entre les années 1430 et 1432. Relevé sur ses anciennes fondations, le manoir féodal reparut bientôt avec son donjon, sa chapelle, ses tours, son enceinte de « haulte cloyson », entourée de fossés profonds. A l'intérieur, les estagiers revinrent prendre place, relevèrent leurs habitations, payèrent le cens et se tinrent prêts à concourir à la défense commune. Un acte daté de 1440 nous a transmis les noms des principaux défenseurs de Douçay. C'étaient : Jehan Gouder, Lucas Briant, Perrot Martin, Jehan Frougier qui fut chapelain, Macé Danton, Jehan Ferrault, Jehan Legrand, Jehan Pelletier, Clément Rousseau, Méry Foubert, Colas Fournier, Perrin Pelletier, Jehan Ayreau, Perrot Rayneau, Thomas Gouder, Laurent, Gouder, Olivier Ouvrart, Jehan Cailleteau, Regnaut Roignon, Jehan Martineau, Jehan Grosseau, Bertrand Sabouraut, Berry Estis, Jehan Guy, Jehan Clémenceau, Berry Martineau. — Parmi les gentilshommes que leurs possessions faisaient vassaux du châtelain de Douçay, on rencontre les noms de Pierre de Marçay, Perrot de Gloriète, Jehan du Coudray, Philippe de Dampierre, qui furent écuyers ou varlets sous le pennon du sire de Brisay, dans les guerres contre les Anglais, et concoururent assurément aussi, comme officiers, à la défense du château de Douçay. On peut en dire autant de Pierre de la Touche, seigneur de Salvert en qualité d'héritier de Marguerite de Cursay, sa mère ; lui et Jehan de Cursay, tendaient maintenant à faire effacer par leur conduite régulière, les mauvais procédés d'un autre Jehan de Cursay, leur aïeul, que nous avons signalé, plus haut, parmi les traîtres félons qui aidèrent les Anglais à détruire Douçay en 1369. C'est une réparation honorable que nous sommes heureux d'enregistrer.

Au nombre des estagiers et vassaux qui viennent d'être nommés, le baron de Douçay prétendait ranger le fermier de la Himbaudière, Pasquier Magnier, auquel il fit semonce d'avoir à s'acquitter, dans l'intérieur du château nouvellement reconstruit, de ses obligations de « guet et de gardes à fayre pour l'étroit besoin » de la citadelle. Mais il se heurta contre une résistance implacable, basée sur certaine immunité dont Pasquier prétendait jouir. Le suzerain fit exécuter Pasquier sur le champ, c'est-à-dire qu'il envoya à la Himbaudière, Pierre Sargeau, son châtelain, et un autre officier nommé Jeannot Foubert, escortés des sergents de justice, qui saisirent chez le vassal récalcitrant, ses vêtements et les robes de sa femme, un lit, cinq boisseaux de noix et cent gerbes de blé. Le tout fut ramené à Douçay et enfermé dans l'enceinte de la forteresse.

Pasquier élève en vain ses plaintes amères ; Pasquier invoque l'inviolabilité d'un domaine sur lequel la juridiction militaire du baron ne s'étend point. Il se dit « franc et quitte » du devoir exigé arbitrairement de lui, parcequ'il est « homme et sujet » de la commanderie de Saint-Jean de Jérusalem, située à Faye, de laquelle dépend la métairie de la Himbaudière. Il implore l'appui de cette maison contre le seigneur de Douçay, et s'en va jusqu'à l'Ile-Bouchard, chercher asile et protection chez les chevaliers ses dignes patrons.

C'est cet abus d'autorité qui a jeté sur les bras de Jehan de Brisay le procès d'où nous tirons tous ces détails. Ce procès débute par une pièce, seule conservée aujourd'hui, mais longue et minutieuse, pleine de renseignements curieux que nous allons résumer ici. C'est une enquête ordonnée par Bertrand de Beauvau, chevalier, seigneur de

Précigny, conseiller et chambellan du roi, bailli de Touraine, Anjou, Maine, et confiée à Guillaume Dreux, son lieutenant à Chinon, au cours de laquelle sont interrogés les 29 octobre et 16 décembre 1448, plusieurs témoins « hommes anciens et recommandables », tous âgés de soixante-dix à quatre-vingts ans, tels que Eliot Chandoit, laboureur, habitant Savigny, Guillaume Messeau, Guillaume Guerineau, Aliot Drouin, Nau Rabier, Jehan Blondeau, Guillaume Gervais, Jehan Barré, Marquet Lusseau, tous laboureurs à bras ou à bœufs, habitants Savigny, Sairres ou Bretegon, voisins très proches de la Himbaudière.

Leurs dépositions, longues, diffuses et enchevêtrées, peuvent se résumer dans les points suivants :

1º La ferme de la Himbaudière, située entre la Messalière et Cezay, se trouvait dans les limites de la juridiction de Douçay, mais elle appartenait aux religieux de Saint-Jean de Jérusalem, comme membre de leur commanderie de l'Ile-Bouchard, section de Faye-la-Vineuse ; et les biens relevant de cet ordre ont toujours été, en vertu de concessions et immunités royales, francs et quittes de devoirs et services de guerre.

2º Dès l'année 1380, Guillaume Magnier tenait et exploitait cette ferme moyennant un cens annuel de deux sous et un chapon, qu'il payait à la maison de Faye. En 1420, environ, son fils Pasquier lui succéda aux mêmes conditions. Ni lui ni son père n'ont jamais été sujets de Douçay, et pendant les guerres, ce ne fut point dans la forteresse de Douçay qu'ils cherchèrent asile, mais uniquement dans celle de Savigny, leur paroisse.

3º Il était de notoriété, au pays, que les Magnier n'avaient jamais été contraints de faire le guet dans aucun des châteaux du voisinage, pas plus qu'à Mirebeau. Il est vrai que, vers l'an 1426, messire Pierre de Brézé, capitaine du château de Mirebeau, a fait exécuter les Magnier, en saisissant une meule de paille qu'il mit en garde dans la grange d'un nommé Messeau, où elle demeura environ un an, parcequ'ils refusaient de s'acquitter du guet au dit château ; mais le commandeur de l'Ile Bouchard s'étant rendu alors à Mirebeau, prouva l'abus de pouvoir dont s'était rendu coupable le sire de Brézé, fit rendre la paille à ses fermiers et maintint leur droit à l'exemption de tout service armé.

4° Les habitants de la Messalière, non ceux de la Himbaudière, ont de longue date monté la garde au château de Mirebeau ; puis après la reconstruction du château de Douçay achevée en 1432, ils ont fait guet et garde en cette forteresse, sans que l'on aie jamais vu parmi eux les Magnier, considérés de tout temps comme exempts de ce service. Ce ne fut qu'en 1446, le seigneur voulant les y contraindre, qu'ils se refusèrent ouvertement à obéir et furent exécutés par les officiers de la châtellenie, lesquels s'opposèrent à la restitution des objets saisis jusqu'à ce qu'une sentence de justice en ait ordonné la mainlevée.

Guillaume Guérineau avait dit « que le dit lieu de Doulçay est baronnie, et y avoit anciennement place forte qui avoit esté desmolie ou temps passé par les guerres, laquelle, quinze à dix-huit ans a ou environ, fut de nouvel édiffiée et emparée, et les hommes et subgects, de la dite terre, qui faisoient le guet à Myrebeau, ou temps qu'elle estoit ainsi desmolie, furent contraincts par le dit sire de Brisay à le venir faire dès lors an avant au dit lieu de Doulçay, auquel lieu lui qui parle et les autres subjects de la dicte baronnie et chastellenie lui ont depuis fait et font chaque jour. Mais il dit qu'il n'a point veu ne sceu que ledit Pasquier Meynée le y ait aucunement fait ne dû estre contrainct à l'aller faire » (1).

Tous d'ailleurs étaient d'accord sur ce point, et Marquet-Lusseau, interrogé sur la question de savoir si les Magnier payaient des dîmes au sire de Douçay, avait ajouté « que Pasquier dont il est à présent question n'est pas homme

(1) *Arch. de la Vienne*, série E.

subgect et estagier du dit lieu de Doulçay, par raison de sa maison de Linbaudière où il demeure, mais est subgect et estagier des Religieux de Saint-Jean, ce pourquoi est et a esté exempt de non payer aucunes dixmes de vignes et blez des appartenances du dit lieu de Linbaudière, ce qu'il scet parce qu'il a esté présent par dix années sécutives à vendanger les vignes et blez du dit Pasquier, et qu'il n'en a pas veu payer aucune dixme par le moyen des dicts privillèges ». La cause était entendue, et bien que nous n'ayons pas le jugement produit sur cette instance, nous n'hésitons pas à croire que M. le bailli de Touraine donna raison aux religieux de Saint-Jean, maintint l'immunité des habitants de la Himbaudière, et fit rendre aux Magnier leurs denrées, leurs meubles et leurs vêtements.

En 1470, en vertu d'un partage consenti entre le seigneur de Brisay et son frère puiné, la châtellenie de Douçay passa à ce dernier. C'est ainsi que, par contrat du 14 mai 1476, « noble et puissant messire Jacques de Brisay, écuier, seigneur baron de Doulçay » abandonna à Jehan Borgnet, fils de Hullot Borgnet, trente boisellées de terre au territoire de Gassé, en échange d'une maison et dépendances comprenant un jardin de deux septerées de terre situées au bourg de Douçay (1).

Douçay rentra au domaine du seigneur de la Roche-Brisay, en 1488, et s'y trouvait encore en 1495, date à laquelle ce personnage en rendit aveu. Mais le partage de 1500 en attribua la possession à Marie Turpin et à René de Sanzay son second mari. René de Sanzay était en 1508, seigneur baron de Douçay, et en portait le titre. Il vendit cette terre à la famille de Cursay, dont le chef est déclaré seigneur de Douçay dans l'aveu rendu, en 1534, par François de Blanchefort, pour sa baronnie de Mirebeau.

(1) *Arch. du chât. de Brisay*, vol. F.

Un peu plus tard, Douçay se trouve en la possession de Bonaventure Gillier, seigneur de Puygarreau et Célié, riche propriétaire foncier du pays qui arrondit ses biens, et prépare peu à peu la formation d'un gros domaine, destiné à devenir le marquisat de Marmande et Clérambaut au siècle suivant. Aussi Bonaventure ne voulant dépendre de personne, et tenant à fondre ses diverses terres en un tout homogène, obtint-il du baron de Mirebeau la cession du droit de vassalité sur Douçay. Depuis lors Douçay fait partie des domaines du marquis de Clérembaut, dont nous n'avons point à nous occuper ici.

§ VII

REVENUS DE LA SEIGNEURIE DE BRISAY

Les revenus d'un immeuble, au Moyen-Age, étaient bien loin d'atteindre les chiffres qu'ils donnent aujourd'hui ! La valeur de l'argent, alors plus élevée, celle des objets, beaucoup moindre, établissaient une moyenne dont on se rend faiblement compte actuellement. De plus, le luxe n'existait pas ; la vie avait peu d'exigences ; l'échange commercial était presque nul ; la production du sol se consommait sur place. Le domaine d'un gentilhomme subvenait ordinairement à son entretien, et dans les plus dispendieuses conditions, une famille, en province, pouvait se tenir presque dans l'opulence avec une fortune de 1,000 à 1,200 livres de rente, somme représentant à peu près le revenu d'un millionnaire d'à présent. Pour ne citer qu'un exemple, voici messire Juvenal des Ursins, haut dignitaire de la cour de Charles VII, homme probe, économe et riche, qui jouissait, dit M. de Barante, « d'une belle fortune de 5,000 livres de revenus » amassée dans ses divers emplois.

C'était là un revenu fastueux, réellement parisien, comparé à celui que donnait au XIVᵉ siècle une petite terre, dans le Mirebalais.

Dans cette province, où se trouvait située la seigneurie de la Roche-Brisay, le morcellement de la possession foncière, résultant des dispositions de la coutume qui répartissait la terre entre tous les héritiers du propriétaire défunt, contrairement aux errements du droit d'aînesse, avait produit un si grand nombre de fiefs, que la plupart se trouvaient réduits à une minime étendue. Partant, les revenus étaient extrêmement faibles. Certaines possessions féodales ne rapportaient que 3, 5, ou 10 livres de rente ; d'autres 20, 30 ou 50, et c'était le plus grand nombre. Si l'on calcule qu'à cette époque la valeur du sou, dont vingt-quatre formaient une livre tournois, variait entre 3 et 4 francs de notre monnaie moderne, on est amené à reconnaître, qu'avec un budget annuel de 6 ou 800 francs, certains seigneurs devaient entretenir leur maison. Que ferait un pauvre gentilhomme de nos jours avec de pareils moyens ? On s'en contentait alors.

Il n'y avait que dix-sept fiefs dans la châtellenie de Mirebeau qui rapportassent plus de 100 livres de rente. En 1400, le domaine de Mirebeau valait 1,021 livres de revenu, la terre de Cuhon 900, la châtellenie de Chénéché 600, celle de Purnon 600 également ; le rendement de la terre de Vouzailles montait à 400 livres, et la seigneurie de Brisay était de même valeur.

A Brisay, le revenu de la seigneurie avait pour bases le rendement en nature fourni par les métairies et les coupes de bois, les produits de la pêche et de la chasse, les cens et rentes fixes payés par les censives, les rentes muables en argent, les droits de mutation et les droits de justice. L'aveu de 1311, le premier acte et le plus ancien qui donne une évaluation détaillée du revenu de la terre, fait connaître les chiffres suivants : la maison de la Roche-Brisay avec le jardin, le colombier, les vignes et ses diverses métairies produisait 100 livres de rentes ; la maison de Célié avec le bois, la garenne, les vignes, 20 livres de rente ; les prairies des deux domaines, 15 livres ; l'étang de Célié, 100 livres de revenu par la vente du poisson ; les vignes à Brisay et à Célié en dehors des enclos, 10 livres par an ; la forêt de Scévolle et la garenne 100 livres ; le moulin de Brisay, 25 sous ; la dîme de Mirebeau 35 livres 15 sous ; celle d'Agressay 18 livres, 6 sous ; le pressoir de Mirebeau, l'hôtel de Brisay et ses dépendances, 38 livres. Enfin 20 livres 6 sous de cens, 8 livres 13 sous de rente en blé, 16 livres 4 sous de rente en avoine, 35 sous de rente en méteil tant à la Roche qu'à Célié ; puis 110 chapons, 17 poules, 2 oies et 3 poussins, valant 8 livres 9 sous environ chaque année, tel était le rendement total de la seigneurie, montant à la somme de 333 livres 10 sous. Or dans les premières années du XIVe siècle, alors que l'argent était devenu si rare que le roi Philippe se voyait contraint d'altérer les monnaies, le sou valait 4 f. 50 d'à présent, c'est-à-dire que pour 1 sou l'on achetait, en 1310, ce qui coûterait actuellement 90 sous ; il en résulte que la valeur de la terre de Brisay était alors ce que serait actuellement un immeuble rapportant trente mille trois cent quarante-huit francs, dont l'estimation au denier 25, donne un capital de sept cent cinquante-huit mille sept cents francs.

Ce calcul, ne surprendra pas lorsqu'on saura qu'à cette époque, comme il ressort des actes du temps 1 setier de froment se payait 5 sous, soit cinq fois quatre francs cinquante et qu'aujourd'hui il vaut de 22 à 26 francs, somme à peu près égale, (5 × 4,50 = 22).

Les revenus de la seigneurie de Brisay augmentèrent dans le courant du XIVe siècle, notamment par l'accroissement qu'elle reçut dans l'acquisition de la terre de Douçay. Elle fut diminuée alors, il est vrai des 18 livres produites par la dîme d'Agressay aliénée, mais elle profita des 100 livres de rentes que rapportait Douçay, elle fut portée à 415 livres de revenu. Un acte de 1369 en fixa la valeur approximative à

« quatre cens livres et plus », ce qui se rapproche fort de notre calcul. Enfin dans le courant du XVe siècle le revenu du domaine de la Roche-Brisay était de 450 livres, ce qui fait, la valeur du sou étant tombée alors à 2 francs, 21,450 francs de rente au taux d'aujourd'hui.

La décadence de la seigneurie, jusqu'à ce moment prospère, commence alors à se manifester. Les guerres continuelles du règne de Charles VII, que le sire de Brisay a suivies jusqu'au bout, ont nécessité des dépenses considérables, et pour y subvenir, des aliénations ont été consenties sur le domaine de la Roche et sur les autres. La succession de ce seigneur en est d'autant plus obérée ; celle de son fils aîné l'est davantage. En 1508, d'après l'aveu rendu par Jeanne de France, dame de Mirebeau, la terre de Brisay ne rapporte plus que 330 livres, et comme le sou vaut 1 fr. 50, nous sommes réduits à 12,230 francs de rente. En 1534, après avoir vu « exclipser » Célié et Douçay, elle ne rapporte que 300 livres au dire de Gilbert de Blanchefort, en son aveu, soit moins de 10,000 francs. Enfin les partages postérieurs à 1540 ont réduit le revenu de la seigneurie à 200 livres, soit 6,800 francs d'à présent, le sou s'étant maintenu alors à 1 f. 50. Nous sommes arrivés au moment où la dame de Brisay se trouvait dans la gêne. Elle demandait, en 1553, à être exemptée de la participation au ban et arrière-ban, pour cause de *pauvreté*, et en 1559, elle était obligée comme nous l'avons vu, d'aliéner à titre de réméré sa terre domaniale, réduite au quart de son ancienne étendue, heureuse de pouvoir y rentrer quatre ans plus tard grâce au mariage avantageux que fit sa fille.

Après l'extinction, en 1608, de la branche aînée des Brisay, la terre patrimoniale passa aux Saint-Quentin qui acquirent les droits de retrait lignager de tous les héritiers Brisay sur cette terre. Elle fut alors portée à 600 livres de rente, lesquelles pouvaient représenter alors 8,000 francs de rente d'aujourd'hui, à supposer qu'on ne payait alors qu'un sou ce qui en vaut quinze aujourd'hui.

A partir de 1673, la seigneurie est sectionnée en deux fragments, dont l'un passe à la Maison de Rochefort, sous le nom de Petit-Brisay, et est aliéné, en 1788, au prix de 50,000 francs, représentant un revenu de 2,000 francs par an ; l'autre, le Grand-Brisay, d'une valeur égale au précédent, se trouve très déprécié par la situation financière déplorable de son propriétaire, le comte de Blet, contre lequel il est saisi et vendu par décret en 1685, au prix de 35,000 livres, soit 1,500 livres de rente. Brisay n'aurait donc rapporté, au XVIIe siècle que 3,500 francs de revenu, en raison de la diminution de son étendue, du mauvais entretien de ses dépendances et de l'avilissement de l'argent.

Par procès-verbal en date du 13 germinal an II, la terre et métairie de Brisay, saisie sur Antoine Achard, émigré, fut partagée en 23 lots, comprenant les bâtiments de ferme, jardin, communs et l'ancien château alors démoli, dont les matériaux avaient été employés à la reconstruction du château de Purnon, plus 826 boisellées de terre, qui furent adjugés pour 79,160 francs, capital certain de 4,000 l. de rente environ (1).

Combien cette seigneurie était alors déchue de son ancienne importance !

(1) *Arch. de la Vienne*, série E.

CHAPITRE VIII

LES SEIGNEURS DE BRISAY

Nous avons fait voir à la fin du chapitre IV de cet ouvrage (page 103), que la branche aînée de la Maison Mirebalaise de Brisay s'était éteinte en la personne de Raoul II, fondateur des Cordeliers de Mirebeau. Un rameau secondaire, séparé depuis une quarantaine d'années seulement, surgit alors et vint reprendre la position occupée par son aîné dans la seigneurie patrimoniale de la Roche-Brisay. C'est l'histoire de ce rameau, devenu tige principale de la maison, que nous allons développer ici sous la qualification de *Branche de Destillé*, à lui donnée en raison d'une terre de ce nom qu'il possédait en Touraine, au moment où la succession de Raoul II ramena le chef de la famille en Mirebalais.

§ I

BRANCHE DE DESTILLÉ. — ALÈS III. — LA CHATELLENIE DE DESTILLÉ EN VÉRON

Nous avons dit qu'Alès de Brisay, II° du nom, et sa femme Grécie, se trouvant au château de la Roche, à une date approximative de 1180, firent à l'abbé de Turpenay Guillaume, leur hôte, et à son compagnon le moine Richer le don de quelques revenus à prendre sur leur domaine de Montagré, non loin du bois de Goille. Ils firent sanctionner cette libéralité par leurs deux fils présents : Pierre et Alès.

Nous retrouvons le premier de ces jeunes seigneurs

comme successeur de son père à la Roche de Brisay, en 1200 ; et, à la même époque, le second lui a succédé également dans la terre de Brisay, en Touraine.

Alès III, seigneur de Brisay, dont la filiation est, par l'acte susdit, authentiquement prouvée, se retira, après la mort de son père, dans le domaine dont il était apanagé, et y fonda une nouvelle famille destinée à remplacer peu après celle de son frère ainé. Nous le trouvons à l'Ile-Bouchard, dont il est vassal, au commencement du XIIIe siècle, assistant à un accord intervenu entre Barthélemy, son suzerain, et Geoffroy, abbé de Marmoutiers, au sujet des dépendances du prieuré de Tavent.

Bouchard de l'Ile, père de Barthélemy, avait, durant sa vie, molesté les religieux du prieuré de Tavent, voisin de son château, bien que leur église eût été fondée par ses ancêtres et qu'elle contînt leurs tombeaux. Barthélemy, animé de meilleurs sentiments, voulut réparer les torts de son père défunt. Il restitua donc aux moines la perception des revenus que Bouchard leur avait enlevée par violence et contrairement à la justice ; de plus du consentement de ses enfants, il leur fit don de la dîme des poissons pêchés dans l'écluse du pont qui unissait son château au bourg de l'Ile. Barthélemy fit rédiger l'acte de sa libéralité à Tours et s'en fut le remettre lui-même aux mains de l'abbé de Marmoutiers, dont dépendait Tavent, en pleine réunion du chapitre, escorté de ses feudataires, témoins nommés dans la pièce, Guillaume de Négron, Jean de Sazilly, Alès de Brisay (1).

Alès de Brisay (*Alo de Brisai miles*) fut chevalier, comme son frère, et comme lui aussi banneret, pour le pays de Touraine, lors de la fondation de l'ordre par Philippe-Auguste, en raison de sa châtellenie de Destillé, que lui apporta en mariage Thomasie de Pocé, sa femme.

Destillé, dont on a fait Étilly, et plus modernement

---

(1) *Cart. de Marmout.*, t. II, p. 278.

Détilly, est situé entre la Vienne et la Loire, non loin du confluent des deux rivières, dans cette partie de la Touraine que l'abondance des frondaisons et des prairies verdoyantes a fait nommer *Véron*. Le pays est plat et coupé de canaux, de fossés qui ménagent une irrigation continuelle sans en rendre l'accès difficile.

On ne s'expliquerait pas comment, au temps de la féodalité, une seigneurie importante ait pu créer là son siège, alors qu'on hérissait de forteresses seulement les points élevés et les rocs inaccessibles, si la fertilité du sol et la richesse de ses produits ne démontraient suffisants les avantages que pouvaient tirer, d'une telle résidence, les privilégiés du temps. Aussi apprend-on sans surprise qu'au commencement du X^o siècle, cette partie du Véron appartenait à l'archevêché de Tours. Au XI°, lorsque la puissance territoriale du clergé diminua, l'archevêque, plutôt que de se voir enlever ce beau domaine, l'inféoda à un guerrier angevin appelé le seigneur de Pocé.

Robert de Pocé, seigneur de Destillé, construisit le château et le dota d'une chapelle qui existe encore aujourd'hui. Hugues de la Ferté était alors archevêque de Tours. Il consacra, avec le concours de l'abbé de Saint-Florent de Saumur, la chapelle que Robert venait d'élever à Destillé, et permit qu'il y fut procédé, par le curé de Saint-Louaut, à la célébration des Saints Mystères (1133). Robert de Pocé abandonna à ce prêtre, pour la charge des services et messes à dire au château, toutes les dîmes de son fief de Destillé.

Nous avons eu le bonheur de retrouver un aveu de la châtellenie de Destillé, qui nous a permis de prendre une connaissance exacte de cette possession, que les Brisay ont détenue pendant trois siècles. Nous allons donc pouvoir la décrire ici en détail.

La châtellenie de Destillé assez importante pour avoir donné, au Moyen-âge, le rang de banneret à ses possesseurs, consistait en une forteresse très bien aménagée, et dont l'étendue rappelait, en quelque sorte, le modèle d'un camp romain. Elle couvrait deux arpents de superficie, entièrement clos de « haultes murailles et fortifications » à l'intérieur desquelles on accédait par un portail monumental flanqué de tours, et défendu par un pont-levis. Ce portail était relié au château par une courtine communiquant avec une tour carrée qui formait donjon. Le corps de bâtiment s'étendait ensuite vers la chapelle « de belle et honneste édiffice », située à l'autre extrémité, et protégée par un tourillon. Sur la façade intérieure se trouvaient deux tours, dont on peut voir quelques vestiges aujourd'hui. Tel était « l'hostel fort », en lui-même ; mais il était de plus accosté de « plusieurs maysons, granges, estables, fenilz et autres édiffices » formant « la basse-cour du dist chastel » — « avecques les jardrins et pourprinse », le tout parfaitement enclavé dans les fortifications du domaine. On voit qu'on pouvait se donner de l'air et jouer des coudes dans l'intérieur d'une telle forteresse ; on pouvait assurément aussi y réunir un nombre respectable d'estagiers et de défenseurs. Quant à la chapelle destinée non seulement aux fidèles qui habitaient le château, mais ouverte à tous les estagiers, sujets et vassaux du fief, elle était desservie à tour de rôle par les curés de Saint-Louaut et de Beaumont, qualifiés « tierceurs » de Destillé, parcequ'ils s'y renouvelaient tous les trois ans, pour célébrer trois messes par semaine, une le dimanche et une grand'messe chantée les jours de fête ; « et en laquelle chapelle sont tenuz, chascun en leurs années qu'ils desservent, confesser, administrer et bailler le corps Jesus-Christ après la dicte grand'messe par eulx dicte le jour de Pasques, à moy, ma femme, enffens, familiers et domestiques, et aux manants habitants mon bourg de Destillé et illec environ », dit le seigneur du lieu dans son aveu, service en raison duquel les dits curés prenaient, et faisaient leurs, toutes les dîmes de blés, vins, charnages de la seigneurie de

Destillé, moyennant qu'ils en rendissent foi et hommage, selon la fondation ancienne de Robert de Pocé.

Les principales dépendances du domaine étaient :

1º Un parc de cinquante arpents planté de « grans chesnes glandiers et autres grans arbres et buissons », entouré de fossés et de haies vives, touchant d'une part aux murailles de la citadelle de Destillé et d'autre au chemin de la prairie de Véron, contenant garenne privée, dans laquelle « nul autre que le seigneur ait droit de chasser et prendre bestes, fors nostre souverain seigneur le roy ou autre de par luy desclaré ». Au coin du dit parc touchant la muraille du château se dressait le colombier seigneurial « guernye de pigeons ».

2º La métairie de Destillé composée d'une maison manable et dépendances situées près du château, mais hors les murs, avec un jardin d'un arpent touchant au chemin allant du château au village de Beaumont, et cinquante-trois arpents de terres labourables, portant diverses plantations de noyers et de chênes, sis au long du parc, sur le chemin de la prairie de Veron, à la Couture-Noire, à l'Ommeau-Vert sur le chemin de l'hôtel de Vellort au port Guyon, au sentier d'Ablevoye, à Champrezoux, au Noyer Faulge dans la direction d'Avoine à Champguignart sur le chemin d'Avoine à Condé.

3º Une remise de bois d'un arpent et demi au chemin de Destillé à Beaumont.

4º Des vignobles sur la déclivité du côteau de la rue des Saint-Pères, à l'est de la seigneurie, traversés par le chemin conduisant au mont Lorric sur lequel étaient dressés les piliers de justice de la châtellenie de Destillé, ces vignes partie au domaine, partie arrentées pour le sixième des fruits, d'autres pour le quart, en tout vingt-deux arpents. Il y avait un pressoir au château pour la foulerie du raisin produit par ces vignobles ; les sujets du fief « estoient tenuz, par raison de leurs tennement, amener et charroyer à bestes et portouères la vendange des dictes vignes jusqu'au dict pressouer ».

5° En prairie quarante arpents situés aux Manays de Destillé, à Ceuillechien, à la Fromentière, à la Fresche-Renault, au Fossé-Contaz, à Pampitort, au Bassinet, à la Saulerie, presque tous aux chemins de Téligné à la Canche et de Chinon à Candes. « L'herbe desquels préz plusieurs personnes tenanz au dict debvoir certains héritages estant en la seigneurie, sont tenuz fener et charroyer jusqu'à la grange de Destillé à leurs propres coutz et despens, fors que l'on doit donner à boyre et à manger aux dicts charrestiers amprès qu'ils ont deschargé les dicts foins en la grange ».

6° Les rentes et censives dont les unes étaient dues pour terres et maisons situées dans la dépendance du fief de Destillé, et d'autres « payables au-dedans des lices de l'église monseigneur Sainct-Mexme de Chinon, par raison de plusieurs maisons et héritages estant et séant en la ville fort du dict Chinon », d'un revenu de 71 livres, plus 60 setiers de grains tant blé que méteil et avoine, 98 chapons et 28 poules, un pain et un plat de poisson la veille de Noël.

7° Les droits de justice haute, moyenne et basse « forban, rappel, droit de tous cas criminel et civil, pillier, collier, fourches patibulaires à troys pilliers, laquelle soulloit estre érigée et droissée en ung lieu appelé le Puy à Lorric pour faire exécuter les criminels et malfaiteurs par le hault maistre des œuvres, après qu'ilz ont estéz condempnés à souffrir mort par justice et officiers du dit lieu de Destillé ».

Auprès de ce lieu d'exécution capitale se trouvait un carrefour « où l'on avoit accoustumé de faire l'exécution des personnes condempnées à estre brûlées pour leurs meffaiz ». Cet emplacement portait, au XV° siècle, le nom de « cloux de la Pucelle », probablement dénommé ainsi en souvenir du supplice injustement infligé à Jeanne-d'Arc, dont le sire de Destillé, qui probablement avait fait le siège d'Orléans avec elle, voulut perpétuer le souvenir sur le territoire soumis à sa juridiction. Les plaids de la haute juridiction étaient tenus tous les quinze jours dans l'intérieur de la forteresse sous la présidence d'un juge spécial nommé *châtelain*.

Ensuite venaient les droits de la mesure pour le blé et pour le vin prise à l'étalon royal de Chinon, de scel à contract et tabellionnage autorisant la création d'une étude de notaire, de tenue d'assise quatre fois par an par l'entremise d'un sénéchal attitré, ayant mission de faire opérer les rentrées tardives en condamnant à une amende les censitaires récalcitrants.

Le droit de terrage ou *champart*, en vertu duquel les laboureurs des terrains grevés ne pouvaient enlever leur récolte de blé avant que le seigneur, averti, ne se soit rendu en personne sur les lieux, ou n'y ait envoyé ses gens et serviteurs pour faire choix d'une gerbe sur douze de la dite récolte, dont le charroi devait être fait par les redevanciers jusqu'à la grange du château. Les terrains soumis à cette obligation s'étendaient ès-paroisse de Saint-Louant, Saint-Mexme-les-Chinon, Huysmes, Avoine, Beaumont et Savigny, et si les dites terres ou une seule parcelle d'elles demeuraient sans être cultivées et ensemencées pendant une saison, le seigneur de Destillé pouvait la saisir et la remettre en son domaine.

Le droit de cueillette consistant dans la récolte facultative des noix, poires, pommes et autres fruits croissants sur les arbres qui bordent chemins et carrefours au dedans du fief, même de couper et extirper du sol ces arbres, en vendre ou consumer le bois chaque fois qu'il pouvait être utile ou agréable au « proffit plaisir et volunté » du seigneur.

Enfin un droit particulier et tout local de pacage, dont, en raison de sa nature spéciale, nous allons donner ici le détail tel que nous le trouvons au texte :

« Item je advoue tenir soubs la dicte foy et hommaige droit de saultraige et préaige en la prairie de Verron, despuis la rue appellée rue Boutier, vis-à-vis du cloux de vignes de Danzay, en descendant vers Candé jusques à une autre rue appelée rue Chabot, estant près le port de Candé distant de la dite rue l'une de l'autre de deux lieues ou environ, et en traversant la ditte prée despuys la rivière de Vienne, jusqu'aux terres labourables devers la rivière de Loire, soit en mon fief de Destillé ou aultres fiefs et seigneuries quelconques, lequel droit de Saultraige est tel que je puys mectre pastures et paistres en icelle prairie, et endroicts dessus dits, despuis le huictième jour de mars que les ditz préz et prairies sont deffendus, jusqu'à ce qu'ils soient faulchez et fenez, les quatre bœufs de labour de ma mestairie de Destillé, treize moutons, une chèvre et un asne escourté, qui se doibvent toucher et conduyre peu à peu en paissant et pasturant l'erbe de pré en pré par icelle prairie : c'est assavoir les dits quatre bœufs par le mestaier de la dicte mestairie ou son varlet, ou homme de par luy estant à cheval ou à pié, et les dictz treize moutons chèvre et asne court par ung berger monté sur le dit asne, si bon luy semble. — Aussi ay droict de mestre paistre et pasturer en la dite prairie et endroicts et temps dessus dicts, et sans aucune garde ni conduicte, une jument suivie de deux poullains ou deux pouliches, sans ce que aucun ou aucune puissent clouvre ne fermer leurs prez à foussaz ne aultrement, au dedans de la dite prairie, fuis et limites dessus dites, ou préjudice de mon dit Saultraige.

» Et à ce que la dicte praierie ne soit endommaigée par les bestes du païs et autres, j'ay droit de commectre par mes gens et officiers, chascun an, deux hommes au plus si besoin est de bonne confiance, pour la garde de la dicte prairie, lesquels sont tenuz de bien instemment et loyaulment garder la dite prairie. Et les bestes qui trouveront durant le dit temps deffendu faisans dommaige en icelle, pourront les prandre et mener ès-prisons à beste de ma seigneurie de Destillé, et icelles enregistrez ou faire enrégistrer par mes officiers ou aucun d'eulx. Lesquelles bestes doibvent estre délivrées et baillées à ceulx auxquels elles appartiennent, en les allant quérir ès-prisons, et baillant pour eulx pleige du dommaige faiz ès-dits prez et de l'amende à ce pertinant, soit que ceulx à qui appartiennent les dites bestes soient demourants au dedans de mon dict fief et seigneurie de Destillé, ou ailleurs en quelque fief et seigneurie que ce soit ; et sont tenuz ceulx ou celles à qui appartiennent les dites bestes payer à mes dicts prayers, pour chascun test et pour chascune prinse qu'ils feront, 4 deniers tournoys.

» Et avecques ce doibvent et sont tenuz iceulx prayers, en quelque temps et saison que ce soit, prandre et amener prisonniers ès dites prisons à bestes du dit lieu de Destillé tous et chascuns les pourciaux qu'ils trouveront foulgeant ès ditz préz, qui doivent estre escripts et délivrez comme dessus. Lesquels prayers et commis à la garde des dits préz, avant que exercer leur dicte commission, doibvent faire serment sollempnel par devant mon senneschal du dit lieu de Destillé, de bien et justement garder la dicte prairie et de révéler, escripre et faire escripre comme dessus les dommaiges que auront faictz les dites bestes, à qui elles appartiennent et à qui appartiennent les ditz préz, ad ce que ceulx qui seront endommagez en puissent avoir congnoissance, et en demander réparacion. Et s'il advenoit que aucunes des dites bestes trouvées en dommaige dans la dite praerie, soit en mon dit fief, ou autre fief et seigneurie, feussent amenées en mes prisons à bestes, et qu'elles ne fussent advouées par quelqu'ung, j'ay droit de les faire desclarer à moy appartenanz pour droit d'espave par ma justice, après ce que les proclamacions requises par la coustume du pays auront esté faictes de par moy et ma dicte justice, à l'issue des grans messes parrochiaux des paroisses des dits lieux de Beaumont d'Avoyne et de Savigné.

» Et avecques ce ay droict de faire convenir et adjourner à ma dicte court et jurisdiction de Destillé tous ceulx à qui appartiennent et à qui appartiennent les dictes bestes trouvées en dommaiges en la dicte praerie, en quelque fief et lieu que ce soit, comme dit est, pour payer l'amande des dits dommaiges selon la coustume du païs ; lesquelles amandes doibvent estre tanxées par mon senneschal ou chastellain, et la tanxation faite j'ay droit de les faire cuillir et amasser à mon proffict par mes sergens de justice, sur ceux qui doibvent les amandes, non obstant qu'ils ne soient demourants, subgectz ne estagiers de mon fief et seigneurie de Destillé » (1).

La mouvance de Destillé comprenait les fiefs suivants :

1° Razilly en partie, pour moitié de sa forteresse, un clos de vigne y attenant, le bois dit le Royal de Razilly et le lieu nommé la Chambre des Chevaliers ; hommage simple et 5 sous de service par an.

2° Basse-Rivière ou Poincet, en l'île de Véron ; hommage simple, 1 paire d'éperons blancs à chaque seigneur.

3° La Herpinière ; foy et hommage simple, 3 sous par an.

4° Étanègue ; hommage simple, 17 deniers par an.

5° La Bigotière, près l'hôtel de Destillé, hommage simple, 2 sous tous les trois ans.

6° Quelques terrages situés paroisses de Saint-Louant, Avoine et Beaumont, pour lesquels était dû l'hommage simple avec 5 sous de service annuel.

Quant au sire de Destillé il relevait directement du roi de France, au comté de Tours (on a dit que Destillé relevait jadis de l'archevêché de Tours), et devait à ce prince tout service d'honneur et armé dont il pouvait être requis, sans aucun autre devoir en argent.

(1) Reproduction d'un aveu du XV⁰ siècle sur un original fourni par M. Noël de la Poterie, propriétaire actuel de Détilly.

Le précieux document qui nous a fourni tous ces renseignements sur Destillé, est muet en ce qui concerne le montant du revenu de la terre. Il fait seulement connaître que la métairie donnait 60 setiers de grain, et les rentes de blé 25 ; de plus on récoltait 25 septiers de noix ; les cens rapportaient 71 livres et 126 têtes de volailles ; mais les pipes de vin, mais les prairies, les bestiaux, les fruits, etc., il n'en est pas question. — A la fin du XIII° siècle nous verrons un seigneur de Destillé payer à la récolte royale du bailli de Tours, 100 livres pour le rachat de sa terre. Ordinairement le rachat d'un fief était fixé au montant de son revenu. Alors Destillé n'aurait donné que 100 livres de rente ? Nous croyons ce chiffre inférieur au revenu réel, et nous pensons qu'en raison de l'étendue et de la nature de ses dépendances, Destillé devait rapporter au moins 400 livres à son possesseur, dans le courant du XV° siècle.

On comprendra aisément, au vu de l'exposé qui vient d'être fait, que les seigneurs de Brisay devenus châtelains de Destillé, aient fixé dans ce domaine leur résidence préférée. Tout les y retenait d'ailleurs, la richesse et la fertilité du sol, l'importance de la seigneurie, la sécurité, si nécessaire alors, qu'ils étaient certains de trouver derrière les murs de leur forteresse, leur belle chapelle si bien desservie, et enfin la haute position de leur fief qui faisait d'eux des vassaux directs du roi, tandis que dans le Mirebalais ils ne relevaient de la couronne qu'au second degré. Aussi devrons-nous, pendant les trois siècles qui suivent, chercher la présence des membres de la maison de Brisay à Destillé plutôt que partout ailleurs, et si nous avions eu le bonheur de pouvoir retrouver les titres de cette châtellenie, comme il nous est arrivé de le faire pour la seigneurie de la Roche-Brisay, nous pourrions sans doute fournir une nombreuse série de détails sur l'existence de nos personnages, alors justement mêlés à tous les principaux événements du temps. Par malheur, il n'en est pas ainsi, et la brièveté des documents fournis par Destillé nous oblige à nous reporter aux actes du château de Brisay, qui nous fourniront encore bien des documents touchant les faits et gestes de nos ancêtres, pourtant beaucoup plus rarement en séjour dans leurs manoirs mirebalais, que dans leur domaine préféré de la prairie de Véron.

Au moment où les Brisay apparaissent à Destillé, ils s'éclipsent complètement à l'Ile-Bouchard, où jusqu'alors nous avons pu suivre les puînés de la maison, apanagés de la petite terre tourangelle de Brisay, figurant dans les réunions des seigneurs riverains de la Vienne, principalement dans ce château de l'Ile, où les appelaient constamment un lien de parenté ancienne et les obligations de leur dépendance féodale. Après Alès III, il est impossible de signaler la présence d'un seul de nos vieux Brisay à l'Ile-Bouchard ; c'est à Destillé qu'ils ont transporté leurs pénates, et c'est Destillé qui, dès lors, absorbe tout ce qui a trait à la maison. Nous pensons qu'une aliénation consentie par Alès III, ou son fils, fit sortir de la famille le petit fief tourangeau de Brisay, la première terre qui ait porté le nom patronymique des descendants du Brisaiot. M. de Fouchier a dit dans son *Histoire de la baronnie de Mirebeau*, page 157, que « vente avait été faite en 1479 à Louis de Bourbon, seigneur du Coudrai, par Aimeri de Brisay et Marie Turpin, sa femme, de l'ancien fief de Brisay, situé en Touraine, au sud de l'Ile-Bouchard ». C'est là, je ne dirai pas une erreur, mais l'interprétation légère d'un acte dont les termes n'ont pas été suffisamment étudiés. Il s'agissait en effet, dans cette aliénation, d'un fief de Brisay, situé dans la ville de Faye-la-Vineuse, que Louis de Bourbon acquit du seigneur de la Roche-Brisay à cette date. Il a été impossible de retrouver un seul des titres de la petite seigneurie de Brisay au Moyen-Age. Même les aveux de l'Ile-Bouchard qui pourraient nous renseigner sur la transmission de cette terre n'existent plus. Je n'ai vu qu'un terrier, dont la communication m'a été gracieusement faite par M. le duc de la Trémoïlle, où la seigneurie de Brisay figure, sous le nom de Haut-Brisay, parmi les 57 fiefs dépendant de l'Ile-Bouchard, comme appartenant à Lyonnet Rouver et payant 15 sous aux aides, avec l'obligation du service armé. C'était au XV⁰ siècle ; elle ne valait que 15 livres de rentes (1).

Plus tard, Brisay passa à une famille Thomas qui en prit le nom ; ceux qui se targuent aujourd'hui de porter, en dehors des membres bien connus de la vieille race mirebalaise, ce nom d'ancienne chevalerie, appartiennent bourgeoisement à cette famille, qu'une tolérance du régime féodal en décadence a laisse usurper, au XVIII⁰ siècle, une désignation qu'elle aurait pu avoir le bon goût de laisser de côté.

§ II

ALÈS IV ET SES FILS PIERRE IV, ALÈS V

Le seigneur de Brisay, lorsqu'il épousa Thomasie, pouvait-il espérer se voir un jour seigneur châtelain de Destillé? C'est peu probable. La terre de Destillé était, au commencement du XIII⁰ siècle entre les mains d'Hugues de Pocé, et de sa femme Scholastique. Ils avaient un fils, nommé Jean, destiné à leur succéder. Thomasie ne venait qu'ensuite à l'héritage. Mais en 1230, lorsqu'Alès de Brisay mourut, les arcanes de la mystérieuse fortune s'étaient déclarés en sa faveur. Hugues de Destillé et Scholastique avaient disparu, Jean n'avait pas survécu à ses parents, Thomasie après être devenue dame de Destillé, était morte à son tour, et l'heureux père en rendant le dernier soupir voyait son fils unique châtelain de Destillé.

Alès IV, seigneur de Destillé, chevalier banneret de

---

(1) *Arch. pers. de M. le duc de la Trémoïlle*, fonds l'Ile-Bouchard.

Touraine, apparait en 1230, comme héritier de son père et de sa mère au pays de Véron. Sa première visite est pour l'abbaye de Fontevrauld, très voisine de sa résidence, séparée seulement de lui par le cours de la Vienne et des marais que traverse la grande chaussée construite par Henri II, roi d'Angleterre, au siècle précédent, pour faciliter l'accès de Chinon aux dames de cette célèbre abbaye.

Alès de Brisay (*Alas de Brisai*) se rend au monastère ; il vient y fonder des œuvres pieuses pour les âmes de ses chers défunts. Il veut aussi régulariser certaines obligations que lui ont laissées ses parents. Hugues de Pocé, seigneur de Destillé, son aïeul, et Scholastique femme de Hugues, ont, de leur vivant, gratifié l'abbaye d'une rente de 15 sous tournois, et de quelques mesures de blé à prendre annuellement dans les greniers de leur château. Thomasie leur fille, mère d'Alès, a approuvé ces dons après eux, et Jean de Destillé, son frère, y ajouta l'aumône de 12 deniers annuaux. Scholastique devenue veuve, s'était retirée à Fontevrauld, et pour y être admise sous l'habit de l'ordre, elle aurait dû verser une dot dans les caisses de la maison ; mais cette dotation, toujours promise, n'avait point été payée ; aujourd'hui, messire Alès venait régler avec la supérieure l'assise et la répartition des sommes dues. Il fut convenu entr'eux que le monastère enverrait chaque année, à la Saint-Michel, prendre au grenier de Destillé six setiers de blé, mesure de Chinon, que le seigneur s'engageait à délivrer sans interruption, sa vie durant ; et pour la dotation de dame Scholastique, elle fut arrêtée à la somme de vingt livres, dont Alès s'engagea à payer annuellement le revenu à l'abbaye, soit quinze sous à prélever sur les censives de la terre de Destillé (1).

En 1232, Alès réglait encore les affaires de la succession de ses auteurs. C'est avec les religieux de l'ordre de Grandmont que nous le trouvons alors en pourparlers.

(1) *Cart. de Font.* p. 156.

Ceux-ci ont été gratifiés également d'une aumône de quatre setiers de blé à prendre au grenier de Destillé par le seigneur Hugues prédécesseur d'Alès. Hugues leur a même promis en plus 2 sacs de mouture de son moulin d'Arcon, et quelques deniers à percevoir au champ du Chêne, sur deux vassaux qui les payaient le jour de la Purification. Ils viennent demander au jeune châtelain la reconnaissance de ces dons. Elle leur est accordée pour le salut de l'âme du donateur, et comme confirmation très stable et certaine de sa libéralité, Alès en fait dresser l'acte qu'il revêt de son sceau, destiné à transmettre l'authenticité du document à la postérité. C'est le premier modèle connu du sceau des seigneurs de Brisay, dont on a fait ensuite les armes de la famille (1). Il porte dans l'écu, une bande flanquée de deux cotices, et un contre-sceau chargé de burelles.

En qualité de seigneur de Destillé, Alès de Brisay étendait une partie de sa juridiction jusque sur la rive droite de la Loire, et possédait un droit de voirie, ou moyenne justice, avec surveillance des chemins et tout ce qui s'y rapportait, sur la prévôté de Restigné dépendante du chapitre de Saint-Martin-de-Tours. Chose bizarre Alès n'en rendait pas hommage au chapitre ; il tenait féodalement ce droit de voirie d'Aimery de Blô, un des seigneurs de son voisinage. Comme ce droit produisait des revenus et autres privilèges lucratifs, Alès l'avait afféé à deux gentilshommes nommés Olivier de Langeais et André de Princé, qui l'exerçaient à leur profit, moyennant une redevance fixe. Le chapitre faisait tous ses efforts pour racheter ce droit, de manière à posséder en entier toutes les parcelles de sa prévôté. Il offrait, en 1234, cent marcs d'argent pour prix de cette voirie. Langeais et Princé se laissèrent tenter ; ils consentirent à l'échange non sans avoir obtenu préalable assentiment des deux seigneurs dominants Aimery de Blô et Alès de

(1) *Dom Housseau*, t. V, fol. 370.

Brisay, avec lesquels ils partagèrent le prix de rachat. Le sceau d'Alès de Brisay, portant la bande flanquée de deux cotices, servit encore à authentiquer cet acte (1).

Laroque, dans son *Traité du ban et de l'arrière-ban*, page 40, cite Alès de Brisay au nombre des chevaliers bannerets qui furent convoqués à Chinon, par ordre du roi Louis IX, le lundi de la Quasimodo, l'an 1242, pour faire campagne contre le comte de la Marche, allié des Anglais, ces ennemis déjà séculaires de la France.

Louis IX avait investi l'année précédente son frère Alphonse du comté de Poitou, acte de souveraineté portant ombrage au comte de la Marche, Hugues de Luzignan, puissant feudataire qui avait épousé la veuve du dernier roi d'Angleterre, mère d'Henri III, et se croyait de ce côté, des droits à la possession de tout l'ancien duché d'Aquitaine. A l'instigation de l'altière princesse, sa femme, le comte vint à Poitiers, et dans la tour de Maubergeon, devant une nombreuse assemblée de seigneurs, jeta son gant au visage d'Alphonse. Le roi de France se chargea de laver immédiatement cet insolent affront ; il se porta sur Tours avec la noblesse de ses domaines. Il semonça aussitôt à Chinon tous ses vassaux tourangeaux, angevins et poitevins, dont la réunion fut, sinon très nombreuse, du moins fort choisie. Il se mit à leur tête et se dirigea vers la Saintonge, sur la frontière de laquelle Hugues s'était retiré, à Lusignan.

Le sort du comte eut été digne de pitié, s'il n'avait eu pour lui l'appui de plusieurs barons mécontents, et le concours du roi anglais, son beau-fils, auquel il avait adressé un pressant appel. Cependant les troupes coalisées se retiraient devant l'armée française, et elles allèrent s'enfermer dans Fontenay. Louis assiégea aussitôt cette citadelle. Sur ces entrefaites, Henri III débarquait à Royan à la tête d'une armée nombreuse, marchait à travers la Saintonge en conquérant

(1) *Dom Housseau*, t. VII, n° 2760.

revendiquant l'Aquitaine, et se déclarait prêt à soumettre à son joug tout le royaume de France. La lutte prenait dès lors les proportions de celle qui avait, trente ans auparavant, mis en présence, à Bouvines, les hordes allemandes et flamandes avec l'ardente chevalerie française. Elle devait avoir la même issue.

Louis IX lève le siège de Fontenay et s'avance au-devant des Anglais, jusque sur les rives de la Charente, qu'il cherche à franchir devant Taillebourg. Sur ce point une forteresse redoutable l'arrête en lui fermant le passage du pont. Sur l'autre rive l'armée anglaise trois fois plus nombreuse est massée. Dans l'ardeur de son jeune courage, Louis s'élance le premier à l'assaut. Il plante, sous une grêle de traits, sa bannière sur la crête du talus qui sert d'enceinte à la tour ; les Français s'y précipitent après lui et la forteresse est enlevée. La légende nous représente alors saint Louis sur le pont de Taillebourg, agitant d'une main les fleurs de lys, montrant de l'autre, où flamboie sa longue épée, la masse hésitante de l'ennemi, puis entraînant à la charge toute sa suite de chevaliers, les bannerets de sa Cour en première ligne et ceux de ses domaines, au milieu desquels nous savons, grâce à Laroque, que se trouvait le sire de Destillé. Toute cette chevalerie conduite par son roi, fait, comme à Bouvines, prouesses et merveilles. Les Anglais sont culbutés, poursuivis à outrance dans cette vaste plaine, où ils ne trouvent de sécurité que sous les murs protecteurs de la ville de Saintes. Là cependant ils s'arrêtent, font volte-face, dessinent, pour sauver l'honneur du drapeau, un semblant de résistance. Il ne leur en coûte qu'une plus sévère leçon. Décimée, dispersée, l'armée du roi d'Angleterre se voit, sous les murs de Saintes, infliger, le 12 juillet 1242, une décisive défaite, et seul, abandonnant ses contingents épars aux hasards de la fuite, Henri III se retire précipitamment dans ses États, laissant à la magnanimité de son rival victorieux le soin de statuer sur le sort de la reine Isabelle, sa mère, et du comte de la Marche, prisonniers.

Ce fut là un des événements nationaux les plus importants de notre histoire, auquel il est flatteur de pouvoir avancer, d'une façon certaine, qu'Alès de Brisay prit une part active, au milieu des fidèles soutiens de la Couronne, et sous les ordres d'un des plus grands monarques dont la France ait à s'enorgueillir.

Les comptes d'Alphonse, comte de Poitiers, ès-années 1243-1247, nous ont transmis un nouveau témoignage du concours donné, par le seigneur de Destillé, aux événements qui s'accomplirent alors autour de la personne de ce prince. On y voit que parmi les seigneurs poitevins révoltés contre l'autorité royale, et qui prirent les armes contre leur suzerain, se trouvait Eudes de Rochefort, qui fut fait prisonnier à Saintes, et ne parvint à se racheter et à rentrer en possession de sa terre de Tor, qu'en payant une forte rançon, en garantie de laquelle quatre des principaux feudataires de la contrée durent se porter caution. Ce furent le comte de la Marche, le sire Hugues de Beauçay, la dame de Surgères et Alès de Brisay, ce dernier se portant pleige pour une somme de cinquante livres seulement (1). Voilà qui donne une idée de l'importance qu'avait alors, dans les domaines royaux, le sire de Destillé.

S'il faut en croire Joinville, ce serait par reconnaissance envers le Dieu des armées, à la suite de ses succès rapides en Poitou, que saint Louis aurait, dès l'année 1243, conçu le projet de reconquérir sur les Sarrazins le tombeau de Jésus-Christ et la ville de Jérusalem, projet dont les difficultés de la politique et l'embarras de ses finances ne lui permirent de tenter la réalisation que cinq ans plus tard. La maladie dont il faillit mourir, à Pontoise, en 1244, et dont il fut miraculeusement sauvé, l'arracha aux hésitations de sa Cour

(1) *Arch. de la Vienne*. Comptes d'Alphonse de Poitiers.

et de ses ministres ; dès le printemps de 1245 le plan de campagne fut arrêté, le départ décidé, et les convocations lancées à la chevalerie, comme pour la campagne de 1242, dans tous les états relevant directement du domaine royal.

La réunion des croisés se fit à Lyon ; l'armée fut embarquée à Aigues-Mortes et Marseille en août 1248. On sait que cette croisade fut très glorieuse, mais très-meurtrière, et qu'elle ne produisit aucun des résultats qu'on en attendait. Après quatre années d'absence, le roi revint amoindri, ruiné, presque sans troupes, ayant conquis, pour l'Église, la couronne d'épines, et pour lui celle des martyrs et des saints.

Un grand nombre de chevaliers qui combattirent en Égypte et en Palestine sous les ordres du saint roi Louis, ont eu le bonheur de laisser leurs noms à la postérité, grâce aux chroniques du temps, à celle de Joinville principalement, mais surtout par la transmission d'actes passés entr'eux et les bateliers Génois qui les convoyèrent en terre sainte, ou par des contrats d'emprunts de diverses sommes d'argent que ces gentilshommes durent se procurer chez les banquiers italiens, pour subvenir aux frais de la campagne, en garantie de paiement desquelles ils consentirent des obligations signées à Chypre, à Damiette ou ailleurs. Ces documents, très importants et très curieux, ont été retrouvés en bloc à Milan, il y a une cinquantaine d'années et ont formé l'ensemble des pièces recueillies sous le nom de *Collection Courtois*. Nous n'avons pas à discuter ici la valeur historique de cette collection. Nous la croyons authentique. Une preuve, pour nous certaine, du prix singulier qu'elle mérite et qu'on lui reconnaît, c'est qu'elle a disparu depuis qu'un certain nombre de généalogistes ont pu la compulser et y prendre des copies. Elle est assurément allée enrichir la bibliothèque de quelqu'amateur de parchemins, qui en estime la valeur trop élevée pour permettre qu'on en tire de nouveaux extraits, et qui ne la cacherait pas d'une façon si jalouse, s'il se présentait un doute sérieux sur son authenticité.

Nous avions espéré trouver dans ces documents le nom d'Alès de Brisay, figurant parmi les chevaliers de l'ost royal qui prirent part à la septième croisade. Mais il ne s'y rencontre pas. Dans la liste de tous les noms compris dans la collection Courtois, copiés jadis par M. de Magny sur les originaux, nous n'avons pas vu celui du seigneur de Destillé. — Et pourtant comment admettre qu'Alès, vassal direct du roi Louis, au comté de Tours, semoncé en 1245 comme il l'avait été en 1242, n'ait pas répondu à l'appel de son suzerain, surtout pour un motif qui soulevait une si grande émulation, un irrésistible enthousiasme parmi la chevalerie du Moyen-Age ? — La présence d'Alès de Brisay à la septième croisade me semble incontestable, et, si elle ne paraît pas rigoureusement prouvée, reste du moins appuyée sur des présomptions très sérieuses qui résultent de la confrontation de deux actes.

On se le rappelle, nous avons signalé la tendance qui poussait les seigneurs à faire aux abbayes, aux églises, des donations et libéralités, pour obtenir de Dieu des bénédictions sur leur voyage, lorsqu'ils partaient pour la terre sainte. Cet usage, en vigueur au XII° siècle, n'était point abandonné au XIII°. Les églises continuaient à s'enrichir des dons des chevaliers croisés.

Or, en mars 1245, précisément à l'heure où le roi fait procéder à la convocation de ses bannerets, dans tous les bailliages de sa couronne, pour en former le noyau de son armée d'outre-mer, nous voyons Alès de Brisay sortir de sa forteresse de Destillé, passer la Vienne, et se rendre à Fontevrauld. Qu'y va-t-il faire? Le cartulaire de Fontevrauld va nous le dire.

Alès IV s'est souvenu de l'acte de dévotion de son aïeul Alès II qui, au moment de partir pour Jérusalem, en 1146, a donné aux dames de ce monastère les redevances de sa terre de Verrue ; et dans ce moment où le roi l'appelle probablement à se joindre à lui pour la même destination, il veut imiter le pieux exemple de son prédécesseur. Il donne à l'abbaye, en pure et perpétuelle aumône, un muid de blé, mesure de Chinon — c'est-à-dire quatre setiers de froment et huit de seigle — à prendre sur son tènement de Destillé, pour être porté à la dite maison chaque année, le jour de la saint Michel (1).

Les motifs de ce don ne sont pas énoncés dans le court résumé qui nous en est parvenu, mais comment douter en présence d'une telle similitude de fait, que le mobile de la libéralité de 1245 n'ait pas été le même que pour celle de 1146 ? La suite des événements prouve encore le bien fondé de cette supposition.

En 1253, la croisade est finie ; elle a été malheureuse ; beaucoup, beaucoup de chevaliers ont péri, principalement à la Massoure et dans les combats sous Damiette, où l'ost royal, la chevalerie personnelle du monarque, a surtout donné et surtout été éprouvé. Il en revint bien peu en France de ces guerriers bardés de fer qui sont partis bouillants de courage et ardents de foi vive. Parmi ceux qui revoient le ciel de Touraine, la dame de Destillé ne retrouve pas son époux. Assurément elle a eu déjà de mauvaises nouvelles. Des messagers ont annoncé la maladie, la blessure, ou la captivité, ou la mort du chevalier, disparu avec tant d'autres ; mais elle n'a pas voulu croire encore à un si grand malheur ; elle a continué d'espérer dans la bonté divine, implorée par les pieuses prières des saintes religieuses qu'Alès a gratifiées de ses dons. Mais enfin l'année s'écoule, l'année 1253 touche à sa fin, le roi est de retour, les débris de la chevalerie française ont regagné leurs foyers, et Destillé est toujours vide de son seigneur. Il faut bien alors se rendre à l'évidence : le sire de Destillé a péri dans la croisade, au combat de la Massoure ou ailleurs. Sibylle, réellement veuve et tutrice

(1) *Abbaye de Fontevrauld.* Copie sur original faite en 1662.

de ses trois jeunes enfants mineurs, ne se rend pas à Fontevrauld, où l'appelle cependant l'abbesse pour lui faire, selon l'usage dont on ne se départait guère, approuver et sanctionner la donation consentie antérieurement par son mari. Qu'irait-elle faire ? Logiquement retirer aux religieuses le don du chevalier qui n'est pas revenu d'outre-mer, puisque sa donation avait pour but d'obtenir un heureux voyage. Elle en a peut-être éprouvé la tentation, elle a peut-être formulé l'intention de rétracter purement l'inefficace libéralité, mais son entourage la ramène à de meilleurs sentiments ; c'est l'évêque de Poitiers en personne qui la décide à ne point revenir sur des donations sanctionnées et réellement obligatoires. Dans son palais épiscopal, Jehan de Melun reçoit Sibylle et son fils aîné Pierre, que le doyen du chapitre de la cathédrale, Raoul de Mirebeau, lui amène et qu'il semble couvrir de son vénérable patronage. Ce mirebalais est évidemment un ami de la famille, et ses relations avec les Brisay m'ont paru d'une telle nature que j'ai pu croire — je n'ai aucune preuve ni pour ni contre — que ce Raoul, devenu chanoine de Poitiers, serait le même personnage que Raoul de Brisay (1), le fondateur des Cordeliers de Mirebeau, auquel on aurait donné, dans l'église, le nom de sa fondation ; en tous cas, il entoure la dame de Destillé, et son fils des meilleurs conseils et des plus saintes consolations. A sa prière, jointe aux exhortations du prélat, Sibylle et Pierre confirment et renouvellent la donation faite à l'abbaye de Fontevrauld par Alès IV, en 1245 (2).

Cette donation faite assurément en vue de la croisade, renouvelée pour le salut de l'âme du chevalier défunt, nous

(1) On trouve dans le *Cart. de Fontevrault* la mention plusieurs fois répétée, notamment en 1259, de « Vir magnus Radulphus de Mirabello » qui se rapproche tellement du qualificatif « grand Raoul de Brisay » donné par les auteurs aux fondateurs des Cordeliers de Mirebeau, qu'il est réellement difficile de ne pas croire que les deux ne furent point un seul et même personnage.

(2) *Abbaye de Fontevrauld.* Copié sur original en 1662.

la verrons reparaître à diverses époques de l'histoire de la maison de Brisay, pieusement conservée et loyalement acquittée par tous les descendants de son fondateur. Il y a dans cette vénération d'une charge dont on aurait pu s'affranchir en l'amortissant, comme la tradition d'un fait important, capital, dont le souvenir s'est transmis à travers les siècles. Cette rente ne fut remboursée qu'en 1673.

Pierre IV, seigneur de la Roche-Brisay, Bosnay et Destillé, était le fils aîné du précédent, comme le prouve la confirmation par lui faite de la donation de son père à l'abbaye de Fontevrauld.

C'est le mardi après la saint Nicolas, 6 décembre 1253, qu'en présence de Jean, évêque de Poitiers, de l'avis et conseil de Raoul de Mirebeau, doyen du chapitre de la cathédrale, Pierre et sa mère Sibylle, veuve d'Alès IV, (*domina Sybilla relicta defuncti Alonis de Brisay, militis, et Petrus filius prædictæ Sybillæ et dicti defuncti*), se trouvant à Poitiers au domicile de l'évêque, confirmèrent la libéralité faite par Alès, en 1245, à l'abbaye de Fontevrauld. Ils en modifièrent toutefois l'assise, dégrevant la terre de Destillé de l'obligation de payer les huit setiers de grains qu'on devait y prendre, aux termes de la fondation primitive, pour en imposer le rendement aux censives de la Roche-Brisay (*in curte de Rocha de Brisay*), où il dût être perçu dès lors chaque année, au dimanche qui suit la fête de saint Michel (1).

Des termes de cet acte important nous tirons de nombreuses conséquences relatives à la généalogie des seigneurs de Brisay.

Il nous a fourni le nom de la femme d'Alès IV que nous ignorions autrement, tout en faisant le silence sur la famille à laquelle elle appartenait. Sibylle était alors dame de

(1) *Abbaye de Fontevrauld*. Copie sur original faite en 1662 signée Simonneau.

Destillé, comme veuve d'Alès de Brisay, tutrice de son fils aîné Pierre, et de ses autres enfants, mineurs ainsi que lui.

Pierre, accédant aux biens des aînés de la maison de Brisay, était donc encore en minorité, la présence de sa mère comme partie agissante dans l'acte en question, en est la preuve incontestable. Pierre était devenu seigneur de Destillé, dans le bas âge, ce qui prouve aussi le bien fondé de l'opinion qui veut voir son père mourir, en pleine vigueur d'âge et de corps, d'un fait de guerre accompli entre les années 1245 et 1253, c'est-à-dire dans l'un des meurtriers combats de la septième croisade. Mais, en 1253, Pierre n'était pas seulement seigneur de Destillé, il possédait la Roche-Brisay, en Mirebalais, et grevait ce nouveau fief de la rente due à Fontevrauld. Pour la première fois, un membre de la branche cadette de Destillé nous apparait de retour à Mirebeau, foyer de la famille, comme possesseur du domaine de la Roche. C'est qu'en 1253 la branche aînée vient de s'éteindre. Raoul II, le fondateur des Cordeliers de Mirebeau est mort, ou si c'est lui qui figure dans l'histoire ecclésiastique du diocèse sous le nom de Raoul de Mirebeau, il est depuis longtemps entré dans les ordres. Il a renoncé aux biens de la terre ; il a quitté les rangs du monde séculier. Et alors soit qu'il ait appelé à sa succession anticipée le jeune seigneur qui se trouve dans le moment le chef et l'espoir de la famille, ce que prouverait cette sorte de patronage qu'on le voit exercer sur lui, soit que le jeune homme ait recueilli naturellement l'héritage du cousin-germain de son père, l'accession de la branche cadette à la terre patrimoniale est un fait accompli, la seigneurie de la Roche passe sur la tête de Pierre qui reprend et fait revivre tous les droits d'aînesse du chef de la Maison de Brisay.

Mais Pierre ne profita point de la haute situation matérielle, que créait la réunion en son pouvoir des trois belles terres de la Roche, Bosnay et Destillé. Elevé peut-être par son oncle, dans la maison des Cordeliers de Mirebeau ou parmi les clercs du diocèse de Poitiers, — on ne le voit pas une seule fois en Touraine pendant un demi-siècle, — il n'ouvrit son âme qu'aux sentiments de haute dévotion et d'amour de Dieu qui avaient inspiré les nobles actions du grand Raoul. Il voulut recevoir et compléter une éducation toute religieuse à la suite de laquelle il entra dans les ordres. Avant 1270, Pierre de Brisay avait à son tour dit adieu au monde. Abandonnant à son frère puîné ses seigneuries avec les devoirs et les droits qui leur donnaient alors tant de prestige, il s'était retiré à Poitiers, vivant à l'abri de la cathédrale, dans le chapitre de laquelle il briguait l'honneur d'être admis. Il commença par obtenir une prébende sous-diaconale dans une des principales églises de cette ville. Le procès-verbal d'une réforme opérée, en 1282, dans le chapitre de la collégiale Notre-Dame-la-Grande, au sujet des bénéfices trop nombreux qui la ruinaient, fait connaître qu'à cette date Pierre de Brisay, qualifié du titre ecclésiastique de « maistre » (*Petrus de Brisay, magister*), fut l'un des bénéficiaires maintenus en possession des cinq prébendes sous-diaconales seules conservées (1).

Pour être destiné à la prêtrise, qu'il ait déjà reçu ou non à cette époque l'onction sacerdotale, Pierre n'en recherchait pas moins les faveurs de la Cour, souvent alors en résidence à Poitiers ; l'histoire du règne de Philippe IV nous rapporte que notre prébendé, proche parent sans doute de quelqu'un des hommes vivant dans l'entourage du monarque, avait su se faire remarquer par ce prince, surnommé dans son temps « *metuendissimus* », le très redoutable, qui daignait partout s'adoucir dans la société de maître Pierre et lui témoignait une vive sympathie. Nous avons déjà vu qu'Alès II avait été aussi, dans son temps, l'un des assidus de la cour poitevine, auprès du roi Louis VII et de la reine Aliénor, les ayant accompagnés spécialement en Terre-Sainte ; nous avons

(1) *D. Fonten.* t. XX, p. 501.

constaté que Raoul fut l'un des fidèles de Philippe-Auguste, qui lui confia une mission délicate en Orient ; nous trouvons ici encore un membre de la famille dans l'intimité du roi de France : Pierre IV est un des familiers de la chambre de Philippe-le-Bel. — Une lettre de Gauthier de Bruges, datée de la fin du XIII⁰ siècle, dans laquelle ce prélat fait connaître les diverses prérogatives dont jouit l'évêché de Poitiers, récemment occupé par lui, nous apprend que pendant la durée de son épiscopat (1278-1306), le chapitre de la cathédrale ayant été vivement sollicité, à deux reprises différentes, par le roi Philippe IV, afin qu'il procédât à l'élection de maître Pierre de Brisay comme chanoine, en raison de l'affection particulière dont le prince honorait ce personnage, le chapitre ne put obtempérer aux insistances du roi, donnant pour raison majeure l'absence de l'évêque, hors l'avis duquel il n'était pas possible, sans contrevenir gravement aux immunités épiscopales, de procéder à la nomination d'un chanoine. Nécessité fut d'attendre le retour de Gauthier dans sa métropole, pour élever au canonicat le candidat du souverain.

Entré enfin au chapitre en 1290, maître Pierre y fut gratifié des fonctions honorifiques. Nous le retrouvons, le 26 octobre 1297, assistant à l'élection d'une abbesse par les dames religieuses de la Trinité, à Poitiers, nommé dans la relation de cette cérémonie « vénérable personne Pierre de Brisay, grand chantre de la cathédrale » (1), c'est-à-dire muni de la dignité la plus élevée du chapitre après celle de doyen qui en conférait la présidence. Or s'il arrivait fréquemment que le doyen fut, par l'élection des chanoines confirmée au Saint-Siège puis approuvée par le roi, nommé évêque, il était encore plus habituel de voir le grand chantre devenir doyen. On peut donc dire que maître Pierre occupa un haut grade dans la hiérarchie ecclésiastique. Que ne devint-il

(1) *D. Fonten.* t. XXVIII, f. 216.

évèque puisque le roi lui voulait tant de bien ! Il est probable que la modestie du *vénérable* s'opposa à cet honneur.

On ne sait pas l'époque de sa mort. Elle ne s'éloigne pas beaucoup des premières années du XIVe siècle. Il parait avoir été inhumé dans la cathédrale de Poitiers où, d'après certain procès-verbal dressé en 1568, des monuments détruits par les huguenots dans cette église, se trouvait un tombeau en la chapelle saint Christophe, contenant les cendres des seigneurs de Brisay (1). Cette donnée, si plausible, ne saurait être contredite ; mais comme nous savons que les seigneurs de Brisay étaient tous enterrés aux Cordeliers de Mirebeau, où se trouvait « l'enfeu » de leurs pères, depuis la fondation du couvent, il nous semble plus logique d'attribuer le tombeau trouvé dans la cathédrale au membre de la famille qui en fut le grand chantre, plutôt que d'y aller chercher les cendres de toute autre personne de cette maison.

Alès V, seigneur de la Roche-Brisay, Bosnay et Destillé, était le fils cadet d'Alès IV et de Sibylle, le frère puiné de Pierre IV, auquel il succéda lorsque ce dernier se fit d'église. Sa filiation n'est énoncée par aucun acte, mais comment douter de sa situation de chef de la famille, quand on le voit porter le prénom et le nom de tous les aînés de la maison, et quand il est constaté que la seigneurie de la Roche-Brisay était, en 1270, entre ses mains.

Tous les généalogistes ont ignoré l'existence de cet Alès, qui se trouve être le cinquième dans l'ordre chronologique des aînés de la maison. Sa vie fut courte assurément, puisqu'il a laissé si peu de traces après lui. Jouant un rôle effacé sous la tutelle de sa mère et derrière la personnalité de Pierre IV, plus en vue que la sienne, il ne nous a été révélé que par quelques lignes du cartulaire de Fontevrauld, dont les précieux extraits sont conservés aux archives départementales d'Angers.

(1) *Beauchet Filleau. Gén. des fam. de l'ancien Poitou.*

Voici la traduction de la petite charte latine que nous y avons découverte comme unique vestige de ce seigneur de la Roche-Brisay :

« Le jeudi veille de la fête de saint Marc l'évangéliste (25 avril) de l'an 1270, moi Alès de Brisay, chevalier, (*ego Alo de Brisay, miles*), j'ai fondé et institué en pure et perpétuelle aumône, au profit de l'abbaye de la Gasconnière, de l'ordre de Fontevrauld, au diocèse de Saintes, une rente de vingt sous payable chaque année sur mes censives de la Roche-Brisay (*in censibus meis apud Rocham de Brysayo*), en souvenir de ma sœur Egide (*Eschiva*) récemment décédée religieuse en la dite maison » (1).

Cet acte fut scellé du sceau d'Alès, mais le vidimus qui en fut tiré le 6 avril 1293, — « Sachent tous que nous avons veu ces lettres scellées don sceau Alès de Brisay, chevalier, mot à mot qui en suit » — n'en donne point la description.

Cette pièce nous a révélé qu'outre ses deux fils, Alès IV avait eu, de sa femme Sibylle, une fille nommée Egide, dont les sentiments religieux guidèrent l'existence, puisqu'à l'exemple de son frère Pierre, elle revêtit l'habit monastique. Sur trois enfants Alès et Sibylle en avaient donc consacrés deux à l'église. La Providence réservait le troisième pour continuer la postérité.

§ III

POSTÉRITÉ D'ALÈS V. SA FEMME ALICE DE MARÇAY. SES FILS HUGUES, GUY ET PIERRE. TRANSMISSION DIFFICILE MAIS CONSTATÉE.

Ah ! que c'est un pas pénible à franchir, cette fin du XIIIe siècle dépourvue de documents ! Les cartulaires n'existent

---

(1) *Cart. de Fontevrauld*, t. I, fol. 42.

plus, ou tout au moins les moines n'y enregistrent plus, comme autrefois, les donations des seigneurs avec les noms de leurs enfants, de leurs épouses, de leurs vassaux, de leurs témoins. Le notariat, encore embryonnaire fournit un bien petit nombre d'actes, dont le texte est si succinct que l'on en tire bien peu de renseignements ; les contrats de mariage, les testaments sont à peine connus, les aveux sont d'une brièveté désolante, et les réceptions d'hommage contiennent simplement le nom du suzerain, celui du fief et celui de l'avouant.

La collection des documents relatifs à l'histoire de la Maison de Brisay, présente, au moment où nous sommes parvenus, une lacune difficile à combler. Ce n'est pas que les connaissances fassent défaut au sujet des personnages dont nous décrivons la vie ; au contraire elles abondent, elles développent même avec quelques détails les diverses phases de l'existence de ces chevaliers, que l'on voit dès leur enfance, tantôt occupés du réglement des affaires de leurs domaines, tantôt partant en guerre à l'appel du monarque, périssant sous le harnais, ou parvenant à un âge avancé au fond de leurs sombres manoirs. On les rencontre, avec leurs femmes, circulant par tout le pays, visitant les monastères, ou traitant avec leurs voisins dont ils cultivent les relations de société. Mais aucun de ces documents ne relate le lien de filiation authentique qui unit entr'eux nos personnages ; et, depuis 1253 jusqu'à 1323, nous restons sans preuve certaine et absolue de la paternité de l'un ou de l'autre à l'égard de son successeur.

Devant le silence des actes, nous sommes obligés de nous en rapporter aux présomptions les plus sérieuses, aux rapprochements les plus convaincants, pour reconstituer la généalogie des seigneurs de la Roche-Brisay. Sous ce rapport quatre points principaux servent de base à notre argumentation. Si nous parvenons à établir que les personnages qui succédèrent à Alès V portèrent les prénoms usuels de leurs prédécesseurs ; si nous les voyons qualifiés du même nom de famille, devenu alors propriété individuelle ; s'ils possèdent la terre patrimoniale de la maison, et s'ils y paraissent à tour de rôle agissant en seigneurs et maîtres ; enfin si eux-mêmes ou leurs descendants reconnaissent, confirment et acquittent les obligations personnelles ou hypothécaires consenties par les seigneurs de Brisay, aux XII° et XIII° siècles, en faveur des abbayes et autres maisons religieuses, alors il ne sera pas possible de nier l'évidence d'une succession naturelle entre ces personnages, et l'on devra admettre comme certain le lien de famille qui les unit.

Or parmi les successeurs d'Alès V, nous trouvons deux sujets relevant le prénom si religieusement porté, depuis trois siècles, de Pierre et Alès, par les membres de la branche de Mirebeau et ceux de la branche de Destillé. Nous les voyons tous porter dans les actes le nom de Brisay, non pas comme qualificatif d'une seigneurie ou possession quelconque, mais uniquement comme leur propriété privée, leur nom de famille inséparable complément du prénom, même lorsqu'ils figurent dans ces pièces avec le titre de leurs diverses seigneuries. De plus nos personnages se succèdent dans la terre patrimoniale de la Roche-Brisay, ils s'en disent possesseurs héréditaires, ils en portent le titre, ils en règlent les intérêts, « comme leurs ancêtres étaient accoustumés de faire », selon les propres expressions transcrites en plusieurs actes. Enfin nous avons vu quelle sorte d'obligation avaient contractée Alès IV et son fils Pierre de Brisay, en 1245 et 1253, au profit des dames de Fontevrauld. Nous retrouvons au cartulaire de cette maison un extrait de 1374, dont le titre porte cette désignation : fresche du Haut-Brisay, — ce qui veut dire : obligation solidaire liant perpétuellement les membres de la Maison de Brisay, de père en fils, de frère à sœur, envers l'abbaye de Fontevrauld ; et sous ce titre se développent le contract passé par Alès IV, la reconnaissance faite par son fils Pierre, et la confirmation qu'en renouvelle, à cette date de 1374, Alès VII, seigneur de la Roche-Brisay et de Destillé, à qui l'on ne pourrait dès lors, sans une injustice évidente, refuser d'être l'arrière petit-fils du premier de ces donateurs.

Des généalogistes très rigoureux viendront me dire : — « Prenez garde ! vous entassez six ou sept personnages, se succédant d'aîné en aîné dans la même terre, pendant la durée d'un siècle. Celà n'est pas correct ». Je puis même à ce sujet citer textuellement l'objection un peu spécieuse qui m'a été faite par le consciencieux Pol de Courcy. « Il n'est pas facile d'établir la filiation ascendante d'Alès ou Hallot de Brisay, vivant au XIVe siècle, m'écrivait M. le baron de Courcy, en mars 1880, jusqu'à Cadurc, chapelain puis chancelier du roi Louis le jeune, entre 1141 et 1146, dont le P. Anselme a même ignoré le nom de famille. En effet, Cadurc et Alès ne sont séparés que par un intervalle de deux siècles, c'est-à-dire par cinq ou six générations au plus, et, comme La Chesnaye, dont vous vous écartez d'ailleurs, vous établissez entr'eux dix *générations*, en sorte que chacune d'elles n'aurait vécu en moyenne que vingt ans, ce qui est impossible. Antérieurement à Alès, dont la filiation est prouvée par son contrat de mariage en 1323, il faut donc se borner à ranger *chronologiquement*, mai non *filiativement*, les divers Brisay cités dans les chartes ».

Je voudrais n'avoir qu'à m'incliner devant l'opinion d'un maître d'une érudition aussi capitale que celle dont jouit l'honorable M. de Courcy, mais je suis obligé de me conformer, avant tout, au texte des documents qui servent de base à mon travail, et dont l'étude comparée démolit le raisonnement de mon contradicteur. M. de Courcy s'est attaché à voir, dans la série des huit seigneurs de Brisay présentés par moi entre Cadurc, fils de Pierre II, et Alès VI, vivant en 1323, des sujets issus les uns des autres, et il trouve, avec raison, que chacun de ces individus est inconcevablement rogné dans la durée probable de son existence. L'erreur de M. de Courcy vient uniquement de ce qu'il cherche des *générations* là où je n'ai présenté que des *successions*, ce qui est tout différent.

Les sires de la Roche-Brisay ne se sont pas tous succédé en ligne directe, et de père en fils, dans l'héritage patrimonial de leur maison; j'ai démontré que plusieurs d'entr'eux n'avaient pas laissé d'héritiers, et que plus d'une fois le frère avait eu à recueillir la succession de son frère aîné; voilà ce qui explique l'accession un peu brusque et rapide de certains seigneurs à ce fief, dont la loi naturelle semblait de prime abord les écarter. Portons de nouveau notre attention sur l'ensemble des chefs de la famille, pendant cette durée de deux cents ans qui soulève l'objection de M. de Courcy. Nous y voyons Alès II succéder à Pierre II, dont il se dit le fils dans une charte de 1146. Sa filiation est donc certaine. Alès III, qui vient après lui, n'est pas moins authentiquement son fils, comme le prouve la donation faite à la Roche, en 1180. Pour Alès IV, nous avons l'acte de 1230, dans lequel il se dit fils de Thomasie de Pocé qui fut la femme d'Alès III; il n'y a donc pas d'erreur possible. La génération suivante, celle de Pierre IV est soudée à Alès IV, par la reconnaissance de la donation faite à Fontevrauld, en 1245; et c'est seulement à partir d'Alès V, que nous entrons dans l'inconnu. Mais ici nous avons la possession d'état qui nous sert de preuve. Sachant Pierre de Brisay entré dans les ordres, nous avons la certitude qu'il ne laissa pas d'enfants. Nous le voyons posséder, en 1253, la terre patrimoniale, et nous retrouvons cette terre, en 1270, alors que Pierre vit encore, mais s'est fait prêtre, entre les mains d'Alès de Brisay; ce n'est pas ici assurément une génération qui remplace l'autre, c'est une succession collatérale, qui entraîne la transmission irrégulière de la seigneurie et de l'aînesse qu'elle porte avec elle. En 1288, nous trouvons Alès V remplacé, à la Roche et à Destillé, par un seigneur qui porte le nom de Hugues de Brisay. La filiation de celui-ci n'est pas indiquée, mais comment croire qu'il fut un étranger ? Comment supposer que, porteur du nom ajouté à la possession des deux fiefs principaux de la maison, il ne soit pas membre de la famille ? Nous nous sommes donc cru autorisé à voir en lui le fils d'Alès V, succédant légitimement et génerativement à son père. La vie de ce personnage est courte ; il disparaît vers 1300, laissant une veuve qui n'a pas eu d'enfants, puisqu'elle disposa de ses biens en faveur de ses neveux, les fils de son propre frère. Mais au même moment, nous voyons surgir deux nouveaux personnages portant le nom de Brisay, c'est Guy, qualifié chevalier, possesseur en 1311 de la seigneurie de la Roche, dont il rend aveu, et Pierre, simple écuyer toute sa vie, surnommé Ringuet, c'est-à-dire faible, petit et tard venu, qui fondera néanmoins une nouvelle branche très vivace, destinée à s'illustrer sous le nom des sires de Beaumont. Ceux-ci, certainement sont deux frères, des puinés d'Hugues, dont l'aîné succède collatéralement au dernier seigneur de la Roche, et vient prendre rang sur la même branche que lui, comme fils d'Alès V, dans l'arbre généalogique de la famille. Pour Guy, comme pour Alès V, il n'y a pas *génération*, il n'y a que *succession*, ce qui réduit de deux personnages le nombre des aînés, et nous ramène à quatre générations pour le XIII° siècle, dont la première et la dernière sont à cheval sur l'autre siècle, formant une série tout-à-fait normale, et parfaitement soumise aux règles de la supputation des générations ordinaires dans chaque période de cent ans. Avec Guy, la difficulté s'applanit ; le seigneur de Brisay que l'on trouve, après lui, en possession de la Roche et de Destillé, porteur du prénom favori de la race, est cet Alès VI, auquel M. de Courcy voudrait faire remonter seulement la généalogie authentique des Brisay, et qui s'énonce, dans son contrat de mariage daté de 1323, fils et héritier de « Monseigneur Guy de Brisay, chevalier ».

Nous ne connaîtrions pas la femme d'Alès V, celle qui fut vraisemblablement la mère d'Hugues, de Guy et de Pierre de Brisay, si nous n'avions trouvé un extrait d'acte d'aveu, dans les archives du château de la Roche, dont les conclusions tendent à prouver que cette dame fut Alice de Marçay, fille de Guillaume de Marçay, gentilhomme assez richement possessionné en Mirebalais, dont la famille, ancienne et fort noble, s'était alliée, comme les Brisay, à la puissante Maison des seigneurs de Mirebeau, vers la fin du XIe. De ce lambeau d'aveu, il résulte que les petits-enfants de Guillaume de Marçay tenaient de Guy de Brisay, « en paraige », certains fiefs situés dans les paroisses de la Grimaudière et de Notre-Dame d'Or, à l'ouest de Mirebeau, *à cause* de dame Alice de Marçay, leur tante. Or il est bien connu qu'un *parage* était, au temps de la féodalité, un bien détaché du fief principal en faveur d'un cadet. Ce parage, dont jouissaient les enfants de Marçay, les mettait donc en parenté très proche avec Guy de Brisay, leur seigneur, qui tenait le fief dominant de la dame Alice de Marçay sus nommée. Comment ce bien des Marçay serait-il parvenu à Guy, autrement que par l'héritage de sa mère, qui lui transmit en même temps le lien de parenté révélé par la situation, comme parageurs, des neveux de cette dame ? Il nous a semblé logique, en raison de ce rapprochement, de voir dans Alice la mère de Guy de Brisay et l'épouse d'Alès vivant en 1270. Nous trouverons encore des traces de cette parenté avec les Marçay, lorsqu'il s'agira de l'acquisition de Douçay, faite par un seigneur de la Roche-Brisay au sire de Pouant qui semble avoir eu avec son contractant, dans le courant du XIVe siècle, quelques difficultés touchant un partage de succession où chacun d'eux avait un droit à faire valoir. Dans la quittance du prix payé par le seigneur de Brisay au seigneur de Pouant, il est dit que celui-ci n'aura plus rien à réclamer au sujet des « noises » qu'il avait cherché à faire naître touchant « l'hérédit Guillem de Marçay » (1).

Hugues, seigneur de la Roche-Brisay, Bosnay, Destillé et le Coudray, qui reçut sans doute le prénom de son trisaïeul, Hugues de Destillé, comme un souvenir et un hommage rendu à la Maison de Pocé, est donc le personnage dont nous faisons l'aîné des enfants d'Alès V et d'Alice de Marçay, assuré que nous sommes de son aînesse par le fait de le voir devenir seigneur de la Roche-Brisay, immédiatement après Alès, en 1288. Il naquit vers 1262, et fut élevé à Poitiers sous les yeux et par les soins de son oncle, le chanoine Pierre. Comme celui-ci, il paraît avoir été destiné à l'état ecclésiastique, car, à cette époque, et depuis la fondation des Cordeliers, l'enthousiasme religieux semblait monté à un tel degré dans cette famille, que les aînés renonçaient volontiers à leur position dans le monde, quelque belle qu'elle dut être, pour s'adonner au célibat, et, revêtus de l'habit sacerdotal, passer leur vie au chœur des cathédrales. Hugues, dénommé familièrement Huet, était qualifié clerc du diocèse de Poitiers, aux premières heures de sa jeunesse. Il avait déjà fait quelques dons au chapitre, en cette qualité, quand un changement subit s'opéra dans ses intentions. Il renonça à l'église et se maria, fort jeune, en 1278, avec Philippe de Marmande, fille de Guillaume de Marmande, seigneur du Coudray, dont le frère aîné Bouchard était seigneur châtelain de Mont-Soreau. Il est sensé de voir dans cette union, une des plus illustres qu'ait contractées la Maison de Brisay, la conséquence d'un rapprochement de voisinage produit par la présence d'Hugues à Destillé. C'est dans cette terre et au Coudray, chez sa femme, héritière de Guillaume de Marmande en 1279, que l'on constate uniquement la présence d'Hugues, jusqu'en 1288, époque de la mort

(1) *Arch. du chât. de Brisay*, vol. C.

de son père. Il n'est alors que *varlet*, titre donné aux très jeunes gentilshommes qui n'avaient point encore fait leur stage chez quelque chevalier, pour y apprendre, avec le grade d'écuyer, le rude métier des armes ; mais il savait parfaitement déjà défendre ses droits personnels, contre les empiètements du voisinage. En 1279, Guillaume de Marmande était passé de vie à trépas, laissant à sa fille Philippe, la belle seigneurie du Coudray, voisine et limitrophe de l'abbaye de Seuilly, à très courte distance, au sud, de Destillé, sur la rive gauche de la Vienne. Quelles étaient les relations de l'abbé de Seuilly avec le châtelain du Coudray ? Libres ou compassées, amicales ou hostiles ? Je l'ignore. Le premier profita de l'accession d'une femme à la seigneurie, pour formuler des exigences qui, sans doute, n'étaient pas tolérées par Guillaume. Il prétendit pouvoir acquérir, dans les limites de la juridiction du Coudray, jusqu'à 20 livres de rente et 20 sous tournois en plus, sans payer aucun droit de mutation ou de vasselage au seigneur du fief. Hugues et Philippe s'opposèrent à cette prétention, et firent mettre main basse, par leurs officiers, sur les choses acquises. La confiscation ne pouvant profiter à l'abbé, on termina le différend par une transaction qui fut réglée devant la sénéchaussée de Saumur, le samedi après la Toussaint de l'an de grâce 1279 (1).

Cinq années s'écoulèrent, pendant lesquelles Hugues, ayant atteint l'âge viril — il eut 21 ans en 1283 — fut armé chevalier sans avoir même passé par l'école des écuyers, cette faveur étant fréquemment accordée aux seigneurs dont la situation marquait de l'importance, et se trouvaient possesseurs d'un fief militaire au moment de leur majorité. Sous ce nouveau titre, nous le retrouvons à Chinon, le Mercredi-Saint 1284, faisant un arrangement amiable avec un gentilhomme de son voisinage qui avait anticipé, lui

(1) D. *Hous.*, t. XII, n° 5,402.

aussi, sur les droits de la seigneurie du Coudray. Le style curieux de ce petit acte, perle du notariat à ses débuts, mérite qu'on le cite en entier.

« Sachent toz que come contenz fust meuz (contestations fussent élevées) entre Monsor Hué de Brisay, chevaller, et dame Fellipe sa fame d'une part, et Regnaut Senglier, vallet de l'autre, sur cet que le dis Hué et Fellipe sa fame disaient que le dit Regnaut avait fait ung portau (ouverture) en ung chemin, et remué le dit chemin au delà où il solait estre davant son hébergement de Lerné, et que les chèves (berges) dou chemin d'Ardenne tenanz au bois à l'abé de Suyllé estoient par droit leurs propres, le dit Regnaut disant qu'il avoit fait les dites choses à droit et bien les povoit faire, le dit Hué et la dite Fellipe furent dacort que le dit portau et le chemin desusdit seront et demoreront en l'estat et la forme où ils estoient lors de la date de ces présentes. Le mercredi devant Pasques flories, l'an de grâce 1284, au mois de mai, sous le scel de Chinon » (1).

C'est là un pur chef-d'œuvre de tabellionage.

En 1285, Hugues de Brisay, qualifié monseigneur *(dominus)*, se trouvait inscrit sur les comptes de Denys de Paredo, bailli du roi de France à Tours, comme débiteur d'une somme de 100 livres au profit de la couronne *(de debito domini Hugonis de Brisaio*, c. l.) (2). Quelle est l'origine de cette dette? Nescio. J'ai pu supposer et émettre plus haut l'opinion que ces 100 livres, payables par Hugues, étaient le montant du rachat de sa terre de Destillé; mais rien n'autorise à le croire, puisque la mort de son père n'était pas encore venue mettre Hugues dans l'obligation de payer des droits de mutation, lesquels d'ailleurs ne pouvaient monter, pour une succession régulière à une pareille somme. Le rachat, en effet, n'était payé que par les filles.

(1) *Cart. de Fontevrauld*, p. 187. *Bib. nat.* mss.
(2) *Col. des aut. français*, t. III, p. 663 K.

Il est donc plus probable qu'il s'agit ici du rachat de la terre du Coudray, tombée en quenouille entre les mains de Philippe de Marmande ; à moins qu'il s'agisse d'une amende particulière, ou d'une levée d'impôt, pour subvenir aux dépenses de la guerre qui se faisait alors en Espagne, à laquelle Hugues de Brisay n'aurait apporté sa coopération que par espèces sonnantes. Voilà bien des suppositions dont chacune peut être exacte, mais au sujet desquelles nous ne possédons aucune donnée positive.

C'est en 1288 qu'Hugues devint seigneur de la Roche-Brisay et de ses dépendances, succédant à son père dans le patrimoine des aînés de la maison. Depuis lors, on le voit agir dans le Mirebalais. Son accession à la seigneurie est signalée par divers emprunts hypothécaires, en garantie desquels il affecte certaines portions du domaine. Le mardi avant la fête de la benoite Marie-Madeleine (21 juillet), l'an 1288, rapporte une charte authentique en latin conservée aux archives de la ville de Poitiers, messire Hugues de Brisay, chevalier, d'un commun accord avec dame Philippe de Marmande, sa femme, emprunte 150 livres à la commune de Poitiers, et en échange de cette somme, qu'il reçoit comptant des mains des échevins, il leur accorde une rente de 12 cosses et 2 setiers de froment, à prendre chaque année sur les rendements de la Roche-Brisay, au fief de Sairres, ainsi qu'une certaine quantité de bois coupé valant sept livres dix sous, à prélever sur chaque taille de la forêt de Scévolle. Jehan Jocelin, de Sairres, Geoffroy et Guillaume Martel, de Brétegon, Guillaume et Laurent Tixier, Jehan Maingot, de la Fuye de Beauday en Savigny, Aimery Airaud, Geoffroy Lemercier, Pierre d'Asnières, Guyot Béranger, Geoffroy et Bertrand des Mées, paroissiens de Celliers, tous hommes de foy et sujets du seigneur de la Roche se portent garants (plège) du paiement de la rente et s'en déclarent, avec dame Philippe, solidairement responsables (1). Cette

(1) *Arch. de la ville de Poitiers*, F. 9, L. 14.

somme ne suffit pas aux besoins du dit sire, et quelque temps après, le mardi « post reminiscere », l'an 1289, il se rend de nouveau à Poitiers en quête d'un bailleur de fonds, et vend à Guillaume Gabet « maistre escolle en l'église cathédrale » de cette ville, une dime appelée la « dime de Brisay » reposant sur les terrages de Sairres, en la paroisse de ce nom (1). Cette pièce, en latin, était scellée du sceau de Hugues qui, malheureusement, n'est pas conservé.

En date du 10 décembre 1288, nous trouvons le nouveau seigneur de la Roche-Brisay, à Mirebeau, où l'appelle le règlement d'une grave affaire.

Hugues a rendu son aveu au baron de Mirebeau, pour ce qu'il tient sous la suprématie de ce seigneur, dans les quarante jours qui ont suivi la mort de son père. Mais les termes de ses déclarations sont contrecarrés par le suzerain qui voit dans cet acte, grosse matière à procès. En effet, Hugues s'arroge tous droits de justice, haute, moyenne et basse, dans ses possessions du Mirebalais, et il ne paraît pas régulier qu'une juridiction aussi étendue lui appartienne de droit.

Le seigneur de Mirebeau était alors Thibaut IV, de la branche de Bomez, dans la Maison de Blason-Montfaucon, que les historiens ont surnommé le Grand, à cause de son énergie et de son courage, qualités morales qui rejaillissent de toutes les actions de sa vie. Fort jaloux du pouvoir dont il était détenteur, Thibaut fit faire une révision sévère de l'hommage de ses vassaux. S'étant enquis des droits sur lesquels s'appuyait la prétention du seigneur de la Roche-Brisay à exercer, sur ses terres, la justice aux trois degrés, il reconnut que cette prétention n'était pas fondée, et que l'exercice d'une telle juridiction constituait une usurpation sur son pouvoir judiciaire de suzerain. Il résulta de là de vives contestations entre le suzerain et le vassal, la situation

(1) *Bibl. de Poitiers*, mss. n° 241.

de ce dernier ayant pour base un long usage qui avait prévalu durant deux siècles, créant en faveur de la Maison de Brisay une sorte de prescription qui aurait pris force de loi, si jamais les droits d'un suzerain avaient pu se prescrire.

Hugues de Brisay affirmait que ses ancêtres avaient possédé « la justice grande et petite à la Roche de Brisay et au bois de Souvolle, et au terrain d'environ appartenant à la dite Roche, et à Célié ainsi que au terrain appartenant au dit Célié, et avaient exploité la dicte justice par très long temps ». Mais Thibaut, tout en reconnaissant qu'il pouvait bien en avoir été ainsi de fait, « proposait en contre assez de raisons par lesquelles il disait le dict seigneur de Brisay non avoir aucun droit aux dites choses ». Cette discussion contradictoire fut soumise aux consultations des procureurs, et « fut enquise la vérité avec bonnes gens et anciens amenés à garants et au conseil », car les titres n'existaient pas alors pour créer une jurisprudence, et il fallait s'en rapporter aux coutumes anciennes, sur l'existence desquelles la déclaration des vieillards les plus respectables était encore le plus sûr moyen d'information. Aussi, grand nombre de gentilshommes et vassaux de la châtellenie, comme ceux du domaine de Brisay, furent appelés et ouïs en la cause. Mais il ne résulta point de ce témoignage général que le sire de Brisay fut fondé légalement dans sa résistance. Celui-ci était puissant ; n'oublions pas que, sinon à Mirebeau, mais en Touraine, il était vassal direct du roi, et qu'à ce titre il marchait d'égal à égal avec Thibaut de Bomez ; aussi parla-t-il d'en référer à une juridiction supérieure et l'affaire allait être portée, avec grands frais et grands débats, devant la sénéchaussée royale de Saumur, quand le sire de Mirebeau consentit à une transaction qui fut accueillie des deux parts. L'accord qui en résulta, pour éviter tout procès mû ou à mouvoir, établi par acte publié à Mirebeau « au jour de lundi après les huitaines de la feste Saint-André l'apostre », entre Thibaut de Bomez, chevalier, seigneur de Mirebeau et de Blason, et Hugues de Brisay, chevalier, seigneur de la Roche-Brisay et Destillé, contient les dispositions suivantes.

« C'est assavoir que le dit Monsieur Hues, ses hoirs et ses successeurs auront et exploiteront dores en avant à la Roche de Brisay et à Célié, espécialement aux lieux qu'il a et tient de nous Thibaut à domaine, au temps d'ores et au dict terrain, la grande voirie quan qu'il en despend à exploiter si comme grande voirie doit estre exploitée. Et à nous et à nos hoirs et successeurs demeurera aux dicts lieux la grande justice et quan qu'il en despend, avec le ressort en la voirie si ledict Monsieur Hues et ses hoirs et successeurs en mésusaient ».

En échange de cette concession formelle ou de cette reconnaissance du droit de grande voirie, qui constituait le degré de justice moyenne, Hugues de Brisay accorda que « aux cens qui lui sont dûs et rendus en la ville de Mirebeau, ni aux tènements, ni aux censifs dont les dicts cens sont dûs, ni aux autres lieux ou tènements, si aucun en advient en la dicte ville de Mirebeau, ni aux bourgs d'environ, ni en la dixme de blé et vin qu'il a sur les terrains d'environ la dicte ville qui est appelée la dixme de Brisay, ni aux terrains dont la dicte dixme est rendue, lui, ses hoirs ou successeurs n'auront point de voirie, ni justice grande ou petite, mais rien que les ventes des censifs dessus dits quand elles y adviendront » (1).

Cette diminution de pouvoir dans la terre patrimoniale où ses prédécesseurs avaient, jusqu'alors, exercé une juridiction sans limites, n'était pas pour faire préférer ce domaine au sire de Brisay. Aussi, voyons-nous Hugues retourner promptement dans ses possessions de Touraine, où le manoir du Coudray, appartenant à sa femme, devient dès lors sa résidence habituelle. Tous deux y séjournent en

(1) *Arch. du chât. de Brisay*, vol. A.

1295, lorsqu'une contestation nouvelle, avec leur voisin le Sanglier, amène un accord qui est encore une fois réglé sous le scel de Chinon.

« Sachent toz que Hue de Brisay, chevaller, et Phellipe, sa fame, confessèrent qu'ilz avoient baillé à Regnaut Senglier, vallet, tote la garenne et tot le droit qu'ils avoient au bois de Bor, et tote la garenne des landes tenanz au bois et aux chasteigneys monsor Boox Rabaste, chevaller, le mercerdi d'avant Pasques flories, l'an 1295 au mois de mars » (1).

Nous touchons au premier acte du grand drame militaire qui ensanglanta notre patrie, pendant cent soixante années de luttes acharnées entre deux races voisines et rivales, et pourtant sœurs par l'origine, vivant dans un contact tellement intime et permanent qu'elles eussent dû demeurer toujours amies, la France et l'Angleterre, nations belliqueuses et chevaleresques, dont l'essor aurait profité grandement à la civilisation, si elles avaient porté leurs efforts vers l'orient déjà arrosé de leur sang, ou vers le nouveau monde encore à découvrir, mais dont la rivalité tint l'Europe suspendue pendant près de deux siècles, dans sa marche ascensionnelle vers un bienfaisant progrès.

Sous le règne de Philippe-le-Bel, la guerre avait débuté en Guyenne, puis tout à coup elle avait pris pour théâtre le nord, où les Flamands, alliés au roi Edouard, nous obligeaient à lancer contre eux de formidables armées.

En 1302, notamment, le roi ayant fait appel à tous ses bannerets, une nombreuse chevalerie fut réunie à la frontière sous le commandement de Robert d'Artois. Il y avait là plus de 7,000 féodaux très fiers, très valeureux mais complètement indisciplinés. Ils attaquèrent les Flamands sans aucun ordre, sans observer la moindre tactique, ou les plus élémentaires règles de l'art, malgré les plans bien conçus de leurs chefs, volontairement incompris par eux.

(1) *Cart. de Fontevrauld*, p. 184.

« Les escadrons de première ligne, raconte Mazas, d'après les historiens flamands les plus dignes de foi, lancés par la charge, se précipitèrent dans des fossés recouverts de gazons et de feuillée, qu'une épaisse poussière empêchait d'apercevoir, et qui garnissaient les formidables retranchements derrière lesquels l'infanterie flamande se tenait protégée ; les autres lignes tombèrent successivement dans le même piège, dont le prolongement garantissait tout le front de l'ennemi. Robert d'Artois accourut à la tête d'une troupe nombreuse de féodaux ; mais son arrivée, au lieu de rétablir le combat, ne fit qu'augmenter la confusion ; les Flamands, profitant de ce désordre, faisaient pleuvoir du haut de leurs retranchements, une grêle de traits ; un certain nombre d'entr'eux sortis de la palissade, tuaient sur la contrescarpe, à coups de bâtons ferrés, les chevaliers, au fur et à mesure qu'ils cherchaient à sortir du fossé. Quelques-uns, ayant trouvé moyen de franchir cet obstacle à la suite du connétable Raoul de Nesle, se précipitèrent au milieu des Flamands, où faisant face à mille combattants qui leur offraient quartier, ils préférèrent la mort à une honteuse captivité » (1). Ce désastre de Courtray, avant-coureur des terribles journées de Poitiers, Crécy, Azincourt, coûta à la France 20,000 soldats, quatre mille bannerets et chevaliers, au nombre desquels se trouva Hugues de Brisay, que sa condition de banneret du roi, au comté de Tours, pour sa terre de Destillé, avait fait ranger sous les ordres du connétable.

Cinq semaines après sa mort, dont la nouvelle paraît avoir été apportée au Coudray par le fameux Sanglier, sans doute échappé aux coups des Flamands, dame Philippe reconnut et confirma, en faveur de ce voisin, la concession faite sept années auparavant par son mari et par elle.

« A toz ceaux qui ces présentes lettres verront ou oront,

(1) *Vie des Grands Capitaines français*, t. I, p. 164.

Ge Phelippe, dame dou Codray, jadis fame de Hues de Brisay, chevaller, que Dieu absoilhe, morz en la guerre le Roy nostre sire, saluz. Sachent toz que ge, por moy et por mes hoirs, ay quitté et cessé à Monsor Regnaut Senglier, chevaller, et à ses hoirs, tot le segréage que ge avoye ou bois au dit chevaller, lequel est appellé le bois de Bor, et ès Essarts au Senglier, de la bosse Porcherette jusques aux chasteigneys sous bois Rabaste ; en seur que tot ge approuve et ratifie sous les scellés dou sceau le Roy, dont l'en use à Chinon, confessant la forme qui s'en sict. » — Suit ici le texte de la concession faite en 1295, que Philippe de Marmande consacre par ces mots sacramentels : « Et de tot le tenir (tout le contenu), et dou ratifient (et de ma ratification) que j'ay dessus confermé et aprové, ge en ay scellé ces présentes de mon propre scel, le vendredi avant la Saint-Bertholomé (24 août) l'an de grâce 1302 » (1).

Le sceau de la dame du Coudray, appendu à cet acte, et que le copiste du cartulaire de Fontevrauld a eu la bienveillante attention de nous transmettre, est merveilleux. C'est un réel objet d'art, qui fait honneur à la gravure du temps, et donne une haute idée du luxe mobilier, bien rare à cette époque, dont s'entourait cette Philippe, une des grandes dames de Touraine, au début du XIVe siècle. C'est un ovale, comme tous les sceaux des veuves à cette époque. Il mesure 47 millimètres de long sur 28 de large. Une bordure plate l'entoure, puis entre deux moulure court la devise : S. Phellipe de Mermande Dame de Coudroy. Au sommet de la devise une croix pattée. Dans le centre, du bas au milieu, l'écusson portant deux faces chargées d'une bande sur fond uni, en canton à gauche une canne. Sur l'écu, en cimier, un cigne tenant dans ses pattes un serpent, dont il frappe la tête de son bec. Ce travail est un réel chef-d'œuvre, un des modèles les plus purs et les mieux exécutés du Moyen-âge.

(1) *Cart. de Fontevrauld*, p. 184.

Philippe de Marmande se servit de ce sceau pour marquer ses actes, sur cire brune, pendant tout son veuvage et jusqu'à la fin de ses jours. On le retrouve en 1307, sur un accord qu'elle passa en qualité de « dame du Coldray, veufve du feu seigneur de Brisay » avec l'abbé de Seuilly. Elle vivait encore en 1311, date à laquelle elle transigea, la veille de la Saint-Martin d'hiver (11 novembre), avec Geoffroy Isoré, archidiacre d'Outre-Vienne, en l'église de Tours, sur une question d'intérêt qui n'est pas révélée. Elle mourut peu de temps après cette date, sans laisser d'enfants, ayant pour héritiers de ses biens les fils de son frère Bouchard de Marmande, qui vendirent, aussitôt après la mort de leur tante, la terre du Coudray à la reine de Jérusalem. Ce fut par contrat d'acquêt passé à Saumur, le 1er juillet 1315, que haute et puissante princesse Marie, reine de Jérusalem et de Sicile, duchesse d'Anjou, devint dame du Coudray, qu'elle annexa à ses immenses domaines. La Maison d'Anjou était alors la plus riche des maisons princières du monde(1).

§ IV

GUY DE BRISAY ET SON FILS ALÈS VI

Nous entrons dans le siècle quatorzième de notre ère. Nous franchissons cette fameuse année 1300, dont les généalogistes ont voulu dater la création du monde pour toute famille d'ancienne chevalerie, créant par là une sorte d'obstruction à l'histoire des plus vieux noms. C'est au roi Louis XV que l'on doit la pose de cette limite de raison, audelà de laquelle il a paru inutile de connaître le passé de nos ancêtres. Harcelé de demandes incessantes, à lui adressées pour l'obtention des honneurs de la Cour, ce

(1) *Dom Housseau*, t. XII, nos 5,416, 5,432, 5,441.

monarque ordonna que, pour être admis aux présentations, tout gentilhomme devrait prouver son extraction nobiliaire ancienne. On lui fit observer fort justement, que beaucoup des plus importants personnages de son entourage se trouvaient exclus par ce rescrit draconien, et le roi consentit à ce que les preuves ne remontassent pas au delà de 1300. Bien des nobles, ou prétendus tels, avaient déjà grand peine à atteindre cette date, qui pour eux constituait l'extrême limite de la nuit des temps ; pour les vrais gentilshommes d'origine chevaleresque, la décision royale équivalait à un enterrement complet de leur antiquité. En effet qu'arriva-t-il ? Les gentilshommes ne recherchèrent plus, dans leurs archives et dans les documents royaux ou religieux mis à leur disposition, d'autres actes que ceux dont la date était postérieure au commencement du quatorzième. Les généalogistes, trouvant leur travail simplifié, se réjouirent de n'avoir à enregistrer que des pièces relativement modernes, dont l'étude était plus facile et le groupement moins ardu. Et dès lors tous les documents antérieurs à 1300 furent négligés ; on ne s'en préoccupa davantage que de pièces en tous points inutiles ; seuls quelques amateurs d'antiquité continuèrent, comme les Gaignières et les Decamps, dom Housseau et autres bénédictins, à feuilleter les cartulaires, les diplômes ecclésiastiques, les lettres patentes des souverains, pour y recueillir des extraits concernant les personnages qui vécurent aux siècles treizième et précédents. Sans eux que saurions-nous des compagnons de saint Louis ou de Philippe-Auguste ? Et n'était la fixation fastidieuse de cette date 1300, pour l'origine de familles admises aux honneurs, peut-être posséderions-nous quelque pièce administrant la preuve rigoureuse de la filiation des aînés de la Maison de Brisay, qu'en raison de la négligence des généalogistes à constater et à transmettre leur état civil, nous avons dû nous contenter d'établir sur des constatations qui, bien que valant des preuves, n'en sont cependant que l'équivalent.

Malgré tout il paraît bien difficile, quand nous trouvons dès 1300 Guy de Brisay en possession du nom de famille, quand nous le voyons succéder à Hugues dans la terre patrimoniale de la Roche, quand nous voyons son fils à Destillé et dans toutes les terres de la maison, de ne pas admettre que Guy ait continué la postérité dans la branche aînée des Brisay, et de nous refuser à constater que ce fut lui qui servit de trait d'union entre la partie moderne de la famille, celle qui s'étend de l'année 1300 jusqu'à nos jours, et la partie ancienne dont nous avons décrit l'histoire remontant à travers l'obscurité du Moyen-âge, jusqu'aux premières années du XI° siècle.

Guy, seigneur de la Roche-Brisay et de Cron en Mirebalais, de Destillé en Véron, de Chiniers et la Viellaye en Touraine, de Bosnay en Châtelleraudais, fut donc le second fils d'Alès V, et le frère puîné d'Hugues dernier seigneur de la Roche-Brisay, auquel il succéda dans cette terre en 1302. Il ne fut admis à lever bannière qu'à cette époque, et en raison de la succession de son frère. Il est qualifié chevalier bachelier, dans les actes qui précèdent les premières années du XIV° siècle ; nous avons dit que ce grade était inférieur à celui de banneret, et qu'il était attribué à la possession d'une terre moins étendue.

Contrairement à son frère Hugues, qui doit être considéré comme un gentilhomme exclusivement tourangeau, en raison de la préférence qu'il témoigna toute sa vie aux résidences des rives de la Vienne, Guy manifesta une plus grande attache à la terre mirebalaise, dont il fit son séjour d'élection. Si son frère avait été élevé à Poitiers, sous les yeux de l'oncle Pierre, et s'il reçut assez d'instruction pour être qualifié clerc du diocèse, Guy semble plutôt avoir grandi sous les auspices de son aïeul Guillaume de Marçay, qui le destina dès l'enfance au métier des armes. Du chef de sa mère Alice, veuve après 1288, laquelle se retira peut-être chez son père avec ce jeune enfant, il recueillit dans la succession de Guillaume, des biens situés dans la paroisse de Cron, qu'il partagea avec ses cousins, les jeunes de Marçay. Un aveu de 1304 fait connaître en effet qu'à cette date Guillaume de Marçay et son frère Arbret, ainsi qu'Alice et Jeanne leurs sœurs, tenaient au parage de Guy de Brisay la dîme de Cron valant 10 livres de rente et 200 setiers de froment, comprenant nombreuses pièces de terre, rentes en blé et volailles, plusieurs maisons à Cron et le four banal, avec des censifs et vassaux dont étaient Jean de Marçay pour une rente de 10 setiers de froment, Pierre de Billé pour 32 setiers d'avoine et Guillaume Auboin pour trois journaux de vigne au terroir de Cron. Le *parage* indique une parenté très proche qui explique le vasselage de ces jeunes seigneurs, et permet de conclure que leur dîme de Cron faisait partie d'un héritage dont un ancêtre commun avait possédé l'ensemble, et qui, après lui, avait été « énervé » entre divers cohéritiers. Cette situation nous permet de voir un lien de famille certain entre les Marçay, les Billé, les Auboin et Guy de Brisay, tous cités dans l'acte comme détenteurs du parage relevant du fonds principal ; et voir le fonds principal entre les mains de Guy, est, pour nous, la preuve d'une transmission directe du dernier possesseur, Guillaume de Marçay, qui ne pouvait être par conséquent que son aïeul.

De bonne heure Guy avait revêtu la cuirasse. Ce n'était pas ce fief de Cron qui l'y obligeait probablement. Si l'on en juge par l'étendue ordinaire des terres mirebalaises, sauf quelques-unes, on peut croire que la petite seigneurie dont Guy fut apanagé par sa mère, dans son jeune âge, ne constituait pas pour lui le devoir du service aux armées du roi, à peine des gardes à faire au château de Mirebeau. Guy fit de l'armée sa carrière, et ce n'est pas dans le ban qu'il servit ; il prit rang parmi les chevaliers qui composèrent l'ost royal, la bataille personnelle du prince ; il reçut des gages au compte de la maison du monarque.

Philippe-le-Bel faisait de fréquents séjours à Poitiers ; il aimait à s'entourer de cette noblesse ardente, que tenait toujours sur la brèche la situation de l'ancienne Aquitaine, disputée sans cesse par le roi d'Angleterre à son rival de France. Nous avons vu qu'en 1290, Philippe honorait de sa bienveillance maître Pierre de Brisay, et faisait, auprès du chapitre de la cathédrale, des démarches pour obtenir, en sa faveur, le canonicat. Guy de Brisay, qui pouvait compter alors de 20 à 25 ans, fut placé par son oncle dans l'entourage du prince, et, dès les débuts de la guerre anglo-franque, déclarée en 1296, il fit partie de la maison militaire du roi.

Les premières hostilités s'accomplirent en Guyenne. La campagne, rapidement conduite par le connétable Raoul de Nesles et par Gaucher de Châtillon, fut signalée par la prise de Bordeaux et celle de Bayonne, la défaite des Anglais à Saint-Sever et sur la Gironde, enfin par l'occupation de toute la contrée. C'est principalement parmi la noblesse poitevine et angevine que fut recrutée cette armée dont les victoires retardèrent d'un demi siècle l'invasion de nos voisins d'outre-mer. Guy de Brisay *(Guido de Brisay)* fit ses premières armes dans ces divers combats. Il figure dans une liste de trente chevaliers bacheliers qui servaient à la solde royale sous les ordres de Châtillon, et qui furent ramenés par ce général, dans le nord de la France, en 1297 (1).

Le théâtre de la guerre fut alors transporté dans les Flandres, où le roi d'Angleterre avait suscité la révolte du comte contre son suzerain le roi de France. Philippe IV avait tout d'abord envoyé quelques contingents dans ces parages, sous le commandement de Robert d'Artois qui, ne se trouvant pas en force, ne voulut pas entrer en campagne avant d'être secouru.

(1) Col. Decamps, vol. 22, fol. 491.

L'arrivée de Gaucher de Châtillon permit de pousser la guerre avec plus de vigueur ; le 13 août 1297, la chevalerie française battit à plates coutures les milices flamandes dans la plaine de Furnes.

Les historiens fournissent peu de détails sur cette importante journée ; ils disent seulement que Gaucher de Châtillon enfonça l'aile droite de l'ennemi et fit prisonnier l'un de ses principaux chefs. Les résultats de cette campagne furent avantageux pour le roi de France. Le monarque anglais consentit une trêve de plusieurs années ; le comte de Flandres dut remettre ses états aux mains de Philippe-le-Bel. Ce prince fit occuper les Flandres par une garnison de choix, répartie entre les principales places, sous le commandement du comte de Saint-Paul. La liste des chevaliers qui la composèrent nous a été conservée. Cette liste dressée par les agents de la trésorerie royale, en novembre 1298, est ainsi formulée telle que le présente l'ouvrage déjà visé de la collection Decamps :

« Chevaliers denommez en un journal d'un compte du trésor commencent au 1er de janvier 1297 et finissant au dernier décembre 1301. — Tous les denommez sont qualifiez *milites* (chevaliers), à la réserve d'aucuns dont les qualitez sont remarquées. — Guy de Laval, Geoffroy de Vendôme, Geoffroy de Montausier, Albert de Hangest, Renaud de Pressigny, Pierre de Villebon, Baldouin de Caumont, Jehan de Beaumont, Guichard de Beaujeu, Guy de Brisay, le comte de Joigny....... » et autres seigneurs de réelle importance qu'il serait trop long de nommer ici (1).

Philippe accompagné de sa femme Jeanne de Navarre et de toute la Cour, vint visiter, au printemps de 1300 ses nouveaux domaines. La ville de Bruges, où il s'arrêta quelque temps, déploya dans cette circonstance un luxe extraordinaire. Ce ne furent que fêtes, festins, tournois, pro-

---

(1) *Levée des troupes*, col. Decamp, vol. 81.

menades galantes, parure des femmes, banderolles chargées
de devises flatteuses. Il y eut des exhibitions où les dames
de la Flandre rivalisèrent d'élégance et de grâce avec celles
de la suite de la reine. Dans cette ville de Bruges, où il se
trouvait à la suite du roi, messire Guy de Brisay, qualifié
chevalier, donna, le 7 mai 1300, quittance à maître Guillaume
Cancer de Milly et à Geoffroy de Bois, clercs du roy et ses
trésoriers, d'une somme de 127 livres tournois qui lui était
due pour une année de ses gages, en raison du service qu'il
avait fait, dans l'armée royale, pendant la campagne de
Flandres (1). Son sceau en cire verte, placé au bas de cette
pièce, portait un écu oblong chargé de huit fasces, au dire des
généalogistes qui virent le titre complet à la Chambre des
Comptes, en 1713 et 1735 : le sceau n'existe plus aujourd'hui.

Cette quittance nous fournit une des premières mentions
connues, concernant l'affectation d'un service de solde au
profit des officiers de l'armée. Jusqu'à la fin du XIII° siècle,
la chevalerie servait à ses frais et sans gages. Sous le règne
qui nous occupe, il fut encore bien difficile de faire accepter
une paye aux riches barons : les bannerets la refusèrent
avec indignation, mais les bacheliers l'acceptèrent. Parmi
ces derniers, beaucoup étaient peu fortunés, beaucoup
appartenaient à des familles illustres, ruinées par les croisades et les guerres désastreuses de Louis IX et de
Philippe III, beaucoup n'étaient que des cadets fournis
d'un maigre apanage. Comment auraient-ils pu paraître
convenablement aux armées, s'équiper pour la guerre, si la
cassette du roi ne les avait pas secourus ? L'exemple,
d'ailleurs, courageusement donné par quelques-uns, au
nombre desquels nous devons ranger Guy de Brisay, ne
tarda pas à entraîner les récalcitrants, et quand Gaucher de
Châtillon, devenu connétable de France, l'un des plus
riches barons du royaume, eut accepté lui-même l'émarge-

---

(1) *Titres scellés de Clérambault.*

ment pour son grade, il n'y eut plus un seul chevalier qui se crut déshonoré de prendre, en son intégrité, le montant de la solde affectée à la nature et à la durée de son service armé.

La bataille de Courtray, où périt la fleur de la noblesse française, le 11 juillet 1302, épargna Guy. Nous ignorons du reste s'il y assista. Il ne paraît pas non plus avoir répondu à l'appel du ban et de l'arrière-ban, qui suivit ce désastre, par décret royal du 18 octobre 1302. On ne trouve pas son nom sur la liste des chevaliers convoqués, de même, en 1304, pour la guerre de Flandre, au cours de laquelle le roi Philippe, en personne, vengea le désastre de Courtray en infligeant une sanglante défaite aux Flamands, devant Mons en Puelle. Ces listes, extraites par Laroque des anciens rôles de la Cour des Comptes, et consignées dans son Histoire du ban et de l'arrière-ban de France, avaient été rédigées à la suite des convocations adressées à toutes les classes qui devaient prendre rang dans les armées. Non seulement les barons, bannerets et bacheliers, les écuyers, varlets et damoiseaux, mais les évêques et les abbés, les demoiselles nobles, héritières de fiefs, et jusqu'aux *non nobles*, possesseurs de 20 livres de rente en dehors de la maison habitée par eux, devaient servir personnellement à la guerre ou financer pour la solde des troupes. Mais les campagnes précédentes avaient tellement épuisé nos provinces de l'ouest, où l'ost royal se recrutait toujours de préférence, que l'Anjou et la Touraine ne fournirent, pour la nouvelle campagne contre les Flamands, que quinze bannerets, alors qu'il s'en était levé jusqu'à cinquante et plus, à la veille de la bataille de Bouvines.

Guy, ayant servi précédemment, se trouva-t-il du nombre des chevaliers que l'on jugea avoir assez donné de sang ou de coups pour le royaume et la dynastie, et qui furent laissés aux loisirs d'un repos bien gagné ? Nous le pensons, car, après avoir accompli son devoir de fief ou d'engagement dans l'ost royal, nous ne le voyons plus reparaître aux armées.

Les vingt années de paix qui succédèrent à ces luttes violentes, permirent à Guy de se tenir écarté du centre des affaires militaires ou politiques, et de s'occuper exclusivement de l'administration de ses biens, au milieu desquels on le voit séjourner désormais. Ce fut alors sans doute, qu'il se maria ; nous ignorons le nom de sa femme, mais tout porte à croire qu'elle était tourangelle, et que ce fut par elle que Guy devint seigneur de Chiniers près d'Azay-le-Rideau, à l'est de la forêt de Chinon, et de la Vrillaye, en la paroisse de Chavaigne, sur la Veude, terres qu'au dire d'André Duchesne, le seigneur de Brisay posséda de son vivant et transmit en héritage à sa fille (1).

Mais ce fut dans le Mirebalais surtout que Guy résida, et c'est de là qu'il a daté la plupart des actes qu'il nous a transmis. Le premier est de 1311. C'est l'aveu rendu, pour la terre de la Roche-Brisay que Guy possédait depuis la mort de son frère Hugues, au nouveau suzerain de Mirebeau, Jean, comte de Roucy qui vient de succéder à Thibaut de Bomez, et réclame les hommages et dénombrements de ses vassaux. Il s'exprime ainsi :

« Ceu sont les chozes que je Guy de Brisay, chevalier, tiens et avoe à tenir de noble home puissant et sage monseigneur Jean de Roucy, seigneur de Mirbeau pour raison de noble dame Madame sa fame, à foy et homage lige, à seipt livres rendanz aux léaux aydes apruées segond l'usage et la costume de la chastelnie de Mirbeau, premièrement, c'est mon demaene, c'est assavoir le herbergement de la Roche de Brisay ô la fuye . . . . etc., le boays de Souvolle et la garenne, et le herbergement de Célié, et la disme d'Agresay, aveeques la disme de Mirbeau sy come elle se poursuict en blé et vin ou aultres choses . . . . etc., et une

(1) *Hist. des Chasteigniers*, p. 53.

place où solait avoir four et mayson et jerdrin d'etrez, la dite place apeléc le for de Bourgoigne et est séant entre la mayson Pierre Turc et la mayson au prestre de Suyllé et le poez de Bourgoigne, ... et les jalons de vin en la ville de Mirbeau et au bout de l'Aumosnerie et de Vezelay, en la manière et en la forme que mes prédécesseurs les ont accoustumés à lever et prendre . . . . etc. » (1). On voit à la fin de cet acte, malheureusement tronqué par des ciseaux sacrilèges, que Guy comptait parmi ses vassaux « Guyot de Jeu et Pierre Menuyt pour raison du bail de ses enfants ».

Le lundi après la fête de l'Invention de la Sainte Croix, l'an 1315, Guy passe, sous la signature du notaire Aventin, tabellion en la châtellenie de Faye « pour dame Aliz de la Haye de Laon, dame de Faye la Vinouse » un des actes les plus remarquables, comme calligraphie, style et conservation, que nous possédions en nos archives. C'est une pièce de musée. Elle donne une idée des progrès qu'avait fait déjà le tabellionage. Comme texte elle contient le rachat et l'amortissement d'une rente qui grevait une des possessions de Guy, en Touraine, et que ce seigneur remboursa aux créanciers. Ceux-ci ont nom Jehan Bodin, paroissien de Bretegon, Jehanne sa femme, Thyphaine, sœur de Jehanne et fille de Guillaume Poupillart, habitant du bourg de Braye. Ils ont, avec l'assentiment de Geoffroy Bodin, reconnu avoir abandonné « à noble home, à monsour Guy de Brisay, chevaler, à ses hers et à ses successours, et à ceux qui ont et auront cause de ceux ad tousjours, nouf sextérées de mousturenge de annuale et perpetuale rente, lesquey nouf sextérées leur devoit ledit monsour Guy assis et assignés sur le molin du dit monsour Guy vulgamment apellé le molin de Symon, mouvanz de monsour Guillaume de Mauxom, chevaller, et de Guillaume Luylar, anciennement apellé de Toarz, rendables chascun an en la feste

---

(1) *Arch. du chât. de Brisay*, vol. A.

Nostre Dame d'aoust. Et fust faicte cette vendition pour les somes de vingt et nouf libvres et cinq soulz de monnoye couranz, desquey les diz vendeurs se tinrent devant nous pour bien paez » (1).

Nous avons dit, qu'en 1304, Guy de Brisay avait reçu l'aveu de ses cousins de Marçay pour leurs possessions dépendantes de sa seigneurie de Cron, terre qui semble incontestablement lui être venue des Marçay. En 1314, le même aveu fut de nouveau rendu par Pierre de Mieuvic, pour sa femme Alice de Marçay, et par Guillaume et Guyot de Jeu, fils de Jehanne de Marçay, déclarant toujours tenir leurs terrages et dimes de Cron « en parage du seigneur de Brisay » à 5 sous rendants aux loyaux aides et faime droit jusqu'à 7 sous 6 deniers. Les de Billé et Aubouin tenaient également d'eux « en parage » des rentes d'avoine et de froment, plusieurs journaux de vigne et autres domaines, sis au terroir de Cron, en la juridiction seigneuriale de notre Guy.

Il y a donc lieu de s'étonner de voir dix-huit ans plus tard, le 2 mars 1332, les détenteurs de ce fief passer à son sujet une transaction, non plus avec le seigneur de Brisay, mais avec le comte de Roucy, le suzerain même de Guy de Brisay. D'où provient cette anomalie, rien ne l'indique ; voici toutefois ce que relatent sur ce fait certaines notes trouvées aux archives du château de Brisay. Vers 1318, messire Jehan de Cherchemont, doyen de la cathédrale de Poitiers, avait fondé, à l'ouest du Mirebalais, une église dédiée à son saint patron, et qui prit le nom de saint Jean de Ménigoûte. Il y institua une collégiale de chanoines et la dota de son mieux. Pour ce faire, entr'autres libéralités, il acquit de Pierre de Mieuvic, époux d'Alice de Marçay, de Perrot et Guyot de Jeu ses neveux, de Brient Aubouin, héritier de Guillaume, d'Aimery de Cohé, époux de Philippe

(1) *Archives personnelles du marquis de Brisay.*

de Billé, et de Jehanne de Billé veuve de Brice de Surin « tous droits de propriété, possession et seigneurie qu'ils avoient en la dixme et terrages de Cron et ès environ, en la chastelleinie de Mirebeau, tout en blé, vin, deniers, cens tailles, coustumes, laines, aigneaux, porciaux, gellines, chapons que aultres debvoirs, emolumens et redevances quelconques », et il en gratifia immédiatement la dite église de Ménigoûte. Le chapitre négligea-t-il de payer les droits de transmission sur ces biens « qu'il ne pouvait tenir », dit l'acte où j'emprunte ces détails ; ou bien le sire de Brisay, ne pouvant lui-même obtenir du chapitre, sans doute assez pauvre, l'indemnité qui lui était due pour la mutation, préféra-t-il transmettre ses droits à la juridiction supérieure, à celle du comte, qui fit opérer la saisie du fief, son vassal renonçant à le saisir lui-même ? On ne saurait spécifier. Ce qui est certain, c'est que la dîme de Cron fut, à la mort du doyen Cherchemont, incorporée au domaine féodal de Mirebeau. Elle n'y demeura pas longtemps. Le 2 mars 1332, le chapitre de Ménigoûte en obtint la restitution du comte Jehan de Roucy « requérant quiconque à mettre les dites choses hors de ses mains », comme si les revenus de ce bien d'église lui brûlait les doigts, — ce qui laisse réellement à supposer que le sire de Brisay n'avait pas osé encourir un tel risque, — et le chapitre paya aussitôt 200 livres au comte « qui cedda tous les droits qu'il avoit sur les dites choses, sous réserve à luy ses hoirs et successeurs, de toute justice et seignourie comme elle luy appartenoit de droit, et aussy toute manière de rachapt quand il écherrait » (1).

Or, dans un acte daté de 1366, un seigneur de Brisay, petit-fils de Guy, reconnaîtra « que le Trésorier de Ménigoûte tient de luy à foy et hommage, à rachapt et revenu de fruits à müance de Trésorier, tous les droits, proffits, revenus et domaines que Pierre de Mieuvic et Alice de

(1) *Arch. du chât. de Brisay*, vol. C.

Marçay sa femme, les enfants d'Aimery de Cohé et de Jehanne de Billé sa femme, ainsi que Jehan de Billé suloient prendre, percevoir et recevoir chascun d'eulx en la grande dixme de Cron et ses appartenances en icelle ville de Cron, et environs et ailleurs, tant en blé . . . . etc., que feu messire Jehan de Cherchemont, fondateur de la dite église avait acquis des susnommés au proffit d'icelle » (1).

Cette confusion des deux pouvoirs, cette contradiction des actes, demeurée sans explication à travers la supputation des siècles, a pu faire croire « que la seigneurie et fief de Brisay avoit rentré, depuis 1314 jusqu'en 1332 au domaine de la baronnie de Mirebeau, puisque s'il en estoit autrement les droits d'indemnité auroient esté payés au seigneur de Brisay et non à celuy de Mirebeau », selon les termes d'un rapport écrit à Mirebeau, le 30 janvier 1779, signé Recoquillé, procureur de MM. les chanoines de Ménigoûte, et adressé à M. le marquis de la Haye, seigneur de Purnon et de Brisay, lequel ajoute « qu'il faut que depuis 1332 jusqu'en 1366, la baronnie de Mirebeau ayt esté partagée et que la seigneurie de Brisay en soit *énervée*, car — affirme-t-il — on ne peut présumer, si le seigneur de Mirebeau avoit par luy le droit de fief sur les domaines de Cron appartenant au chapitre, qu'il eust reçeu l'indemnité et se fust réservé tous les droits de justice seigneuriale et de rachapt. Le silence du seigneur de Mirebeau depuis 1332 fait bien présumer qu'en 1366, conclut le procureur, il n'avait plus de droits sur les domaines du chapitre, au sujet desquels il n'a plus agi depuis » (2).

Ce raisonnement est simplement spécieux, il ne se base sur aucune preuve concluante. Entre l'aveu rendu en 1311, par Guy de Brisay au comte de Roncy, et celui que rendit son fils en 1345, au même personnage, on ne voit pas la place

(1) *Arch. du chât. de Brisay,* vol. C.
(2) *Arch. du chât. de Brisay,* vol. C.

d'une saisie de domaines dont la situation était régularisée par ces deux pièces, parvenues jusqu'à nous. La transmission de la suzeraineté de Cron entre les mains de Jehan de Roucy, et son retour à la maison de Brisay, entre les années 1314 et 1366, ne s'explique que par une cession, vente ou abandon dont l'auteur fut Guy de Brisay en personne postérieurement à la première de ces dates, et que le petit-fils de Guy fit annuler par un amortissement, remboursement ou rachat opéré antérieurement à la seconde ; il ne faut pas voir ni chercher une autre opération dans ce virement de suzeraineté.

Guy eut son approbation à donner à une concession qui fut faite, sur une dépendance de son domaine direct, en 1329. — Jehan de Pampelonne, dit l'Espagnol, et Jehanne, sa femme, habitants de la paroisse de Cuhon, fondèrent, avec l'approbation du roi Philippe VI, au début de son règne, une chapelle dédiée à sainte Catherine, dans l'enceinte du château de Mirebeau. Ils la dotèrent de 15 livres tournois de rente. Et à cette époque, il était si difficile d'assurer le rendement intégral annuel d'une telle somme, dans la petite province du Mirebalais, que les donateurs durent, en garantie de leur libéralité, hypothéquer une quantité considérable de leurs possessions. Leurs divers rendements de grains, cens, rentes, volailles, etc., furent engagés dans les paroisses de Cuhon, à la Goupillière, la Cauvinière, Rigny, Lorrée, Nau; de Seuilly, à la Rochedolent ; de Massoigne, à Montalbin, la Varenne, Esterpe, Rondenoux ; de Voussailles ; de Chouppes, à Poligny ; de la Pallue, à Champronant, Ver, Leugny, Blanche-Épine, Fontmars ; d'Ambers, à la Mée, Champfort ; de Coussay, à la Roche-Brisay, « où Jehan Recignon leur devait trois mines de froment et deux chapons, assignés sur deux pièces de terre dont l'une, au terroir de ladite Roche *(in Rochâ de Brisay)*, devant la maison de Guillaume Recignon, mouvant du chapitre Saint-Martin de Tours, voisine de la terre aux

Larrigues, et l'autre à la Pissoire, mouvante d'Etienne Pagot » ; de Bournezeaux, à Ambié, la Grange, la Chèze ; de Douçay, aux Las, la Trappière ; de Saint-André de Mirebeau *(extra muros)* à Montmaurice, à Pois, au Caillourose, et autres localités où leurs rentes se composaient de poulets et d'alouettes. Enfin ils grevèrent douze censifs ou maisons sises dans la ville même, paroisse Saint-Hilaire, parmi lesquels est citée la maison habitée par Renaud le savetier, payant dix sous de loyer annuel, située devant la demeure de feu Robert Valet, touchant à celle de Monseigneur Aimery de la Bostellée, chevalier, et qu'ils tenaient en fief de Monseigneur Guy de Brisay *(a domino Guidone de Brisayo)*, pour deux deniers obole à payer au jour de la Toussaint (1).

Guy de Brisay mourut en 1345, comme le prouve l'aveu de la terre patrimoniale, rendu par son fils dans les quarante jours — délai obligatoire — qui suivirent son décès. Il était âgé de 75 ans environ, et peut être considéré comme celui des sires de la Roche-Brisay qui ait fourni la plus longue carrière depuis Alès II, mort vers la fin du XIIe siècle.

André Duchesne, en nous transmettant une transaction intervenue au profit des Monléon, dans le courant du siècle quatorzième, nous a fait connaître le nombre et les noms des enfants de Guy, tout en nous laissant ignorer celui de leur mère.

1° Alès, l'aîné ou plutôt le fils unique, lui succéda.

2° Alice mourut en bas âge.

3° Agnès eut le même sort.

4° Marguerite entra en religion au monastère de Fontevrauld où sa tante Scholastique avait pris également le voile dans les dernières années du siècle précédent. « Scolastique de Brisay *(Scolastica de Brisayo)*, consacrée à Dieu » lit-on

---

(1) *Archives nationales,* Reg. JJ, 66, n° 272, fol. 101.

dans le Martyrologe de cette maison à une date voisine de 1292 (1). Elle pouvait vivre encore au jour où sa nièce prit le voile. Marguerite passa également sa vie dans le calme et la prière : elle mourut saintement vers 1340. On lit dans le même martyrologe : « Marguerite de Brisay émigra pour le ciel, *Margarita de Brisaio migravit a seculo* », mais cette mention n'est, pas plus que la précédente, exactement datée.

5° Ysabeau, dame de la Vrillaye et Chiniers après la mort de son père. Elle épousa Eschivart VI, baron de Preuilly et de la Rocheposay, qu'elle laissa veuf, avec une fille, mais assez jeune encore pour qu'il épousât en secondes noces Blanche de Montendre. Cette union ouvre la série des brillantes alliances contractées aux XIVe et XVe siècles par les membres de la Maison de Brisay, et donne une juste idée du rang qu'occupait alors cette famille, dans la contrée qu'arrose la Vienne. Les de Preuilly joignaient à une haute antiquité, une grande situation de fortune et de puissance féodale. Ils étaient qualifiés les premiers barons de Touraine. Orable de Preuilly, fille unique d'Eschivart et d'Ysabeau de Brisay, épousa Renaut de Monléon, seigneur de Touffou, Abain, la Grimaudière, etc., gouverneur de Mirebeau, un des hommes les plus entreprenants de son siècle et les mieux en Cour sous le règne de Charles V. Elle lui survécut jusqu'en 1409, laissant des enfants alliés aux Odart, Cramaux, Maillé, etc. (2)

Alès VI, seigneur de la Roche-Brisay, Destillé, Bosnay, Lespau et le Magnoux, baron de Douçay, naquit vraisemblablement dans les premières années du XIVe siècle, et reçut le prénom familier d'*Allonet*, qu'il portait encore au jour de son mariage. Il semble avoir été de bonne heure apanagé de la châtellenie de Destillé, soit que son père la lui eut abandonnée en propre, soit, ce qui est plus probable, qu'elle

(1) *Cartulaire de Fontevrault*, fol. 250.
(2) *Histoire des Chasteigniers*, par André Duchesne, p. 239 et suiv.

lui ait été remise à sa majorité, en raison du testament de son oncle Hugues. Ce qui est certain, c'est que Guy de Brisay s'est consacré pendant toute sa vie à la résidence du Mirebalais, et qu'Alès, au contraire, apparaît, dès le début de sa carrière, à Destillé même, où il se marie.

Toutefois, ce n'est pas une tourangelle qu'il épouse, c'est une angevine implantée même en plein Mirebalais. La Maison de Montejehan, puissante aux rives de la Loire, était représentée alors par Brient II, sire de Montejehan et châtelain de Purnon, manoir dont les édifices se dressaient sur le sommet de la colline qui faisait face à l'hébergement de la Roche-Brisay, avec la belle et riante vallée de Verrue entre les deux domaines. Les relations amicales qui s'établirent entre les Brisay et les Montejehan furent bientôt cimentées par l'union d'Allonet avec Béatrix, la sœur de Brient. Ce n'est pas à Purnon ni à la Roche que ce mariage fut célébré, mais bien à Chinon, où le contrat fut passé devant les notaires royaux le 14 mars 1323, en présence de Monseigneur Guy de Brisay assistant et approuvant son jeune fils dans ses prélocutions matrimoniales, et de Monseigneur de Montejehan, tuteur et témoin de sa sœur, à laquelle il constitua pour dot huit cents livres de monnaie courante, et cent livres de rente annuelle à prélever sur les revenus de sa terre de Saint-Jean de Mauberin, jusqu'à ce qu'il ait pu dégager des mains du sire de Châteaubriant la terre de Lespau, qu'il avait abandonnée à ce seigneur en paiement d'une dette ancienne, et qui était, en vertu des partages de la succession de leurs père et mère, destinée à Béatrix. La cérémonie du mariage s'accomplit dans la chapelle du château de Destillé, où Alès avait établi alors sa résidence, et où il séjourna avec sa femme jusqu'à la mort de son père (1).

(1) *Archives de Destillé*, pièce communiquée par M. de Valory à M. Chérin. Bib. nat. mss. pièces diverses.

Comme ce dernier, Alès VI prit rang parmi la chevalerie qui se rangeait sous la bannière royale, au profit de la dynastie capétienne en lutte contre le roi d'Angleterre. En 1338, la guerre éclatait à la suite de l'injure faite par Edouard III, au monarque dont il était le vassal, en s'intitulant roi de France, comme héritier de sa mère Isabelle, fille de Philippe-le-Bel. Pendant que Philippe VI conduisait en personne une armée dans les Flandres, le roi de Bohême, allié du monarque franc était mis à la tête des forces rassemblées au sud de la Loire, et les menait en Gascogne à la conquête des places ennemies. Alès fit la guerre sous les ordres de ce prince, comme le prouve l'extrait qui suit, tiré d'un des grands registres de la Chambre des comptes de Paris :

« Le compte de Barthélemy de Drack, trésorier des guerres du Roy nostre sire, et de feu François de l'Hospital, clerc des arbalétriers dudit sire, des receptes et mises faictes pour cause de la guerre de Gascogne, ès années 1338, 39, 40, et finant au mois d'octobre 1341, soubs le gouvernement de Monseigneur le Roy de Bohême, Monseigneur de Varembon, et le maistre des Arbalestriers (Etienne de la Beaume), Monseigneur de Beauvais, Monseigneur l'Arcevesque d'Auch et plusieurs autres, rendu par maistre Jehan Mousche, clerc du Roy nostre dit seigneur et lieutenant dessusdits ès dites parties, audit Barthélemy et à Jehan de l'Ospital, neveu dudit François et clerc des Arbalestriers dudit seigneur roy, au mois de mars 1343.

« Gens d'armes qui ont servi et ont esté aux gages du Roy ès parties de Gascogne soubs le gouvernement de Monseigneur le Roy de Bohême, lieutenant du Roy ès dite partie, auxquels gens d'armes l'on a compté les grans gaiges par mandement dudit lieutenant, c'est assavoir pour banneret 30 s. tourn., pour bachelier 15 s. tourn., et pour écuyer 7 s. tournois et 6 deniers pour chascun jour.

« Chevaliers bannerets : Monseigneur Jehan, roy de Bohême...... etc., etc. (11 chev.)

« Chevaliers bacheliers : Monseigneur Aimery de la Roche, pour luy et 2 écuyers, Monseigneur Allez de Brisay, et 5 écuyers, Monseigneur Jehan de Chauvigny, 2 chevaliers et 11 écuyers..... etc. (suivent 13 bacheliers.) (1) »

Cette campagne des rives de la Garonne à laquelle Alès prit part comme bachelier, ne pouvant être banneret du vivant de son père, fut courte et glorieuse. Pembrock et ses lieutenants se laissèrent battre honteusement et les places par eux conquises précédemment, jusqu'en Languedoc, leur furent enlevées avec promptitude.

Les comptes de Barthélemy de Drac font connaître que le trésorier de cette guerre eut à solder plusieurs fois la paye du sire de Brisay et celle de ses gens, et qu'il en reçut diverses quittances : — « Reçu par Monseigneur Allez de Brisay, chevalier, lit-on en ce registre, et par cinq écuyers,

---

(1) *Col. Decamp*, vol. 83, fol. 250. Bibl. nat. mss.
Voici le cadre d'officiers de l'armée du roi de Bohême : le Roi, le sire de Rodemague avec 19 bacheliers et 129 écuyers luxembourgeois. Chevaliers bannerets français : Louis de Poitiers avec 6 chev. 20 écuy.; Ysanger d'Amboise, 4 ch. 24 éc.; Olivier de Clisson, 7 ch. 33 éc. ; Louis vicomte de Thouars, 8 ch. 24 éc. ; Savary de Vivonne, 17 ch. 59 éc. ; Jehan vicomte de Rochechouart, 3 ch. 11 éc. ; Guillaume Troussel, 5 ch. 24 éc.; Jehan de Maure, 2 ch. 19 éc. Chevaliers bacheliers : Aimery de la Roche, 2 éc. parti de Bergerac ; Alès de Brisay, 5 éc, parti de St-Antoine près Tours ; Jehan de Chauvigny, 2 ch. 11 éc. parti de Chauvigny ; Geoffroi d'Oradour, 3 éc. parti de Bergerac ; Guillaume Pot, 4 éc. parti de Luxembourg ; Guillaume de Prinsay, 5 éc. parti de Prinsay en Bretagne ; Guichard de Combourg, 5 éc. parti de Preignac ; Hugues d'Arquenay, 3 éc. parti d'Avaugour ; Renaud de Pressigny, 6 éc. parti d'Anjou ; Jehan de la Forest, 5 éc. parti du Buisson-l'Abbaye ; Jehan de la Porte, 7 éc. parti de Julliac ; Robert de la Bauche, 7 éc. parti de Pons ; Hélie Flament, 6 éc. parti de Puy-Guillaume en Limousin ; Pierre de Lois, 4 éc. parti de Grivaudan ; Louis de Lorras, 5 éc. parti de Ternes ; Aymar de Saint-Quentin, 6 éc. parti d'Auvergne. Ecuyers : Henri de Beauport, Guy d'Apremont avec 3 autres écuyers, Guy Le Brun, avec 2 éc. ; Pierre de la Tour, avec 6 éc. ; Edmé de Sathagny, avec 3 éc. ; Aymery de la Garde, Hervé de Montrésor, Bertrand de Rommager, Jehan de Drainguy, Hugues Morel, escorté d'un écuyer. (Bibl. nat. mss. fonds fr. n° 20,684, p. 281.)

21

dont deux non montés, pour le prix de leur service du 21ᵉ jour de décembre l'an 1338, jusqu'au 24 janvier ensuyvant, 47 livres, 6 sols », ce qui établit la solde de chaque écuyer à 5 livres par mois, et celle du commandant à 20 livres. Au cours de l'année 1339, Alès ayant sans doute perdu un certain nombre de ses hommes revint compléter sa compagnie dans ses terres. Il repartit peu après pour l'armée de Guyenne, avec cinq écuyers encore, tous bien montés, armés, suivis d'archers et de valets, en tout une cinquantaine de combattants formant une petite unité de cavalerie féodale. Le lieu de réunion avait été fixé à Saint-Antoine, près Tours. Ils partirent de là pour se rendre à Marmande, dans l'Agenais, où se trouvait alors l'armée du roi de Bohême. Ils mirent 18 jours à faire le voyage et reçurent, comme frais d'étape, 42 livres 15 sous, ce qui fait une dépense quotidienne de 2 livres 3 sous environ. Enfin Barthélemy mentionne à la même date, une somme de 123 livres 10 sous tournois payée à Alès pour ses gages personnels, au service du roi, pendant une demi-année de séjour à l'armée, « lesquelles sommes il a eues par une lettre en droicture empoignée et quittée » (1).

Alès de Brisay ne paraît point avoir fait d'autres campagnes sous le règne de Philippe VI. Nous le trouverons maintenant occupé de la gestion de ses affaires privées. Il a obtenu, de son beau-frère, le dégagement et la remise entre ses mains de la terre de Lespau, et le 3 mars 1343, il en fait aveu au roi.

« Du Roy monseigneur, je Alais de Brizay, pour rayson de Béatrix de Monte-Jehan, ma feme, advoue à tenir en la chastellenie de Chasteaumur (Vendée) à foy et hommage lige, lequel je offre à fayre toutesfois que à mon dit seigneur ou à ses alouez plaira, le herbergement de Lespau ô ses appartenances, qui bien puet valoir cent livres de rente ou

(1) Bibl. nat. mss. Pièces Brisay.

environ, ô toute haulte, basse et moyenne justice, si comme moy et ceulz dont je ay la cause pour raison de ma feme, en avons joiy, usé et exploité, à trente livres en deniers pour plaid pour tout rachat à muance de homme, toutesfois que le cas avient, pour tout devoir de fié, et l'en doy les obéïssances et révérences que homme lige est tenuz fere à son seigneur » (1).

Destillé avait besoin de réparations. Il s'agissait de mettre cette place en état de défense sérieuse contre les Anglais, qui menaçaient d'envahir la France par le sud et par le nord à la fois. Alès de Brisay, se trouvant auprès de Philippe VI, au château de Roye en Picardie, au printemps de 1344, obtint de ce prince le don d'une certaine quantité de bois de construction, montant à la valeur de 40 livres tournois, à prendre dans la forêt de Chinon, que le monarque octroya bien volontiers « ceste fois de grâce especialle à son amé et féal chevalier Halès pour la réfection d'une scienne maison, sy comme il disait », et lui en délivra ses lettres patentes le 19 avril, sous son sceau royal, en présence de monseigneur de Beaumont et autres gentilshommes de sa suite.

Six mois après, le châtelain de Destillé n'avait pas encore reçu livraison de ce bois destiné à la restauration de la forteresse, il s'en plaignait à Philippe ; et le prince en résidence « sur les Chauppe près Pontharmé » en Picardie (2), adressait un ordre bref et pressant à son receveur de Chinon, pour qu'il fit remettre à son « amé et féal Allès de Brisay, chevalier » les susdites pièces de construction, valant 40 livres tournois « que aultrefois lui avoit données lesquelles il n'a pas encore eus » (3).

Ce ne fut qu'au printemps de l'année suivante, que notre

---

(1) *Arch. Nat.* Reg. P. 594, fol. 76, n° 144.
(2) Pontarmé, canton de Senlis (Oise).
(3) *Arch. pers. du marquis de Brisay.*

chevalier reçut pleine satisfaction, comme le prouve la quittance suivante qu'il donna alors :

« Sachent tous presents et avenir que je Allès de Brisay connois et confesse avoir eu et receu de Joachim Chelton marchand du Roy nostre sire en la forest de Chinon, quarante livrées de bois à tournoyer (travailler), lesquelles li nostre sire m'avoit donnèes, desquelles quarante livrées de bois je me tiens pour contenz et bien payé, et en quitte le dit Joachim et tous aultres à qui quittance en puet et doit appartenir. En tesmoing de vérité, je ay donné cette lettre scellée de mon propre scel le vendredy emprès la Saint-Barnabé (7 juin) l'an de grâce mil ccc. quarante et cinq ».

A cette pièce pendait un sceau en cire rouge portant un écu oblong, en forme de cœur, chargé d'un burelé de douze pièces (1).

C'est au cours de cette même année 1345, que Alès VI devint seigneur de la Roche-Brisay, par suite du décès de son père, advenu dans la seconde quinzaine de mai. Quarante jours après, selon l'usage, c'est-à-dire dans les premiers jours de juillet, il en rendit aveu à « très noble home aut et puyssant Monssignour de Roci, signour de Mirebeau », son suzerain, déclarant tenir de lui son « herbergement de la Roche ansemblement ò la fuyée et clos d'iceluy leu, le boys de Souvolle et la garayne, avec contraynte et obéyssance de ses homes et susget de les garder pour nuyt, l'herbergement de Célié circuyté par font et par doves ò la garayne dedans le boays, l'essié et l'antrée dou dit herbergement, estans et vivers, molins tornans pour esve et pour vant, binages de forche et de ratheau pour les fayns et de les ramdre à la grange et coctages par contraynte, le pressouer de Brysay sayant à Mirebeau, mesures à blé à Brysay et Célié, y à vin parme la chatalenie de Mirebeau,

(1) *Arch. de Destillé*, copie fournie par M. de Valori au XVIIe siècle et portant l'estampille du cabinet d'Hozier.

ò le dreyt d'aller voyr vissiter les messures ou les gans Monssignour de Mirebeau, et jalons en Mirebeau et defors les portes et muex, et les cript et les bans des vins pourmy la ville ou dener que les prévos de Mirebeau, de par Monssignour, hont acostumé à fayre à luy et à ses prédécesseors. — Et jy, le dit Alc de Brysay avoe à tenir les chosses dessus dittes de mon très grant redoté signour, à l'omage lige et redevance de ceipt livres aus léaus aydes, ensamblement en ly fessant garde à som château de Mirebeau quant ales sont bessoignouzes et évydantes, et de le conduire parmy sa chatalaynie et dehors en armes et en chevaus, et fayre plege et gage pour luy, tant por moy que par mes suget, parageors, homes de foy et retreofededeors. Fait à Myrebeau le mardi amprès la Saint-Martin d'esté l'am mil IIIe quarante et cinc » (1). On m'en aurait voulu d'avoir passé sous silence ce petit modèle d'orthographe.

Dès qu'il a pris possession de la terre patrimoniale, Alès semble témoigner une sympathie particulière au Mirebalais. Il y réside ordinairement et il y aggrandit ses domaines. On lui voit faire emplette de la petite terre du Magnoux, située dans la paroisse d'Orches, en Châtelleraudais, dans le voisinage rapproché de la Fuye de Beauday. C'est également alors qu'il achète à Renaut de Pouant, la baronnie de Douçay, en paiement de laquelle il abandonne à ce jeune seigneur, son parent, une rente annuelle de 50 setiers de froment, en attendant le solde complet de son acquisition.

Douçay faisait partie, au XIIIe siècle des biens de la Maison de Marçay. Guillaume de Marçay, qui en était possesseur en 1314, mourut sans hoirs, laissant cette terre à sa sœur Jehanne, qui fut grand'mère de Renaut de Pouant. Celui-ci la possédait déjà en 1345, date à laquelle son beau-frère Pierre, sire de Douge, en rendait aveu pour lui, car il était mineur. Dès qu'il eut atteint sa majorité, Renaut cher-

(1) *Arch. Nat.* R. P. 330, cote 179/1.

cha à se défaire de son héritage, et, vers 1350, il entra en négociation avec Alès de Brisay, son cousin issu de germain du côté des Marçay, et avec Béatrix de Montejehan, la femme d'Alès, qui désiraient tous deux réunir à leurs domaines la baronnie de Douçay. L'affaire fut vite conclue, et avec un tel empressement qu'il fut décidé qu'un règlement de comptes interviendrait plus tard. Aussi bien, Alès semble-t-il avoir eu, au moment de cette affaire, quelque chose à revendiquer dans la succession de Guillaume de Marçay, et chercha-t-il a opérer une reprise partielle quelconque sur Douçay, car dans l'acte qui intervint ensuite comme règlement définitif entre le seigneur de Brisay et Renaut de Pouant, il fut convenu que tous les deux seraient quittes l'un envers l'autre « de toutes les chouses personnelles qu'ils povaient avoir eues et prinses l'un sur l'autre, tant du fait touchant Guiem de Marçay que ledit Regnant de tout le temps passé », termes qui laissent deviner quelque querelle de famille mal apaisée, touchant une succession irrégulièrement répartie. Pressé d'entrer en jouissance, Alès prit possession hâtive de la baronnie de Douçay, moyennant l'abandon d'une rente de 50 setiers à prélever sur la totalité de ses revenus « jusques à temps que luy ou ses hoirs eussent bien et convenablement assigné à Regnaut ou aux siens le paiement d'icelle vente » (1).

L'attachement d'Alès VI pour le Mirebalais se manifesta surtout dans son testament, fait à Mirebeau chez Jehan Chevalier, notaire, vers cette même époque. Par cet acte, il fonda une chapelle dans l'église collégiale de Notre-Dame en cette ville, et il institua l'érection d'une église à la Roche-Brisay, dont il laissa l'exécution aux soins de son successeur, mais qu'il dota lui-même d'une rente bénéficiaire, et pour le service de laquelle il fit choix d'un premier chapelain. Le sire de Brisay avait alors à peine 50 ans ; prévoyait-il le sort

(1) *Arch. du chât. de Brisay,* vol. C.

que lui réservaient les hasards de cette terrible guerre, sans cesse renouvelée qui, pendant toute la durée de ce siècle, arma constamment l'un contre l'autre le peuple anglais et le peuple franc ? Au moment où nous sommes parvenus, Alès allait quitter de nouveau ses manoirs et la vie de famille, pour reparaître sur les champs de bataille.

Philippe de Valois a passé la couronne à Jean-le-Bon. Une trêve consentie avec les Anglais, après le désastre de Crécy, vient de prendre fin. A peine monté sur le trône, le nouveau monarque au renom chevaleresque, entame les hostilités. Dans le nord, des rencontres assez vives ont lieu dès la fin de l'armistice. Edouard de Beaujeu, l'un des meilleurs capitaines de son temps, nommé Maréchal de France en 1347, les dirige avec succès. Le roi lui a confié le commandement de la chevalerie levée sur les domaines de la couronne. Au premier appel du bailli de Touraine, Alès de Brisay, parvenu au rang de banneret depuis qu'il a recueilli la succession de son père, semonce ses vassaux, rassemble sa compagnie et part pour la frontière. Le 2 août 1350, il est à Loudun, cherchant à réunir quelques gentilshommes pour les emmener à sa suite. Mais il n'a encore que trois écuyers et quatre archers, pour obvier aux dépenses desquels Jean Chauvel, trésorier des guerres, lui envoie par l'entremise de Rolin François, son clerc audit service, la somme de 25 livres 5 sous, « en prest sur les gaiges de luy banneret et des escuyers et archiers en sa compaygnie desservis ou à desservir en ces présentes guerres sous le gouvernement de Monseigneur de Beaujeu, maréchal de France » (1). Ayant réussi à former une bannière convenable, Alès la conduit sous les ordres de Beaujeu, qui s'avance vers Paris au-devant du roi, et assiste au sacre de Jean II, que le maréchal a mission de conduire à Reims, en faisant au monarque une garde d'honneur des 14 chevaliers et des

(1) *Bibl. Nat.* Mss. Pièces diverses.

85 écuyers qu'il commande (août 1350). La cérémonie terminée, Beaujeu part en guerre et engage en Boulonnais et en Flandre sa compagnie renforcée de contingents nouveaux, dans une série de combats contre l'armée anglaise (1). Ces rencontres ne sont pas favorables au maréchal, tout d'abord ; le roi d'Angleterre en personne, stimule tellement l'ardeur de ses combattants que la fortune leur est en plusieurs points propice. Enfin, Beaujeu les bat à Ardres, près Saint-Omer, en 1351 ; mais la lutte est vive, le terrain chaudement disputé ; les chevaliers donnent impétueusement contre l'infanterie wallonne, et le chef de la petite armée française trouve la mort dans la mêlée (2).

Nous ne doutons pas qu'Alès de Brisay eut pris part à cette bataille ; la preuve que nous avons de sa présence à l'armée de Monseigneur de Beaujeu, nous en donne la certitude. Continua-t-il à servir aux gages du trésor royal dans les contingents du Nord, sous le général qui remplaça Beaujeu ? Fut-il appelé auprès de la personne du roi, pour servir dans l'escorte personnelle du monarque ? Nous l'ignorons, mais nous trouvons des marques de l'estime et de la bienveillance que le roi lui portait, en raison des services rendus au royaume et à la couronne.

Voici dans quelle circonstance la faveur de Jean II se signala.

Une vieille haine de famille, stimulée par des jalousies de voisinage, animait les deux maisons de Beauçay et de Brisay l'une contre l'autre, et les poussait à des actes de sauvagerie fort répréhensibles qui amenèrent les délinquants, plus d'une fois devant la justice du roi. Déjà en 1308, un jeune damoiseau, Guillaume de Brisay, aussi mal avisé qu'imberbe, propre cousin-germain de notre Alès, s'était plu à monter une cabale contre le sire de Beauçay qui, battu dans

(1) *Col. Decamps*, vol. 84.
(2) *Moréri*, t. II, fol. 242.

un guet-apens et menacé de mort, avait dû se placer sous la protection du bailli de Touraine. On l'avait envoyé secourir par des sergents royaux bientôt battus à leur tour ; cela avait coûté une forte amende audit Guillaume, et à quelques autres jeunes polissons de son entourage.

A présent le fait se renouvelait. Hugues de Beauçay, fils du précédent, possédait des moulins sur la Veude, en aval des moulins de Simon, d'Achard et d'Etables, appartenant à messire Alès de Brisay. Hugues se crut le droit de créer un barrage et de retenir les eaux de la rivière pour former un étang. Ce seigneur songeait-il à s'occuper de pisciculture ! Peut-être; mais en attendant les moulins de Brisay ne marchaient plus, faute d'eau. En apprenant le fait, Alès réunit quelques amis, arma ses meuniers de pioches et de crochets, et cette belle troupe courut à la jetée patiemment construite par Beauçay et la défonça. Beauçay pour se venger s'en vint briser les roues d'un moulin appartenant à son adversaire, mais cette brusque vengeance ne fit qu'envenimer le débat. On reconnaît bien là tout le caractère des gentilshommes du Moyen-Age non policés par une éducation suffisante, et par conséquent habitués à agir sous le coup de la colère, à ne s'incliner que devant la puissance matérielle, seule capable de les dompter. Alès de Brisay crut se faire justice en allant détruire un moulin aux Beauçay, et en y saisissant à titre d'indemnité, avant de mettre l'édifice en ruines, quantité de fromages et de chapons, produits essentiels de l'industrie du meunier, que notre banneret distribua ensuite à ses serviteurs. N'était-ce point là des actes de sauvagerie ? Il était temps que les tribunaux intervinssent. Hugues de Beauçay le comprit. Il en référa au bailli de Touraine qui lui ordonna de rendre à la Veude le cours ordinaire de ses eaux, mais condamna le seigneur de Brisay à une grosse amende de 100 livres. Quant au moulin *fondu*, il fallut le relever aux frais des démolisseurs.

Alès alla porter ses plaintes au roi Jean, lui demandant

carrément de l'absoudre du paiement de l'amende. Ce seigneur avait donc su se faire un ami du roi Jean? Peut-être escomptait-il d'avance la bienveillance royale lorsqu'il opérait avec un tel sans gêne contre le voisin Beauçay. Peut-être se sentait-il assez fort de la protection suprême pour traiter aussi violemment un des plus puissants feudataires de Touraine. Ce qui est certain c'est que Brisay l'emporta contre Beauçay. D'Epernon, en date du 14 octobre 1354, Jean II, dit le Bon, délivra des lettres de grâce à « son amé et féal chevalier Alles de Brisay » disant que « par grace especialle et pour considération des services que nous a faict ledit chevalier en nos guerres », l'amende de 100 livres à laquelle il avait été condamné par le bailli, au sujet de l'entreprise faite contre le seigneur de Beauçay, lui était remise. Ordre était donné aux agents des finances de ne point « molester » ledit chevalier à ce propos, et que si le moindre de ses biens avait été saisi et arrêté en garantie, on le lui restituât sans délai (1). C'est ainsi que les faveurs royales se répartissaient assez souvent, par une justice qu'on pourrait trouver aujourd'hui arbitraire, au profit des gentilshommes qui versaient leur sang, sur les champs de bataille, pour le soutien de la dynastie (2). Nous en verrons bien d'autres exemples.

Au printemps de l'année 1356, le roi d'Angleterre toujours désireux de conquérir le trône des Capétiens, lança deux armées sur le territoire de la France. La première, commandée par le duc de Lancastre, fut battue et repoussée vers les côtes de la Manche, en Normandie, par le roi Jean. La seconde, sous les ordres du Prince Noir, partie de la

(1) *Archives de Destillé*. Copie donnée par M. de Valori au XVIIe siècle, estampillée du cabinet d'Hozier.
(2) Il y a là un modèle de justice pondératrice. Les tribunaux condamnent le délinquant et punissent le fait délictueux, mais le roi remet la peine en raison des services rendus. Cela se voyait journellement dans les rapports de la chevalerie avec la royauté au Moyen-Age.

Guyenne, monta vers la Loire, jusqu'à Romorantin. Jean, à la tête de quarante-cinq mille hommes marcha contre un ennemi qui, ne comptant que seize mille combattants, devait infailliblement périr. Ayant passé la Loire à Tours, le roi s'arrêta à Loches, où rejoignirent les contingents de Touraine ; de là il marcha sur Chauvigny, cherchant le général anglais caché dans la forêt de Moulière. Le Prince Noir devait crever de misère dans cette contrée aride et dépourvue de vivres où l'armée française l'enfermait, si son génie et l'indiscipline de la chevalerie française ne lui avaient fourni les moyens d'en sortir. Pendant que les bannerets, pour chasser, ripailler ou fourrager à leur aise, s'écartaient de la ligne d'opération qui leur était strictement tracée, le prince, avec une audace et un bonheur inouïs, se faufilait entre la Vienne et les chevauchées du roi de France trop disséminées, et s'échappait de la souricière qui lui avait été habilement tendue. Le 13 septembre 1356, se trouvant en tête de l'armée royale, il alla se poster sur un plateau escarpé nommé les Bordes, à trois lieues au sud-est de Poitiers, dominant la petite vallée de Maupertuis, choisissant, lui-même l'emplacement qui lui était le plus favorable pour combattre. Ce fut là que, dès le lendemain, le roi Jean vint présenter la bataille aux Anglais.

Nous ne nous étendrons pas sur les détails de cette journée funeste ; elle fut une réédition des surprises, des fautes, et elle eût la fatale issue de celle de Crécy ; la noblesse se lançant sans tactique et sans ordre contre des obstacles matériels, était décimée. Voyant ses chevaux tués par les fantassins anglais dans tous les chemins creux de la colline, elle imagina de mettre pied à terre et de monter à l'assaut l'épée à la main, malgré le poids des lourdes armures de fer. Alors Warwick lance sa cavalerie contre elle, et deux mille chevaux mettent en pleine déroute, en quelques heures, la plus belle armée du siècle. La plus grande partie de la chevalerie trouve la mort en défendant son roi, dont la tenacité avait sauvé l'honneur du drapeau. Adossé à une grande pierre Jean ne s'était rendu que couvert de sang et de poussière, après avoir vu rompre son épée entre ses mains.

Une tradition de famille rapporte qu'Alès de Brisay périt à la bataille de Poitiers, le 14 septembre 1356 ; même elle veut qu'il ait trouvé la mort dans une lutte *corps à corps* avec un chevalier anglais, ce qui est assez croyable puisqu'on sait que la noblesse combattit à pied dans cette terrible rencontre. Il s'agissait de prouver le fait, demeuré l'un des souvenirs les plus glorieux de la famille dont nous écrivons l'histoire. Point n'était facile d'y parvenir, car les diverses listes des chevaliers connus pour avoir perdu la vie dans cette bataille, listes que l'on trouve à la Bibliothèque de Poitiers, ou dans la relation de l'historien anglais Avesbury, ne mentionnent pas le sire de Brisay au nombre des seigneurs dont les corps « navrés » furent relevés sur le terrain de la lutte. On ne trouve ce nom ni parmi les 58 seigneurs cités par Avesbury, ni au nombre des 93 chevaliers et écuyers dont les cadavres, recueillis par les Frères Mineurs de Poitiers, furent inhumés dans leur église et dans leur cloître, entre lesquels se rencontre Brient de Montejehan, beau-frère d'Alès ; il ne figure pas non plus parmi ceux que les Frères Prêcheurs recueillirent et ensevelirent en leur maison, au nombre de 63 morts. Une liste complémentaire, remise anciennement en un dossier formé par M. de Saint-Alais avec le titre : *Pièces servant de preuves à la généalogie de la Maison de Brisay*, semblait combler cette lacune. Ayant pour entête ces mots : Rolle extrait de la maison de ville de Poitiers intitulé « Rolle de la noblesse qualifiée qui mourut à la bataille de Poitiers », elle fournissait une série de dix-huit noms, accompagnés de qualifications diverses, chevalier, baron, comte et même marquis — ce qui lui donnait une apparence d'authenticité douteuse — dont le treizième était celui de M. de la Roche-Brisay. Voulant être renseigné d'une manière plausible sur la valeur de ce document, je chargeai un ami habitant Poitiers de le soumettre au consciencieux et savant archiviste départemental M. Richard, avec prière de vouloir bien le contrôler sur les listes conservées à la bibliothèque de la ville. Voici la réponse que M. Richard a eu l'obligeance de m'adresser.

« On m'a communiqué la lettre que vous avez écrite au sujet de la recherche que vous voulez faire du nom de Brisay dans les listes des chevaliers français tués à la bataille de Poitiers. Il n'y en a jamais eu d'autres, existant à Poitiers, que celles dont j'avais donné l'indication, et j'étais grandement étonné de vous voir en possession d'un autre document de même nature, resté ignoré jusqu'à ce jour. Mais mon étonnement a disparu dès le premier coup d'œil que j'ai jeté sur la liste que vous aviez jointe à votre lettre ; elle porte les noms de personnages notables, non pas tués à la bataille de Poitiers en 1356, mais bien qui se trouvaient au siège de Poitiers en 1569. Prenez la relation du siège de Poitiers par Liberge, et vous y trouverez tous ces noms ».

Cette constatation d'une supercherie de mauvais aloi de la part d'un généalogiste ancien et pourtant consciencieux à l'ordinaire, aurait pu me rebuter, mais la tradition de famille me tenait par trop à cœur, pour que je me déclarasse débouté à si peu de frais. La remarque de M. Richard était pleine d'exactitude ; je ne persistai pas moins dans mes recherches à l'égard de mon personnage. Je fis feuilleter toutes les listes des « occis en la bataille du roi Jean », parcourir tous les documents recueillis par dom Fonteneau au sujet de cette journée mémorable, et touchant l'inhumation des corps relevés après la lutte ; j'y constatai qu'un certain nombre de chevaliers avaient été enterrés chez les Frères Mineurs, tant dans l'église qu'au cloître, que plusieurs autres furent entassés « en de grandes fosses en leur cymetière, hors la ville », mais que les noms de ces derniers n'ont jamais été connus ; j'appris aussi que les morts, dans cette rencontre avaient été si nombreux que les religieux de tous les monastères de la ville, les avaient « inhumés à tas dans leurs églises et dans leurs cloîtres » ; qu'en outre « plusieurs corps amenés en charrettes par lesdits Frères Prescheurs et Mineurs, furent enterrés en de grandes fosses en leur cimetière qui est hors de l'église », et que les noms de ces gentilshommes étaient révélés soit par des gens d'armes de leur suite demeurés auprès d'eux après leur trépas, soit par leurs boucliers sur lesquels les armoiries peintes servaient à reconnaître la famille à laquelle ils appartenaient (1).

Tout cela ne faisait pas retrouver les traces de mon ancêtre et j'en étais profondément contrit, quand dans un autre volume de la collection de dom Fonteneau, mon attention fut attirée par cette mention : « Ici se voient les armoiries de quelques chevaliers qui ont péri à la bataille de Poitiers et qui étaient au-dessus des stalles de l'église des Jacobins ». Vingt-six écussons grossièrement dessinés s'étalaient à la suite de cette indication précieuse ; l'un d'entre eux, représentant un écu de forme oblongue, à bords capricieusement ondulés, d'où se dégageaient sur chaque côté des courroies destinées à le tenir attaché au bras du combattant, portait sur sa face extérieure et bombée les quatre fasces propres aux armoiries de la Maison de Brisay (2).

« Après avoir lu avec toute l'attention qu'il mérite, m'écrivait le paléographe intelligent et instruit, auquel je devais cette découverte, l'intéressant passage de votre lettre qui vise le sire de Brisay, il ne me paraît pas douteux qu'il mourut sur ce champ de bataille. Grâce à la gravure et à la reproduction de vos armoiries que vous avez eu la bonté de

(1) *Dom Fonteneau,* tome XLVI, p. 6.
(2) *Dom Fonteneau*, tome LXXXII, p. 212.

m'adresser, j'ai pu confronter le dessin qui s'y rapporte, et le résultat de mes observations est qu'il y a identité telle entre votre écusson actuel et celui que j'ai relevé, que dès maintenant, je n'hésite pas à croire que le sire de Brisay, dont le nom ne figure pas sur nos listes, a été tué à la bataille de Poitiers, et inhumé dans l'église des Jacobins, aujourd'hui et depuis longtemps détruite, et qu'enfin on a trouvé son écusson dans l'intéressante série que nous a conservée dom Fonteneau ».

Ainsi donc, la tradition est prouvée. Nous n'avons plus à conserver de doute sur ce fait : Alès VI a été occis à Poitiers le 14 septembre 1356, en la bataille du roi Jean, défendant la personne du monarque dont il était vassal direct, et son corps fut déposé dans le chœur de l'église des Jacobins. Son écu servit à le faire reconnaître ; tel qu'on l'avait ramassé au bras du défunt sire, sur le champ du carnage, tel on le reproduisit au-dessus des stalles qu'occupaient les religieux pendant l'office, pour perpétuer sur place, faute d'une mention écrite enregistrant son nom, le souvenir de son inhumation.

L'église des Jacobins n'existe plus. A l'angle de deux rues, dans l'un des plus vieux quartiers de la haute ville, on aperçoit encore, à Poitiers, un reste de colonne surmontée d'un chapiteau écorné, dernier vestige de ce pieux monument. L'emplacement où reposèrent les cendres de vingt-six des principaux chevaliers français qui donnèrent leur vie pour la patrie et pour le roi, est devenu, hélas !... voierie publique.

Alès laissait veuve Béatrix, avec deux enfants dont l'aîné était une fille.

Marguerite de Brisay, l'aînée des enfants issus du mariage d'Alès VI et de Béatrix de Montejehan, naquit avant 1330, car il est impossible qu'elle n'eut pas accompli sa quinzième année lorsqu'elle épousa, en 1345, Guy de Laval-Montmorency.

Plusieurs généalogistes l'ont confondue avec cette Marguerite, sa tante, qui occupe la génération précédente et fut une des filles de Guy. La situation de chacune est facile à établir. La plus ancienne est la religieuse de Fontevrauld, qui peut avoir été la marraine de la seconde dotée du même prénom. Mais cette dernière fut dame de Lespau, du chef de sa mère ; or, comme la seigneurie de Lespau venait des Montejehan, elle n'a pu appartenir qu'à celle des deux Marguerite qui fut la fille de Béatrix de Montejehan.

Guy de Laval, seigneur de Coymel, son premier mari, était fils de Bouchard de Montmorency, de la branche de Laval, seigneur d'Attichy, de Conflans, etc., et de Béatrix d'Erquery, fille de Raoul-Herpin d'Erquery, grand pannetier de France. Cette alliance illustre ne put être contractée qu'à la Cour du roi Philippe VI, où Alès de Brisay mena probablement sa fille lors des séjours qu'il paraît y avoir fait à diverses reprises ; la jeune angevine y fut sans doute remarquée par sa beauté, car aucune relation de parenté, de voisinage ou de possession dans la même province, ne semble avoir existé alors entre les Brisay et les Montmorency. Il faut dire que Brient de Montejehan, oncle de Marguerite, était alors fort bien en Cour, où sa situation ne fit que s'accroître sous le règne du roi Jean. Ce monarque le nomma grand échanson de France, et gouverneur du Maine et de l'Anjou (1). Il se peut que ce soit lui qui ait fait le mariage de Marguerite. Guy de Laval eut une lune de miel bien courte ; il périt à la bataille de Crécy, le 26 août 1346. Moréri et le père Anselme sont hésitants sur la question de savoir qui fut son épouse. Le premier dit : « Il laissa de N... sa femme, dont on ignore le nom, un fils qui fut Guy II » (2). Le second s'exprime ainsi : « Guy de Laval I*er* du nom, seigneur de Coymel et de Méry, en Picardie, fut tué à la bataille de Crécy, en 1346, en combattant pour le service du roi

---

(1) *Col. Decamps*, vol. 84.
(2) *Moréri*, vol. 3, p. 60.

Philippe de Valois. On ne trouve point le nom de sa femme ; l'on voit seulement qu'il laissa un fils nommé Guy. Il semble avoir épousé Marguerite de Brisay » (1). Le prieur de Mondouville a tranché la question dans le sens de l'affirmative, grâce à une pièce qui avait échappée au consciencieux Anselme, lors de la rédaction de son article sur la Maison de Montmorency. Le prieur cite un acte du parlement, daté de 1400, débutant par ces termes : « Marguerite de Brisay, veuve de défunt Louis Rouault, chevalier, et dame de Lespau, auparavant veuve de Guy de Laval, et François-Jean, escuyer, fils et héritier du dit chevalier..... » (2). Et il administre ainsi la preuve du premier mariage, avec celle de la seconde union contractée par Marguerite. Moréri eut évidemment ce document entre les mains, lorsque, rédigeant plus tard l'article qui concerne Louis Rouault, second époux de la demoiselle de Brisay, il dit : « Louis Rouault, seigneur de la Mothe, laissa de Marguerite de Brisay, veuve de Guy de Laval, François-Jean Rouault, seigneur de la Mothe, qui servit au siège de Mortignac en 1398, et vivait encore en 1418. Il avait épousé, en 1389, Isabelle de Beaumont-Bressuire » (3).

Louis Rouault fut donc bien le second mari de la veuve de Guy, laquelle, en quittant la Maison de Montmorency, entrait dans une des plus puissantes familles du Poitou, celle des vicomtes de Thouars. Louis était, en effet, le frère puiné de Clément Rouault, dit Tristan, vicomte de Thouars, qui se signala à la bataille de Rosebecque, livrée le 27 novembre 1382, aux Flamands, par le jeune roi Charles VI. Louis servait aussi dans cette campagne et il trouva la mort sous les murs de Bourbourg, pendant le siège de cette ville, en 1383. Si l'on calcule que son fils puiné Miles devait être âgé

---

(1) *Histoire des Grands Officiers de la Cour*, t. III, p. 653.
(2) *Mém. de Guillaume Laisné*, Bib. nat., mss. rég. J., fol. 690.
(3) *Moréri*, vol. 5, p. 143.

d'au moins 25 ans lors de son mariage accompli en 1389, comme Moréri nous l'apprend, on peut admettre qu'il naquit vers 1364, et comme il était le second des enfants de Marguerite et de Louis, on peut donner comme date aproximative de l'union de ces derniers, l'année 1358 environ. Marguerite serait restée veuve douze années en premier lieu. Bien qu'elle eut cinquante-trois ans environ, à l'époque de la mort de son second mari, la dame de Lespau convola en troisièmes noces avec un gentilhomme poitevin, de moins haute extraction que les précédents, mais de bonne maison, qui s'appelait Jehan de Pennevayre, auquel elle porta les biens dont son double douaire la faisait bénéficier. Celui-ci lui survécut, et il en eut un fils, nommé Lyonnet de Pennevayre, qui fut, après elle, seigneur de Lespau. Cette alliance nous est révélée par un acte de transaction intervenu entre les différents héritiers du même Lyonnet, daté du 4 novembre 1437, dans lequel il est dit que « messire Jehan de Pennevayre avait été marié à Marguerite de Brisay, dame de Lespau, desqueulx et de ce mariage fust né ledit messire Léonnet » (1). Ce même Lyonnet de Pennevayre avait été nommé par brevet du roi Charles VI, délivré le 1er octobre 1404, capitaine gouverneur du château de Lusignan, insigne faveur pour un jeune seigneur qui n'avait pas encore 20 ans. — Ainsi Marguerite de Brisay avait eu quatre fils de ses trois maris, rendant frères utérins Guy de Laval, Jean et Miles Rouault, et Lyonnet de Pennevayre. Ce dernier lui succéda à Lespau.

(1) *Dom Fonteneau*, t. VIII, p. 183. — Des doutes pourraient être élevés contre cette maternité tardive, si elle n'était prouvée, comme les trois mariages successifs, par des documents irréfutables.

CHAPITRE IX

GRANDEUR ET DÉCADENCE

§ 1

ALÈS VII ET GILLES. — LA GUERRE DE HONGRIE

Alès VII, seigneur de la Roche-Brisay, Bosnay, le Magnoux et Cron en Mirebalais, baron de Douçay et châtelain de Destillé, naquit vers 1340, et se trouvait encore mineur à la mort de son père. Il fut élevé à Mirebeau sous la tutelle de sa mère, qui paraît avoir fait sa résidence préférée dans cette ville, du vivant même de son mari. Des actes de 1364 et 1365 établissent clairement la filiation du jeune seigneur, en le disant fils de « monsieur Allaix de Brisay jadis chevallier, et de noble dame Béatrice de Montejehan jadis sa fame » (1). Un de ces actes fait voir que, comme son père, Alès portait, dans sa jeunesse, le prénom familier d'Allonet ; quelques généalogistes lui donnent celui d'Alau, d'autres Hallot, désignations qui ne sont autre chose que les variantes d'un même prénom.

Évidemment Alès avait passé toute sa jeunesse à Mirebeau, dans l'hôtel de la famille contigu à la maison des Cordeliers ; peut-être même l'éducation du jeune gentilhomme fut-elle confiée aux bons Frères, car Alès fit preuve d'une instruction encore rare à rencontrer chez ses congénères. Sa signature apposée au bas d'une charte conservée jusqu'à nous, fait voir qu'il savait écrire. Le testament de son père,

(1) *Arch. du chât. de Brisay*, vol. C.

fait à Mirebeau, avait été déposé chez un notaire de cette ville ; il instituait des fondations pieuses dont l'une était en faveur de l'église Notre-Dame. Il n'est pas donc douteux qu'Alès VI fut en résidence dans cette ville, lorsqu'il partit pour sa dernière campagne. Les premiers actes qui émanent d'Alès VII sont également datés de Mirebeau.

Le 22 avril 1363, il y eut, dans l'hôtel du Petit-Brisay, une réunion de famille, d'amis et d'hommes d'affaires, appelés pour régler la fixation du douaire de dame Béatrix. Elle avait, en raison de son contrat de mariage, droit à l'usufruit du tiers des biens de son défunt mari. En présence de Brient de Montejehan, son cousin germain, et de Jean de Montbason, son parent, de Guillaume de Plesnien et Jean de Bordeaux, ses amis, avec le concours de Geoffroy Fouchier, châtelain de Mirebeau pour le comte de Rougy, et Jean Soyier, conseils et soutiens de la dame de Brisay, Alès abandonna à sa mère la jouissance de l'hôtel de Mirebeau qu'elle habitait, avec les revenus du fief de Célié, et l'usufruit de la châtellenie de Douçay, ainsi que des acquets faits pendant le mariage, parmi lesquels se trouvait la petite terre du Magnoux. Puis, comme le dernier seigneur défunt avait accordé à Béatrix une rente de 60 livres à prendre, après sa mort, sur la totalité des revenus de ses terres, sans en fixer l'assise sur l'une d'elle spécialement, Alès, en bon fils, déclara s'en rapporter à l'estimation du sire de Montejehan, et à l'arbitrage d'un voisin et ami « monsieur Guy Odart, chevallier, sire de Monts », pour en fixer la base sur n'importe lequel de ses biens situés tant en Anjou qu'en Touraine. Béatrix conserva sa résidence à Mirebeau, où elle vécut encore une quinzaine d'années, à l'abri des aventures et des malheurs que la guerre occasionna dans la contrée (1).

Dans les quarante jours qui suivirent sa majorité, le

(1) *Arch. du chât. de Brisay*, vol. C.

nouveau sire de la Roche-Brisay et autres lieux, dût, selon l'usage, rendre l'aveu de ses terres. Nous n'avons trouvé trace que d'un seul de ces actes de transmission successoriale, c'est l'aveu remis le 20 août 1363 par messire Alès de Brisay, à monsieur d'Harcourt, vicomte de Châtellerault, pour le fief de la Tour de Bosnay et le fief des Vaux qu'il possédait dans la juridiction de ce seigneur, devant pour chacun l'hommage-lige et vingt sous aux loyaux aides (1). Son hommage pour Bosnay, il l'avait rendu au même seigneur le 15 juillet précédent, ne pensant guère sans doute que six ans plus tard, ce suzerain sur les lèvres duquel il prenait le baiser de fraternité et de paix, entre les mains duquel il plaçait les siennes en faisant serment de fidélité, serait son ennemi déclaré et ravagerait ses domaines. Il est vrai de dire que respectueux de la loi et des usages féodaux, Louis d'Harcourt ne porta pas la main sur les biens qu'Alès possédait sous sa suzeraineté : il se contenta de mettre à sac ce qui relevait de l'Anjou.

Dès qu'il eût réglé ses affaires personnelles, Alès s'occupa d'exécuter une des clauses capitales du testament de son père : la fondation de l'église de Brisay. J'ai dit précédemment ce qu'avait été cette institution. Le village de Brisay manquait d'église ; le château de la Roche ne possédait même pas une chapelle, où l'on pût entendre la messe. Alès VI voulut combler cette lacune et il manifesta l'intention d'élever un édifice destiné aux exercices du culte catholique ; mais les obligations de sa vie de chevalier ne lui en permirent l'exécution, il mourut avant que la première pierre en fût posée, et ce fut son fils qui eut le mérite et l'honneur de présider à l'érection de l'église Saint-Georges. Le 13 janvier 1364, Alès faisait lever, à Mirebeau, une copie (vidimus) du testament de son père ; cette pièce lui servait à l'installation du premier chapelain, messire Michel Potin,

(1) *Arch. de la Vienne.* Inventaire des titres de Châtelleraut.

qui, sous l'investiture que lui en fit le chapitre de Faye, avec l'autorisation et en vertu du choix du sire de la Roche-Brisay, entra immédiatement en exercice, dans la chapelle qui venait d'être terminée, et fit siens les revenus afférants à ce petit bénéfice.

Au sujet de cette fondation, il m'a été fait une objection à laquelle il est urgent de répondre ici. « L'église de Saint-Georges construite, dites-vous, près de Mirebeau, au village de Brisay, par Alès VII, seigneur de ce lieu, m'ont écrit de très savants et consciencieux généalogistes, ne se trouve mentionnée dans aucun des pouillés du diocèse, ni dans Alliot, ni dans celui publié en 1782, tandis que l'on cite plusieurs chapelles fondées en divers lieux par vos ancêtres, telles la chapelle Saint-Fabien en l'église de Marigny-Brisay, celle de Sainte-Catherine dans la collégiale N.-D. de Mirebeau, et une autre en la paroisse de Ligniers-Langouste » (1). — Eh bien ! c'est précisément cette dernière « fondée en l'église de Ligniers-Langouste », selon les termes du pouillé diocésain de Poitiers, qui est la chapelle de Saint-Georges, instituée et desservie au village de Brisay, en la paroisse de Ligniers-Langouste. L'erreur des historiens, l'origine des objections des généalogistes se base sur les termes un peu amphibologiques du pouillé, qui laissent croire que ce fut dans l'église même de Ligniers, que fut créé la chapellenie de Saint-Georges ; mais le texte du testament ne laisse planer aucun doute sur l'emplacement de l'édifice religieux à bâtir lorsqu'il dit : « je fonde et institue en l'honneur de... une chapelle, à Brisay, en la paroisse de Ligniers-Langouste, dédiée spécialement à Saint-Georges... ». L'existence, pendant quatre siècles et demi, de cette chapelle, relatée dans un grand nombre d'actes, qui n'a été détruite qu'à la révolution, et que tous les anciens de la localité ont encore vue

---

(1) MM. Beauchet-Filleau, de Chef-Boutonne (Deux-Sèvres). *Lettre du 12 avril 1890.*

debout, efface toute espèce de doute à l'égard de sa position. C'est bien à Brisay même qu'elle se trouvait, derrière le château, au bord du grand chemin conduisant de Mirebeau à Chinon, comme j'en ai fait la démonstration détaillée en un chapitre précédent.

La mort d'Alès VI avait laissé en suspens le réglement de l'acquisition de Douçay. Alès VII eût à cœur de terminer rapidement cette affaire. Il ne s'agissait plus que de payer le montant de cette terre, dont la cession était accomplie depuis plus de quinze ans, ou d'abandonner au vendeur, à titre d'échange, une terre d'un revenu équivalant. Renaut de Pouant avait joui, du vivant d'Alès VI, d'une rente de 50 setiers de froment qu'il avait touchée annuellement en attendant le paiement à lui dû. Mais depuis la mort du chevalier, il n'avait plus touché cette rente. Alès VII remit à Renaut 50 écus d'or pour l'indemniser des arrérages qui ne lui avaient point été soldés depuis 1356 ; et, par acte passé, le 28 octobre 1365, en la cour de Mirebeau, il lui abandonna le fief du Magnoux, en la paroisse d'Orches, et la grande dîme d'Agressay, dont les aînés de la Maison de Brisay jouissaient depuis un temps immémorial (1).

Alès de Brisay avait dépassé sa 25ᵉ année : il avait été armé chevalier. Il s'agissait maintenant pour lui de faire ses preuves d'homme de guerre.

Le traité de Brétigny avait mis fin à la phase aïgue de la lutte contre l'invasion anglaise (1362). La France semblait abbattue. Le Régent n'avait plus d'armée et, dans la nécessité absolue de faire la paix, il s'était vu contraint d'abandonner aux Anglais tout l'ouest du royaume, entre la Manche et l'Océan. L'histoire n'a pas fait un crime à Charles V de cet instant de défaillance, car il sut le réparer, durant son règne, par la reprise à main armée des contrées envahies.

A l'époque où nous sommes parvenus, Charles V après

(1) *Arch. du chât. de Brisay*, vol. E.

avoir gouverné comme Régent, a succédé à son père Jean II, mort prisonnier à Londres. Le nouveau monarque cherche tous les moyens de reconquérir son royame ; il attire vers lui avec persistance tous les membres de la chevalerie qui, dans l'ancienne Aquitaine, devenue par extension la Guyenne anglaise, peuvent lui prêter un concours efficace.

Dans sa cour de Bordeaux, le fameux prince Noir a d'abord accueilli de son mieux la noblesse de ses nouvelles conquêtes ; mais bientôt la morgue anglaise, les mesures impolitiques du vice-roi, ont froissé nos chevaliers poitevins dans leur honneur et leurs intérêts. Peu à peu, ils se détachent d'Édouard, que le prestige de la victoire leur avait fait paraître un instant tout puissant ; ils s'en vont à Vincennes, offrir au roi franc les services de leurs vassaux et le secours de leur épée. Parmi ceux-ci, un des principaux feudataires d'Aquitaine, Louis, vicomte de Rochechouart était accouru l'un des premiers. Dès 1366, il s'était mis à la tête d'une ligue de barons, formée dans le but de ramener le Poitou sous l'obéissance de Charles V. En 1368, Charles V qualifiait Louis de Rochechouart son « amé et féal cousin », et l'envoyait guerroyer sur les frontières de Guyenne, contre les partisans du prince Noir. En mai 1369, après la conquête de quelques places, dont le roi lui confia aussitôt la garde, Rochechouart arrivait à Paris, et recevait du monarque le commandement d'une petite armée de 600 lances, avec un cadre de 11 chevaliers et 106 écuyers, destinée à mener une campagne de surprises et d'escarmouches en Saintonge. Sous les ordres du vicomte, et en qualité de lieutenant-général, servait Renaut de Doué, avec 60 hommes d'armes, 5 chevaliers et 54 écuyers (1).

C'est dans ce corps de chevalerie qu'Alès de Brisay fit, à l'encontre des Anglais, ses premières armes. Soit qu'il s'y fût rendu comme volontaire, soit qu'il y eût été semoncé

(1) *B.-N. Col. Decamps*, vol. 84.

par le roi son suzerain, comme vassal de la couronne, il se trouva au nombre des chevaliers qui accompagnèrent Rochechouart en Saintonge. La campagne fut malheureuse, au moins pour le sire de la Roche-Brisay qui tomba aux mains de l'ennemi, et dut payer une forte rançon pour recouvrer sa liberté et celle des hommes de son entourage. Lorqu'il revint à Mirebeau, un triste spectacle l'y attendait. En son absence, le vicomte de Châtelleraut avait réuni un certain nombre de traitres, amis des Anglais, et s'étant joint à ces derniers, il avait ravagé la contrée au nord de Poitiers, pillé ou brûlé les manoirs d'Alès qu'il savait retenu en Saintonge. Douçay et la Roche-Brisay étaient en cendres. Voici les détails qu'on lit dans Froissard sur cette affaire :

« En ce temps était grand-sénéchal de Poitou messire James d'Andelée, un moult sage homme et vaillant chevalier, qui mit sus une chevauchée de tous les barons et chevaliers anglais de Poictou. Et là étaient messire Guichard d'Angle, messire Loys de Harcourt, le sire de Pons, le sire de Parthenay, le sire de Poianne, messire Geoffroy d'Argenton, messire Maubrun de Linières, le sire de Tonnay-Bouton, monseigneur Guillaume de Montendre et plusieurs autres chevaliers et escuyers de Poictou; et étaient bien douze cents lances. Si firent ces seigneurs leur assemblée à Poictiers, puis s'en partirent à grand arroy et commencèrent à ardoir et exiller le pays, et à honnir pauvres gens ; et y firent moult dommages, et puis entrèrent en Touraine ».

Il serait trop long de citer tout le passage ; nous résumons la partie qui nous intéresse. — Après le premier moment de surprise, la défense s'organise. Les Anglais trouvent bientôt des adversaires redoutables dans la personne du maréchal Louis de Sancerre, escorté de Jehan de Bueil, seigneur de Faye-la-Vineuse, Guillaume des Bordes, et d'un certain nombre de chevaliers poitevins et tourangeaux, fidèles à la cause française. Traqués et poursuivis à leur tour, les Anglais se replient vers Poitiers. Surpris dans la vallée de Verrue, au sortir de la forêt de Scévolle, ils sont mis en déroute sous le château de Purnon (1) qui leur offre un asile dans leur fuite. Le siège de Purnon, situé en face la Roche-Brisay, commence aussitôt, mais il est levé dès le lendemain par l'armée de Jean Chandos.

Monsieur de Fouchier, dans son histoire de Mirebeau, dit ne pouvoir « croire qu'il s'agisse ici du Puirnon au Mirebalais, eu égard à la position occupée par les troupes des deux nations », mais la marche indiquée par Froissard, la direction des Anglais ravageant d'abord le nord du Poitou, puis la Touraine, repoussés dans cette province par des guerriers dont les noms sont tourangeaux, prouve suffisamment que la rencontre eut lieu bien exactement auprès de la forêt de Scévolle, contrée boisée très propice à dissimuler la retraite d'une troupe en déroute. Du reste cette campagne n'était qu'une mesure de représailles contre les hostilités dirigées par Louis de Rochechouart, en Saintonge : Pennebroth ravageait la vicomté de Rochechouart au sud de Poitiers, pendant que d'Andelée et d'Harcourt portaient, au nord, le fer et le feu sur les domaines des seigneurs français qui accompagnaient le général de Charles VI, détruisaient au passage la maison du sire de Brisay, et se dirigeaient vers la Loire pour y atteindre les possessions du sire de Doué.

Les événements racontés par Froissard (2) s'accomplissaient dans les premiers jours de septembre 1369. Alès n'eut pas plutôt pris connaissance de ces désastres, qu'il se rendit auprès du roi pour demander justice et réparation du tort, à lui causé, par des voisins, des compatriotes et même des gentilshommes vassaux de ses propres domaines.

Charles V, au château de Vincennes dont il faisait alors sa résidence, délivra à son fidèle serviteur des lettres patentes

(1) Puirenon dans Froissard.
(2) Tome I de ses *Chroniques*.

datées du 29 septembre 1369, où nous trouvons ce qui suit :

« Pour considération des bons et agréables services que nous a fait ou temps passé, fait chascun jour et espérons qu'il nous face ou temps à venir, Nostre amé et féal Alèz de Brisay, chevalier, et aussy en récompensacion de quatre cens livrées de terre qu'il tenait au duchié de Guienne lesquelz, pour ce que le dit chevalier a tousjours tenu et tient encore nostre parti, le prince de Galles luy a ostées et données à maistre Jehan du Rivau et au vicomte de Chateaulerault, et aussi de plusieurs et grants dommages qu'il a euz et soutenus tant en prise comme en grans et excessives raençons, lesquelles il luy a convenu paier à noz dits ennemis, comme en partes de chevaulx et de deux manoirs qui par noz ennemis, depuis troys sepmaines en çà, luy ont esté ars et destruis, A iceluy Alez avons donné et ottroié et de nostre certaine science, plaine puissance et auttorité royale donnons et ottroyons de grâce spécial trois cens livrées de terre en assiette de terre bonne et souffisante à tenir, prandre et avoir perpétuellement et héréditablement par le dit Alez, ses hoirs et successeurs, en et sur toutes les terres, possessions, biens, héritages et revenus que soulaient tenir avoir et posséder soubz nostre obeïssance Lancelot d'Usseau, Jehan de Cursay, Jehan du Rivau, Regnault de Montelieu, chevaliers, Guyon Quentin et Jehan Beissières et plusieurs autres hommes de foy du dit Alez, à nous appartenant confisqués et acquis pour ce qu'ils se sont rendus rebelles de nous et de nostre royaume, et tiennent le parti du prince de Gales » (1).

Alès de Brisay revint donc en Mirebalais, porteur du mandat royal ordonnant aux sénéchaux d'Anjou et de Touraine d'avoir à « asseoir l'assiette des dites trois cent livrées de terre sur toutes les possessions, héritages et

(1) *Arch. nat.* Reg. G. G. n° 100.

autres biens des dis rebelles et ennemis, et du présent don faire et laisser jouir et user paisiblement le dit chevalier », mais il ne paraît point qu'il ait pu, en réalité, prendre possession de ces choses : nous ne trouvons pas traces, dans les actes de la seigneurie de Brisay, d'un accroissement quelconque de fortune à cette époque. Ce n'est que dans un bail consenti deux années plus tard, qu'il est fait une courte et insignifiante allusion à la donation royale. Se trouvant à Loudun, le 3 juillet 1371, Alès consentit l'affermage des revenus de sa dîme de Cron, à Jehan Bitton, paroissien de Thénezay, pour la somme de quatorze francs d'or, payables chaque année, ainsi que neuf setiers et trois boisseaux d'avoine, déclarant que cette dîme de Cron, ayant appartenu aux chanoines de Ménigoûte qui la tenaient à foy et hommage du seigneur de Brisay, était maintenant prélevée par lui en personne, « tant par raison d'une donation à luy faicte du roy nostre sire, comme par défaut », termes qui semblent encore embrouiller à plaisir l'origine de cette possession, dont nous avons précédemment développé l'historique si complexe (1).

Il est raisonnable de penser que ce fut seulement après la conquête du nord du Poitou, par Duguesclin, en 1372 et 1373, qu'Alès de Brisay rentra en possession de ses domaines mirebalais. Jusqu'alors il se retira dans sa forteresse de Destillé, et y vécut à l'abri des surprises de l'Anglais. Nous l'y trouvons le 6 février 1370, réglant certain différent soulevé entre le chapitre de l'église de Chinon et lui, au sujet d'un terrain dont chacune des parties prétendait être propriétaire. Ce terrain « situé dans la ville fort de Chinon » était appelé « le placistre Saint-Maurice », et se trouvait être « la place de devant l'église de ce nom ». On comprend que le chapitre en convoitait vivement la possession sans conteste, et il semblait disposé à intenter un procès pour y parvenir. Le

(1) *Arch. du chât. de Brisay*, vol. E.

seigneur de Destillé « désirant le bien et l'augmentation de l'église paroissiale du dit lieu de Chinon, et de participer avec sa femme et ses enfants aux prières qui s'y feraient, consentit que les dits Chefcier et Chapitre jouissent paisiblement et pleinement du dit domaine, leur abandonnant tout le droit qu'il pouvait y avoir, fors le droit de l'afféage et toute justice seullement » (1).

On trouve dans cet acte la première mention de la femme d'Alès de Brisay, marié à une date qui nous est demeurée inconnue. Comme il paraît, en 1371, avoir eu déjà des enfants, il n'est pas téméraire de faire remonter à trois ou quatre années plustôt, c'est-à-dire à 1366 ou 1367, son union avec Bertrande de la Jaille, fille de Tristan de la Jaille, seigneur de Beuxey, en Loudunois, et d'Éléonore de Maillé. La maison de la Jaille était une des plus en vue de toute la noblesse française à cette époque là. Tristan, frère de Bertrande, chevalier de l'entourage du roi de Sicile, accompagna ce prince dans toutes ses campagnes, contre les Anglais, et se signala principalement en Espagne, où il fut au nombre des 300 chevaliers poitevins, angevins et bretons qui chassèrent le duc de Lancastre de Castille. Son mariage avec Lorette d'Anjou, fille du roi de Sicile et de Marie de Mâcon, créa un lien de parenté très proche, pour lui et les siens, avec les princes de la maison royale de France. Cette alliance faisait donc grand honneur à la Maison de Brisay, dont la situation n'était d'ailleurs pas inférieure à celle des de la Jaille au XIVe siècle. Peut-être les hommes qui la composaient étaient-ils un peu moins intrigants, un peu moins courtisans que leurs congénères, peut-être étaient-ils encore dédaigneux des charges de la Cour, ce qui fait qu'on ne les voit pas arriver aux fonctions rétribuées près de la personne du roi, aux gouvernements de villes ou citadelles, aux commandements supérieurs, etc;

(1) *Bib. nat. ms.* Pièces originales.

mais comme services rendus au pays, comme situation personnelle, comme fortune territoriale, ils valaient les meilleurs et les plus favorisés ; ils occupaient sans conteste le premier rang parmi la noblesse angevine, comme le prouvent leurs alliances, contractées alors avec des familles qui semblent avoir jeté le plus d'éclat. Parmi ces dernières on peut citer une des maisons tourangelles, auxquelles les Brisay étaient très prochement alliés, celle de Preuilly, dont nous avons parlé précédemment, dans laquelle Ysabeau de Brisay, tante d'Alès, avait contracté mariage. Orable, fille d'Ysabeau et d'Eschivart de Preuilly, avait épousé Renaut de Monléon, dont l'aïeul, Guy, avait été jadis baron de Montmorillon. Renaut fut un des personnages les mieux en Cour, sous le règne de Charles V. Voici ce que dit Lalanne de lui dans son histoire du Châtelleraudais :

« Renaut de Monléon, chambellan de Charles V, de Louis de France, duc d'Anjou, roi de Sicile et de Naples, grand-maître de la maison de Jean duc de Berri, comte de Poitou, et chambellan du roi de Chypre de la maison de Lusignan, son parent, qui « luy bailla sa bannière à porter dans ses rencontres, batailles, et azsauts contre les infidèles, esquelles choses il se gouverna moult chaleureusement », fut encore maître d'hôtel de Charles V et gouverneur de Mirebeau. En 1363, il porta l'évêque de Poitiers avec Guichard d'Angle, seigneur de Plainmartin, et Mangot de Melle, pour remplacer le roi d'Angleterre, alors seigneur de Lusignan, suivant l'ordre qu'il en reçut de Chandos. Rentré quelques années après sous l'obéissance du roi de France, Renaut de Monléon rendit de grands services à Sa Majesté contre les Anglais, dont il devint le prisonnier à deux reprises. Ils lui firent payer 3,600 livres de rançon, et le contraignirent à donner la seigneurie de Touffou au bâtard d'Angle. Cette terre lui fut restituée par ordre du roi en 1372. Il fit son testament à la tour d'Abain, en 1383, au moment où il se disposait à partir pour les Flandres. Il institua Guy de la

Tousche, Lionnet de Montléon et Pierre Ringuet de Brisay ses exécuteurs testamentaires. Il mourut en 1385, laissant un fils et deux filles d'Orable de Pruilly, sa femme » (1).

Ce cousin germain d'Alès de Brisay était venu à Destillé en 1373, afin de régler entr'eux les affaires de la succession de Guy de Brisay leur commun aïeul. Un arrangement amiable intervint entre les deux parents, par lequel Alès abandonna à Renaut, pour sa part des droits héritaux d'Ysabeau, Marguerite, Alix et Agnès, les quatre filles de Guy, la terre et seigneurie de la Vrillaye, paroisse de Chavagnes au sud de la Vienne, « en l'état que Guy de Brisay, son aïeul, en avait jouy », ainsi que le domaine de Chiniers, dépendant de l'archevêché de Tours. L'acte en fut passé à Chinon (2).

Un acte de 1373, cité par Mondonville dans ses notes manuscrites sur les anciens documents concernant les familles beauceronnes, prouve qu'Alès de Brisay (*Alezius de Brisay, miles*) plaidait alors au Parlement, sans que l'on sache sur quelle matière (3).

A Loudun, le 3 août 1374, dans l'étude de maître Richard Dumayne, notaire royal, Alès renouvelait les diverses obligations contractées par ses ancêtres au profit de l'abbaye de Fontevrauld.

1º Une rente de cinquante setiers de froment à la mesure de Loudun, avec deux deniers de cens pour chaque setier, assise sur le domaine de la Roche-Brisay, en faveur du prieuré de Gaîne dépendance de cette abbaye, en vertu d'une fondation d'Alès V, faite en 1270.

2º Une aumône annuelle de douze setiers de froment, mesure de Mirebeau, rendable à Fontevrauld même, assise sur les revenus en nature de la Roche-Brisay, selon la

---

(1) *Hist. de Chât.* par l'abbé Lalanne, t. I, p. 339.
(2) *Hist. des Chasteigniers*, par André Duchesne, p. 239.
(3) *Mém. de Guil. Laisné*, prieur de Mon. vol. 9, fol. 670.

constitution de Pierre de Brisay et Sibylle, sa mère, consentie à Poitiers le 6 décembre 1253.

3º Une aumône annuelle de quatre setiers froment, quatre idem seigle et huit d'orge, à la mesure de Chinon, accordée par Alès IV, seigneur de Destillé, et requérable en ce château depuis l'an 1245.

4º Une rente de quinze sous assise sur les censives de Destillé, en vertu de la fondation de Scholastique de Destillé, renouvelée en 1232, par Alès de Brisay, son petit-fils.

En plus de ces pieuses dotations qu'il affirmait faites par ses ancêtres et qu'il maintenait pour lui et ses descendants, à l'avenir, « noble homme messire Allès de Brisay donnait reconnaissance à très religieuses et très honnestes personnes l'abbesse et dames du couvent de l'abbaye de Fontevrauld, de plusieurs rentes en bled, froment, seilhe, baillarge et argent, à prendre par la maison de la Tourette de Chinon, membre de la ditte abbaye, sur ses moulins l'un à drayn et l'autre à bled, d'Achart et d'Estables, en la paroisse de Chavaignes, partables au grenier du dit couvent, le jour saint Michel ». C'est cet acte que le seigneur de Destillé revêtit de sa signature autographe, placée en marge et ainsi conçue : *Alès de Brisay approuvant*, laissant ainsi à la postérité une marque de son instruction. Il le revêtit également de son sceau sur cire verte, portant le burelé (sans nombre fixe) qui constituait l'écusson de la Maison de Brisay (1).

Six mois après le renouvellement de ces fondations pieuses, messire Alès entrait en pourparlers avec Renaut de Monléon, son cousin, au sujet de la cote-part héréditaire de ce dernier dans ces obligations. A Chinon, le 17 février 1375 (n. s.), Renaut reconnut le devoir de prendre à sa charge, comme

---

(1) *Bib. nat. ms.* Pièces originales. — Expédition délivrée sur l'original étant aux chartes de l'abbaye de Fontevrauld, par Simonneau, secrétaire de la dite abbaye, le 2 octobre 1662 et signée Simonneau.

gendre d'Ysabeau de Brisay, huit setiers de froment de rente, qu'il s'engagea à déposer annuellement dans les greniers de l'abbaye (1).

L'année 1376 avait vu reparaître Alès en Mirebalais ; la contrée était reprise aux Anglais, les fleurs de lys flottaient maintenant sur les hautes tours des manoirs royaux ; les gentilshommes demeurés fidèles au monarque franc, un instant secoués et maltraités par l'ennemi, évincés même pour la plupart, étaient rentrés en possessions de leurs fiefs. C'était aussi le sort d'Alès de Brisay, dont les châteaux, brûlés et détruits à Douçay et à la Roche, ne devaient être relevés que bien des années plus tard, mais qui pouvait encore trouver un asile à Célié, à Mirebeau, dans l'hôtel qu'habitait sa mère, où elle n'avait pas eu à souffrir de l'invasion. La donation royale de 1369 semble n'avoir produit aucun effet. Alès, de retour au pays de ses pères, ne nous paraît pas mis en possession de nouveaux domaines, qu'ils fussent pris sur les biens de Jehan du Rivau ou sur ceux du vicomte de Châtellerauld, autrefois « rebelles et ennemys » de la personne du roi, mais depuis la conquête rentrés sans doute sous son obéissance ; et dans les aveux rendus quelques années après par Alès, nous ne verrons figurer que les trois fiefs de la Roche, Célié et Douçay. Une seule chose préoccupait donc actuellement notre personnage, la restauration, la remise en état de ses biens ruraux et leur administration sagement conduite.

Dès les premiers temps de son retour à Mirebeau, il régla très grâcieusement ses relations féodales avec le chapitre de Saint-Jean-de-Menigoûte, qui relevait du châtelain de Brisay, pour sa dîme de Cron. Cette dîme, acquise par le chapitre, de la Maison de Marçay, entraînait après elle des obligations de service armé, mutation, et autres devoirs laïques assez durs à supporter pour des religieux.

(1) *Hist. des Chast.* par André Duchesne.

L'acquit négligé de ces devoirs avait fait naître des difficultés de toute nature dont nous avons déjà fait mention, tant avec le sire de Brisay qu'avec le baron de Mirebeau. La dîme de Cron avait été confisquée, puis rendue, reprise par le suzerain et annexée à son domaine, abandonnée enfin par lui coûte que coûte sous la menace de quelqu'excommunication. Il était peu séant de faire monter « guet et garde », aux bons chanoines, comme à de simples estagiers, et de les contraindre à suivre en campagne leur seigneur casque en tête et soutane relevée. En 1366 « monseigneur Alez », pris de piété, avait exempté le chapitre du devoir armé, moyennant une indemnité de 200 florins « monnaye du coyn du roy Jean », et il avait fixé le montant des autres devoirs à une rente de 25 sous par an, que le chapitre, sous le prétexte des guerres qui ruinèrent le Poitou, se garda de payer. Prisonnier des Anglais ou chassé de ses possessions par l'ennemi envahisseur, le sire de Brisay avait peu d'autorité pour se faire acquitter ce qui lui était dû. En 1371, il vint à Loudun, point extrême au delà duquel il ne pouvait se porter, sans se voir de suite retomber aux mains des conquérants ; et de là il envoya des sergents de justice avec mission de saisir la dîme de Cron, par défaut de devoir accompli. Dans l'acte qu'il fit rédiger à ce sujet, il s'appuyait sur « la donation à luy faicte par le roy nostre sire », laquelle, en effet, lui octroyait le pouvoir de s'emparer, en Anjou et Poitou, de toutes les terres de ses vassaux rebelles. Nul doute en conséquence, que, à cette époque troublée, le chapitre de Ménigoûte ne se soit tourné ostensiblement vers les puissants du jour, et qu'il n'eût brûlé de l'encens sous le nez des Anglais. Mais après la brillante campagne de Duguesclin, lorsqu'il lui fut permis de rentrer en possession de ses terres, Alès, apaisé dans son ressentiment, se montra tout disposé au pardon envers le chapitre venu à récipiscence. Sous l'influence d'un mouvement pieux très recommandable, « pour l'augmentation du divin service et pour participer aux bienfaits, messes oraisons et prières qui, dans la ditte église, sont journellement faites et dites », selon les propres termes du chevalier, Alès remit aux chanoines de Menigoûte la dîme qu'il leur avait confisquée, la leur abandonnant et garantissant cette fois « par titre de donation pure et absolue sans espérance de jamais révoquer, car ainsi lui plaît ». Il ne s'en tint pas là. La Maison de Brisay avait conservé de l'ancien parage Marçay, le droit de recevoir un hommage plain sur certaines possessions qui, de Guillaume de Marçay, avaient passé à Jean de Marçay, puis à Agnès de Velort veuve de Jean, à titre de douaire, d'elle à Herbert de Marçay, son fils, dont la fille était la mère de Renaut de Poent. Renaut était redevable du dit hommage au sire de Brisay, à l'époque où nous nous trouvons. Cet hommage entraînait l'obligation de fournir « un cheval de service », pour la guerre, avec les droits de vente, etc. Alès en fit don grâcieux au chapitre. Puis il voulut que le chapitre fut affranchi de toute espèce de devoir rigoureux. Il lui imposa seulement le lien des *gants blancs*, obligation féodale ordinaire au clergé du Poitou : « a voulu, consenti et octroyé le dit chevalier pour lui et pour ses héritiers et successeurs, que les trésorier et chapitre et leurs successeurs en la dite église, tiennent perpétuellement de lui et les siens la dite foy et hommage, et les choses tenues soubz celui hommage, à *un gant blanc* du prix de douze deniers, rendable et requérable à muance de trésorier seullement, sans foy, sans hommage ni debvoir, rachat, servitude, redevance ou obéissance quelconques ». La seule condition qui fut imposée, par le seigneur de Brisay, aux chanoines, fut de célébrer « une messe chaque sepmaine en leur église au jour de lundi, pour le salut et remède de lui, de son père, de sa mère, de ses parents et amis ». Cet acte fut dressé à Mirebeau, chez le notaire Jean André, le 7 septembre 1376 (1).

(1) *Arch. du chât. de Brisay*, vol. C.

Béatrix de Montejehan venait de mourir, et son fils, entrant en jouissance des terres dont il lui avait donné le revenu et l'habitation en douaire, faisait de pieuses fondations pour le salut éternel de la bonne dame. Ses libéralités envers Ménigoûte doivent être considérées comme dirigées vers ce but. En même temps il réglait définitivement l'acquisition de Douçay, que la cession du Magnoux à sa mère avait laissée en suspens. Alès de Brisay transporta réellement et effectivement, après la mort de Béatrix, le fief du Magnoux dont elle avait conservé la jouissance, à Renaut de Pouent, qui en était propriétaire éventuel depuis l'acte passé entre le sire de Brisay et lui, à la date de 1364.

Rien ne prouve qu'Alès de Brisay prit part à la guerre des Flandres signalée en 1382 par la victoire de Rosebecque, et par le siège de Bourbourg en 1383, bien que Louis Renault, son beau-frère, Tristan de la Jaille et Renaut de Monléon, ses cousins, y eussent conduit leurs bannières à la suite du jeune roi Charles VI. Nous n'avons trouvé le nom d'Alès dans aucune des listes de levée de troupes opérée à cette époque. Un acte sorti des archives de Destillé laisse supposer que notre personnage était alors plutôt occupé du mariage de sa fille aînée, qu'il unit à un gentilhomme poitevin, au printemps de 1383. Cette union était un fait accompli, lorsque le 13 juin de cette année là, devant Picquart, notaire et garde des sceaux de la châtellenie de Chinon, « quittance fut donnée par noble demoiselle Jeanne de Brisay à Messire Allès de Brisay, chevalier, et dame Berthelonne de la Jaille, ses père et mère, scavoir de la dot qu'ils lui avaient constituée par le contract de son mariage, fait à Destillé, avec Jean Prévost, renonçant en conséquence ladite demoiselle aux successions des dits sieur et dame ses père et mère » (1). Jean Prévost était chevalier et seigneur de Chastellier-

---

(1) *Bibl. nat. ms.* Pièces originales. Copie col. en mars 1612 par Philippe.

Portault, en Poitou, frère de Guillaume Prévost, sire de Portault chef d'une puissante famille qui a produit les seigneurs de Touchimbert, de Sansac, de Grosbois, de Beaulieu et de Traversay. Jean fut l'un des chevaliers qui composèrent l'ost du maréchal de Boucicaut, assemblé au Mans en 1392, pour la guerre de Bretagne. Il paraît avoir reçu un fief quelconque en Mirebalais, comme dot de sa femme, car il figure parmi les vassaux qui vinrent rendre hommage à Mirebeau, pour leurs possessions, lorsque cette baronnie passa aux mains des princes de la maison d'Anjou.

Mirebeau avait été vendu, le 3 novembre 1379, par la comtesse de Rouçy à Louis de France, duc d'Anjou et de Touraine, comte du Maine, couronné roi de Naples, Sicile et Jérusalem, en 1382. Il avait épousé Marie de Châtillon. Veuve en 1384 et tutrice de ses enfants mineurs, la reine de Sicile vint à Mirebeau pour y recueillir les hommages de ses vassaux, en 1388. Le 21 mars, elle fit dans la ville une entrée solennelle, que nous avons décrite ailleurs ; puis dans la grande salle du château, elle reçut l'hommage d'Alès de Brisay pour ses trois terres de la Roche, Célie et Douçay, en même temps que ceux de Léonnet de Billé, Guillaume de la Touraine, Guiot de Rouffignac, Guillaume de Coué, Jean de Marconnay, Tortonne de Mausson, Renaut de Douge, Brient de Montejehan, Léonnet de Monléon, Jean Prévost, Jean d'Argenton, Péan de Maillé, Amaury de Dercé, Odet de Cronail, ainsi que des Frétart, Baudry, et autres gentilshommes de haute naissance en Mirebalais (1).

Dans son aveu rendu à sa suzeraine le 6 août 1389, le sire de Brisay disait : « De vous très excellente et puissante princesse, Madame la Royne de Jhérusalem et de Secille, duchesse d'Anjou, comtesse du Maine et de Roucy, dame de Mirebeau, Je Allez de Brisay, chevaler, tiens et adveue à tenir à foy et homage lige mon herbergement de la Roche

---

(1) *Collection Decamps*, vol. 85.

de Brisay, le boays de Souvolle, ma diesmerie de Brisay à Mirebeau, mon herbergement de Célié… etc. (comme précédemment), en vous faisant gardes à voustre chastel de Mirebeau quant elles sont beisongneuses et évidentes, l'obligation de vous conduyre parmy voustre chastelleinie et dehors, en armes et en chevaulx, sy come mes prédécesseurs l'ont accoustumé faire » (1). C'est justement ce dernier devoir qu'Alez venait d'acquitter, lors de la visite de sa suzeraine dans sa nouvelle baronnie : à cheval et en armes, accompagné de ses écuyers et de ses archers, il avait escorté la princesse depuis son entrée dans le Mirebalais jusqu'à la porte de son château.

Alès VII disparaît de ce monde vers 1390. Succomba-t-il dans un fait de guerre, à un accident de chasse, à la suite d'une maladie ? Je l'ignore, mais suppose qu'il put périr de mort violente, en raison de son âge peu avancé : il atteignait à peine 50 ans.

Bertrande de la Jaille prit le « bail et administration » de Gilles, leur fils unique, encore mineur. Elle avait pour son douaire l'usufruit de Douçay et du fief de la Morinière, ainsi que la jouissance et l'habitation de l'hôtel de Brisay, à Mirebeau. Elle se retira dans cette demeure, où, protégée par les murailles de la cité, entourée des soins prévenants des Cordeliers, dont elle était fondatrice-titulaire, ayant sous la main tout ce qu'exigeaient les nécessités de la vie et la paix de l'âme, elle put se livrer sans obstacles à l'éducation de son fils. Malgré cette paix apparente, elle eut de forts démêlés avec les officiers du duc d'Anjou ; elle s'en tira toutefois à son avantage. Le 5 avril 1391, elle adressait à la reine de Jérusalem et Sicile, sa suzeraine, une supplique tendant à obtenir de cette princesse, que les officiers de la ville de Mirebeau ne l'empêchassent point de jouir des droits que, de toute ancienneté, les seigneurs de la Roche-Brisay, ses pré-

(1) *Arch. nat.* R. P. 330, n° 79.

décesseurs, avaient exploités et faits leurs dans la cité, notamment l'immunité de leurs sujets sur les foires et marchés, l'exercice de la moyenne justice entraînant la surveillance de la voirie, les droits de mesure et d'épave et celui de recueillir les héritages des étrangers morts sans hoirs, enfin le dîner à six plats, six pains et six bouteilles de vin avec nappe et serviette blanche, lavabo au commencement et à la fin du repas, que le prévôt de Mirebeau devait servir « par chascun jour, à heure de midi » au seigneur de la Roche-Brisay, durant les quarante jours que durait le ban des vendanges, et que le prévôt Jehan Gébert avait, sans motif plausible, refusé à dame Bertrande, qui prétendait s'y rendre « soi tiers de sa personne, c'est assavoir elle, son escuyer et sa damoiselle, ou une autre sufisante personne en sa compagnie ». Elle réclamait aussi, pour « ses estagiers en sa baronnie de Doulçay », le droit de connaître de leurs cas criminels, même lorsqu'ils avaient été arrêtés à Mirebeau, et elle demandait que ceux qui étaient retenus ès-prisons du prévôt lui fussent remis.

Les affaires traînèrent en longueur car il fallut procéder à des enquêtes sur les prétentions de la dame de Brisay. Mais Pierre Fouchier et Simon Gautier lui donnèrent raison, et par lettres patentes du 25 janvier 1397, la reine de Sicile, « suffisamment éclairée touchant le fait de la dite dame », donna gain de cause à Bertrande de la Jaille. Elle lui reconnut tous ses droits de justice, d'immunité, de réception, de mesures, épaves, aubenage mobilier et immobilier, « et aussi d'essoriller en la dicte terre quand le cas y échet », car alors encore, dans les justices seigneuriales, on coupait les oreilles aux plus simples larrons, pour les plus petits méfaits (1).

Bertrande de la Jaille, avait, comme tutrice du sire de Brisay, son fils, rendu aveu le 2 novembre 1393, au vicomte

(1) *Arch. du chât. de Brisay*, vol. A.

de Châtelleraut, pour le fief de la Tour de Bosnay (1) ; elle vivait encore en 1404, date à laquelle on la voit passer un bail avec un fermier du village de Douçay, pour l'exploitation du fief de la Morinière, une des dépendances de son douaire, mais elle paraît s'être éteinte cette même année, si l'on en juge par les termes d'un acte de 1405, faisant voir que la baronnie de Douçay était alors aux mains de sa belle-fille, qui en rendait aveu au baron de Mirebeau (2).

Gilles, seigneur de la Roche-Brisay, Bosnay et Destillé, était, comme nous l'avons dit mineur à la mort de son père. Dans la supplique adressée à la reine de Sicile au sujet de l'exercice des droits du seigneur de la Roche-Brisay, dans Mirebeau, la veuve d'Alès VII est qualifiée « noble dame Bertranne de la Jaille, dame de Brisay et de Doulçay, ayant le bail de Gilles de Brisay, son fils, sire de Brisay », ce qui établit correctement la filiation de Gilles, comme issu du mariage de Bertrande et d'Alès. Le même acte démontre également par sa date — 1391 — qu'Alès VII avait alors cessé de vivre, et détruit l'assertion d'André Duchesne, affirmant en son histoire des Chasteigniers qu'Alès de Brisay vivait encore en 1393.

En 1394, Gilles de Brisay atteignait sa majorité et il était qualifié *écuyer*. Bien jeune encore, âgé tout juste de 21 ans, il cherchait déjà à contracter les liens du mariage ; il semblait, dans cette voie, suivre une inspiration du ciel, car s'il eût tardé à prendre une femme, il n'eût jamais été marié, et n'eût point laissé le fils unique et posthume qui devait continuer la postérité après lui. Ce malheureux jeune homme allait être, en effet, fauché comme une fleur à son premier printemps.

Tout paraissait sourire à la Maison de Brisay, parvenue à l'apogée de la fortune, de la considération et de la puissance.

---

(1) *Arch. de la Vienne.* Ter. de Châtellerault.
(2) *Arch. du château de Brisay.* vol. A. et H.

Ce fils unique tenait dans sa main la totalité des biens de ses pères : il était banneret en Anjou et banneret en Touraine, ses seigneuries de la Roche, de Célié, de Douçay, de Bosnay, de Destillé lui rapportaient 1,000 livres de rente, ce qui constituait une sorte d'opulence pour l'époque, quelque chose comme 100,000 francs de rente de nos jours, surtout avec l'augmentation de la valeur de l'argent occasionnée par les guerres. Gilles était, de plus, fort bien en Cour, sa condition de vassal direct de la couronne lui assignant une place de choix auprès de la personne de Charles VI ; les services rendus par son père à Charles V, et par son grand-père à Jean le Bon, le notaient particulièrement comme un des soutiens les plus énergiques et les plus sûrs du trône en Aquitaine ; le duc d'Anjou, son suzerain, dont la Jaille, cousin germain de Gilles, avait épousé la fille, et le duc de Berri, oncle du roi et premier ministre, dans la maison duquel Aimery de Brisay, parent de Gilles, dans une branche cadette, servait comme échanson et maître-d'hôtel, étaient ses protecteurs les plus bienveillants. Enfin il s'y trouvait au milieu des Rochechouart, des Maillé, des Cherbonnières, des Montejehan, des la Jaille, des Monléon, des Sillé, des Boucicaut, des Rouault de Thouars et des Montmorency, tous ses parents et amis, tous plus ou moins avancés en influence dans les affaires de l'État. Nul doute, assurément, que Gilles de Brisay ait suivi cette Cour pleine d'une élégante jeunesse, relevée par l'éclat d'une brillante chevalerie, empreinte des joies d'un siècle qui se terminait dans les fêtes, après avoir vu passer de si mauvais jours, et que ce fut là qu'il contracta une des plus illustres alliances qui aient honoré son nom. Par contrat du 24 octobre 1394, Gilles de Brisay, bien qu'il ne fut encore qu' « écuyer », épousa, de l'avis et bon conseil de sa mère, demoiselle Marguerite de Rochechouart, fille d'Aimery de Rochechouart seigneur de Mortemart, conseiller et chambellan de Charles VI, capitaine-général des troupes royales, à l'encontre des Anglais, en Poitou et Saintonge, et de feue Jeanne d'Archiac (1), jadis dame de Saint-Germain. Marguerite était veuve de Bertrand de Chanac, seigneur de Châtel-Archer, et l'on pourrait croire qu'elle comptait quelques années de plus que son jeune époux. Mais les actes dans lesquels on la voit personnellement figurer pendant la durée du XV⁰ siècle, notamment en 1435 et 1450, prouvent une longévité qui permet de conclure, qu'elle n'avait que de peu dépassé sa vingtième année au jour de son second mariage. Elle apportait en dot la châtellenie de Saint-Germain, située au nord de Confolens, en Limousin, sur la limite sud du Poitou, qui valait 400 livres de rente, et lui venait de sa mère, plus mille livres en espèces que son père lui remettait en avancement d'hoirie (2). Ainsi ce jeune ménage formait un couple parfaitement assorti sous tous les rapports : la naissance ne lui laissait rien à désirer, des alliances et des relations communes rapprochaient intimement les époux, et tous deux jouissaient déjà de leurs biens. Marguerite, par la mort de sa mère, était dame châtelaine, héritière de fief, et Gilles, chef de sa race, avait en main depuis sa majorité, tout le patrimoine de sa famille. Dans ces conditions, il ne faudra pas s'étonner d'apprendre que Gilles de Brisay fut considéré comme un des plus riches seigneurs de la Cour du roi de France, ainsi que les événements accomplis de son temps nous donneront l'occasion de le signaler tout à l'heure.

La rage des combats, la soif de la gloire rapportée des champs de bataille animaient cette bouillante jeunesse qui entourait le trône de Charles VI, roi à treize ans. Le 9 mars 1396, une trêve de 28 ans venait d'être signée avec

(1) L'histoire rapporte qu'Aimery de Rochechouart ayant eu à se plaindre de la conduite de Jeanne d'Archiac, sa première femme, la fit enfermer au château de Vérac où elle mourut en 1378, ce qui est connu par des lettres de rémission obtenue par Aimery en 1379. (Moreri).

(2) *Titres de la maison de Rochechouart,* dans Sainte-Marthe, fol. 171. *Hist. des grands-officiers de la couronne,* par Anselme t. IV, p. 676.

l'Angleterre : la chevalerie française était réduite à porter son expansion belliqueuse au loin. Le gouvernement se décida donc à envoyer un corps d'armée au secours du roi de Hongrie qui luttait péniblement contre l'invasion des Turcs en Europe. La chevalerie chrétienne vit une nouvelle croisade dans la guerre contre Bajazet. Le duc de Bourgogne revendiqua le commandement de la noblesse française pour son fils unique Jean, comte de Nevers, jeune prince qui n'était pas encore chevalier, et que son père voulait envoyer guerroyer, pour « gagner ses éperons ». Le roi accueillit très favorablement cette demande. Il qualifia son cousin de Nevers « chevalier du Christ », ce qui donnait réellement le caractère d'une croisade à la campagne entreprise, et le mit à la tête de mille chevaliers, mille écuyers et douze mille hommes d'armes, en tout vingt mille guerriers destinés à rejoindre l'armée hongroise sur le Danube. Il y avait là une bonne occasion pour Gilles de Brisay, de faire ses premières armes. A l'exemple des Maillé, des la Trémoille, des Neuchèze, des Linières, des Chauvigny, des Pressigny, des la Rochefoucauld, des la Jaille, et de tant d'autres courtisans, il brigua l'honneur de prendre rang dans l'armée du comte de Nevers. Toutefois, bien qu'un document de l'époque semble dire que le sire de Brisay « estait allé au voyage de Hongrie en la compaignie du très cher et très amé cousin du roy le comte de Nevers », comme son nom ne figure pas parmi ceux des gentilshommes que Charles VI commissionna directement, pour faire la dite campagne « en la compaignie » de Jean-Sans-Peur, il y a tout lieu de croire que Gilles se rangea sous la bannière d'un sien parent ; et certaines relations de familles antérieures à ces événements, cimentées plus tard par une liaison plus intime, nous permettent d'avancer que Gilles de Brisay dut être compté au nombre des soixante-quinze chevaliers que le maréchal de Boucicaut emmena à sa suite, dont treize étaient ses parents. C'est donc en suivant Boucicaut dans la guerre de Hongrie que nous apprendrons à connaître les faits et gestes auxquels le seigneur de Brisay dut prendre part. Le départ eut lieu au commencement de mars 1396 ; le 30 avril l'armée toute entière était réunie devant Bude, capitale de la Hongrie. Sous le commandement suprême du roi Sigismond, elle longea la rive droite du Danube, entra en Valachie et reprit quelques places, dont les Turcs s'étaient emparés, notamment Croja que Boucicaut emporta lui-même d'assaut avec ses combattants. Ce premier succès, suivi de quelques autres, enleva toute prudence à notre jeune noblesse, dont le maréchal, âgé de 27 ans, possédait encore la fougue et la présomption. Elle refusa de suivre les conseils des Hongrois, qui, habitués à combattre les Turcs, s'efforçaient de faire comprendre à leurs alliés la nécessité d'une tactique nouvelle, et elle se jeta follement sur l'armée tout entière de Bajazet, devant Nicopolis le 28 septembre 1396. Cette funeste journée, renouvelée de celle de Courtray ou de Poitiers, mais dans des conditions encore plus fatales, peut se résumer en quelques lignes. Bajazet conduisant 150,000 combattants s'était avancé pour faire lever le siège de la ville bloquée par les chrétiens. En apprenant son approche, la chevalerie française s'arme, coupe à coups de dague la pointe de ses poulaines, met casque en tête et demande à combattre. Elle veut marcher au premier rang. On lui fait observer que les Turcs ont l'usage d'entamer le combat à l'aide de tirailleurs mal disciplinés, qui jettent leurs traits et battent en retraite. Les Valaques, habitués à cette méthode, sont tout désignés pour répondre à la première attaque. Mais les Français ne veulent laisser passer personne devant eux. Ils s'élancent dans la plaine et mettent en fuite les tirailleurs. Ce facile succès les enivre et ils piquent en avant. Bajazet avait rangé son armée sur le versant d'une colline ; les chevaliers se précipitent à l'assaut du mamelon, ils escaladent les tranchées, renversent tous les obstacles, et engagent une lutte furieuse devant laquelle les Turcs plient de toutes parts. Poussant des cris de triomphe en poursuivant les fuyards, nos féodaux parviennent essoufflés et las de tuerie au sommet de la colline ; le spectacle qui s'offre alors à leurs yeux les glace d'épouvante. Bajazet en personne apparaît sur le plateau, commandant son arrière-garde, 30,000 janissaires rangés en forme de croissant dont les extrémités prêtes à se rejoindre vont enfermer les chrétiens dans une muraille de fer. Les Français se retournent pour appeler à leur aide ; la plaine est vide derrière eux ; aucun secours de l'armée hongroise, malgré la promesse qui leur a été faite, ne vient les arracher à l'étreinte de l'ennemi. Ils comprennent qu'il faut périr, et avec la bravoure qui leur est habituelle, ils attendent, sans reculer d'un pas, que le cercle formidable se soit refermé autour d'eux. La plupart des seigneurs, voulant combattre à pied, ont quitté leurs chevaux pour les renvoyer au camp ; quelques-uns seulement, dont Boucicaut, ont gardé leurs destriers. Tous, formant une épaisse phalange, se serrent autour du comte de Nevers, et pénétrant dans les plus épais bataillons, font des Turcs une horrible boucherie. « Le désespoir rendait la lutte plus terrible : le banneret vivant prenait la place de celui qui venait de succomber ; le carnage dura encore une heure. Ces douze mille Français, qui avaient tenu longtemps la fortune en suspens, se trouvèrent réduits à huit cents ; dans ce nombre on comptait le comte de Nevers, le comte de la Marche, le connétable Philippe d'Artois, le maréchal Boucicaut, Guy de la Trémoïlle et le sire de Coucy. Tous faisaient au prince un rempart de leurs corps. La richesse des armures signalait tous ces barons aux ottomans comme les plus considérables et capables de racheter leur liberté par de fortes rançons, ils ne voulaient donc pas les tuer, et leur faisaient signe de mettre bas les armes. Les chevaliers animés d'une seule et même volonté refusaient le quartier qu'on leur offrait. Pressés les uns contre les autres, ils occupaient un espace très rétréci ;

nul ne pouvait les approcher sans être repoussé vigoureusement. Enfin une troupe de cavalerie d'élite fut lancée au travers de leurs rangs, et les rompit en entier. Les Français, accablés de lassitude, pouvant à peine soulever leurs épées, furent tous pris, la plupart criblés de blessures, notamment le sire de Couci, Philippe d'Artois, Joceran de Damas et son frère Huguenin... » (1) — Nous pouvons ajouter preuves en main que Gilles de Brisay se trouvait parmi ces derniers.

Bajazet, pour faire expier aux prisonniers le sang de ses janissaires abondamment répandu, ordonna qu'on leur tranchât la tête, n'exceptant du massacre que le comte de Nevers, auquel il accorda la faveur de désigner pour être mis à rançon, au prix de 200,000 écus d'or, vingt-cinq bannerets, des plus riches de son armée, des plus qualifiés ou des plus près de son sang. Le prince arracha ainsi à la mort Couci, d'Artois, la Marche, la Trémoïlle, de Bar, Damas, Boucicaut, Briqueville, Grutuse, Chatellux, Brisay et quelques autres dont l'histoire n'a pas gardé les noms. Le sultan les ramena à sa suite jusqu'à Bruse en Bithynie, où il les tint enfermés dans une étroite captivité, en attendant que chacun d'eux ait pu « payer finances ».

La nouvelle du désastre de Nicopolis fut apportée à Paris par le chevalier Hellys, un des épargnés du massacre. On se figure la consternation de ces familles, de ces mères, de ces épouses qui comptaient tant de têtes chères parmi les croisés. On peut supposer que Gilles de Brisay avait chargé l'envoyé de Bajazet, d'informer sa femme et sa mère de la situation où il se trouvait, et de faire connaître le chiffre de sa rançon, qui ne put être inférieur à 5,000 écus d'or. Bertrande de la Jaille et Marguerite de Rochechouart s'étaient, après le départ de Gilles, retirées dans la forteresse de Destillé, où elles se trouvaient mieux que partout ailleurs à l'abri d'un coup de

(1) *Hist. des Grands capit. franc. du Moyen-Age*, par Mazas, tome III, p. 318.

main. Elles y vivaient sous la protection de leurs murailles, soutenues par la présence d'un sénéchal-châtelain, et par les exortations d'un chapelain, pieux personnage très attaché à la famille dont il surveillait attentivement les intérêts. Leur douleur dut être immense lorsqu'elles apprirent la mort de tant de parents et d'amis, mais elle se tempéra naturellement à la certitude acquise que le seigneur de Destillé était vivant, qu'il avait été reçu à merci par le Turc, et qu'il pourrait revoir le beau pays de Touraine, ses manoirs, sa famille et ses sujets. Hellys était arrivé à Paris fin de décembre 1396 ; ce ne fut donc qu'en janvier 97 que l'on put savoir à Destillé quel avait été le sort de l'absent. Aussitôt les deux dames envoyèrent un messager en Turquie, avec mission de s'entendre avec le sultan et de rapporter du chevalier « nouvelles certaines ». Puis elles s'occupèrent de réunir les sommes nécessaires à sa rançon. Cinq mille écus d'or étaient un gros denier pour l'époque, s'il est exact de dire que l'écu d'or, ou florin, valait 16 francs sous Charles VI. C'était 80,000 francs qu'il fallait débourser tout d'un coup ; et l'on se demande comment une fortune territoriale comme celle des Brisay, cependant très belle à cette époque, ne sombrait pas à pic sous le poids d'une telle obligation. Il y a tout lieu de croire cependant que leur position de fortune était à la hauteur d'une pareille atteinte, car le paiement de cette rançon s'effectua sans qu'une parcelle des biens patrimoniaux ait été aliénée. Des revenus accumulés, la dot de Marguerite, peut-être quelques gros emprunts faits à des Juifs et, assurément aussi, un don gracieux du monarque qui soulagea d'autant la lourde dette, permirent d'acquitter une partie de la somme. Sait-on si les parents du prisonnier, si ses amis ne se cotisèrent pas dans le but de grossir de leur part la cagnotte destinée au rachat du croisé? Quant à ses sujets, c'est autre chose. Ils payaient pour leur seigneur, non volontairement, mais bien en raison de leur lien féodal et de leur serment de fidélité. — « Je me ferai *plège et gage* pour vous, de ma personne et de mes biens lorsque vous serez prisonnier des infidèles », jurait le vassal entre les mains de son suzerain, le jour où il lui portait l'hommage de sa seigneurie. Et il ne pouvait éluder ce devoir sans s'exposer à voir saisir son fief. Donc les officiers du sire de Brisay annoncèrent dans les terres et les domaines de leur maître, à Destillé, à Bosnay, à la Roche-Brisay, à Célié, à Douçay, à Mirebeau, à Saint-Germain, que le suzerain était « ès-mains des mécréants », et que chaque sujet, chaque vassal qu'il fut noble ou de rôture, avait à verser à la recette du manoir le montant de son droit de mutation. Il ne paraît pas douteux que de fortes sommes eussent été, par ce moyen, recueillies sur les fiefs importants que nous venons de nommer. Ce qui est certain c'est que, dans le courant de l'été 1397, l'on vit revenir à Destillé le messager envoyé précédemment vers le Turc, avec mission de traiter du rachat de son seigneur. Il rapportait de bonnes nouvelles. Le jeune chevalier résistait aux fatigues de la captivité, à la misère, aux privations, au dénûment où Bajazet, par système ou par indifférence, laissait végéter les prisonniers français, malgré le mérite de leur rang. Mais sa jeunesse et sa vigueur, l'espoir de revoir bientôt sa mère et son épouse, la joie de connaître le fils qui venait de lui naître, le soutenaient d'une manière factice, dans sa pénible et douloureuse situation. A Burse plusieurs prisonniers étaient déjà morts. Henry de Bar et le sire de Couci avaient été dans les premières victimes de cette rude captivité. Il fallait se presser d'envoyer le montant complet de la rançon de Gilles, si l'on voulait le revoir vivant.

Malgré l'urgence d'en finir, les lenteurs étaient grandes. Au printemps de 1398 seulement, le prix de rachat du chevalier se trouva complet, et le messager repartit aussitôt pour l'Asie-Mineure, emportant les cinq mille florins.

A cette époque, le roi Charles VI venait de faire publier, en Touraine, un décret ordonnant à tous les vassaux de la couronne, de venir avant le 22 juin courant, prêter foy et hommage de leurs terres entre ses mains. L'absence de Gilles de Brisay ne permettait pas à ce feudataire royal de s'acquitter du devoir imposé pour sa châtellenie de Destillé, et il allait peut-être arriver que les officiers du bailliage de Tours saisiraient ce fief pour cause d'hommage non fait, si les représentants du seigneur ne prenaient de sages mesures préventives contre cette extrémité. C'est pourquoi un délai fut demandé au roi, qui l'accorda très gracieusement du reste, par les lettres patentes dont le texte suit, lesquelles administrent la preuve de tout ce que nous venons d'avancer touchant le rôle de Gilles de Brisay dans la guerre de Hongrie.

« Charles, par la grâce de Dieu roy de France. A nos amés et feaulx gens de nos comptes et thrésoriers, à Paris, au Bailly de Touraine, et à tous nos aultres justiciers ou à leurs lieutenants, salut et dilection. Oyë avons la supplication de nos bien amées Bertrande de la Jaille mère et Marguerite de Rochechouart femme de nostre amé et féal chevalier Gilles de Brisay, sire de Destillé, contenant que comme nous eussions pièçà faict crier et publier en nos pays et bailliage de Touraine que tous ceulx qui nous doibvent et sont tenuz de faire foy et hommage à cause des terres et tènements qu'ils tiennent de nous, nous venissent faire dedans certain temps lors ensuivant, pour ce que le dit chevalier qui, à cause de l'hostel, terres, appartenances et appendances de Destillé, nous est tenu de faire foy et hommage, n'estoit pas encore *retourné du voyage de Hongrie, où il estoit allé en la compaignie de nostre très cher et très amé cousin le comte de Nevers, mais y estoit prisonnier ès-mains des mescréans et ennemys de la foi ès-parties de Turquie,* sy comme on disoit, eussions mis le dit chevalier et les dites suppliantes pour luy en nos repits et souffrances de nous faire les dites foy et hommages jusques à la feste saint Jean-Baptiste prochain venant, et despuis les dites suppliantes *ayent envoyé certain messager ès-parties de Turquie, et finances paur ravoir et rachapter le dit chevalier, se faire se puet, ou en apporter certaines nouvelles ;* toutesvoies, obstant le bref tems de ce à la dite feste de saint Jean, le long chemin qu'il a jusques en Turquie et le faict des dits mescréants, les dites suppliantes doutent que le dit chevalier ne soit pas retourné dedans la dite feste saint Jean, et par ainsi pourroit sa terre estre tenüe ou prise en nostre main, et les prouffitz d'icelle levés à nostre prouffit par défaut d'hommage à nous faict, qui seroit au très grand préjudice et dommage du dit chevalier, *et en grant retardement et empeschement de sa délivrance,* se par nous n'estoit pourveu de nostre grâce, sy comme les dites suppliantes dient requiérant humblement icelle. Pourquoy nous, ces choses considérées, et attendu que le dict Chevalier *avant ce qu'il partit pour aller au dit voyage ès-païs de Hongrie,* avait fait à nos officiers du dit païs de Touraine, pour nous, le serment de féaulté, à iceluy chevalier et aux dites suppliantes, pour luy et pour elles, et pour chascun d'eulx pour tant qu'il luy puet touscher, avons donné et donnons de grâce espécial par ces présentes RESPIT ET SOUFFRANCE jusques à la feste de Noël prochain venant. Sy vous mandons et estroitement enjoignons, et à chascun de vous sy comme à luy appartient, que de nostre dite grâce, resprit et souffrance vous faites, souffriez et laissiez les dits chevalier et suppliant jouir et user paisiblement sans aulcun contredit ou empeschement, pourveu que les droicts et debvoirs à nous deubs à cause du dit fief nous soit payé, et que sy le dit chevalier estoit paravant le dit tems retourné au pays de Touraine, il sera tenu de nous venir faire les dites foy et hommage de dans deux mois après son retour, car ainsy nous plaist-il estre faict, et aux dites suppliantes l'avons octroyé et octroyons par ces présentes lettres données à Paris le XIII° jour de juing l'an de grâce mil ccc iiii xx et dixuit, de nostre règne le XVIII° ».

— Signé par le roi à la relation du Conseil et contresigé : Hugues de Colombiers et Jehan de Folleville, avec le sceau de la prévôté de Paris (1).

Cette pièce importante et complète, que j'ai tenu à citer *in extenso* est le document sur lequel s'est appuyé M. Lacabane pour donner un avis favorable à la proposition faite, par le comte de Nieuwerkerke, en 1868, pour l'inscription des armoiries de la Maison de Brisay dans la salle des Croisades, au palais de Versailles. Certes, en poussant leurs recherches un peu plus avant dans l'histoire des temps anciens, le surintendant des Beaux-Arts et le directeur de l'École des Chartes auraient pu constater la présence de membres de cette famille, aux campagnes qui ont été plus incontestablement considérées comme conduites dans le but de reprendre aux infidèles le tombeau de Jésus-Christ. Nous avons fait voir que la Maison de Brisay compte des représentants aux croisades de 1108, 1146, 1217 et 1248 ; en choisissant une de ces dates et l'un des noms qui s'y rapportent, ces messieurs auraient évité, à une vieille race chevaleresque, l'ennui de voir mise en discussion une de ses illustrations les mieux établies.

Monsieur Borel d'Hauterive, dans son Annuaire de la noblesse, année 1870, n'a pas craint, en effet, de risquer une critique assez acerbe, au sujet de l'insertion du nom de Gilles de Brisay et de ses armes, avec la date 1396, dans la salle des Croisades à Versailles. Je ne rapporterai pas ici les propres termes de cet auteur, car j'ai négligé de les copier, ne leur trouvant point une valeur suffisante pour être consignés en un ouvrage sérieux. Je me contenterai de résumer, afin d'y répondre, les deux points principaux de sa polémique. Le premier avait pour but d'établir que la campagne de Hongrie, en 1396, ne peut et ne doit pas être considérée comme une *croisade*. C'est là une véritable erreur

---

(1) *Bibl. nat. ms.* Pièces originales.

historique, dans laquelle les écrivains, même modernes, se sont gardés de tomber, notamment Mazas, qui donne continuellement le titre de *croisés* aux guerriers francs qui combattirent à Nicopolis. La guerre de Hongrie, faite aux « mescréants et ennemys de la foy » selon les termes du temps, fut bien une croisade. Dirigée d'enthousiasme contre les musulmans, qui menaçaient la chrétienté toute entière et prétendaient venir jusqu'à Rome, faire manger leurs chevaux sur l'autel de Saint-Pierre, prêchée et conseillée par le pape Boniface IX, qui dépêcha Nicolas Canisa à la Cour de Charles VI, pour obtenir de ce prince l'envoi d'une armée au secours de Sigismond, sur les rives du Danube, cette expédition n'a manqué d'aucuns des caractères qui signalent les croisades antérieures. Le théâtre choisi pour les hostilités n'était plus, il est vrai, la Palestine, l'Asie-Mineure ou l'Égypte, mais c'était toujours la puissance envahissante des disciples de Mahomet que l'on cherchait à combattre, et les guerriers qui partaient avaient bien la conviction qu'ils faisaient une guerre sainte ; ils se montraient convaincus qu'après avoir porté leurs armes jusqu'aux rives de la mer Noire, ils gagneraient triomphalement Jérusalem par l'Asie-Mineure. L'idée était gigantesque mais non au-dessus des moyens de 20,000 Français ; elle s'associait à tous les projets de gloire de cette jeune chevalerie dont le chef, Jean-Sans-Peur, avait positivement pris la croix au moment de se mettre en marche. Enfin nos présomptueux féodaux s'écriaient à la veille de la fatale journée qui les anéantit : « Nous irons déposer nos épées victorieuses sur le tombeau du Christ ! ». Et pendant l'affreux massacre, les malheureux disaient encore, comme Jean de Grief sous le cimetère des Ottomans : « Versons sans regret notre sang, puisque c'est pour la cause de Jésus-Christ ! » (1).

En second lieu, M. Borel insinuait qu'il y avait eu certaine-

(1) Engel, Schiltberger et tous les auteurs allemands.

ment erreur de lecture, dans le nom dont on venait de faire choix pour la salle des croisades, et qu'il ne fallait pas y voir *Brisay*, mais bien *Brézé*, comme l'avait écrit mademoiselle de Lussan, au sujet des seigneurs français qui combattirent avec le comte de Nevers devant Nicopolis.

Mademoiselle de Lussan, dans son histoire de Charles VI, tome II, page 112 ne cite aucun Brézé parmi les 26 chevaliers qui furent épargnés du massacre. Elle est autrement sobre de classification ; elle se contente de nommer simplement Nevers et Boucicaut. Elle dit seulement, quelques pages plus haut, que le « sire de Brézé » fut au nombre des seigneurs qui suivirent Jean de Bourgogne en Hongrie. Est-ce que cela exclut la présence du sire de Brisay dans la même armée ? Les chroniques de Froissard et les mémoires de Boucicaut, qui ne citent pas Gilles de Brisay, ont fait connaître que le sire de Brézé, présent à la bataille de Nicopolis, portait le prénom de Louis, et M. Mazas, d'après ces auteurs contemporains, a rangé Louis de Brézé parmi les gentilshommes de la suite du comte de Nevers. Il ne peut donc pas y avoir eu de confusion entre les deux personnages. M. Mazas a, de plus, cité quelques noms que les intéressés lui ont fournis avec preuves à l'appui, comme il aurait pu être fait pour Gilles de Brisay, si l'étude préparée sur Nicopolis avait été connue de la famille. Sur vingt-six Français échappés au massacre, il en nomme à peine dix. Assurément les autres sont restés dissimulés, pour l'historien, derrière la poussière des parchemins. Pour le cas particulier de Gilles, la pièce que nous avons citée fait foi : c'est une preuve péremptoire de la présence de ce seigneur à la bataille de Nicopolis, de son immunité dans la tuerie de ses congénères, de son séjour aux prisons de Bithynie et de son rachat, opéré en 1398 seulement, quand celui des principaux chefs avait pu être fait dans le courant de 1397, date à laquelle le maréchal de Boucicaut rentra en France, après avoir payé à Bajazet 100,000 livres.

Ces lettres patentes de Charles VI ont été communiquées à M. Borel d'Hauterive, qui promit de faire, dans son annuaire, une rectification qui n'a jamais vu le jour, satisfait sans doute de la plate réponse qu'il a adressée à mes observations, de laquelle j'extrais ce qui suit :

« Quand j'ai élevé des doutes sur la présence de Gilles de Brisay à la croisade de 1396, je ne connaissais pas les documents que vous me faites l'honneur de m'adresser. Je n'émettais mon opinion ou plutôt mes incertitudes qu'en me fondant sur des vraisemblances. Tout l'échafaudage des suppositions tombe devant des actes authentiques et irréfutables » (1).

Hélas! c'était inutilement que « les suppliantes » Bertrande et Marguerite attendaient le retour de leur seigneur et maître, dont la rançon était enfin payée. Leur tendresse, leur affection rappelait en vain le cher sire. Tant d'efforts allaient devenir stériles. C'était pour rien qu'elles avaient rassemblé des fonds considérables, envoyé des messagers à travers l'Europe, demandé un délai pour sauvegarder les intérêts du jeune chevalier à Destillé.... Gilles ne devait pas revoir la France, ses châteaux, les deux femmes dont le souvenir lui tenait tant à cœur, son épouse et sa mère ; il ne lui serait jamais donné de connaître et d'embrasser son fils.

Rendu à la liberté dans le courant de 1398, Gilles de Brisay suivit la route que les seigneurs délivrés avant lui avaient prise. Comme Nevers, de Bar, la Trémoïlle, il se rendit de Burse à l'île grecque de Mételin, dont le gouverneur vénitien Jacques Gatifulio était un ami de Boucicaut. « La dame de Métélin, dit Froissard, estoit moult révérante et savoit d'amour (d'attentions) tout ce qu'on en peult sçavoir ; aussi se tint-elle à bien parée et honorée quand elle vit venir en son hostel les seigneurs francois ; elle les recueillit joyeulsement et doulcement, et se ordonna de

(1) Lettre du 12 août 1875.

tous points à leur faire plaisir. Et premièrement elle les revestit et renouvela de nouveaulx draps, linges, et de robbes et vestures de fin drap de Damas ; et le fit la dame pleinement et bonnement sans rien espargner, de quoy les seigneurs lui sçurent bon gré et dirent grant bien d'elle ».

Ces bons soins, dont Gilles eut sa part, ne purent le remettre des longues privations et des misères endurées chez les Turcs qui, dans leur haine des Chrétiens, laissaient volontiers leurs prisonniers nus et sans pain. Plusieurs, notamment Couci, moururent de faim et de chagrin à Burse. Chez quelques-uns le mauvais régime enduré causa des maladies, rouvrit des blessures, Gilles ne survécut pas à de telles épreuves. Par suite des blessures reçues au combat, ou des souffrances de la captivité, il mourut à Métélin pendant l'été de 1398. C'est une tradition conservée dans la famile et répétée par tous les généalogistes, ce fait de la mort de Gilles à son retour de Bithynie, et de l'inhumation de ses cendres dans cette terre étrangère où il avait reçu une cordiale hospitalité. La Providence à voulu qu'il expirât sur une terre chrétienne, afin que les ossements du chevalier, qui ne devaient point reposer dans l'enfeu de ses pères, pussent au moins, recevoir les honneurs dûs au souvenir d'un croisé, qui avait sacrifié sa vie, à 25 ans, pour le Christ.

« Le dict Gilles de Brisay estant rachepté mourut en chemin de retour, suivant la tradition, et gist en l'isle de Mettelin », dit une vieille généalogie manuscrite, rédigée par M. de Sainte-Marthe au commencement du XVIIe siècle (1).

C'était encore un Brisay de plus mort au service de Dieu, de son roi et de la France. La postérité lui doit un spécial hommage.

(1) *Cab. d'Hozier*. Orig. parvenu entre les mains du marquis de Brisay.

§ II

MARGUERITE DE ROCHECHOUART, DAME DE BRISAY ET BARONNE DE DOUÇAY COMME TUTRICE DE SON FILS. — JEHAN DE BRISAY, SON ROLE SOUS CHARLES VII.

Marguerite de Rochechouart restait veuve, pour la seconde fois, mais ayant de son second lit, un fils, alors âgé de deux ans. Elle prit immédiatement la tutelle de cet enfant, et se chargea de l'administration de ses biens. La première opération utile, dans la gestion des seigneuries, était l'hommage à rendre au degré supérieur et l'hommage à recevoir des inférieurs ou vassaux. Nous avons vu que Charles VI avait accordé jusqu'à Noël de 1398, pour s'exécuter de cette formalité à l'égard de la châtellenie de Destillé. Ce délai dut être prorogé. Ce ne fut que le 25 novembre 1399, que Marguerite de Rochechouart, se déclarant « veuve du sire de Brisay », rendit son aveu au château de Chinon. L'hommage avait dû être fait, à Paris, entre les mains du roi, quelques semaines auparavant (1). La châtelaine convoqua ensuite ses vassaux, et Velort, Razilly, Basse-Rivière, etc. durent lui envoyer leurs représentants qui prêtèrent devant elle, sans épée ni éperons, le serment de fidélité. Elle le reçut, selon l'usage, dans ses mains jointes, mais elle ne leur accorda point l'oscle, ou baiser, dont les femmes étaient exemptées par la coutume. Parmi les actes qui furent rédigés en cette circonstance, deux seulement étaient encore conservés à Destillé, au commencement du siècle dernier. Une note envoyée par le propriétaire du château, à M. d'Hozier, nous fait connaître que le 31 mars 1403, Marguerite recevait l'aveu du sieur des Réaux, pour le fief de Basse-Rivière, et celui du sieur de Cerisay, pour

---

(1) *Bib. Nat.* mss. pièces originales.

le fief de Pont-Guyon, relevant tous deux de son domaine. Elle était qualifiée « très noble et puissante dame » par ces deux vassaux (1).

Au commencement de 1405, elle vit disparaître sa belle-mère, appelée dans un monde meilleur ; et, après lui avoir rendu les derniers devoirs dans l'église des Cordeliers de Mirebeau, elle prit la direction des terres mirebalaises que Bertrande avait, jusqu'à sa mort, détenues en douaire. C'est alors que Marguerite, jusqu'à ce jour châtelaine de Destillé et de Saint-Germain seulement, se déclara dame de Brisay et baronne de Douçay. Elle s'empressa de se rendre à Paris pour y faire hommage de ses nouvelles possessions. Ce n'était point du roi de France que relevait alors le Mirebalais ; cette petite province faisait comme nous l'avons dit, partie des domaines du duc d'Anjou. Le duc actuel était S. M. Louis II, monarque in partibus, chassé de ses états napolitains, mais n'en portant pas moins tous les titres. Il reçut la dame avouante, en son hôtel de la Bouverie, situé derrière l'hôtel Saint-Paul, à Paris, le 12 août 1405, et lui délivra le certificat suivant scellé de son sceau sur cire rouge :

« Loys, par la grâce de Dieu, roy de Jhérusalem et de Sicile, duc d'Anjou, comte de Provence, de Forcalquier, du Maine, de Pymont et de Rouçy, et seigneur de Loudun et de Mirebeau. A nos amés procureur chastellain et receveur de nostre terre de Loudun et de Mirebeau salut. Savoir vous fais que aujourd'huy est venue par devers nous dame Marguerite de Rochechouart laquelle au nom et comme ayant le bail de Jehan de Brisay son fils myneur d'ans, nous a fait deux fois et hommages liges qu'elle nous estoit tenue faire, c'est assavoir l'une à cause et par rayson de son lieu, terres et appartenances de Brisay et l'autre à cause et par rayson de sa baronnie de Dossay, lesquelles elle tient de nous au regart de nostre chastel et

(1) *Arch. pers. du marquis de Brisay.*

chastelleinie de Mirebeau ; aux quelles fois et homages et à chacune d'icelles nous l'avons reçeue et recevons par ces présentes . . . . » Signé du roi et contresigné par messire Jehan de Tucé, son chambellan (1).

Après s'être mise en règle avec ses suzerains, Marguerite ordonna un recensement complet de ses sujets, soit nobles, soit roturiers, et elle fit tenir, à Douçay comme à Brisay, les assises ordinaires de la justice, auxquelles étaient appelés à comparaître tous les redevanciers de la seigneurie, porteurs de la déclaration de leurs terres, et du droit de mutation qu'ils devaient remettre entre les mains du receveur, sous les yeux du sénéchal. Cette révision, qui se pratiquait presque toujours pendant la minorité des possesseurs de fief, était la sauvegarde de la terre seigneuriale, ayant pour but principal d'empêcher les usurpations ou les soustractions de vassalité, toujours prêtes à se produire sous l'administration d'une tutrice un peu faible dans l'exercice de sa juridiction, ou inattentive aux intérêts de son pupille.

Ce n'était pas le cas de la dame de Brisay, comme le prouvent les documents tirés de nos archives, où se retrouvent en assez grand nombre les declarations qui furent remises au sénéchal, pendant les assises tenues en mai 1409, pour « ma dite dame ayant le bail de monsieur son fils », tant à Brisay qu'à la Morinière par Guillaume Pinault et Jehan Pansost, ses officiers. Ce sont celles de Guillaume Naisme, pour ses pièces « du Guerreu du Saule, de la Brotonnière, du champ Cailleau, de Bonneuil », et son hébergement de Fombregin ; de Laurent Guillegaust pour « le Pélerin, Courtgasteau, la Sablère, Gausset, les Nouelles, la Pinonnière, Saulteou et Fontaine-au-Jar » ; de Pierre Audebert pour son hébergement de Cursay, le Bois-Traversaine, la Plaine et la Doule ; de Jean Amaugier, pour ses terres de Bonneuil, la Pagotière, etc. En 1410, au printemps, Margue-

(1) *Arch. du chât. de Brisay*, vol. A.

rite de Rochechouart était à Mirebeau. Elle y recevait dans son hôtel, l'aveu du chevecier et du trésorier du chapitre de la collégiale Notre-Dame pour « une place ou fondis séant darère l'église du dit lieu, tenant d'une part à la maison Jehan Beaugars et d'autre part à la court Jehan Frébaut, laquelle place ou fondis le dit Jehan Beaugars tient de nous et y a édefié ung vergier » (1).

L'administration de la dame de Brisay prit fin en 1414, date à laquelle son fils fut émancipé. Elle vécut longtemps encore. Le 30 mars 1435, elle passait un accord avec Ayde de Pierre-Buffière, seconde femme d'Aimery de Rochechouart, sire de Mortemart, son père, ayant la tutelle de Guichard, Guinot et Loys de Rochechouart, dont Ayde était l'aïeule, au sujet du fief de Céroigne, qui venait de Jehan d'Archiac, aïeul de Marguerite. Sur ce fief, dont les jeunes de Rochechouart avaient hérité du chef de leur oncle Guillaume de Rochechouart, frère de Marguerite, mort sans hoirs, la dame de Brisay avait des droits qui n'étaient pas encore réglés. Elle les abandonna à la Maison de Mortemart moyennant une indemnité de mille couronnes d'or (2).

On ignore sur quelle terre fut constitué le douaire de Marguerite, mais, en raison de la fortune personnelle qu'elle apportait en se mariant, il est probable qu'on ne lui en fit aucun. Après la majorité de son fils, elle dut assurément se retirer dans son château de Saint-Germain, où il est présumable qu'elle mourut, âgée de près de quatre-vingts ans, peu avant 1450. Dans le courant de cette année, en effet, plusieurs vassaux de la châtellenie de Saint-Germain vinrent rendre leurs aveux au nouveau seigneur, fils et héritier de Marguerite, et l'on sait que cette formalité devait être remplie à chaque mutation de propriétaire. En outre, moins de deux ans après, le 7 juin 1452, les Cordeliers de Saint-Junien

(1) *Arch. du chât. de Brisay,* vol. J.
(2) *Titres de la Maison de Rochechouart,* par Ste-Marthe, fol. 171.

donnèrent quittance à « noble et puissant seigneur messire Jehan de Brisay, chevalier, fils unique et héritier de feue dame Marguerite de Rochechouart, dame de Saint-Germain », d'une certaine somme qu'il venait de remettre entre leurs mains, en raison d'une fondation faite dans leur couvent par le testament de la dite dame (1). Ce fait révèle bien l'époque aproximative à laquelle on doit attribuer l'ouverture du document, contenant les dernières volontés de la mère de Jehan.

Jehan, seigneur de Brisay (2), Bosnay, Destillé, Saint-Germain, Menneroux et Méréville, baron de Douçay, naquit en l'absence de son père, parti quelques mois avant sa naissance, pour la campagne de Hongrie. Nous avons dit qu'en quittant la Touraine, Gilles de Brisay avait laissé sa femme en résidence à Destillé. C'est dans ce château que vit le jour ce fils unique que son père ne devait jamais connaître, et dont la venue était pour lui certaine dès le jour de son départ, car il laissait sa femme enceinte de cinq mois. Néanmoins, cette naissance, arrivée en l'absence du père, après une union si récente, demandait une sorte de constatation authentique que ne manqua pas de lui donner, par une sage mesure de précaution, le chapelain même chargé de desservir la chapelle de Destillé. Ce prêtre prévoyant et dévoué, craignant sans doute qu'il fut élévé plus tard quelque doute malséant sur l'origine de l'enfant qui venait au monde, prit soin de lui former une sorte d'état-civil constatant d'une manière irrécusable, par le plus vénérable témoignage, la naissance du rejeton de la Maison de Brisay. — « Il y a un vieil missel en parchemin dans ma chapelle, écrivait à M. d'Hozier, généalogiste du roi au siècle dernier, le propriétaire du château de Destillé, où sont écrits à la main ces mots : « Le mercredi veille de

(1) *Arch. de la vicomté de Rochechouart.* Carton Fondations.
(2) A partir du commencement du XV° siècle, la terre de la Roche-Brisay est simplement appelée Brisay dans la plupart des actes. Nous nous conformerons à cet usage, en maintenant le nom simple.

Saint-Laurent, neufvième jour d'aoust, l'an mil troys cent quatre-vingt-seize, nasquit Jehan de Brisay, fils de Gilles de Brisay, chevalier, et de dame Marguerite de Rochechouart, sa femme » (1).

M. Borel d'Hauterive a voulu contester la filiation légitime de Jehan, comme il avait contesté l'existence de Gilles, prétendant qu'il s'était écoulé un trop long délai, entre le départ des croisés, en 1396, et la naissance du fils de Marguerite, pour que cet enfant ait pu avoir pour père un des chevaliers de Nicopolis.

Sur cette objection, comme sur la première, l'auteur de l'annuaire s'est vu proprement encloué.

En effet, le départ des croisés français, commandés par Jehan de Bourgogne, s'étant effectué peu de jours après la fête de Pâques qui, en 1396, tomba le 2 avril, la naissance de Jehan de Brisay, fixée avec certitude au 8 août suivant, fait remonter la conception de l'enfant aux premiers jours de novembre 1395, c'est-à-dire cinq mois avant l'absence de Gilles. Et si l'on veut supposer que la gestation de Marguerite n'ait été que de sept mois au lieu de neuf, la date de sa délivrance nous permettra de fixer encore la conception au cours de la première semaine de janvier, alors que Gilles de Brisay n'avait point quitté le foyer conjugal.

Outre la preuve que nous venons de citer, — cette sorte d'acte civil dressé par les soins du chapelain de Destillé, — d'autres documents viennent à l'appui de la certitude où nous sommes, que Gilles fut bien le père de Jehan. Plusieurs actes de l'administration de la dame de Brisay, comme tutrice de son fils, ne laissent aucun doute à cet égard. Nous pouvons citer notamment l'aveu rendu par cette dame au château de Mirebeau, le 14 mai 1402, commençant par ces mots : « Je, Margarite de Rochechoart ayant le bailh

---

(1) *Arch. pers. du marquis de Brisay.* Pièce provenant du cabinet d'Hozier.

garde et administracion de Jehan de Brizay, maindre d'ans, fils de fehu Monseigneur que Dieu abseullet, monseigneur Gillet de Brisay, derrain seigneur de Brizay, et de moy, en nom de Jehan mon dist filz, tiens et advoe à tenir come bailh ayant, l'hébergement de mon dist filz de la Roche de Brizay, ... etc. » (1).

Cette pièce soumise à M. Borel d'Hauterive, ne lui a point paru moins convaincante que les lettres patentes de Charles VI, et il a daigné laisser de côté la pioche avec laquelle il enfouissait avec acharnement les données traditionelles de la Maison de Brisay. Il s'engagea même à publier une notice qui fut une rétractation de ses précédentes erreurs. Je n'ai point su qu'il ait tenu parole. Il n'a pas pris d'ailleurs la peine de m'en informer. Je suis toutefois satisfait de faire voir dans ces pages que si tous les articles rédigés par cet auteur, insérés gratuitement ou non dans son Annuaire, sont édifiés par des bases aussi sérieuses que celui qui intéresse Gilles et Jehan de Brisay, le recueil en sera d'une autorité médiocre et d'une piètre considération auprès des historiens à venir.

Nous avons fait voir que la tutelle de la mère de Jehan fut toute remplie par l'exécution vigilante des devoirs les plus sacrés. Aussi le nouveau seigneur, quand il put jouir d'une première émancipation, se trouva-t-il maître de très beaux domaines admirablement gérés. Marguerite ne s'attarda pas dans sa mission. Dès que son fils eut atteint ses dix-huit ans, elle lui remit la gestion de ses biens. Ce fut au mois d'août 1414. En date de cette année, nous trouvons un certain nombre de déclarations foncières rendues à Jehan sur son domaine de Brisay, en Mirebalais. C'est Jehan Diguais pour ses terres de Couransoux, Guillaume Gris et Jehan Bigner, pour leurs maisons à Mirebeau, Jehan Guiet pour sa maison à Brisay, Gilles Desveaux, pour ses terres

(1) *Arch. Nat.* Reg. P. 330.

des Bournais et de la Vieille-Fuye, Gilles Rabier et Jamet Legrand pour leurs possessions de la Bergerie, Pierre Bonneau, pour sa maison à Urçay et ses terres à Brisay, la Pagottière, etc., Clément Bonneau, pour sa maison et terres de Fombregin, Jehan Robinet, pour sa maison et terres à la Fuye de Beaudray, qui viennent déposer leurs titres de propriété entre les mains de leur seigneur et payer les droits dus à son accession. On retrouve même quelques-uns des vassaux qui avaient porté leur déclaration quelques années auparavant à la dame de Brisay, mère du nouveau suzerain, et la renouvelaient devant « noble et puyssant seigneur monseigneur de Brysay », notamment Guillaume Naisme, un riche fermier dont les possessions nombreuses s'étendaient aux terroirs de la Pagottière, la Bretonnière, Fombregin, le Carroi du Saule, Champ-Cailleau, Bonneuil, etc. (1). Tous ces biens, comme disent les actes, relevaient de la Maison de Brisay « rosturièrement ».

En août 1418, Jehan de Brisay atteignait sa majorité et aussitôt il se préparait à jouer son rôle dans la vie politique, à remplir son devoir de gentilhomme en offrant ses services au prince et son sang à la patrie.

La situation du royaume était alors des plus lamentables. A Paris régnait un roi fou. Le gouvernement était aux mains d'une femme égoïste, reine déconsidérée, mère sans entrailles, qui repoussait systématiquement des approches du trône celui que la Providence avait désigné pour en relever le prestige et la puissance. Deux partis s'étaient formés à la Cour, celui de la reine que soutenaient les Bourguignons et celui du Dauphin que suivaient les Armagnacs. On se querellait, on se battait sans cesse ; le sang coulait à flots. Cependant les Anglais, nos ennemis séculaires, faisaient la conquête de la France, occupaient Paris et s'étendaient jusqu'à la Loire. La mort de Charles VI,

(1) *Arch. du chât. de Brisay*, vol. J.

survenue en 1422, allait faire proclamer Henri V d'Angleterre comme légitime successeur du roi défunt. Et pourtant Charles laissait un fils, auquel la loi Salique transmettait tous les droits de légitimité à la couronne.

Le dauphin Charles avait été dès l'enfance, apanagé du duché de Touraine. Chassé de Paris par le parti qui lui était hostile, il vint chercher un refuge à Chinon, en 1418. Toute la jeune noblesse de son apanage s'empressa d'entourer le prince, qui n'eut que l'embarras du choix pour se créer une Maison civile et militaire en rapport avec les besoins du moment. Jehan de Brisay était, en août 1418, auprès de la personne du Dauphin. Le 31 de ce mois, il rendait son hommage pour « l'hostel, terres et appartenances de Destillé mouvant en fief des chastel et chastellenie de Chinon, à Monseigneur Charles, fils du roi de France, Dauphin de Viennois, duc de Berri et de Touraine et comte de Poitou ». Le prince lui en faisait délivrer une quittance signée de sa main, et de celle du sire de Barbasan, son premier chambellan (1). De plus, il gardait le sire de Destillé au château, en qualité de « Chambellan de Mgr le Dauphin et duc » et le retenait comme officier dans sa garde personnelle, sous les ordres de Jehan, sire de Torçay, grand maître des arbalétriers de France. C'est à la suite de ce général que notre jeune écuyer allait incessamment gagner ses éperons.

Dès les premiers jours de septembre, le Dauphin détacha Torsay et sa compagnie, avec le maréchal de Rochefort et Barbasan ayant d'autres gens de guerre sous leurs ordres, pour reprendre la place de Montberon en Angoumois, qui venait d'être remise aux Anglais par ordre du duc de Bourgogne. C'est par erreur que Berry et M. de Beaucourt ont placé la prise de Montberon à la suite de la capitulation de Tours, c'est-à-dire postérieurement au 30 décembre 1418. Les actes émanés de Jehan de Brisay fixent la date de cet

---

(1) *Arch. pers. du marquis de Brisay*, proven. du cab. d'Hozier.

événement militaire entre les mois de septembre et octobre. — Jehan était à Ruffec avec ses gens d'armes, le 12 septembre, quand il donna quittance à Macé le Héron, trésorier des guerres du roi, pour la somme de 150 livres tournois, reçue en prêt sur sa solde et celle de 18 écuyers de sa suite, assemblés pour servir le roi « en ses guerres sous monseigneur le Daulphin de Viennois, son lieutenant général par tout le royaume, à l'encontre des Anglais leurs anciens ennemis rebelles et désobéïssans, et partout où il leur plaira ordonner en la compagnie de messire Jehan de Torsay, chevalier, maistre des arbalestriers de France, et soubz le commandement de lui ou de son lieutenant, du nombre et retenue de cinq cents hommes d'armes et six cents hommes de traict » (1).

Jehan de Brisay, dans cette pièce est qualifié « écuyer banneret ». Il fut armé chevalier par Torsay, sous les murs de Montberon, au moment où cette forteresse, riveraine de la Dordogne, à quelques lieues en amont de Larochefoucauld, succomba à l'assaut que lui donnèrent les troupes du Grand Maître.

Depuis 1418, Jehan de Brisay fit partie de la suite militaire du Dauphin, qui devint bientôt le roi Charles VII, dans l'entourage duquel la présence constante de Torsay, de Barbasan et du sire de Mortemart, cousin germain de Jehan et l'un des conseillers les plus intimes du prince, ne pouvait que lui assurer un continuel avancement. Il fut au nombre des chevaliers qui escortèrent le Dauphin dans la campagne de 1419 contre les Bourguignons. C'est à Sancerre que se fit, en février, la concentration des troupes féodales. Elles furent dirigées sur Gien et Montargis et allaient pénétrer en Bourgogne, quand des pourparlers avec la Cour de Paris, suspendirent leur marche. Une suspension d'armes fut signée le 20 mai.

(1) *Titres de Clairambault*, vol. 21, n° 1504.

Le 7 juillet, à Saumur, le Dauphin, mécontent de la Cour, rassemblait de nouveau son armée. Charles était-il un fils rebelle, un révolté portant une main sacrilège sur ce trône qu'une injuste impatience lui faisait désirer, plus tôt que la loi naturelle ne lui permettait d'y monter? Point du tout. Charles, au nom du roi son père, faisait la guerre aux Bourguignons pour les empêcher de livrer la France aux Anglais, et pour reprendre à Henri V la couronne de Charles V et de Saint-Louis. Seize mille combattants étaient rangés sous les bannières du prince, qui passait en revue ses troupes le 21 juillet et se mettait en marche aussitôt. Ce même jour, Jehan de Brisay prenait rang, en qualité de chevalier banneret, dans la nouvelle armée, à la tête de quatorze écuyers de sa compagnie, marchant comme précédemment sous les ordres du grand maître des arbalétriers Torsay. Les gentilshommes composant alors ce qu'on appelait la « chambre » de notre banneret, se nommaient : Pierre de la Touche, Jehan Trumeau, Pierre de Cramaud, Pierre de Cronail, Pierre de Marçay, Pierre Amenon, Rahier de Montserent, Denis François, Mathelin Bougaut, Jehan de Bivre, Pierre Colon, Gillet de Rochelle, Brunet de Dampierre et Jehan Bitoz, tous écuyers sortis du Poitou, du Mirebalais et de la Touraine, la plupart vassaux ou voisins du seigneur de Brisay (1).

Les gages de chevalier banneret étaient alors de 60 livres par mois, et l'écuyer en avait 15 ; chaque archer à cheval de la compagnie recevait 10 livres et l'archer à pied, l'homme de trait, 7 livres. C'était-là une petite unité de guerre dont le contingent n'était pas fixe, et dans laquelle le nombre des combattants augmentait avec le nombre des fiefs possédés par le banneret. Telle qu'il l'avait formée et armée, telle qu'il l'avait conduite au lieu du rassemblement, il la présentait aux commissaires des revues. Aussitôt qu'elle était

(1) *Titres de Clairambaut*, vol. 22, p. 1586.

rangée en ligne, avec son capitaine en tête, les commissaires désignés par les Maréchaux, la passaient en revue. Cette opération était appelée « la montre ». Elle servait à constater par écrit le nombre des hommes, à noter les noms des officiers, à reconnaître si tous étaient convenablement équipés, armés et montés pour le service qu'on pouvait exiger d'eux. L'attestation de l'état suffisant d'une compagnie, reconnue ainsi apte à entrer en campagne, était envoyée, sous le sceau de la maréchaussée aux trésoriers des guerres, qui délivraient le prêt, ou le mandat destiné au paiement de la solde (1).

Le 4 août, Jehan de Brisay était encore à Saumur, donnant quittance à Macé le Héron, de 270 livres tournois fournies en avance sur la solde de sa compagnie, laquelle avait, à ce moment, pour mission « d'aller au recouvrement de certaines places ès pays de Charroloys et Masconnois detenues par anciens ennemys et rebelles, soubs la conduicte de messire Jehan de Torsay, et soubs le commandement de Monseigneur le Régent le Royaulme, Daulphin de Viennois » (2). Cette quittance, conservée aux titres de la collection Clairambaut, est encore scellée d'un sceau en cire rouge demeuré intact, dont l'empreinte de forme ovale représente, dans un encadrement oblong et trilobé, l'écu penché à gauche portant dix burelles, et surmonté d'un heaume emplumé, avec la légende autour : *Sel Jehan de Brysay*.

Jehan de Torsay, qui commandait l'arrière-garde, rejoignit le Dauphin à Jargeau, le 10 août. Son nom figure à cette date parmi ceux des ministres qui contresignèrent les lettres du prince. Le 12 septembre, au contraire, il se trouvait à Beaugency, encore sur la Loire, mais à trente lieues en aval, et tout-à-fait à l'arrière du plan de campagne. De Beaugency ce jour-là, Jehan de Brisay datait une nouvelle

(1) *Hist. de Charles VII. Administ. du Dauph.*, par de Beaucourt, tome I.
(2) *Titres de Clairambaut*, vol. 22, page 1587.

quittance de 345 livres tournois avancées par le trésorier des guerres « sur les gaiges de luy banneret et de dix-neuf escuiers de sa chambre et compaignie », en route pour aller, non plus reprendre les places du Charollais, mais « à l'encontre des Anglais nos anciens ennemys occupans plusieurs places en ce royaulme » (1).

Assurément le Régent avait donné à Torsay une nouvelle destination. Il est probable que ce général était chargé de faire une démonstration sur la Beauce et vers Paris, pour fermer de ce côté, aux Anglais, la route de Melun, ville alors bloquée par les troupes d'Henri V, et que le Dauphin se proposait de secourir. Mais la mort du comte de Vertus arrêta les projets du Régent et la campagne ne fut reprise que l'année suivante.

C'est dans le Maine et dans le Perche, qu'après la victoire de Beaugé, en 1421, le dauphin Charles conduisit son armée. Il assiégea et prit plusieurs places fortes, et notamment Gallardon, qui fut enlevée à l'assaut par le Dauphin en personne, à la tête des troupes de Jehan de Torsay. Des maladies, le manque de vivres, l'indiscipline des féodaux obligèrent le Régent à ramener son armée au sud de la Loire. Elle se concentra à Blois, puis à l'automne, fut ramenée dans le Berry et cantonée autour de Bourges.

Charles VII était devenu roi de France à la fin de 1422. Dès le printemps suivant il réunit une armée pour combattre les Anglais. Mais son ardeur pour la lutte s'était amoindrie ; le monarque ne quitta point Bourges, laissant à ses généraux le soin de déployer toute leur activité. Par lettres du 21 juin 1423, Jehan de Torsay, ayant reçu le commandement de 500 hommes d'armes et 300 archers, partait pour la Saintonge, avec mission de reprendre Marennes aux Anglais. Jehan de Brisay, cette fois encore, marchait à sa suite, car le sort de ce chevalier était attaché à la personne du maitre

(1) *Titres de Clairambault*, vol. 21, n° 1505.

des arbalétriers. Il conduisait maintenant vingt écuyers sous sa bannière. Les chroniques et les documents ne font connaître aucun détail sur ce siège. On sait seulement que Marennes capitula, pendant que, dans le Maine, le comte d'Aumale battait l'ennemi à la Gravelle.

Torsay disparut en 1425, et Jehan de Brisay porta dès lors sa bannière sous un autre général, Jacques de Bourbon, comte de la Marche, que de sympathiques souvenirs attachaient à Jehan. Il avait été, comme Gilles de Brisay, épargné du massacre de Nicopolis. De plus, Jehan se trouvait être vassal du comte, par sa terre de Saint-Germain, située dans la Basse-Marche du Limousin.

Dès les premiers mois de 1427, le roi avait ordonné une nouvelle prise d'armes. Nous voyons, au cours de cette année, le sire de Brisay, levant sa bannière au château de Saint-Germain, sortir de sa forteresse à la tête d'une compagnie d'hommes d'armes, et battre la campagne, sur les frontières de l'Angoumois, à la manière des partisans. Le comte de la Marche l'avait détaché pour la prise de quelques places fortes, pour la poursuite de quelques rebelles; et voici les renseignements que nous fournissent, sur les faits de guerre de notre banneret, deux actes du Parlement dont les détails sont fort curieux.

L'amiral de Culant et le maréchal de Jaloignes, conjointement avec le comte de la Marche et messire Jehan, seigneur de Brisay et de Saint-Germain sur la Vienne, opéraient avec leurs troupes sur les confins de la Guyenne, quand le roi envoya aux deux premiers l'ordre de se porter au nord de la Loire, pour renforcer l'armée chargée de reprendre Le Mans aux Anglais. L'amiral était logé à l'Ile-Jourdain, en Poitou, lorsqu'il vit arriver dans ses cantonnements trois ou quatre gentilshommes requérant main-forte pour mener à bonne fin une entreprise commencée par eux dans le voisinage, et pour l'exécution de laquelle ils ne se trouvaient pas en nombre suffisant. Ces hommes d'armes déclarèrent qu'ils faisaient partie de la compagnie du sire de Brisay, qui, à la tête de 25 lances dont le comte de la Marche lui avait donné le commandement, venait d'investir et prendre d'assaut une place nommée la Pérouse, où il s'était installé. Mais il ne s'y trouvait pas depuis quelques heures, qu'il s'était vu assailli par une troupe de cinq à six cents aventuriers, augmentée d'une foule de paysans qui le tenait bloqué, et dont il ne pouvait se défaire. L'amiral détacha aussitôt deux de ses écuyers, les nommés Vacher et Vasselet avec quelques gens d'armes et de trait, pour secourir le sire de Brisay, bloqué dans la Pérouse. Quand les assiégeants virent arriver ce renfort, ils levèrent le camp et prirent la fuite. Les hommes du sire de Brisay ayant fait alors une sortie vigoureuse, se réunirent à ceux de l'amiral et donnèrent une chasse impitoyable aux fuyards. Bon nombre de ceux-ci, serrés de très près, cherchèrent asile dans une église située à courte distance de la Pérouse et s'y barricadèrent. Deux des chevaliers qui accompagnaient Jehan de Brisay, messires Pierre de Murat et Olivier de Sainton, craignant de voir échapper leur proie, enveloppèrent l'édifice de gerbes et de bourrées, et incendièrent l'église. Les fugitifs poussaient des clameurs lamentables et demandaient d'être reçus à merci, mais leurs bourreaux étaient décidés à les laisser rôtir. Il fallut l'intervention du capitaine, heureusement survenu sur les lieux, pour sauver ces pauvres gens. « Les ditz hommes dedans retraiz voyant que ledit seigneur de Brisay et les autres gens de guerre venoient mesmement, et que le feu estoit jà si grant que les aucuns bruloyent et qu'ilz ne se povoient plus tenir, se rendirent au dit seigneur de Brisay ». Le capitaine emmena ses prisonniers à la Pérouse pour en obtenir rançon, et il récompensa ceux qui étaient venus le secourir en leur « baillant ung homme de ceulx qui estoient en la dicte église, qui ainsi s'estoient renduz, dont ils eurent quatre-vings escus et environ trois marcs d'argent (285 livres) » (1).

Jehan Fresneau, d'une très bonne famille angevine plusieurs fois alliée aux Brisay, servait comme écuyer dans la « chambrée monseigneur Jehan de Brisay » lorsque ce banneret guerroyait sous le comte de la Marche, et il avait « esté à plusieurs sièges, rencontres et prises de places sur noz ennemis anciens et adversaires les Anglais, en garnison en plusieurs places ès frontières de noz diz ennemis qu'avait tenuz le dit seigneur de Brisay » ; il avait dans ces occasions mangé beaucoup de son propre bien, « pour ce que le capitaine soubz lequel il estoit ne lui baillait point d'argent dont il peust avoir sa vie, chevaulx, harnois, et autres choses à lui nécessaires », de telle sorte qu'à bout de ressources, et pour se procurer des vivres, fourniments et tout l'attirail de guerre, il avait dû forcer et opprimer les habitants du pays, faire la course, en compagnie de ses valets et gens d'armes; il avait « pillé, robé, destroussé et raenconné toutes manières de gens sur les chemins et ailleurs, tant nobles, gens d'église, bourgeois, marchands, gens de pratique et tous aultres, leur avait osté chevaulx et montures, leur or, leur argent, robes, chapperons, saintures, denrées, marchandises et autres biens quelzconques qu'ils trouvoient sur eulx, vendu et butiné leurs chevaulx, biens et autres destrousses, couru foires et marchés et icelles pillées, prins et emmené bestail, partie d'icelluy mangié, et l'autre vendu et butiné, et fait bon ce que leur a semblé ès dittes pilleries et roberies ».

Toutes ces choses n'étaient pas belles, et pourtant Fresneau avait fait pis encore. Il avait pris part au sac de plusieurs églises, dans lesquelles s'étaient réfugiés les habitants des villages terrifiés par la présence des soudards ; ils les avaient enlevées d'assaut, fait prisonniers et rançonné les

(1) *Arch. Nat.* Reg. JJ. 179 fol. 4.

pauvres diables qu'elles contenaient « comme s'ilz feussent noz ennemis ». Quand la résistance avait été vive et prolongée, Fresneau avait laissé mettre le feu à l'édifice religieux et massacrer les personnes qui en sortaient, mais lui-même n'avait pas commis de meurtre ni mis le feu de sa propre main, non plus que le sire de Brisay, son capitaine. Ils avaient seulement, comme officiers, pris part au siège, commandé l'assaut et s'étaient emparés des dites églises, pris et rançonné les habitants qui s'y étaient retranchés pour soustraire leurs denrées. Il avait su aussi, du temps qu'il faisait la guerre en la compagnie du sire de Brisay, et son capitaine avait également su « plusieurs de leurs gens avoyr violé femmes », mais ni lui, ni son capitaine n'avaient jamais commis tel forfait, ni donné leur consentement à ce qu'il fut commis sous leurs ordres.

Près de dix-huit ans après s'être permis ces écarts aux règles de la discipline en campagne, Jehan Fresneau, désirant rentrer dans ses terres, rétablir son héritage, vivre en paix avec ses voisins et jouir de la considération qui lui était due, adressa au roi Charles VII, une demande en rémission des délits anciens, au sujet desquels il craignait un retour de la justice contre lui ; et le souverain, au château de Razilly-lès-Chinon, dans la vingt-quatrième année de son règne (1445), lui délivra des lettres de grâce en raison des services qu'il avait rendus pendant la période des guerres contre les Anglais. Ces lettres contresignées par le maréchal de la Fayette, le sire de la Varenne, les seigneurs de Précigny et de Blainville, par Jehan Bureau, sire de la Rivière, et le secrétaire Jehan de la Loyère, invitent les sénéchaux du Poitou, de la Saintonge et du Limousin, les baillis de Berry, Touraine et Saint-Pierre-le-Moustiers à laisser jouir en paix et pleinement de toute l'immunité royale l'écuyer Jehan Fresneau et le sire de Brisay, son capitaine (1).

(1) *Arch. Nat.* Reg. JJ. 179, fol. 65.

Il est plus que probable que Jehan de Brisay prit part à l'affaire du Mans, en 1428, car l'on voit par des lettres de Charles VII, datées de Chinon le 13 mai de cette même année, que les sires d'Albret et de Tucé, chargés de cette expédition, durent rallier les garnisons et compagnies qui occupaient le Poitou. Nous savons que Jehan de Brisay y tenait campagne alors avec Jehan de la Roche, le sire d'Albret, le comte de la Marche et l'amiral de Culant qui rencontra le sire de Brisay à l'Ile-Jourdain et probablement le ramena vers la Loire, aux termes de l'ordonnance royale. Ils se joignirent au vidame de Chartres, à Jehan de Bueil, à Robert des Croix, au fameux La Hire, ils se renforcèrent de quelques garnisons, et dans la nuit du 25 au 26 mai, ils se présentèrent sous les murs du Mans.

« L'évêque Adam Châtelain, le clergé, les plus honorables bourgeois favorisaient le complot. Un fanal devait briller sur la cathédrale de Saint-Julien. Au signal convenu, les Français pénétrèrent sans trop de difficulté dans la ville ; les Anglais surpris se retirèrent dans le château, à l'abri du formidable donjon élevé au XI° siècle par Guillaume-le-Conquérant. De là, réunis à cent vingt hommes d'armes de la garnison, ils repoussèrent pendant toute la journée du 26 les assauts des Français. Ceux-ci passèrent la nuit dans la débauche, sans se soucier de garder la ville, ni d'en occuper les points faibles. Le lendemain Talbot, avec cinq ou six cents chevaux, entrait vers sept heures du matin par la porte Saint-Vincent, voisine du château, et se précipitait dans les rues de la ville. La Hire ne put rallier ses soldats ; beaucoup furent pris ou tués ; lui-même s'échappa à pied, à grand peine avec quelques compagnons » (1).

Jehan de Brisay ne resta point prisonnier des Anglais dans cette échauffourée. Il accomplit, quelques semaines après, l'un des actes les plus importants de sa vie, comme il

(1) L'invasion anglaise dans le Maine par Robert Charles, p. 62.

résulte des termes d'une pièce de la Chambre des Comptes, datée de 1428. Jehan se maria au cours de cette année-là ; l'union qu'il contracta ne fut pas inférieure, comme naissance, position et fortune à celles qu'avait contractées son père et son grand-père. Les conditions dans lesquelles se fit ce mariage sont enveloppées d'une apparence un peu romantique dont la tradition nous a rapporté le souvenir, et que les historiens se sont plu à entretenir en assurant que l'alliance des deux Maisons de Brisay et de Linières était le résultat d'une entente, simultanément établie « par raison de famille ». Nous allons voir la conclusion que l'on peut tirer de ces termes.

Jehan de Brisay avait connu à la Cour de Bourges un chambellan nommé Jehan de Linières qui était un des plus puissants feudataires du Berry. Il était titré baron de Rezay et, dès 1412, il avait été investi de la charge de Grandqueux de France, qu'il remplit auprès de Charles VI, puis du Dauphin et de Charles VII, jusqu'à sa mort. Ce prince, auquel il demeura singulièrement attaché, le gratifia de ses dons. Il était d'ailleurs fort riche, ayant épousé Jeanne de Chambly, fille d'une la Roche-Guyon, qui lui avait apporté en dot quantité de terres en Normandie, Vexin et Ile-de-France. En 1426, il eut, avec l'amiral de Culant, une querelle qui agita toute la Cour. Jehan de Linières vint au château de Mehun présenter son cas à l'arbitrage du roi, et l'on vit le ministre favori, Pierre de Giac, prendre chaleureusement son parti, tandis que la Trémoille embrassait la cause de l'amiral. Jehan de Brisay, qui était partisan de Linières et qui avait des liens de parenté avec Giac, se rangea dès lors dans le parti des princes, formé de tous les ennemis de la Trémoille, dont les plus ardents étaient le connétable de Richemont et le comte de la Marche. Une certaine fraternité d'armes unissait déjà la Maison de Linières et la Maison de Brisay, qui avaient vu tomber ensemble leurs chefs, à diverses reprises, sur les champs de bataille. Guillaume de

Linières avait péri à Poitiers en 1356, comme Alès de Brisay, et Godemar de Linières, compagnon de « chambrée » de Gilles de Brisay, sous la bannière du maréchal de Boucicaut, avait trouvé la mort devant Nicopolis. Godemar, d'ailleurs, était le propre neveu du Maréchal qui avait épousé en secondes noces Florie de Linières, sœur de son père, enfants tous deux de Marguerite de Précigny, issue elle-même de Renaut de Précigny et de Eustache de l'Ile-Bouchard. Tous ces rapprochements et quelques autres encore, peut-être plus intimes, dont nous n'avons point connaissance, tels que l'amitié qui avait dû rapprocher les deux jeunes chevaliers et quelques mutuels et importants services qu'ils dûrent se rendre, pendant la funeste campagne de 1396, donnèrent l'idée d'unir Jehan de Brisay avec une des filles de Godemar de Linières. Ce dernier, possesseur des importantes terres de Méréville, Mennetou-sur-Cher, Rougemont, Achères et la Ferté-Gilbert, était le cousin-germain de Jehan de Linières. Il avait épousé Agnès Trousseau, fille de Jacques Trousseau, vicomte de Bourges, et il en avait eu un fils, mort jeune, vers 1410, et quatre filles qui furent mesdames de Voudenay, d'Argenton, de Gamaches et de Brisay.

Le père Anselme, la Thaumassière et Moréri, n'ont voulu voir qu'une seule et même Jeanne de Linières, fille aînée de Godemar, dame de Mennetou et Méréville après son père, mariée en 1411, disent-ils, avec *Jean, seigneur de Brisay*, et plus tard, avec *Dreux de Voudenay*. Mais leur erreur est manifeste, car les actes établissent la distinction de deux demoiselles de Linières du nom de Jeanne, dans la postérité de Godemar, et l'existence contemporaine de leurs maris. Il n'est donc pas exact, il n'est même point possible que la même personne ait épousé ces deux seigneurs (1).

Quelques généalogistes, trompés par ces auteurs, ont avancé que Jehan de Brisay avait épousé Jeanne de Linières,

---

(1) Laisné. *Gén. de la Maison de Brisay.*

dès 1411, et ils s'appuyaient sur la tradition rapportant que cette union précoce, fut consentie, comme nous l'avons dit, « par raison de famille ».

Sans nier le motif de relations ou de souvenirs traditionnels, la gratitude de quelque service rendu, la fraternité des champs de bataille, qui rapprochèrent assurément les familles de nos deux conjoints, et tout en acceptant l'alliance, qui est absolument certaine, je crois devoir rejeter cette date de 1411 comme de beaucoup antérieure au moment précis où s'accomplit le mariage.

Jeanne et Jehan étaient nés à la même date, dans des conditions identiques et fort tristes, au cœur de cette année 1396 pendant laquelle s'accomplissaient les événements funestes de la dernière croisade que nous avons narrés. L'une et l'autre ne connurent pas leurs pères, dont le départ pour la Hongrie avait de plusieurs mois précédé leur venue au monde. C'était un point de sympathie commune qui devait encore les rapprocher ; mais ils comptaient tous deux quinze ans à peine, à l'époque où l'on prétend les unir. J'affirme que Jehan et Jeanne étaient trop jeunes encore pour que leurs parents, pour que leurs mères, sages et vigilantes tutrices, songeassent déjà à les mettre en ménage, comme on faisait alors pour les princes, — mais pour les princes seulement, — sans attendre les marques d'une nubilité accomplie. Ce n'est pas à 15 ans, que l'on eut mis ensemble ces deux enfants, dont la prétendue union, du reste, n'a laissé aucune trace à l'époque où plusieurs auteurs croient qu'elle fut un fait accompli. Nous avons des actes émanés de Jehan en 1414, en 1418, en 1420, et nul document ne fait voir qu'il fut marié à ces diverses dates. Au contraire, il gérait ses terres à la suite d'une récente émancipation, il portait l'aveu de ses seigneuries, ou levait sa bannière pour combattre les Anglais ; ce sont bien là des œuvres de célibataire. En résumé, nous voulons bien que Jeanne ait été promise à Jean de Brisay, dès l'année 1411, mais nous croyons plutôt que la même confusion a été faite sur la date du mariage et sur le prénom de la mariée. C'est Jeanne de Linières, l'aînée, qui épousa Dreux de Voudenay en 1411, Jeanne de Linières, la jeune, épousa Jehan de Brisay, en 1428.

Nous avons dit qu'une pièce de la Chambre des Comptes, portant cette date, était le premier document relatif à l'union de nos personnages. Nous n'avons point cette pièce, mais elle est citée par divers généalogistes à l'appui de cette alliance. « Jean de Brisay et sa *fâme* Jeanne de Linières, dame de la Ferté-Gilbert, dit une généalogie de 1713, sont mentionnés dans un titre de la Chambre des Comptes, extrait du premier livre des Monnaies, en 1428 » ; et une autre généalogie de 1735 ajoute : « elle était fille de Godemar de Linières et d'Agnès Trousseau, et nièce de Jehan de Linières, évêque de Viviers, qui vécut jusqu'en 1443 » (1).

On trouvera peut-être que nous tombons dans une autre extrémité en prétendant établir que ce mariage ne fut célébré qu'à une époque, où déjà les conjoints comptaient chacun trente-deux ans. Mais nous préférons cette opinion à celle qui veut les unir, en même temps que Jeanne l'aînée, en 1411, et nous la basons sur des faits matériels qui sont, tout simplement, l'établissement des divers enfants de Jehan de Brisay et de Jehanne de Linières, presque tous mariés, — sauf deux — par les soins et du vivant de leurs parents. Ce ne sera qu'en 1446, que nous verrons le père marier sa fille aînée, et en 1459 seulement l'aîné de ses fils. Une autre fille sera conjointe en 1452, et des deux derniers enfants, le plus âgé ne prendra femme qu'en 1472, et le plus jeune en 1490 seulement. Tous ces rejetons-là ne sont certainement pas venus au monde avant l'époque où le seigneur de Brisay guerroyait par tout pays, à l'encontre des « anciens ennemis et autres rebelles du royaulme » ; leurs naissances

(1) *Bib. Nat.* Cab. des Titres. Dos. Brisay.

doivent être échelonnées très limitativement entre les années de repos du banneret, qui vont de 1430 à 1450, période où la vie de famille battait son plein, dans le ménage. Il est de tradition chez nous, et cette tradition a été transcrite par M. d'Hozier dans sa généalogie de la Maison de Brisay, que Jehan, après avoir épousé Jeanne de Linières, « vécut 40 ans et plus avec elle ». Or, Jeanne figurait au contrat de mariage de son fils Aimar, passé en 1459 ; on peut donc supposer qu'elle aura vécu jusqu'en 1460 ou 62, ce qui n'établirait point qu'elle fut entrée en ménage dès 1411, mais seulement en 1422, date plus rapprochée de celle où nous voulons effectivement la voir devenir l'épouse du sire de Brisay.

Cette alliance consolidait la position du sire de Brisay à la Cour ; Giac n'existait plus, le vieux comte de la Marche allait disparaître, mais la nouvelle épouse était parente de Catherine de l'Ile-Bouchard qui, veuve de Giac, avait épousé La Trémoille, le tout-puissant favori du moment ; de plus, ce mariage apparentait Jehan aux Précigny, aux Beaujeu, aux La Châtre, aux de Brosse, aux de Prie, aux Tucé, aux Culant, et ses beaux-frères avaient nom Voudenay, Gamaches et Argenton ; or, les d'Argenton étaient alors si bien en Cour, que l'un d'eux, Guillaume, fut choisi par Charles VII pour être gouverneur du Dauphin, le futur Louis XI. Comme biens, Jeanne apportait à son mari la terre de la Ferté-Gilbert et celle de Menneroux, lesquelles, d'ailleurs ne firent que passer entre ses mains ; elles durent être vendues pour subvenir aux frais considérables occasionnés au banneret, dans ses nombreuses campagnes, par ses dépenses personnelles, car déjà le luxe avait pénétré dans les camps, et par celles de sa compagnie.

Quel fut le rôle de Jehan de Brisay dans l'odyssée de Jeanne d'Arc ? Le seigneur de Destillé prit-il une part active aux campagnes conduites sur la Loire, et jusque sous Paris, par cette guerrière improvisée mais surnaturelle, que saint

Georges envoyait au roi Charles VII, pour le conduire à la conquête de son royaume ? Il est regrettable qu'aucune donnée historique ne soit venue éclairer cette question. Elle reste obscure pour nous, malgré les efforts que nous avons tentés, pour parvenir à une solution. Nous avons parcouru avec attention les comptes d'Hémon Raguier, et autres trésoriers du roi, conservés jusqu'ici, dans lesquels sont nommés bon nombre de gentilshommes que le roi gratifia de ses dons, par suite de leur coopération soit à la prise d'Orléans, soit au voyage du sacre, soit aux opérations sous Paris, en 1429 et 1430 ; et nous n'avons point relevé le nom du sire de Brisay. Cependant, il est difficile d'admettre que, même dans le cas où il n'eut pas combattu à Patay, ou sous Orléans, alors qu'un rappel général de la noblesse d'épée fut sonné sous toutes les formes en Berry, Touraine et Poitou, Jehan, que sa qualité de chambellan du roi mettait dans l'obligation d'escorter le monarque, et de se tenir à la disposition du service exigé autour de sa personne, n'ait point accompagné Charles VII à Reims, où le roi fut sacré devant toute son armée victorieuse, le 17 juillet 1429. Comment ce banneret qui, depuis plus de dix ans menait la vie des camps et guerroyait sans cesse à l'encontre des Anglais, aurait-il laissé échapper une si belle occasion de marcher à la tête de sa compagnie ? Nous avons découvert un document qui paraît nous donner raison, lorsque nous cherchons à voir, dans Jehan de Brisay, un des compagnons d'armes de Jeanne d'Arc, un des capitaines qui, avec Dunois, Culant, Beaumanoir, Richemont et tant d'autres, prirent part à la restauration des lys de France. Il y avait à Destillé, au XVe siècle, comme l'indique un aveu de cette époque, un emplacement destiné aux exécutions de justice, dans lequel spécialement étaient brûlés les criminels convaincus d'hérésie (y en avait-il donc déjà ?); l'on nommait ce lieu de supplice *le clos de la Pucelle*. Il nous a paru qu'une semblable désignation n'avait pu être donnée à cette place, en souvenir du bûcher où périt Jeanne d'Arc, appelée alors la Pucelle d'Orléans, que par le seigneur justicier de la localité, Jehan de Brisay lui-même, ayant voulu honorer ainsi le martyre de celle qu'il avait considérée dans les camps comme une envoyée du ciel, et dont il avait sans doute suivi la bannière jusqu'à Compiègne. Ce n'est là qu'une supposition, mais elle acquiert une certaine valeur par le rapprochement des personnages, et par ce fait que Destillé était tout voisin de la résidence royale de Chinon, où Jeanne vint trouver Charles VII au début de son entreprise, où elle laissa, plus que partout ailleurs, une traînée d'enthousiasme qui s'est prolongée bien après elle dans le pays. Le clos de la Pucelle, à Destillé, avait assurément été nommé ainsi, dans un sentiment de protestation indignée contre la cruauté des Anglais, pour perpétuer la mémoire de cette femme glorieuse qui venait d'être exécutée comme relapse et hérétique, et qui n'avait commis d'autre crime que celui d'avoir vaincu les ennemis de son pays et fait couronner son roi.

Jehan de Brisay était, en 1432, dans le Mirebalais. Les châteaux, jadis détruits par les Anglais, étaient alors relevés et emparés de nouveau, mis en état de résister à une nouvelle invasion, que l'on craignait de voir se produire par le sud. Douçay, l'un des manoirs du seigneur de Brisay, avait été mis en cendres, comme nous l'avons dit, par Louis d'Harcourt, Jehan de Cursay, Lancelot d'Usseau et quelques autres gentilshommes poitevins, du parti anglais, en 1369. C'était une forteresse importante; dans l'habitation seigneuriale pouvaient se loger grandement le baron, sa famille et son personnel, et dans le périmètre des murailles trouvaient asile, en temps de guerre, plus de trente ménages qui avaient élevés des édifices pour lesquels ils payaient le cens, et dont les hommes, sous le titre *d'estagiers* de la baronnie, concouraient à la défense de la place et en gardaient les remparts. Après la destruction de la forteresse, les sujets du baron de Douçay avaient été, pendant plus de vingt ans, obligés d'aller chercher protection derrière les murs de la ville de Mirebeau, où ils avaient fait alors « les gardes à l'estroit besoing du chasteau ».

Jehan de Brisay résolut de rétablir la baronnie dans son état primitif; pour y reprendre la direction et le commandement de ses estagiers, il fit relever le château sur ses fondations premières. C'est en 1432 que Douçay sortit de ses ruines. Nous avons donné ailleurs tous les détails, qu'un acte important et volumineux nous a fait connaître, au sujet de cette restauration Lorsqu'elle fut achevée, le seigneur fit semoncer ses sujets d'avoir à venir reprendre stage *(stare)* derrière les remparts et « y faire les gardes accoustumées ». Mais quelques-uns s'y refusèrent, prétendant qu'ils s'étaient engagés ailleurs. Jehan était un soldat qui ne raisonnait point sur les questions de service et de soumission. Il fit exécuter immédiatement les récalcitrants par ses officiers de justice, opération qui consistait d'abord à s'assurer de leur personne, puis à confisquer leurs meubles, leurs vêtements, leurs récoltes. Il parvint à recouvrer ainsi tous ceux de ses sujets qui avaient émigré à Mirebeau, contraints qu'ils s'étaient vus par un gouverneur nommé Pierre de Brezé de se constituer les défenseurs du lieu; mais il échoua ainsi qu'il a été relaté, auprès des fermiers de la Himbaudière, à l'égard desquels il exerça un réel abus de pouvoir, en faisant saisir et exécuter des gens qui n'étaient pas ses sujets, quoiqu'il en parut, mais dépendaient de l'ordre de Saint-Jean-de-Jérusalem. Aussi les chevaliers de cet ordre ramenèrent-ils messire Jehan à son droit strict, en lui faisant un procès qu'il perdit à la suite duquel il dut restituer tout ce qu'il avait pris à la Himbaudière, et renoncer à y exercer toute juridiction militaire (1).

Mirebeau venait de changer de mains. Une vente à

(1) *Arch. de la Vienne*, série E.

réméré, en date du 26 août 1431, l'avait fait passer de la Maison d'Anjou dans celle de l'amiral de Sancerre. Ce dernier, nommé Jean de Bueil était, dit M. de Fouchier, « un seigneur de mérite, dont la famille tenait une grande situation en Touraine. Il était issu au cinquième degré de Jean I, sire de Bueil, écuyer d'honneur de Charles-le-Bel, en 1321 ; et par sa mère, Marguerite, dauphine d'Auvergne, il était allié aux plus illustres maisons. Le père Anselme le qualifie sire de Bueil, Montrésor, Saint-Calais, Saint-Christophe, Châteaux, la Marchère, Châteaufromont, etc., comte de Sancerre, amiral de France, conseiller et chambellan du roi, auquel il rendit pendant toute sa vie des services considérables. Il avait épousé Jeanne de Montejehan, fille de Jean, sire du dit lieu, et de Anne de Sillé-le-Guillaume, qui prenait, le 28 décembre 1438, le titre de dame de Bueil, Mirebeau, Montrésor, Faye-la-Vineuse, Puirenon, etc., et mourut avant 1456 » (1).

Jehan de Brisay était le cousin issu de germains de Jean de Bueil, par la femme de celui-ci, qui était la petite-nièce de Béatrix de Montejehan, mais leurs relations n'étaient point cordiales. Ils étaient même en discussion pour un fief dépendant de la châtellenie de Faye-la-Vineuse, au sujet duquel le seigneur de Brisay refusait de se conformer aux désirs du sire de Bueil, qui, de son côté, déclarait dans son aveu au roi de Sicile, le tenir « en procès par despis de fief pour luy abonnir le debvoir ». C'était se créer noise sur bien peu de chose. Ce petit fief, partie de celui de Choignes ou Chougnes, nommé « l'ostel et appartenances des Roches », valait alors, au dire de Jean de Bueil, « cent soulz de rente ou environ » (2). Malgré son exiguité, ce bien entraînait l'obligation du service armé, et le hobereau qui n'eut pu vivre aux Roches de Choignes sur le revenu de sa terre,

(1) *Bar. de Mirebeau*, par E. de Fouchier, p. 89.
(2) *Arch. Nat.* Reg. P. n° 341.

ni même acheter le roussin qui devait le mener en campagne, était « homme de foy lige » du sire de Faye. Jehan de Brisay ne s'en faisait point une loi d'obéir strictement, comme il est dit ici, et il ne se préoccupait pas beaucoup de la question de savoir si son altier cousin lui enlèverait cette molécule de fief, pour cause de devoir non fait. Il ne nous paraît pas non plus qu'il eut rendu à l'amiral, ou à sa femme, le moindre aveu de ses terres mirebalaises, après l'acquisition qu'ils firent de la baronnie. Au contraire, nous le voyons porter, le 4 septembre 1434, l'aveu de sa terre de Brisay au roi René de Sicile, duc d'Anjou, qui a succédé à son frère aîné Louis, et qui rachète d'ailleurs Mirebeau, au sire de Bueil, en 1445. Cette année-là, le prince, rentré en jouissance du Mirebalais, voulut avoir le dénombrement des seigneuries de ses vassaux directs par le menu, et malgré l'aveu remis onze ans plus tôt, Jehan de Brisay dut en faire dresser un nouveau, contenant le détail le plus minutieux de ses possessions. Tout y est passé en revue. D'abord les devoirs, la « foy et homage lige », les « sept livres rendans aux loyaulx aides approuvées selon la coustume du pais », les « quarente jours de gardes faissant par l'estroit besoing du chastel de Mirebeau », avec « plege et gaige, certe et obéïssance » ; ensuite sont exposés les domaines, le manoir de Brisay « en ses ameurs et la fuye au dedans de la dicte cloison », les terres à Bonneuil, Ligniers-Langouste, la Fontaine-au-Jars, etc. ; la forêt de « Souvolles » avec « la garenne à conilz estant ès diz boys », contenant « deux leues de ferme ou environ » ; la dîme du Bourg, à Mirebeau et l'hôtel de Brisay dans la ville, avec tous les droits et privilèges qui en découlent, et toujours ce fameux repas de vendanges ainsi déterminé : « toutefois et quant le prévost de Mirebeau prent son estanc, lequel duret quarante jours, le dit prévost me doit donner à digner par chascun jour, durant le dit estanc » ; l'hôtel de Celié avec ses appartenances, « en court, vergers, ferme, ameurs, et la garenne à conilz ès boys tenant au dist hostel et à la rivière communau et aux prés des Sassez, en laquelle garenne sont encloz mes grans prés contenant journau à douze faucheurs », que les sujets de la seigneurie devaient « fener, amasser et mettre en grange à leurs despens », beaucoup d'autres terres et bois ; puis les cens et rentes, dont la nomenclature est d'une longueur interminable, et porte sur plus de 450 héritages. Parmi ces vassaux redevanciers, tous nommés avec le montant de leur obligation dans l'aveu, les principaux semblent avoir été : Olivier Grimaud, le prieur de Gaine, le curé de Notre-Dame de Mirebeau, Jehan d'Aubié, le chapitre de Notre-Dame, Jehan Barrotin, Guillaume Normand, Jehan de Belins, Robinet de Bauday, Lucas Briant, Guillaume de Vaux, Laurent d'Orange, le prieur de Saint-Vincent-de-Rouer, Pingot du Verger, le prieur et les frères de l'Hôtel-Dieu de Mirebeau, Garmeau des Gascons, Guy de Larboitre, Jehan de Cursay, le prieur de Célié, Jehan du Moulin, Bertrand de Fesson, Vincent de la Bouachère, Odet de Cronail, Jehan de la Voie, Jehan de Bignoux, André Mesnage, Guillaume des Touches, Fouquet de la Suzeterre, Perrot de Beaulieu, Jehan de Bournezeaux, Robinet de la Suze, Jehan Tardy, Jehan Dreux, Ysabeau de Boilève..., etc., liste qui fait voir combien il y avait déjà, à cette époque, de gens de roture affublés de noms de terre. Beaucoup de hauts et puissants seigneurs de nos jours n'ont pas d'autre origine (1).

Quelques mois plus tard, Jehan de Brisay fit aveu de sa baronnie de Douçay, composée de son « hostel fort garni de doves autour, avecques la basse court » ; les terres et les bois voisins de ceux des Salvert, des Marçay, des de Langle, etc. ; les cens et rentes portant sur 150 héritages dont les principaux étaient : Pierre de Bonnemain, le chapelain de la chapelle de Bauday, Jeannot Foubert, le curé de

(1) *Arch. Nat.* Reg. P. 330.

Douçay, Renaut de Douge, Perrot d'Anton, le prévôt de Saint-Martin-de-Tours, Pelletier de Puylivet, etc. On voit dans cet acte que, lorsqu'il habitait Douçay, Jean de Brisay prenait plaisir à faire jouer les paysans à la quintaine, le dimanche fête de la Sainte-Trinité. Il les exerçait ainsi au maniement du cheval et de la lance de combat. Le même jour à l'issue des vêpres, il assemblait tous les jeunes mariés de l'année sur la place de l'église paroissiale, et jouait avec eux à la balle. Cette balle était une pelote de chanvre enveloppée de cuir, et chaque nouveau marié devait fournir la sienne. Le seigneur, ou l'un des personnages qui l'accompagnaient, essayait la balle en la jetant à trois reprises successives sur le toit de l'église. Si elle se rompait en tombant, celui qui l'avait présentée payait une amende. Si elle résistait, on s'en servait pour jouer à la paume. Vers le soir, la partie terminée, le seigeur offrait à cette jeunesse des rafraîchissements, consistant en quelques pots du petit vin clairet qu'il récoltait sur ses vignes de Douçay (1).

Il ne suffisait pas à Jehan de Brisay d'avoir restauré la forteresse de Douçay, il jettait un regard de pitié sur son antique manoir de la Roche-Brisay, qui n'avait pas encore été relevé de ses ruines, depuis que les Anglais l'avaient mis à sac ; et il n'attendait qu'une occasion favorable pour entamer la reconstruction du manoir sur un plan nouveau, désireux qu'il était d'en faire également une forteresse. L'affaire fut précisément conclue au commencement de la guerre dite de la Praguerie, que les troupes royales eurent à mener contre le Dauphin et plusieurs grands seigneurs révoltés.

Charles VII voyageait à petites journées entre Angers et Bourges, lorsqu'en passant à Tours, en février 1440, il eut connaissance de la levée de boucliers opérée contre sa couronne. Son indignation lui suggéra la volonté d'une répres-

(1) *Arch. Nat.* Reg. P. 330.

sion immédiate. Il convoqua ses capitaines à Chinon, et appela autour de lui tous ceux de ses vassaux directs qui lui restaient fidèles. Jehan de Brisay quitta aussitôt Destillé et vint se ranger sous la bannière royale. Les princes révoltés, partis de Blois, s'étaient emparés de Loches ; le Dauphin et le duc d'Alençon occupaient le bas Poitou. Charles VII marcha immédiatement sur Poitiers par cette voie très fréquentée qui passait à Richelieu, Faye, Mirebeau. Il traversa le village de Brisay et vit les ruines du manoir de son chambellan, que celui-ci ne manqua pas de lui désigner comme susceptibles d'une restauration, dont la cause du monarque pendant la guerre actuelle pouvait tirer profit. Le 2 mars le roi quitta Mirebeau, où l'armée s'était concentrée ; par une marche rapide, il déjoua les projets et rompit les plans de ses adversaires. Melle, Saint-Maixent, puis Niort, tombèrent en quelques jours en son pouvoir. Il revint à Poitiers passer les fêtes de Pâques, célébrées cette année-là le 27 mars, et resta dans cette ville jusqu'au 15 avril. Des premiers jours d'avril furent datées des lettres de révocation à l'encontre de seigneurs comblés des dons du roi, qui avaient embrassé le parti des mécontents ; d'autres lettres accordèrent rémission à des gentilshommes prisonniers par ce qu'ils avaient jusqu'alors servi le roi aux frontières, ce qui sauva leurs têtes. Ce fut pendant ce court séjour en Poitou, que le roi accueillit favorablement la demande de son « amé et féal Jehan de Brisay, sire du dit lieu de Brisay, au païs d'Anjou », tendant à obtenir du monarque la permission de fortifier son château « qui est assis en bon païs et fertile, mais à l'occasion de la guerre et de ce qu'il n'a esté fortifié le temps passé estoit moult apovry et diminué ». Certes, le parti royal ne possédait pas alors trop de forteresses, et le prince pouvait, avec de sages prévisions, en faire ériger une nouvelle, en un lieu même où le passage du grand chemin semblait en indiquer toute 'utilité. C'était aussi, comme le dit Charles VII dans ses lettres, l'occasion bien choisie de contenter un fidèle serviteur, en lui fournissant le moyen « de retraire les corps et biens de lui, de sa femme et enfans et de ses subjects à seurté, et garder que les gens de guerre, tant de ce parti que autres » — Dieu sait si le pays était alors infesté d'écorcheurs ! — « qui vouldraient vivre ou dit païs d'Anjou, ne logent comme ilz ont fait par cy devant au dit lieu de Brisay ». D'ailleurs le prince avait mille motifs pour acquiescer à la proposition de son chambellan disant qu'il « fortiffierait voulentiers le dit lieu », car non-seulement l'endroit était « à ce faire assez advantageux », selon les termes de l'acte, mais encore Charles ne pouvait assurément pas refuser cette faveur à un capitaine servant depuis si longtemps sous sa bannière, à un courtisan aussi attaché à la personne royale, dont le souverain prenait en grande considération « les bons et agréables services à luy faiz et renduz au fait des guerres et autrement en maintes manières », et, ajoutait-il, « fait chascun jour », donnant au sire de Brisay, par ces paroles spéciales, un certificat de présence actuelle sous ses drapeaux, pendant cette campagne de défense légitime de sa couronne contre la téméraire entreprise des princes rebelles (1).

Les lettres patentes accordées, sur ce chef, à Poitiers, au mois d'avril, l'an 1440, après Pâques, sous le seing et le sceau royal, contresigné *de Bude*, contenaient une légère restriction tendant à atténuer toute anticipation sur la suzeraineté du fief ainsi émancipé. Elles autorisaient l'érection de la forteresse « pourvu que ce ne tourne à préjudice et dommage au païs d'environ, et que non obstant la dite fortiffication, les hommes et subgiez d'icelluy sire de Brisay ne laissent à faire le guet où d'anciennciê ils ont accoustumé et sont tenuz de le faire, si non que ce procède du gré et consentement de celui ou ceulx à qui la chose touche ».

(1) *Arch. Nat.* R. JJ, n° 176.

Or, on peut se demander pourquoi Jehan de Brisay n'avait pas brigué cette faveur auprès de son suzerain direct, le baron de Mirebeau, qui avait toute autorité pour la lui accorder. Mais on se rappelle que Mirebeau était alors entre les mains de Jean de Bueil ; et l'on trouve ici une preuve de plus du peu de cas que faisait Jehan de Brisay de la suprématie de son propre cousin. Il sautait à pieds joints par dessus, pour s'adresser directement au monarque de qui relevait toute juridiction. L'histoire ne dit pas que l'amiral s'en plaignit ; mais les actes nous font connaître que moins de deux ans plus tard la construction de l'hôtel-fort était achevée, et que, dès la rentrée en possession du duc d'Anjou à Mirebeau, l'exemption des gardes à monter dans ce château fut accordée par le prince qui, en recevant l'aveu du sire de Brisay, consentit à ce que « soient frans tous les homes de Brisay de guet et garde à faire en la ville et chasteau de Mirebeau » (1).

Jehan de Brisay fut un administrateur très attentif à la gestion de ses domaines. Nous avons vu que, pendant sa minorité, les assises avaient été tenues plusieurs fois, dans ses seigneuries, pour ramener les redevanciers à leur devoir. Jehan ne s'en tint pas là. Il se fit rendre, pendant la durée de sa prééminence qui fut longue, une grande quantité de déclarations et d'aveux, dont un certain nombre a été conservé. De 1445 à 1450, après la restauration du château de Brisay, il fit dresser un terrier complet de sa terre patrimoniale, pour la confection duquel il convoqua tous ses vassaux nobles et en roture, qui apportèrent le dénombrement de leurs possessions.

Voici quelques exemples des susdites déclartions :

Dès le 24 mai 1417, Jean Papinet avouait ses biens de la Fuye de Bauday à Jehan de Brisay.

Le 13 décembre 1448, Hayre Brangière, veuve de Jean

---

(1) *Arch. Nat.* Reg. P. 330.

Diguay et Jehan le Jude, époux de Loyse Diguay, déclaraient tenir de « noble et puyssent seigneur Monsseigneur de Brizay », un fort héritage de 21 articles, comprenant des terres sises au Tendray, à Ligners, aux Nouelles, au chemin de Scévolle, dans le fonds du val de Verrue, à la Pagotière, à Fombregin, au moulin de Brisay, et une vigne sous la douve du château de « la Roche ».

Le 1er décembre 1437, Jean Morin déclarait sa maison ou village de Brisay, avec « roches et vergier », puis une autre « roche et treille et sept pièces de terre » au même village et aux alentours.

Le 16 juin 1438, Jehan de Brisay recevait l'aveu de Jehan Favereau, prêtre, Jean Ferrand, maréchal, et Jean Pagot, métayer, pour leur « herbergement séant à la Roche de Brisay ainsi comme il se poursuict en cloyson tant à meurs que aultrement », sur le grand chemin de Mirebeau, avec neuf articles en divers lieux du territoire.

Le 18 septembre 1446, Pierre de Baignoux vint à Brisay faire l'hommage de ce qu'il possédait du chef de sa femme, un bien considérable de 66 articles en terres, vignes et bois, relevant de la seigneurie de Célié.

Le 20 juillet 1447, Jehan reçut l'aveu de Jeannot Foubert, pour son hôtel de la Pagotière, en la paroisse de Coussay, pour lequel il devait le service à cheval et armé.

Le 27 août 1447, ce fut Guillaume Pinaut qui fit hommage de son manoir de la Trappière en la paroisse de Sairres, rendant aussi le service armé et monté, avec une subvention aux loyaux aides.

Le 1er octobre suivant fut remis au château de Brisay l'aveu de Martin de Rezay, chevalier, seigneur de la Merlatière et de Saint-Fulgent, pour le fief de Villiers, composé de terrages, qui lui venaient de sa femme.

Le 28 mai 1448, Jean Tillier portait la déclaration de ses dix hommées de vignes sises à la Judallière, pour la jouissance desquelles il transvasait chaque année 62 pintes de vin dans les futs du cellier de Brisay.

Le 30 décembre suivant, c'était le prieur de Saint-Vincent, nommé Jean Yvonnet, pieux ermite du voisinage relégué sur la Briande, dans une minuscule dépendance de l'abbaye de Saint-Pol de Cormery, qui venait faire son humble hommage à Monsieur de Brisay pour « l'usaige de l'eau de la fontaine de Souvolle qui descend à son molin ». Le pauvre homme payait 4 deniers.

Le 9 février 1452, Antoine Grasseteau porte au château son titre, énumérant maison, terres et vignes à Brisay, et paie une minée de froment.

Le 15 juin 1457, Pierre Guérin et Simon de Châteaux annoncent qu'ils détiennent au terroir de Brisay en tout treize pièces de terre, pour lesquelles ils paient un modeste cens.

Le 20 août de la même année Maurice Gauteret, demeurant au Puy de Sairres, avoue ses terres de la Fuye de Bauday, sises dans le clos des Bournais.

Le 18 août 1458, Macé Gauteret déclare aussi ce qu'il possède à Bauday sur le chemin de la Fuye à Brisay.

Le 22 novembre 1459 Christophe Bompart, sieur du Villiers, ayant succédé à Pinont dans le fief de la Trappière, s'empresse de porter son aveu à « noble et puissant seigneur Monseigneur messire Jehan de Brisay, chevalier, conseiller et chambellan du roi notre sire ». C'est un vassal bien poli, qui a tenu à qualifier son suzerain de tous ses titres, et lui offre en témoignage de l'hommage-lige qu'il reconnaît lui devoir, une paire « d'esperons blancs ».

Le 6 février 1460, nous voyons Gilles Robinet déclarer sa maison de la Fuye de Bauday, avec trois pièces de vignes aux Bournais.

Le 15 mars 1461, Vincent Reinier remplit la même formalité pour sa maison et ses vignes de la Fuye.

Le 23 juillet 1464, Jean Dardeau, chapelain de Sainte-

Catherine de Mirebeau, avouait à Jehan de Brisay ses possessions sises au moulin de Brisay.

Le 5 août 1464, Vincent Blandin et Michot Joubert dénoncèrent leur ferme d'Ursay, leur maison de Brisay et des jardins, vergers, terres en labour qui les environnaient.

Le 8 octobre 1465, Jehan de Brisay reçut enfin, dans son château de Brisay, messire Jehan Germain et Nicolas de Boilève maire et échevin de la ville de Poitiers, qui venaient lui apporter l'hommage de la cité pour la dîme d'Agressay, que Jehanne de Blou, veuve d'Olivier Grimaut et ses enfants avaient vendue à la dite ville, par contrat du 25 juin 1459 (1).

La dernière déclaration reçue par Jehan de Brisay est en date du 6 juillet 1469, portée par Simon Bonneau et Simon Forget, pour leur maison et ses dépendances sises au village de Sairres, et remise au seigneur « soubs l'hommeau de Sayres », lieu où se rendait ordinairement la justice, et où le suzerain réunissait ses vassaux. Jehan était alors bien près de ses derniers jours, car la déclaration la plus rapprochée en date sera maintenant rendue à son fils aîné Aimar, qui fut seigneur de Brisay après lui (2).

Le 1er juin 1451, Jehan de Brisay avait lui-même rendu son aveu à « Très haut, excellent et puissant prince, le Roy de Jérusalem et de Sicile, duc d'Anjou, pair de France », pour le fief de Sairres qu'il tenait du bon roi René « à cause et au regard de sa seigneurie de Loudun ». Ce n'était plus qu'un petit fief d'une dizaine d'arpents sis à Gourgoizon, la Planche, les Nesdes, le Châtelet, etc., presque tout en prairies bordées par les chemins de Sairres à Brisay, et de l'Ormeau de Sairres à Mirebeau. Beaucoup de censifs de la paroisse de Sairres relevaient de ce petit fief, et payaient les uns une obole, les autres un peu de grain ou quelques deniers.

---

(1) *Archives de la seigneurie de Brisay*, vol. C, E, F, J, K, L, M.
(2) *Archives du château de Brisay*, vol. XLI.

Cela montait à 30 sous par an. Seuls Jehan Guérinet et Guyon Amant étaient redevables de « un septier mine et six chapons ». Deux villageois de la paroisse de Brétégon, Jehan Tellier et Jehan Yvonnet portaient à Brisay soixante-quatorze pintes de vin. Le fief de Sairres avait un vassal noble, appelé alors Bery Morin, possesseur de l'hôtel de la Jussaumière, pour la jouissance duquel il percevait 22 sous de cens, chaque année à la mi-août.

La même année, le sire de Brisay eut, à Mirebeau, maille à partir avec les officiers du roi de Sicile, son suzerain, qui prétendaient défendre utilement le domaine de leur maître, et affirmaient que le vassal avait, aux termes de ses aveux et déclarations foncières, anticipé sur les droits de son supérieur. Ils lui faisaient un crime d'avoir voulu « rongner le fief de son seigneur », et voulaient le faire condamner par le sénéchal à « perdre son fief et justice pour estre dévolus à la cour de séant », ou à subir « autre telle amende que de raison ».

Ils lui reprochaient d'abord de ne pas vouloir faire faire, par sa « criée » ou trompette, les cris des condamnés, c'est-à-dire la proclamation des condamnations criminelles, dans Mirebeau, laquelle incombait ordinairement au prévôt de la justice du roi de Sicile ; et ils affirmaient que « si aucune fois le dit prévôt en avait fourni, ce n'aurait été sinon pour aucun cas particulier qui peut-être requérait prompte exécution, et qu'on ne pouvait recouvrer la criée de Brisay, ou pourrait avoir esté durant aucune maladie qui lui seroit survenue, par quoi il n'eust pu faire les diz cris ».

Ils lui reprochaient ensuite d'avoir déclaré qu'il possédait « garenne à conilz en son hôtel de Célié, en laquelle sont enclos les préz contenant la journée de douze faulcheurs », c'est-à-dire le droit de garder et chasser le lapin en son enclos dit la garenne de Célié, affirmant que ledit sire n'avait aucun droit de garenne à Célié, ou que s'il en avait « ce seroit seulement au vol d'un chapon, ou dans ses buissons près la maison, et non plus ».

Ils le blâmaient de s'être attribué la vassalité des biens de Jehan Guérinet et de Jehan Laube, et d'exiger d'eux une rente annuelle de quatre setiers de froment, pour chacun, parce « qu'ils ne tiennent rien de luy à celle charge, mais est vraie que les dits huit septiers froment sont dubs sur la dîme dudit Laube qui, à cause de ladite dîme, est homme de foy lige de séant (1). »

L'affaire ne paraît avoir eu aucune suite, et le 22 septembre 1455, Jehan de Brisay plaidait au Parlement de Paris, contre le même Jehan Guérinet, son vassal, ci-dessus nommé, que les officiers de la sénéchaussée de Mirebeau avaient poussé sans doute à la révolte contre son seigneur, et que ce dernier voulait ramener sous son autorité féodale selon le droit qu'il en avait. Guérinet perdit son procès et se vit condamné à payer au seigneur de Brisay les 4 setiers de froment qu'il lui devait annuellement (2).

En 1445, Charles d'Anjou, comte du Maine, frère du roi de Sicile, avait acquis Châtellerault du sire d'Harcourt, et fait réparer le château, pour y résider. Châtellerault vit alors s'établir dans ses murs une petite cour princière. Le comte du Maine fut un des personnages les plus notables du règne de Charles VII, dont il était le beau-frère, ce monarque ayant épousé Marie d'Anjou, fille du dernier roi de Sicile. Le comte du Maine se fit remarquer par sa fidélité au roi, son frère. De très bonne heure, il fut appelé au conseil et, sous l'instigation habile de sa mère Yolande d'Aragon, il sut prendre un tel empire sur les décisions de Charles VII, qu'il triompha bientôt de tous les favoris et prit la haute main sur les affaires. Sa présence dans le gouvernement sauva la France de la ruine par le rétablissement de ses

---

(1) *Archives du château de Brisay*, vol. A.
(2) *Regist. du Parlement de Paris*, an. 1484, fol. 185.

finances, dont il fut le surintendant le plus intègre et le plus habile qu'elle ait encore connu. J'ai dit ailleurs que la maison d'Anjou, la plus riche maison princière du XVe siècle, avait comme monopolisé le trafic de l'argent dans ses caisses, et qu'elle joua un peu le rôle, à cette époque, que jouent les Rothschild de nos jours. Il était donc difficile de trouver un plus expérimenté ministre des finances que n'était Charles d'Anjou ; sa faveur, qui se maintint toute sa vie, était basée sur de réels mérites auxquels l'impartiale histoire à rendu toute justice. A Châtellerault Jehan de Brisay, qui était le vassal du comte, fut un des premiers à concourir à la formation de sa maison. Il donna sa fille aînée, âgée de 15 ou 16 ans, comme dame d'honneur, à la comtesse, Isabelle de Luxembourg, fille du comte de Saint-Pol ; et un peu plus tard, il plaça, dans l'hôtel du prince, son plus jeune enfant, le dernier de son fils, né en 1445, pour y être élevé page de Monseigneur le comte du Maine. Lui-même fut un des assidus de la petite cour de Châtellerault ; et il assista, le 12 juin 1462, au mariage de Louise d'Anjou, fille aînée de Charles et d'Isabelle, avec Jacques d'Armagnac, duc de Nemours, célébré très pompeusement dans la cathédrale de Poitiers.

Le 18 juillet 1462, Jehan de Brisay avait, dans la forteresse de Châtellerault, rendu hommage au nouveau vicomte, et remis son aveu, pour la terre de Bosnay relevant au service armé dudit châtel. Cette terre n'était pas considérable : elle produisait seulement dix-sept livres de rente, mais elle était depuis si longtemps dans la famille, que les Brisay y tenaient comme à leur patrimoine primitif, dont elle semblait faire partie. Jehan, dans son aveu, déclarait la posséder de « toute ancienneté », ce qui prouve qu'elle était dans la famille, comme nous l'avons signalé, dès le XIe ou le XIIe siècle. Probablement, elle avait diminué d'importance, depuis le temps où elle donnait son nom aux Raoul et aux Athelin de Bosnay, fiers et entreprenants chevaliers, dont le cartulaire de Noyers rapporte les faits de guerre et les libéralités. C'était le sort de ces fiefs secondaires, accolés au patrimoine sans en faire partie intégrante : sur eux l'on consentait des constitutions de rente, des aliénations à cens, réels emprunts hypothécaires, qui ne tardaient pas à les réduire au vol du chapon, autrement dit à l'habitation du seigneur, la précloture et les buissons qui l'entouraient.

En 1462, Bosnay avait encore sa tour, construite sur la motte féodale qui servait toujours de base à l'antique forteresse. Elle s'élevait au sommet d'un monticule, dans les flancs duquel il avait été pratiqué des carrières, des « roches » ou excavations à l'abri desquelles les gens du pays se logeaient, et logent encore. Ces caves travesties en habitations, s'étendant « par dessoubs ma tour de Bosnay », comme dit Jehan, dépendaient bel et bien du fief, et payaient le cens. Le fief comprenait aussi une ferme située à Bosnay, avec clos de vignes, bois et « roches » encore. Enfin quelques pièces de terre sises à la Loge, sur le grand chemin de Faye à Châtellerault, au Ridouer de la Bucelle, à la Papiaudière, au chemin du Verger à la Rochère, et dans la vallée de Lacloître, auprès des terres du sire de Chougne et de celles du sire de la Contesse. Tout cela ne faisait que quinze juées et six éminées de biens. Jehan avait augmenté ce fief de quelques parcelles qu'il avait fait rentrer dans son domaine par acquisition ou saisie ; c'étaient des dîmes de fruits sur des biens situés dans la paroisse de Saint-Christophe-sous-Faye, et dans celle de Saint-Gervais (perception de la sixième gerbe), quelques menus cens et chapons ; mais cet ensemble ne formait qu'un petit avoir, très diminué de son ancienne importance, si l'on en juge par l'étendue qu'avait conservée sa juridiction, et par le très grand nombre de censives qui en relevaient. Il s'en trouvait sur les paroisses de Jaunay, Nancré, Mondion, Marigny-Marmande, au nord, et Saint-Christophe, Saint-Gervais, Avrigny et Thuré, au sud de Bosnay. A la Potinière, au Filloux, Fomblanc, Saint-Gervais, Jaunay, le Chesne, Verneuil, la Papiaudière, Bécavent, Montenay, Boispeigné, la Roche-Parade, etc., des rentes censives. Les vassaux relevant *noblement* de la tour de Bosnay étaient : le sieur de Montenay payant un roussin de service tous les neuf ans pour ses terres sises à Bosnay, et son « hebergement et roches par dessoubs » tenant à la ferme de Bosnay, appartenant au seigneur, le Grand-Champ, le Trésor, et des prés dans la vallée de La Cloître ; — le sieur des Masuraux, pour sa maison sise à Bosnay et les terres qui l'environnent, voisines des biens des sieurs de Chougne et de Montenay ; — les Angibaut pour leur domaine de Chanteloup et ses dépendances en terres, cens et rentes, avec les Brécoignet et les de Mons pour vassaux, et l'obligation d'un roussin à payer tous les neuf ans et de concourir aux loyaux aides ; — le sieur de Crue pour sa maison du Chesne, à l'ouest de Bosnay, sur le chemin du Filloux à Saint-Gervais, et les terres en dépendant, comprenant 32 articles, avec les vassaux, Guillaume Avignon, pour son hébergement de la Pagnallière et six pièces de terre, Jehan de Roussay, Jehan Bouxi, etc.; Etienne de Montenay, pour sa terre de Montenay et la maison qui s'y trouve, avec cinq pièces de terres et les redevances de quelques censives et rentes en froment ; — Jehan Ponant pour ses possessions en la paroisse de Thuré, le sieur de Montjardin et Hugues Arnaut. La tour de Bosnay exerçait la moyenne et basse justice, elle avait le droit de donner les mesures du blé et du vin et de percevoir les lauds et ventes. Jehan de Brisay eut soin de faire sceller son aveu de ses armes, mais nous apprenons par les termes de l'acte qu'il ne le signa pas. Jehan, contrairement à son grand père, ne savait donc pas écrire. On peut le croire, quand on lit ces mots qu'il fit consigner au bas de l'aveu de Bosnay, « faict cest présent adveu et scellé de mon scel, et signé à ma requeste du signe manuel du notaire cy dessoubz escript en tesmoingnage de vérité : Lefeuvre à la requeste dudit chevalier » (1).

C'est en 1450 seulement que par suite de la mort de sa mère Marguerite de Rochechouart, Jehan devint seigneur et propriétaire en titre de la châtellenie de Saint-Germain de Domaire, située sur la Vienne, à l'extrême frontière du Poitou et du Limousin. Cette terre importante avait rang de haute justice et exerçait les droits supérieurs qui en découlaient, notamment le scel aux contrats, qui autorisait la création des études de notaires, où s'enregistraient les actes au nom du seigneur-châtelain. Elle rapportait 400 livres de rente, et fut un des fiefs militaires relevant du comté de la Marche. Possédée par les d'Archiac au XIVe siècle, la châtellenie de Saint-Germain fut donnée à Jeanne d'Archiac, mère de Marguerite de Rochechouart ; cette dernière en jouit sa vie durant, et paraît y avoir vécu jusqu'à sa mort. Elle avait plusieurs fiefs sous sa dépendance, notamment celui de la Lande, pour lequel le seigneur rendit foy et hommage, aveu et dénombrement à Jehan de Brisay, le 26 août 1450 (2).

§ III

SUCCESSION DE JEHAN DE BRISAY. SES CINQ FILLES CATHERINE, MARGUERITE, FRANÇOISE, HARDOUINE ET LOUISE. AIMAR L'AÎNÉ, SEIGNEUR DE BRISAY. EXTINCTION DE LA BRANCHE DE DESTILLÉ.

La succession de Jehan de Brisay se trouva ouverte par

(1) *Archives de la Vienne*, série E, 2/172.
(2) Malgré nos recherches aux archives de Poitiers, Limoges et Angoulême, nous n'avons pu trouver aucun document concernant cette terre, au sujet de laquelle nous sommes réduits aux renseignements succincts qui précèdent.

suite du décès de ce seigneur survenu dans les premiers mois de l'année 1470. Elle formait un héritage important, qu'allait réduire à d'infimes parcelles la loi des partages alors en vigueur dans l'Anjou, et principalement dans le Mirebalais. Cette réduction fatale de biens devait produire irrémédiablement, dans l'espace d'un siècle, l'amoindrissement, la ruine, puis la disparition de cette branche aînée de la maison de Brisay, que nous avons vue traverser, riche, puissante et considérée, les deux cent soixante-dix ans qui se sont écoulés depuis l'année 1300. Il faut dire aussi que, depuis Guy de Brisay, jusqu'à l'époque où nous sommes parvenus, la famille avait eu pour chef un fils unique à chaque génération, maintenant constamment le patrimoine et la fortune sur une seule tête, améliorant encore sa situation par d'utiles et brillantes alliances, dont les biens dotaux formaient un accroissement de fiefs, ou servaient à indemniser, l'une ou l'autre des filles de la maison. La succession de Jehan ne saurait bénéficier de cet avantage ; les filles nombreuses demandèrent des dots, les jeunes hommes se partagèrent le patrimoine et les seigneuries réservées aux enfants mâles, et l'on ne retrouve pas grand chose des biens, assez peu considérables du reste, que Jeanne de Linières a apportés en mariage à son mari (1). Ce sera sur les revenus du patrimoine, et sur l'héritage de Marguerite de Rochechouart, qu'il faudra prélever en grande partie l'établissement matrimonial des demoiselles de Brisay.

(1) Je n'ai pas trouvé mention de la terre de La Ferté-Gilbert que les généalogistes attribuent à Jeanne de Linières. Par contre j'ai pris dans Chérin une note relatant un hommage rendu le 1er mai 1456 à « noble homme Jehan de Brisay, chevalier, et à Geoffroy d'Argenton, coseigneurs de Méréville, dans l'Orléanais », et la remise de 8 écus d'or aux dits seigneurs, pour la mutation du fief de Tréméville, relevant du château de Méréville que Jean et Geoffroy possédaient en indivis comme héritiers, le premier par sa femme, le second par sa mère, de Godemar de Linières, dernier possesseur dudit château. (Col. Chérin, vol. 135.)

La succession de Jehan de Brisay comprenait les immeubles suivants : 1° la baronnie de Douçay valant 100 livres de rente ; — 2° la châtellenie de Destillé, 300 livres ; — 3° la seigneurie de Brisay et celle de Célié, ensemble 450 livres ; — 4° le fief de Brisay, à Mirebeau, 100 livres ; — 5° le fief de Brisay, à Faye-la-Vineuse, 60 livres ; — 6° le fief de Sairres, 16 livres ; — 7° le fief de Bosnay, 17 livres ; — 8° le fief des Roches, 15 livres ; — 9° le fief de Menneroux, 50 livres ; — 10° le fief de Malembaut, 45 livres ; — 11° la châtellenie de Saint-Germain, 400 livres ; — 12° l'étang de la Courrière, 150 livres. C'était, en terres et domaines plus de 1700 livres de rente auxquelles il faudrait ajouter les rentes muables, c'est-à-dire les droits de mutation et autres rendements des privilèges lucratifs inhérents à chaque seigneurie, pour connaître le chiffre exact du revenu du titulaire. De plus Jehan touchait sur la cassette royale un traitement de 600 livres comme chambellan du roi, et depuis la mort de sa mère, le sire de Mortemart, son cousin germain, lui payait, en vertu d'arrangements survenus entr'eux, une rente de 100 livres, dite « la rente Mortemart ». En évaluant donc à près de 4,000 livres par an, le revenu dont jouissait Jehan de Brisay, nous ne nous éloignerons pas beaucoup de la vérité. C'était une belle fortune pour cette époque (1), où les contemporains citent comme grands seigneurs, des hommes d'état qui se faisaient 5000 livres de rente dans les affaires, et se retiraient emportant la considération de tous. Jehan aurait pu augmenter sensiblement sa fortune, à l'époque où il chevauchait en Limousin, Poitou, Saintonge, Anjou, Touraine et Maine, à la tête d'une compagnie franche, à l'encontre des Anglais, ou des Français qui avaient l'imprudence de se montrer anglomanes. Mais

---

(1) Pour se rendre un compte exact de la valeur d'une somme d'argent, au milieu du XV° siècle, par rapport à la fortune d'aujourd'hui, il faut la multiplier par trente. Quatre mille livres de revenu, en 1450, représentent donc cent vingt mille francs de rente, en 1890.

il ne l'avait point fait. Nous avons vu que les lettres de rémission données à ses écuyers et à lui-même, en 1445, au château de Razilly-lès-Chinon, où il se trouvait à la suite de Charles VII, — Jehan était, à Destillé, suzerain de ce château, — l'innocentaient de toutes « roberies et pilleries », spécifiant qu'il ne s'était jamais livré à ces exactions devenues communes aux grandes compagnies, et qui déshonorèrent leurs capitaines. La succession de Jehan fut donc celle d'un seigneur de la Cour, d'un « amé et féal chevalier » du roi, qui, dans l'entourage du prince, à la guerre et dans ses domaines, avait largement dépensé son avoir, dédaigneux de s'enrichir du bien d'autrui, mais ayant su conserver assez de ses propres, pour pouvoir laisser une position convenable à chacun de ses huit enfants : nous allons voir comment ceux-ci se les partagèrent, et quels furent les procès qui s'élevèrent entr'eux, pendant plus de trente années, avant qu'ils soient parvenus à un arrangement définitif.

Du mariage célébré en 1428, entre Jehan de Brisay et Jehanne de Linières, étaient nées cinq filles qui paraissent avoir été les aînées, car elles furent établies bien avant leurs frères. Voici l'ordre dans lequel les présentent les généalogistes.

1º Catherine de Brisay, née vers 1430, fut donnée comme fille d'honneur à Madame la comtesse du Maine. En 1447, son père la maria, âgée de 16 ou 17 ans, avec Louis de Valory, bon gentilhomme d'une maison provençale que le roi René avait ramené à sa suite en Anjou. Il y était seigneur de la Perrière et du Magné. Il servait depuis quelques années, en qualité d'écuyer, dans la maison du comte du Maine, et accompagnait ce prince, en 1442, dans la campagne que le roi dirigea en personne contre les Anglais, en Guyenne, lorsqu'il faillit périr avec le comte et le Dauphin, tous trois victimes de leur imprudence, dans les eaux torrentueuses d'une petite rivière, près de Ruffec. Voici comment l'accident a été rapporté, en 1483, par le roi Louis XI, l'un des héros de la journée : « Nous estans aux champs au dit lieu de Ruffec, trouvasmes nostre oncle Charles, comte du Maine, avec lequel et Loys de Valory, seigneur d'Etillay, nous mismes en une santine sur la rivière passant au dit lieu (1), et en allant le long d'icelle, arrivasmes à un moulin, auquel par la force et inondation de l'eau qui là estoit roide et aspre, la dicte santine tourna, et tous trois saillismes en la dicte eau, en laquelle la dicte santine du tout se submergea et afondra, et de grande ardeur et haste de saillir l'eau d'iceluy moulin, qui estoit arresté et ne moulait point, nous jetta en bas la teste première, et lors, en ayant très singulière remambrance et réclamant très dévotement l'aide et secours de la Vierge intemerée, nous vouasmes à Elle, et incontinent nous tournasmes tout trois envers sur la dicte eau, les pieds premiers, laquelle, de sa force et impétuosité, nous jeta sur le milieu d'une petite grève, et promptement en élevant la teste, vismes les gens qui à l'entour d'illec estoient, et nous vinrent prandre » (2). N'était la dévote intervention du Dauphin, Catherine n'aurait point eu de mari, ni la France un de ses plus habiles monarques.

Le mariage de Catherine et de Valory fut célébré à Poitiers, quelques jours après Pâques. Le contrat qui fixait leurs intérêts, avait été passé un mois auparavant, dans la même ville, en présence de Jean Chaperon et de Jean d'Asnières, amis ou parents de la mariée. Celle-ci recevait en dot la moitié de la terre de Destillé que, par le même acte, Jehan de Brisay abandonnait en totalité à son gendre pour le prix de trois mille livres tournois, valeur de l'autre moitié. « Dit est, accordé et convenancé entre les dites parties, qu'en cas que la dite Catherine survivra au dit Loys de

(1) *La Charente*.
(2) Mss. Le Grand, vol. VI. fol. 87.

Valory, elle aura et prendra pour son droit de douaire la moitié du dit lieu de Destillé, si en temps qu'il ne serait aucunement retrait au dit Loys, auquel cas du dit retrait, la dite Catherine aurait pour son droit de douaire, la somme de cent cinquante livres tournois de rente, sa vie durant seulement. Et a promis et sera tenu le dit Loys, qu'incontinent le dit mariage parfait et accompli, il pourverra et fera tant, moyennant l'autorité et puissance qu'il donnera à la dite Catherine, qu'elle renoncera à toute succession et échoiste paternelle et maternelle, ou collatérale de frère et sœur tant seulement ; par ainsi toutefois que si le cas y advenait que le dit messire Jehan allât de vie à trépassement sans hoirs masles descendant de sa chair, en deffaut du dict hoir masle, la dite Catherine, sa fille, reviendroit à succession de partage avec ses autres sœurs, en rapportant la somme de quinze cent cinquante livres » (1).

C'est ainsi que la terre de Destillé, en Véron, sortit de la famille de Brisay, qui l'avait possédée pendant près de trois cents ans, où s'étaient succédées huit générations vivant et mourant en ce lieu comme dans leur domicile préféré. Depuis Alès III, marié vers 1200 à Thomasie de Pocé, jusqu'au jour où Catherine y foula pour la première fois sa couche nuptiale, que d'événements s'y étaient accomplis ! Combien de fois, ces chevaliers avaient-ils revêtu leurs armures et quitté, pour la guerre, ce donjon carré dont les restes se voient encore aujourd'hui ? Combien de fois étaient-ils revenus s'y reposer des fatigues d'une vie errante, et panser les blessures reçues dans des combats livrés aux envahisseurs de la patrie ? La chambre principale, dont on retrouve encore la haute cheminée du Moyen-Age, les ouvertures étroites donnant sur le pourpris, et la porte basse communiquant par encoignure avec un escalier à

(1) *Arch. du chât. de Destillé.* Copie produite au XVIIe siècle par le propriétaire.

tourelle, n'est-elle point celle où naquit Jehan, où Gilles, son père, embrassa pour la dernière fois sa jeune femme éplorée, à l'heure suprême du départ qui sonnait leur définitive séparation ? Cette chapelle, dont la voûte élevée et les dimensions spacieuses révèlent l'antique importance, ne garde-t-elle pas, dans le silence de ses blanches murailles, quelque chose des murmures étouffés et des supplications poignantes des deux femmes, de Bertrande de la Jaille, la mère, de Marguerite de Rochechouart, l'épouse du dernier croisé, dont elles ont su les dangers et les peines, dont elles attendent, anxieuses, des « nouvelles certaines », pour le salut duquel elles invoquent chaque jour, la clémence de la divine Providence, et la compassion des saints personnages que leurs ancêtres ont patronés ici-bas ? Et cette salle basse, n'est-ce point le lieu où les vassaux, les redevanciers de toute sorte sont venus verser leur obole, lorsqu'il leur fallut se porter « plège et gaige » pour le rachat de leur seigneur, prisonnier des mécréants, et verser les « loyaux aides » aux mains du messager chargé d'acquitter sa rançon ? Ce toit élevé, aux nombreuses poutrelles, est encore celui qui fut refait avec les bois donnés au maître de céans par le roi Philippe de Valois, pour remettre, au moment de la première invasion anglaise, sa forteresse en état d'habitation et de défense suffisante ; et ce préau planté dans l'enceinte des murs protecteurs, a reçu maintes fois les visites du chevalier rendu à la liberté par l'ennemi, après qu'il eût payé d'excessives rançons, de l'infortuné châtelain dont les manoirs ont été « ars et destruits », en Poitou et qui n'a plus d'autre maison que Destillé, pour y mettre à l'abri de la rigueur des temps « sa personne, celles de sa femme et de ses enfans et de ses subjets à seureté » ! On se demande comment, avec tous ces souvenirs, beaucoup plus vifs, plus rapprochés et plus sensibles que ceux qui pouvaient l'attacher à l'ancienne Roche de Brisay mirebalaise, Jehan put se décider à abandonner et livrer en dot à sa fille, un domaine qui le faisait, d'ailleurs, vassal direct du roi, et dont la possession avait été le point de départ de sa fortune politique. Ce point n'est cependant pas à discuter : Jehan a sans doute eu ses raisons pour aliéner la terre de Destillé, il ne nous les a pas fait connaître. Nous n'avons à enregistrer que les faits historiques relatés par les actes ; les sentiments de nos aïeux, qui différaient assez sensiblement des nôtres, ne nous regardent point. Les mœurs d'à présent nous permettent difficilement de les comprendre, encore moins de les critiquer.

Louis de Valory, le nouveau seigneur de Destillé, dans la descendance duquel cette terre se maintint jusqu'à la révolution, fut nommé maître d'hôtel du comte du Maine, à l'occasion de son mariage, et ce prince lui offrit une gratification de 1000 écus d'or (1). Catherine, sa femme, demeura auprès de la comtesse qu'elle paraît avoir suivie dans ses diverses résidences, à Châtellerault, à Angers, à Paris, en Provence, et ailleurs. Le comte du Maine mourut à Aix en 1472. Catherine de Brisay s'était trouvée veuve vers l'année 1460, comme le prouve l'acquisition faite à cette date, par son propre frère, d'un bien provenant de la succession de Louis de Valory (2). Elle revint à Destillé, bien délaissé depuis vingt-cinq ans ; elle y fit sa résidence ; elle en avait, comme l'on sait, la jouissance jusqu'à sa mort ; elle y éleva et maria ses enfants. Catherine s'occupait aussi de l'administration des biens dont l'usufruit lui avait été fixé pour son douaire, comme l'indique clairement un petit acte passé par elle, à la cour de Châteaux, en Anjou, le 8 mai 1479. Par cet acte « noble damoiselle Catherine de Brisay, dame de Destillé, Lublé et la Perrière confesse, devant Gaulteron, notaire, avoir pris à ferme de demoiselle Jehanne Morelle, dame du Pont, en la paroisse de Braye, tutrice de ses

(1) *Généalogie d'Hozier et Laisné.*
(2) *Arch. du chât. de Brisay*, vol. C.

enfants, et veuve de feu Rolland du Pont, son mari, vivant écuier, sieur du Pont, trois pièces de terre situées en la paroisse de Saint-Germain-d'Ayr, au fief de la cédante, la première, d'un arpent touchant aux terres de la dite dame preneuse, et au chemin allant de Saint-Germain à la Pouretière, la seconde de cinq quartiers joignant aux terres de la Guérinière, appartenant à la dite preneuse, au long du chemin allant de Saint-Germain à Vaz, la troisième, d'un journal et trois quartiers de terre, située au bord du chemin de la Perrière à la Pouretière, touchant à la terre de la preneuse, moyennant qu'elle lui paiera chaque année, la veille de Noël, 2 sous 6 deniers de cens » (1).

En 1484, elle vivait encore, se réjouissant du mariage de son second fils Antoine de Valory, qu'elle unissait à Isabelle de Montalembert, fille de Christophe de Montalembert et de Pernette de Dercé, sa veuve, par l'entremise et bon conseil de messire Jacques de Brisay, son frère, de Révérend Père en Dieu Messire Hilaire de Valory, abbé de Saint-Hilaire de Poitiers, et, du côté de la jeune épouse, avec l'assistance de Messire Jean de Dercé, son oncle, et Jean de la Roche-Aimon, son beau-frère, époux de Madelaine de Montalembert. Il fut convenu, par le contrat, entre elle et l'abbé de Valory, que l'époux prendrait, dans la succession de son père, les terres de la Perrière, la Roche-Cou-de-Bœuf et la Hégaudière, et qu'il laisserait Destillé en entier à son frère aîné Georges (2).

La date exacte de la mort de Catherine est ignorée. Avec elle disparut, dans les dernières années du XV° siècle, la tradition des Brisay à Destillé ; l'aurore du siècle suivant y vit briller l'étoile des Valory.

M. le prince Rustichelli, marquis de Valori, descendant direct de Catherine de Brisay et de Louis, mariés en 1447,

(1) *Arch. du chât. de Brisay.*
(2) *Bibl. Nat.* Col. Chérin, vol. 135.

a fait publier, dans un des journaux les plus répandus de l'Europe, un article dans lequel on avançait que la terre de Destillé était parvenue dans sa famille, par suite d'une alliance avec une fille de la maison d'Anjou. Cette assertion produite à la légère, malgré toute l'autorité de son auteur, m'a mis dans la nécessité d'adresser au *Figaro* la communication suivante, qui a été immédiatement insérée.

« Monsieur le Rédacteur en chef,

« Je vous demande la permission de répondre à une allégation qui me paraît erronée, dans l'article que M. Adrien Maggiolo a consacré au marquis de Valori, et que vous publiez dans le supplément d'aujourd'hui. Il y est dit, à propos du château d'Estilly, en Touraine, que ce vieux manoir avait été apporté dans la famille Valori par Renée de Valois « avec le sang royal ». Il était certainement très avantageux de faire ressortir que le sang des Valois coule dans les veines des Valori, mais il est beaucoup moins prouvé qu'Estilly leur fut apporté par cette alliance.

« Estilly, en effet, était une ancienne et importante seigneurie qui avait appartenu aux Pocé avant le XIII° siècle, qui passa aux Brisay à cette époque par un mariage, et leur appartint pendant deux cent quarante ans. En 1345, Alès de Brisay recevait en don du roi Philippe VI, un certain nombre de poutres de bois de chêne tirées de la forêt de Chinon, et destinées aux réparations du château-fort d'Estilly (alors Destillé), que l'on voulait mettre en état de résister aux incursions des Anglais.

« La moitié de la terre d'Estilly fut donnée en dot à Catherine de Brisay, par Jean de Brisay son père, chambellan du roi Charles VII, qui la maria, en 1447, à Louis Valori, lequel acheta l'autre moitié du domaine à son beau-père, comme il résulte du contrat de mariage passé à

Poitiers, le 7 mars de la dite année, acte que j'ai entre les mains.

« Recevez l'assurance de ma considération distinguée.

« Marquis DE BRISAY. »
« 15 mai 1881. »

Le prince, qui lut ma lettre, reconnut l'exactitude de ma rectification. Je ne dis pas qu'il en fut bien aise ; mais il eut le bon goût de m'en faire adresser, par un ami commun, des compliments, en insistant sur ce qu'il était flatté de me voir revendiquer une alliance ayant cimenté jadis nos deux familles. Je lui fis naturellement répondre que tout l'honneur était pour moi.

2º Marguerite de Brisay, mariée à Foucaud d'Archiac, seigneur d'Availles, son cousin du côté de sa grand'mère, Marguerite de Rochechouart, qui était fille d'une d'Archiac. Elle fut élevée à Saint-Germain, par les soins de cette dame, — laquelle avait été sa marraine, — et mariée aussi par son entremise avec le seigneur d'Availles, dont la terre était voisine de Saint-Germain. Leur union, dont on ignore la date, dut être célébrée vers 1448.

3º Françoise de Brisay, qui épousa en mars 1449 Antoine Pot, seigneur de Puysagu, fils aîné de noble et puissant seigneur messire Raoul Pot, chevalier, sire de Puysagu, Lavaut-Pot, etc., et de Jeanne de la Roche.

Ces deux alliances étaient fort brillantes. Elles faisaient entrer les demoiselles de Brisay dans des maisons extrêmement distinguées, dont la première occupait un rang élevé en Poitou ; et dont l'autre, originaire de Bourgogne, s'était installée dans le Berry, et s'était fait une haute situation à la Cour, où Philippe Pot, notamment, joua un rôle important, sous Charles VII et Louis XI, non moins qu'auprès des ducs de Bourgogne Philippe-le-Bon, dont il fut premier chambellan, et Charles le Téméraire. Il se signala par ses talents d'administration, ainsi que par la hardiesse et la nouveauté de ses vues politiques.

4° Hardouine de Brisay, unie en 1450 à Jehan de Saint-Germain, chevalier.

Ces trois filles ne furent point dotées. Elles, ou leurs représentants, vinrent réclamer leur part de la succession de leur père, en 1470. Nous verrons plus loin les difficultés qui en résultèrent.

5° Louise de Brisay, conjointe par contrat de mariage, passé à Poitiers, le 1ᵉʳ mars 1453, avec Jacques Roiraud, chevalier, seigneur de la Claye. Son père Jean de Brisay, et sa mère Jeanne de Linières, qui assistèrent à son mariage, lui donnèrent en dot 1,000 écus d'or au coing du roi (1,200 francs), moyennant qu'elle renoncerait entièrement à leur succession.

Malgré cette condition expresse, les descendants de madame de la Claye tentèrent d'exercer, en 1619, une action judiciaire ayant pour but d'obtenir d'être envoyés en possession des biens de la branche aînée de la Maison de Brisay, éteinte depuis peu. Ils prétendaient qu'une clause insérée au contrat de mariage de Louise de Brisay avec Jacques Roiraud, leur aïeul, pouvait servir d'interprétation au contrat de mariage de Catherine de Brisay avec Louis de Valory, où il était dit qu'à défaut d'héritier mâle la dite Catherine accéderait à la succession de son père, et ils espéraient se faire attribuer le bénéfice de cette clause. Mais les avocats consultés ne leur donnèrent pas raison, en émettant l'avis que les représentants de Catherine et de ses frères devaient leur être préférés (1).

Aimar Iᵉʳ, seigneur de Brisay, Saint-Germain, la Fère, Lépinay, et baron d'Availles, fut le premier des enfants mâles issus du mariage de Jehan de Brisay et de Jehanne de Linières. Sa filiation est établie par son contrat de mariage,

---

(1) *Col. Chérin,* vol. 135.

le premier document où il soit fait mention de lui. Le 30 août 1459, au château de la Focelière, en Bas-Poitou, « très nobles et très puissantes personnes Marie de Sillé, dame de la Focelière, messire Jacques de Surgères, son fils, et messire Jehan de Brisay, chevalier, tant pour luy que pour noble et puissante dame, madame Jehanne de Linières, sa femme », négocièrent l'union de « Aymar de Brisay, chevalier, fils aîné des dits seigneur et dame de Brisay, avec Marie de Surgères, fille et sœur des dits de la Focelière ». On donna en dot à l'épousée deux cents livres tournois de rente, à prendre sur les revenus de la Focelière, et, pour ses droits paternaux et maternaux, « deux mille écus d'or du coing du roy nostre sire, à présent ayant cours, la pièce valant vingt sous six deniers tournois » (1).

Ce contrat prouve que c'est bien à tort que Moreri a fait de Marie de Surgères, femme de Aimar de Brisay, une fille de Jacques III, seigneur de la Focelière et de Renée de Maillé. Elle était, comme on le voit, sœur de ce Jacques, et fille de Jacques II, époux de Marie de Sillé sa troisième femme. Il n'avait pas eu d'enfants des deux premières : Marguerite de Vivonne et Marie de l'Ile-Bouchard. Celle-ci lui en donna trois : Jacques, dont il est ici question, Isabeau, mariée en 1449 à Foucaud de Rochechouart, seigneur de Tonnay-Charente, et Marie, que Moreri prétend morte en bas-âge, mais qui fut bien celle qu'Aimar épousa en 1459. Cette alliance, non moins notable que les précédentes, apparentait le sire de Brisay avec les Laval, les Beauçai, les Châteaubriant, les Coëtquen, les La Roche Baraton, et le rapprochait encore du Maillé et des Rochechouart, déjà ses parents.

Aimar fut d'abord apanagé de la seigneurie de Brisay, même du vivant de son père, car, on voit, dès 1464 « noble et puissant seigneur, messire Aymart, seigneur de Brisay,

(1) *Dom. Fonten.* t. VIII, fol. 195.

chevalier », recevoir la déclaration des héritages de Vincent Blandin, tenancier de ce fief ; mais il l'échangea bientôt contre la châtellenie de Saint-Germain de Domaire dont il porte le titre dans un acte de 1465. Il séjournait cependant alors au château de Brisay, avec sa femme, quand, le 24 décembre, tous deux firent dresser l'acte de vente d'un petit fief, rapportant soixante livres de rente, qu'ils possédaient à Faye-la-Vineuse, lequel comprenait « maisons, terres, vignes, prés, bois, pâturages, cens, rentes en blé, deniers et poulailles, dîmes, levage de blé et vin, avenage, four à ban, moulins et hommages, foires, droits de prévôté, péage, levage, jalléage, minage, hommes de foy sujets et destreignables, fuye, garesne, patronage de chapelle, avec justice et juridiction ordinaire et émoluments extraordinaires dont les seigneurs ont accoustumé *d'ancienneté* jouyr et user. Ensemble le droit que les seigneurs du dit fief ont accoustumé avoir et prendre en la dîme et dixmerie de Braye, sur laquelle le chapelain de certaine chapellenie fondée en l'église Saint-Georges du dit lieu de Faye, a droit d'avoir et prendre dix livres chascun anc, si elle les peut valoir ou ce qu'elle peut valoir au-dessous d'icelle somme, et quand plus grande somme elle est affermée, l'autre plus appartient au seigneur d'iceluy fief, avecques quatre liasses de lin où doit y avoir vingt-quatre couetz, sans aucune chose réservée ni excepter » (1).

Ce fief de Brisay, à Faye, qui se trouvait de toute ancienneté dans la maison de Brisay, au sujet duquel nous avons vu Jehan en querelle avec le comte de Sancerre, son suzerain, auquel il refusait d' « abonnir le debvoir », c'est-à-dire de consentir à payer une redevance fixe, ce qui se conçoit puisque nous savons maintenant que le rendement n'en était point annuellement égal, comment Aimar le possédait-il conjointement avec sa femme Marie de Surgères ? Son père

(1) *Arch. du chât. de Brisay,* vol. C.

le lui avait-il abandonné ? Non. Voici de quelle façon, aux termes de l'acte de vente que nous avons sous les yeux, la mutation s'était produite. Jehan de Brisay avait vendu ce fief, avec clause de réméré, à Louis de Valory, son gendre. A la mort de Louis, survenue vers 1460, Aimar avait racheté le fief, comme remploi d'une partie de la dot de sa femme, laquelle se trouvait à présent intéressée dans la vente. Tous deux le cédaient donc à vénérable maître Jehan Blandin, curé de Coussay, qui le paya « mille escus d'or neuf à présent ayant cours, pesants poids de Florence (florin) de la valeur chascune pièce vingt-sept sous six deniers tournois (1) », avec cette condition que si dans cinq ans il était remboursé, les dits seigneur et dame rentreraient en possession de leur bien.

Aimar apparait dans les actes de la châtellenie de Saint-Germain, dès 1467. Au cours de cette année, comme en 1478, points extrêmes de la prééminence de ce seigneur, les notaires de la cour du dit lieu recevaient des baux pour les fermes de la Combe-Fouchier, en la paroisse de Chastaing, et de l'Étang-Sauvy, qu'ils enregistraient au nom de « noble et puissant messire Aimar de Brisay, seigneur de Saint-Germain-de-Domaire, de la Fère et de la baronnie d'Availles » (2).

Je ne sais à quelle école avait été élevé Aimar, mais je suis obligé de constater qu'il avait perdu la tradition du respect de famille qui avait été, avec la fidélité au prince, la base de conduite de ses aïeux. Peut-être avait-il approché de près le Dauphin Louis, et en avait-il reçu quelque faveur. On voit dans un acte de la seigneurie de Brisay que messire Aimar était gouverneur de Saint-Dié, en 1466, ce qui prouve qu'il avait été gratifié, par le nouveau roi, d'une de ces

---

(1) Mille écus d'or à 27 sous 1/2 chaque valaient 40,600 f. d'aujourd'hui à raison de 1 f. 50 par sou. Une terre de cette valeur rapporterait 1,500 francs. Elle donnait alors 60 livres de rente.

(2) *Col. Chérin*, vol. 135.

places de choix auxquelles les gentilshommes d'épée attachaient alors un si haut prix. Mais Louis XI avait passé sa vie dans une perpétuelle révolte contre son père, qui se laissa mourir d'inanition, de crainte d'être par lui empoisonné, en 1461. Un tel exemple était fatal ! Aimar apporta dans la maison, et y laissa se développer l'instinct de la rebellion à l'égard de l'autorité paternelle. Dieu a dit aux hommes sur le mont Sinaï : *tes père et mère honoreras afin de vivre longuement*. Il est curieux de constater que le monarque qui avait fait mourir son père de chagrin, après avoir marché plusieurs fois contre lui les armes à la main, s'éteignit au milieu de sombres préoccupations, dans un âge assez peu avancé, ne laissant qu'un fils fort chétif, comme héritier d'un trône qu'il n'occupa que 23 ans, et que cet enfant, après un règne de 15 ans à peine, périt d'accident sans laisser d'héritier procréé de sa chair, faisant ainsi passer la couronne de France de la branche aînée à la branche cadette des Valois, qui disparut elle-même peu après.

Les mêmes événements se produisirent dans la Maison de Brisay. Aimar et Jacques, les deux aînés de messire Jehan, molestèrent leur père sur de basses questions d'intérêt ; ils ne respectèrent pas ses cheveux blancs ; ils le *chassèrent* de ses châteaux, le *dépouillèrent* de ses biens mobiliers et se les accaparèrent. La Providence, fidèle au précepte rigoureux qu'elle a posé, les punit sévèrement. Tous deux moururent jeunes. L'aîné, bien que marié deux fois, ne laissa pas d'enfants. Le puiné, peut-être moins coupable, plus entraîné par son frère à qui toute la responsabilité d'un tel fait incombe, put espérer perpétuer la race, fonda une nouvelle branche qui parut vivace au début ; mais cette branche aussitôt tomba dans l'obscurité, dans le malaise. Frappée dans ses possessions, diminuée dans sa puissance, amoindrie dans ses facultés physiques et morales, elle se traîna pendant un siècle dans la gêne d'une étroite existence rurale, elle perdit son dernier représentant à la fleur de l'âge, et s'éteignit dans l'hérésie religieuse, de manière que les cendres de celle avec qui expira, à Mirebeau, le vieux nom de Brisay, ne purent reposer dans le tombeau de ses pères, et que la sépulture en terre sainte lui fut refusée comme à une bête. N'est-ce pas le cas de dire, avec l'Écriture : *Et nunc erudimini* !

Jehan de Brisay n'avait pas fait de testament. Il avait préféré établir chacun de ses fils, en leur partageant ses biens, de son vivant. Nous avons vu qu'il avait donné à Aimar la châtellenie de Saint-Germain. Tout porte à croire que Jacques, le second, fut dors et déjà investi de la baronnie de Douçay, dont on le trouve nanti en 1466. Quant au troisième, sa présence, comme écuyer, dans la maison du comte du Maine, l'empêchait de rien revendiquer. Il partagea avec ses frères dans la succession de son père. Jehan se réservait, sa vie durant, la terre patrimoniale de Brisay et ses dépendances, Sairres, Célié et l'hôtel de Mirebeau. Il y recevait encore des déclarations foncières, en décembre 1469, quelques mois avant sa mort. En distribuant ainsi ses biens à ses fils légitimes, qu'il espérait voir respecter ses dispositions, le sire de Brisay avait surtout en vue d'assurer la position d'un sien bâtard, dont la mère nous est inconnue, et auquel Jehan manifestait une tendresse toute particulière. Il lui avait donné — pour quel motif, on l'ignore — le prénom de son fils aîné, Aimar. Aimar, fils naturel du sire de Brisay, était élevé dans l'hôtel de Mirebeau et grandissait sous les yeux de son père. Il était la joie des dernières années du vieux seigneur, qui avait maintenant dépassé la soixantaine et vivait seul, à Mirebeau, veuf depuis 1462, séparé de ses nombreux enfants dont les uns étaient mariés au loin et les autres vaquaient à leurs affaires personnelles. Par une donation parfaitement en règle, et contemporaine du moment où Jehan fit le partage de ses biens, il assura au bâtard de Brisay tout ce que la coutume angevine lui permettait de laisser à cet enfant, c'est-à-dire son mobilier de l'hôtel de Mirebeau, pour en jouir immédiatement, et celui du château de Saint-Germain, pour en jouir après sa mort. Peut-être que si Jehan s'était borné à donner au jeune Aimar le mobilier de Mirebeau, les aînés se seraient contentés de déplorer une faiblesse qui, en somme, n'était qu'une mesure de justice et de réparation ; mais quand ils surent que le bâtard devait réclamer un jour les meubles contenus dans le château de Saint-Germain, dont Aimar Ier avait reçu l'investiture légitime, la colère et l'indignation, jointes au sentiment froissé du lucre, peut-être aussi à quelque chose comme de la jalousie contre le benjamin du père, les poussèrent dans la voie criminelle des violences à l'égard du vieux seigneur auquel ils devaient le jour. Aimar et Jacques se transportèrent à Mirebeau, entrèrent en conquérants dans l'hôtel, en chassèrent leur père et leur frère naturel, firent main basse sur le mobilier, et le firent déposer dans leurs habitations personnelles soit à Saint-Germain et à Douçay. Croyant pouvoir user de son autorité paternelle, Jehan de Brisay se rendit à Saint-Germain pour y enlever le mobilier dont il avait disposé et qui lui appartenait en propre. Aimar l'en chassa indignement, le dépouilla de tout ce qu'il pouvait encore y posséder, et lui signifia que le château et son contenu lui étaient enlevés irrévocablement. Ces événements semblent s'être accomplis en 1466, date à laquelle Aimar avait introduit au Parlement de Paris une instance en « interdiction » contre son père, tendant à faire casser la donation par laquelle celui-ci venait de gratifier son bâtard des susdits meubles. Il avait même obtenu des lettres royaux à cette fin. Mais la cour « n'obtempéra point aux dites lettres », refusa de les enregistrer, et elle en débouta le demandeur et le condamna aux dépens (1). C'est alors que ces fils impies résolurent de régler eux-mêmes leur

(1) *Arch. du Parl. de Paris*, an. 1486, fol. 273.

différend. En 1469, le père outragé actionnait à son tour ses enfants en revendication des biens soustraits, poursuivant également son instance jusqu'en cour du Parlement. Les lenteurs de ce tribunal ne permirent pas de tirer les choses au clair avant la mort du vieux seigneur, qui s'éteignit dans les premiers mois de 1470 ; mais le procès fut repris en 1473, et mené activement par le jeune Aimar, contre ses deux frères, auxquels il réclamait l'exécution de la donation de leur père.

On lit à ce sujet, dans le 26e registre des arrêts criminels du Parlement de Paris : « Louis onziesme, roi de France ; savoir faisons que furent instants en nostre cour du Parlement *notre cher* Aymar de Brisay, fils naturel de défunt Jehan de Brisay, quand vivait chevalier, demandeur subrogé aux lieu et place de son défunt père, et aussi *nos chers* Aymar de Brisay, chevalier, et maistre Jacques de Brisay, enfants légitimes du dit défunt Jehan de Brisay défendeurs, d'autre part, présentant à vue de nostre dite cour des lettres de donation et transport faites et délivrées au dit demandeur par le dit défunt Jehan de Brisay, produisant les dites parties d'autres pièces, lesquelles et le tout ensemble, avec défenses et contredits et les considérants à observer dans l'instance, furent vues entendues et examinées par nostre susdite cour, laquelle voulant faire suffisante informacion sur les faits rapportés aux débats et divers moyens d'action des parties, non moins que sur la valeur et estimation des biens mobiliers existant dans les château et hôtel de Saint-Germain et Mirebeau, au temps où il est dit que le défunt Jehan de Brisay *en fut dépouillé et chassé*, elle a ordonné et ordonne aux sénéchaux de Poitiers et de Limoges que de et touchant les dits faits et la valeur des dits biens mobiliers, il soit promptement informé et transcrit par articles et pièces closes, après audition de témoins, pour l'enquête sur les dites choses être déposée en cour de nostre parlement, et le jugement terminal être prononcé, dans le délai de trois mois prochain venant » (1). L'enquête n'était pas terminée le 18 avril 1474, jour auquel les parties demandaient un délai pour fournir les preuves complètes de leurs prétentions ; on leur accorda jusqu'au 1ᵉʳ juin suivant. Nous n'avons pu parvenir à connaître les termes du jugement qui trancha leur différend : l'arrêt n'existe plus. M. le directeur-général des archives nationales, à qui je m'étais adressé, pour en obtenir la découverte, m'écrivait le 19 juin 1885 : « J'ai fait examiner attentivement les registres des arrêts criminels du parlement de Paris rendus pendant les mois de mai, juin et juillet 1474, afin de vérifier si l'arrêt définitif intervenu dans l'affaire d'Aymar de Brisay ne s'y trouvait point. Les recherches, bien que faites avec le plus grand soin, sont demeurées infructueuses, et je regrette en conséquence de ne pouvoir vous adresser copie de l'acte que vous aviez intérêt à connaître ».

Dès le 12 juillet 1470, Aimar Iᵉʳ tenait définitivement en mains propres le patrimoine de sa famille. Il recevait au château de Brisay la déclaration de Jehan Regnard pour les terres du Prévoir, et quelques jours après celle de Vincent Pinier pour des prés et vignes à La Fuye de Bauday ; dans ces deux actes, le nouveau châtelain est qualifié « très noble et puissant seigneur messire Aymar de Brisay, chevalier, seigneur du dit lieu de Brisay et de Saint-Germain » (2).

Le premier août 1470, au château de Brisay, et par l'entremise de Thibaut et Leconte, notaires à Faye, Aimar et Jacques, son frère puiné, procédèrent au partage des biens laissés par leur père. Ils commencèrent par renoncer expressément à tous les dons et attributions de biens, que messire Jehan de Brisay leur avait faits de son vivant ; puis Aimar déclara prendre, pour sa part, en qualité d'aîné et principal héritier, « les terres, seigneuries et chatellenies de Brisay

---

(1) *Arch. nat.* Reg. X 2/ᵃ 40.
(2) *Arch. du chât. de Brisay*, vol. II.

et de Saint-Germain, avec les droits dont elles jouissent, et les obligations, dettes, aumônes, dont elles sont grévées, plus le fief de Brisay, à Mirebeau, et la dîme de la Roche-Chizay, les appartenances des Roches, en la paroisse de Saint-Christophe sous Faye, avec toutes les charges et choses dues aux seigneurs suzerains des dits lieux ». Il abandonna les autres immeubles à Jacques, en lui laissant l'obligation de les dégréver des dettes hypothécaires dont ils pouvaient être chargés, et le soin de désintéresser son plus jeune frère et ses sœurs, cohéritiers de la succession (1). Nous allons voir que ce partage, fait d'autorité par le chef de la famille au profit de ses propres intérêts, ne fut point agrée par les autres héritiers du dernier seigneur de Brisay, et qu'il devint l'origine de longs procès qui divisèrent les nombreux membres de la famille pendant plus de trente ans.

C'est ainsi, qu'au début même de sa prééminence, Aimar Ier voyait s'abattre sur lui la main d'un Dieu, vengeur des opprobres dont il avait abreuvé son père. Aimar ne pouvait jouir en paix de ses biens. Sa vie entière allait s'écouler dans les procès, et sa fortune allait sombrer sous le poids des frais judiciaires. A peine installé à Saint-Germain, il se voyait poursuivi par le comte de la Marche, son suzerain, qui le reprenait sur les termes de son aveu, lui reprochait d'intolérables usurpartions et menaçait de saisir le fief. Dès 1470, l'affaire était pendante devant la chambre des requêtes du Palais, et le sire de Brisay en craignait tellement l'issue, qu'il faisait ses réserves à l'égard des biens abandonnés à son frère, « s'il advenait que par sentence ou autrement, il fut dévestu et dessaisi de la dite place, terre et seigneurie ». En 1474, le 25 mai, au parlement de Paris, Aimar demandait à ce que son affaire avec le comte de la Marche fut évoquée, mais sur l'instance de ce dernier, la cour autorisa seulement la chambre des requêtes « de

---

(1) *Arch. du chât. de Brisay*, vol. C.

congnoistre et décider entre les dites parties ». Comme l'on voit que la terre de Saint-Germain est restée, bien longtemps après cette date, entre les mains des Brisay, l'on peut croire que le jugement intervenu ne leur fut point absolument défavorable.

En ce qui concerne le réglement de la succession paternelle entre lui et ses frères et sœurs, Aimar ne tarda pas à avoir à répondre aux réclamations de ceux-ci. Nous dirons ailleurs quels furent les litiges qui s'élevèrent entre son frère cadet, le plus jeune des enfants de Jehan, et lui, par rapport aux biens de leur père et mère, et nous parlerons de l'acte transactionnel qui y mit fin en septembre 1478. Aimar, seigneur de Brisay, se vit également poursuivi par ceux de ses beaux-frères qui n'avaient point touché d'avancement de hoirie, ni, par conséquent, renoncé à faire valoir les droits de leurs femmes. C'est ainsi que Jehan de Saint-Germain, époux d'Hardoine de Brisay, obtenait le 11 mai 1482, de la cour du parlement, un arrêt portant « inhibicion et défence faites à monsieur Emar, seigneur de Brisay, de vendre, alyéner ou transporter aucuns de ses héritages », jusqu'à ce qu'il ait remis à la dame de Saint-Germain, sa sœur, sa part dotale et légitime de biens de la scession paternelle (1). D'autre part on voit, à la même époque, Odet d'Archiac et Raoul Pot, enfants de Marguerite et Françoise de Brisay, venir réclamer au sire de Brisay, leur oncle, leur part maternelle dans la succession de leur grand père. Pour les indemniser, en attendant un règlement que les instants très courts qui lui restaient à vivre ne lui permirent pas d'achever, Aimar leur attribua le rendement des coupes annuelles de la forêt de Sévolle. Nous verrons plus loin Jacques de Brisay modifier ces dispositions et se faire intenter, à leur sujet, un nouveau procès par les dits neveux. Enfin, il n'y eut pas jusqu'à Jacques, son complice de 1466,

(1) *Parl. de Paris,* an. 1490, fol. 69.

avec qui Aimar n'eût maille à partir. En 1481, ils étaient encore assez bien ensemble pour que, d'un commun accord, ils aient poursuivi, avec instance, Jean de Rochechouart, sire de Mortemart, sur l'obligation de leur payer une rente de 100 livres résultant de la succession de leur grand'-mère, que le débiteur négligeait volontiers. Il y était « tenu » cependant, et pour ce motif, il entra en arrangement avec ses cousins, à la date du 1er juillet. Mais l'année suivante, les deux frères plaidaient l'un contre l'autre. Le 11 mai 1482, ils comparaissaient devant la cour du parlement, et leur querelle était tellement vive, que Jacques prétendait tout uniment déposséder son frère aîné de ses seigneuries, l'en *dépouiller* et l'en *chasser*, ainsi qu'il avait été fait au vieux seigneur, leur père, réclamant une nouvelle répartition des biens héritaux de la maison (1). On ignore la sentence qui fut rendue entre les deux frères ennemis, mais on éprouve une certaine surprise à constater que dès lors, Aimar Ier étant encore vivant, Jacques éleva et maintint la prétention de s'intituler, dans les actes, seigneur de Brisay et de Saint-Germain, comme il appert notamment par le contrat de mariage d'Antoine de Valori, son neveu, passé le 4 novembre 1484.

Aimar ne se contentait pas des procès de famille, il en cherchait encore au-delà. Outre toutes les affaires dont nous venons de parler, il plaidait, en 1478, sous le titre de seigneur de Saint-Germain et de Lépinay, contre Marguerite d'Amboise, au sujet de la seigneurie de Vivonne, jadis aux d'Archiac, et sur laquelle il se croyait des droits, du chef de sa grand'-mère (2).

Toutes ces affaires contentieuses qui semblaient surgir à plaisir autour du sire de Brisay, et qui se traînaient de juridictions en appels, occasionnaient des frais considéra-

(1) *Prieur de Mondouville*, reg. J. fol. 122.
(2) *Titres de la maison de Rochechouart*, par Sainte-Marthe, fol. 170.

bles, aggravés encore par la lenteur des instructions et la minutie des débats ; elles jetaient le désordre dans les affaires d'Aimar, qui, d'autre part, ne négligeait rien pour s'endetter. Elles produisirent une diminution considérable dans la fortune et dans la puissance de la Maison de Brisay, dont la décadence s'affirme à partir de la mort de Jehan.

En effet, ces gentilshommes dont les pères versaient leur sang sur les champs de bataille, et briguaient, par leur dévoûment à la couronne royale, les faveurs bien méritées de nos princes, ne paraissent plus ni dans les armées ni à la Cour. On ne trouve leur trace ni dans les quittances militaires, ni dans les comptes des trésoriers du roi, ni dans les charges dont s'honorait alors la noblesse. On ne voit pas qu'Aimar ou Jacques aient combattu à Montlhéry, ou en Guyenne, pour ou contre Louis XI, ni qu'un membre de la famille ait suivi Charles VIII, dans sa brillante et rapide campagne d'Italie. Ils se cantonnent dans leurs possessions foncières ; ils s'enferment derrière les murailles devenues inutiles de leurs châteaux, ne songent plus qu'à procéder en justice ou de toute autre manière contre leurs proches, ou bien n'aiment plus que la culture de leurs métairies, la vendange de leurs vignes, la chasse dans leurs garennes et dans leurs forêts ; ils se permettent aussi, hélas ! quelques coups de canif aux contrats de leurs unions légitimes au profit des femmes de vulgaire extraction, et cherchent constamment autour d'eux à emprunter sur constitution de rentes foncières, sorte d'hypothèque déguisé, des sommes d'argent nécessaires à l'entretien d'un luxe qu'ils n'ont pas le courage de réprimer.

Aimar de Brisay, principalement, se signale par la gestion incohérente de sa fortune. Nous l'avons vu vendre, en 1465, son fief de Faye à Jean Blandin, curé de Coussay : en 1472, après la mort de son père, il le lui rachète, car la succession l'a enrichi, mais il n'en paie qu'une partie. En 1479, il le vend de nouveau, et définitivement, cette fois, par acte du

13 juin, à messire Loys, bâtard de Bourbon, seigneur de Bournan et du Coudray, dont la petite fille, Avoie de Chabannes épousera, cinquante ans plus tard, un membre de la Maison de Brisay. Nous avons dit ce qu'était ce bien ; il rapportait 60 livres de rente, et conférait à son possesseur le droit de basse voirie, c'est-à-dire de police dans la ville ; il devait cent sous aux aides et avait, encore à cette date, pour suzerain, le sire de Bueil, qui avait enfin pu s'arranger avec Aimar sur la question des droits de mutation. Louis de Bourbon le paya deux mille livres, c'est-à-dire 48,000 francs d'aujourd'hui, sur lesquelles il ne fût pas question d'indemniser les créanciers (1).

Ce petit fief, avait, on s'en souvient, été acheté en 1460, pour servir de remploi à la dot de Marie de Surgères. Actuellement Marie, première femme d'Aimar de Brisay, venait de mourir. Elle ne laissait pas d'enfants après vingt années de mariage. Son époux avait recueilli d'elle ce domaine ; il s'empressait de liquider, ce qu'il n'aurait pu faire du vivant de Marie. Les deux mille livres furent assurément jetées au gouffre qui avait nom la *recette* du château de Brisay.

Aimar paraît être né en 1438 environ. Marié à 21 ans, en 1459, il n'en comptait que 41 en 1479. Aussi s'empressa-t-il de convoler en de nouvelles noces. Il épousa au printemps de 1480 Marie Turpin, fille d'Antoine Turpin, chevalier, seigneur de Crissé. Elle avait un frère nommé Jacques, qui était tuteur d'Edmond de Bueil, petit-fils du comte de Sancerre, et deux sœurs Jehanne Turpin, femme de François de Coesmes, écuyer, et Louise Turpin mariée à Geoffroy de Bouer, chevalier.

Tous ces Turpin avec leurs femmes, et madame de Brisay autorisée de son époux Aimar, eurent à répondre au procès intenté contre eux par messire Georges de la Trémoïlle,

(1) *Dom Housseau*, t. XII.

chevalier, seigneur de Craon et de l'Isle-Bouchart, au sujet « d'une villecte apposée près le lieu de Cassé en la seigneurie de Lisle-Bouchart en signe de péage » à laquelle ils n'avaient aucun droit ; et la sentence du parlement, rendue le 30 juin 1480, les condamna à laisser messire de la Trémoïlle en « possession et saisine » du droit de passage usurpé ordonnant la suppression de la *villecte* ou poteau qui avait été dressée indûment (1).

Aimar s'empressa de faire ratifier à sa femme par acte du 6 novembre 1480, le contrat de vente passé l'année précédente entre lui et le bâtard de Bourbon.

Il fallait à Aimar de l'argent et encore de l'argent. Nous le trouvons vendant, le 20 décembre 1482, sous le sceau de la cour royale de Thouars, à « vénérables et discrettes personnes maistres Jean Duno et Pierre Papet, chanoines de l'église royale et collégiale du Puy-Nostre-Dame, en Anjou, à ce commis par vénérable et discrette personne maistre Jourdain du Pérat, licentié ès-lois, doyen-curé de la dite église et commissaire du roy en cette partie, et les dits chanoines stipulant au nom du roy pour le profit et utilité du collège de la dite église, une rente annuelle et perpétuelle de 200 livres tournois ; cette vente faite moyennant la somme de 5,000 livres. Et par ce contract, le même seigneur s'engage à faire ratifier la dite vente, par dame Marie Turpin, sa femme » (2). Le même acte nous apprend que le 31 juillet 1480, Aimar avait déjà emprunté, à la collégiale du Puy, la somme de 1012 écus d'or, en garantie de laquelle il avait consenti, sur sa terre de Brisay, la constitution d'une rente annuelle de 86 livres. Jacques d'Estouteville, chevalier, seigneur de Beine, baron d'Ivry, conseiller et chambellan du roi, garde de la Prévôté de Paris, certifia l'existence de cette double obligation le 19 avril 1485.

(1) *Arch. nat. Parl. de Paris.* an. 1489 fol. 97.
(2) *Bibl. nat.* Fonds Chérin.

Aimar de Brisay recevait, en 1480, la déclaration de la veuve de Pierre Guettier et de Simon de Châteaux, pour leur maison, sise à Brisay, et des terres aux Nouelles, Plants-Chantreaux, Ligniers, Guémard, Prévoir et Perrières, relevant de sa juridiction.

Le 1er mars 1481, il recevait la déclaration des héritiers Guillegaust pour leurs vignes mouvantes de « la Prévosté de la Roche de Brisay », lesquelles étaient situées près le bois de Sévolle, et leurs terres des Gausset, la Couture-Airaude, etc.

On ignore la date précise de la mort d'Aimar, mais on peut admettre qu'elle se produisit aux cours des années 1485 ou 1486. A cette dernière date, son frère Jacques recevait, pour son compte, les déclarations des censitaires de Brisay.

Marie Turpin, seconde femme d'Aimar, ne lui avait pas donné d'enfants. La succession de ce seigneur était dévolue, quant au patrimoine, à son frère puiné, qui accédait à l'ainesse de la maison ; mais le défunt avait, soit par contrat soit par donation, assuré l'avenir de sa veuve. Il lui laissait toute la partie disponible de ses biens.

Aimar de Brisay, mort à 47 ans, après une existence agitée et tourmentée, au point de vue des intérêts, et dépourvue d'illustration au point de vue des services rendus, laissait une fortune d'un millier de livres de rente, grévée des dettes et obligations suivantes.

1º Un capital de 6,012 livres dû aux chanoines du Puy-Notre-Dame, comme remboursement de la rente de 286 livres, constituée en 1482.

2º Huit cent vingt écus d'or et cinquante livres dûs à Jehan Blandin, curé de Coussay, sur la reprise du fief de Brisay, à Faye, revendu au bâtard de Bourbon, en 1479.

3º Une rente de onze écus d'or dûe à Ligneret-Dupuy.

4º Un capital de 120 écus dû au même pour le remboursement de cette rente. Toutes ces rentes ne sont, je le répète, que des emprunts hypothécaires déguisés, l'hypothèque n'étant point autorisée par les coutumes féodales.

5º Cent écus d'or dûs à Louis Serreau, en remboursement d'une rente de dix écus, constituée en juillet 1481 (à 10 0/0 taux usuraire).

6º Trois cents écus d'or, au taux de trente écus d'intérêt annuel, empruntés à Guillaume Maumillon en mars 1482.

7º Deux cents écus d'or dûs à Marsaut Tessier pour vingt écus de rente, depuis juin 1483.

8º Cent écus d'or, moyennant dix écus d'or de rente annuelle, à Odet d'Archiac, depuis 1478.

9º Cent livres de rente, complément de partage, dûes depuis six années à Jacques de Brisay, en vertu d'obligation contractée en 1480, faisant à la mort du débiteur un total de 600 livres.

Ce passif, que l'on peut évaluer à plus de 150,000 francs de nos jours, fut intégralement aquitté par Jacques de Brisay et Odet d'Archiac, frère et neveu d'Aimar, qui, aussi, revendiquèrent une bonne part de sa succession (1).

(1) *Arch. du château de Brisay*, vol. M.

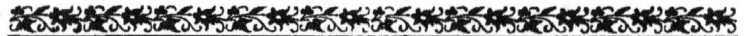

CHAPITRE X

LA FIN D'UNE RACE

§ I

BRANCHE DE DOUÇAY. — JACQUES I ET JACQUES II

La branche de Destillé est éteinte après 286 ans d'existence, et la terre dont elle a pris le nom est passée en d'autres mains. Une nouvelle branche se fonde, qui prolongera, pendant 124 ans, l'agonie d'une race que les décrets de la Providence ont frappée, et qui va disparaître sur les lieux où elle s'est perpétuée durant cinq siècles. Elle tombera comme un chêne dont les ans ont limé la base, mais il est juste de dire qu'elle ne périra pas tout entière. D'une racine restée vive sortira un rejeton tardif, qui poussera avec vigueur et dont la maturité produira de nombreuses générations, dignes imitatrices de celles qui les ont autrefois précédées. Dans ce ramage plus moderne, des enfants naîtront, qui, loin des contrées où les aînés ont insulté leur père, relèveront le nom de Brisay et lui rendront son ancien éclat. Leur auteur, cadet négligé et presqu'oublié par ses frères, n'a point pris part aux événements de 1466, et la sanction des tables de la loi ne pèse pas sur lui. Sa lignée traversera honorablement les siècles. Elle viendra, jusqu'au nôtre, démontrer par la vigueur et le nombre de ses rejetons, que l'on peut appliquer aux familles le précepte en vertu duquel il faut *honorer* ses parents afin de longtemps *vivre*.

L'histoire de cette dernière branche de la famille fera

l'objet de la troisième partie de cet ouvrage. Pour le moment nous nous contenterons de décrire les personnages qui formèrent le chétif et décadent rameau, auquel nous donnons le nom de Branche de Douçay.

Jacques Ier, seigneur de Bosnay, Célié, Sairres, la Chaperonnière, baron de Douçay, et après la mort de son frère aîné seigneur de Brisay et de Saint-Germain-en-la-Marche, était le second fils de Jehan, seigneur de Brisay, et de Jeanne de Linières. Il naquit vers 1440. On ne sait rien de sa jeunesse, mais on peut supposer qu'il fut destiné à l'état ecclésiastique, et qu'il fit quelques études spécialement dirigées vers ce but, car on le voit qualifié dans les actes, précédemment à son mariage, du titre de *maistre*, ordinairement affecté aux personnes du clergé. Il n'était pas sans exemple, on s'en souvient, de voir dans la famille de jeunes sujets destinés par leurs parents à la prêtrise, qui, au moment de prendre la soutane, envoyaient le froc aux orties et rentraient gaiement dans la vie séculière. C'est ce que fit Jacques, comme l'avaient fait, bien avant lui, Alès de Brisay, au XIIe, et Hugues, au XIIIe siècles.

La première notion que nous ayions de Jacques, remonte à 1466. A cette époque il avait reçu, depuis peu, en don de son père, la terre de Douçay et il l'administrait à son profit en bon propriétaire. Le 21 décembre, au château de Douçay, et par l'entremise de Thibaut, notaire mirebalais, il cédait à bail, pour sept sous six deniers et deux chapons de rente, à Jehan Crossay, laboureur de la paroisse de Sairres, deux pièces de terre contenant quinze boicellées, au terroir du Châtelet, sur le chemin des châteigniers de Douçay au Puy de Sairres, et trois autres boicellées à Douçay, très près du village et des terres des Jude (1).

C'était l'époque où Jacques avait épousé la déplorable querelle de son frère aîné contre leur père ; nous en avons

---

(1) *Arch. du chât. de Brisay*, vol. H.

assez longuement parlé pour n'avoir point à y revenir ici.
Dès la mort de Jehan, les deux frères se réunirent au château de Brisay et procédèrent, le 1er août 1470, au partage
des biens du défunt. Jacques garda la terre de Douçay « fors
et excepté le pré de la Perrine » qui en avait été distrait
depuis « la mort et trépassement de Jehanne de Manerpont,
veuve de feu Jeannot Foubert », un des vassaux de la
baronnie. Il eut en plus le domaine de Célié avec sa forteresse « réservé le ressort et souveraineté au seigneur de
Brisay, dont le dit lieu de Célié sera mouvant, parceque par
avant ces présentes, n'était dû qu'un hommage des dits
lieux de Brisay et de Célié » ; le fief de Sairres « avec les
prés estans près dudit lieu, hors le froment et seigle de
rente » ; la seigneurie de Bosnay, en la vicomté de Châtellerault, « laquelle est engagée à Ligeret Dupuy, pour la
somme de six vingt escus, lesquels le dit Jacques sera tenu
rendre et payer » ; la terre de la Chaperonnière, près Passavant, en Anjou, et la moitié de la pêche annuelle de l'étang
de la Courrière. Jacques s'engageait à payer 10 livres de
rente, dues au sire de Pennevaire sur les revenus de la
Chaperonnière, ainsi que toutes les dettes garanties par les
biens fonds qui lui étaient abandonnés. Il se chargeait en
outre d'indemniser ses sœurs et son frère cadet, pour leur
part de succession. Cet acte de partage a le mérite de donner
la filiation certaine de Jacques, en le disant, ainsi que
messire Aimar de Brisay, son frère aîné, fils de « feu messire Jehan de Brisay, chevalier, leur père, en son vivant
seigneur des dits lieux de Brisay et de Saint-Germain (1).

Ainsi nanti de petites terres qui pouvaient lui valoir
500 livres de rente environ, Jacques qui dépassait la trentaine, songea au mariage. Par contrat en date du 12 janvier
1472, il épousa Françoise de Beauvau, la plus jeune des
trois filles de Pierre Beauveau, chevalier, seigneur de la

(1) *Arch. du chât. de Brisay*, vol. K.

re et du Rivau, chambellan de Charles VII, monarque
servit courageusement dans les guerres contre les
s, sous Jean, duc de Calabre, et sous le célèbre
, bâtard d'Orléans. Il était mort depuis 1453, des
res reçues à la bataille de Castillon (1). La mère de
ise était Anne de Fontenay. Son frère aîné, marié
d à Antoinette de Montfaucon, puis veuf, venait
ser sa cousine Alix de Beauvau, dont la sœur Isabeau
mme de Jean de Bourbon, comte de Vendôme. Des
de Françoise, Renée, dame d'honneur de Marie
u, reine de France, était mariée à Philippe de La
foucauld, et Catherine avait épousé Guillaume de
lé. On voit que Jacques de Brisay suivait encore, par
nion, la vieille tradition des belles alliances préco-
lans la famille. Françoise de Beauvau, que l'on peut
née vers 1450, n'avait pas plus de 22 ans, au moment
n mariage ; Jacques en comptait 32 ; ils vécurent
ées en ménage et laissèrent neuf enfants.
ues, que ses modiques revenus retenaient au logis,
à Douçay jusqu'à la mort de son frère, administrant
ens avec ordre et économie. Le 14 mai 1476, sous les
cations de « noble et puissant seigneur Jacques de
, escuier, seigneur de Doussay, Célié et Bosnay », il
it de Jean Borgnet 15 boicellées de terre au chemin
a maladrerie de Doussay » à Brisay, huit boicellées au
n de Mirebeau à Faye, sept boicellées situées derrière
bergement de Bruneau, sept autres boicellées » au
de l'eau qui vient du pas d'Ajasse au gué de Baussay »,
aison ou « mazerilz » au village de Douçay avec deux
ées de terre avoisinant l'église (2).
novembre 1480, à Célié, Jacques donnait à bail, à
e et Mathurin Rouault, paroissiens de Thurageau, une

oréri, lettre B.
rch. du chât. de Brisay, vol. K.

septerée de terre au territoire de Célié, « pour planter en vignes, et seront tenuz les dits preneurs, de planter la dite terre de dans trois ans prochain venant, et seront tenuz de faire les dites vignes de quatre faisons, c'est assavoir de chausser, tailler, bêcher et biner, et en cas de deffault ledit seigneur pourra prandre et lever la vendange pour la présente année, et si les dits preneurs délaissent de faire les dites vignes de deux années en suyvant, le dit seigneur en pourra s'emparer et prandre et en faire haut et bas comme de son profit ». Les Rouault devaient payer annuellement à Douçay « pour chacune boicellée de terre ung denier venant avecques la quarte partie de la vendange que les dits preneurs rendront et conduiront au pressouer du dit seigneur baillant » (1).

Le 9 mai 1481, Jacques consent un autre bail à Douçay, au profit de Philibert Grandvillain, habitant le village de Sairres; il lui donne une septerée de terre au lieu dit la Foucerette, en la paroisse de Sairres, sur le chemin de la Messallière, moyennant une rente censive annuelle de six sous (2).

Jacques Ier, même avant de succéder à son frère aîné dans le patrimoine de la maison, s'intitule seigneur de Brisay et de Saint-Germain dès l'année 1484, et paraît sous ce titre au contrat de mariage de son neveu Antoine de Valory, qu'avec l'abbé de Valory il a négocié à Poitiers, dans les premiers jours de novembre ; mais ce n'est qu'en 1486, qu'on le voit figurer effectivement dans les actes de la seigneurie de Brisay. Le 18 avril de cette année-là, il recevait, dans son nouveau domaine, la déclaration des « choses héritaulx » détenues en son fief par Charles Bourdon et André Audebert; ce sont des maisons, clos, vergers, treilles au village d'Ursay, sur le chemin de Mirebeau, un jardin de quatre

(1) *Arch. du chât. de Brisay*, vol. C.
(2) *Arch. du chât. de Brisay*, vol. G.

boicellées, des terres au pré Noirray, aux Touches, au Montoire, sous la Douve de Brisay, à la Couture Airaude, etc., en tout dix articles, payant 22 deniers de cens (1).

Ce n'est qu'en 1488, le 14 avril, qu'il rendit son aveu à la baronne de Mirebeau, Madame Jeanne de France, comtesse de Roussillon, fille légitimée de Louis XI. Ce monarque, après avoir hérité des biens du dernier roi de Sicile, avait donné Mirebeau en apanage à cette princesse. Elle y vivait, ayant restauré le château, partageant son temps entre ce royal domaine et celui du Coudray, où résidait Louis, bâtard de Bourbon, son mari. D'autre part, Jacques, s'étant rendu à Saint-Germain-en-la-Marche, pendant l'été de 1489, convoqua tous ses vassaux à venir lui faire leurs hommages. On trouve trace de l'hommage lige rendu à Jacques de Brisay par Jacques de la Lande, pour ce que ce gentilhomme possédait au regard du dit châtel (2).

En héritant des biens de son frère aîné, Jacques de Brisay, allait, à son tour, entrer dans la voie des procès. Dès 1488, les instances commencèrent. Les héritiers de Jehan de Brisay demandaient que le partage de 1470 fut anéanti et que, tous les biens remis en bloc, l'on procédât à un nouveau partage comprenant six parts, dont trois devaient être attribuées aux demoiselles de Brisay qui n'avaient point été dotées (d'Archiac, Pot et Saint-Germain), une à Jacques, une au dernier des fils de Jehan et la sixième à Marie Turpin, veuve et légataire d'Aimar de Brisay, son premier mari. Jehan de Saint-Germain paraît avoir pendu le grelot en faisant mettre arrêt sur une partie des revenus de la terre de Brisay. Il obtint une sentence du parlement dans ce but, en 1489. Puis, dès l'année suivante, Odet d'Archiac, Raoul Pot et Jacques des Roches, celui-ci au nom de sa femme Jeanne Pot, actionnèrent leur oncle Jacques, pour en obte-

(1) *Arch. du chât. de Brisay*, vol. F.
(2) *Bibl. Nat.* Pièces diverses. Dos. Brisay.

nir leur légitime. Aimar, de son vivant, avait payé à ces derniers la part de leurs mères sur les revenus de Brisay, maintenant ils exigeaient qu'on les indemnisât d'une façon définitive. Le Parlement nomma un de ses membres, maitre Etienne de Bailly, conseiller du roi, pour informer sur le bien fondé de la réclamation des demandeurs, et le chargea spécialement de régler et de débrouiller la question si complexe de la double succession de Jehan et d'Aimar de Brisay. Bailly se rendit sur les lieux du procès et il était à Poitiers, en mai 1491, lorsque, sur la demande de Raoul Pot et Odet d'Archiac, il fit faire « inhibicion et défense au seigneur de Brisay, sur certaines et grans paines à luy applicquer, et aussi aux gens serviteurs, accensiers et entremecteurs des besoignes de messire Jacques de Brisay, et autres à qui il appartiendra, de coupper, gaster ou aliéner, jusqu'à ce que aultrement en soit ordonné, le boys de la forest de Scévolle assis près du lieu de Brisay, et autres boys et choses de la dite succession estant à partir entre les dites parties, plus que ce qu'il luy appartient pour son usaige tellement que icelle forest et autres choses susdites en soient endommaigez, ne de user d'icelluy boys sinon comme ung bon père de famille doit faire; et se aucune chose avoit estée couppée, de ne le transporter hors d'icelle forest, sur paine de le recouvrer sur eulx » (1).

Pendant ce temps, Jacques de Brisay et ses neveux avaient tenté un arrangement amiable. Par une transaction datée du 15 juin 1491, à Douçay, Odet s'engagea à prendre à sa charge le paiement intégral d'une partie des dettes de son oncle Aimar, montant à la somme de 3525 livres. En échange de l'acquit de ces dettes, et pour la part totale de sa mère et la mère des Pot, dans l'héritage de la Maison de Brisay, il reçut et accepta en toute propriété le domaine de Célié. Odet d'Archiac, par deux contrats passés, l'un à

(1) *Bib. Nat.* mss. Pièces orig. t. 522, n° 11715.

Availles le 28 juillet et l'autre à Poitiers le 13 novembre 1491, racheta à ses cousins Pot et des Roches, leur part de Célié, et resta possesseur unique du domaine. Au premier, il compta la somme de 100 écus, et au second 50 ; mais il s'obligea par les mêmes actes à payer la part qui incombait à ses vendeurs dans le passif de la succession d'Aimar de Brisay, leur oncle maternel (1).

Jacques mourut sur ces entrefaits, en avril 1492, sans se douter que ces affaires de succession traîneraient encore pendant neuf ans, avant d'être entièrement règlées, et qu'elles allaient occasionner toute sorte d'embarras sous la prééminence de son successeur. Il laissait neuf enfants, parmi lesquels on compte, outre l'aîné, Jean « qui fut tué en la guerre de Hongrie contre les Turcs » selon que la généalogistes l'affirment sans donner aucun détail, et François, appelé *Monsieur de la Basoche*, en souvenir de ses études universitaires à Paris, où cette corporation de clercs avait une certaine importance. Celui-ci se fit prêtre, passa sa vie dans la maison de son frère, au sein d'une douce oisiveté. Les filles furent :

1º Anne, qui épousa par contrat du 13 octobre 1495, Jean Halliday, seigneur de Cherves, rendant aveu à la baronne de Mirebeau, pour ses fiefs de Cherves, Mons et Beauregard, en 1504. Veuve et qualifiée dame de Mons, elle recevait, le 6 avril 1524, signification d'une sentence rendue contre elle (2). La date connue de son mariage fait certainement d'elle, le premier venu au monde des enfants de Jacques et de Françoise de Beauvau. De plus, elle portait le prénom de sa grand'mère Anne de Fontenay, qui fut vraisemblablement sa marraine.

2º Renée, l'aînée, mariée : 1º à Louis de Gouzolles, seigneur de Boisfrélon, dont une fille, Anne, mariée à Gauvain

---

(1) *Arch. du chât. de Brisay*, vol. M.
(2) *Dom Fontenaut*, t. XVIII, fol. 218.

de Chourses-Brémien, en 1522 ; 2° à Antoine du Raynier, chevalier, seigneur de Drouet, fils d'Antoine du Raynier, et d'Ysabeau de Vendôme, d'où naquirent Jean, Anne et Jeanne du Raynier.

3° Renée, la jeune, épouse d'Hilaire le Bigot, seigneur de Fontenelles, en Anjou, dont Adrienne le Bigot, dame de Fontenelles, épouse de Jacques David.

4° Aliénor, l'aînée, femme de Louis de Vigneron, écuyer, seigneur d'Aulnay.

5° Aliénor, la jeune, mariée à Adrien de Benetz, seigneur de Fontenelle.

6° Jeanne, unie à François Barrotin, frère de Jehan Barrotin, sénéchal de Mirebeau.

Jacques Ier laissa, en outre, une fille naturelle reconnue, que les actes appellent son « avouée », qui était aussi nommée Aliénor. Elle fut élevée dans la famille, au château de Brisay, au milieu des autres enfants, comme il résulte de documents tirés des archives de ce manoir, ce qui donne la note vraie de la moralité des gens du monde au XV° siècle, époque à laquelle on n'ignore pas, d'ailleurs, qu'un gentilhomme n'ayant point eu la faiblesse de procréer quelque bâtard se croyait déshonoré. On maria celle-ci en 1504, avec un nommé Julien Thibaut, assez riche tenancier de la seigneurie, habitant un des principaux hébergements du village, qui reçut, pour la dot, quelques pièces de terre « soubz la douve du château de Brisay ».

A constater ce fait, on se demande quelle distance était conservée alors entre les fiers seigneurs d'autrefois et les bons villageois, leurs justiciables ; le sire de Brisay aurait-il maintenant voulu se dire, à la lettre, le père de tous ses sujets ? Il vivait, il est vrai, sous le règne du Père du peuple.

Ce qu'il y a de curieux à constater, c'est qu'une alliance avec la fille naturelle du seigneur tendait à anoblir le bienheureux gendre. Le 10 novembre 1511, Julien Thibaut, qualifié « noble homme, escuier, seigneur du Poirier (?) et Aléonnor, advouée de Brizsy, sa fâme » vendaient leurs terres situées sous la douve du château de Brisay, à « sire Jacques Cousturier, clerc des offices de la Reyne, et seigneur de la Pagotière ». Ils présentaient ensuite leur contrat à Jacques de Brisay leur cher frère et seigneur, qui s'empressait d'opérer le retrait féodal des articles vendus (1).

Remarquons aussi cette singulière tendance, manifestée à plusieurs reprises dans la Maison de Brisay, de donner le même prénom à plusieurs enfants, et de confondre sous une même appellation familialle les bâtards et les légitimes. Après avoir vu Jacques baptiser deux de ses filles sous le vocable d'Aliénor, et faire porter le même nom d'Aliénor à son *avouée*, comment s'étonner de ce que Jehan, son père, ait eu trois fils, dont un bâtard, qui aient reçu le prénom d'Aimar ? Cela était de mode alors, à ce qu'il paraît, et, pour preuve, si l'on jette les yeux sur la généalogie de la Maison d'Archiac, par exemple, on y trouva une notable quantité de personnages répondant au doux nom d'Aimar. On en voit deux servant ensemble l'un comme bachelier, l'autre comme homme d'armes dans une compagnie commandée par un troisième Aimar d'Archiac, qualifié *banneret*. Le fils de celui-ci porte aussi le nom d'Aimar, et le grand-père de Marguerite de Rochechouart, fille de Jeanne d'Archiac et mère de Jehan de Brisay se nommait encore Aimar. Ce serait donc Marguerite qui aurait apporté dans la Maison de Brisay ce goût immodéré du prénom d'Aimar ? Pareille obstination sur une dénomination unique pouvait être fort intéressante au Moyen-âge, mais elle allait devenir pour les générations suivantes un sujet de confusion, contre lequel on aurait pu, nous paraît-il, les mettre en garde, en donnant, surtout au fils naturel, un autre nom qu'aux autres. Mais on ne met pas des petits bâtards au monde pour la plus grande clarté d'une généalogie.

(1) *Arch. du chât. de Brisay*, vol. H et M.

Jacques II, seigneur de Brisay, Bosnay, la Chaperonnière et Saint-Germain, baron de Douçay, succéda à son père, en 1492, mais il ne rendit son aveu que le 24 septembre 1495, à Madame Jeanne de France, comtesse de Roussillon et baronne de Mirebeau, signé de sa main et remis par son procureur maître Nicolas Gorré ès-mains de maître Antoine Bernier, sénéchal de la baronnie (1). Il avait alors 21 ans. Né en 1474, il était mineur encore, à la mort de son père, et, le 4 septembre 1492, de l'avis de Guillaume de Saint-Jouin et François de Couhé, ses curateurs, avec l'approbation de « damoiselle Françoyse de Beauvau, jadis fame et espouse de noble monseigneur Jacques, seigneur de Brizay », sa mère et tutrice, il confirma à Guillaume Paillier, sire de la Trapière, son vassal, la vente d'une rente de huit setiers de froment, jadis consentie par « Jacques de Brisay, seigneur dudit lieu, père de Jacques de Brisay, le jeune », pour rembourser aux chanoines du Puy-Notre-Dame, en Anjou, partie de la somme à eux due par la succession d'Aimar (2). Par cet acte la filiation de notre personnage est dûment constatée.

La tutelle de Jacques II fut gérée avec le plus grand soin par Françoise de Beauvau, sa mère. Ce fut assurément une administration peu aisée. La succession non liquidée d'Aimar et de Jehan compliquait singulièrement les affaires. Aux réclamations des cohéritiers, aux tracasseries des procureurs, des commissaires, à l'ingérance des agents de la justice, se mêlaient les rappels réitérés des créanciers, qui ne pouvaient être satisfaits que par des expédients : on empruntait d'un côté pour rembourser de l'autre, comme il vient d'être démontré par la constitution d'une rente faite au sieur de la Trapière pour trouver les fonds destinés à apaiser les bons chanoines du Puy. La dame de Brisay n'en pouvait venir à bout à elle seule. Elle était appuyée des

(1) *Arch. du chât. de Brisay*, vol. A.
(2) *Arch. du chât. de Brisay*. Assises, reg. M.

conseils de MM. de Saint-Jouin et de Couhé, et de plus, elle réunissait tous les six mois, au château de Brisay, ou sur quelqu'autre point de la seigneurie, les assises du fief, pour maintenir ses tenanciers dans leur devoir et faire rentrer très exactement les redevances. Les sentences rendues dans ces tenues d'assises, et bon nombre de déclarations qui y furent déposées, nous ont été conservées. On y trouve que les assises furent tenues, à Brisay, en 1492, « en l'ostel Jehan Juzet », par le sénéchal Jehan Barrotin qui était le propre beau-frère du seigneur. Il remplissait les mêmes fonctions à la cour de Mirebeau. Le tribunal se composait du sénéchal, président ; du procureur Nicolas Gorré, assesseur ; de deux receveurs, Jehan Pinault et Vincent Béhart, et d'un sergent nommé Gilles Thibaut. On y avait adjoint quelques-uns des plus respectables sujets de la juridiction, prêtres, fermiers ou « anciens », à qui l'expérience et la sagesse donnaient de l'autorité ; et leur nombre n'était pas inférieur à six. Les assises furent tenues l'an 1493 « en l'ostel François Pagot » ; l'an 1495 « en la maison neufve de Guillaume Gallard » ; l'an 1496, « dans la maison autrefois de messire Charles Guillegaust, prebstre ». — L'événement le plus notable de cette dernière tenue, fut la sommation faite à Odet d'Archiac, d'avoir à venir rendre hommage de son fief de Célié au seigneur de Brisay, qui en avait conservé la mouvance, aux termes du partage de 1470. D'Archiac s'y refusa formellement. Convoqué à trois reprises, il ne se présenta pas et ne paya point les droits. Il y a lieu de croire qu'en faisant défaut, il avait pour but de témoigner de son refus à reconnaître la vassalité de son fief, mesure grave, très discutable en droit, qui donna naissance, cinquante ans plus tard, à des procès dont on ne connut pas la fin ; pour l'instant, il en résulta la confiscation pure et simple du fief de Célié, que le sénéchal fit saisir et réintégrer au domaine, pour cause de félonie, en condamnant le délinquant à 60 sous d'amende, et en donnant l'ordre aux sergents de la justice seigneuriale, tant à Brisay, qu'à Célié et à Douçay, de s'emparer de la personne du dit d'Archiac « si trouvé peut être », et de le tenir sous les verroux jusqu'au parfait paiement de l'amende et des droits (1).

En 1497 et 98, les assises furent tenues « dans la grand' salle du chasteau de Brisay » ; le sénéchal y fit soumettre quelques contrats au sujet desquels étaient dus les lods et ventes. Il retint et réintégra dans le domaine de son seigneur, en vertu du privilège de retrait féodal, des biens vendus en 1494 par Jehan de Moulins, secrétaire du roi, et Loyse Jamin, sa femme, à Guillaume Nesmes, situés au bois Gallin, joignant à la forêt de Scévolle ; le tout fut payé 23 livres.

Pendant la minorité de Jacques, les officiers de la baronne de Mirebeau, à ce pressés par l'omnipotente princesse, avaient privé le seigneur de Brisay, de l'exercice de certains droits qu'il exerçait dans Mirebeau et dans ses terres mirebalaises. C'était de « pourvoir ou faire pourvoir par sa justice et officiers de tuteur ou curateur aux enfants pupilles, quand leurs père et mère décèdent, à la conservation de leurs biens », c'était en outre de choisir et nommer la criée de la ville « ès choses civiles », et celui qu'il y préposait « pouvait jouïr de plein droit aussitôt et exercer ledit office ». Le châtelain Jehan Garnier et le receveur Pierre Ragonneau s'étaient à plusieurs reprises, arrogé indûment le pouvoir de procéder à ces nominations. Jacques adressa une « humble supplication » au roi Louis XII, qui, par lettres-patentes, octroyées à son « bien aimé » seigneur de Brisay, ordonna au juge d'Anjou, résidant à Saumur, de convoquer à sa barre les officiers de la baronnie, pour leur transmettre l'ordre d'avoir à « corriger, réparer et amender lesdits torts et griefs, en leur faisant inhibicion et défense, de par nous, sur grans peines à eux appliqués, qu'ils n'attentent ou

(1) *Arch. de Brisay*, Assises, vol. M.

innovent rien qui puisse nuire ou préjudicier en aucune manière au dit suppliant, mais tout ce qui fait, attenté ou innové aurait été au contraire, réparent et remettent ou fasse remettre sans délai au néant ». Ces lettres données à Chinon, le 14 décembre 1498, signées « Par le roy à la relation du conseil : Nyvart », sont revêtues du grand sceau royal en cire blanche (1).

Cependant le procès en liquidation de la succession d'Aimar et de Jehan de Brisay était toujours pendant au Parlement de Paris. Le commissaire envoyé à Poitiers, messire Etienne de Bailly avait convoqué les parties en instance, pour produire devant lui leurs pièces et moyens d'information. Il avait rendu une sentence invitant tous les notaires, juges-greffiers et ministères publics de la contrée à ouvrir leurs archives aux intéressés et à leur laisser prendre tous les titres, actes, documents quelconque, qu'ils possédaient ou seraient en mesure de leur fournir, pour les aider à établir le plus clairement possible leur situation respective.

Pendant ce temps-là, Etienne de Bailly remettait en un bloc fictif tous les biens et seigneuries trouvés, en 1470, dans l'héritage de Jehan de Brisay, et il en essayait, à l'amiable, un nouveau partage. Mais cette tentative demeurait sans résultat, en raison de l'opposition qu'y formaient Jacques de Brisay et Odet d'Archiac, en 1498. On trouve ici un exemple de l'attachement qu'éprouvaient les Brisay pour leur domaine patrimonial et ses dépendances, pour cette terre qui portait leur nom. L'opposition de Jacques était motivée par la crainte de voir un de ses cohéritiers accéder à la seigneurie de Brisay, en vertu d'un tirage quelconque des lots ; et il invoquait très justement son droit d'aînesse, son droit de *Chezé*, qui lui attribuait Brisay hors part, — mais seulement au *vol du chapon*, c'est-à-dire la por-

---

(1) *Arch. du chât. de Brisay*, vol. A.

tion de terrain couverte par le vol d'un chapon lancé de la porte du manoir, — pour se refuser à l'acceptation des offres du commissaire. C'est que, depuis la mort de Jacques Ier, avait surgi, avec de justes et fortes prétentions, un nouvel intéressé, dont les droits demandaient à être règlés définitivement. Marie Turpin s'était remariée. Elle avait épousé René de Sanzay, et ce seigneur faisait valoir les droits de sa femme dans la succession d'Aimar de Brisay, le premier époux de Marie. Il en réclamait la sixième partie ; et il trouvait très acceptables les propositions de partage faites par Etienne de Bailly. Il voulait même en faire immédiatement la base du règlement. Mais ici, Jacques et Odet d'Archiac se liguèrent contre lui. La réconciliation avait eu lieu l'année précédente entre les deux cousins. Célié avait été restitué à d'Archiac, qui avait payé la mutation et rendu l'hommage. Il s'entendait aujourd'hui avec Jacques pour repousser les exigences de Sanzay, étranger à la famille et peu enclin à se laisser toucher par des questions de sentiment. D'ailleurs si, d'un côté, Jacques tenait à conserver Brisay, Odet, d'autre part, semblait convoiter la châtellenie de Saint-Germain, voisine de sa terre d'Availles et plus facile à gérer, pour lui, que le domaine de Célié, perdu au fond du Mirebalais. Aussi résistèrent-ils énergiquement aux exigences des Sanzay, qui, par un arrêt, prononcé au Parlement le 7 avril 1500, se virent obligés de procéder à un nouvel arrangement.

Sur ces entrefaits, Etienne de Bailly, qui semblait plutôt entraver la marche des affaires que la faciliter, mourut ; les intéressés portèrent leur requête devant les sénéchaussée royale de Saumur, qui forma un nouveau partage. Elle divisa les biens en deux lots, comprenant, l'un la châtellenie de Saint-Germain, la seigneurie de Malambaut, la rente Mortemart, la terre de Menneroux et l'étang de la Courrière ; l'autre, la seigneurie de Brisay, avec Célié et Sairres, la baronnie de Douçay, la Chaperonnière, Bosnay et les Roches. Jacques de Brisay se dit prêt à accepter ce partage, à condition que René de Sanzay s'engageât à ne point prendre si le sort le lui assignait, le second lot comprenant les terres mirebalaises et le patrimoine de la Maison de Brisay, et qu'il se contentât du premier lot comprenant les terres du Limousin, pour l'abandon desquelles Jacques offrit d'ailleurs à Sanzay le paiement d'une rente annuelle de deux cents livres à prendre, moitié sur les immeubles situés en Anjou, moitié sur ceux du Limousin. René de Sanzay accéda sur le premier point, mais non sur le second. Il réclamait en biens fonds la sixième partie des immeubles, en vertu de la donation d'Aimar, et ne voulait point être indemnisé en rentes. La sentence rendue à Saumur le 12 août 1500 lui donna raison. Elle lui attribua le premier lot, comprenant la terre de Saint-Germain avec le château entouré de ses anciennes murailles (*cum antiquis preclausuris*), les domaines en « terres, prés, vignes, bois taillables, fresches, landes, bruyères, pastures, marais, dîmes de blés, laines, vins et autres fruits, cens, rentes de blé, deniers, poulailles, profits, revenus, émoluments de la justice, four à ban » ; le fief de Malambaut, « composé entr'autres choses d'un grand étang avec un moulin, avec les cens, rentes et debvoirs qui se lèvent et prennent chacun an ès villages de Marillac, la Chasse-Grossaye, Rairac et Mas de Caux » ; les cent livres de la rente Mortemart, la seigneurie de Menneroux, l'étang et moulin de la Courrière, et « le nombre de six cents septrées (300 hectares) de terre en friche, landes et bruyères, qui ne sont aucunement appréciées à aucune chose, lesquelles peuvent bien valoir, chacun an, pour pasturage de bêtes, la somme de trente livres tournois, à raison de douze deniers (1 sou) pour chacune septerée, ainsi qu'il a été informé » (1). Elle accordait à Jacques de Brisay et Odet d'Archiac le deuxième lot, comprenant la seigneurie de Brisay « avec sa forteresse entourée d'anciennes murailles

---

(1) *Arch. du chât. de Brisay*, vol. A.

(*cum castro et antiquis préclausuris*), ses domaines et métairies, compris en la dite seigneurie, la forêt et bois de Scévolle, les dîmes de blé, vin et autres fruits, les quartz des fruits de la Fuye de Beauday, et les dîmes de blé et autres profits qu'on a accoustumé lever en la ville de Mirebeau, et au lieu de la Roche de Chizais, les droits de saillage et mesure, lévage et péage, aussi le droit dû par les bouchiers du dit lieu de Mirebeau, chascun an, la vigile de Pasques, au dit seigneur de Brisay » ; la seigneurie de Douçay avec le château et les domaines, métairies, vignes et prés, dîmes et rentes, cens et autres devoirs ; la terre de Célié, le fief de Sairres, la seigneurie de la Chaperonnière, en Anjou, « composée de certaines dîmes et terrages, et de plusieurs rentes et deniers en blé, censifs et poulailles » ; enfin, le fief de Bosnay et la métairie des Roches en la châtellenie de Faye.

Cette attribution de biens qui donnait satisfaction à Jacques de Brisay, ne parut point sourire à messire de Sanzay ; et, bien que le sénéchal de Saumur ait attribué au premier lot trente livres de valeur de plus qu'au second « pour ce que les choses déclarées au dit premier lot sont situées partie en la basse marche de Limousin et l'autre partie au comté de Poitou, et qu'elles sont plus loin des demeurances des dites parties », en raison des « frais qui se pourraient faire chascun an pour aller et venir des demeurances d'icelles jusqu'au dit lieu de Saint-Germain, recueillir et amasser les revenus des dites choses », René de Sanzay et Marie Turpin, qui habitaient la Touraine, s'empressèrent de transiger avec Odet d'Archiac, qui ne souhaitait rien autant. Ils lui cédèrent les terres du Limousin, toutes voisines de son château d'Availles, et ils reçurent de lui, en échange, la baronnie de Douçay et la seigneurie de Célié, qui formaient la part de d'Archiac dans le second lot de partage. Odet garda toutefois la dîme de la Roche de Chizay, à lui abandonnée par Jacques, et il en rendit aveu à Mirebeau l'an 1504, déclarant la tenir « à cause de damoiselle Marguerite de Brizay, sa mère » (1).

C'est ainsi que l'aurore du XVIe siècle trouvait la Maison de Brisay dans une situation de fortune bien réduite. Elle perdait ses terres du Limousin ; et en Mirebalais, Célié et Douçay lui étaient ravis. Elle avait déjà vu disparaître, par aliénation, le fief de Brisay à Faye et la châtellenie de Destillé ; Bosnay, dans le Châtelleraudais, était presqu'entièrement grevé de rentes hypothécaires, et allait passer en liquidation à son tour. Il ne restait à Jacques de Brisay que son patrimoine, Brisay et les dépendances, c'est-à-dire Sairres, Sévolle, la Fuye de Beauday et l'hôtel de Mirebeau ; en dehors il avait encore la métairie des Roches de Choigne et la petite seigneurie de la Chaperonnière, articles de mince valeur, dont on ne trouve plus, d'ailleurs, aucune trace postérieurement à ce partage de 1500.

L'unique occupation de la vie de Jacques II paraît avoir été la gestion de cette terre, qui fournissait à elle seule maintenant les ressources de la maison. Si son oncle avait été dépensier, son grand-père large et non regardant à ses dépenses, Jacques, au contraire, nous apparaît préoccupé de faire contrepoids à la danse des écus, et plutôt enclin à une parcimonieuse économie, dont sa situation amoindrie et le désordre des trente dernières années, lui suggéraient la nécessité impérieuse. Aussi, le voyons-nous, dès 1501, prendre en main ses affaires, les conduire au mieux selon ses propres intérêts et ceux de ses frères et de ses sœurs. Quant à celles-ci, Jacques saura leur inspirer une telle confiance qu'elles préféreront, à leur majorité, rester avec lui dans l'indivision, même en état de mariage, et se contenter de toucher une maigre portion des revenus de la seigneurie, plutôt que d'exiger des parts dotales, dont le paiement eut achevé en un clin d'œil la ruine de la famille.

(1) *Dom Fontenaut*, t. XVIII.

Le 14 avril 1501 « noble et puissant seigneur Jacques de Brisay, écuier », arrentait une grange située à Fombregin, nommée la « grange Nesmes avec la grand'porte par devant, un jardin et un verger de 2 boicellées », pour un chapon de redevance annuelle, à Renée Boyer, veuve de Guillaume Nesmes, et à ses enfants Abraham, François, Charlot, Marc et Jeannette Nesmes. Cet immeuble bordait le chemin de Fombregin au moulin de Brisay.

Le même jour, à Coussay, il louait à Pierre Nesmes, moyennant un boisseau de seigle et 2 chapons de rente, la métairie de Fombregin, sur le chemin de la Pagotière à Coussay, avec 25 boicellées de terre aux alentours et 40 boicellées situées à l'Arbray, à la Touche-Clergeaut, au Pertuis-Ninain, à la fontaine de Bonneuil (1). Ce bail devint l'origine d'un procès qui fut terminé le 14 septembre 1520, en cour de Saumur, par la condamnation prononcée contre le fermier, alors Jacques Couturier, qui se vit contraint de payer au seigneur de Brisay, le montant annuel du loyer.

Le lendemain, à Loudun, plus modestement qualifié « noble homme » par les officiers de la cour royale, il consentait de donner à bail, à Colas Messeau, de Purnon, moyennant une livre annuelle de 15 boiceaux de froment, 2 chapons et 12 deniers, une autre ferme à Fombregin, nommée la maison de Torchonnerie et son clos de 6 boicellées, plus 28 boicellées et 2 septerées de terres (2).

Le 25 février 1502, Jacques reçut l'aveu de Guillaume de Bours pour certaines possessions relevant de la tour de Bosnay : une habitation à Bosnay, voisine du château avec une vigne de six boicellées derrière, un pré au gué Denise, des terres au Bois-Bosnay, la Roche de Bouer, sur les chemins de la Bouffardière et de la Morinière aux Herbaudières. Ce petit fief avait des vassaux : Jean Branjart en relevait

---

(1) *Arch. du chât. de Brisay*, vol. E.
(2) *Arch. du chât. de Brisay*, vol. E.

pour sept boicellées aux chemins susdits, et payait sept sous tous les neuf ans pour aider son seigneur à s'acqqitter du devoir d'un cheval de service qu'il devait aussi tous les neuf ans au seigneur de Brisay. Guillaume Jahan devait également au sieur de Bours cinq deniers de cens pour un pré au Gué-Denise.

Le 20 mai 1505, Jacques reçut, à Brisay, la déclaration de Jehan Crossay portant sur des terres au Châtelet, Champillard et sous la douve du château. Le 6 juillet 1506 et le 16 décembre 1507, celles de Jean Huchet et de Charles Chefdevergne pour leurs pièces des Bournais, à la Fuye. Le 3 février 1509 il eut déclaration des héritiers Joubert pour leur maison et jardin d'Ursay avec du bois à la Fenestre-Vignault.

Le 3 septembre 1510, Aimar Thibaut signait de sa main, et remettait au seigneur de Brisay la déclaration des biens qu'il possédait dans sa juridiction : vigne et eau (vont bien ensemble) sur le chemin de Brisay à la Pagotière, terres au Moulin, à la Fontaine de Bonneuil, à Ligniers, etc. C'était un considérable domaine comprenant vingt-huit articles disséminés sur le territoire, à l'occasion duquel Thibaut payait, outre la redevance au seigneur, une rente de cinq sous à la chapelle de Brisay. Ces Thibaut, simples villageois enrichis par leurs travaux et leurs économies, étaient en relations d'intimité avec le château. Comment, pourquoi ? je l'ignore Je constate seulement que ce personnage portait le prénom favori alors de la famille, et qu'il dut conséquemment être le filleul — on se demande s'il fut le filleul seulement — du fils aîné de Jehan de Brisay. Nous allons voir qu'il avait également la confiance de la maison, car il fut officier de justice et en même temps régisseur d'une des terres de ses seigneurs. Ce fut probablement son fils, le nommé Julien, qui épousa l'avouée de Brisay et devint pour la circonstance *noble homme, écuyer, sieur* de je ne sais plus quel arbre....

Le 5 février 1511, Jacques de Brisay abandonnait à Aimar

Thibaut, receveur du château de Douçay, une rente de blé, argent et volailles, percevable à la Fuye de Baudais, sur les héritages Bompart et Blandin, rapportant chaque année six septiers de froment, à condition qu'il se chargerait d'acquitter chaque année à la Saint-Michel, une rente de deux setiers de seigle, deux chapons, deux poules et deux deniers, que Jacques devait à Monsieur l'Archiprêtre de Mirebeau.

Par sentence en date du 11 may 1521, à Loudun, messire Jacques toujours attentif aux intérêts de son domaine, fit condamner un vassal, Jehan de Villiers, sieur de la Maisonneuve, à s'acquitter, malgré son opposition, de la redevance qu'il lui devait sur une pièce de terre sise au terroir de Gourgousson. Plus tard, il fit rendre une condamnation analogue contre Jean Lecoindre et Guillaume Plumereau, au sujet de leurs terres de la Place, près le bois Chamaillart.

Les déclarations foncières se produisaient toujours à mesure que les héritages changeaient de main. Le 17 juin 1521, les Messeau, pour douze boicellées de vignes à Chamaillart, payaient à la seigneurie douze pintes de vin. Le 3 août 1536, François Herraut, pour douze boicellées de terre à la Chabotière, cinq aux Nouelles, douze sous le château de Brisay et un bois à Gausset, remettait trois chapons. La même année François Dignart rendait un chapon pour une boicellée de terre à Brisay. Quelques jours plus tard, messire Hugues Dubois, prêtre, signait de sa main et portait au château son aveu, pour quatre boicellées de terre « au terrouer de dessoulz la croix Barnez aux dessoulz du village de Sezay ».

Le 25 avril 1538, Vincent Guillegaut soumettait sa maison sise à Brisay, le jardin, les vignes de la croix Bourdon, le bois de Groschène, les terres de la Grimaudière, Gausset, Couture-Airaude et sous la douve du château, en tout cinq journaux ou arpents payant la redevance forte de vingt boisseaux de froment de rente ; plus douze autres articles en divers points du terroir, payant encore trois setiers et quinze boisseaux froment, plusieurs chapons, trente-quatre sous de rente. Si l'on a pu remarquer qu'il y avait des redevances dérisoires, celle-ci paraît énorme ; une grande inégalité régnait dans la répartition de ces censives dont l'origine était probablement ancienne, et qui avaient été créées sous des prétextes différents, et à l'occasion d'exigences quelque fois pressantes.

Le 6 septembre de la même année, c'était Guillaume Pagot, un gros fermier, qui présentait l'énumération de ses cent trente boicellées de terre, réparties en dix-huit articles, à la Traversaine, la Grimaudière, les Nouelles, Lébaupin, etc., payant une rente de cinq setiers et trois boisseaux de grain.

Le 5 février 1539 arrivait la déclaration des Morins, autres richards, pour leurs possessions aux Nouelles, Pellerin, Sauleau, Sous-la-Douve, à la Giraudière, Soulamort, Gausset, Ligniers-le-Prévoir, la Torchonnerie, en tout treize articles, rendant seulement quinze deniers, soit un sou et quart.
— Des privilégiés ces Morins !

Jacques opéra, au profit de son domaine, quelques retraits féodaux sur des immeubles vendus, dans le ressort de sa juridiction, et qu'il ne voulut point voir passer à des tiers. C'était un des privilèges réservés au seigneur. En vertu du droit de *lods et ventes*, tout vendeur devait soumettre son contrat aux assises du fief dont il relevait, pour en obtenir l'approbation, et faire connaître la mutation de l'immeuble. A la demande du possesseur du fief, le sénéchal pouvait adjuger à ce dernier les biens soumis à la vente ; le seigneur, qui les faisait siens, en remboursait le prix à l'acquéreur, non pas au montant de la vente, mais au taux d'estimation fixé par le tribunal des assises. C'est ainsi que nous voyons rentrer au domaine de la seigneurie, par adjudication du sénéchal de la cour, le 21 juin 1542, trente-trois pièces de terre sises à Fombregin, la Fontaine de Bonneuil, le Moulin, le Bois-Regnart, la Poissonnière, le Noyer-Fouart, les

Perranches, etc., acquises l'année précédente par Jacques Cousturier, sieur de la Pagotière, appropriation qui fut payée 42 livres 15 sous d'argent comptant, avec l'abandon d'une rente de froment estimée à 53 livres. De même, le 13 mai 1532, Jacques de Brisay exerça le retrait féodal sur une pièce de bois taillis, au terroir de l'Arbraye, vendue par Barbet Guillegaut à Antoine Dignay, habitant Verrue, etc.

On trouve également des traces d'acquisitions directement faites par Jacques, en 1501, 1502, 1503, 1506, 1507, 1508, 1515, 1521. Elles portent sur une centaine de boicellées de terre, tant au terroir de Brisay, qu'à Sévolle, dont le paiement exigea un déboursé d'une quarantaine de livres (1).

Nous avons dit que Jacques était demeuré dans l'indivision avec ses frères et sœurs, et que la bonne gestion dont il donnait des preuves, avait inspiré à ses cohéritiers une confiance légitime. Leurs bonnes relations, ayant pour base fragile la communauté des intérêts, ne dura pas toujours. On peut croire aussi que Jacques mit quelque négligence à payer, à ses beaux-frères, la part de leurs épouses dans les revenus de la seigneurie, car nous avons relevé quelques pièces de procédure qui prouvent que la justice dut intervenir à plusieurs reprises entr'eux.

C'est Hilaire le Bigot qui jeta la pomme de discorde dans la famille. Il se plaignit que sa femme, Renée de Brisay, ne recevait que 60 livres par an sur les revenus de la seigneurie, et que ses sœurs touchaient davantage. Il obtint des lettres royaulx données à Paris le 23 mars 1519, l'autorisant à poursuivre son beau-frère en réglement de part. Le 5 août 1521, il l'avait appelé devant le juge royal de Saumur pour le même motif, demandant la mise à exécution des dites lettres. Mais Jacques obtint un délai pour produire les pièces de sa défense, et nous ignorons quel fut le résultat du procès (2).

(1) *Arch. du chât. de Brisay,* Passim.
(2) *Arch. du chât. de Brisay,* vol. K.

En 1522, Jacques eût maille à partir avec un autre sien beau-frère, François Barrotin, époux de Jeanne. Jeanne de Brisay était décédée peu auparavant, jeune encore et n'ayant point eu d'enfants. Elle avait, de son vivant, habité, avec son mari, l'hôtel de Brisay, à Mirebeau. Très attachée à l'époux qu'elle s'était choisi, et auquel elle paraît avoir été unie par inclination, elle avait fait un testament en sa faveur, lui laissant la tierce partie de ses biens présents et futurs, ainsi que tous les meubles et acquets de la communauté et elle avait manifesté le désir de voir ce don passer plus tard au frère du légataire. Après sa mort,. Jacques de Brisay refusa d'acquitter le legs, prétendant qu'à défaut d'enfants procréés de sa chair, les biens de sa sœur lui revenaient de droit. Il arguait également d'une donation de 11 livres de rente faite par la défunte aux chanoines de Mirebeau, antérieurement à ses dispositions testamentaires, et que les dits chanoines lui réclamaient fort opiniâtrement. Mais les Barrotin étaient des légistes. François avait un frère nommé Jehan, alors professeur à l'Université de Poitiers, qui lui conseilla de pousser l'affaire à fond, car il était comme nous venons de le dire, intéressé au succès de l'entreprise. Appelé devant le conservateur des privilèges royaux de l'Université poitevine, le seigneur de Brisay se vit sermonné et endoctriné si bien qu'il reconnut l'inutilité de la résistance, et renonça aux « grandes involutions de procès » qu'il méditait tenir. Donc, pour « avoir paix et amour entr'eux » le dit seigneur de Brisay et François Barrotin, son beau-frère, transigèrent sur leur différend, comme il suit : « pour l'usufruit du tiers de l'héritage de la. ditte Jeanne de Brisay, et tout autre droit que le dit François et maistre Jehan, son frère, peuvent prétendre en yceluy, le dit Jacques de Brisay, à ce présent stipulant et acceptant, afferme et compose, tant pour lui que pour ses cohéritiers, à la somme de vingt-quatre livres tournois par chascun an, payables à la fête de Toussaint, durant le cours de la vie du dit François Barrotin, en la ville de Mirebeau, en l'hôtel et maison de Brisay ». Quant aux meubles, ils furent abandonnés à Barrotin moyennant qu'il paierait les dettes de sa femme.

La situation fut plus tendue avec dame Aliénor, femme du seigneur d'Aulnay. Elle avait été payée de sa part des revenus très régulièrement chaque année, par les soins de messire Pierre Bonneau, receveur de la seigneurie, et elle avait fourni des quittances datées de 1517, 18, 19, 20, 21, 22, 23, 24, 25, 26, 27. En 1528, elle avait reçu 47 livres par trimestre, sur les coupes réglées de la forêt de Sévolle. En 1529, elle avait eu 108 livres en tout ; en 1530, 34 livres par trimestre ; en 1531, elle reçut 9 setiers froment, 1 setier méteil, 3 setiers seigle, 3 setiers orge, 15 boisseaux avoine, 4 poules et 4 chapons, 1 pipe et 1/2 de vin. Il est impossible de voir une administration de biens indivis plus régulière et mieux conduite. Jacques était singulièrement secondé dans sa gestion par le serviteur le plus dévoué, le plus intelligent, le plus actif, le plus consciencieux ; ce Pierre Bonneau, dont j'ai parlé déjà au sujet de son stage dans la chapellenie de Brisay, qui fut longtemps régisseur-gérant de la seigneurie avant de devenir le desservant de l'église du lieu, et à qui le domaine dut certainement sa conservation au milieu des orages qu'il eût à traverser. Pierre Bonneau s'était transporté chaque année, de 1523 à 1531, au château d'Aulnay, résidence de dame Aliénor de Brisay, pour verser entre les mains de cette dame les sommes qu'elle avait le droit de percevoir, ou bien pour lui faire la remise des fruits en nature. Il avait eu soin de retirer chaque fois une quittance.

Sous quelle inspiration la dame d'Aulnay, après avoir recueilli sa part des revenus de Brisay, en 1531, vint-elle actionner son frère en justice, prétendant qu'elle n'avait pas été payée de son dû ? On l'ignore ; les pièces d'un procès, entamé à cette date, font connaître seulement que la sénéchaussée de Loudun eût à trancher ce nouveau différend entre frère et sœur. Madame d'Aulnay s'y présenta le 28 septembre 1532. Jacques et son receveur y vinrent le même jour « sur deux chevaulx ». Ce détail est charmant. On voit, par ce temps d'automne où les feuilles des noyers commencent à rougir, le maître et son serviteur, suivant à travers les vignes dont les vendanges viennent d'être faites, le chemin qui conduit au siège de la sénéchaussée royale. Il faut descendre dans la vallée de Verrue, traverser la forêt, et, par Guesne, gagner les Angliers où l'on trouve la grand'-route qui, de Challais en Nouzilly, arrive à Loudun. La course est longue, il y a cinq bonnes lieues de pays. Les chevaux soufflent et peinent à travers les fondrières et les marécages de la Briande ; puis ils pressent l'allure quand ils sentent sous leurs pieds le chemin ferré, où nos cavaliers la lançent à toute bride. Comme ils ont bien fait de monter les *deux chevaux*, et comme ils auraient eu du mal à s'en tirer, outre le ridicule dont ils se seraient couverts, s'ils étaient venus là sur quelque roussin de service, ordinaire au pays, le seigneur en selle, tenant les rennes et l'abbé assis sur la croupe embrassant pour ne pas choir, la ceinture de son compagnon ! Non, ce n'est pas cela ; le sénéchal les a vu entrer dans la cour de son présidial à onze heures du matin, tous les deux dignes comme des justiciables bien assurés de leur bon droit, tous les deux montés sur des coursiers de valeur, qui rongeaint leurs mors, la bouche écumante ; et la satisfaction que lui a causé ce spectacle ne s'est pas si vite échappée du souvenir de ce bon sénéchal, qu'il n'ait tenu à consigner la chose dans son jugement. La sentence porte, en effet, que ce fut bien sur « deulx chevaulx », que le seigneur de Brisay et le receveur Bonneau firent leur entrée à Loudun, dans la circonstance. Pierre Bonneau avait ses papiers, les quittances signées par Aliénor. Quand elle les vit, la dame d'Aulnay ne voulut point les reconnaître. Elle déclara que les signatures apposées sur ces quittances étaient fausses, car, ne sachant ni lire ni écrire, elle ne les avait point tracées de sa main. — « Bien est vrai, déclara-t-elle cependant, que un nommé messire Pierre Bonneau, prêtre, par plusieurs fois l'a pressée et contrainte de mettre son nom en certain papier, et, pour ce faire, lui a présenté la plume, et lui tenait la main, lui faisant écrire telles lettres que bon lui semblait, donnant à entendre que c'était son nom qu'il prenait d'elle, pour sa part et portion des revenus de la terre et seigneurie de Brisay » ; mais elle s'entêta à prouver que ces quittances étaient incomplètes, prétendant que ne sachant pas ce qu'elles contenaient, on les lui avait extorquées frauduleusement. L'affaire dût aller jusqu'à Saumur, où Bonneau obtint gain de cause, autant pour le profit de son maître que pour la sauvegarde de son honorabilité. Aliénor ne tira aucun profit de son algarade. Loin de là : son frère Jacques saisit l'année suivante la part du revenu de madame d'Aulnay, dans la seigneurie de Brisay, faute de déclaration par elle faite, conformément aux usages féodaux, de la partie dont elle jouissait, et elle se vit ainsi évincée du domaine. Sa sœur Renée, veuve d'Antoine du Raynier, qui avait d'abord épousé la querelle d'Aliénor, et s'était jointe à elle dans l'instance portée à Loudun, se retira prudemment, quand elle vit les juges se prononcer contre elles. Elle fit sa soumission à son frère aîné. Il ne paraît pas qu'elle ait perdu, dès lors, sa part héréditaire de la seigneurie de Brisay (1).

Anne de Brisay, veuve de sire de Cherves, et, par son douaire, dame du château de Gloriète, qu'elle habitait, dans le voisinage très proche du château de Brisay, ne paraît pas avoir causé d'ennuis à son frère. En 1530, elle touchait 80 livres de rentes sur les revenus du domaine, et s'en contentait. Le 15 juillet de la même année, elle faisait opérer par Pierre David, son sénéchal, qui remplissait alors les mêmes fonctions au château de Brisay, le retrait féodal de

(1) *Arch. du chât. de Brisay*, vol. K.

certains immeubles dépendant de son fief, que Maurice Guillon avait vendus à messire Antoine Béranger prêtre, et qu'elle fit transporter sur la tête et au profit de son plus jeune frère François de Brisay. C'était une maison, cour, puits et cave, jardin et écurie au village de l'Ayraudière, en Coussay, sur le chemin de Brisay à Coussay, avec trente baillées de terre aux Perrières, la Traversaine, le Pas-du-Chien. Ces biens faisaient partie d'une fondation pieuse de Michel de Chasteaux, paroissien de Coussay, habitant Brisay, qui, par un testament daté de 1523, avait institué une chapelle en l'église de Veniers, en Loudunois. Après sa mort, arrivée en 1528, ils furent mis en vente par le chapelain Maurice Guillon, et achetés par Antoine Béranger, au prix fort de 250 livres. Le retrait en fut opéré avec un rabais de 50 livres, ce qui prouve que l'évaluation du rachat à retrait n'était pas toujours la même que pour l'acquisition primitive. Cette donation d'Anne à son frère vint accroître, à la mort de celui-ci, le domaine de la famille, car dès les premiers jours de la même année 1530, Jacques de Brisay avait opéré un retrait anticipé sur les biens qui en font l'objet, pour l'époque où François aurait cessé de vivre. A la même époque, il faisait exercer un retrait analogue, par Pierre David, son sénéchal, en faveur de « noble et vénérable personne maistre François de Brisay, prêtre et écuyer, frère puiné du seigneur de la cour du dit lieu », sur une pièce de terre de douze boicellées, plantée en bois, située au terroir de Gausset, sur le chemin tendant de la Trapière à l'église de Verrue ; cette pièce était payée 50 livres à messire Antoine Béranger.

Par acte passé à Poitiers, chez maître Guillaume Pichereau, notaire royal, le 5 août de l'année 1530, un réglement de succession définitif intervint entre Jacques de Brisay et son frère François. Jacques s'engagea à payer annuellement à François sa vie durant, cent livres de rente, qui durent lui être soldées dans l'hôtel de Brisay à Mirebeau qu'il habitait, et où, selon toute vraisemblance, il finit ses jours. François, de son côté, abandonna à Jacques « tous et chascuns les dommaines, cens, rentes, dixmes, terrages et autres droits, devoirs et actions quelconques lui appartenanz par les successions de feu Jacques de Brisay, en son vivant écuyer, seigneur du dit lieu, et de damoiselle Françoise de Bauvau, père et mère en leurs vivants des dits Jacques et maistre Françoys de Brisay, frères germains, et autres successions écheues et advenues paravant ce dit jour » (1).

Une contestation s'était élevée entre Jacques de Brisay, et la juridiction voisine, celle de Coussay, dont la prééminence appartenait alors à « Révérend Père en Dieu, monseigneur messire François Boyer, évêque de Saint-Malô, abbé de Bernay et prieur du dit Coussay », au sujet de six boicellées de terre situées sous « l'Oremeau Hachart », que chacune des deux seigneuries prétendait siennes. On s'arrangea, lors d'une visite que fit monseigneur à son prieuré, au printemps de 1539 ; devant les honorables officiers de l'élection de Loudun, il fut consenti et rédigé que le prieur conserverait dans son fief les six boicellées, objet du litige, situées sur le chemin de Brisay aux Roches, et qu'il donnerait au seigneur, son voisin, trois boicellées « au fief du dit de Brisay, en compétent terroir », et qu'en attendant l'attribution de ces trois boicellées, l'on jouirait en commun, et par parts égales, du revenus de six boicellées exploitées par Alexis Leroux.

Cet acte est le dernier où figure Jacques II. Il mourut en 1540. — Les seigneurs de Brisay étaient inhumés dans l'église du couvent des Cordeliers de Mirebeau, dont ils étaient les fondateurs. Mais combien d'entre eux y reposèrent ? Ce ne furent point ceux qui périrent sur les champs de bataille, ou sur les terres lointaines, dont les ossements revinrent blanchir dans la terre mirebalaise. A vrai dire,

(1) *Arch. du chât. de Brisay*, vol. K.

nous n'avons connu positivement le lieu exact où furent déposés les restes d'aucun de ces personnages, qui se succédèrent, à Brisay, pendant trois cents ans depuis la fondation de Raoul II, jusqu'à la mort de Jacques II, en 1540. Pour celui-ci, nous avons la certitude qu'il fut enterré aux Cordeliers de Mirebeau, « en la sepulture de ses prédécesseurs, laquelle sépulture est au chœur de la dite église, à main sinistre (gauche) en entrant, où est un grand arceau ou voûte dans la muraille ». Jacques y fut déposé, et sa veuve vint l'y rejoindre beaucoup plus tard, comme le prouve le document qui nous fournit ces détails, et sur les termes duquel nous aurons à revenir lorsqu'il s'agira de l'inhumation de leur fille, qui fut leur héritière (1).

Fidèle à l'exemple de ses ancêtres, Jacques avait recherché une illustre alliance. Sa médiocre fortune, l'obscurité de son existence, l'âge qu'il avait laissé venir et qui grisonnait déjà son front, sa position de chef d'une nombreuse famille restée en indivis, ne lui permettaient pas d'espérer un brillant établissement. La personne qu'il choisit n'était pas riche, mais elle était fort bien née. Il avait quarante-sept ans, lorsqu'en 1521, il épousa Françoise du Bec, fille de Gilles du Bec, seigneur de la Motte-Usseau, en Châtelleraudais, et de Françoise de Faye. Gilles était un cadet petitement àpanagé, mais il était fils de Geoffroy du Bec, seigneur du Bois d'Illiers et de la Motte-Usseau, qui se rattachait à la branche aînée de la maison du Bec-Crespin. très ancienne et illustre, par son trisaïeul Hugues du Bec-Crespin, fils de Guillaume IV et d'Alix de Sancerre, lequel fonda, à la fin du XIIIe siècle, la branche dite de Bourri. Gilles avait un frère aîné nommé Guillaume marié à Catherine de Brillac, et un frère plus jeune, nommé Jean, qui entra dans les ordres. Il était apparenté aux Roncherolles, d'Anglures, Fouilleuse, Beauvillier, Mornay.

(1) *Dom Fonteneau*, vol. 67, p. 413.

La branche aînée de cette famille s'était éteinte, en 1453, dans la personne de Jehan du Bec, marié à Marguerite d'Amboise, qui épousa en secondes noces, l'an 1457, Jean de Rochechouart, sire de Mortemart. De ce côté les du Bec se rapprochaient déjà des Brisay. La branche de Bourri disparut fin du XVI⁰ siècle, avec Georges du Bec, baron de Bourri, chevalier de l'Ordre, qui ne laissa que des filles. Elle a donné Philippe du Bec, évêque de Vannes en 1559, de Nantes en 1566, archevêque de Reims en 1594, très bien vu du roi Henry IV. Il était cousin issu de germains de madame de Brisay (1).

§ II

LES DERNIERS BRISAY ET LEURS DESCENDANTS

René, seigneur de Brisay et de Bosnay fils unique de Jacques et de Françoise du Bec, était le second enfant issu de cette union. Rejeton tardif d'un père qui avait atteint ou dépassé la soixantaine (Jacques II mourut à soixante-six ans), il accédait en minorité au domaine héréditaire, dont sa mère prit la gestion, à son profit. Françoise eut le « bail et administracion » de son fils et de la terre de Brisay pendant dix-huit ans, ce qui prouve que René en comptait trois à peine en 1540. Pendant que grandissait ce jeune seigneur, elle régit les affaires de son mieux. De bonne heure son époux l'avait mise au courant d'une gestion où il excellait lui-même ; et, pendant les absences du maître, elle savait parfaitement procéder, sans le secours des officiers de la justice, au règlement des intérêts de la maison. Si, en 1527 et 1528, l'on trouve encore des actes de ventes enregistrés sous la signature du receveur Pierre Bonneau, à partir

(1) *Moreri*.

de 1529 c'est Françoise du Bec, qualifiée dame de Brisay, qui, d'une écriture élégante et correcte, approuve les quittances des droits de lods et ventes consignées au dos des dits contrats. En 1536, 37, 38, elle en revêt ainsi de ses noms et qualités, et son mari vivait encore, ce qui prouve qu'il lui accordait une part coopérative dans son administration. A partir de 1543, Françoise agit en son propre nom ou comme tutrice de son fils ; et dès lors, pendant une période de trente années, on la verra mettre sa signature au dos de tous les contrats soumis à la seigneurie. Mais le premier soin de Françoise, en prenant en main la succession de son mari, a été de porter son hommage à qui de droit. Le 2 juillet 1540, « demoiselle Françoise du Bec, veuve de défunt Jacques de Brisay, en son vivant seigneur du dit lieu, au nom et comme ayant bail de René et Madelaine, enfants du dit défunt de Brisay et d'elle, s'est transportée de sa maison, sise en cette ville de Mirebeau, jusques au-devant de la porte du château du dit Mirebeau, et illec arrivée a fait frapper contre la porte dudit château, voulant entrer pour y trouver monseigneur du dit lieu, et luy faire la foy et hommage qu'elle lui doit pour raison du châtel, terre seigneurie de Brisay, tant pour elle que pour ses parageaulx, hommes et sujets ». Aussitôt la concierge, Marie Couriau, femme de Michel Chéboart, s'est présentée et a déclaré que Monseigneur était absent, qu'il résidait en son château de Targé « distant de sept lieues de Mirebeau », et n'avait laissé « homme qui eût puissance recevoir mademoiselle à la dite foy et hommage ». De là voyage de la dame de Brisay chez le sénéchal, puis chez le procureur qui se déclarent incompétents, mais lui donnent acte de ce qu'elle a « offert faire ses foy et hommage, payer les droits et debvoirs pour ce dûs, et promis rendre son aveu par écrit dans le temps de l'ordonnance » (1).

Si nous jetons les yeux sur l'histoire de la baronnie de

---

(1) *Arch. du chât. de Brisay*, vol. A.

Mirebeau, nous y constatons que ce domaine appartenait alors à François de Blanchefort, chevalier, conseiller et chambellan du roi, baron de Saint-Janurin, seigneur de Sainte-Sévère, Targé, etc, qui l'avait acquis de la maison d'Arpagon héritière de Jeanne de France. Il en jouissait depuis 1533. Ce seigneur allait prendre part comme intéressé, dans le grand procès soutenu en 1541, contre la dame de Brisay, par le seigneur de Celié.

A l'occasion de la tutelle de son fils, Françoise du Bec, faisant appel à tous ses vassaux, avait sommé messire Bonaventure Gillier, sire de Puygareau et Marmande, récent acquéreur de Celié, d'avoir à lui fournir son aveu et à payer les droits dûs pour les lods et ventes. Ce voisin récalcitrant, mais puissant, refusa de se soumettre, prétendant que Célié ne relevait pas du château de Brisay, mais bien de celui de Mirebeau vis-à-vis lequel il avait exécuté les formalités requises.

Françoise du Bec cita immédiatement son vassal en défaut devant le sénéchal du Poitou pour en obtenir l'exhibition du contrat, ou faire sortir une condamnation portant réintégration du domaine de Célié dans la seigneurie de Brisay, par confirmation de retenue et de puissance féodale.

Nous avons exposé au long les détails de cette affaire en traitant du fief de Célié, ce serait donc faire double emploi de documents que d'y revenir ici. Nous nous contenterons de rappeler que l'instance dura sept années, pour se terminer par une sentence attribuant au baron de Mirebeau la suzeraineté d'un fief, que de toute ancienneté la seigneurie de Brisay avait tenu dans son domaine, lequel se trouva ainsi dépouillé des droits de vassalité, lods et ventes, honneurs et redevances qui avaient été ouvertement créés et consentis par le partage de 1470.

En juillet 1551 Françoise du Bec, au nom de ses enfants mineurs et au sien, avait fait saisir par Sébastien Bonhomme son sergent de justice, certains héritages vendus dans sa juridiction et sur lesquels les honneurs n'avaient pas été rendus. C'étaient, une maison au village de l'Airaudière, sur le chemin de Brisay à Mirebeau, et des terres aux Nouelles, à Ligniers, au Révoir, à Bonneuil, à Fombregin, etc., en tout 24 acticles qui furent réintégrés au domaine (1).

Le 12 octobre 1552, à Faye-la-Vineuse, la même Françoise du Bec, dans le logis et par la médiation d'Anthoine Gilles, habitant cette localité, transigea avec son frère, au sujet d'une obligation assez lourde qui grévait la terre de Brisay.

La gêne, à cette époque, était entrée dans la maison, probablement à la suite des frais considérables qu'avait occasionnés le procès de Célié, aggravée par les exigences des belles-sœurs de Françoise qui, depuis la mort de Jacques, avaient exigé d'être indemnisées pour leur part des biens paternels. Françoise était réduite aux emprunts. Par contrat du 22 mars 1551, elle avait, en garantie d'une somme de cinq cents livres à elle remise à Paris, par Jehan Hamenon, écuyer, sieur de Bonet, et par Jehanne de Pennebelle, sa femme, constitué au profit des prêteurs une rente annuelle de 20 livres, à prélever sur les revenus de la terre de Brisay. Par nouveau contrat passé à Troyes en Champagne, le 15 septembre 1552, messire Christophe du Bec, chevalier, seigneur de la Motte-Usseau, la Plante et autres lieux, guidon de la compagnie du vidame de Chartres, et frère de Françoise, avait acquis à son tour les dites 20 livres de rente. Aussitôt, par l'entremise d'Anthoine Gilles, son procureur, il les abandonna à la dame de Brisay, sa sœur ; celle-ci, à titre d'échange, remit au chevalier Christophe une rente de vingt-cinq livres qu'elle prélevait annuellement, par droit héréditaire, sur les terres de la Perrière et de Vervant, faisant partie des biens de feue dame Françoise de Faye, leur mère, laquelle lui avait constitué cette rente en dot par son contrat de mariage (2).

(1) *Arch. du chât. de Brisay*, vol. K.
(2) *Arch. du chât. de Brisay*, vol. K.

Les embarras de Françoise du Bec ne faisaient que s'accroître. On acquiert une juste idée de sa position, lorsqu'on la voit, en 1553, refuser de coopérer à la levée de l'arrière-ban d'Anjou, convoqué par Henri II, pour mettre la monarchie en état de repousser l'invasion des Allemands. Une certaine analogie apparaît entre cette campagne et celles de Bouvines. Comme alors, un Empereur puissant, Charles V, pénètre sur le territoire franc, non plus par le Hainaut, mais par la Lorraine, traînant à sa suite une nombreuse armée. Toute la noblesse prend les armes, ainsi que nous avons vu faire autrefois aux bannerets de la Maison de Brisay. Mais quel changement s'est accompli, depuis lors, au sein de cette vieille race féodale ! Le descendant direct, le représentant des chevaliers croisés, des combattants de Bouvines, Taillebourg, etc., des *navrés* de Poitiers, des prisonniers de Nicopolis, n'est qu'un faible et débile jeune homme, que des femmes et des prêtres tiennent enfermé dans l'enceinte fortifiée d'un manoir apauvri, dont seize années de tutelle maternelle ne sont parvenues à faire encore qu'un damoiseau, et qui s'amuse à jouer à la quintaine, ou à chasser le conil à l'oiseau, pendant qu'à la frontière l'armée des Impériaux se voit infliger, devant Metz, un des plus lamentables échecs qu'ait essuyé cette orgueilleuse nation.

La seigneurie de Brisay, ne pouvant fournir son chevalier, avait été taxée à la contribution de guerre de 200 livres. La châtelaine, incapable d'acquitter pareille somme en un moment, avait envoyé à Saumur son procureur René Gilier, pour représenter au sénéchal que, bien que dans sa déclaration foncière elle eut avoué, à la mort de son mari, toucher 200 livres de rente à Brisay, depuis lors « elle avait fait partage avec divers ses cohéritiers et frerescheurs des enfants de son défunt mari, héritiers en partie de la dite seigneurie de Brisay, et que pour son regard, il lui était demeuré la somme de soixante livres tournois de rente, toutes charges déduites ». Elle offrait donc à contribuer en conséquence.

Mais elle fut condamnée à payer les deux cents livres, avec cette compensation qu'elle pourrait exercer son recours contre les cohéritiers de la maison de Brisay pour leur part de la contribution (1).

Ce coup lui fut fatal et porta ses affaires au plus bas. Françoise du Bec se vit dans la nécessité de mettre en vente la terre de famille, le patrimoine que les aînés de la maison s'étaient transmis, comme un dépôt sacré, depuis le fils de Pétronille jusqu'à cet enfant que la ruine allait chasser de sa demeure héréditaire. Néanmoins elle ne voulut pas prendre sur elle la responsabilité d'un tel fait ; elle temporisa, elle traîna jusqu'à la majorité de son fils, afin de lui faire opérer lui-même la fatale liquidation.

René de Brisay atteignit ses 21 ans en 1557. Il était majeur, il portait le titre d'écuyer. Le 15 septembre de cette année-là, sa mère et lui, sans tapage, firent venir, au château de Brisay, le notaire de la cour de Coussay, un paysan nommé Louis Lefort, cultivateur habitant Ligniers-Langouste, et messire René Mesnage, leur chapelain mais surtout leur confident, leur conseil et leur ami. A cette réunion se joignit messire Guillaume Yvon, juge en l'élection de Loudun, convoqué comme intéressé dans l'affaire qui allait se traiter ; et « noble homme » René de Brisay, et « noble damoiselle » Françoise du Bec, sa mère, vendirent au dit messire Yvon, « la maison noble de Brisay en laquelle ils sont demeurant, cour, étables, jardin, clos de vigne, prés, terres labourables et non labourables, droits de fief et autres émoluments, *sans aucune chose en retenir ni réserver,* pour en jouir par le dit acheteur ainsi comme défunt noble homme Jacques de Brisay et la dite Françoise du Bec en ont jouy autrefois, et que de présent la dite du Bec et le dit de Brisay, vendeur, en jouissent ». Le prix de la vente fut fixé à 400 livres, qui furent payées comptant, dont les vendeurs

(1) *Arch. du chât. de Brisay*, vol. A.

se tinrent pour satisfaits. La vente était conditionnelle : l'acheteur accordait la faveur de reprendre la terre en lui restituant le prix payé, dans le délai d'un an (1).

Que devinrent le seigneur de Brisay et sa mère après qu'il leur eût fallu quitter leur manoir féodal ? C'est alors qu'ils éprouvèrent les bienfaits de l'amitié, du dévoument, du plus précieux concours chez un modeste prêtre, enfant du village, qu'il avait plu à Françoise d'élever au rang de chapelain du Château, et qui avait nom messire René Mesnage.

Depuis un quart de siècle l'intérieur du manoir avait changé d'aspect. On n'y voyait plus les archers, les écuyers, les porteurs de glaive et de cuirasse, qu'y avait assemblés assurément le banneret Jehan de Brisay après l'érection de sa forteresse. D'autre part les concubines avaient disparu ; si Jehan et ses fils ont laissé après eux des traces de leurs mœurs un peu trop libres, ils ne trouvèrent point d'imitateur dans l'adolescent qui fut leur dernier rejeton. René, nourri et grandissant par les soins attentifs et jaloux d'une mère jeune encore — elle n'avait pas quarante ans lorsque son mari la laissa veuve — fut confié de bonne heure aux prêtres qui étaient les hôtes ordinaires de la maison. A Pierre Bonneau, disparu en 1542, avait succédé Marc du Bec, frère puîné de Françoise, engagé dans les ordres et qui fut un moment chapelain de Brisay. François de Brisay, qui habitait Mirebeau, ne manquait assurément pas de faire de fréquents et prolongés séjours au château, exerçant sur la mère et l'enfant une surveillance que la loi autorisait, car il était curateur de la tutelle. A ces abbés, dont la dignité et l'instruction ne pouvaient que concourir efficacement au relèvement moral de la famille, et qui durent prendre une part utile dans l'éducation du jeune homme, ne tarda pas à se joindre messire René Mesnage.

(1) *Arch. du chât. de Brisay*, vol. K.

Il appartenait à une famille de la localité, dont les ancêtres figurent dans plusieurs déclarations censitaires du siècle précédent. Élevé non loin du château, il avait conçu de bonne heure ce sentiment de tendresse filiale, qu'inspiraient à leurs sujets des seigneurs justes et bons, quand ils séjournaient ordinairement dans leurs terres. Il avait sans doute levé fréquemment les yeux vers les tours de ce manoir, devenu depuis quelque temps une hôtellerie de prêtres. Tout porte à croire que René Mesnage fut chargé de l'instruction intellectuelle, morale et religieuse du jeune René de Brisay, et quand elle eut pris fin, Françoise du Bec lui témoigna sa reconnaissance en le faisant nommer titulaire de sa chapellenie. C'est en 1557 qu'on l'y voit figurer pour la première fois. Sous le titre de chapelain de Brisay, il achète, au prix de sept livres dix sous, à Léonard Mazeraux, deux boicellées de terre à Ligniers. Il avait quelque fortune : les actes de la seigneurie relatent un grand nombre d'acquisitions par lui faites sur le territoire de Brisay, pendant toute la durée de sa possession, qui se prolongea jusqu'à la fin du XVIe siècle. La plus importante de ces acquisitions fut celle qu'il fit, en juin 1557, de Guillaume Rebeillon : « une maison, four et fournil, cour, bail (porte cochère), jardrein avec l'usage d'ung puy », située devant la porte du manoir seigneurial, en un lieu appelé le carrefour des Châteaux, formant à l'entrée de plusieurs bâtiments, dont l'un était le château Chesneau et l'autre le château de Brisay, le confluent de deux voies se dirigeant vers Bonneuil ou Gloriète, et vers le chemin de Mirebeau. Celle qui suivait cette direction était l'avenue seigneuriale. Elle était bordée, du côté nord, par le jardin du domaine et par le préau sur lequel s'élevait la chapelle ; au sud elle affleurait trois immeubles, l'hôtel de la Garde, le château Chesneau et entre les deux, l'habitation vendue par Rebeillon appelée dès lors la maison Mesnage. En quelques enjambées faites d'un bord à l'autre de l'avenue, Mesnage passait de chez lui à la chapelle ou au château.

Mesnage après avoir célébré l'office apportait toujours, en ce dernier lieu, un bon conseil, une parole affectueuse, une consolation, dont les embarras continuels où vivait la châtelaine éprouvaient un soulagement. C'était sa mission ici bas ; il était le pasteur des âmes ; par son ministère il assurait la paix dans les cœurs. Peut-être aussi arrivait-il au salon — la liturgie ne s'y est jamais opposée — un jeu de dames sous le bras ou ses jonchets dans la poche. Cela n'a rien d'invraisemblable ; modernement l'on a vu plus d'une fois le curé du village venir faire sa partie de billard ou un partner au wisth avec monsieur le marquis. Nul doute, en échange que bien des fagots de la forêt de Sévolle n'allassent à l'automne chauffer le « four et fournil » du bon voisin, et que la châtelaine ne complétât ses dons par quelques « poulailles » par un choix de ces « chapons », dont le pays avait alors l'industrie, par nombre d' « anguilles » prélevées, pendant le carême sur la réserve où elle puisait de quoi satisfaire les bouchers de Mirebeau, le tout arrosé d'une ou plusieurs pintes de ce petit vin angevin, clairet et mordant, dont la seigneurie de Brisay accumulait, chaque année, un si joli stock en ses celliers.

S'il en fut ainsi, René Mesnage sut bien témoigner sa reconnaissance à Françoise du Beo et à son fils. Après la vente du château, à laquelle il assista comme témoin de l'acte, il leur donna asile dans sa maison. C'est sous ce toit hospitalier, dans cette demeure située en face de leur habitation féodale, que la dame de Brisay et le jeune seigneur passèrent tout ou partie des deux années qui s'écoulèrent, du 15 septembre 1557 au 26 septembre 1559. Un événement aussi triste que douloureux s'y accomplit : René y mourut dans les premiers mois de 1558, emportant avec lui dans la tombe le dernier espoir d'une famille, dont la Providence n'avait voulu faire de cet infortuné ni le soutien ni le restaurateur. Il venait d'atteindre sa 21e année, et mourait sans hoirs n'ayant pas été marié. Au moins eût-il la consolation de rendre son âme à Dieu entre les bras de celui qui, comme un second père, avait veillé sur ses jeunes années, et préparé pour lui les voies du séjour des bienheureux.

Peu après la mort de son enfant, le 25 mai de la même année, Françoise du Bec, réduite au titre contestable de « dame de Célié » fief dont elle n'avait ni la possession, ni même comme nous l'avons fait voir la suzeraineté, résidant à Brisay au domicile de « vénérable personne messire René Mesnage » dont elle invoque l'autorité comme conseil, en l'absence de sa fille Madelaine récemment mariée au sire de Puyguion, opère au profit du même Guillaume Yvon qui, l'an précédent, a acheté le château, la vente d'une ferme nommée la métairie de la Perranche, située au terroir de Coussay, et cède en même temps le fief de Sairres, relevant du château de Loudun, pour la somme de quatre cents livres tournois, qui lui sont payées en or et monnaie blanche. — Cet argent, les fonds disponibles mis à sa disposition par son gendre qui se voit, dans l'avenir, héritier de la terre ; quelques avances faites par l'abbé Mesnage, que les termes du contrat sus mentionné nous présentent en communauté d'intérêt « renonçant, avec ladite dame, chacun d'eulx seul et pour le tout, au bénéfice de division et d'ordre », ont permis à Françoise du Bec de remettre ses affaires à flot. Le 26 septembre 1559, elle a recueilli des fonds liquides, en quantité suffisante, pour rembourser le prix payé par Yvon, pour le château de Brisay ; elle rentre en possession de son domaine. Le jour même, elle rembourse également le prix donné pour la métairie de la Perranche, et elle reprend sa ferme. Guillaume Yvon abandonne les deux immeubles, signant de sa main la quittance des sommes reçues. Mais de qui tient-il ces fortes sommes ? Quel est le messager fidèle, l'ami dévoué qui est allé de Brisay à Loudun remettre à l'Élu du tribunal les huit cents livres de rachat, dont il a sans doute avancé une partie. Qui rapporte les bienheureuses quittances, qui opère la libération de la terre et revient, la joie au cœur, rouvrir à la châtelaine les portes du manoir où elle est entrée avec la couronne de mariée en 1521 et où, désormais, elle compte bien voir s'écouler ses vieilles années et mourir ? C'est René Mesnage, l'acte nous l'affirme, c'est le vénérable chapelain qui a déposé personnellement entre les mains de messire Yvon l'argent nécessaire à la « rescousse des choses précédemment vendues ». Nous rendons un sincère hommage à ce digne prêtre, qui a été l'ange titulaire de la branche aînée de la Maison de Brisay à son déclin (1).

Madelaine, dame de Brisay, fille de Jacques II et de Françoise du Bec, héritière de la terre patrimoniale après la mort de son frère, ne lui succéda cependant pas immédiatement. Née en 1528, elle avait épousé depuis peu, un très bon gentilhomme poitevin, René de Puyguion, seigneur du dit lieu et de Germont dont il fit aveu en 1543, qui suivait la Cour, étant un des cent gentilshommes de la maison du roi Henri II, et chevalier de son ordre. Retenu, avec sa femme, à Paris, par son service au palais du Louvre, au moment de la mort de son beau-frère, et pendant les quarante jours qui la suivirent, il ne put rendre hommage, pour Madelaine, de la nouvelle possession qui leur était échue, et se vit tourmenté à cause de sa prétendue négligence, par le baron de Mirebeau, son suzerain. Menacé d'une saisie immédiate du fief, informé de ce qu'on avait déjà fait main basse, au nom du suzerain, sur la coupe des bois de Sévolle, d'une valeur de 500 livres, Puyguion s'empressa de se rendre à Mirebeau, où il arriva le 6 juillet. Jehan Barrotin, son sénéchal, avait fait toutes les démarches possible, demandé tous délais ; il était à bout de ressources vis-à-vis les officiers de la cour mirebalaise. On réclamait du nouveau seigneur de Brisay hommage de sa terre, en souffrance depuis le 3 juin dernier, jour où cette formalité

(1) *Arch. du chât. de Brisay*, vol. A.

aurait dû être remplie, « le baiser réservé à monseigneur de la cour de seant lorsqu'il tiendra personnellement ses hommages ». On exigeait de lui qu'il payât les mutations dûes à la mort de François de Blanchefort, dernier seigneur de Mirebeau, et celles dûes par le décès de René de Brisay, également les droits de succession occasionnés par la mort de Jacques de Brisay, et les loyaux aides échus au mariage de mademoiselle de Blanchefort, épouse de messire Gabriel de Clermont, non moins que ceux nécessités par l'accession à la chevalerie de monseigneur Gilbert de Blanchefort, son frère, seigneur actuel de Mirebeau. On lui demandait enfin d'établir à quel titre dame Françoise du Bec conservait la jouissance de la terre de Brisay, bien qu'il en fut le réel propriétaire.

René de Puyguion s'empressa de faire ses foy et hommages entre les mains de Jacques Berthelin, écuyer, seigneur de Saint-Florent, sénéchal de Mirebeau et de payer les mutations, les loyaux aides, le chambellage et les frais. Il déclara, en ce qui concerne la jouissance de la propriété, « que la dite du Bec lui a dit que, par la coutume du pays d'Anjou, les père et mère succédaient à leurs enfants par usufruit, ce qu'il ignore parcequ'il est demeurant en Poitou, mais qu'il en abandonne et laisse user la jouissance à sa mère par obéïssance et sans la molester ». Restait la question de rachat qui n'avait point été réglée dans cette réunion. Ce droit montait au total du revenu d'une année de la terre, que le nouveau seigneur devait payer au suzerain, en raison de sa succession collatérale. On l'appelait *rachat*, parcequ'à l'extinction des aînés mâles, le seigneur dominant pouvait saisir le fief et le remettre en son domaine ; il le laissait aux mains du mari de l'héritière, moyennant que celui-ci le lui rachetât en payant une annuité du revenu. C'est en garantie de ce droit que la coupe de Sévolle avait été saisie. Une transaction intervint à ce sujet entre les intéressés par la médiation d'un ami commun, messire Hubert de Prie, abbé de Charroux.

« Sachent touz, comme par décès advenu de René de de Brisay, en son vivant escuyer, seigneur du dit lieu, serait dû droit de rachapt à messire Gilbert de Blanchefort, chevalier, seigneur et baron de Mirebeau, sur la terre et seigneurie de Brisay, mouvante de la dite baronnie, et aurait esté mise en procès damoiselle Françoise du Bec, mère du dit René, tenant et possédant la dite terre, et noble messire René de Puyguion, l'un des cent gentilshommes de la maison du roy, propriétaire de la dite seigneurie à cause de Magdelaine de Brizay, sa femme, lequel de Puyguion serait adjourné pour que défense lui fut faite d'empescher le dit de Blanchefort de prendre et prélever la coupe des bois taillis de la dite seigneurie de Brisay, laquelle est estimée à cinquante livres, les dits de Puiguion et abbé de Charroux au nom du dit de Blanchefort ont transigé et accordé, s'engageant à faire ratifier ledit accord, sous quinze jours, par ladite du Bec, que le droit de rachapt serait fixé à la somme de trois cents cinquante livres, sur lesquelles le dit de Puyguion à payé au dit de Blanchefort trois cents livres, et les cinquante autres livres, s'est engagé à les verser aux mains de Jeanne Maubert, veuve de messire Jehan Guignon, à laquelle ledit de Blanchefort et la dame Renée de Prie, sa mère, devaient pareille somme » (1).

Ainsi donc, Françoise du Bec resta, par une condescendance bien naturelle de son gendre, usufruitière de la seigneurie de Brisay. Elle en jouit pendant seize ans encore. C'est à ce titre que nous la voyons délivrer quittance, le 5 janvier 1560, à René Mesnage, son chapelain, pour les lods et ventes, au sujet de l'acquisition d'une maison et d'un jardin, à Brisay ; le 15 mai 1561, à Robert Mesnard, pour l'acquisition d'une boicellée de terre au village de

(1) *Arch. du chât. de Brisay*, vol. A.

Sairres ; le 25 mars 1565, à Paul Joubert soumettant le contrat par lequel Jean Jolly lui a vendu des terres et des vignes, au terroir des Perranches et à la croix de Brisay ; le 9 décembre suivant, à Antoine Pagot, acquéreur de sept pièces de terre comprises dans la juridiction exercée par la dite du Bec ; en juin 1568, à Léon Joubert acquéreur d'un jardin au village de Brisay ; en mai 1569, à Jacques et Vincent Gaillard, pour trois boicellées de terre, au terroir de Foligny, par eux acquises de Nicolas Constant ; le 14 août 1572, à messire René Mesnage, déclarant l'acquisition d'une nouvelle pièce de terre à Brisay, plantée en vigne, sur le chemin du château de Brisay à Sairres ; la même année, à Vincent Pagot, pour un petit morceau de bois situé aux Nouelles ; en juin 1573 à messire René Mesnage pour ses acquisitions de terres au Gausset et aux Nouelles. La dernière quittance de ce genre qu'ait délivrée Françoise du Bec, comme dame usufruitière de Brisay, est datée du 25 février 1574, et ainsi conçue : « Je damoiselle Françoise du Bec, dame de Brisay, confesse avoyr heue et resu les vantes et honeurs à moy deuebs par vénérable homme messire René Mesnage, prebstre, demeurant à Brisay, pour ce qui est en mon fief, qui est la loge et maison, court et bail, jardrein et ung autre loge et fournil avecques ung petite vigne estant davant la dite mayson et loge, tesmoing mon seing manuel si mys ». Le vendeur était Simon Thibault (1).

Rappelée dans un monde meilleur en cette même année 1574, à l'âge de 70 ou 72 ans, Françoise du Bec, avec toute la pompe des cérémonies funèbres habituelles en ce culte catholique auquel elle était demeurée fidèlement attachée jusqu'au dernier jour, malgré les progrès de l'hérésie autour d'elle, fut inhumée en présence de sa fille Madelaine, dans le caveau de famille, situé en l'église des Cordeliers de

(1) *Arch. du chât. de Brisay*, vol. K.

Mirebeau, à main gauche en entrant, c'est-à-dire à droite du maître-autel, où se trouvait l'enfeu des fondateurs. Elle reposa côte à côte avec son mari, mort depuis 34 ans, après avoir, à eux deux, couvert, de leur longue existence, presque toute la durée d'un siècle.

Madeleine de Brisay, que certains auteurs ont donnée à tort pour fille à Aimar de Brisay et Marie de Surgères, morts sans hoirs quatre-vingt-dix ans plutôt, était veuve depuis 1563. Elle avait, le 26 mars de cette année-là pris la tutelle de Louis de Puyguion l'aîné de ses enfants (1). Mais ses deux fils étant morts en bas âge elle rentra à Brisay en 1572. Le sire de Villemort, alors baron de Mirebeau, avait péri dans la nuit de la Saint-Barthélemy le 24 août précédent. Ce n'est donc pas à lui que, le 10 janvier 1573, Madelaine de Brisay vint rendre un nouvel hommage, comme vassale de cette baronnie, mais bien aux officiers chargés de l'administration locale, pendant que demeurait en suspens le règlement de la succession du défunt. Accompagnée de son fidèle chapelain Mesnage, plus que jamais l'ami et pour ainsi dire le *patron* de la famille, elle se rendit devant la porte du château de Mirebeau, et frappant à cette porte, elle appela par trois fois le seigneur de céans. Ce fut la concierge, la femme Renée Gouin qui répondit. Entr'ouvrant l'huis du donjon féodal, elle demanda à Madelaine quel motif l'amenait au château. Celle-ci déclara qu'elle venait quérir monseigneur ou madame du dit lieu, pour les prier de recevoir les foy et hommages qu'elle leur devait à l'occasion de la mort de son défunt mari, et de la tutelle des deux filles qui lui restaient, dont elle avait la charge, offrant de payer tous les droits et mutations requises dans la circonstance. Mais la concierge lui fit connaître qu'il n'y avait personne au château, et que nul n'avait mission de la recevoir au dit hommage. Madelaine se retira, non sans

---

(1) *Extrait des arch. du chât. de Puyguion,* par D. Fonteneaut.

avoir été frapper à la porte du sénéchal Alexandre Barrotin, qui ne put d'avantage lui donner satisfaction, parce qu'une forte indisposition le retenait au lit, — il avait pris médecine, fut-il déclaré par François Charlier, chirurgien, — et elle fit dresser, par le notaire Jean Caillet, acte de sa démarche peur lui valoir ce que de raison (1).

Peu après ces événements, Mirebeau passa aux mains de François de Bourbon, duc de Montpensier, acquéreur des droits héréditaires du sire de Villemort. Ce prince possédait déjà, dans la contrée, Châtellerault, le Coudray, et la belle résidence de Champigny où il séjournait d'habitude. Le roi l'avait fait pair de France et gouverneur de la Touraine, l'Orléannais, le Maine, le Perche, etc.; il fut un des plus riches et puissants personnages du XVI° siècle. Sa femme, Renée d'Anjou, était la descendante en bâtardise des princes de cette illustre maison d'Anjou, rois de Sicile et de Jérusalem, que nous avons vus régir et posséder le Mirebalais, pendant une grande partie des deux siècles précédents.

En arrivant à Mirebeau, le duc fut navré de voir l'état où les ravages de novembre 1568, avaient laissé le couvent des malheureux Cordeliers. Il résolut d'en aider de tous ses moyens la restauration. Il fit faire des quêtes parmi les habitants de la ville, et il fournit aussi de ses fonds. Puis, il fit adresser par son père à Madelaine de Brisay les lettres que nous avons transcrites, dans la première partie de cet ouvrage, dont le résultat fut la coopération, qu'en sa qualité de fondatrice, madame de Puyguion voulut bien accorder à la reconstruction de l'église du couvent. Elle fournit les charpentes de la couverture, une partie du dallage intérieur, et fit entièrement refaire le vitrail qui éclairait le chœur, derrière le maître-autel. En souvenir de ce bienfait, les armoiries de la maison de Brisay furent peintes sur la

(1) *Arch. du chât. de Brisay*, vol. A.

fenêtre réparée. Ces travaux furent exécutés pendant les mois de juin, juillet et août 1577.

Le 1er janvier 1579, Madelaine rendit un nouvel hommage au duc de Montpensier, qui la qualifiait sa « chère et bien aimée damoizelle », dont il aimait à se dire l' « entièrement meilleur ami ». Elle prêta le serment de fidélité, pour sa terre de Brisay, et dût fournir son aveu dans les délais de l'ordonnance. On la voit dès lors exercer ses droits de dame et maîtresse dans la seigneurie dont elle portait le nom. Le 12 novembre 1578, elle avait reçu les droits de vente occasionnés par l'acquisition d'une vigne à la Croix de Brisay, faite par René Mesnage. Puis successivement, dans les années suivantes, elle eut à approuver les transmissions de propriété opérées sur son fief, au bois de Bourguyer par Paul Morin, au village de Brisay par Louis Joubert acquéreur d'une maison et dépendances, à la Messalière au sujet d'une vigne acquise par le même Joubert, et de terres à la Couture-Airaude. Le 22 avril 1581, à l'heure de midi, dans la grande salle de son château de Brisay, elle apposa sa signature au bas du contrat par lequel, Pierre Gaborio vendait à messire Frédéric de Frédérici et à dame Renée Huguet, sa femme, divers biens provenant de la succession de François Guillaud, en son vivant mari de dame Anne Huguet, sœur de la dite de Frédérici, le tout situé dans la juridiction de la cour de Brisay. Le 28 février 1586, elle fit condamner, par le sénéchal de Mirebeau, la femme Renée Lemaistre, à lui payer les droits dus pour certaines acquisitions faites dans l'étendue de la même juridiction. Le 19 juillet 1596, à la réunion des assises sous la présidence du sénéchal Jean Caillet, dans le châtel de Brisay, Madeleine reçut soumission du contrat des Dagault, portant sur deux boicellées de terre, achetées dix ans auparavant à Vincent Bertrand, sur le territoire de Fombregin, et payées trois écus. Elle ne voulut pas y donner son approbation, refusa l'offre des lods, et remboursa les deux boicellées qu'elle annexa à son domaine.

Le 27 janvier 1592, elle avait approuvé l'acquisition de Catherine du Rolland, portant sur un clos de vigne de 20 boicellées à la Mentallerie, sur terres et maison à la Fuye de Beauday, et perçu les droits. De même avait-elle agi le 29 janvier 1594, en faveur de Jacques de Malmouche, son vassal, pour une maison sise au bourg de Sairres. Le 20 septembre 1597 elle reprit, par retrait féodal exercé sur Martin Lemesle, au prix de 9 écus, quinze boicellées de terre à Gausset, Ligniers, les Varennes. Le 12 février 1599, elle reçut les lods et ventes de Pierre et Ambroise Guitton, pour deux pièces de vignes l'une au moulin de Brisay, l'autre à la Giraudière. Le 12 septembre 1599, elle fit, à Mirebeau, pour ses terres de Brisay et Célié, les foy et hommages par elle dus au nouveau baron, Henry de Bourbon, duc de Montpensier, héritier de François de Bourbon son père, et le 17 octobre suivant elle remit son aveu, revêtu de sa signature et de son sceau, dont l'original représente le fascé de huit pièces que la famille de Brisay a modernement adopté pour armoiries (1).

On ignore jusqu'à quelle époque exactement Madelaine de Brisay persista dans la religion catholique, au sein de laquelle elle avait été élevée et dont ses ancêtres s'étaient toujours montrés les fidèles adeptes. Il n'est pas téméraire de présumer que, du vivant de son mari, bien que Puyguion ait fait profession de la religion réformée, elle ne donna pas son adhésion à la nouvelle église. Pourrait-on admettre que, après avoir deserté la religion catholique, Madelaine eût consenti à concourir au rétablissement des Cordeliers, à Mirebeau ; qu'elle eût ensuite grâcieusement octroyé ses dons à des religieux précédemment maltraités par ses coréligionnaires ? Cela n'est pas supposable. Madelaine resta catholique longtemps encore, soutenue, après la mort de sa mère, par l'exemple et l'amitié de son suzerain, et

---

(1) *Arch. du chât. de Brisay*, vol. A. M. L.

surtout par les exhortations de l'abbé Mesnage, son père spirituel, colonne vivante dont les principes inébranlables maintinrent, tant qu'elle fût debout, les sentiments de conservation orthodoxe au cœur de la fille des croisés. Mais lui mort, tout s'écroula : Madelaine embrassa l'hérésie, et elle fonda le temple protestant de Brisay dans ce même immeuble, occupé pendant quarante-quatre ans par le chapelain, où il avait reçu et logé Madelaine, son frère et sa mère dans un moment difficile, et où il venait de rendre, en 1602, le dernier soupir. Les dernières traces que nous ayions de Madeleine sont de 1605. D'une grosse écriture qui révèle une main allourdie par l'âge, elle a signé, le 25 avril, la quittance des droits de vente perçus par elle sur Vincent Thibaut, à propos de l'acquisition de terres à Brisay et à la Grenaudière.

Madelaine mourut au château de Brisay, le 9 février 1608, à quatre heures du matin, âgée de 80 ans. Pendant sa dernière maladie, elle avait instamment demandé que ses restes fussent déposés dans la sépulture de ses ancêtres, où elle avait vu mettre son père Jacques de Brisay, en 1540, et sa mère Françoise du Bec, en 1573. Cette sépulture se trouvait, on le sait, dans l'église des Cordeliers de Mirebeau, à main gauche en pénétrant dans le chœur qu'éclairait encore, au soleil levant, la belle fenêtre où la fondatrice avait fait placer un maître vitrail décoré de ses armoiries. Mais, malgré tous les droits que lui conférait l'héritage de ses prédécesseurs, malgré la reconnaissance que lui portaient les religieux pour ses dons, lorsque le receveur Jehan Brissaut vint au couvent faire connaître la suprême volonté de la défunte, augmentée des instances de madame la comtesse de Blet, sa fille, insistant pour que le corps fut reçu et inhumé dans l'enfeu préparé sous l'arceau en forme de voûte qui fermait le tombeau des seigneurs de Brisay, le père de Langles, gardien, et les pères Toullier et Lelièvre se virent dans l'obligation de refuser à la défunte l'entrée de leur église, parcequc les canons du Concile de Trente les empêchaient de « recepvoir les corps de ceulx qui sont déceddés hors de l'église romaine, et à iceulx baillier sépulture » (1).

Madelaine de Brisay ne reposa donc pas dans l'enfeu de ses pères. On ne lui accorda pas les cérémonies du culte contre lequel elle avait prévariqué ; et malgré son vif désir de dormir en lieu saint son éternel sommeil, elle fut enfouie en terre profane comme tous ceux que l'hérésie arrachait à la communion des vivants et des morts. Où ses restes gisent-ils ? On l'ignore, mais il est vraisemblable de supposer qu'on enterra son corps en un endroit quelconque de l'immeuble de René Mesnage, dont elle avait fait, peu auparavant, le temple de l'église réformée à Brisay.

De son mariage avec le sire de Puyguion, Madelaine avait eu quatre enfants, dont deux fils morts avant elle sans postérité et deux filles dont l'ainée mourut en 1616, sans avoir été mariée. La seconde, nommée Marguerite, avait épousé messire Daniel de Saint-Quentin, comte de Blet, gentilhomme de la chambre du roi, qui devint seigneur de Brisay, en 1608. Marguerite mourut en 1617 laissant pour héritier testamentaire son mari, car elle n'avait pas d'enfants. Ardente huguenote, elle s'était signalée par les efforts de propagande qu'elle fit, en faveur du culte calviniste, à Brisay. Son mari l'y secondait de son mieux. Ils érigèrent en fief la maison Mesnage, en faveur du ministre Jean Gourdry, et le dotèrent largement. Malgré leurs efforts, ils ne parvinrent pas à étouffer les souvenirs de la religion catholique, qui reprit un nouvel essor dès 1622.

Le comte de Blet ne fut pas plutôt devenu principal propriétaire de la terre de Brisay qu'il se vit contester son héritage par les descendants des prédécesseurs de sa femme qui prétendaient exercer sur le patrimoine de la famille leur droit

(1) *D. Font.* vol. 76, p. 413.

de retrait lignager. En juin 1619, à Paris, il y eut consultation d'avocats au sujet de la succession de Marguerite de Puyguion. C'étaient les descendants de Jacques Roiraud, sieur de la Claye, et de Louise de Brisay, mariés en 1453, qui désiraient savoir si la clause du contrat de mariage de leur aïeul portant « qu'au moyen de la somme de 1,000 écus que messire Jehan de Brisay avait fournis à la dite Louise, sa fille, il s'était obligé de lui faire faire renonciation à toute succession paternelle et maternelle » (1), ne pourrait pas être interprétée au même sens qu'une clause analogue, insérée au contrat de mariage de Louis de Valory et Catherine de Brisay, passé sept années plutôt, portant que « la dite Catherine renoncerait à toute succession et eschoiste paternelle et maternelle, ou collatérale de frère et sœur tant seulement, toutes fois que sy le cas advenoit que le dit messire Jehan allast de vie à trespassement sans hoirs masles, descendants de sa chair, en deffaut du dit hoir masle, ladite Catherine reviendroit à succession de partage avec ses autres sœurs » (2). L'avis des avocats fut contraire aux prétentions des Roiraud qui espéraient pouvoir revendiquer, après cent soixante-dix ans écoulés, la succession privée d'héritier mâle, et se prononça en faveur des descendants de Jacques de Brisay, frère de Catherine, qui seuls pouvaient exercer le retrait lignager comme représentants des droits d'aînesse de la Maison de Brisay, lesquels primaient tous privilèges nés ou à naître de la clause du contrat de Catherine.

Par la lettre de son testament, Madame de Blet laissait à son mari le tiers du domaine de Brisay, dont le surplus restait à partager entre les héritiers de Marguerite, décédée sans enfants, ses frères et sœur étant, comme elle, morts sans hoirs et morts avant elle, de sorte que le droit successif

---

(1) *Bibl. nat.* Col. Chérin, vol. 135.
(2) *Cabinet d'Hozier*, pièce aux mains de M. le marquis de Brisay.

remontait aux enfants issus de Jacques de Brisay, mari de Françoise de Beauvau, bisaïeul de la défunte, mort en 1492. Ces cousins issus de germains se présentèrent donc pour recueillir les deux tierces parts de l'héritage de madame de Blet, laissées libres par son testament.

Succédant en vertu de la représentation de leurs auteurs, ils se divisaient en quatre groupes : Lucrèce Halliday, dame de Cherves, et Charles de Ranse sieur de Balon, son époux, faisant valoir les droits d'Anne de Brisay femme de Jehan Halliday, seigneur de Cherves, aînée de la lignée de Brisay ; Jacques, François et René de Benest représentant Renée de Brisay, l'aînée, épouse d'Hilaire le Bigot, seigneur de Fontenelles, dont la fille s'était alliée au sieur de Benets ; Isaac du Reignier, seigneur de Drouet et ses beaux-frères du Haulme et de Montpipaux, agissant au nom de Renée de Brisay, la jeune, femme d'Antoine du Reignier ; enfin le sire de Château-Dampierre armé des droits d'Aliénor de Brisay, mariée à Louis de Vigneron, seigneur d'Aulnay. Tous demandaient à exercer sur la totalité de la terre leur droit de retrait lignager. Mais ils étaient trop nombreux à se disputer un morceau que chacun eût voulu pour lui seul, et Daniel fit tourner à son profit le manque d'entente qui régnait entre ses cohéritiers. Il leur proposa, à chacun, le remboursement de leur part, et quand les plus raisonnables eurent accepté, les autres suivirent ce bon exemple. Daniel de Saint-Quentin demeura seul et unique propriétaire de la terre de Brisay, dont il fit aveu, en 1634, au cardinal de Richelieu acquéreur, depuis le 7 février 1628, de la baronnie de Mirebeau, qu'il venait d'annexer au magnifique domaine, érigé, en sa faveur, en duché-pairie par lettres patentes du roi Louis XIII, données à Montceaux, au mois d'août 1631.

Le comte de Blet s'était remarié avec Françoise de Lestang qu'il laissa veuve et tutrice d'un fils unique, vers 1640. Elle avait aussi deux filles fort jeunes qui devinrent plus tard mesdames de la Mentallerie et de Moulins-Rochefort. La gestion de Françoise, à Brisay, fut, comme celle que nous avons vu exercer par Béatrix de Montejehan, Bertrande de la Jaille, Marguerite de Rochechouart, Françoise de Beauvau et Françoise du Bec, très attentive aux intérêts de ses enfants. Très grand est le nombre des déclarations qu'elle reçut en 1641, des lods et ventes qu'elle toucha, des retraits féodaux qu'elle opéra jusqu'en 1660 environ. Elle rendit hommage en 1655, au duc de Richelieu, comme douairière de Brisay, appuyée de Mathurin du Coudray, son conseil ; puis elle mourut vers l'année 1665, car le 24 février 1666, c'était Jeanne de Saint-Quentin, épouse de Pierre de Moulins, seigneur de Rochefort qui, en son nom, et en celui de Daniel de Saint-Quentin, comte de Blet, son frère, rendait un nouvel aveu au duc, leur suzerain, pour la terre de Brisay.

En 1673, un partage intervint entre les enfants de Daniel Ier et de Françoise de Lestang, sa femme, qui avait été dame de Brisay après lui. Le domaine proprement dit comprenant le château et ses dépendances et la réserve du droit d'aînesse ou de Chezé, qui était « la maison noble, bâtiments, fuye, jardin, clos de vignes et dix-huit boicellées de terre proche le dit jardin », la forêt de Sévolle et le fief de Sairres, échut à Daniel II, comte de Blet. Madame de la Mentallerie prit la métairie de la Perranche, et madame de Rochefort eut la ferme de Fombregin avec la maison du Petit-Brisay, à Mirebeau.

Le domaine patrimonial de Brisay, réduit, par ce partage, au tiers de ce qu'il avait été jusqu'alors, fut vendu le 7 décembre 1683, à messire Claude Bonneau de Rabel, bourgeois de Paris, déjà possesseur de la seigneurie de Purnon, pour la somme de trente-cinq mille livres qui devait être répartie entre les principaux créanciers du comte, tels le marquis de Peray (1), destiné à recevoir « quinze

---

(1) Jacques Guichard, chevalier.

mille livres à valoir sur la grande somme que le dit comte de Blet lui doit solidairement avec défunte dame Marguerite Payen, vivant son épouse » et le sieur de la Martinière (1), à qui seraient comptées « vingt milles livres à déduire sur ce que ledit comte de Blet lui doit ». Mais à l'annonce de ce remboursement privilégié les autres créanciers du comte, — et ils étaient nombreux — firent saisir la terre de Brisay, et ils en demandèrent la vente par criée de justice, pour sauvegarder leurs intérêts. Le premier contrat fut annulé et la terre mise en décret...

Que ne vous dressiez-vous dans vos tombes, chevaliers du Moyen-Age, pour protester contre une telle profanation de votre patrimoine héréditaire ! La terre de Pétronille de Mirebeau, transmise, depuis 1050, à tous les aînés de la maison, conservée avec un soin jaloux de siècles en siècles, malgré les épreuves si rudes de la rançon de Gilles et de la succession de Jehan, sauvée d'un réel naufrage en 1558, par la médiation effective et tutélaire du chapelain Mesnage, arrachée aux exigences du retrait lignager et restaurée par la prudente douairière Françoise de Lestang, allait être mise en subhastation (*sub hastam*) par la baguette d'un commissaire, proclamée aux quatre coins du pays, annoncée dans les villages au sortir de la grand'messe, offerte au premier acquéreur qui voudra la faire sienne en payant son prix, et enfin adjugée, comme une épave de rencontre, par une sentence sans recours contre la réduction qu'elle imposera.

Le désordre qui régnait dans les affaires du second Daniel de Saint-Quentin, avait eu naturellement des conséquences funestes pour l'entretien des édifices du château de Brisay. Depuis la mort de Françoise de Lestang, le manoir avait cessé d'être habité, Paris étant devenu le séjour préféré de ce gentilhomme que les plaisirs de la capitale, et les frais occasionnés par la fréquentation de la Cour, conduisaient à

(1) Nicolas Chauvel, écuyer.

une ruine certaine. C'est à Paris, du reste, qu'il entra en relations avec Claude Bonneau, son acquéreur ; c'est de Paris qu'il data, le 18 mars 1684, un petit acte de quelques lignes, dans lequel il déclarait reconnaître de bonne foi, qu'on avait oublié de faire visiter par experts la maison de Brisay et ses dépendances, avant de passer le contrat de vente, et nommait un expert chargé de s'occuper au plus tôt de cette formalité indispensable. Il ne cachait pas, d'ailleurs, que sa « maison ou château était presque tout fondu et ruiné, et que l'ardoise et charpente se pourrissent et gâtent ». Il consentait bien volontiers à ce que l'acquéreur, même avant son entrée en jouissance, retardée par des délais de justice, prît toutes les mesures nécessaires à la conservation des édifices, telles que couverture des toits, réparations des murs et autres travaux (1).

La mise en décret du château de Brisay — on a encore de nos jours conservé, dans certains milieux cette expression, pour désigner une maison en ruine, saisie par les créanciers, — retarda la mise en œuvre des échelles et échafaudages. Enfin le 2 août 1685, en la chambre du Parlement, la terre fut adjugée à maître Jean de la Fuye, demeurant au village de Saint-Christophe, rue des Cannettes, prête nom de messire Claude Bonneau, qui avait jugé prudent de s'effacer devant cette acquisition, qu'il réalisa définitivement sans avoir l'air de s'y intéresser, et ne paya que trente-cinq mille livres, prix offert précédemment. Une sentence de la première chambre des requêtes du Palais, datée du 6 octobre 1686, ordonna la distribution du prix de la vente aux créanciers de monsieur de Blet, leur assignant le partage des trente-cinq mille livres au *pro rata* de leurs créances individuelles. C'est ainsi que furent indemnisés, sinon entièrement satisfaits, le marquis de Peray, le sieur de la Martinière, messire Isaac de Ligniers, sieur de la

---

(1) *Arch. du chât. de Brisay*, vol. L.

Bourbelière, aux noms et droits de Claude et Louis Trinquant, Antoine de Vaux, sieur de la Fuye, Daniel de Montaut, sieur de Preuilly, Louis Aymar, seigneur de Mortagne.

La jouissance de Claude Bonneau fut paisible. C'était un riche bourgeois qui, après s'être acquitté à son honneur des fonctions de maître d'hôtel, auprès de la personne de Monsieur, frère du roi, avait, au milieu des seigneurs qu'il fréquentait, conçu la louable ambition de posséder des fiefs et terres nobles. Lorsqu'il acheta Brisay, il était déjà, par acquisitions antérieures, propriétaire de Purnon et de Verrue, deux seigneuries voisines et importantes ; il augmenta encore son domaine des terres de Marsay, Mondon, Polligny, la Tour de Ry, et devint, en peu de temps, le plus puissant seigneur du Mirebalais. Les fiefs s'égrenaient aux mains des représentants des vieilles familles, qui n'étaient plus chevaliers que de nom, et passaient à ceux qui avaient le talent de savoir parvenir. Claude Bonneau était de ces derniers; il avait pris le nom de Rabel qu'il prétendait lui appartenir de droit, et marquait ses actes d'un sceau portant les armoiries de la châtellenie de Purnon formée de la réunion des terres susdites : elles représentaient trois grenades ouvertes, dans un écu d'argent surmonté d'une couronne de comte. C'est ainsi qu'il scella son aveu de Brisay, rendu à Richelieu, le 2 décembre 1689 (1).

Le domaine de Brisay ne fut plus, dès lors, qu'un membre de la châtellenie de Purnon confondu dans le grand ensemble féodal sur lequel s'étendait la haute juridiction de messire Claude Bonneau. Il passa donc, avec Purnon, aux Villandry, héritiers des Bonneau, et à la maison d'Aubigné, alliée aux Villandry. Enfin, le marquis de la Haye en fit l'acquisition, en 1773, et ce changement de maître apporta au château de Brisay, depuis longtemps inhabité et mal entretenu, le

(1) *Arch. du chât. de Brisay*, vol. A.

dernier coup de la ruine. Les pierres de taille, les madriers, tous les matériaux utiles furent successivement enlevés pour être employés dans la construction du château nouveau de Purnon que M. de la Haye faisait bâtir sur la colline qui fait face à celle de Brisay, de l'autre côté de la vallée de Verrue. Il consacra à l'érection de cette belle et grande demeure les quelques années qui précédèrent la Révolution.

Grâce aux événements politiques qui amenèrent la fin du régime féodal, le vieux manoir de Brisay ne dressa pas longtemps sa carcasse démantelée devant le palais moderne, qui semblait lui dire ironiquement : les vieilles tours ont fait place aux terrasses italiennes et les fossés profonds sont devenus des parterres de fleurs, *ceci a tué cela*. Par procès-verbal en date du 13 germinal an II, le domaine de Brisay fut saisi au détriment d'Antoine Achard, ex-marquis de la Haye, émigré, et déclaré bien national. Il fut, à ce titre, partagé en vingt-trois lots, afin que la dispersion de cet antique fief soit plus irrémédiable et plus complète, puis mis en vente publique en nivôse an III. Il comprenait une métairie consistant en bâtiments d'exploitation, habitation du fermier, jardin, terres et prés, donnant un total de 622 boicellées, qui furent adjugées pour la somme de 77,130 francs aux acquéreurs dont les noms suivent : André Camillard, Pierre Loubière, Charles Auger, Paul Prévot, Pierre Raguit, Pierre Beauregard, Jacques Fouqueteau, Joseph Drouin, Louis Coindreau, Vincent Baillegeau, Nicolas Leclerc et Hatton (1).

Quant au château, les restes en furent rasés, et l'on n'aperçoit plus aujourd'hui que quelques excavations dissimulées sous des broussailles et des ronces. La métairie appartient à un cultivateur nommé Moricet (2).

(1) *Arch. dép. de la Vienne*, série E.
(2) J'ai visité Brisay en 1883. C'est maintenant un hameau de 125 habitants, bien situé en pays riche et fertile, dominant agréablement la vallée de Verrue, la côte de Purnon et la forêt de Sévolle. A droite

s'élève la colline que domine le clocher de Monts ; à gauche au loin Dandésigny. Avant de parvenir au village, par une longue pente assez douce, on passe devant le remarquable château de Coussay, construit, comme le fut Brisay, au XV⁰ siècle. C'était alors un prieuré d'une certaine importance, c'est aujourd'hui une ferme. Sur l'emplacement du château de Brisay, il n'existe que des décombres informes couverts de ronces ; la chapelle est détruite et remplacée par la maison d'un paysan pauvre, mais complaisant, qui s'est mis à mon entière disposition pour tous les renseignements dont j'ai pu avoir besoin. La métairie est debout et en parfait état. Elle se dresse sur l'ancienne avenue qui bifurquait sur la route de Mirebeau à Faye. On y accède par un portail encore flanqué d'une tourelle à gauche. A droite est l'habitation, en face les étables, les granges, etc. Je pénètre jusqu'au milieu de la cour où travaille une servante. Je lui dis : — « Bonjour, ma fille, à qui appartient cette ferme ? — A Moricet. — Eh bien ! est-il chez lui Moricet ? — Oui. » et elle l'appelle. Un colosse en blouse bleue sort sur le seuil, s'arrête, me toise et puis s'approche. — « Que désirez-vous ? me demande-t-il sourdement. — Peu de chose. Je voulais voir s'il restait quelques vestiges du vieux château, et je constate qu'il n'y a rien, c'est tout ce qu'il me faut. — Et... pourquoi faire, vouliez-vous savoir ? » interroge-t-il soupçonneux, le front plissé, dardant sur moi son œil noir, qui trahit l'inquiétude mauvaise du dogue en légitime défense de son os. — « Pour compléter un travail que je prépare sur votre localité, depuis des temps très anciens... » Sa moue dédaigneuse me déconcerte, et il relève la tête d'une façon terrifiante. J'insiste. — « Je m'occupe de travaux historiques,... je suis membre de sociétés auxquelles je fais part de mes découvertes... et puis cela m'intéresse, cela m'amuse... » Le colosse, alors, se redresse tout-à-fait, semble mesurer ma taille assez mince à la largeur de ses épaules, et à l'élévation de son torse, et me jette, d'un ton écrasant : — « Qu'est-ce que ça vous rapporte ? — Oh ! pas grand'chose, mon ami, le plaisir de rencontrer quelquefois des citoyens comme vous, et c'est assez ». Je veux le quitter, mais lui cherche à me retenir. Évidemment il compte, comme disent les paysans, me faire parler. Il y a des choses que je cache et qu'il lui faut savoir. Il m'invite à entrer, à prendre un verre. Mais je me sens moins que rassuré au logis de ce personnage, dont une chiquenaude abattrait un bœuf, et je me retire en m'excusant, le remerciant de mon mieux. Il m'accompagne jusqu'au portail, et quand il m'a congédié d'un air souverainement hautain et méprisant, je l'entends, derrière moi, fermer rapidement et assujettir à la barre, l'énorme porte par laquelle ont passé et repassé, pendant six siècles, mes propres ancêtres en maîtres absolus, à travers laquelle je n'ai pas même le droit maintenant de prolonger un regard ému.

CHAPITRE XI

DROITS ET DEVOIRS

§ I

DROIT DE JUSTICE

Le premier et le plus important des privilèges seigneuriaux a toujours été l'exercice de la *justice*, car il fut une réelle émanation du pouvoir souverain délégué. L'exercice de la justice dans une circonscription plus ou moins étendue peut être considéré comme l'origine substantielle de tout fief. Il remonte à l'époque où Charlemagne envoya les officiers de son entourage *(comites)* gouverner en son nom, sous le titre de comtes, les provinces de son immense empire. Les comtes ne tardèrent point à subdéléguer leur autorité à des sous-ordres, qui devinrent vicomtes ou viguiers ; ces derniers fondèrent à leur tour des juridictions plus restreintes, où s'exerça, en leur nom, le pouvoir à eux confié par la hiérarchie supérieure. Ainsi se forma chaque tribunal grand ou petit, parcelle quelquefois importante, plus souvent infime du pouvoir central, dont le chef reconnu comme juge suprême et souverain justicier, ne tarda pas à s'attribuer toute l'autorité d'un maître absolu. Ayant droit de vie ou de mort sur ses semblables, jouissant de la faculté d'adjuger des biens à qui lui semblait les mériter, il mit peu à peu la main, à son profit, sur toutes les choses vivantes ou inertes confiées à son administration, et devint le seigneur féodal qui détint et régit, pendant près de mille ans, le sol de la France entière.

L'origine de la justice exercée dans la seigneurie de Brisay, au Moyen-Age, se perd dans celle du châtelain de Mirebeau, successeur en l'an 1000, des viguiers de Sauves et de Douçay. Les terrains qui ont formé la juridiction de Brisay, appartenaient alors, en effet, à la puissante famille dont Guillaume de Mirebeau, favori de Foulques d'Anjou, fut l'auteur. Lorsque, par suite du mariage de Pétronille et d'Alès, la terre de Brisay fut constituée à l'état de fief indépendant, demeurant attaché, par le lien féodal, au donjon de Mirebeau, dont elle avait été séparée à titre de bénéfice individuel et de parage héréditaire, elle continua à exercer, dans l'intérieur de ses limites, la justice à tous les degrés, ainsi qu'en usait le suzerainat dont elle avait été selon le terme féodal « esclipsée ». Cet état de choses eut une durée de plus de deux siècles. C'est pendant cette période que nous voyons les seigneurs de Brisay remplir à Mirebeau les fonctions de « major », c'est-à-dire *lieutenant de justice*, en raison desquelles le pouvoir exercé par eux, sur tout le Mirebalais, se maintenait de même sur leurs possessions personnelles. Pendant que les suzerains de la première race, proches parents des Brisay, tinrent leur haute cour de justice à Mirebeau, nul d'entre eux ne trouva irrégulier que les seigneurs de Brisay exerçassent la haute justice également dans leurs terres. Sous la prééminence de la maison de Blason, les choses suivirent le cours qui venait de leur être imposé ; puis la conquête rapide des Plantagenets, le désir qu'eurent ces princes de se créer des partisans, leurs multiples occupations portant leur attention ailleurs, il ne fut rien dérogé aux usages tolérés par les premiers seigneurs. Lorsque, vers 1200, les Blason revinrent à Mirebeau, ils furent assurément heureux de retrouver, chez les Brisay, ce concours de haut justiciers d'autrefois, dont leurs ancêtres avaient abandonné à ces vassaux d'un parage si rapproché l'exercice à tous les degrés ; ces droits ou ces tolérances judiciaires, dont le privilège avait été laissé à la seigneurie de Brisay, ne furent donc point contestés.

Ce n'est qu'en 1288, sous la prééminence, à Mirebeau, du sévère et rigoureux Thibaut de Bomer, dit Thibaut le Grand, qu'une révision du droit de justice fut essayée à l'égard du sire de Brisay. Jaloux d'un pouvoir dont il ne voulait rien abandonner, Thibaut s'enquit des titres sur lesquels s'appuyait la prétention de son vassal à exercer la haute, basse et moyenne justice, sur l'étendue de ses possessions. L'enquête à laquelle il se livra, eut pour résultat d'établir que cette concession n'était qu'une tolérance, et qu'elle n'avait été instituée par aucun titre. Cependant la tradition était puissante, et l'usage, pendant plus de deux siècles, d'un privilège dont l'origine demeurait incertaine, n'en prenait pas moins force de loi. Aussi le seigneur de Brisay défendit-il avec énergie ce qu'il croyait bien être duement sa propriété. Mais Thibaut ne négligea rien pour l'amener à la soumission. Il fit procéder à un examen minutieux du droit de chacun ; il réunit les gentilshommes de la contrée, avec tous les plus anciens vassaux de la juridiction en litige, pour obtenir la lumière sur la matière en discussion. Cette consultation populaire ne donna pas complètement tort à Hugues de Brisay, ni tout à fait raison au seigneur de Mirebeau. Tous deux en vinrent alors à une transaction qui réglementa définitivement l'exercice de la justice dans la seigneurie de Brisay. Hugues consentit à ce que Thibaut lui maintînt le droit de justice moyenne, comprenant la surveillance des grands chemins et leur entretien, la capture et l'emprisonnement des délinquants, la condamnation des délits pour coups et blessures, même ayant amené la mort, pourvu que ce fut sans émission sanguine, ainsi que la basse justice, simple juridiction foncière permettant au seigneur de poursuivre et de punir les vassaux qui refusaient d'acquitter leurs redevances.

Ainsi réglée, et exercée dès lors dans les limites d'un

pouvoir restreint, la justice de Brisay n'en fut pas moins l'objet de la constante surveillance des officiers mirebalais, qui s'efforcèrent à diverses reprises d'en diminuer encore les privilèges, par eux considérés comme trop étendus. C'est ainsi qu'en 1390, Bertrande de la Jaille, tutrice de son fils Gilles de Brisay, dut faire ses réclamations à la reine de Jérusalem, sa suzeraine, pour obtenir le rétablissement de « toute justice de haute voirie et ce qui s'en despend », que les officiers de cette princesse voulaient l'empêcher d'exercer dans ses terres. En 1451, c'était Jehan de Brisay qui, malgré tous les titres les plus réguliers, avait à souffrir des empiétements du sénéchal de Mirebeau. Celui-ci voulait lui ravir son droit de justice et l'annexer à la cour de Mirebeau. Le motif de la querelle venait de ce que, en l'absence de Jehan, un sergent de justice de Brisay, nommé Guillaume Juzet, s'était cru autorisé à relever, sur le chemin de Douçay à Célié, le corps d'un homme nommé Jehan Curailleau, assassiné sur le terroir de cette dernière paroisse relevant de la juridiction de Brisay.

Le sergent avait-il le droit de mettre la main sur ce cadavre ? Non, puisqu'il était nécessaire, avant d'en opérer la levée, de s'enquérir des circonstances dans lesquelles le crime avait été commis. En effet, si le meurtre avait été accompli avec guet-apens et par effusion du sang, l'instruction relevait de la haute justice, et non de la moyenne qui n'en eût connu que si le cas était d'homicide simple. Il était donc nécessaire que les officiers de la haute justice, siégeant à Mirebeau, fussent saisis, dès l'abord, de l'affaire Curailleau, et ouvrissent la procédure, sauf à remettre le procès, s'il y avait lieu, entre les mains de la juridiction inférieure. Aussi, ce fut toute une affaire. Le sergent Juzet fut cité à *comparoir* devant la cour mirebalaise pour avoir « levé en justissant ledit Curailleau, ce qu'il ne pouvait ni ne devait faire, parce que le seigneur de Brisay n'avait pas telle justice, en sa terre, qu'il put ni dut lever le corps trouvé mort ». Jehan de Brisay dut venir en cour pour désavouer son sergent, et fut condamné à remettre le corps du défunt au lieu où il avait été trouvé. Mais, attendu que « le dit Curailleau n'était plus en existence, et que jà avait esté enterré », il fut décidé que le cas serait réparé par simple figure d'homme mort.

« Et ledit Juzet, sergent, en acquiesçant à l'appointement de la cour de séant, fit faire une figure d'homme mort en papier, pour ce qu'il n'eût pu fournir dudit Curailleau, et par icelle figure fit ledit Juzet, comme sergent du seigneur de Brisay, réparation dudit cas » (1).

Splendide, n'est-ce pas ?..... et prouvant bien que la fôòòrme ne préside pas aux affaires françaises depuis les temps modernes seulement.

Cet événement laissa un tel ébranlement dans l'exercice de la justice, à Brisay, que nombreuses années plus tard, le privilège seigneurial était placé dans l'alternative d'être de nouveau sanctionné par l'autorité royale, ou de sombrer sous les coups des agents de Madame Jeanne de France, digne fille de Louis XI, et suzeraine de Mirebeau. Il s'agissait encore des principales prérogatives de la moyenne justice, que le sénéchal Barrotin, le châtelain Garnier et le receveur Ragonneau, prétendaient ne pas être du ressort de la seigneurie de Brisay. Par lettres datées de Chinon, le 14 décembre 1498, le roi Louis XII, juge suprême des cas litigieux entre les nobles, mit fin aux exigences et aux réclamations de ces recors, en ordonnant à la dame de Mirebeau et à ses officiers, de ne point gêner ni molester le seigneur de Brisay dans l'exercice des droits de justice qu'il possédait de toute ancienneté, et dont l'énumération donnée dans l'acte, établit parfaitement, selon les termes de la coutume d'Anjou, la juridiction moyenne, appelée Grande Voirie. Les privilèges auxquels il est fait allusion ici sont les suivants :

1º Droit de *mesure*. Elle portait sur le grain et sur le vin.

(1) *Arch. de Brisay*, vol. A.

Le seigneur de Brisay, immédiatement après la récolte fixait, selon le rendement obtenu, le prix auquel serait vendu, pendant l'année le boisseau de grain et la pipe de vin. Tout vassal qui forçait le prix, payait une amende. Pour diminuer le prix, il fallait y être autorisé par le seigneur, autorisation qui était accordée, à Brisay, moyennant un jalon, pour une pipe de vin, et une mine pour un sac de grains.

2° Droit de *tutelle*. Le dit sire avait droit de nommer des tuteurs et curateurs aux enfants de ses vassaux décédés pendant leur minorité, et d'étendre sur leurs biens une main protectrice qui en assurât la conservation.

3° Droit d'*épaves*. Toutes choses égarées, trouvées sans maître dans l'étendue de la juridiction, animaux, chevaux, vaches, moutons, pourceaux, volailles, abeilles et oiseaux de chasse, ou bien meubles, vaisselle, bijoux, argent monnayé, armes, marchandises, appartenaient de droit au seigneur moyen-justicier qui possédait, à Brisay, un local spécial, nommé fief de la Garde, pour y déposer les objets ou mettre les animaux en fourrière. La proclamation des épaves était faite au sortir de la grand'messe, par le sergent de la justice, trois dimanches durant, après lesquels le seigneur pouvait en disposer à son plaisir.

4° Droit d'*aubénage*. Reconnu au seigneur de Brisay par les lettres de 1397, il lui conférait la faculté de recueillir la succession des enfants naturels ou des étrangers morts sans hoirs dans sa juridiction.

5° Droit d'*essorillage*. En vertu duquel on coupait les oreilles, dans la justice de Brisay, aux serfs convaincus du moindre vol, de fuite, ou de dégâts commis dans les vignes. Cette peine était tellement infamante, qu'un homme essorillé ne pouvait jamais devenir prêtre, même lorsqu'il avait été victime d'un accident, attentat, ou fait de guerre. Pour un vol inférieur à deux sous, on « li copera l'oreille », et au-dessus « il sera pendu », dit la coutume d'Anjou.

6° Droit de *gibet* et *prison*. A l'époque où les seigneurs de Brisay rendaient la justice à Mirebeau, les délinquants, pris sur leurs terres, étaient enfermés pendant trois jours dans une prison située au village de Brisay, près du château, dans un immeuble appelé la Garde, dont le possesseur était tenu de veiller à l'entretien et à la conservation des captifs, « lui tiers en sa compaignée », c'est-à-dire escorté de deux de ses parents, parageurs ou vassaux. Après ce délai, les prisonniers étaient conduits à Mirebeau, jugés par leur seigneur et exécuté, s'il y avait lieu, au gibet de la ville « où fut pendu Falaise », selon les termes d'un acte de 1534. Cet état de choses demeura tel pendant tout le Moyen-âge, comme l'indiquent tous les aveux. Lorsque les prisonniers furent jugés aux assises de Brisay, on ne les exécuta point sur les lieux même. Ils furent livrés au bras du prévôt de Mirebeau. En aucun point de la juridiction de Brisay, on ne trouve trace ou souvenir d'une potence.

Les papiers de la seigneurie de Brisay nous ont laissé de nombreux documents sur la tenue des *assises*. Elles furent surtout réunies, pendant la minorité des jeunes seigneurs, pour forcer les redevanciers à fournir les déclarations de leurs fermes, et à reconnaître l'autorité de la cour. Les condamnations pour crime ou délit sont rares. On peut cependant citer la suivante :

Dans le courant de mars 1523, une femme du nom de Coraline Corvine, habitant Sairres, « honnestement vivant sans avoir été reprinse d'aucun vil cas », fut, dans un but de vengeance personnelle, injuriée, attaquée et poursuivie, dans un bois taillis dépendant de la forêt de Sévolle, par deux hommes nommés Pierre et Paul Pagot, père et fils, habitant Brisay, bien qu'elle « n'ayt meffaict ni médit en aucune manière » envers eux. Les deux Pagots avaient « mis malhonnestement les mains en la dicte personne, en lui baillant plusieurs coups sur plusieurs endroits du corps, et l'avoient traynée par les cheveulx, et faict tomber sur elle des fagots qui estoient chargés en une charette ». La pauvre femme ayant appelé à l'aide, ses cris furent entendus par son fils, François Messeau, qui travaillait au bois dans le voisinage, et aussitôt « cuida aller secourir et deffendre sa dite mère que Pierre Pagot oultrageait ainsi rudement ». C'est alors que Paul Pagot, le fils, « consentant ès dites rixes », courut à Messeau, et le retint de force, pendant que son père parachevait « les dites rixes et oultrages ».

Cette affaire fut instruite aux assises présidées par Charles Cabaret, lieutenant du sénéchal de Mirebeau, comme ressortissant de la moyenne justice à cause de la non effusion de sang, et les délinquants furent condamnés à « réparer les dites villainies par honorable amende et profitable jusqu'à la somme de 200 livres tournois, leurs corps tenanz prison jusqu'à satisfaction desdites amendes » (1).

En sa qualité de voyère, la justice de Brisay exerçait encore la surveillance des chemins et notamment de la grand'route qui la traversait, conduisant de Mirebeau à Chinon. Elle percevait les *amendes* pour dégradation, pour refus de corvée d'entretien, etc., pour contravention de roulage, etc. A Mirebeau, jusqu'en 1288, elle prélevait le *tonlieu*, ou droit d'octroi de quelques sous sur les paniers de fruits et de légumes, les couples de chapons et de canards, les têtes de gibier à plume et à poil, introduits dans la ville. Pour la période qui suivit cette date, le seigneur de Brisay avait formellement renoncé à tous les droits de justice et voierie qu'il exerçait dans Mirebeau, ne se réservant que la perception du cens et les lods et ventes, mais il exigea le maintient d'une mesure d'exception dont jouissaient les sujets de son domaine, et dont ils continuèrent à bénéficier pendant toute la durée du régime féodal. « Tous mes homes de Brisay, disent les aveux, ne doyvent péage, levage ni vente au dedans de la ville de Mirebeau et

(1) *Arch. du chât. de Brisay*, vol. M.

chastellenie sur les choses crues en leurs héritages tenuz en mon fief, et en seront cruz les dits homes par leur serment » (1).

§ II

DROITS HONORIFIQUES

Ces droits réglaient les relations des seigneurs avec le clergé et les églises. Ils avaient pour origine une fondation pieuse, telle que la donation de quelque bien ou l'érection d'une chapelle, d'un prieuré. C'était un honneur pour un gentilhomme que de consacrer une partie de ses revenus à quelque aumône, et d'être considéré comme le bienfaiteur de la maison de Dieu ; son aumône lui octroyait le droit de *fondation*. Nous avons vu que les seigneurs de Brisay étaient les fondateurs en titre du couvent des Cordeliers de Mirebeau et de l'église Saint-Georges de Brisay. Dans le premier de ces édifices religieux, on leur rendait tous les honneurs dûs au fondateur réel du couvent : leur approche était signalée par le son des cloches, le gardien et ses frères allaient au-devant du seigneur jusqu'à l'entrée de l'église et le conduisaient à son banc ; ils lui offraient ensuite l'eau bénite et le pain bénit. De plus, ils le recevaient à l'intérieur de leur couvent, toutes portes ouvertes, et lui soumettaient leurs papiers et leurs affaires importantes. Dans le second, qui était leur propriété privée, les seigneurs de Brisay, avaient leur banc et le droit d'y faire célébrer tous offices, par le prêtre dont ils avaient la présentation et qu'ils choisissaient à leur gré pour desservir leur chapelle. Ce prêtre était nommé et intronisé par le chapitre de Faye, après avoir été désigné par le seigneur de Brisay, qui prétendait

(1) *Arch. du chât. de Brisay*, vol. A.

n'avoir à être guidé dans ce choix, que par son « bon plaisir ».

Les seigneurs de Brisay avaient également fondé une chapelle, dédiée à saint Nicolas, dans l'église Notre-Dame de Mirebeau, et l'avaient dotée d'une rente annuelle de 10 livres et 20 setiers de froment. Ils présentaient le prêtre qui devait être chargé de la desservir, et qui devait célébrer trois messes par semaine pour le salut des fondateurs. Le pouillé général du diocèse de Poitiers, publié en 1648, cite encore cette chapelle dite de Brisay parmi les dix-sept chapelles de la collégiale de Mirebeau, et dit qu'elle avait le seigneur de Brisay pour patron. En 1364, en vertu du testament de son père instituant la dite fondation, messire Alès de Brisay, désignait au chapitre de Mirebeau messire Guillaume Normand, qui se voyait aussitôt investi du bénéfice dont il fut le premier titulaire. En 1634 messire Daniel de Saint-Quentin, comte de Blet et seigneur de Brisay, présentait à l'élection du chapitre messire Jacques de Lachaud, déjà prieur de Neuilly au diocèse de Bourges, qui fut agréé, et prit possession le 20 juillet de la même année.

Le fondateur pouvait faire peindre ses armoiries dans l'église dont il était le patron, c'est ce qu'on appelait le droit de *littre* : une bande noire supportant les écussons, de place en place, à certain intervalle, enveloppait l'édifice, au dedans et au dehors, comme un crêpe semblable au lé ou liste de velours noir, sur lequel on accrochait les armes des seigneurs de hant parage, lors de leurs obsèques. Madelaine de Brisay, dans son aveu de 1599, déclare le droit d'avoir, en l'église des Cordeliers de Mirebeau, « littre à ses armes tant au chœur qu'à la nef ». Elle exerçait le même droit honorifique à Saint-Paul de Ligniers-Langouste et à la chapelle de Brisay (1).

A Mirebeau, en 1496, Jeanne de France, baronne du lieu,

(1) *Archives du chât. de Brisay*, vol. A.

et maîtresse femme en tous points, avait voulu faire peindre ses armoiries, tant autour de l'église Notre-Dame que de celle des Cordeliers auxquelles elle avait fait quelques largesses, « jurant par le nom de Dieu et des Saints que si quelqu'un s'ingérait de renverser les échelles ou échafaudages, et d'empêcher le travail des ouvriers, elle lui ferait couper bras et jambes ». Mais, comme les seigneurs de Mirebeau n'avaient point été les fondateurs des dites églises, Jeanne se vit condamnée, en cour du Parlement, à ne pas perpétrer son usurpation.

Une conséquence directe de la fondation était, pour le seigneur fondateur et chaque membre de sa famille, le privilège de reposer, après la mort, dans l'église qu'il avait fondée, d'où le droit de *sépulture*. Aussi apprenons-nous que les membres de la famille de Brisay étaient enterrés dans l'église des Cordeliers de Mirebeau, et les auteurs citent-ils même des individus de branche cadette, ne possédant pas Brisay, qui furent déposés dans l'enfeu du fondateur, notamment Pierre et Aimery de Brisay, seigneur de Brisay-Marigny, en Châtelleraudais, séparés depuis cent ans de la ligne directe du Mirebalais, qui n'en furent pas moins, au dire d'André Duchesne, inhumés aux Cordeliers de Mirebeau. Cet enfeu ou tombeau se trouvait dans le chœur, sur le côté droit de l'autel, sous un grand arceau construit dans la muraille. Nous avons vu que Jacques II et sa femme Françoise du Bec avec leur fils René, furent les derniers personnages du nom de Brisay qui y reposèrent. Madelaine de Brisay, morte en 1608, ne put y être admise, parcequ'elle professait la religion prétendue réformée.

§ III

DROITS LUCRATIFS : CENS, RENTES, ETC.

Les églises auxquelles les lois canoniques interdisaient,

au Moyen-Age, l'aliénation de leurs biens, commencèrent vers le V⁰ siècle, à concéder la jouissance viagère de partie de leurs terres à des particuliers, moyennant une redevance annuelle, nommée *cens*. Le cens se payait en argent, quelquefois en nature, et il équivalait à l'usufruit du fonds dont le propriétaire du domaine s'était privé au profit du censitaire. Dès l'institution de la féodalité, les possesseurs de la terre imitèrent les églises, et au X⁰ siècle le droit de cens était rangé définitivement parmi les privilèges réservés au seigneur.

La *rente* était une redevance analogue payable soit en argent, soit en nature, prélevée par le seigneur sur un immeuble aliéné au profit d'un tiers. Elle était perpétuelle ou temporaire, et différait du cens par plusieurs points.

La terre cédée à titre de rente appartenait à l'acquéreur et sortait de la juridiction du vendeur. Celui-ci, au contraire, continuait à exercer sur la censive tous ses droits de justice, surveillance, reprise au cas de mauvaise gestion, préemption en cas de changement de détenteur, etc.

La rente était souvent fort élevée et grevait une grande partie du rendement de la terre ; le cens n'était qu'une minime somme d'argent ou quelques fruits de faible valeur.

La rente était personnelle ; le bien qui en était grevé pouvait être aliéné sans qu'elle le suivit sur la tête de l'acquéreur. Le vendeur continuait à en subir l'obligation à lui seul. Le cens était réel et grevait à perpétuité la censive qui ne sortait jamais du domaine féodal et maintenait le censitaire sous la domination directe du suzerain. La terre en censive devait être déclarée à chaque changement de possesseur et payer sa redevance double en mutation ; la terre arrentée n'était pas soumise à cette obligation.

Voici quelques arrentements constitués par les seigneurs de Brisay sur leur domaine.

En 1404, Bertrande de la Jaille, douairière d'Alès de Brisay, jadis chevalier, arrentait au profit de Louis Briant, paroissien de Douçay, l'hébergement de la Morinière, situé près la Trapière, en la paroisse de Sairres, comprenant l'hôtel, les vergers et treille, vingt et un arpents de terre en prés, pièces de labour et bois, moyennant une redevance annuelle et perpétuelle de huit setiers de froment, quatre setiers d'avoine, deux chapons, deux sous, six deniers, payables à la Saint-Michel.

En 1501, Jacques de Brisay arrentait au profit de Guillaume Nesmes, une maison sise à Fombregin, avec jardin et verger d'une contenance de deux boicellées, pour un chapon de rente payable à la Saint-Michel. La même année, il passait bail à rente, au profit de Colas Messeau, pour la ferme de la Torchonnerie, au village de Fombregin, composée d'une maison manable, granges, écuries et autres dépendances, verger et treille, terre de labour et bois, montant à quatre arpents et quatre boicellées, moyennant quatre boisseaux de froment, deux chapons, douze deniers payables au château de Brisay, le jour de Saint-Michel.

Les censives de la seigneurie de Brisay sont mentionnées très anciennement dans les actes. En 1253, Pierre et Sybille constituaient, en faveur de l'abbaye de Fontevrauld, une aumône de douze setiers froment à prélever annuellement sur les redevances des *rentes* et *cens* « de la cour de la Roche de Brisay ». En 1270, Alès accordait à la même abbaye une rente annuelle de 20 sous à prendre sur ses *censives* de la dite Roche. En 1311, l'aveu de la terre de la Roche-Brisay mentionne les *censives* du domaine et celles de Célié, pour une valeur de 54 livres de revenus.

Les archives du château de Brisay contiennent un grand nombre de déclarations de censives dont nous avons déjà eu l'occasion de parler. Les plus anciennes parvenues jusqu'à nous remontent aux années 1409, 1412, 1414, et furent rendues aux assises de la seigneurie, sous l'administration de Marguerite de Rochechouart. Les terriers et les papiers d'assises nous ont fourni assez de nombreux documents pour nous permettre de reconstituer les censives du domaine de la Roche-Brisay à peu près au total, exclusion faite de celles de Douçay, Celliers et Mirebeau qui nous sont demeurées inconnues.

Les censives de la Roche-Brisay qui, selon l'aveu de 1442, portaient sur près de quatre-vingt-dix héritages situés à Brisay, Urçay, Gloriète, les Moulins, la Giraudière, Fombregin, Bonneuil, Scévolle, Ligniers, la Loge, Sairres, la Pagottière, la Trapière, Boisvert, la Messalière et la Fuye de Beauday, dans les paroisses de Coussay, Verrue, Ligniers, Sairres, Bretégon, Savigny et Douçay, rejoignaient par ce dernier point les terres des censitaires de la châtellenie de Douçay, laquelle s'unissant au fief de Célié, formait la soudure d'un ensemble seigneurial qui, vu la division des terres dans le pays, ne manquait pas d'une réelle importance. Il serait long et fastidieux d'entrer dans le détail de ces dépendances rurales, d'en indiquer les noms, la situation et les divers possesseurs. Ce travail, bien que consciencieusement fait et entièrement terminé, n'a pas sa place ici. Contentons-nous de signaler, parmi les principales, pour donner une idée de ce qu'était au moyen-âge cette dépendance féodale : — la Messalière, à la Fuye de Beauday, sept arpents payant 2 boisseaux et demi froment, 2 setiers avoine, 3 poules, 11 sous et 8 deniers ; — l'hôtel de la Fuye avec son jardin de deux arpents, clos de murs, et 18 boicellées de vignes, payant 10 sous de cens et 30 boisseaux avoines ; — la Place, au hameau de la Fuye, avec clos de vignes de 2 arpents, payant un sous à Noël ; — la Himbaudière, maison, jardin et dépendances de 3 boicellées, situées à l'est de la Messalière, sur le chemin du Puy-de-Sairres à Cezay, avec cinq boicellées aux Bournais de la Fuye, payant 14 boisseaux froment et 5 deniers de cens ; — la Fouleresse, hébergement avec vignes, verger, cave, cour et portail et trente-deux arpents de terre, sur le chemin de la Messalière à la Savatonière, payant deux chapons, 2 poules et 2 deniers ;

— le Clos des Moussaut, à Sairres, maison, jardin et dépendances, derrière le chœur de l'église, sur le chemin de Sairres à Monts, payant 5 sous ; — Champroy, 2 arpents au terroir de Lespinay, payant 6 sous 10 deniers ; — Chamaillard, 14 boicellées de terres en Brétegon, près du bois de la Loge, payant 12 pintes de vin blanc ; — le Logis des Barrés, entre Brétegon et la Messalière, six arpents, payant 6 setiers, 6 boisseaux froment, 6 deniers ; — la Billiarderie, 45 boicellées de terre auprès de la Pagotière, entre Brisay et Verrue, payant 6 sous, 7 deniers et 2 chapons ; — la Loge, habitation, bâtiments de ferme, jardin, verger, et 200 boicellées de terre, entre la Morinière et la Trapière, payant 5 sous et 3 chapons ; — les Prévieux, 48 boicellées de terre entre le bois de Crochebœuf et le bois de Monts, près la ferme de la Tatinerie, payant 12 livres et 4 chapons ; — la Laize du Pellerin, 27 boicellées de terre adossées à la forêt de Sévolle, entre la garenne de Sévolle et le bois de la métairie de la Morinière, payant 6 boisseaux seigle et 2 chapons. Ces quelques exemples suffisent à faire voir ce qu'étaient les censives de la seigneurie de Brisay, dont l'ensemble couvrait près de quatre mille hectare enfermés dans une ligne fictive qui, partant du gué de Saint-Vincent comme point extrême ouest, se dirigeait par la Briande et Chamaillart sur le bourg de Brétegon à l'est, redescendait au midi vers Cezay, passait à Savigny et à Bauday, longeait la seigneurie de Terrefort, et remontait sur la colline des Roches pour atteindre Gloriète, point extrême sud de la juridiction de Brisay, puis, par Bonneuil gagnait Verrue, et rejoignait son point de départ à travers la forêt de Sévolle, en longeant les dépendances de la châtellenie de Purnon, qui lui servaient d'abornement dans la direction du couchant.

Au nombre des droits lucratifs dont elle était nantie, la seigneurie de Brisay exerçait le droit de *champart*, en vertu duquel on partageait la récolte sur champ entre le cultivateur et son seigneur. Les seigneurs de Brisay mentionnent parmi leurs droits, dans les aveux du XIV⁰ siècle, les « quarz et quinz de veignes », ce qu'il faut entendre par la perception d'un quart et de la cinquième partie d'un autre quart sur les fruits de la vigne. Le clos des Bournais de la Fuye, comprenant 70 arpents de vignes, entre la Messalière et la Fouleresse acquittait chaque année ce droit. Trente arpents de vignes, au Puy-de-Celié, étaient « tenuz au quart ». Les terrages de la Pagotière, au-dessous du château de Brisay, étaient « subjects aux quarts des fruiz ». Parmi les autres droits lucratifs, il est mention de la *taille* que les aveux désignent sous le nom de « tailles » ou « tailhées », impôt que le seigneur prélevait exceptionnellement, quand le besoin s'en faisait sentir ; la *métive*, sorte de taille perçue sur les grains au moment de la moisson, et dont la perception portait sur des rendements variables, une année sur le blé, une autre sur le seigle, une autre sur l'avoine, etc. ; le *rachat*, montant de la redevance ordinaire exigé à chaque mutation du censitaire ; le *retrait*, en vertu duquel le seigneur reprenait, en la payant à son juste prix, toute parcelle de terre vendue dans l'étendue de sa juridiction ; les *lods et ventes* qui étaient dus lorsque le seigneur n'opérait pas le retrait sur l'article vendu, le contrat de vente devant être alors soumis à la cour de justice du lieu, qui donnait son approbation (*laudare*) à la transmission du du fief, et touchait une somme variable à titre d'indemnité ; la *contrainte* en vertu de laquelle on pouvait obliger les vassaux à accomplir certains travaux, exécuter certaines corvées profitables au seigneur. C'est ainsi que les aveux enregistrent le droit de « contraindre les hommes de Brisay à faire guet de nuyt pour garder la garenne de Souvolle », l'obligation pour les mêmes sujets « d'amasser et chargier en charrois, et garder la dixme de Myrebeau durant les vendanges », pour les hommes de Célié le devoir de « fener, amasser et mettre en grange à leur despens les foins des grans prés enclos, et paraillement le pré appelé pré Féreau » (1).

§ IV

MOUVANCE

Nous venons de donner un aperçu de ce qu'était la *mouvance* en *roture* de la seigneurie de Brisay, disons maintenant ce qu'était la *mouvance noble, féodale* et *foncière*.

Elle comprenait les fiefs suivants :

1º L'hôtel de la Garde, à Brisay, situé au coin du chemin de Mirebeau à Faye et de l'avenue du château, s'ouvrant en face de la chapelle. C'était une habitation comprenant « deux chambres basses, antichambre et logis pardessus, grange, écurie, four, fournil, jardin et verger », un clos de vigne d'une minée de terre, avec autre terrain en culture contenant quatre boicellées, le tout entouré de murs.

Le possesseur de cet hôtel devait au seigneur de Brisay l'hommage plain, dix sous aux loyaux aides et cinq sous de chambellage payables à chaque hommage rendu. Il était obligé de garder, loger et nourrir les prisonniers de la justice dudit lieu, pendant trois jours et trois nuits, ainsi que les bêtes prises en divagation et en dommage sur les terres du seigneur, mais il partageait ce devoir avec ses parageurs.

Ce bien était tenu en 1339 par Jehan Beaugars, en 1442 par Jehan Guillegaust, et en 1450 par Guillaume, son fils. En 1599, il était à Guillaume David, en 1735 à René Duport, sieur des Minières, en 1739 à sa fille Louise qui habitait la Garde avec maître François Desmortiers, son mari. Elle le vendit en 1774 à Louis Roy, fermier du château de Brisay, qui obtint la permission d'y construire un colombier.

(1) *Arch. du chât. de Brisay*, vol. A.

Quelques dépendances censives relevaient de la Garde à titre de parage, et payaient annuellement de minimes redevances. C'étaient, en 1442, Macé Millart, Macé Roux et Martin Besson, pour cinq deniers chacun, cinq sous aux loyaux aides. Les Pagot, Laffouarde et Marchant tenaient des héritages qui relevaient de ce fief et payaient cinq sous aux loyaux aides.

2° L'hôtel de la Pagotière, situé à courte distance à l'ouest et au-dessous du château de Brisay, dans la vallée de Verrue, sur le chemin du hameau de Bonneuil, comprenant habitation, cour, jardin, bâtiments de ferme, verger, colombier, trois journaux de prairie attenant à l'hôtel, quinze journaux de vignes et vingt-six arpents de terres labourables, sur la paroisse de Coussay, plus cinq arpents et demi de bois en lisière de la forêt de Scévolle, devait foy et hommage-lige, soixante sous par mutation, vingt sous aux loyaux aides, un cheval harnaché et ferré à fournir pour le service de guerre, une seule fois durant la vie du vassal.

Ce fief était en 1442 et 1450 aux mains de Janot Foubert, en 1492 à Jehan Odart, au XVIᵉ siècle à Claude Cousturier. En 1567, ce vassal ayant négligé de soumettre à la cour de Brisay certains contrats d'acquisition, fut condamné par sentence du sénéchal à rendre aveu complet et à payer le droit de mutation ordinaire, sous peine de saisie. En 1590, Pierre Cousturier, marié à Phorienne Cailleau, vendit la Pagotière à Madelaine de Brisay qui l'annexa à son domaine. Il en fut détaché en 1673, en faveur de Marie de Saint-Quentin, dont la fille Suzanne de Moulins-Rochefort, le vendit en 1739 à Vincent Condonnau.

3° Le château de la Trapière, sur le sommet du côteau des Roches, à une demi lieue au nord de Brisay, à droite du grand chemin de Mirebeau à Chinon, comprenant habitation, cour, verger, basse-cour enclose de murs, sur le chemin de Brisay à Sairres, avec soixante-cinq arpents de terre entre Sairres et la Fuye de Beauday, cinq arpents de prés aux

Nèdes avoisinant la forêt de Scévolle, et treize de bois en bordure de la forêt, devait l'hommage plain, vingt sous de mutation, dix sous aux loyaux aides et un cheval de service de guerre valant vingt sous.

La Trapière fut, en 1442 et 47 à Guillaume Pinaut, en 1492 à Guillaume Paillier, d'où elle passa à la Maison du Chesneau, qui fortifia ce manoir au temps des guerres de religion.

« Nous, damoiselle Madeleine de Brisay, dame dudit lieu lieu de Brisay, en la baronnie de Mirebeau, païs d'Anjou, sçavoir faisons qu'en considération des bons offices dont Hercule du Chesneau, escuyer, seigneur de la Trapière, nostre vassal et homme de foy, a tousjours usé envers nous à lestroit besoing, nous assistant dans toutes les occasions qui se sont présentées pour la conservation de nostre Maison, de nous et de nostre famille, avons pour les dites causes et autres considérations à ce nous mouvant, donné et octroyé congé et licence et permission de faire construire et édifier en sa dicte maison noble de la Trapière, tenue de nous à foy et hommage, pour la seurté de sa personne et de sa famille, toutes et telles forteresses que bon lui semblera, soit de tours, canonnières, machicoulis, pontlevis, douves et fossés, et toutes autres fortifications servant à la défense de sa dite maison de la Trapière, contre ceux qui voudraient entreprendre ou usurper auculne chose sur la dicte maison et forteresse ». Cette faveur fut accordée par lettres du 12 mai 1598, à la condition expresse que rien ne serait changé ni dérogé à la vassalité du nouveau châtelain, ni par son fait, ni du fait de ses successeurs, et que le château de la Trapière ne servirait point d'abri à des vassaux récalcitrants (1).

Depuis lors le seigneur de la Trapière ajouta une paire d'éperons d'acier aux choses qu'il était dans l'obligation de

(1) *Arch. du chât. de Brisay*, vol. I..

remettre au seigneur de Brisay chaque fois qu'il lui rendait hommage. En 1604, ce devoir fut acquitté par René du Chesneau, écuyer. En 1689, Marie-Madelaine du Chesneau, dame de la Trapière, avait augmenté ses possessions d'un colombier. En 1702, Marie de Menou, veuve d'Isaac du Chesneau rendait aveu, à Brisay, et en 1730, la même formalité était remplie par Charles-Armand du Chesneau, seigneur de la Croix. En 1759, Pierre-Louis Fouchier, seigneur de Châteauneuf, à cause de sa femme Marie-Anne du Chesneau, possédait la Trapière, qui était, en 1777 entre les mains de Louis du Chesneau. Ce domaine s'était alors singulièrement accru : il comptait 135 arpents de terre, et le château avait des tours, des pavillons, un pont-levis sur douves et fossés ; on avait tracé dans les jardins des « allées et promenoirs » plantés d'arbres fruitiers, et une avenue d'ormeaux conduisait au chemin de la Loge à Sairres. Enfin, au milieu d'une grande prairie, on admirait « la fontaine de Saint-Hilaire, renfermée de murs, dans l'enceinte desquels il y a deux bassins faits de pierre de taille pour tenir les eaux qui servent à laver, autour desquels bassins il y a deux passe-pieds qui servent à placer les lavandières, lequel passe-pieds est couvert de tuiles courbes ; l'eau desquels dits deux bassins découle dans trois réservoirs qui la reçoivent successivement et passent ensuite dans le pré du même nom » (1).

Quelques petits fiefs relevaient de la Trapière, en arrière-fiefs du château de Brisay. Les principaux étaient détenus par l'Aumônerie de Loudun, le seigneur de Villiers, les cures de Ligniers et de Sairres.

4° Les Echinards de Villiers, en la paroisse de Notre-Dame-d'Or, 500 boicellées de terre au terroir de Villiers réparties entre 103 vassaux différents qui devaient en bloc 12 setiers de blé. Ce bien avait jadis fait partie du domaine

(1) *Arch. du chât. de Brisay*, vol. A.

du seigneur de Brisay, et semble avoir passé de la Maison de Marçay à Guy de Brisay, vers la fin du XIIIe siècle. Plus tard, il fut affiéfé moyennant l'hommage plain, trente sous de mutation, dix sous aux aides, le cheval de service et le rachat. Pain de Verrue, chevalier, le possédait en 1442. Jehanne de Verrue, sa fille, le porta en 1447 à Martin de Rezay, chevalier, seigneur de Saint-Fulgent, son mari. En 1492 il était à Jehan Eschinart qui paraît lui avoir donné son nom. En 1599, Charles Petit, écuyer, sieur de Villiers, le possédait et en faisait les Echinard de Villiers.

5° Le Gué Jacquelin, fief terrien composé de vingt-deux arpents de terre, en la paroisse de Celié avec « ung vieil mazeril sis au bord de l'eau courant » (la Lanvigne), devait foy et hommage plain, six sous six deniers chaque année à la Saint-Martin, appartenait en 1442 à Pierre de Bignoux et fut annexé à la seigneurie de Celié, qui fut détachée de celle de Brisay en 1500.

6° Le fief d'Aubié, posant sur quatre héritages qui en bloc devaient une rente de un setier froment, à Aubié, sur le terroir des paroisses de Champigny et Bournezeaux, avait été affiéfé moyennant l'hommage lige, une paire d'éperons blancs et dix sous aux aides. Guillemot de Mallesort le possédait, en 1442, à cause de sa femme Catherine Gouraude. Il était à Christophe Bompart, en 1459, à Pierre de Nouveau, écuyer, seigneur du Breuil de Curzay et Jehan de Nouveau, écuyer, seigneur de Villiers, en 1599, à leurs héritiers en 1689.

7° L'hôtel de la Jussaumière, en la paroisse de Saires, habitation et ferme, jardin, vignes, terres labourables et prés, avec dépendances à la Planche, devant l'hommage lige et cheval de service armé, avec dix-huit boisseaux froment et vingt-deux sous de rente chaque année, appartenait à Bry-Morin, en 1451, fut réintégré au domaine avant 1580, et inféodé de nouveau en 1630 à Barthélemy de Burges. En 1742 il était entre les mains de Charles de

Beauregard qui reconstruisait le manoir, et se formait un parc d'agrément, entouré de murs, avec les prairies de la Planche et autres terrains situés entre le chemin de Sairres à Verrue, celui de Richelieu, celui de Mirebeau et les maisons du bourg de Sairres, terrains vendus par MM. de Majoubert et de Villiers.

8° Le domaine de la Morinière, situé entre la Trapière et la Jussaumière, tout près de la Loge, consistant en habitation, ferme, jardin, verger, vignes et vingt-deux septerées de terre éparpillées à la Guernaudière, aux Nouelles, Nesdes, à la Loge, sur les chemins de Brisay à la Fuye, de la Fuye à Purnon et de Sairres à Brisay, payait huit setiers froment, quatre d'avoine, deux sous six deniers et deux chapons de rente annuelle. Ce bien fut possédé par les seigneurs de Brisay jusqu'au commencement du XV° siècle, inféodé alors par Bertrande de la Jaille à Lucas Briant (1404), possédé par Lucas Briant fils, en 1442 et 1450, et par Jean Briant en 1498. Celui-ci moyennant 20 livres une fois payées, obtint de François de Coué, curateur de Jacques II, seigneur de Brisay, la réduction de son devoir, abaissé dès lors à 5 sous et 3 chapons de rente ; Huguette Briant, sa fille, mariée à Guillaume Pagot, sieur de la Pagotière, fit aveu de la Morinière en 1535. Annexé à la Pagotière, le double domaine passa à Cyphorienne Cailleau, femme de Jean de Membron, qui en fit aveu en 1563. Cyphorienne vendit la Morinière, en 1578, à Antoine de Longueville, écuyer, sieur du Breuil, pour la somme de mille livres, plus trente livres pour les meubles y contenus. Antoine de Longueville, après s'être agrandi du pré de Poligny, au chemin de Brisay à la Fuye de Beauday et de quelques autres parcelles à la Giraudière, vendit la Morinière à Jacques Mesnard, écuyer, sieur du Puy de Sairres, en 1598, qui transmit cet héritage à son fils Barthélemy. Claude Fromaget et Philippe Drouin l'ayant acquis de Barthélemy, en 1606, négligèrent de soumettre leur contrat, et se virent saisir le domaine de la Morinière, par sentence rendue le 15 mars 1607, à la cour de Brisay, au profit de la dame du lieu. Madelaine était alors entièrement entichée de son ministre protestant Jehan Gourdry ; elle le comblait de ses dons. Elle lui octroya incontinent la Morinière dont il fit aveu en 1641. En 1702 ce bien était aux mains des héritiers de M. de la Pépinière et de mademoiselle Dupré. En 1731, il était détenu « en franc devoir » par César de Morat, qui en prenait le nom, et avait, sous ce titre, à s'opposer aux prétentions du seigneur de Douçay, son voisin, tendant à faire reconnaître la Morinière comme une dépendance de sa juridiction. Une sentence de la sénéchaussée de Mirebeau condamna la cour de Douçay à cesser ses poursuites, et maintint la Morinière en la dépendance de la cour de Brisay.

Il résulte des aveux et déclarations rendus à la seigneurie de Brisay, dans le courant du XVI° siècle, que des gentilshommes des meilleures maisons possédaient des parcelles de terre pour lesquelles ils étaient vassaux de ce domaine. Les La Trémoïlle, les du Villiers, les Savary, les Malmouche, les La Jaille, les Minard, payaient des redevances et devaient le service au fief de Sairres, ce qui s'explique par la position dans les paroisses où s'étendait ce fief, de plusieurs terres indépendantes, telles que la Mothe, la Rivière, le Temple, la Maisonneuve, les Murs, qui ne relevaient pas directement de Brisay, mais dont les possesseurs ont peu à peu étendu leurs acquisitions sur les terres qui en dépendaient. Au XVII° siècle, nous constatons que :

1° Hector Dupin, écuyer, seigneur de Majoubert et de la Rivière de Sairres, possédait 2 journaux et 57 boicellées de terre sur le fief de Sairres, payant « sans rachapt, foy ni hommage, charge ou redevance », un demi boisseau froment, quatorze boisseaux seigle et 2 sous 6 deniers de cens.

2° Henry Chaperon, écuyer, sieur de la Guérinière et de la Maison-Neuve, possédait du chef de Françoise Dupin, sa femme, 131 boicellées, pour lesquelles il payait, à Brisay,

5 boisseaux froment, 14 boisseaux seigle, 18 sous, 13 deniers et 1 chapon.

3º Nicolas de Sigourny, écuyer, sieur de la Béraudière, et Marthe du Villiers, sa femme, dame du Temple, possédaient en Sairres, 7 septerées et 60 boicellées de bien payant à la recette ordinaire de Brisay 2 boisseaux froment, 10 boisseaux seigle, et 10 sous de cens.

4º Barthélémy de Bruges, receveur des tailles à Loudun, détenait a foy et hommage lige et vingt-deux sous de service annuel plus 18 boisseaux froment, des pièces de pré dépendant de la maison de la Jussaumière.

5º Monsieur de la Milonnière tenait la maison de la Guillanchère, à Bretegon, du fief de Sairres, moyennant 18 boisseaux froment, et 6 chapons de rente annnelle.

6º Emerand de Malmouche, écuyer, sieur de la Mothe de Sairres, pour 40 boicellées de terre, payait à Brisay 6 boisseaux froment, 3 boisseaux seigle et 1 chapon.

7º Jacques de Malmouche, écuyer, sieur de la Saulaye, avait une part de la frêche des Judde, et possédait du chef de sa femme 2 septerées et 3 boicellées de terre en Sairres, pour lesquels il devait 9 boisseaux froment et 9 deniers de cens.

Au XVIIIº siècle, René de Beauregard, écuyer, seigneur de Mondon, fit des acquisitions importantes dans la paroisse de Sairres. Il posséda successivement les petits fiefs de la Maison-Neuve, la Rivière, le Temple, la Jussaumière, et à la fin du même siècle, son petit-fils, Charles de Beauregard, détenait presque toutes les censives de Sairres avec MM. de la Milonnière et de Champfort, tandis que de l'autre côté du chemin de Cezay à Mirebeau, MM. Orcé et de Chizeray, avec M. de la Milonnière, se partageaient la presque totalité des censives de la Fuye de Beauday.

Parmi les fiefs qui relevaient de la cour de Brisay, on comptait encore les trois grandes dîmes d'Agressay, Craon et Quart-Levraut, que nous allons étudier séparément.

1º La dîme d'Agressay grevait une grande surface de terrains situés sous le village de ce nom, en la paroisse de Thurageau. Elle s'étendait de l'étang des Barres, non loin de Chezelles, à l'est, jusqu'au grand chemin de Mirebeau à Poitiers, vers l'ouest, bordée au nord par les villages de Chevry, Chaumont, et la seigneurie de Douge. Au sud, elle elle cotoyait les terres de la Jarrie, l'enclos des dames religieuses de Lencloître et le bois de la Salle. Le chemin de Chéneché à Mirebeau, passant par Thurageau la traversait, et elle s'amassait au village du Coudray, dans une grange située au centre des dépendances sur lesquelles elle était prélevée. Son rendement consistait en blés et en vins ; en 1311, elle donnait un revenu de 18 livres, 6 sous tournois ; en 1468 et 1478 elle rapportait 26 livres de rente. Le devoir de son possesseur envers la seigneurie de Brisay était l'hommage simple, exempté de tout service de guerre, 12 deniers de rente annuelle et 12 deniers de rachat payables à chaque mutation, avec l'obligation de fournir un homme *vivant et mourant* sur le fief, pour en rendre hommage et payer le devoir susdit.

Voici l'historique de cette possession.

Lors de la conquête du Mirebalais par le comte d'Anjou, le bourg d'Agressay, comprenant déjà une certaine agglomération d'habitants régie par les religieux de l'abbaye de Moutierneuf d'Aquitaine, passa sous l'autorité civile du nouveau gouverneur imposé par le conquérant. Ce fut là une simple conséquence de la grande évolution du temps, sous l'influence de laquelle le régime féodal remplaçait partout la prépondérance ecclésiastique. Toutefois Agressay ne devait pas tarder à redevenir bien des moines, en vertu de la réaction qui amena les nobles à opérer de nombreuses restitutions dans le courant du XIe siècle. En 1059, en effet, le comte d'Anjou, Geoffroy Martel, de passage à Mirebeau, donna au prieuré de Saint-Nicolas, relevant de l'abbaye de Moutierneuf, le village d'Agressay avec tout son territoire, spécifiant que quelque fût le différend qui s'élevât plus tard entre lui et le comte de Poitiers, aucune reprise ne serait exercée sur cette terre contre les moines ses légitimes possesseurs. Et comme garantie de sa protection, il confia la défense d'Agressay au gouverneur du château de Mirebeau, son lieutenant sur la frontière, exigeant de lui le serment de rester fidèle à la mission qu'il lui donnait.

En 1063, la comtesse de Poitiers, Agnès, mère du comte Geoffroy, approuva la libéralité du comte angevin, malgré la rivalité qui existait entre leurs deux maisons, et gratifia le prieuré de Saint-Nicolas de terrains qu'elle acquit spécialement dans ce but. La terre d'Agressay se trouva ainsi augmentée de 32 jougs de terre labourable, 3 de prairie et 25 de vignes entre les hameaux de Chezelles et Douge, de 10 jougs de terre cultivée et 6 en vignes à la Jarrie, de 13 jougs à la Cigogne, de 4 jougs en prairie et 48 jougs en vignes au village même d'Agressay. Puis, en 1066, Agnès obtint par ordre et prière *(jussu et precatis)* — ce qui prouve que ce ne fut pas sans difficulté — d'un clerc poitevin nommé Thibaut et de son frère Guillaume, l'abandon gratuit, à Saint-Nicolas, de 7 jougs de terre plantés en vignes qu'ils possédaient entre la Cigogne et Agressay. En 1068, la comtesse fait une nouvelle libéralité à Saint-Nicolas : elle achète, au prix de mille sous l'héritage d'un nommé Abon, récemment décédé, et le donne à condition qu'une église sera construite, les moines de Moutierneuf la desservant ; la terre d'Agressay leur est remise en son intégrité, et naturellement, ils la grèvent aussitôt d'un droit de dîme, privilège ecclésiastique par excellence qui battait son plein bien avant l'apparition du régime féodal. Telle fut l'origine de cette dîme d'Agressay, que nous voyons dès lors peser sur toutes les terres données par le comte Geoffroy d'Anjou et la comtesse Agnès de Poitiers, entre Douge et Chezelles, la Cigogne et Agressay *(Daucias, Jezellas, Ciconia, Agriciaco)* (1).

Mais les seigneurs voisins ont vu d'un mauvais œil cette puissance rivale s'installer et grandir auprès d'eux. Les possesseurs de l'église ancienne de Thurageau jalousent cette nouvelle église d'Agressay, qui absorbe une partie de leurs bénéfices. Ils prétendent d'ailleurs que tous les droits ecclésiastiques appartiennent de toute antiquité à leur église, et que Saint-Nicolas a perpétré contre eux une usurpation intolérable. En 1075, Arbert de Saint-Jouin, de la famille des seigneurs de Mirebeau, et Pierre de Luché, son beau-frère, possesseurs de l'église de Thurageau, envahissent Agressay, chassent les moines de Moutierneuf et s'emparent à main armée des dépendances du prieuré, cultivées et exploitées alors par Gérard et Bernon, colons de l'abbaye. Ils arrêtent ces honnêtes laboureurs et les emmènent prisonniers dans leur château.

Un bien mal acquis ne saurait profiter : les seigneurs de Thurageau le comprennent aux remontrances de leurs congénères et aux remords de leurs consciences. Ils regrettent leur forfait, se décident à le réparer. Les moines les en supplient. Le pape Urbain II les y invite. Leur suzerain les menace de son ressentiment, et leurs amis les pressent d'en finir. Arbert de Saint-Jouin remet alors la terre d'Agressay et ses dépendances aux mains des religieux du prieuré de Saint-Nicolas ; il reçoit 40 sous d'indemnité.

Cela s'est passé en 1080. Huit ans plus tard, Arbert est mort, et sa veuve Thomasse, remariée à Simon Maingod manifeste quelque velléité de reprendre Agressay, pour son compte. Mais Guillaume de Mirebeau intervient ; parents et amis conduisent les deux époux dans la nouvelle église de Saint-Nicolas, leur font jurer entre les mains de l'abbé Guy de Moutierneuf, en présence de Louis de Chéneché et

(1) *Dom Fonteneau*, tome XX.

Geoffroy de Chauvigny, de respecter les possessions ecclésiastiques d'Agressay. Dès lors ils respectent leur serment, ne molestent plus les moines.

En 1104, surgit une autre épreuve. Guillaume, fils d'Arbert et de Thomasse a grandi. Il jette un regard de convoitise sur la terre d'Agressay, si prospère, jadis enlevée d'assaut par son père et rendue bien à tort, selon lui. Guillaume ne tient compte ni du compromis passé entre Arbert et les religieux, ni de l'assentiment donné par sa mère et son beau-père à la restitution qui en a été la conséquence ; il se jette sur les biens de Saint-Nicolas et les soumet à sa domination. Cette fois le clergé s'indigne, l'église s'élève avec rigueur contre l'usurpation outrageusement renouvelée malgré les serments et les actes, et elle fulmine une excommunication en règle, bien capable de foudroyer le plus cuirassé des féodaux. Pascal II, roi et pontife, écrit à Pierre II, évêque de Poitiers, en 1106 :

» Je ne m'étonne pas peu de votre placidité, pour ce qu'après avoir reçu mes lettres d'excommunication contre ce Guillaume, de la famille des seigneurs de Mirebeau, qui s'est emparé injustement des biens de notre monastère de Moutierneuf, vous n'ayez pas fait faire justice immédiate en punissant cet homme comme il le mérite, et en faisant restituer leurs terres d'Agressay à nos moines, quand antérieurement déjà, sur les remontrances du pape Urbain, notre prédécesseur, le père de ce Guillaume avait rendu cette terre, par lui violemment arrachée au dit monastère. Que sous quarante jours après la réception des présentes lettres, ce voleur *(raptor)* reçoive de votre part la pénitence canonique qu'il a encourue. D'Avignon, le VIII° des ides de novembre 1106. »

Guillaume repentant restitua l'église d'Agressay aux moines de Saint-Nicolas et déclara ne se réserver aucun droit sur les biens qui en dépendaient. En 1106 et 1126, les comtes de Poitiers Guillaume IX et Guillaume X reconnurent la juste possession des moines qui, dès lors, en jouirent paisiblement, comme d'un bien par eux justement détenu dans sa plénitude *(totam villam Agriciacum)*.

Cependant le temps marche, les années s'écoulent, forment des siècles. A mesure que les générations se succèdent, les institutions humaines se modifient, et quoique les moines de Moutierneuf fussent privés juridiquement du droit d'aliéner leurs biens, il est cependant incontestable que la totalité de la terre d'Agressay ne leur appartenait plus au XIVᵉ siècle. Un seigneur nommé Renaut d'Agressay possédait alors, auprès du prieur de Saint-Nicolas, dans ce même village, un fief que l'on peut croire détaché antérieurement du fonds des moines ; il le grevait d'une rente annuelle de 20 setiers de froment au profit de la ville de Poitiers. En même temps, le droit de dîme, jadis exercé par les moines, se trouvait également détaché de la terre d'Agressay et détenu au domaine privé de seigneurs laïcs.

Depuis quand, à quelle occasion cette laïcisation d'un bien jusqu'alors essentiellement ecclésiastique avait elle été pratiquée ? Fut-elle l'œuvre du prieur qui aliéna, avec une permission spéciale, le droit de dîme pour se procurer de l'argent dans un moment d'urgence démontrée ; ou doit-on supposer que, lors de l'inféodation d'Agressay au châtelain de Mirebeau, par le comte d'Anjou, ce prince avait réservé, en faveur de son lieutenant la dîme en question, que le seigneur de Mirebeau aurait ensuite transportée à un de ses délégués, en lui confiant la garde — bien mal gérée, comme nous l'avons vu — des possessions de Moutierneuf? Ce sont autant de questions auxquelles les actes, fort rares au XIIIᵉ siècle, ne fournissent pas de réponse. Ce que l'on constate avec certitude, c'est qu'en 1311, la dîme d'Agressay est aux mains de Guy de Brisay qui dans son aveu au seigneur de Mirebeau, la fait entrer en ligne des possessions composant son domaine féodal de la Roche-Brisay. Les aveux subséquents font connaître, avec la même certitude, que la dîme d'Agressay était détenue, en 1345, par Alès, fils de Guy, et en 1365 par un autre Alès, son petit-fils.

Alès VI, seigneur de Brisay et Béatrix de Montejehan, sa femme, avaient acheté à Renaut de Pouant, valet, la baronnie de Douçay, moyennant un règlement de compte à intervenir entr'eux, au sujet des affaires de la succession de Marçay, et « jusques à temps que eux ou leurs hoirs eussent bien et convenablement assigné à Renaut ou aux siens le paiment d'icelle vente », ils lui payaient une rente annuelle de 50 setiers de froment à prendre sur les revenus de leurs terres.

Alès VII, seigneur de Brisay après la mort de son père, voulant, du consentement de sa mère Béatrix, procéder au règlement convenu, paya 50 écus d'or à Renaut de Pouant pour l'indemniser des arrérages qui avaient été négligés « despuis plusieurs années en çà que le feu chevalier, son père, était allé de vie à trespas », et en fin de compte lui abandonna sa dîme d'Agressay « ainsi qu'elle se poursuyct, et en la forme que *anciennement* elle a accoustumé estre baillée, levée et exploictée », termes qui font clairement comprendre que la dîme en question était depuis fort longtemps dans la maison.

Toutefois cette cession ne fut pas complète. Le seigneur de Brisay qui semblait tenir à ce lambeau de bien comme à un des plus anciens membres de sa juridiction, voulut s'en réserver la suzeraineté, et Renaut dut accepter l'inféodation de la dîme, c'est-à-dire la faculté d'en jouir entièrement, tout en se reconnaissant le vassal « en franc debvoir » du seigneur qui la lui concédait. Cette constitution de fief fut reconnue par un acte passé en la cour de Mirebeau, le 30 octobre 1365.

Renaut de Pouant, habitant de la paroisse de Thurageau, était le petit-fils de ce Renaut d'Agressay ci-dessus nommé, dont la fille épousa Arnaut de Pouant, seigneur de Douge, mariage qui donna naissance à trois enfants, devenus possesseurs de Douge et d'Agressay après leur père. Pierre, seigneur de Douge, à cause de Philippe de Pouant, sa femme, rendait aveu, en 1345, au baron de Mirebeau, pour les terres possédées par ses deux beaux-frères et lui, sous la domination de ce suzerain. Renaut de Pouant, l'aîné de ces deux jeunes gens, alors en tutelle, devint seigneur de Douçay probablement par son mariage avec la fille du seigneur de ce lieu, et lorsqu'il l'eut cédé au sire de Brisay, il reprit sa résidence à Thurageau, dont il était originaire. Le 18 décembre 1366, il transigeait avec le Maire et les Echevins de la ville de Poitiers, au sujet d'une rente de 20 setiers de froment, dont son grand-père Renaut d'Agressay avait grevé ses possessions foncières au profit de cette cité, qui n'en avait point perçu les arrérages depuis trois ans. Pierre Grippon a été nommé par la ville pour procéder à la rentrée des choses dues, il règle avec de Pouant la transaction consentie, sur laquelle est apposé le scel aux contrats établi par le prince de Galles, fils aîné du roi d'Angleterre, gouverneur souverain d'Aquitaine ; c'est un écu écartelé de France et d'Angleterre, chargé en chef d'un lambel à trois pendants avec la devise : Aquitaine et Galles. C'est ainsi que le Mirebalais subissait les résultats désastreux du traité de Bretigny.

Au siècle suivant, la famille Grimaut, de Thurageau comme les précédents, a hérité des biens et des obligations des de Pouant. Il est permis de supposer que ce fut par suite de l'union de l'héritière de Renant avec Thibaut Grimaut, seigneur de Douge et du Lizon. Ce chevalier « anciennement et grandement possessionné au Mirebalais » selon M. de Fouchier, avait grevé sa terre de Douge d'une rente de 17 setiers froment au profit de la ville de Poitiers. Cette charge, augmentée de celle qui incombait aux hoirs Renaut d'Agressay, était partagée en commun par les enfants de Thibaut, dans le courant du XVe siècle. Nul doute donc qu'ils eussent été les héritiers de Renaut de Pouant, possesseur, en son vivant, de Douge et de la dîme d'Agressay. Rangeons donc Thibaut Grimaut au nombre des possesseurs de la dîme d'Agressay, qu'il détint, depuis la fin du XIV⁰ siècle, jusque vers l'an 1430, en qualité de successeur de Renaut de Pouant.

Olivier Grimaut, seigneur du Lizon, et Jehan Grimaut, seigneur de Douge, tous deux fils de Thibaut, détenaient la dîme d'Agressay. en 1442, comme il appert de l'aveu rendu cette année-là par Jehan de Brisay, au roi de Sicile. « Olivier Grimaut et Jehan Grimaut, frères, tenent de moy les trois pars d'une dixme de blés et de vins séant au village d'Agressay et illecques environs », dit cet acte, dont les termes nous apprennent que notre dîme avait été partagée. Et de fait, un acte subséquent, daté de 1465, fait voir que le quart détaché de ce bien appartenait à « l'abbé de Tyr ». C'est d'ailleurs la seule mention qui en soit faite, et depuis lors l'histoire de cette fraction se perd dans l'obscurité des temps.

Revenons à nos trois quarts, qui conserveront malgré cette échancrure, le nom de la totalité du fief. — Olivier Grimaut, vivant encore en 1455, comme le prouve un vidimus de l'aveu de Jehan de Brisay obtenu à son profit le 24 février de cette année-là, mourut en 1458, laissant pour héritiers Jeanne de Blou, sa femme, François Grimaut, son fils et deux filles, Catherine, mariée à Nicolas de Vinceneuil, et Jeanne, célibataire.

Que va devenir la dîme d'Agressay dans cette succession ?

Les hoirs d'Olivier s'unissent à Jehan Grimaut, leur oncle ; tous ensemble se rendent à Poitiers, en 1459, pénètrent au sein du conseil de ville, et devant MM. le Maire et Echevins assemblés, proposent l'arrangement suivant.

— C'est 47 setiers froment, 49 sous et 6 deniers que nous vous devons chaque année à la Saint-Michel, payables et rendables en la maison de ville par nos propres mains, en vertu des diverses obligations successivement consenties par nos ancêtres, et hypothéqués sur les biens de leur succession, disent-ils. Cette lourde charge est, pour nous, si difficile à acquitter, que depuis nombreuses années les arrérages sont demeurés non payés, ce qui est contraire à nos intentions comme aux intérêts de la ville. A ces causes, nous venons implorer de votre bienveillance l'abandon des arrérages dus, ainsi que l'extinction de la rente, et en échange de ce sacrifice, nous vous offrons la pleine propriété de notre dîme d'Agressay, que nous garantissons « estre bonne et de grande valeur ».

Les affaires ne se faisaient pas très vite en ces temps reculés. Le Conseil y réfléchit pendant cinq années. Enfin, dans un contrat passé le 8 octobre 1465, honorable James Germain, maire de Poitiers, et Nicolas de Boislève, son procureur, acquirent des Grimaut la grande dîme d'Agressay, s'engageant à payer annuellement le devoir de 12 deniers dont elle était grevée envers le seigneur de Brisay, et à subir toutes les obligations féodales qui en découlaient. La ville aussitôt s'occupa de trouver des collecteurs qui pussent recueillir sa dîme « de grande valeur », comme on disait. Elle l'afferma par baux du 5 juillet 1466 et 2 juillet 1468, à Mathurin Rabbin et Jean Pain, pour 26 livres ; et crut sans doute que cette simple opération administrative comprenait la formalité de « l'homme vivant et mourant sur le fief », qu'elle devait envoyer à la seigneurie de Brisay, comme vassal apte à la représenter. Mais cette erreur lui fut préjudiciable. Le sénéchal de la terre de Brisay, aux assises de 1491, cita le Maire et les Echevins de la ville de Poitiers à comparaître « vers court, en demande de bailler par déclaration la grant dixme d'Agressay », et comme la déclaration ne fut pas faite, le sénéchal prononça, aux assises d'août 1493, la saisie de la dîme « par deffaut d'aveu ». La saisie fut opérée en 1494, et la gestion de la dîme confiée à deux habitants de Brisay, Gérard Baudon et Mathurin Thibaut, qui en récoltèrent les fruits, les vendirent à Laurent de la Chaussée et Simon de la Fuie, au profit du seigneur de Brisay. La ville se montrait peu satisfaite du procédé, elle le voulut faire voir en refusant de se rendre aux injonctions du sénéchal jusqu'en 1498. Conséquemment jusqu'à cette date, la dîme fut recueillie au profit du seigneur dominant.

Celui-ci, Jacques II, devenu majeur, s'efforça d'arranger l'affaire, mais les concessions étant contraires aux principes féodaux, il écrivit de sa main une lettre comminatoire au maire de Poitiers, lui annonçant qu'il le taxerait à une amende de cent sous, s'il ne s'acquittait de son devoir à la prochaine réunion des assises. Cette lettre produisit un effet salutaire : aux assises de 1499, la ville envoie, à Brisay, un procureur nommé André Millandeau qui apporte les humbles excuses des bourgeois de Poitiers. Il explique que la ville ayant acheté de messire Jehan de Moulins, seigneur de Rochefort, la dîme de Chaumont, tout proche celle d'Agressay, a cru devoir rendre un seul et même hommage, pour les deux possessions, au sire de Rochefort, qui l'a accepté ; elle ne se croyait donc plus obligée envers le seigneur de Brisay. Ce règlement fantaisiste ne fait point l'affaire de Jacques, et la ville va se voir condamnée aux cent sous d'amende annoncés, quand elle se décide enfin, par l'organe de son procureur, à rendre l'hommage et payer le devoir qu'elle ne pouvait absolument plus éluder.

Le 27 février 1503, se présente au château de Brisay messire Pierre de Genouillac, bourgeois de Poitiers, au nom du conseil de ville, demandant à être reçu « en foi et hommage, serment de féaulté pour raison des choses que les maire, bourgeois et eschevins tiennent de la terre et seigneurie de Brisay ». Jacques reconnaît dans messire de de Genouillac « l'homme vivant et mourant » pour la ville, reçoit son hommage, et lui « faict commandement et injonction de payer les debvoirs qui pour cause du dict hommage seraient deubs, et bailler son adveu et dénombrement dedans le tems de la coustume ».

Au délai écoulé, les droits n'avaient pas été acquittés, ni l'aveu remis. C'est pourquoi le 30 juin 1504, Julien Lebault, sergent de la cour de Brisay, agissant pour « noble et puissant homme, Monseigneur Jacques de Brisay, écuier, seigneur dudit lieu », saisit et mit en main dudit sire la dime d'Agressay, encore une fois reprise par le domaine. Il nomma Mathurin Devaux et Mathurin Thibaut commissaires gérants.

Maître Joachim Tudert, delégué par la ville, courut au château de Brisay, remit au seigneur les arrérages des devoirs dûs, plus « cinq sols qu'il paya aussi » à titre d'indemnité ; et moyennant cet arrangement, « fut mise la dixme du consentement dudit seigneur à pleine délivrance, et donnée à iceulx bourgeois et eschevins dont grande joye appert par les lettres » qu'ils écrivirent au sire de Brisay par signe de remerciement.

Malgré tant de courtoisie, rien n'était plus insoumis que cette bourgeoisie à laquelle les usages féodaux répugnaient fort. Ainsi, en 1524, elle se fit encore rappeler à l'ordre, faute de fournir un nouvel aveu rendu nécessaire par la mort de « l'homme mourant » qui représentait le fief. Maître Guillaume Chenevreau est chargé de se rendre à Brisay, où les assises sont tenues par Mathurin Gorré, il demande qu'on lui fournisse un des aveux antérieurement rendus pour y copier le sien. Refus du sénéchal qui n'a point de telles complaisances à avoir. Chenevreau explique que Messieurs de la ville « ont jadis mis et faict mettre en leur trésor les dits actes, et qu'ils n'en ont pu retrouver aucun ». Tant pis donc, on les oblige à rédiger une nouvelle minute et le devoir est payé en même temps.

Le 22 mai 1598, le maire de Poitiers ayant passé aux enchères publiques un bail général pour les dîmes de

Boussageau, Amberre, Thurageau, Chaumont, Agressay, jugea suffisant et très expéditif de rendre hommage en bloc au seigneur de Rochefort, dont il eut, le 18 octobre, une quittance de rachat signée : *Jean de Moulins, conseiller au présidial, oncle et tuteur du dit sieur de Rochefort.* La seigneurie de Brisay ne pouvait laisser s'accomplir cette nouvelle usurpation de ses droits. Présidant la réunion des assises en l'hôtel de la Garde, à Brisay, le 17 mai 1581, Maître Pierre Volette prononça la saisie de la dîme d'Agressay, et donna l'ordre de mettre immédiatement ce fief à la disposition de la cour. La ville rentra en possession de son bien à bref délai, grâce à une prompte soumission, et le 17 juillet 1598, elle nomma Martin Dousset, avocat à Mirebeau, son procureur, avec mission de rendre en son nom l'hommage dû à la dame de Brisay. L'aveu qui fut rendu par ce personnage le 7 mai 1599, avec signature et sceau, est ainsi conçu :

« De vous Damoiselle Magdelaine de Brisay, dame dudit lieu, nous les Maire, Eschevins et Bourgeois de ceste ville de Poictiers, tenons et advouhons tenir noblement, à cause de vostre terre et seigneurie de Brisay, au debvoir aborné cy après, scavoir les trois quartes partyes de la dixme et dixmerie d'Agressay, en la paroisse de Thurageau, joignant d'une part au chemin tendant de la Parrotière à la vigne qui fut au seigneur de Champigny et au carrefour des Tombes, et d'autre aux terres de la Jarrie appartenant à la dame abbesse de Fontevrauld, d'autre à l'Ormeau aux Loups et d'autre au boys de la Salle, et d'ung dernier costé à l'estang des Barres ; pour raison desquelles dites trois quartes partyes de dixme, nous debvons et avons accoustumé payer à votre recepte dudit lieu de Brisay, la somme de douze deniers de debvoir noble, annuel et aborné chascun an, à chascune feste Saint-Michel ; et plus n'en tenons, ains faison arrest par estuy présent nostre adveu et dénombrement que protestons accroistre ou diminuer touttes fois et quantes qu'il viendra à nostre congnoissance avoir obmis et délaissé aulcune chose. En tesmoing de ce, avons fait sceller du sceau duquel nous usons, et fait signer à nostre requeste à nostre secrétaire, le septiesme jour de may l'an mil cinq cens quatre-vingt-dix-neuf.

« Denys UZEAU.

« Secrétaire et conseiller de la ville. »

Le sceau, ici posé, présente un écu chargé d'un lion hissant armé et lampassé, entouré d'une bordure de treize besants. Le contre-sceau est de France.

Au dos de l'acte est écrit :

« L'adveu et déclaration a esté présenté et rendu par maystre Martin Dousset, conseiller et procureur des susdits maire, eschevins et bourgeois, sauf à l'impugner de blasme sy faire se doibt, au parquet en auditoire de Myrebeau, par emprunt de terrytoire, pardevant nous Jean Botreau, advocat audict Myrebeau, séneschal de la seigneurie de Brisay, le neufviesme jour de juing 1599. Botreau » (1).

Un semblable aveu fut rendu le 12 juillet 1641 à Françoise de Lestang, comtesse de Blet et de Brisay, par Audebert, maire de Poitiers. Au commencement du siècle suivant, la dîme avait été affermée à l'échevin Charles Fouqueteau, sieur des Mortiers, reconnu par la seigneurie comme « l'homme vivant et mourant du fief », qui, sur l'autorisation du maire Jacques Olivier, sieur de la Channetière, fit rendre son aveu le 10 juillet 1702, par Urbain Amillart, aux assises de Brisay, tenues par Jean de la Mothe, sénéchal.

Le 29 octobre 1742 la même indispensable formalité fut accomplie en faveur du comte d'Aubigné, seigneur de Brisay, par Pierre Chauvel, sieur du Teil, représentant du

(1) Tous ces documents historiques sont tirés des archives du chât. de Brisay et de la bibliothèque de Poitiers.

conseil de ville, aux assises présidées par le sénéchal Gellin. Cet acte fournit les détails les plus complets sur les abornements de la dîme d'Agressay, « laquelle, est-il énoncé, s'amasse en commun au village du Coudray, avec les copartageants d'icelle (l'autre quart), joignant le total de cette dixme au renclos des dames religieuses de Lencloistre du costé du midy ; tirant au clos des héritiers du sieur des Brosses à cause de la maison de Douge du costé du couchant, et tirant d'autre le clos du sieur Doury marchand à Mirebeau, à présent possédé par le sieur Recoquillé, et au village de Chaumont, et du dit clos venant à la prée de Thurageau, et aux prés des héritiers Christophe Loullier, sieur de la Forge, du côté de l'orient ; et de la tirant de la terre des héritiers de deffunct Henry Chabril et aux quatre chemains, et le long du chemin de Poitiers à Mirebeau à dextre, et à la chaume qui touche au chemin de Thurageau à Poitiers à gauche, et le long du chemin de Chénéché à Mirebeau, à la susdite main, au couchant » (1).

2. La dîme de Craon. — L'église de Craon ou Cron *(ecclésia de Cragono)*, située dans la châtellenie de Mirebeau, à l'ouest de cette ville et dans l'archiprêtré de Parthenay, fut donnée à l'abbaye d'Airvaut, avec toutes ses dépendances, par Hildeardix, comtesse de Thouars, en 1095. La dîme de ce bien ecclésiastique en fut détachée à une époque inconnue et possédée par des seigneurs laïcs. Elle se percevait sur des terres labourables, prairies, vignes, maisons, censives et four bannal à Cron, sur les rendements de blé, vin, pourceaux, agneaux, lainages, poules et chapons, ainsi que sur les produits de la taille et les amendes de justice. Elle rapportait au XIIIe siècle, avoine, fèves et pois, plus 10 livres de rente. Elle était déclarée pour 51 livres de revenu, en 1314, ce qui était un beau denier pour l'époque, étant donné le morcellement des biens en Mirebalais. Son devoir a varié.

(1) *Archives du château de Brisay* vol. M.

Au temps où elle fut détenue par des laïcs, elle devait le service armé, l'hommage-lige, cinq sous aux loyaux aides et sept sous de mutation. Plus tard elle fut exemptée du service militaire remplacé par vingt-cinq sous de mutation et le rachat d'une année de fruits. Ce devoir était assez lourd ; il fut réduit à la célébration d'une messe et à la remise d'une paire de gants blancs à chaque nouveau seigneur, par concession spéciale, à la fin du XIVᵉ siècle.

Les possesseurs de la dîme de Cron furent les seigneurs de Marçay, au XIIIᵉ siècle. Elle paraît avoir relevé alors du domaine de Guillaume de Marçay, dont la fille Alix, épousa pensons-nous, Alès de Brisay, vers 1270. Guy de Brisay la possédait en 1311, et il ne pouvait la tenir que de cette dame qui fut, avons-nous dit, sa mère. Mais Guy ne détenait pas la dîme de Cron en son entier. Elle avait été partagée entre les divers héritiers de Marçay qui en tenaient des fractions « en parage », c'est-à-dire en *parentage* du sire de Brisay. Ces fractions étaient, en 1304, aux mains de Jean de Marçay, qui en prélevait dix setiers par an, Pierre de Billé, qui en prélevait 32 setiers et payait cinq sous de rente, et Guillaume Aubouin, qui recueillait les fruits de trois journaux de vigne et payait également cinq sous.

Quelques années plus tard, la dîme de Cron est morcelée entre un plus grand nombre de détenteurs. Alix de Marçay a épousé Pierre de Mieuvic, Jeanne de Marçay est la femme du sire de Jeu, et ces deux personnages figurent dans l'aveu rendu, en 1311, par le seigneur de Brisay, sous la désignation des « chouses que souloit tenir de luy à hommage Guyot de Jeu qui puet bien valoir douze livres quatorze sous quatre deniers », et celles « que soulait avoir Pierre de Mieuvic à homage pour rayson du bail de ses enfans, qui puet bien valoir douze livres quatorze sous quatre deniers » également.

Les possesseurs de la dîme de Cron avaient rendu, en 1314, leur hommage au sire de Brisay, qui semblait à cette date ne plus posséder que la suprématie seigneuriale et non le domaine effectif sur la dîme ; puis, vers 1323, faisant cause commune pour sortir de l'indivision, Guillaume et Herbert de Marçay, Perrot et Guyot de Jeu, fils de Jeanne de Marçay, Pierre de Mieuvic, veuf d'Alix, Guillaume et Brice Aubouin frères, Aimery de Couhé et Philippe de Billé, sa femme, Jean de Billé leur fils, Brice de Suirin et Jeanne de Billé, son épouse, vendirent en bloc leur dîme de Cron à messire Jehan de Cherchemont, doyen du chapitre de la cathédrale de Poitiers qui, devenu chancelier de France, sous le règne de Philippe-le-Long, en 1320, mourut en 1328, léguant par testament la dîme ainsi acquise à l'église Saint-Jean de Ménigoûte, dont il était fondateur.

La prise de possession, de la part du chapitre de Ménigoûte, ne se fit pas sans difficulté parceque Messieurs les ecclésiastiques refusaient trop souvent de subir la suprématie des nobles. Le comte de Roncy la fit saisir ; le chapitre la lui racheta 200 livres immédiatement payées, moyennant quoi le suzerain mirebalais abandonna tous ses droits sauf celui de haute justice. Cet arrangement fut passé le 2 mars 1332. Mais il fallut encore s'acquitter du devoir de rachat envers le sire de Brisay, cet autre suzerain qui détenait le droit de fief sur la dîme antérieurement à son aliénation. Il était d'une année de revenu ce droit, s'augmentant de la rente, des loyaux aides et du service militaire, toutes choses si exhorbitantes pour des chanoines, que les bons religieux préférèrent abandonner ce don du chancelier déclarant « ne pouvoir taxer la dixme », et requérant « quiconque voudra bien mettre les dites choses hors de leurs mains en payant une indemnité ». Personne ne se présenta. Messieurs de Ménigoûte supportèrent pendant cinquante ans la lourde charge que leur imposait le testament de leur bienfaiteur. Ce ne fut qu'en 1366, le mercredi avant la translation de Saint-Martin d'été, que messire Alès, seigneur de Brisay, petit-fils de Guy, animé d'un louable sentiment de charité, résolut d'alléger la position du chapitre.

Il reconnut que « les chanoines de Ménigouste tenaient bien et réaulment de luy à foy et hommage lige, rachapt et revenu des fruits à muance de trésorier, tous les droits, profits, revenus et domaines que les hoirs Arbert de Marçay et chascun d'eux soulaient prandre et percevoir en la grande dixme de Cron et ses appartenances, que feu messire Jehan de Charchemont, fondateur de la dicte église, avait acquis des susdits hoirs au profit d'icelle. Et bien voulut le dit seigneur que le chapitre jouyt et possédât perpétuellement toutes les choses tenues de luy, sans que le trésorier dores en avant et ses successeurs au nom dudit chapitre soient jamais tenus de fayre foy et hommage, ny payer rachapt, ny fruicts, ny aulcun secours ou indemnité quelconque au seigneur de Brisay ou à ses hoirs, sauf la somme de 25 sous seulement à müance de trésorier, quand le cas y eschevra » (1). Comme compensation à l'abandon de ses droits, messire Alès reçut 200 florins « monnoye du coin du roy Jean » qui lui furent immédiatement remis par le trésorier de Ménigoûte.

Le chapitre pensa-t-il s'être définitivement dégagé de toute sujétion par cette indemnité ? Il faut le croire, car il négligea d'acquitter, pendant plusieurs années, les 25 sous de devoir auxquels il était maintenant taxé. En conséquence la dîme fut confisquée par défaut de devoir accompli. En 1371, elle était aux pouvoirs du sire de Brisay qui l'affermait à Jehan Bitton, parroissien de Thénezay, par bail passé à Loudun le 3 juillet, au prix annuel de 14 francs d'or, 9 setiers et 3 boisseaux d'avoine. Mais, par égard pour un bien d'église, Alès n'avait pas voulu mettre la main sur cette dîme, quelque fut son droit, sans l'autorisation du Souverain, et ce ne fut que « par raison d'une donation à lui faite

(1) *Arch. du chât. de Brisay*, vol. D.

du roy nostre sire » qu'il s'en empara. Aussi la conserva-t-il fort peu de temps, cinq ans à peine, toujours désireux de trouver une occasion de la restituer. Il la rendit simplement à titre d'aumône. Le 7 septembre 1376, à Mirebeau, Alès « pour l'augmentation du divin office, et pour participer aux bienfaits, messes, oraisons et prières, qui, dans la dite église, sont journellement faites et dites », remit aux chanoines de Saint-Jean de Ménigoûte la dîme qu'il leur avait confisquée, la leur garantissant, cette fois, « par titre de donation pure et absolue sans espérance de jamais révoquer, car ainsi lui plait ». Et par le même acte il transforma définitivement le devoir des possesseurs de la dime de Cron, en un office religieux qu'il fut agréable et facile aux chanoines de célébrer.

« A voulu et consenti le dit chevalier, pour lui et pour ses hoirs, que les trésoriers et chanoines et leurs successeurs en la dite église tiennent perpétuellement de lui et des siens les choses concédées, et ce qui peut s'en despendre, à un gant blanc du prix de douze deniers rendable et requérable à muance de trésorier seulement, sans foy, hommage, debvoir, rachapt, servitude, redevance ou obéïssance quelconque, et pour célébrer une messe chacune semaine en la dite église au jour de lundi, pour le salut et remède de lui, de son père, de sa mère, de ses parents et amis » (1).

Pendant deux siècles, les chanoines de Ménigoûte jouirent paisiblement de leur dîme. Puis en 1554, Françoise du Bec, dame de Brisay, ne voulut point accepter le gant blanc, des mains du vénérable prêtre et trésorier Mathurin Chaigneau, avant qu'il lui ait rendu hommage. Le chapitre fit valoir l'exemption dont il bénéficiait, et prouva devant le sénéchal Jehan Barrotin, l'excellence de son droit : il fallut passer outre. En 1599, Madelaine de Brisay ayant exigé un hommage plain, la même formalité fut renouvelée auprès de Jean

---

(1) *Arch. du chât. de Brisay*, vol. D.

Botreau, le sénéchal, qui reçut le gant blanc sans hommage. C'est pourquoi Madelaine de Brisay, dans son aveu rendu à Mirebeau cette année-même, dit : « tiennent de moy les thrésorier, chanoynes et chapitre monsieur Sainct Jean de Ménigouste, à douze deniers *seulement* de franc et noble debvoir, deu à mutation de trésorier, leur dixme et dixmerie appelée la dixme de Menygouste, située en la paroisse de Cron, tenant à la dixme de Jarzay, à la dixme de Mazoil, et d'autre costé à la dixme de la Grimaldière ».

A la fin du XVIII° siècle, la suprématie du fief de Cron fut sur le point d'échapper à la seigneurie de Brisay, par suite d'un procès intenté aux chanoines par le seigneur de Jarsay, qui prétendait faire reconnaître sur eux son droit de haute justice. Mais la production de titres utilement faite par le marquis de la Haye, au siège de Mirebeau, lui garantit la conservation de sa *directe*, et le gant blanc lui fut encore une fois remis par le chapitre de Ménigoûte.

3° La dîme du Quart-Levraut, située dans la paroisse de Marconnay, appartenait aux seigneurs de Brisay avant la fin du XV° siècle. A l'assise d'août 1492, tenue par le sénéchal Barrotin, pour messire Jacques de Brisay, seigneur du dit lieu et de Saint-Germain-en-la-Marche, « les chevecier, chanoynes et chappitre de Nostre-Dame de Mirebeau sont appelez en court, pour exiber les contractz des choses par eulx acquises du fief du Quart-Levrault », et payer les droits de lods et ventes dus à ce sujet. La dîme du Quart-Levrault fut énervée de la seigneurie de Brisay, après le partage de 1500, en faveur d'une fille de la maison, qui la tint en parage, au devoir de l'hommage lige, 10 sous aux loyaux aides, et une maille d'or valant 10 sous à chaque mutation.

Possesseurs : En 1500, Aliénor de Brisay, fille de Jacques I et de Françoise de Beauvau, mariée à Louis de Vigneron, seigneur d'Aulnay, à qui elle porte la dîme. Leur fils, seigneur d'Aulnay, après son père, la vendit à Charles de

Ranse, sieur d'Aguson, qui en jouit pendant la seconde moitié du XVIe siècle. En 1599, Philippe de Jousserand, sieur de la Bournadelière, possédait la dîme, par lui acquise de Charles de Rance, et en rendait hommage à Madelaine de Brisay. En 1656, le 30 mars, Louis de Lestang, chevalier, seigneur du Lizon et de Ry, fit l'acquisition de la dîme Levraut « soubs la mouvance de Brisay », et rendit aussitôt son aveu.

Les aveux font connaître l'existence de deux autres dîmes, tenues au regard de la seigneurie de Brisay : la dîme de Varennes, perçue en blé, vin, agneaux, laines et pourceaux, sur les paroisses de Varennes, Thurageau et Bournezeaux, rapportant trente setiers par an, et possédée, en 1442, par Tassin Fretart, au devoir de l'hommage, un cheval de service et 20 sous aux aides ; et la dîme de Bâlan couvrant une étendue assez considérable de terrains en la paroisse de Coussay depuis la Giraudière jusqu'au bord de la Lenvigne non loin de Douçay, à l'est, s'étendant au sud jusqu'au moulin Clavier, vers le château de la Tour-de-Ry, et remontant, vers l'ouest, sur la Butte des Roches-de-Coussay, dans le voisinage des moulins de Brisay. Les terres soumises à la dîme Balan comprenaient des bois, prairies, terres de labour, dont le produit consistait en céréales, chanvres, bestiaux. Les seigneurs de Brisay percevaient cette dîme en commun avec le prieur de Coussay. Nous ignorons quel était le montant du revenu, de même que l'origine de sa création.

§ V

DROIT DE SCEAU

Le droit de porter des insignes qui les fissent reconnaître de leurs hommes de troupes, dans les combats, était un privilège exclusivement réservé aux gentilshommes. Aux

X⁰ et XI⁰ siècles, les capitaines avaient un cri, ou sonnaient de la trompe, pour rallier leurs gens, d'une manière connue d'eux. Quoiqu'en disent ou pensent certains archéologues, l'usage des armoiries et des emblèmes nobiliaires ne remonte pas au-delà des croisades : il fut emprunté aux Sarrazins qui arboraient des bannières et drapeaux dans les batailles ; leurs tentes étaient également surmontées d'oriflammes. Dès le milieu du XII⁰ siècle, surtout après la seconde croisade, les seigneurs adoptèrent, à leur tour, des emblèmes distinctifs, dont ils ornèrent leurs écus, leurs bannières, le vêtement qu'ils portaient et la housse de leurs chevaux. Ces emblèmes devinrent aussitôt personnels à chaque famille ou à chaque seigneurie, et passèrent, comme le nom, à l'état de propriété individuelle. Leurs couleurs, leurs dessins constituant de réels ornements, on ne tarda pas à les apposer partout, dans l'intérieur ou au dehors des manoirs, sur le manteau des cheminées, les clefs de voûte, les vitraux des chapelles, les pierres tumulaires et les poteaux indicateurs des juridictions. Enfin, on les fit graver sur métaux, et on les porta comme anneaux ou cachets. Telle est l'origine des *sceaux*, dont les nobles avaient uniquement le droit de se servir.

Durant la période du Moyen-âge qui précéda l'usage du sceau, les actes publiés étaient sanctionnés par des témoins, qui se portaient garants des parties contractantes et des affaires conclues entr'elles. A cette époque, les translations de propriété se faisaient à l'aide d'une tradition matérielle, dans laquelle l'objet cédé, qu'il fut donné ou vendu, était représenté par un caillou, un rameau, un couteau, un fétu, une paire de gants..... etc., chose tangible constatant la saisine réelle opérée par l'acquéreur. Cette habitude primitive fut remplacée par l'emploi du sceau, dont on trouva plus significatif et plus élégant de faire mettre une empreinte au bas de l'acte, en signe certain de confirmation.

Tout d'abord, les sceaux furent de grands placards sur lesquels était moulée l'effigie du seigneur, monté sur un cheval de guerre, bouclier au bras et lance en arrêt. Sur l'écu, comme sur le caparaçon du coursier, apparaissaient les armoiries. On en reproduisait l'empreinte sur de la cire coloriée, attachée au texte de l'acte par des lacs de soie ou parchemin. Mais bientôt ces placards devinrent vulgaires, trop répandus et faciles à imiter ; quelques faussaires imaginèrent de les contrefaire abusant avec trop de facilité de la confiance des nobles. On inventa alors le contre-sceau, destiné à corroborer le grand-sceau et à en prouver l'authenticité. C'était un petit cachet, un chaton de bague de grandeur moyenne, portant en gravure les armoiries toutes simples du seigneur, ou, si elles ne satisfaisaient plus sa défiance, une autre empreinte à son choix. Le seigneur, lorsqu'il faisait sceller un acte, imprimait son sceau secret, réservé à lui seul, au dos du grand-sceau, dans la cire encore molle, et comme ce second sceau lui était personnel, qu'il pouvait en changer à son gré, il était malaisé aux imitateurs de se l'approprier. Peu à peu l'usage du sceau secret prévalut ; les placards furent abandonnés ; il est constaté qu'à partir du XIVe siècle, beaucoup de nobles ne conservèrent dans leurs armoiries que les emblèmes du petit sceau, devenu leur véritable attestation personnelle, à une époque où la signature n'était pas adoptée, et qu'ils en firent, dès lors, ce qu'on est convenu d'appeler les *armes* de leurs maisons.

Une origine légendaire, très conforme à la tradition qui donne pour auteur à la famille des seigneurs de Brisay, le chef de la première maison d'Anjou, est attribuée aux armes qu'ont pris, dès les temps les plus reculés, ces gentilshommes. Ingelger, premier comte d'Anjou, petit-fils de Torquatus Byrsarius, ne put supporter de voir insulter impunément sa marraine, la comtesse de Gâtinais, qu'on accusait injustement d'adultère devant le roi Charles. Bien que jeune et faible encore, il demanda au prince la permission de prouver en champ clos l'innocence de la dame.

Le monarque, sensible à un sentiment si chevaleresque, autorisa le combat et y assista. Le calomniateur succomba sous les yeux du roi et de toute la Cour. Grièvement blessé lui-même, au côté, par la hache de Gontran, le héros perdait beaucoup de sang et demandait un rapide pansement. La comtesse descendit dans l'arène, déboucla l'armure d'Ingelger ; sondant la plaie de ses doigts effilés, elle essuya sa main ensanglantée sur l'écu blanc que portait son défenseur (1).

C'est en souvenir de ce fait que les seigneurs de Brisay, descendants de Torquatus, formèrent leur sceau personnel de ces burelles ou faces de gueules (rouge) sur fond d'argent (blanc), qu'on retrouve sur leurs titres scellés pendant toute la durée du Moyen-Age, et que leurs descendants portent encore pour armes aujourd'hui.

Ce n'est qu'à partir du XIIIe siècle, toutefois, que les Brisay firent usage d'un sceau. En 1185, Alès de Brisay, faisant don à l'abbaye de Turpenay de la terre de Montagré, remettait à l'abbé Guillaume, selon l'usage de tradition antique, le couteau du moine Richer, emprunté pour la circonstance. Il est clair que s'il se fut déjà servi d'un sceau, le seigneur de Brisay, n'aurait pas eu recours à cette fiction grossière. Il eut scellé, en signe de confirmation, l'acte de donation. En 1230, Alès de Brisay, petit-fils du précédent, apposait un sceau au dos d'une charte de donation faite à l'abbaye de Fontevrauld. Ce sceau, première trace d'armoiries portées par la famille, représente un écu chargé d'une bande allant de gauche à droite, flanquée de deux cotices. La reproduction en a été très exactement donnée, par un dessinateur qui l'a copié sur le cartulaire avant sa destruction. Autour circule la légende : *Sigl Ale de Brisai*. C'est le grand sceau. A côté se voit la reproduction du petit sceau portant un écu

---

(1) *Chronique d'Anjou*, par Luc d'Achéry.

chargé de *huit burelles* avec la légende : *Secreti sigillum* (1).

En 1232, 1234 et 1245 même apposition de son sceau et contre-sceau par Alès de Brisay, sur des actes passés à Fontevrauld (2).

En 1253 et 1270, actes énonçant l'apposition de leur sceau, par des seigneurs de Brisay, mais sans que l'empreinte en ait été conservée (3).

En 1300, Guy de Brisay, faisant la guerre en Flandres, scelle une quittance de service remise aux trésoriers du roi. L'écu long et pointu, en forme de cœur, empreint sur cire verte, représente un fascé de *huit pièces*. Il n'est plus question ici du grand sceau ; le contre-scel a prévalu. Mais en même temps, le grand sceau est adopté pour armoiries par une branche cadette que fonde Pierre de Brisay (branche de Beaumont) frère puîné de Guy (4).

En 1345, Alès de Brisay donne quittance, au marchand de bois royal à Chinon, d'une livraison d'arbres de construction à lui faite en vertu d'une donation du roi Philippe de Valois. Il la scelle en cire rouge avec un écu oblong, en forme de cœur, portant un burelé de *douze pièces*. On voit que dès le XIV° siècle, les burelles ou fasces en nombre indéterminé, ont été définitivement adoptées, par les seigneurs de Brisay, comme emblème héraldique, pour leurs bannières et pour leurs sceaux (5).

En 1350, nous en trouvons un nouvel exemple. Alès donne à Jehan Chauvel, trésorier des guerres du roi, quittance pour ses gages pendant la campagne qu'il a faite sous les ordres du maréchal de Beaujeu, et il la marque de son scel représentant le même burelé de *douze pièces*.

En 1374, Alès de Brisay, a confirmé toutes les donations

(1) *Cart. Font.* Col. Gaignières.
(2) *Idem*.
(3) *Idem*.
(4) *Généalogie de Brisay*. Bib. Nat. ms.
(5) *Archives du château de Destillé*, copie du XVII° siècle.

faites par ses aïeux à l'abbaye de Fontevrauld. Cet acte important a été revêtu des sceaux royaux établis aux contrats à Loudun, à la requête du donateur, mais celui-ci a apposé, pour approbation, sa signature en marge de l'acte. Elle est ainsi libellée : *Allez de Brisay* (1).

C'est le premier exemple d'un seing manuel donné par un seigneur de Brisay au Moyen-Age. Il atteste l'instruction du personnage, à une époque où les gentilshommes se targuaient de ne savoir ni lire ni écrire, et présente, à ce sujet, un attrait de curiosité incontestable.

Revenons à nos sceaux. Nous en possédons un de 1420 admirablement conservé. Il pend au bas d'une quittance de service militaire, délivrée par Jehan de Brisay, banneret, sous les ordres du grand maître des arbalétriers. De forme ovale, ce joli sceau mesure 32 milimètres de hauteur sur 25 de large. Il est appliqué, en cire rouge, sur queue de parchemin découpée dans la bordure inférieure de la pièce même. L'empreinte représente, en un centre trilobé, l'écu incliné sur la droite, appuyé par sa pointe au bas du sceau. L'angle supérieur est surmonté d'un heaume de profil, fermé et orné au sommet d'appendices corniformes. L'écu est chargé de *cinq burelles*, et le sceau, dans la marge qui l'entoure, porte la légende : *Scel Jehan de Brisay* (2).

Le même sceau est reproduit au bas de l'aveu rendu en 1442, par Jéhan, pour sa terre de Brisay, en Mirebalais (3).

Les armes de Catherine de Brisay, fille de Jehan, figuraient en 1446 dans la chapelle du château de Destillé, au pied d'une statue de sainte Catherine, sa patronne, mi-partie avec celles de Louis de Valory, son époux, et représentaient un *burelé d'argent et de gueules*. Le même burelé se voyait, et se voit encore, à Mirebeau, sur la porte ogivale qui sert d'entrée à une annexe des édifices du Petit-Brisay, ancien

(1) *Archives du château de Destillé*, copie du XVIIe siècle.
(2) *Titres scellés de Clérembault*.
(3) *Archives Nat.* Reg. P. 330.

couvent de Cordeliers, dont la fondation remonte, comme on sait, au XIIIe siècle. Il serait téméraire d'attribuer l'ornementation de cette porte à l'époque de la fondation du couvent, mais il est permis de juger, à l'architecture même de cette construction, que la porte ogivale décorée de sculptures gothiques et d'armoiries, fut érigée dans le courant du XVe siècle.

En 1599 nous trouvons un dernier modèle de sceau des Brisay de la branche aînée. Il est apposé à la fin de l'aveu rendu par Madelaine de Brisay au baron de Mirebeau. Il est en papier blanc colé sur cire rouge et inséré dans le parchemin de l'acte. Il porte le fascé de *huit pièces* dont la famille use encore aujourd'hui. Tout autour se lisent les mots : *Scel Magdeleine de Brisay*, ce qui n'a pas empêché la dame avouante d'y tracer d'une main alourdie par l'âge, une gigantesque signature (1).

D'après un ancien registre de héraut d'armes, cité par divers généalogistes, et que l'on conservait, au XVIIe siècle, dans le couvent des Célestins de Soissons, les armes de Brisay étaient « burelé d'argent et de gueulles de huit pièces, avec cercle de banneret à trois perles, timbre taré de frond d'argent embelly d'or, lambrequins d'argent et de gueulles, cimier un aigle, support deux aigles ». C'est donc avec cet attirail, porté par des sergents d'armes bariolés des deux couleurs, que le seigneur de Brisay se présentait aux fêtes, joûtes et tournois qui furent en si grand honneur au XVe siècle (2).

§ VI

DEVOIRS DE LA SEIGNEURIE

Si les seigneurs jouissaient de brillants privilèges, ils

---

(1) *Archives du château de Brisay*, vol. A.
(2) *Généalogie de la maison de Brisay*, par Laisné.

n'en subissaient pas moins de lourdes obligations. Ils devaient, avant tout, l'impôt du sang : nous avons vu, au cours de la vie de nos personnages, comment les seigneurs de Brisay l'acquittèrent et combien largement. En dehors de ce devoir national, qui suffit à lui seul à honorer les dix siècles de féodalité qui précédèrent le nôtre, il existait des devoirs particuliers, inhérents à la possession de la terre, dont nous allons donner l'exposé rapide.

1° *Hommage*. L'inféodation d'une terre était toujours faite à titre d'hommage ; c'était la reconnaissance fréquemment répétée de la soumission du vassal à son suzerain. Il y avait deux hommages : celui qui entraînait la sujétion pleine et entière du vassal appelé l'hommage-lige, c'est-à-dire liant *(ligare)* à la vie et à la mort l'homme à son supérieur ; l'autre, d'ordre moins rigoureux, dit hommage-plain ou simple. Celui-ci n'exigeait aucune formalité, une reconnaissance seulement de la vassalité du fief, faite une fois durant la vie du possesseur, qui n'était généralement pas tenu au service militaire. Le premier, au contraire, était rendu d'une manière solennelle, tête nue, genou en terre, sans ceinture, épée ni éperons, les mains placées dans les mains du suzerain qui, assis et la tête couverte, se penchant vers son vassal, lui donnait l'oscle ou baiser sur la bouche en témoignage d'union et de protection. Les dames ne recevaient pas le baiser, mais elles accomplissaient les autres obligations. Sur les Saintes Evangiles, le vassal prêtait le serment par lequel il s'engageait à observer, dans tous les cas « honneur, révérance, subjétion, obéissance, telle que homme de foy lige doit à son seigneur de fief et de foy ». De son côté le suzerain s'engageait à donner aide et soutien au vassal, chaque fois que celui-ci se trouverait dans la nécessité d'y avoir recours. L'hommage lige était rendu à chaque mutation, c'est-à-dire par chaque possesseur du fief servant à chaque seigneur du fief dominant, usage dont on se relâcha au XVI° siècle, pour se contenter d'exiger l'hommage une seule fois, durant la vie de celui qui le devait rendre.

L'hommage, démarche personnelle destinée à entretenir le lien qui attachait le vassal à son seigneur, était toujours suivi de la remise de l'aveu, acte portant le dénombrement complet de la terre, avec tous ses avantages et ses obligations, pour la rédaction duquel il était accordé quarante jours de délai à l'avouant.

Nous avons souvent fait mention, dans le cours de cette étude, des hommages rendus et des aveux remis par les possesseurs de la terre de Brisay. Le plus ancien remonte à 1311, émane de Guy de Brisay et est présenté à Jehan, comte de Roucy, seigneur de Mirebeau. Le même reçut l'aveu d'Alès de Brisay, en 1345. En 1387, Alès de Brisay rendit son hommage à Madame la duchesse d'Anjou, la reine Marie de Jérusalem, dans le château de Mirebeau ; il ne fit son aveu que deux ans après, en 1389. En 1402, c'est Marguerite de Rochechouart qui rend son aveu pour Brisay, et le 12 août 1405, à Paris, elle est reçue, dans l'hôtel de la Bouverie, par le roi de Sicile et de Jérusalem, qui accepte son hommage pour les terres mirebalaises de la Roche-Brisay, Célié et Douçay. En 1434 et 1442, nous avons les aveux de Jehan de Brisay, en 1488, celui de Jacques, son fils ; et en 1495 Jacques II, fils du précédent, prête foi et hommage pour sa terre de Brisay, à Mirebeau. Les deux dernières possesseurs de la terre de Brisay, dans la famille de ce nom, ont dû plusieurs fois accomplir la formalité dont il est question, Françoise du Bec en 1540, Madelaine de Brisay en 1559, en 1573, en 1599 (1).

L'hommage de la terre de Brisay était lige, c'est-à-dire qu'il astreignait au service armé, et à toutes les obligations que nous allons ci-dessous décrire.

2° *Loyaux aides.* A l'hommage, à l'aveu, s'ajoutait la

---

(1) *Arch. nat. et arch. du chât. de Brisay.* Passim.

remise d'un droit de passage ou mutation appelé les loyaux aides. C'était une indemnité que chaque possesseur du fief remettait à son suzerain pour en être reconnu le maître. Cette somme était variable, mais elle ne tarda pas à être abonnée, et dès lors devint fixe. Les seigneurs de Brisay payaient à ceux de Mirebeau 7 livres à chaque mutation de seigneur et d'homme. Cet abonnement à une forte somme, paraît avoir eu son origine dans l'abandon primitif de privilèges spéciaux et lucratifs, fait par les seconds de ces seigneurs aux premiers, dont ils exigèrent, comme compensation, une redevance assez élevée. A l'époque des croisades, les loyaux aides s'accrurent du droit d'*indiction*, qui fut fixé au montant même des aides. Ils étaient alors exigibles dans quatre cas : 1º lorsque le suzerain partait pour la Terre-Sainte ; 2º lorsqu'il était fait prisonnier des mécréants ; 3º quand il mariait sa fille aînée ; 4º quand il armait son fils aîné chevalier. Nous avons vu qu'une sentence de 1558 avait obligé le sire de Puyguion, héritier par sa femme, du dernier seigneur de Brisay, à payer les 7 livres dues pour la mutation, en y ajoutant le « loyal ayde pour le mariage deffunte dame Denise de Blanchefort, femme et épouse de messire Gabriel de Clermont, fille unique de feu Monseigneur de Mirebeau », ainsi que « le droit par luy dû pour la chevallerie de Monseigneur du dit Mirebeau » (1).

3. *Rachat.* Quand la seigneurie manquait d'héritier mâle et qu'elle passait à une femme, il y avait lieu à rachat. Le nouveau possesseur, mari de la demoiselle du fief, rachetait ce fief au seigneur dominant pour avoir le droit de le conserver. Le prix de rachat était toujours équivalant au montant d'une année du revenu de la terre. En 1558, lorsque Madelaine de Brisay succéda à son frère René, le sire de Puyguion, mari de Madelaine, dut payer le rachat de la terre de Brisay au baron de Mirebeau. Une transaction

(1) *Archives du château de Brisay*, vol. A.

eut lieu à ce sujet entre lui et Gilbert de Blanchefort, avec l'approbation de Françoise du Bec, et par l'entremise d'Hubert de Prie, abbé de Charroux. Le rachat fut fixé à trois cent cinquante livres, que l'abbé reçut et remit aux mains de Blanchefort, et cinquante autres livres, qui furent payées à Jeanne Maubert, créancière de dame Renée de Prie, sœur de l'abbé et mère du baron de Mirebeau (1).

4º *Plège et gage*. C'était l'obligation où se trouvait le vassal de se porter garant du paiement de la rançon de son seigneur, lorsque celui-ci était prisonnier de guerre. Un seigneur de Mirebeau, le comte Robert de Roucy, fait prisonnier à la bataille de Poitiers, en 1356, paya 10,000 francs pour recouvrer sa liberté. Nul doute que dans cette circonstance, le seigneur de Brisay ait dû faire « pleige et gaige » de sa terre pour garantir le paiement de cette somme, comme l'y obligeait son lien féodal. Les aveux de Brisay énoncent tous, en effet, l'obligation de « fayre pleige et gaige pour le suzerain tant par eulx que par leurs subjcz, parageurs, hommes de foy et rétréofédéors », ce qui veut dire qu'à tous les échelons de l'ordre féodal, le fief et l'arrière-fief étaient grevés du devoir d'être présentés en gage et caution, pour la libération du seigneur dominant.

5º *Taille et aide*. Cet impôt était décrété par le suzerain, dans des circonstances exceptionnelles, lorsque l'opportunité lui en était démontrée : équipement de guerre, reconstruction de la forteresse, exigences des créanciers, appel du roi pour un service dispendieux auprès de sa personne, etc. Les roturiers étaient « taillables à merci » ; mais les nobles payaient aussi des tailles qu'on appelait poliment des *aides*, parcequ'elles aidaient le suzerain à se tirer d'une situation embarassante. L'aveu rendu, en 1442, par Jehan de Brisay énonce, parmi les devoirs auxquels il était astreint envers le baron de Mirebeau, « les loyaux tailles et aydes », dûs par lui et par ses sujets dans les cas requis.

(1) *Arch. du chât. de Brisay*, vol. A.

Le seigneur de Mirebeau avait, par extension de son droit de taille, établi à perpétuité, dans sa ville, certains droits de tonlieu, ou octroi, énoncés dans les aveux sous le nom de : *levage* droit perçu à l'entrée et à la sortie des marchandises telles que vin, sel,... etc ; *minage,* droit prélevé sur chaque mine de grains mesurée en place du marché ; *péage*, droit d'entrée exigé pour les bêtes sur pied, la volaille, le poisson. — Les sujets de la seigneurie de Brisay étaient, aux termes de nos aveux, exempts de payer ce triple impôt.

En effet, les lettres patentes de la reine Marie, en 1397, reconnaissent « que les homes et subgez de la terre de Brisay sont d'ancienneté francs, quittes, immuniés et libres de non payer coustumes ne ventes d'aucunes denrées ou choses crües ou nourries en la dite terre de Brisay, par eulx menées ou faites menées vendre en la ville de Mirebeau, soict au jour de marché, de foyre ou autre journée, sans ce que aucun des officiers les en puissent contraindre ; et doivent estre crus iceux estagers par leurs serments, si les choses que ils vendent ainsi ont esté réellement crües et nourries en la dite terre ». L'aveu de 1442 confirme cette donnée en disant : « Sont francs et aisans mes homes de Brisay et de Sélié, au dedans de la ville et chastelleinie de Mirebeau, de païer ventes péages et levages des chouses crües en leurs héritages tenus de moy en mon fief, en faisant serement qu'il est creu au dict fief » (1).

Ce privilège spécial d'exemption fut reconnu en justice, lors d'une atteinte préjudiciable qui lui avait été portée, en 1608, par les officiers de la baronnie de Mirebeau. Le 25 août de cette année, les nommés Paul Rideau, Marie Raguenet, femme de Pierre Guillegaust, et quelques autres habitants du village de Brisay, étant venus à Mirebeau, pour la foire de la Saint-Barthélemy, conduisant au marché de la ville « deux porciaux nourris en leur mayson au dict lieu de

---

(1) *Archives du château de Brisay*, vol. A.

Brisay », avec « ung boiceau froment creu en leurs terres et dommaynes », se virent contraints de payer aux fermiers des droits de la prévôté « ung marreau », pour le passage de leur marchandise. Lésés dans leur droit de franchise, ils adressèrent une plainte à leur seigneur, messire Daniel de Saint-Quentin, qui venait de succéder à Madelaine de Brisay, lequel obtint le 24 septembre suivant une sentence confirmative du privilège d'exemption, dont avaient toujours profité les sujets de la terre de Brisay, « de toutte ancienneté francs, quittes et exempts de non païer aulcune coustume, vente, marreaux, minage, péage et levage, ne autres droits de servitude, ne impositions quelconques, soient droicts prévostaux ou autrement, pour rayson de marchandises de bleds, vins, danrées, bestail, et toutes autres chouses quelconques qu'ils exposent en vente et vendent en la ville et faubourgs de Mirebeau à quelque jour que ce soit » (1).

6° *Escorte.* Le seigneur de Mirebeau jouissait du privilège particulier de se faire escorter, dans l'étendue de sa juridiction, par quelques gentilshommes, ses vassaux.

« Le baron de Grisse, dit M. de Fouchier, devait escorter le baron de Mirebeau avec chevaux et armes pour le défendre en cas de besoin ».

Le sire de Mausson était tenu à un devoir analogue. Lorsque le suzerain jugeait à propos de se rendre à la forteresse de Mausson, il devait venir le chercher, et le reconduire ensuite, avec un écuyer et quelques hommes de troupes, jusqu'à la porte de la ville de Mirebeau.

Le sire de Brisay devait une escorte d'honneur avec chevaux et armes, pour accompagner, en personne, chaque fois qu'il en était requis, le seigneur de Mirebeau, soit à son entrée solennelle dans la ville, soit dans les excursions qu'il jugeait à propos de faire dans sa juridiction, et même au dehors des frontières de sa seigneurie, comme

---

(1) *Arch. du chât. de Brisay*, vol. A.

le prouvent ces termes des aveux énonçant l'obligation
« de vous conduyre, mon très redoté seigneur, parmy
voustre chastellenie de Myrebeau et au dehors en armes et
en chevaulx (1) ».

Il n'y a pas de doute que ce devoir fut la conséquence de
l'inféodation de la terre que possédèrent ces divers seigneurs.
Mausson, jadis membre du domaine direct des seigneurs de
Mirebeau, fut confié, à cause de son éloignement, à un
lieutenant ou gouverneur, qui dut venir chercher son maître
avec armes et bagages à la porte de son château, et l'y
reconduire après la visite faite. Mausson abandonné aux
descendants de ce gouverneur, resta grevé de la même obligation envers le suzerain, celui-ci s'étant évidemment
réservé, par l'inféodation, le droit de visiter la tour de
Mausson, et de s'y porter lorsqu'il y jugerait sa présence
nécessaire à la défense de ses possessions féodales.

Un devoir identique paraît avoir été imposé aux Brisay,
par l'inféodation des terrains suburbains, au centre desquels
ils élevèrent, entre la ville et le château de Mirebeau, l'hôtel
fort qui devait servir de trait-d'union entre ces deux points.
Exposé, en temps de guerre, aux attaques de ses ennemis,
lorsqu'il sortait de sa forteresse, pour se rendre à la ville, à
travers les terrains vagues et nus qui l'en séparaient, et
trouvant à moitié chemin la maison fortifiée du sire de
Brisay, dont la fondation avait eu précisément pour but de
faciliter la communication et de concourir à la défense
commune, comment le suzerain mirebalais, n'aurait-il pas
imposé à Brisay, comme à Mausson, l'obligation de le
conduire « en armes et en chevaulx », soit jusqu'à la ville,
soit en un point quelconque de sa seigneurie ? L'origine de
ce devoir remonte donc à l'installation du premier Brisay à
Mirebeau, c'est-à-dire au commencement de la seconde
moitié du XIe siècle, époque qui est bien aussi celle, comme

---

(1) *Arch. du chât. de Brisay*, vol. A.

nous l'avons démontré, de l'érection de cet hôtel-fort, auquel les Brisay ont dû la possession de droits et l'obligation de devoirs d'une nature toute spéciale, en Mirebalais. On juge aisément que l'escorte, fournie par le sire de Brisay à son seigneur, ait été protectrice et défensive, au temps où l'érection de la petite forteresse était motivée par la séparation de la ville et du château, au temps des guerres constantes, des surprises et des guet-apens qui faisaient l'occupation des seigneurs durant les siècles dixième ou douzième de notre ère, et l'on peut admettre qu'elle eut alors quelqu'efficacité ; mais plus tard, lorsque l'enceinte fortifiée des Plantagenets eût entouré la ville d'une ceinture de hautes murailles, enfermant dans son périmètre l'hôtel de Brisay et ses dépendances, l'escorte de défense devint réellement sans objet, puisque le château communiquait maintenant, sous la protection des remparts, avec la ville, et l'on comprend très bien qu'elle ait été convertie en une escorte d'honneur, sans rien perdre de son caractère armé, qui en conservait tout le cachet traditionnel et sauvegardait l'immuabilité des droits féodaux.

7° *Guet et Gardes*. Les vassaux d'un domaine devaient faire le guet et monter des gardes sur les murailles du château menacé d'une surprise, en temps de guerre ou sur l'urgente sommation du seigneur dominant. Les seigneurs de Brisay étaient tenus à cette obligation dont ils s'acquittaient régulièrement au château de Mirebeau, ou sur les murs de la petite cité. Ils énoncent, dans tous les aveux, le devoir de « guet et gardes à fayre au chasteau de Myrebeau, quand alles sont besoingneuses et évydentes » ce qui prouve encore que ce service n'était pas dû sur un caprice et en vertu d'un simple appel du suzerain, mais qu'il était seulement obligatoire en cas de nécessité démontrée.

C'est ainsi qu'en 1130, Raoul de Brisay dut concourir à

la défense de Mirebeau, attaqué par le comte d'Anjou ; et qu'en 1202, la vieille reine Aliénor étant assiégée dans cette forteresse, par le duc Artus de Bretagne, son petit-fils, Pierre de Brisay s'empressa de venir monter des gardes au château, avec tous les gentilshommes du voisinage, au profit de la princesse, leur suzeraine.

La durée des gardes ne dépassait pas quarante jours, à l'expiration desquels, les vassaux, même la guerre n'étant pas terminée, avaient le droit de rentrer chez eux.

§ VII

CHARGES

Nous devons dire à l'honneur des seigneurs de Brisay que, s'ils jouirent de privilèges spéciaux et lucratifs à travers les siècles, ils n'hésitèrent jamais, lorsqu'une occasion leur en suggéra la pensée pieuse, à grever leur domaine d'obligations perpétuelles au profit des maisons religieuses, dont ils obtenaient, en échange de leur libéralité, des prières pour l'avenir de leurs âmes quelquefois pécheresses, mais, croyons-le, toujours sauvées.

Parmi ces charges permanentes nous signalerons les principales.

1º L'abbaye de Fontevrauld fut, de tout temps, l'objet des bienfaits de la Maison de Brisay. Dès le XIIᵉ siècle, en 1119 et 1146, nous trouvons des traces de donations faites aux *Santimoniales* de Robert d'Arbrissel. En 1230 et 1245 de nouvelles libéralités leur étaient instituées, à Destillé, par les seigneurs de Brisay.

En 1253, le 6 décembre, Pierre de Brisay et sa mère Sibylle créaient, en faveur de l'abbaye, une rente perpétuelle de 12 setiers froment, mesure de Mirebeau, à prélever chaque année sur les récoltes du domaine de la Roche-Brisay. En 1270, le 25 avril, Alès de Brisay grévait ses censives de la Roche-Brisay d'une aumône perpétuelle de 20 sous, à payer chaque année aux dames de Fontevrauld, en souvenir de sa sœur morte religieuse dans leur maison. Cette double obligation fut reconnue et sanctionnée, puis fondue avec celle de Destillé, le 3 août 1374, sous le nom de « fresche du Haut-Brizay » par « noble homme monseigneur Allez de Brisay, chevalier » (1).

Cette charge a subsisté pendant les siècles qui suivirent, car l'acte de partage survenu en 1673, entre les trois héritiers du comte de Blet, pour la possession de la terre de Brisay, énonce que « chascun lot payera quatre septiers froment six sous et huit deniers, faisant en tout le nombre de douze septiers et vingt sous d'aumône requérable au dit lieu de Brisay, deubs à l'abbaye de Fontevrault ». La terre de Brisay en fut dégrevée en 1679, par les soins de messire Daniel de Saint-Qentin comte de Blet, qui vendit certaines pièces de terre à messire Jean Guillerin, curé de Sairres, moyennant que l'acquéreur acquitterait envers l'abbaye la part de lui Daniel dans la fresche du Haut-Brisay (2).

2º Le partage de 1673 nous fait connaître, que la terre de Brisay était grevée, à cette époque, d'une rente annuelle de 100 livres due au doyen du chapitre de la cathédrale de Poitiers, amortissable pour la somme de 1,600 livres, dont l'origine nous est restée inconnue (3).

3º En parlant de la chapelle de Brisay, nous avons dit qu'Alès de Brisay, fondateur de cette église, l'avait dotée d'une rente annuelle et perpétuelle de dix livres en argent

---

(1) *Cart. Font.* Col. Gaignières, *Bib. nat.*
(2) *Arch. du chât. de Brisay*, vol. A.
(3) *Arch. du chât. de Brisay*, vol. A.

et 20 setiers froment à la mesure de Mirebeau, le tout à prendre sur les revenus du domaine de la Roche-Brisay. Cette obligation fut remplie sans interruption jusqu'à l'époque où les seigneurs de Brisay, étant devenus hérétiques, refusèrent d'acquitter un devoir qui avait pour but l'entretien du culte catholique. Mais par sentence du 1er juillet 1679, ils se virent condamnés à servir intégralement le montant de la dite rente, et à payer les arrérages échus, non soldés depuis plusieurs années.

4° Une autre charge avait été imposée à la terre de Brisay par le testament du même Alès, mort en 1356. C'était une rente de 10 livres en argent et 20 setiers froment, payables à perpétuité au desservant d'une chapelle fondée par ce seigneur en l'église collégiale Notre-Dame de Mirebeau, sous le vocable de Saint-Nicolas. Cette fondation relatée dans le pouillé du diocèse de Poitiers, dressé au siècle dernier, était encore acquittée chaque année à cette époque.

5° La fondation du temple protestant remonte à Brisay à l'année 1603. Cette institution fut dotée, en 1628, par Daniel de Saint-Quentin, comte de Blet, d'une rente annuelle de cent livres, en garantie de laquelle fut hypothéquée la sixième partie de la terre de Brisay. Cette rente devait être payée, et elle le fut aussi, tant que subsisterait l'église réformée de Brisay.

Ces diverses mentions prouvent que la seigneurie de Brisay était chargée de créances au profit de plusieurs institutions religieuses, montant à un total approximatif de deux cent vingt livres en argent et cinquante deux setiers de froment, dans le courant du XVIIe siècle, impôt considérable qui absorbait au moins le quart du revenu de la terre. Cette charge fut allégée lorsque le culte calviniste cessa d'être exercé dans la localité c'est-à-dire vers 1680; mais elle n'en demeura pas moins assez lourde pour rappeler aux possesseurs du fief, que l'aumône avait été l'une des grandes pensées et des constantes préoccupations de leurs prédécesseurs.

Dieu récompense assurément, dans l'éternité, ceux qui sur ce bas monde, ont ainsi partagé avec lui leurs biens.

FIN DE LA SECONDE PARTIE.

MAMERS. — TYP. G. FLEURY ET A. DANGIN. — 1890.

www.ingramcontent.com/pod-product-compliance
Lightning Source LLC
Chambersburg PA
CBHW060756230426
43667CB00010B/1593